Les microrégions du guide :
(voir la carte à l'intérieur de la couverture ci-contre)

1 La Marne du champagne p. 88
2 La Marne historique p. 164
3 Le cœur de l'Aube p. 188
4 Vers le sud de l'Aube p. 240
5 Le Haut-Marnais p. 268
6 Les Ardennes p. 330

Champagne-Ardenne

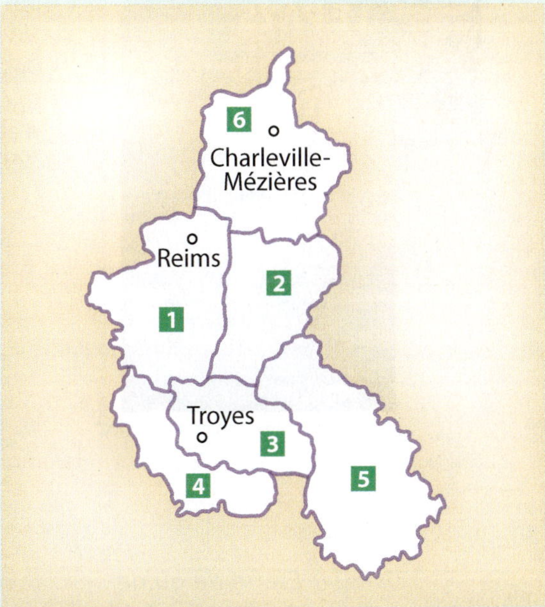

Le Guide Vert, mode d'emploi : un guide en 3 parties

Organiser son voyage :

- Avant de partir.
- À faire sur place de A à Z.
- Des activités pour tous.
- Un agenda des événements.

Comprendre la destination :

- La destination aujourd'hui.
- Histoire.
- Art et culture.
- Gastronomie.
- Nature...

Découvrir la destination :

- Notre sélection de sites.
- Des circuits conseillés.
- Des cartes.
- Notre sélection d'adresses pour tous les budgets.

En fin de guide :
l'explication des symboles et la table des cartes et plans

Le Guide Vert : découvrir la destination

[1]

[2]

[3]

[4]

[5]

[6]

Un chapitre = une zone géographique

[1] Une carte de présentation de la région.

[2] Le sommaire de la région traitée.

[3] La description des sites.

Pour chaque chapitre

[4] La description des circuits conseillés.

[5] Nos adresses classées par catégories de prix.

[6] Des pages thématiques pour en savoir plus.

Retrouvez-nous sur : ***Voyage.ViaMichelin.fr***

Sommaire

1/ ORGANISER SON VOYAGE

ALLER EN CHAMPAGNE-ARDENNE

Par la route 8
En train 8

AVANT DE PARTIR

Météo 10
Adresses utiles 11
Se loger 12
Se restaurer 15

SUR PLACE DE A À Z

Activités nautiques 16
Artisanat et industrie 16
Canoë-kayak 16
Forfaits touristiques 16
Média 17
Navigation 17
Noël en Ardenne et en Champagne 17
Pêche 18
Randonnée équestre 18
Randonnée pédestre 20
Routes gastronomiques 21
Routes touristiques en Champagne 22
Routes touristiques en Ardenne 23
Souvenirs 23
Trains touristiques 26
Vélo ou VTT 26
Visites guidées 27

EN FAMILLE

Tableau des activités 30

MÉMO

Agenda 31
Bibliographie 34

2/ COMPRENDRE LA CHAMPAGNE-ARDENNE

LA CHAMPAGNE-ARDENNE AUJOURD'HUI

Les activités régionales 38
Le tourisme 42
La gastronomie 42
Le champagne, toute une histoire 47

NATURE

Terre de Champagne 54
Lacs, étangs et rivières 56
Terre d'Ardenne 57
Une sensibilité à l'environnement 58

HISTOIRE

Chronologie 61
Le monachisme champenois 67
Les personnalités de la région 69

ART ET CULTURE

L'art 71
Maisons rurales traditionnelles 74
ABC d'architecture 76

LITTÉRATURE

Les précurseurs 82
Les pourfendeurs 82
Les « paysagistes » 82

3/ DÉCOUVRIR LA CHAMPAGNE-ARDENNE

1 LA MARNE DU CHAMPAGNE

Reims 90
Fismes 116
Parc naturel de la montagne de Reims 120
Épernay 132
Château-Thierry 149
Sézanne et la forêt de Traconne 157

2 LA MARNE HISTORIQUE

Châlons-en-Champagne 166
Vitry-le-François 177
Sainte-Menehould 180
L'Argonne 184

3 LE CŒUR DE L'AUBE

Troyes 190
Parc naturel régional de la Forêt d'Orient 210
Bar-sur-Aube 221
Ancienne abbaye de Clairvaux 229
Arcis-sur-Aube 235

4 VERS LE SUD DE L'AUBE

Le Pays d'Othe 242
Ervy-le-Châtel 246
Nogent-sur-Seine 249
Chaource 255
Bar-sur-Seine 259

5 LE HAUT-MARNAIS

Chaumont 270
Colombey-les-Deux-Églises 279
Langres 282
Auberive et son abbaye 300
Vignory 303
Joinville 306
Saint-Dizier 311
Lac du Der 318
Montier-en-Der 324

6 LES ARDENNES

Charleville-Mézières 332
Sedan 346
La Thiérache ardennaise 365
Rethel 373
Revin 381
Monthermé 388
Givet 392

Index général 398
Index cartographique 407

1/ ORGANISER SON VOYAGE

M. Barraud/Ojo Images/Photononstop

Applications recommandées

Aller en Champagne-Ardenne

Par la route

LES GRANDS AXES

La région Champagne-Ardenne est bien reliée aux réseaux routiers (N 4, N 19, N 51) et autoroutiers.
L'**A 4** est l'autoroute de l'Est : de Paris à Strasbourg en passant par Reims, Châlons-en-Champagne et Sainte-Menehould.
L'**A 26** est l'autoroute des Anglais : de Calais à Troyes en passant par Reims, Châlons-en-Champagne, puis Chaumont et Langres.
L'**A 5** relie Paris à Troyes.
L'**A 31** va de Beaune à Luxembourg et passe par Langres.
L'**A 203** relie Charleville-Mézières à Sedan. Une voie rapide et autoroute (N 51 et A 34 gratuite) relie Reims à Charleville-Mézières : elle sera prochainement prolongée par l'**A 304** vers Rocroi et Charleroi en Belgique.
Informations autoroutières – ✆ 0 892 681 077 - www.autoroutes.fr.

LES CARTES MICHELIN

Chaque ville ou site présenté dans ce guide est accompagné de ses références cartographiques sur la carte Départements.
Cartes Départements 306 (Aisne, Ardennes, Marne), **307** (pour la Meuse), **313** (Aube, Haute-Marne).
Cartes Régions 515 (Champagne-Ardenne).
Carte de France 721 (1/1 000 000).
En ligne : calcul d'itinéraires sur **www.viamichelin.fr**.

En train

LE RÉSEAU GRANDES LIGNES

La mise en service en 2007 du TGV Est contribue au désenclavement de la moitié nord de la région.
La gare Champagne-Ardenne TGV, située à 5 km de Reims, permet de relier directement Paris-gare de l'Est, ainsi que les gares TGV d'Île-de-France (aéroport Charles-de-Gaulle, Marne-la-Vallée-Chessy,

TABLEAU DES DISTANCES (EN KM)						
	Bordeaux	**Lille**	**Lyon**	**Marseille**	**Paris**	**Strasbourg**
Charleville	795	191	569	880	233	331
Langres	763	439	269	580	286	280
Reims	705	205	489	800	144	348
Saint-Dizier	762	313	371	682	218	253
Troyes	647	328	374	686	171	382

Massy) et plusieurs grandes villes françaises (Strasbourg, Lille, Nantes, Rennes, Bordeaux) ou européennes (Luxembourg, Francfort, Stuttgart, Zurich…).
Temps approximatif des liaisons :
- Paris-Reims : 45mn (8 AR/j)
- Paris-Châlons-en-Champagne : 1h05
- Paris-Rethel : 1h12
- Paris-Vitry-le-François : 1h20
- Paris-Charleville-Mézières : 1h35
- Paris-Sedan : 2h
- Strasbourg-Reims : 1h50 (9 AR/j)
- Lille-Reims : 1h25
- Nantes-Reims : 3h15
- Rennes-Reims : 3h25
- Bordeaux-Reims : 4h30

Informations et réservations – ✆ 36 35 (0,34 €/mn) - www.voyages-sncf.com.

LES TRAINS EXPRESS RÉGIONAUX

Ils relient l'ensemble des villes de la région, certaines liaisons étant assurées par autocar. Attention, il existe des horaires d'hiver et d'été.
Temps approximatif des liaisons :
- Reims-Rethel-Charleville : 50mn
- Reims-Épernay-Châlons : 50mn
- Reims-Châlons-Troyes (autocar) : 2h10
- Troyes-Bar-sur-Aube-Chaumont : 1h45
- Épernay-Châlons-Vitry : 30mn
- Saint-Dizier-Vitry (autocar) : 50mn
- Saint-Dizier-Joinville-Chaumont : 1h20
- Charleville-Revin-Givet : 1h15
- Charleville-Sedan : 20mn
- Langres-Dijon : 1h

Informations et réservations – ✆ 36 35 (0,34 €/mn) - www.ter-sncf.com/Regions/Champagne_Ardenne/fr.

Bon à savoir – Si vous prévoyez d'utiliser souvent le réseau TER au cours de votre séjour, il peut être intéressant de souscrire à l'une des offres régionales :
- le Pass'Champagne-Ardenne Liberté (50 % de réduction le week-end et 25 % en semaine pour 29 €/an, pour le titulaire et jusqu'à 3 accompagnants)
- le Pass'Champagne-Ardenne Loisirs (50 % de réduction le week-end pour 5 €/an, pour le titulaire et jusqu'à 3 accompagnants).

Avant de partir

Météo

Certes, la Champagne-Ardenne ne jouit pas d'un climat méditerranéen… Mais le temps y est *grosso modo* comparable à celui qui règne sur la moitié nord de la France, plaident ses habitants lassés d'une réputation frileuse et grise parfois abusive. La région révèle sa personnalité au gré des variations du relief et du calendrier, qui mettent en valeur ses charmes saisonniers.

EN CHAMPAGNE

La région connaît un climat océanique de transition, qui s'altère au fur et à mesure que l'on progresse vers l'est, où l'influence continentale s'accentue.
La continentalisation, qui se traduit notamment par des étés assez chauds et une amplitude thermique relativement importante, est davantage marquée en Haute-Marne, avec des hivers plus longs et froids et des étés occasionnellement orageux.
La belle saison permet de profiter pleinement des nombreux lacs et plans d'eau de la région. Les vastes forêts offrent quant à elles un refuge de fraîcheur. En outre, de nombreux sites ne sont ouverts à la visite qu'en saison, même s'il est souvent possible de s'arranger directement avec le propriétaire le reste de l'année.
L'automne, relativement doux, constitue cependant un moment privilégié pour parcourir cette région viticole : paysages et villages s'activent au moment des vendanges, en septembre-octobre, tandis que les zones boisées revêtent leurs plus belles couleurs. La récolte des pommes, notamment dans l'Aube, donne elle aussi lieu à de sympathiques manifestations festives (pressage du cidre et dégustation…).
C'est également, près des lacs qui constituent des lieux d'étape pour les oiseaux migrateurs, le moment d'observer une faune avicole caractéristique, pareillement visible au printemps.
Voir le calendrier des migrations dans le chapitre « Lac du Der », p. 320.

EN ARDENNES

Le climat est frais, semi-continental et marqué par l'altitude. Pourtant, l'influence océanique se fait là aussi sentir en nuances nombreuses, que l'on retrouve dans le paysage comme dans les saisons. Les pluies abondantes font de l'Ardenne un véritable réservoir d'eau.
L'été reste assurément la saison la plus propice pour découvrir la région, profiter des diverses possibilités de loisirs (randonnées à pied ou à vélo, navigation sur la Meuse et la Semoy…), et apprécier la beauté quelque peu austère des profondes vallées.
Néanmoins, le feuillage d'automne ajoute, hors des zones de résineux, une splendide parure, et novembre marque l'ouverture de la chasse.
L'hiver est généralement enneigé et, lorsque la température descend assez bas, le paysage se recouvre de givre. Mais il peut aussi être plus doux, avec des couchers de soleil couleur de forge. La région offre un cadre de charme pour les fêtes de fin d'année, soutenues par des traditions vivaces *(voir p. 17)*.

SERVICES TÉLÉPHONIQUES

Météo France – ✆ 32 50 (1,35 €/appel + 0,34 €/mn) - www.meteo.fr.
Prévisions départementales – ✆ 0 899 71 02 suivi du numéro du département (1,35 €/appel + 0,34 €/mn).

Adresses utiles

LES INSTITUTIONS

Comité régional de tourisme

Champagne-Ardenne – 50 av. du Général-Patton - 51013 Châlons-en-Champagne Cedex - ✆ 03 26 21 85 80 - www.tourisme-champagne-ardenne.com. Diverses brochures sont disponibles sur demande ou téléchargeables sur Internet.

Organismes départementaux de tourisme

Ardennes – 24 pl. Ducale - BP 419 - 08107 Charleville-Mézières Cedex - ✆ 03 24 56 06 08 - www.ardennes.com.
Aube en Champagne Tourisme – 34 quai Dampierre - 10000 Troyes - ✆ 03 25 42 50 00 - www.aube-champagne.com.
Haute-Marne – Cours Marcel-Baron - BP 2048 - 52902 Chaumont Cedex 9 - ✆ 03 25 30 39 00 - www.tourisme-hautemarne.com.
Marne – 13 bis r. Carnot - BP 74 - 51006 Châlons-en-Champagne Cedex - ✆ 03 26 68 37 52 - www.tourisme-en-champagne.com et www.marnotherapie.fr.

OFFICES DE TOURISME

Vous trouverez les adresses des offices de tourisme et des syndicats d'initiative dans la rubrique « S'informer » des villes et sites décrits dans la partie « Découvrir la Champagne-Ardenne ».
Sur Internet : **www.tourisme.fr** et **www.franceguide.com**.

TOURISME DES PERSONNES HANDICAPÉES

Le symbole ♿ signale les sites accessibles aux personnes à **mobilité réduite**.

Accessibilité des infrastructures touristiques

Consultez les sites labellisés **Tourisme et Handicap** sur le site www.franceguide.com, rubrique « Voyageurs », puis « Tourisme et Handicap ».
Association Tourisme et Handicaps – 43 r. Marx-Dormoy - 75018 Paris - ✆ 01 44 11 10 41 - www.tourisme-handicaps.org.
Association des Paralysés de France – Direction de la Communication - 17 bd Auguste-Blanqui - 75013 Paris - www.apf.asso.fr. Le magazine *Faire face* publie chaque année, à l'intention des personnes en situation de handicap moteur, un hors-série intitulé *Guide vacances* disponible auprès de l'APF.
Pour de plus amples renseignements au sujet de l'accessibilité des musées aux personnes atteintes de handicap moteur ou sensoriel, consultez le site **www.culture.gouv.fr/documentation/museo**.

Accessibilité des transports

Train – Disponible gratuitement dans les gares et boutiques SNCF ou sur le site **www.voyages-sncf.com**, le guide *Mobilité réduite* donne des renseignements sur l'assistance à l'embarquement et au débarquement, la réservation de places spéciales, etc.
Vous pouvez également contacter **SNCF Accessibilité Service** - ✆ 0 890 640 650 (0,11 €/mn) de 7h à 22h - www.accessibilite.sncf.fr. Service gratuit facilitant le voyage des pers. handicapées, disponible sur réservation 48h avant le départ dans 350 gares de France.

Avion – Air France propose aux personnes handicapées le service d'assistance **Saphir** (✆ 0 820 01 24 24, 0,12 €/mn). Pour plus de détails, consultez **www.airfrance.fr**.

Se loger

De la frontière belge aux sources de la Seine et de la Marne, la région ne manque pas d'hôtels ni de campings. Dans les petites localités ou les endroits reculés, vous trouverez des gîtes ruraux, des fermes-auberges, des chambres d'hôte et des hôtels chaleureux, tandis que les grandes villes comme Troyes et Reims possèdent des établissements beaucoup plus luxueux.

Bon à savoir – Des organismes départementaux de tourisme et certains offices de tourisme proposent un service de réservation en ligne mais aussi, parfois, des formules thématiques de courts séjours et des offres promotionnelles. À noter des formules d'hébergement original : passer une nuit dans une cabane perchée, dans une yourte ou encore dans une roulotte.

NOTRE SÉLECTION

Retrouvez notre sélection d'hébergements dans « Nos adresses à… », situées en fin de description des principaux sites de la partie « Découvrir la Champagne-Ardenne ». Les établissements sont classés par catégories de prix *(voir le tableau p. 14)* : tarif mini/maxi d'une chambre double en haute saison.

Les hôtels

Nous indiquons les prix à la nuitée pour deux personnes, ainsi que celui du petit-déjeuner s'il n'est pas inclus dans le tarif. Certains établissements assurent un service de restauration également accessible à la clientèle extérieure.

Pour un choix plus étoffé, **Le Guide Michelin France** recommande des hôtels sur toute la France. Pour chaque établissement, le niveau de confort et de prix est indiqué, en plus de nombreux renseignements pratiques.

Les chambres d'hôte

Les prix, mentionnés à la nuit, incluent le petit-déjeuner. Certains propriétaires proposent aussi une **table d'hôte**, en général le soir, réservée aux résidents de la maison. Il est vivement conseillé de réserver votre étape, en raison du grand succès de ce type d'hébergement.

LE CAMPING

Le **Guide Camping Michelin France** propose tous les ans une sélection de terrains visités régulièrement par nos inspecteurs. Renseignements pratiques, niveau de confort, prix, agrément, location de bungalows, de mobile homes ou de chalets y sont mentionnés.

L'HÉBERGEMENT RURAL

Maison des Gîtes de France et du tourisme vert – 59 r. St-Lazare - 75439 Paris Cedex 09 - ✆ 01 49 70 75 75 - www.gites-de-france.com. Cet organisme donne les adresses des relais départementaux et publie des guides sur les différentes possibilités d'hébergement en milieu rural (gîtes, chambres et tables d'hôte, camping à la ferme).

Fédération des stations vertes de vacances et villages de neige – 6 r. Ranfer de Bretenières - BP 71698 - 21016 Dijon Cedex - ✆ 03 80 54 10 50 - www.stationsvertes.com. Situées à la campagne ou à la montagne, ces 600 stations sont des destinations de vacances familiales, reconnues tant pour leur qualité de vie (cadre agréable, loisirs variés) que pour la qualité de leurs structures d'accueil et d'hébergement.

Cartes et Guides MICHELIN :
pour un voyage réussi !
QUEL ITINÉRAIRE ?
OÙ DORMIR ?
OÙ DÎNER ?
QUE VISITER ?
À QUEL PRIX ?
BOURGOGNE
France
France
MICHELIN
www.michelin-boutique.com
www.voyage.viamichelin.fr
FRANCE 2013
CRÈTE
DORMEZ INSOLITE
FLORENCE
MICHELIN
Une meilleure façon d'avancer

Bon à savoir – En Champagne-Ardenne, plusieurs communes sont labellisées « stations vertes de vacances » : Monthermé et Signy-le-Petit dans les Ardennes ; Bar-sur-Seine, Les Riceys et Soulaines-Dhuys dans l'Aube ; Givry-en-Argonne et Sainte-Menehould dans la Marne ; Arc-en-Barrois et Bourbonne-les-Bains en Haute-Marne.

Bienvenue à la ferme – Service agriculture et tourisme - 9 av. George-V - 75008 Paris - 01 53 57 11 50 - www.bienvenue-a-la-ferme.com. Ce guide, édité par l'Assemblée permanente des chambres d'agriculture, propose par régions et par départements des fermes-auberges, campings à la ferme, fermes de séjour, mais aussi des loisirs variés.

L'HÉBERGEMENT POUR RANDONNEURS

Le site www.gites-refuges.com et le guide *Gîtes d'étape et Refuges* de A. et S. Mouraret, chez Rando Éditions (www.editions-sudouest.com), sont principalement destinés aux amateurs de randonnée, d'alpinisme, d'escalade, de ski, de cyclotourisme et de canoë-kayak.

LES AUBERGES DE JEUNESSE

Fédération unie des auberges de jeunesse – 27 r. Pajol - 75018 Paris - 01 44 89 87 27 - www.fuaj.org. La carte Fuaj est délivrée en échange d'une cotisation annuelle de 11 € pour les -26 ans, de 16 € au-delà de cet âge et de 23 € pour les familles.

Bon à savoir – Vous trouverez une auberge de jeunesse affiliée à Châlons-en-Champagne, Reims et Troyes-Rosières.

LES SERVICES DE RÉSERVATION

Vous pouvez réserver votre hébergement directement auprès des établissements concernés. Sinon, deux départements proposent un service de réservation :

Haute-Marne – Comité départemental du tourisme et du thermalisme de Haute-Marne - 40 bis av. Foch - 52000 Chaumont - 03 25 30 39 08.

Ardennes – Monde Actuel Voyages - 17 av. Jean-Jaurès - 08102 Charleville-Mézières - 03 24 59 02 53 - www.mondeactuel.fr.

Pour les locations de vacances et les chambres d'hôte :

Fédération nationale Clévacances – 54 bd de l'Embouchure - 31022 Toulouse Cedex 2 - 05 32 10 82 30 - www.clevacances.com.

LES CHAÎNES HÔTELIÈRES

En dépannage, voici les centrales de réservation de quelques chaînes, d'un confort très simple, mais dont les tarifs restent difficiles à concurrencer (moins de 50 € la chambre double) : **B & B** –

NOS CATÉGORIES DE PRIX				
	Hébergement		Restauration	
	Province	Grandes villes	Province	Grandes villes
Premier prix	jusqu'à 45 €	jusqu'à 65 €	jusqu'à 14 €	jusqu'à 16 €
Budget moyen	de 45 € à 65 €	de 65 € à 100 €	de 14 € à 25 €	de 16 € à 30 €
Pour se faire plaisir	de 65 € à 100 €	de 100 € à 160 €	de 25 € à 40 €	de 30 € à 50 €
Une folie	plus de 100 €	plus de 160 €	plus de 40 €	plus de 50 €

✆ 0 892 782 929 (0,34 €/mn) - www.hotel-bb.com ; **Etap Hôtel** – ✆ 0 892 688 900 (0,34 €/mn) - www.etaphotel.com ; **Formule 1** – www.hotelformule1.com.
Les hôtels suivants, un peu plus chers (à partir de 60 € la chambre), offrent un meilleur confort et quelques services complémentaires : **Campanile** – ✆ 0 825 003 003 (0,15 €/mn) - www.campanile.fr ;
Ibis – ✆ 0 825 880 000 (0,15 €/ mn) - www.ibishotel.com ;
Kyriad – ✆ 0 825 003 003 (0,15 €/mn) - www.kyriad.fr.

Se restaurer

Retrouvez notre sélection de restaurants dans « Nos adresses à… », en fin de description des principaux sites de la partie « Découvrir la Champagne-Ardenne ». Comme pour « Se loger », ces établissements sont listés par catégories de prix, sur la base tarif minimal/maximal en haute saison.

NOTRE SÉLECTION

Pour répondre à toutes les envies, nous avons sélectionné des **restaurants** régionaux, mais aussi classiques, exotiques ou thématiques, et des adresses plus simples où faire une pause. Quelques **fermes-auberges** vous permettront de goûter des produits authentiques provenant de l'exploitation agricole, préparés dans la tradition et généralement servis en menu unique, dans une ambiance conviviale. Réservation obligatoire ! Pour un choix plus étoffé, **Le Guide Michelin France** recommande des restaurants sur toute la France. Pour chaque établissement, le niveau de confort et de prix est indiqué, en plus de nombreux renseignements pratiques.

LES LABELS

Un certain nombre de restaurateurs de Champagne-Ardenne adhèrent au réseau **Tables des régions de France**, destiné à valoriser les productions régionales. Ils proposent des recettes ou des produits locaux et affichent un logo spécifique : une toque blanche sur fond rouge.
Pour plus de détails, demandez la liste aux organismes du tourisme (voir p. 11).

Sur place de A à Z

Pour obtenir de la documentation, adressez-vous au **comité régional** ou aux **organismes départementaux du tourisme** *(voir p. 11)*.
Pour trouver d'autres adresses de prestataires, reportez-vous aux rubriques « Visite » et « Activités » dans les carnets d'adresses des villes ou sites de ce guide.

ACTIVITÉS NAUTIQUES

La Champagne-Ardenne est très riche en lacs et plans d'eau qui couvrent plus de 10 000 ha. La plupart des lacs sont des créations récentes dont la vocation première est celle de réservoir. Ils offrent de nombreux loisirs, comme le **lac du Der** *(voir p. 318)* : ports de plaisance, plages surveillées, voile, plongée, planche à voile, zone d'évolution pour les bateaux à moteur, le ski nautique et le jet-ski, pêche de jour ou de nuit, sentiers de randonnée, croisières. Des régates y sont organisées en été.
Dans le Parc naturel régional de la Forêt d'Orient, le **lac d'Orient** *(voir p. 211)* est dédié à la baignade, à la voile et à la plongée, le **lac du Temple** à la pêche et au canoë, le **lac Amance** aux activités motonautiques et à la vitesse.
Près de Langres *(voir p. 288)*, le **lac de la Liez** permet de s'adonner à la baignade, à la voile ou à la pêche, le **lac de la Vingeanne** possède une plage et une base de loisirs, ainsi que le **lac des Charmes**.
En **Ardenne**, les lacs de Bairon *(voir Sedan, p. 359)* et des Vieilles-Forges *(voir p. 384)*, le petit plan d'eau de Givet *(voir p. 392)* et l'étang de la Motte *(voir p. 368)*, accueillent aussi une base de loisirs.

ARTISANAT ET INDUSTRIE

En été, de nombreuses entreprises locales ouvrent leurs portes. Les amateurs de tourisme industriel peuvent consulter la liste sur le site Internet de la chambre régionale de commerce et d'industrie (www.champagne-ardenne.cci.fr) ou téléphoner au ✆ 03 24 56 62 49. Renseignez-vous également auprès des chambres de commerce départementales.
En Champagne, les vanniers de Fayl-Billot *(voir Langres, p. 289)* et les couteliers du Nogentais *(voir Nogent, p. 291)* ouvrent leurs ateliers. Certains producteurs de champagne ouvrent également leurs caves à la visite.

CANOË-KAYAK

La plupart des rivières se prêtent au canoë-kayak. Les plus « sportives » sont la Blaise, la Saulx, le Rognon et l'Aire, mais on peut aussi pratiquer le kayak sur la Meuse, l'Aisne, la Marne, la Seine, l'Aube, la Semoy et l'Ource, ainsi que sur les lacs du Der *(voir p. 318)*, du Temple *(voir Forêt d'Orient, p. 211)* et de la Vingeanne *(voir Langres, p. 289)*.
Fédération française de canoë-kayak – 87 quai de la Marne - 94344 Joinville-le-Pont - ✆ 01 45 11 08 50 - www.ffcanoe.asso.fr.
Vous pouvez aussi consulter le site du comité régional Champagne-Ardenne : www.crcack.org.

FORFAITS TOURISTIQUES

Dans l'**Aube**, la formule *Escapades* recense une vingtaine de forfaits week-ends : nature dans le Parc régional de la Forêt d'Orient, champagne de la côte des Bar, gastronomie en pays d'Othe… Sur demande à Aube en Champagne

Tourisme ou téléchargeable sur le site Internet *(voir p. 11)*.

La **Haute-Marne** propose diverses formules, individuelles ou en groupe, pour découvrir la région : source de la Meuse à vélo, escapade bohémienne en roulotte, balades gourmandes, etc. Les fiches de séjour et la brochure « groupe » sont disponibles à la Maison départementale du tourisme, ou téléchargeables sur Internet *(voir p. 11)*. Enfin, le *Pass Tourisme 52* donne droit à des avantages sur plusieurs sites.

Les départements de la **Marne** et des **Ardennes** présentent aussi diverses formules, consultables ou téléchargeables sur leurs sites *(voir p. 11)*. Dans les Ardennes, avec une première entrée plein tarif, vous pouvez bénéficier gratuitement d'un pass donnant droit à des réductions dans les principaux musées et sites du département.

MÉDIA

Vous trouverez dans la région *L'Union* (Marne), *L'Ardennais* et *La Semaine des Ardennes* (Charleville-Mézières), *Le Journal de la Haute-Marne* (Chaumont), *L'Est-éclair* (Troyes) et *Libération Champagne* (Troyes).

NAVIGATION

La Meuse sinue dans une belle vallée fluviale, mais ce n'est pas la seule. La région compte 600 km de cours d'eau (la Seine, la Marne…) et de canaux navigables : branche nord du canal de l'Est, canal des Ardennes, canal de l'Aisne à la Marne, canal latéral à la Marne et canal de la Marne à la Saône.

Des ports de plaisance et des relais plus modestes (et plus tranquilles !) permettent de faire escale en toute liberté lors de vos promenades ou croisières.

La conduite de bateaux habitables (aménagés pour 2 à 12 personnes) ne nécessite pas de permis. Le loueur propose une initiation qui comprend le passage de la première écluse. Les coordonnées des loueurs et des canaux figurent dans la rubrique « Activités » de « Nos adresses à… », en fin de description des principaux sites de la partie « Découvrir la Champagne-Ardenne ».

NOËL EN ARDENNES ET EN CHAMPAGNE

La période des fêtes de fin d'année peut constituer un moment privilégié pour découvrir la région, notamment en famille. Comme ailleurs dans le nord de l'Europe, la rudesse de l'hiver ardennais a inspiré à ses habitants un goût particulier pour les traditions de Noël. Alors que la nature se pare somptueusement de givre, les maisons rivalisent de décorations lumineuses.

Comme dans l'Est et la Belgique voisine, on célèbre **saint Nicolas** le 6 décembre : c'est l'occasion d'offrir les friandises traditionnelles, parmi lesquelles les figurines en pain d'épice, les nobertines (pâtes de fruit à base de prunes sauvages) ou les sucres d'orge rouge en forme de saint Nicolas, de pipe ou de bourrique, que l'on trouve encore dans certaines pâtisseries et confiseries.

Côté **gastronomie**, la dinde farcie de boudins blancs ou la dinde rouge des Ardennes occupent une place d'honneur dans les repas familiaux de Noël et les menus des restaurants ou des tables d'hôte.

Les **marchés de producteurs** proposent à cette époque des « animations terroir » autour des spécialités de saison.

Un grand **marché de Noël** se tient à Charleville-Mézières en décembre (artisanat, dégustation de vin chaud sur la place Ducale), tandis que l'ancien relais de poste de Launois-sur-Vence *(voir Thiérache ardennaise, p. 371)* accueille un salon de la St-Nicolas. À Sedan, des visites

spéciales du château fort sont proposées au jeune public.
Dans la **Marne**, une opération « Noëls de Champagne » donne lieu à des animations particulières à Reims, Épernay, Fismes et Châlons-en-Champagne, ainsi que dans une quarantaine de communes du vignoble qui ponctuent le chemin des Crèches (carte sur le site www.noelsdechampagne.com).
À Sept-Saulx, vous pourrez même visiter la maison du Père Noël *(voir Reims, p. 110)* !

PÊCHE

Des milliers de kilomètres de rivières et de plans d'eau sont classés. Leurs eaux sont riches en salmonidés.
Fédération nationale de la pêche en France et de la protection du milieu aquatique – 17 r. Bergère - 75009 Paris - ✆ 01 48 24 96 00 - www.federationpeche.fr. Vous trouverez sur son site toutes les informations par départements.

En Champagne

Les gros spécimens des lacs du pays de Langres attirent des pêcheurs de l'Europe entière. Les amateurs de carnassiers affectionnent les lacs de la Forêt d'Orient (lac du Temple) *(voir p. 211)*, du Der *(voir p. 318)* et de la région de Langres *(voir p. 288)*, où des zones sont autorisées pour la pêche à la carpe de nuit.
Dans l'Aube, la Seine et le Rognon, on traque la truite et l'ombre commun. L'Ardre et la Blaise, avec le lac-réservoir des Leschères, sont également fréquentés *(voir Wassy, p. 314)*. Le canal de la Marne à la Saône est apprécié pour le brochet, le sandre, la perche et le poisson blanc.
Bon à savoir – Pour des offres de week-ends et séjours de pêche tout compris, vous pouvez contacter la Maison du lac du Der *(voir p. 318)*.

En Ardennes

La truite n'est pas la seule prise des pêcheurs : dans les eaux de la Marche et du Viroin, l'ombre commun a élu domicile. La Meuse, l'Aisne, la Semoy et le Chiers sont appréciés pour les brochets, les sandres, les carpes et les gardons, tout comme les lacs et les canaux.
Voir notamment les lacs des Vieilles-Forges (voir Charleville-Mézières, p. 384) et de Bairon (voir Sedan, p. 359).

Avis aux pêcheurs

Il convient en tout lieu d'observer la réglementation nationale et locale, de s'affilier, pour l'année en cours, dans le département de son choix, à une association de pêche et de pisciculture agréée en acquittant les taxes afférentes au mode de pêche pratiquée ou, éventuellement, d'acheter une carte journalière. Les dates d'ouverture sont différentes selon les poissons pêchés et la catégorie du cours d'eau.

RANDONNÉE ÉQUESTRE

Le tourisme équestre connaît un essor dans la région. De nombreux centres proposent des randonnées d'un ou plusieurs jours à travers les forêts, le long des lacs ou sur les hauteurs…
Comité national du tourisme équestre – Parc équestre - 41600 Lamotte - ✆ 02 54 94 46 14 - www.ffe.com/tourisme. Il édite divers documents, dont une brochure annuelle, *Cheval nature*, qui répertorie les possibilités en équitation de loisir et les hébergements accueillant cavaliers et chevaux.

En Champagne

La Maison départementale du tourisme de la Haute-Marne propose des fiches de randonnée à télécharger sur son site *(voir p. 11)*. Vous pouvez aussi consulter le site du Comité départemental du tourisme équestre de l'Aube (www.cdte10.fr).
Voir aussi le Parc naturel régional de la Forêt d'Orient (p. 210) et le lac du Der (p. 318).

Hôtels ?
Restaurants ?
Savourez
les meilleures adresses !

En Ardennes

Les Ardennes comptent près de 700 km de sentiers de randonnée équestre avec plusieurs circuits possibles (boucles de 18 à 28 km), à consulter sur www.sports-nature-ardennes.com.

Voir aussi le haras national à Montier-en-Der (p. 325).

RANDONNÉE PÉDESTRE

Les grands parcs régionaux de la Champagne et les forêts vallonnées ou escarpées des Ardennes offrent un cadre privilégié pour la pratique de la randonnée. Une importante documentation est disponible dans les offices de tourisme de la région.

Les principaux itinéraires

Plusieurs centaines de kilomètres de **sentiers de Grande Randonnée** (GR), jalonnés de traits blancs et rouges horizontaux, sillonnent la Champagne-Ardenne.

Le **GR 2** (148 km) traverse le pays d'Othe, aux paysages vallonnés, puis longe la Seine.

Le **GR 7** (107 km) qui relie les Vosges aux Pyrénées passe par le sud de la Haute-Marne : Bourbonne-les-Bains, Langres, forêt d'Auberive…

Le **GR 12** est un tronçon du GR 3 européen, qui va de la mer Noire à Saint-Jacques-de-Compostelle. Il coupe à travers les Ardennes vers la Belgique, en longeant les boucles de la Semoy.

Le **GR 14** suit la Montagne de Reims parmi les vignobles et la forêt, et continue dans la Champagne crayeuse jusqu'à Bar-le-Duc. Dans les Ardennes, il s'étire de Sedan à Grandpré en longeant l'ancienne chartreuse du Mont-Dieu.

Le **GR 24** (141 km) forme une boucle au départ de Bar-sur-Seine, en passant par le Parc naturel régional de la Forêt d'Orient, le Barsuraubois et le Barséquanais, à travers forêts, vignobles et cultures. Plusieurs variantes permettent de connaître plus intimement la région : le GR 24 A (50 km), le GR 24 B (57 km), le GR 24 C (24 km) et le GR 24 D.

Le **GR 654** relie l'Europe du Nord à Saint-Jacques-de-Compostelle, et passe notamment par Rocroi, Signy-l'Abbaye et Reims.

En Haute-Marne, le **GR 703** est le **sentier historique de Jeanne d'Arc**. Il comporte 15 circuits s'étendant sur 107 km depuis la Meuse, près de Cirfontaines, jusqu'à la limite de l'Aube, à Maranville. Brochure disponible sur le site de la Maison départementale du tourisme *(voir p. 11)*.

Circuits locaux

Dans la région – Le comité régional du tourisme propose une sélection de vingt circuits répartis sur les quatre départements, à télécharger sur son site *(voir p. 11)*.

En Champagne – Une carte au 1/60 000 répertoriant 38 circuits pédestres, VTT et équestres, 4 circuits cyclotouristiques, ainsi que le tracé du GR 7, est en vente à l'office du tourisme de Langres. Des circuits de randonnée en boucle sont téléchargeables sur le site Internet de la Maison départementale du tourisme de **Haute-Marne** *(voir p. 11)*.

Aube en Champagne Tourisme édite la carte *Circuits rando, vélo et pédestre* regroupant 51 randonnées à pied et 24 boucles à vélo, avec les hébergements labellisés dans l'**Aube**. Elle est disponible sur son site Internet *(voir p. 11)*. On trouve également dans ce département deux **voies vertes** : la première relie Troyes au Parc naturel de la Forêt d'Orient *(voir p. 220)*, la seconde suit le canal de la Haute-Seine.

En Ardennes – Le comité départemental du tourisme des Ardennes édite une brochure assez riche, *Balades en Ardennes*, disponible sur son site *(voir p. 11)*.

L'office du tourisme de **Rocroi** *(voir p. 383)* propose par ailleurs un topoguide qui recense 38 circuits (boucles de 3 à 20 km).
À **Monthermé** *(voir p. 388)*, on peut emprunter les sentiers des Carriers et des Ardoisiers (60 km de boucles). Le topoguide des sentiers du Fer, du Schiste et de la Forêt (75 km de boucles) suit la vallée de la Semoy, depuis Les Hautes-Rivières jusqu'à Montcornet. Il existe 5 sentiers en boucle autour de **Sedan** (rens. à l'office de tourisme), dont la randonnée des Deux-Châteaux (39 km), qui mène de Sedan à Bouillon, en Belgique.
Voir aussi les offres de séjour-randonnée dans les vallées de la Meuse et de la Semoy (p. 391).

Où s'informer ?

Fédération française de randonnée pédestre – 64 r. du Dessous-des-Berges - 75013 Paris - 01 44 89 93 93 - www.ffrandonnee.fr. La fédération donne le tracé détaillé des GR, GRP et PR, ainsi que d'utiles conseils. Vente de topoguides sur Internet.
France Randonnée – 9 r. des Portes-Mordelaises - 35000 Rennes - 02 99 67 42 21 - www.france-randonnee.fr. Cet organisme propose des séjours et organise des randonnées à pied, à vélo, à cheval, avec ou sans accompagnateur. La boutique vend des cartes et des guides de grandes randonnées et de petites randonnées en boucle.

Les topo-guides – Les Ardennes à pied (PR) – L'Aube à pied (PR) – La Marne à pied (PR)

Vous pouvez les commander en ligne sur le site Internet de la Fédération française de randonnée pédestre ou les acheter en librairie.

ROUTES GASTRONOMIQUES

Route touristique du champagne

Elle s'étire sur 600 km et se compose de 5 itinéraires balisés : massif de Saint-Thierry, Montagne de Reims, vallée de la Marne, côte des Blancs, côte des Bar. Plus de 70 viticulteurs accueillent les visiteurs toute l'année et proposent des stages afin de découvrir les textures, les teintes et les arômes du champagne.
Le site **www.champagne-tourisme.com**, totalement dédié à cette initiative, est très complet (prestations, adhérents, événements, brochures, réservations, etc.).
Aube en Champagne Tourisme *(voir p. 11)* dispose par ailleurs d'une brochure générale, *Initiation à la dégustation des champagnes* (téléchargeable sur son site), qui recense entre autres les vignerons associés à la découverte.
Bon à savoir – Aux alentours du 15 septembre, chez certains viticulteurs de la **côte des Bar**, on peut participer à la cueillette manuelle du raisin dans le cadre de l'opération *Devenez vendangeur d'un jour en Champagne*. Après un bon déjeuner, l'après-midi est consacré à la visite de caves et à la dégustation. Chacun repart avec une bouteille en cadeau (rens. à Aube en Champagne Tourisme).
Les stages proposés par l'**Institut international des vins de Champagne** associent la visite des vignobles, la dégustation de crus et la gastronomie locale *(voir « Nos adresses dans le Parc naturel régional de la Montagne de Reims », p. 129)*.
Voir les chapitres « La Champagne-Ardenne aujourd'hui » (p. 47) et « Nature » (p. 56), dans la partie « Comprendre », pour des informations sur le vignoble et la fabrication.

Voir les caves de champagne à Épernay (p. 132), Reims (p. 107), Bar-sur-Aube (p. 221), Bar-sur-Seine (p. 259), ainsi que les routes du Champagne (p. 21) et Les Riceys (p. 263) pour notre sélection de producteurs proposant des dégustations.

ROUTES TOURISTIQUES EN CHAMPAGNE

Circuits Saint-Remi

Quelque 90 paroisses sont dédiées à l'« apôtre des Francs », qui baptisa Clovis à Reims vers 498 : la basilique de Reims, l'abbatiale de Mouzon, et de modestes églises rurales comme celle de Cheveuges. Pour les découvrir, 7 circuits sont proposés à partir de Charleville-Mézières (85 et 170 km), Rethel (140 km), Vouziers (172 km) ou Sedan (190 km) pour l'Ardenne, et de Reims pour la Champagne (80 et 140 km).

Bon à savoir – La plupart de ces églises sont ouvertes seulement le week-end de 14h à 18h.

Renseignements – Route non balisée, contactez les offices de tourisme des villes de départ.

Églises à pans de bois et vitraux du 16e s.

Cette route serpente au cœur du bocage champenois, qui possède un patrimoine unique en France : neuf églises à pans de bois datant du 15e au 18e s. Certaines sont éclairées par des vitraux provenant d'ateliers troyens. La plupart sont illuminées tous les soirs de mi-juin à mi-septembre et les week-ends le reste de l'année ; quelques-unes sont équipées d'audioguides.

Renseignements – Route non balisée, documentation à l'office du tourisme du lac du Der *(voir p. 318)* ou de Montier-en-Der *(voir p. 324)*. La brochure, *Fascinantes églises*, éditée par Aube en Champagne Tourisme, est téléchargeable sur son site *(voir p. 11)*.

Circuit des Fontes d'art en Haute-Marne

Au sud de Saint-Dizier, ce circuit chemine entre sites métallurgiques, usines et œuvres d'art en fonte, dont le **Métallurgic Park** *(voir p. 315)*.

Renseignements – Route non balisée, itinéraire téléchargeable sur le site de la Maison départementale du tourisme *(voir p. 11)*.

Vous pouvez aussi contacter l'Association pour la sauvegarde du patrimoine métallurgique haut-marnais - Mairie de Wassy - 52130 Wassy - 03 25 05 00 41 - www.fontesdart.org.

Les Maîtres des forges

Cet itinéraire au départ de Joinville vous emmène entre la Haute-Marne et la Meuse, sur les traces des « empires industriels » qui ont marqué la région.

Renseignements – Route non balisée, contactez l'office du tourisme de Joinville *(voir p. 306)*.

Sur les pas des armées de Champagne

L'ancien **front de Champagne** de la Première Guerre mondiale s'étire sur 40 km, entre les Monts de Moronvilliers et la Main de Massiges, où s'affrontèrent pendant quatre ans troupes allemandes, françaises et alliées. Cinq grandes batailles s'y livrèrent. Un itinéraire relie les monuments, musées, cimetières liés au souvenir de la Grande Guerre.

Renseignements – À l'office du tourisme de Châlons-en-Champagne *(voir p. 166)* ou sur le site www.cc-regiondesuippes.fr.

Circuit 1914-1918 : la Grande Guerre dans la Marne

Cette nouvelle route touristique rappelle que la Marne fut particulièrement meurtrie pendant la Première Guerre mondiale. De Mondement *(voir p. 162)* jusqu'en Argonne, onze étapes jalonnent ce

parcours ponctué de mémoriaux, de vestiges des combats de tranchée ou des batailles de la Marne, de cimetières ou de musées.
Renseignements – Brochure téléchargeable sur le site du comité régional du tourisme *(voir p. 11)*.

ROUTES TOURISTIQUES EN ARDENNE

Bon à savoir – Une brochure détaillée décrivant les itinéraires ci-dessous est téléchargeable à partir du site de l'organisme départemental du tourisme des Ardennes, rubrique « Découverte et Patrimoine » *(voir p. 11)*.

Route Rimbaud-Verlaine

Les deux poètes, un temps liés par une relation orageuse, restent associés aux Ardennes. Cet itinéraire (150 km) passe à Charleville, où vécut le jeune Rimbaud, Rethel où Verlaine enseigna le français, et s'étire jusqu'à Juniville, où ce dernier fréquenta l'auberge *Au Lion d'Or*.

Route des légendes de Meuse et Semoy

Ce circuit (65 km) longe ou surplombe les méandres des deux rivières. Rochers et crêtes portent les noms de légendes fameuses (Roc-la-Tour, les Quatre Fils Aymon).

Route des fortifications

De la vallée de la Meuse à celle de la Chiers, les Ardennes furent au cœur de tous les affrontements. Cette route (140 km) fait voyager à travers 2000 ans d'histoire, du camp romain de Vireux jusqu'aux remparts de Sedan et au fort de Villy-la-Ferté, pris d'assaut en 1940 par les troupes allemandes.

Route des forêts, lacs et abbayes

Ce parcours (260 km) chemine à travers forêts et vallons, sur des routes tranquilles où abondent les anciens couvents à l'architecture harmonieuse : chartreux au Mont-Dieu, cisterciens dans les futaies d'Élan, cordeliers à La Cassine…

Route des églises fortifiées de la Thiérache

De la guerre de Cent Ans aux luttes franco-espagnoles, la région souffrit des conflits et des invasions. Ce circuit (150 km) traverse des villages où les manoirs, les églises et les fermes adoptent l'allure de forteresses.

Route du Porcien

À l'écart des foules, ce circuit (110 km) entre collines et plaines du Porcien traverse les paysages champêtres d'une région qui a conservé son habitat traditionnel.

Circuit historique de la bataille de Stonne

Cette bataille se déroula du 15 au 18 mai 1940 et se prolongea dans les environs. Au départ de Stonne, l'itinéraire balisé (50 km) est jalonné de quinze totems accompagnés de panneaux informatifs.
Renseignements – La brochure *Sites de mémoire 1939-1945* présente le circuit, ainsi que les lieux de mémoire et musées militaires de la région. Il est téléchargeable sur le site du comité régional du tourisme *(voir p. 11)*.

Les champs de bataille des Ardennes

L'office du tourisme de Sedan *(voir p. 346)* propose des circuits de mémoire en pays sedanais.

SOUVENIRS

Retrouvez notre sélection de boutiques ou d'artisans dans « Nos adresses à… », en fin de description des principaux sites de la partie « Découvrir la Champagne-Ardenne ».

Pour les papilles

Charcuterie et fromages – Les amateurs reviendront chargés d'authentiques **andouillettes de Troyes**, de **boudin de Rethel**, de **jambon sec d'Ardenne** et de **jambon en croûte de Reims**.

À côté des célèbres fromages de Champagne, le **chaource** et le **langres**, pensez au **mussy** et au **soumaintrain**.

Autres produits – Pour initier vos proches à la gastronomie régionale, vous trouverez des conserves artisanales, notamment du ragoût de pommes de terre au nom évocateur de « cacasse à cul nu ». Sans oublier les **escargots** *(voir Épernay, p. 132)* et une **truffe** peu connue, la *Tuber uncinatum (voir p. 44 et Chaumont, p. 274)*.

Douceurs – À Reims, on « craque » pour les **biscuits roses** ou les **croquignoles**, en forme de doigts, les **massepains** et les **nonettes**, à base de miel. Les célèbres **caisses** de Bar ou de Wassy sont des meringues aux amandes.

À Châlons-en-Champagne, les bonbons **Mau-Nau** portent le nom de deux canaux de la ville. Quant aux **bouchons de champagne**, ce sont des chocolats moulés contenant du marc de champagne, qui accompagnent agréablement le fameux vin.

Des Ardennes, on peut rapporter du **chocolat Turenne** de Sedan, des **ardoises** de Fumay et des **pierres bleues** de Givet, qui sont autant de spécialités au chocolat.

Champagne et Ardenne produisent d'excellents **miels**, notamment à Giffaumont-Champaubert *(voir lac du Der, p. 319)*.

Champagne et vins – On trouve du champagne dans les grandes maisons de renommée internationale basées à **Reims** *(voir p. 107)* et à **Épernay** *(voir p. 132)*, aussi bien que chez les petits producteurs que vous rencontrerez sur les **routes du Champagne** *(voir p. 21)*. Mais le plaisir ne se limite pas au champagne… Les coteaux champenois fournissent également des vins tranquilles, élaborés dans l'aire de production du champagne : le rosé des **Riceys** *(voir p. 263)*, ainsi que les vins de **Coiffy** *(voir Bourbonne-les-Bains, p. 292)* et de **Montsaugeon** *(voir Langres, p. 298)*, rouges ou blancs, produits dans la Haute-Marne.

Autres breuvages – En Champagne, pensez aussi au **cacibel** alliant cidre, cassis et miel, et au **rubis de cassis** ou de **groseilles**, un vin de fruit qui se boit frais, à l'apéritif et au dessert *(voir Chaumont, p. 278)*. Sans oublier le **marc** de champagne, le **ratafia** et la **fine** de champagne…

Du pays d'Othe, on reviendra avec quelques bouteilles de **cidre** *(voir Ervy-le-Châtel, p. 246)*, boisson également remise à l'honneur en Ardennes, après avoir été abandonnée *(voir la Thiérache ardennaise, p. 365)*.

On trouve dans le petit commerce des **bières** artisanales produites dans l'Aube *(voir Nogent-sur-Seine, p. 249)*. Et en Haute-Marne : la **Choue** *(voir Chaumont, p. 278)*, ou en Ardennes, qui compte plusieurs brasseries de renom, dont la Brasserie artisanale du Château Fort à Sedan *(voir p. 364)*, la Petite Brasserie ardennaise (Charleville-Mézières) ou la Bière de Sedan.

Pour la maison

Arts de la table et décoration – De **Bayel**, on rapporte des verres ou des vases en cristal : le magasin est situé à côté de la cristallerie *(voir Bar-sur-Aube, p. 225)*.

Quant à la coutellerie, d'abord développée à Langres où le père de Diderot était coutelier, elle se maintient à **Nogent** depuis le 14e s. C'est le moment de racheter couteaux et ciseaux !

Villenauxe-la-Grande est réputée pour ses céramiques et ses faïences. Héritiers de la grande tradition troyenne, des **vitraillistes** proposent dans leurs ateliers divers objets : lampes, bijoux… Pensez aux vanneries en osier de **Fayl-Billot** : en vente à l'école d'osiériculture, chez les artisans du village ou à la coopérative de Bussières-lès-Belmont *(voir Langres, p. 290)*. Dans les Ardennes, ce sont les tiges de saule que travaillent les artisans de **Boult-aux-Bois**.
Le **Centre européen des métiers d'art** expose 5 000 objets conçus par des artisans européens *(voir Givet, p. 393)*.

Pour la famille

Bonnes affaires – Envie de refaire votre garde-robe à prix doux ? Le choix est vaste dans les trois principaux centres de magasins d'usine et de négoce, à **Troyes** et dans ses environs. Plus de 200 magasins, 450 marques, et des prix allant généralement de - 30 à -50 % par rapport aux prix des mêmes articles vendus durant la saison précédente, hors périodes de soldes et de promotions. Décoration, arts de la table, linge de maison et autres accessoires sont également proposés. Renseignements : **www.troyesmagusine.com**.

Pour les enfants

Un cadeau pour les enfants ? À Rocroi, vous trouverez des **soldats de plomb** qui figurent les protagonistes de la bataille de Condé. À Charleville-Mézières, les **marionnettes** remportent du succès auprès des plus jeunes.

TRAINS TOURISTIQUES

Ardennes – En saison, le **train touristique du sud des Ardennes** longe en partie la vallée de l'Aisne, d'Attigny à Amagne-Lucquy (9,5 km) ou à Challerange (30,8 km) *(voir Attigny, p. 358)*.
L'expédition du Mawhot Express vous conduit, à bord du **Train des légendes**, dans la vallée de la Meuse à la poursuite du monstre légendaire *(voir Charleville-Mézières p. 345)*.
Aube – En pleine nature, le **train touristique de la Forêt d'Orient** sillonne le cœur du Parc naturel *(voir p. 218)*.
Marne – Le **chemin de fer touristique de la Traconne** circule en saison du plateau de Brie à la plaine de Champagne et traverse les coteaux plantés de vignes du Sézannais *(voir Sézanne, p. 159)*.
Haute-Marne et Marne – Le **train touristique de Wassy** circule en juillet sur la ligne Wassy/Éclaron/Doulevant. La balade comprend une visite de la gare, bel édifice du 19e s. *(voir p. 315)*. Le **train du Der** emprunte en pleine nature la grande digue *(voir le Lac du Der, p. 322)*.
Voir aussi les petits trains touristiques sur pneus qui circulent dans certaines villes de la région, comme à Châlons-en-Champagne (p. 175), Épernay (p. 145) et Langres (p. 297).

VÉLO OU VTT

En Champagne

Vous trouverez un important réseau de routes secondaires favorables à la pratique du vélo.
Les circuits de randonnée pédestre de Haute-Marne *(voir p. 20)* sont ouverts à la pratique du VTT.
Trois **voies vertes** sont entièrement dédiées aux circulations douces : le pays de Langres (12 km sur une ancienne voie ferrée), le canal entre Champagne et Bourgogne (130 km sur le chemin de halage) et le tour du lac du Der (38 km).
Aube en Champagne Tourisme *(voir p. 11)* propose une nouvelle carte de randonnées à pied et à vélo (24 boucles réparties sur l'ensemble du département, de

niveau et de difficulté variables, de 30 à 80 km).

En Ardenne

Les 6 **routes touristiques**, balisées selon différents thèmes, sont tranquilles : route Rimbaud-Verlaine, route des fortifications… *(voir p. 23)*. En outre, plus de 400 km de sentiers sont ouverts aux VTT.

La **Voie verte trans-Ardennes**, aménagée sur l'ancien chemin de halage, longe la Meuse de Charleville-Mézières à Givet (83 km). Renseignez-vous au comité départemental du tourisme *(voir p. 11)* ou sur www.voiesvertes.com.

Vallée de la Meuse et Semoy – Vous y trouverez 22 parcours VTT. Informations dans les offices de tourisme et carte des itinéraires VTT à télécharger sur le site www.parc-naturel-ardennes.fr.

Où s'informer ?

Ligue régionale de cyclotourisme Champagne-Ardenne – 6 r. de l'Étang - 10280 Fontaine-les-Grés - ☎ 03 25 70 70 85 - www.lca-ffct.org. Le site fournit toutes les informations pratiques, le calendrier des randonnées, les circuits, les cartes, les indications par disciplines (tourisme, route, VTT) et par départements.

VISITES GUIDÉES

La plupart des villes proposent des visites guidées. Elles sont organisées toute l'année dans les grandes villes ou seulement en saison dans les plus petites. Dans tous les cas, informez-vous auprès des offices de tourisme et pensez à vous inscrire si nécessaire.

En général, les visites ne sont pas assurées en deçà de quatre personnes et pendant la période estivale, les listes sont rapidement complètes.

Reportez-vous aussi à la rubrique « S'informer » des villes, dans la partie « Découvrir », où nous mentionnons les visites guidées qui ont retenu notre attention.

Villes et Pays d'art et d'histoire

Sous ce label, décerné par le ministère de la Culture et de la Communication, sont regroupés 146 villes et « pays » qui œuvrent à la mise en valeur et à l'animation de leur architecture et de leur patrimoine. En Champagne-Ardenne, cinq villes ont pour l'heure été labélisées : **Châlons-en-Champagne**, **Langres**, **Reims**, **Sedan** et **Troyes**. Elles proposent des visites générales ou insolites (1h30 ou plus), conduites par des guides-conférenciers et des animateurs du patrimoine agréés par le ministère. Renseignements auprès des offices de tourisme de ces villes et sur le site **www.vpah.culture.fr**.

En famille

Dans la partie « Découvrir la Champagne-Ardenne », le pictogramme signale les parcs, musées et autres attractions susceptibles d'intéresser vos chères têtes blondes *(voir le tableau récapitulatif p. 30)*.

LES LABELS

Villes et Pays d'art et d'histoire

Le réseau des Villes et Pays d'art et d'histoire (voir la rubrique « Visites guidées ») propose des visites-découverte et ateliers du patrimoine aux enfants, les mercredis, samedis ou durant les vacances scolaires. Ces derniers s'initient à l'histoire et à l'architecture et participent à la découverte de la ville.
En juillet-août, dans le cadre de l'opération « L'Été des 6-12 ans », ces activités ont lieu pendant la visite des adultes.
Renseignements auprès des offices du tourisme de **Châlons-en-Champagne**, **Langres**, **Reims**, **Sedan** et **Troyes**, et sur le site **www.vpah.culture.fr**.

QUELQUES IDÉES

La Champagne-Ardenne offre de vastes espaces naturels, notamment autour des nombreux **lacs** qui possèdent presque tous des bases de loisirs : lacs du Der *(voir p. 318)*, de la Forêt d'Orient *(voir p. 211)* et des environs de Langres en Champagne *(voir p. 288)*, lacs des Vieilles-Forges *(voir p. 384)* et de Bairon en Ardenne *(voir p. 359)*. Ces espaces permettent l'observation de la faune sauvage, en particulier des oiseaux migrateurs : la plupart sont équipés d'observatoires et de centres d'interprétation.
La région compte plusieurs **parcs animaliers** : parcs aux daims de Châteauvillain *(voir p. 276)* et du domaine Saint-Victor à Soulaines-Dhuys *(voir p. 224)*, faune sauvage régionale dans les parcs de La Bannie *(voir p. 293)* ou de Saint-Laurent *(voir p. 339)*, espèces exotiques au parc du Moulin-Rouge *(voir p. 252)*, nouveau parc de la Forêt d'Orient *(voir p. 210)*…
Les châteaux invitent à jouer au chevalier et à la châtelaine, en organisant régulièrement des **animations pour le jeune public** : village castral de Château-Thierry *(voir p. 149)*, visites à thème au château de Sedan *(voir p. 346)*.
Pour les petits curieux, l'**Ardenne** dispose de musées et sites qui privilégient l'interactivité et permettent de découvrir la région en s'amusant : le domaine de Vendresse avec ses aquariums et son haut-fourneau mis en son et lumière *(voir p. 360)*, le Parc Argonne Découverte *(voir p. 376)*, le musée de la Forêt *(voir p. 340)*, le musée Guerre et Paix *(voir p. 379)*… Quant à la ferme pédagogique de Liart *(voir p. 366)*, elle accueille parents et enfants autour du four à pain : chacun pétrit la pâte et réalise sa miche.

Voir aussi « Noël en Ardenne et en Champagne » (p. 17).

SITES OU ACTIVITÉS À FAIRE EN FAMILLE			
CHAPITRE DU GUIDE	**NATURE**	**MUSÉE**	**LOISIRS**
Auberive	Source de l'Aube Réserve naturelle de Chalmessin		
Bar-sur-Aube	Domaine St-Victor (Soulaines-Dhuys)		Parc d'attractions Nigloland (Dolancourt)
Bourbonne-les-Bains	Parc animalier de la Bannie		
Chaource		Musée des Poupées d'antan (Maisons-lès-Chaource)	
Charleville-Mézières	Parc animalier de Saint-Laurent Lac des Vieilles-Forges	Musée de la Forêt (Renwez) Fort des Ayvelles	Le Grand Marionnetiste Mont Olympe
Château-Thierry		Maison natale de Jean de La Fontaine	Village castral Château de Condé
Chaumont	Parc aux Daims (Châteauvillain)	Musée de la Crèche	
Lac du Der	Observatoires (sites de Chantecoq, de Champaubert…)	Musée du Pays du Der (Sainte-Marie-du-Lac)	Plages, station nautique de Giffaumont Grange aux abeilles
Épernay	Parc du Sourdon		Jardin de Vignes (Chouilly) Ferme aux oiseaux exotiques (Athis)
Ervy-le-Châtel	Parc de Coursan-en-Othe		
Forêt d'Orient	Sentiers des Salamandres, du Lapin blanc, espace faune…	Écomusée de la Forêt d'Orient	Maison du Parc, plages, vélovoie…
Givet	Grottes de Nichet Circuit « ardoises et légendes » (Haybes)		Plan d'eau et base de loisirs
Joinville	Les Jardins de mon moulin (Thonnance-lès-Joinville)		
Langres	Les 4 lacs Tufière de Rolampont		Visites jeune public de la ville Escargot de Cohons Ferme d'Antan (Mandres-la-Côte)
Montagne de Reims	Mare pédagogique de la Maison du Parc (Pourcy) Sentier des Faux (Verzy)		
Mouzon		Musée du Feutre	
Nogent-sur-Seine	L'île Olive et son arboretum Jardin botanique (Marnay-sur-Seine), Parc du Moulin-Rouge (Ossey-les-Trois-Maisons)		Rallye « Mène l'enquête » Plan d'eau du Monteuil
Reims	Parc nature de Sept-Saulx	Musée de l'Automobile	Visites jeune public de la ville Planétarium
Rethel	Maison de la nature (Boult-aux-Bois)	Musée Guerre et Paix (réouverture en 2013)	Parc Argonne Découverte (Olizy Primat)
Revin	Parc Rocheteau Lac des Vieilles-Forges	Musée de la Forêt (Renwez)	
Saint-Dizier		Mettalurgic Park	
Sedan	Lac de Bairon	Domaine de Vendresse	Visites jeune public de la ville et du château fort Train Picasso à Attigny
Sézanne	Sentier du Marais de Saint-Gond (Reuves) Forêt de la Traconne		
Thiérache ardennaise	Ferme pédagogique de Liart		Étang de la Motte (Signy-le-Petit)
Troyes			Visites ludiques de la ville

Mémo

Agenda

Voici une sélection des principales manifestations de la région.

JANVIER

Villages viticoles autour d'Épernay – Fête de la St-Vincent, patron des vignerons (autour du 22) - office du tourisme d'Épernay (✆ 03 26 53 33 00 - www.ot-epernay.com) ou CIVC (✆ 03 26 51 19 30).

JANVIER-FÉVRIER

Ardennes – Festival Les Enfants du cinéma - http://lesenfantsducinema.free.fr.

MARS

Chaource – Journées patrimoine et nature (1er ou 2e w.-end du mois) - ✆ 03 25 40 10 67.
Langres – Festival Tinta'Mars - ✆ 03 25 87 60 34 - http://tintamars.free.fr

JEUDI PRÉCÉDANT PÂQUES

Les Riceys – Foire du Grand Jeudi : cette fête du vin réunit autour de la halle de Ricey-Haut tout ce qui se rapporte au travail de la vigne et de la culture - ✆ 03 25 29 15 38.

AVRIL

Monthermé – Printemps des légendes - ✆ 03 24 54 46 73 - http://printempsdeslegendes.com.
Rethel – Foire au boudin blanc (dernier w.-end) - ✆ 03 24 38 54 56.

MAI

Bergères – Journée des plantes (mi-mai) - ✆ 03 25 27 81 60 - www.journeedesplantes.wordpress.com.
La Cassine-en-Ardenne – Festival de musique et arts de rue - ✆ 03 24 35 44 84 - www.la-cassine.com.
Charleville-Mézières – Festival des confréries en Ardenne - ✆ 06 15 70 02 17 - www.ambassade-ardenne.confreries.org ; Fête de la bière - ✆ 06 56 07 13 99.
Damery – Champenoise de la vallée de la Marne : course déguisée, avec ravitaillement au champagne - ✆ 03 26 56 90 31 - www.lachampenoisedelavalleedelamarne.com.
Grand Jardin de Joinville – Fête du Printemps (déb. du mois) - ✆ 03 25 94 17 54 - www.haute-marne.fr/legrandjardin.
Les Riceys – Randonnée des cadoles (20 km environ), avec repas sous la halle du village (1er Mai) - inscription à l'office de tourisme à partir du 1er avr. - ✆ 03 25 29 15 38.
Nogent – Festival Bernard Dimey - ✆ 03 25 30 28 43 - www.villedenogent52.com.
Sedan – Festival médiéval - ✆ 03 24 29 98 80 - www.chateau-fort-sedan.fr.

MAI-JUIN

Celles-sur-Ource – Randonnée gourmande dans le vignoble de Champagne - ✆ 03 25 38 51 47.
Chaumont – Festival international de l'affiche et du graphisme : des Silos à la chapelle des Jésuites, toute la ville se passionne pour l'image dessinée, ludique ou engagée - ✆ 03 25 03 86 80 - www.chaumont-graphisme.com.

JUIN

Sedan, **Charleville-Mézières** et **Vrigne-aux-Bois** – Urbi & Orbi : biennale de la photographie et de la ville (années paires, fin juin) - ✆ 06 11 13 57 27 - www.urbi-orbi.com.

Asfeld – Festival international de viole de gambe : concerts, promenade musicale, exposition de luthiers et archetiers (années paires) - www.violedegambe.org.
Bar-sur-Aube – La Foire aux fromages - ✆ 03 25 27 00 29.
Châlons-en-Champagne – « Furies » : festival de cirque et de théâtre de rue (déb. du mois) - ✆ 03 26 65 90 06 - www.festival-furies.com. *Voir p. 172.*
Langres – Fête du pétard : spectacles de rue commémorant la nuit de 1591 où les Lorrains ligueurs tentèrent de s'emparer de Langres en installant un pétard contre la porte de l'hôtel de ville (1er w.-end de juin).
Launois-sur-Vence – Festival régional des métiers d'art et de création - ✆ 03 24 35 06 36 - www.launoissurvence.com.
Reims – Fêtes Johanniques : 2 000 figurants en costumes d'époque accompagnent Jeanne d'Arc et Charles VII - ✆ 03 26 82 45 66 - www.reims-fetes.com ; Sacres du Folklore : pendant 6 jours, les meilleurs ensembles folkloriques du monde se produisent sur le parvis de la cathédrale - ✆ 03 26 03 16 31 - www.sacresdufolklore.fr.

JUIN-JUILLET

Sedan – Rencontres Guitare et Patrimoine en Ardenne - ✆ 03 24 27 09 75 - www.mjc-calonne.com.

JUIN-AOÛT

Reims – Flâneries musicales de Reims : plus de 100 concerts à travers toute la ville ; rendez-vous des grands noms de la musique internationale dans les lieux les plus prestigieux et inattendus (de fin juin à fin juil.) - ✆ 03 26 36 78 00 - www.flaneriesreims.com.
Troyes – Ville en musiques : concerts classiques, jazz, musiques actuelles (vend., sam. et dim.) - ✆ 03 25 40 15 55 ou 03 25 43 55 00 - www.maisonduboulanger.com.

JUIN-SEPTEMBRE

Sedan – Festival des cafés-concerts : concerts dans les cafés du pays sedanais - ✆ 03 24 27 73 73.

JUILLET

Ay-Champagne – Fête Henri IV : musiques, spectacles, grande parade, artisanat et gastronomie (1er w.-end du mois, les années paires) - ✆ 03 26 56 92 10 - www.fetes-henri4-ay.fr.
Bogny-sur-Meuse – Festival Aymon Folk : concerts folk, celtique et alternatif - ✆ 03 24 32 75 04 - www.aymonfolkfestival.fr.
Pays d'Othe – Festival en Othe et en Armance : concerts, expositions - ✆ 03 25 42 70 63 - www.festivalenothe.org.
Saint-Dizier – Festival musical Été : concerts gratuits sur les places publiques et dans le parc du Jard (musique classique, rock, raï…) - ✆ 03 25 07 31 66 - www.musical-ete.fr.
Vendeuvre-sur-Barse – Vindovera : spectacle historique (2e quinz. du mois : les w.-ends) - ✆ 03 25 41 44 76.

JUILLET-AOÛT

La Cassine-en-Ardenne – Son et Lumières - ✆ 03 24 35 44 84 - www.la-cassine.com.
Châlons-en-Champagne – F'estival Musiques d'ici et d'ailleurs - ✆ 03 26 68 47 27 - www.musiques-ici-ailleurs.com.
Côte des Bar – La Route du Champagne en fête - ✆ 03 25 43 72 72.
Langres – L'Estival des Hallebardiers : découverte originale et décalée du patrimoine langrois à travers des visites-spectacles (jeu.-sam. 21h) - ✆ 03 25 90 77 40 - www.hallebardiers.com.
Vallée de la Meuse – FestiMeuse : animations, concert, feux d'artifice à Fumay, Givet, Haybes

et Virey-Wallerand (fin juil.-déb. août) - 03 24 40 59 14 - www.festimeuse.com.

JUILLET-SEPTEMBRE

Troyes – Ville en Lumières : illumination des principaux monuments, visites nocturnes (vend.-dim.).

AOÛT

Charleville-Mézières – Le Cabaret Vert, Éco-festival Rock & Territoire - 03 24 36 12 68 - www.cabaretvert.com.
Châteauvillain – Salon Plaisirs de la chasse et de la nature, dans le Parc aux daims : stands de matériel de chasse, coutellerie, art animalier, démonstration de chiens d'arrêt et de chiens truffiers, spectacle de fin de chasse à courre, feu d'artifice, messe de St-Hubert (dernier w.-end d'août) - 03 25 03 01 03 - www.salon-chasse-nature.com.
Essoyes – Les Chevalets d'Essoyes, en hommage au peintre Pierre Auguste Renoir (attention, la manifestation peut être avancée à juin ou juillet) - 03 25 29 61 34.
Fleury – Prix de vertu : depuis le 19e s., la cérémonie annuelle du couronnement de la rosière honore une jeune fille pour sa probité et son implication dans la vie associative (mardi après le 2e dim. d'août).
Grande Vallée de la Marne – Festival musiques en Champagne : animations-découverte, visites des caves et des villages de la vallée, conférences, dégustations de produits locaux - 03 25 56 95 20 - www.ccgvm.com.
Houldizy – Festival Théâtres de rue - 03 24 32 47 52 - www.festivalhouldizy.fr.
Langres – Festival du chien à plumes : festival de musique actuelle, plage de Villegusien (déb. août) - www.chienaplumes.fr.
Launois-sur-Vence – Foire des vacanciers en Ardenne : animations, brocante - 03 24 35 06 36 - www.launoissurvence.com.
Louvergny – Rencontres musicales (déb. août, tous les 2 ans à partir de 2012) - 03 24 71 98 98 - www.rencontres-louvergny.org.

AOÛT-OCTOBRE

Marne – Festival Itinéraires musique-théâtre-patrimoine : des lieux du patrimoine marnais (religieux, militaire, industriel ou touristique), à l'accès souvent confidentiel, se muent en salles de spectacles ou en scènes ouvertes pour des artistes de tout genre - 03 26 69 50 99 - www.marne.fr.

SEPTEMBRE

Abbaye de Clairvaux – Festival Ombres et Lumières : rencontres artistiques dans un cadre magnifique (dernier w.-end du mois) - 03 25 27 52 55 - abbayedeclairvaux.com.
Brienne-le-Château – Foire de la choucroute au champagne (3e dim. du mois) - 03 25 93 82 41.
Charleville-Mézières – Festival mondial des théâtres de marionnettes : spectacles du monde entier à travers toute la ville pendant 10 jours (tous les 2 ans, le prochain aura lieu en 2013) - 03 24 59 94 94 - www.festival-marionnette.com
Gueux – Week-end de l'Excellence de Reims : rassemblement d'automobiles et de motos de compétition historiques et de tourisme, sur le circuit de Reims-Gueux en Champagne (démonstrations, vente aux enchères, meeting aérien) - 04 50 55 93 92 - www.weea-organisation.com.
Pays d'Othe – La Pressée à l'ancienne : fête du cidre et de la pomme (2e dim. du mois) - 03 25 80 81 71.

Sedan – La plus importante foire du nord-est de la France ; nombreux concours d'élevage dont le Concours départemental de chevaux de trait ardennais (2e w.-end de sept.) - ✆ 03 24 29 15 99 - www.foiredesedan.fr.

Troyes – 48 heures d'automobiles anciennes (2e w.-end du mois, années paires) - ✆ 03 25 40 86 99 - www.48heures.com.

Festival à la ferme «Sème la culture» – Des artistes investissent plusieurs fermes ardennaises pendant une semaine (tous les 2 ans, le prochain aura lieu en 2014) - www.semelaculture.com.

OCTOBRE

Chalindrey – Fête des sorcières - ✆ 03 25 88 82 03.

Chaource – Journées patrimoine et nature (2e w.-end du mois) - ✆ 03 25 40 10 67.

Épernay – Grand cochelet des Vendanges - ✆ 03 26 53 33 00.

Massif de Saint-Thierry – Fête des Vendanges à l'ancienne : grand rendez-vous d'hier et d'aujourd'hui (vendanges, pressurage et travail du vin à l'ancienne, démonstrations de tonnellerie, musique) - ✆ 03 26 03 58 47 - www.massif-saint-thierry.fr.

Les Riceys – Randonnée nocturne dans le vignoble - ✆ 03 25 29 15 38.

Troyes – Nuits de Champagne : concerts et spectacles (fin du mois) - ✆ 03 25 72 11 65 - www.nuitsdechampagne.com.

NOVEMBRE

Givet – Foire aux oignons (le 11) - ✆ 03 24 42 06 84 - www.givet.fr.

Montier-en-Der – Festival international de la photo animalière et de nature - ✆ 03 25 55 72 84 - www.festiphoto-montier.org.

Reims – Reims Jazz Festival - ✆ 03 26 47 00 10 - www.djaz51.com.

NOVEMBRE-DÉCEMBRE

Grinyland-Sept-Saulx – La Tournée du père Noël : spectacle et rencontre pour les enfants avec le père Noël, au parc Nature et Loisirs (de fin nov. au 24 déc.) - ✆ 03 26 03 24 91 - www.latourneeduperenoel.fr *(voir p. 110)*.

DÉCEMBRE

Noëls de Champagne, Chemin des crêches et marchés de Noël.

Épernay – Habits de lumière : feux d'artifice, spectacles de rue, animation autour de la gastronomie, de l'art de vivre et du champagne (2e et 3e w.-end du mois) - ✆ 03 26 53 33 00 ou 03 26 53 33 03 - www.ot-epernay.fr.

Bibliographie

OUVRAGES GÉNÉRAUX ET TOURISME

Champagne-Ardenne, collectif, Bonneton, 2004. Histoire et art, ethnographie, langue et littérature, milieu naturel, économie, par des spécialistes reconnus.

Champagne-Ardenne, D. Sadaune et S. Benaouda, Ouest-France, 2000. Nature, histoire, art, savoir-faire, gastronomie.

Carnet de fleurs en Champagne-Ardenne, Hubert le Jardinier, Les éditions du Coq à l'âne, 2006.

Noms de lieux en Champagne-Ardenne, M. Tamine, Bonneton, 2001.

Les Ardennes, F. Bartelt et J.-M. Lecomte, Siloe, 2005.

Reims, ville royale, P. Demouy, Tallandier, 1988.

Reims Champagne, collectif, Déclics, 2002. Beau-livre.

PATRIMOINE

Caves de champagne, M. Jolyot, Atelier Michel Jolyot, 2006. Un voyage dans le labyrinthe des crayères.

Châteaux et maisons fortes : de la haute vallée de la Marne aux marches de la Lorraine, C. Corvisier et J. Philippot, Itinéraires du Patrimoine, 2003.
Le patrimoine religieux de Sedan, A. Sartelet et J. Philippot, Itinéraires du Patrimoine, 2002.
L'Abbaye d'Auberive, G. Vilain et P. Delance, Itinéraires du Patrimoine, 2006.

HISTOIRE

Mémoires de guerre (3 vol.), Charles de Gaulle, Pocket, 1999.
La Bataille des Ardennes : déc. 1944-janv. 1945, M. Hérubel, Presses de la Cité, 2005.
L'Offensive de Champagne : 25 septembre 1915, B. Crochet, Ysec, 2002.
Une histoire du champagne, M. Buvry, A. Sutton, 2006. Ouvrage illustré par 500 cartes postales.
Le Champagne, trois siècles d'histoire, G. Clause, É. Glatre et M. Blin, Stock, 1997.
Les Champs de bataille – La Marne et la Champagne, Michelin, 2011.

LITTÉRATURE

Le Pays où l'on n'arrive jamais, A. Dhôtel, J'ai lu, 1955 (voir p. 83).
Un balcon en forêt, J. Gracq, Corti, 1990 (voir p. 83).
Un Ardennais nommé Rimbaud, Y. Hureaux, La Nuée bleue, 2004.
Le Pain de suie, Y. Hureaux, J.-C. Lattès, 1999. Roman de terroir, situé dans les Ardennes au début de la Grande Guerre.
Bille de chêne, Y. Hureaux, Lattès, 1996. Souvenirs d'une enfance ardennaise après guerre.
Passion Rimbaud, l'Album d'une vie, C. Jeancolas, Textuel, 1998. La vie et l'œuvre de Rimbaud à travers 700 documents, souvent inédits.
ABCdaire de Rimbaud, P. Chavot et F. de Villandry, Flammarion, 2001. Un tour d'horizon du monde et de la vie de Rimbaud.
Verlaine d'ardoise et de pluie, G. Goffette, Gallimard, 1998. Un portrait « de l'intérieur », entre biographie et roman.
Plutôt le dimanche, F. Bartelt, Labor, 2004. Chronique des jours pas si ordinaires dans les Ardennes.
Malaver à l'hôtel, J.-P. Maurel, Viviane Hamy, 1996. Enquêtes à travers les ruelles de Troyes.
Balade dans les Ardennes, coll. Sur les pas des écrivains, éd. Alexandrines, 2004.
Les Ardennes, Plumes et paysages, Ed. Noires Terres, 2011. Extraits de textes littéraires illustrés par les photographies de J.-M. Lecomte.
Contes et légendes de la Champagne et des Ardennes, R. Maudhuy, France-Empire, 2003.
Voir aussi « Littérature », p. 82.

GASTRONOMIE

Coutumes et recettes du temps des fêtes en Champagne-Ardenne, L. Bésème-Pia, Les éditions du Coq à l'âne, 2005.
La Cuisine au champagne : histoire et recettes d'hier à aujourd'hui, F. Bonal et L. Bésème-Pia, Les éditions du Coq à l'âne, 2001. Une cuisine apparue au 18e s. : 270 recettes familiales ou gastronomiques.
La Cuisine rustique de la Champagne, L. Bésème-Pia, D. Fradet, 1996. 300 recettes collectées chez les restaurateurs de la région.
La Champagne et ses vins, collectif, Féret, 2006.
Guide du champagne, É. Glatre, Hoëbeke, 2005. Présentation de 45 producteurs : historique et fiches de dégustation.
Légumes anciens des potagers de la Champagne-Ardenne et de l'Aisne, L. Bésème-Pia, A. Huon, J. Oudet, Dominique Guéniot, 2010. Un beau livre pour (re)découvrir, cultiver et cuisiner une quarantaine de légumes anciens.
Recettes Ardennaises de nos Grands-Mères, L. Bésème-Pia, Éditions du CPE, 2005.
Le Boudin blanc, S. Rota, Les éditions du Coq à l'âne, 2006.

2/ COMPRENDRE LA CHAMPAGNE-ARDENNE

Troyes, maison à pans de bois.
C. Moirenc / hemis.fr

Bonus

La Champagne-Ardenne aujourd'hui

La situation privilégiée de la Champagne-Ardenne a permis à ses habitants, âpres au travail, de développer au fil des siècles une activité intense, modelant une identité forte. Face aux mutations qui ont affecté ses secteurs traditionnels, la région a préservé sa spécificité, en adaptant aux nouvelles conditions certains savoir-faire très anciens. Le terroir y a un sens et, au-delà de l'emblématique champagne, la gastronomie témoigne d'un art de vivre…

Les activités régionales

EN CHAMPAGNE

Si les grandes villes comme Reims, Troyes, Châlons-en-Champagne ou Langres ont diversifié leurs industries, les secteurs traditionnels de la métallurgie de pointe et du textile conservent une place prédominante. L'essor de ces activités remonte au Moyen Âge.

Les bas de Troyes

Outre ses foires, la Champagne brille par son **industrie textile** dès le 13e s. : toiles de Reims, draps de Châlons et de Provins.

Troyes est plutôt spécialisé dans le travail du **cuir**. L'essor du 16e s. permet à la ville de développer ses activités textiles, comme la draperie et le velours. Les premiers fabricants de bonnets et de bas tricotés à la main entrent en scène en 1505. Après une baisse de la production due aux guerres de la fin du règne de Louis XIV, la **bonneterie** transforme le paysage économique de Troyes. En 1745, des métiers à fabriquer des bas sont installés à l'hôpital de la Trinité afin d'utiliser la main-d'œuvre des indigents.

Les **bas de Troyes** remportent un vif succès : le nombre des métiers explose et l'activité se développe bien au-delà de la ville. À la fin du 18e s., Troyes centralise la vente de l'industrie bonnetière de la région. Cependant, dans les années qui précèdent la Révolution, la production recule à nouveau, et les salaires des ouvriers diminuent de moitié.

Le secteur repart de plus belle pendant la première moitié du 19e s., marqué par des améliorations techniques, notamment l'introduction de métiers mécaniques qui permettent de fabriquer en série des bonnets de coton, des gilets et des pantalons. La bonneterie concerne alors

Enseigne représentant le cycle de l'élaboration du champagne.
Y. Talensac / Photononstop

l'ensemble du département de l'Aube et représente le tiers de la production française.

Le petit village de **Fontaine-les-Grès**, au nord de Troyes, avec ses rangées d'habitations, son église, la maison du patron et l'internat destiné à éduquer les ouvrières, est aménagé par la **famille Doré** (marque DD), et de nombreux ateliers sont implantés dans les villages des alentours. Dans l'industrie bonnetière troyenne, 70 % des effectifs sont encore féminins.

À l'heure actuelle, le secteur textile est toujours présent dans l'Aube. Il regroupe des marques nationales comme Lacoste, dont la fameuse chemise est née dans les ateliers de Troyes et de Saint-Dizier. Des centaines de milliers d'acheteurs, originaires pour une bonne moitié des départements limitrophes et de la partie nord-est de l'Hexagone, viennent chaque année dans les magasins d'usine profiter des rabais de 30 à 50 % consentis sur les collections précédentes ou les fins de série des articles de sport et de prêt-à-porter.

Pour d'autres informations sur la bonneterie, reportez-vous au chapitre sur Troyes, en particulier à l'hôtel de Mauroy, ancien hôpital de la Trinité devenu maison de l'Outil et de la Pensée ouvrière *(voir p. 198)*, à l'hôtel de Vauluisant, qui abrite un musée retraçant l'histoire de cette activité, et à la rubrique « Achats », dans « Nos adresses à Troyes », pour les magasins d'usine *(voir p. 209)*.

De l'eau, du bois, du fer

C'est dans la région que sont apparus les plus anciens **sites de forge** du pays, d'abord développés par les monastères qui favorisent l'apparition d'une industrie métallurgique utilisant la force hydraulique. Le premier voit le jour au 12ᵉ s. à **Wassy**, dans la vallée de la Blaise, sous l'impulsion des moines de Clairvaux.

Les mines et les forges se multiplient dans les forêts d'Othe, du Der et de Chaume au cours des 13ᵉ et 14ᵉ s. La production connaît son apogée au 19ᵉ s., avant de subir la concurrence de la Lorraine voisine. Une partie des usines se spécialise dans la **fonderie d'art**, qui assure la renommée de la région dans le monde entier. Au début du 20e s., **Hector Guimard** crée les fontes ornementales de style Art nouveau à Saint-Dizier. Aujourd'hui, la plupart des usines ont fermé. Certaines ont cependant réussi à maintenir une activité, d'autres ont opéré une reconversion.

La région offre de nombreuses possibilités de visites sur ce thème. Voir le circuit des Fontes d'art en Haute-Marne *(p. 22)* et, dans la partie « Découvrir la Champagne-Ardenne », la vallée de la Blaise *(p. 314)*, le circuit des fontes ornementales à Saint-Dizier *(p. 312)*, Osne-le-Val dans le Vallage *(voir Joinville, p. 308)* et le sentier du Fer à Bérulle *(voir Pays d'Othe, p. 243)*.

La **coutellerie** se développe à **Langres** au 14e s. Au 17e s., de grandes maisons y voient le jour, puis la tendance est au morcellement et à la dispersion des entreprises : la coutellerie de Langres essaime le long de la Marne, du Rognon et de la Meuse. Le bassin de **Nogent**, où s'installent de nombreux artisans, prend le pas sur Langres. Vers 1880, la forge et l'estampage, la coutellerie fine et demi-fine, la ciselure haut de gamme, l'instrumentation médico-chirurgicale et l'outillage à la main font vivre 6000 personnes ; c'est l'apogée de l'activité pour la région. Malgré l'apparition de l'électricité et des forges industrielles, le travail reste familial et n'occupe pas plus d'une à trois personnes à la fois. Paris constitue le premier débouché, tandis qu'à l'exportation, c'est l'Amérique du Sud.

Aujourd'hui comme hier, l'activité est très diversifiée et pourvoyeuse d'emplois. Elle a évolué vers des fabrications haut de gamme : plusieurs entreprises locales travaillent directement avec des chirurgiens de renom pour créer des instruments à leur main. Quelques petits ateliers subsistent dans les vallées coutelières des alentours de Nogent *(voir p. 291)*, où le **musée de la Coutellerie** accueille une importante collection d'objets.

Autres activités

D'autres centres de tourisme technique peuvent se visiter dans la région : dans le pays baralbin, la **cristallerie de Bayel** a été fondée au 17e s. par un maître verrier vénitien *(voir Bar-sur-Aube, p. 225)*.

Dans le sud haut-marnais, la **vannerie** fut introduite en 1670 par frère Jean-Jacques, que l'on disait bâtard d'Henri IV. L'activité se développa rapidement parmi la population et connut un essor considérable au 18e s. De nombreux artisans perpétuent la tradition à **Fayl-Billot** *(voir Langres, p. 289)*.

EN ARDENNES

Terre sans agriculture, l'Ardenne française a réussi à conserver sa population. Dans la vallée de la Meuse, l'**activité industrielle**, très ancienne, contraste avec le paysage forestier. Le « paysan de la forêt » s'est longtemps spécialisé dans l'ardoiserie, le textile, la métallurgie. Nulle part plus que dans le travail de la forge familiale ne se retrouvait l'âme de la petite entreprise ardennaise ou « boutique ».

Le temps des « escailleux »

L'**ardoise**, tirée d'une roche schisteuse, est exploitée dans la région depuis l'époque romaine. L'extraction, développée par les monastères de Signy et de Bonnefontaine, connut jusqu'au 20e s. une faible évolution des techniques. Les mineurs du schiste étaient appelés « escailleurs » ou « scailleteux » – le mot scaille signifiant « ardoise ». Ils descendaient dans la mine au moyen d'échelles, en freinant des mains et des pieds, parfois jusqu'à une profondeur de 840 m.

À **Fumay**, ancienne capitale de l'ardoise, les carreaux s'alignaient en murets le long des quais de la Meuse dans l'attente des bateaux. Les ardoises de **Rimogne** étaient exportées jusqu'en Australie, en Europe centrale et en Scandinavie. Celles de **Givet**, bleutées, furent utilisées pour recouvrir certains quais, ponts et monuments de Paris et des villes d'Europe du Nord. Les entreprises, de taille souvent modeste, connurent leur apogée sous le Second Empire. L'électricité améliora les conditions de travail par l'utilisation de pompes, mais le manque d'entretien durant la Première Guerre mondiale causa des dommages considérables. La concurrence d'autres sites de production et d'autres matériaux de couverture, comme la tuile d'argile, a eu raison des dernières ardoisières : elles ont fermé leurs portes en 1971, après huit siècles d'exploitation. Aujourd'hui, Fumay s'est reconverti dans la fabrication de câbles téléphoniques.

Pour approfondir le sujet, voir le circuit de la Meuse des ardoisiers à Givet *(p. 394)*.

Le textile et la métallurgie

L'essor de l'**industrie drapière** de Sedan remonte aux guerres de Religion. La ville est protestante : les draps noirs de la « Petite Genève » surpassent en réputation ceux de Hollande et d'Espagne. Le point de dentelle, appelé « point de Sedan », est importé par les calvinistes. En 1685, la révocation de l'édit de Nantes affecte durement cette activité, et la croissance ne reprend que dans la seconde moitié du 18e s. grâce à la mécanisation du travail de la laine. La réussite du **baron Ternaux** (1763-1833) amorce la concentration industrielle. Les fabriques accaparent la force de travail des campagnes environnantes. L'activité est intense sous la Restauration et la monarchie de Juillet, puis vient la machine à vapeur… Mais les guerres entraînent l'exode des industries textiles de Sedan, notamment vers Castres. La **Manufacture royale de draps du Dijonval**, fondée en 1646, a poursuivi son activité jusqu'en 1958.

L'industrie de la **clouterie** fut introduite par les Liégeois dès le 13e s. Pratiquée durant l'hiver, la clouterie manuelle permit de sortir de la pauvreté, mais fut condamnée par la clouterie mécanisée d'Angleterre dans les années 1820. Elle fut remplacée par la **boulonnerie** dans la région de Bogny-sur-Meuse, la **ferronnerie** à Nouzon (devenue Nouzonville) et la **fonderie** à Revin *(voir le musée de la Métallurgie à Levrézy, p. 342)*. L'atelier du cloutier où le chien, dans sa roue, actionnait le soufflet, coexistait jadis avec la grande entreprise métallurgique. Ces industries ont connu leur apogée à la veille de la Grande Guerre, grâce au développement du chemin de fer, ce qui a permis d'éviter l'exode rural. Elles ont souffert de la crise depuis 1970, mais le travail des métaux reste le premier secteur industriel de la région : la fonderie PSA Peugeot Citroën à Les Ayvelles, près de Charleville-Mézières, est la plus moderne de France. Certaines PME, hautement spécialisées, ont gardé l'âme de la « boutique » et s'intègrent, avec d'autres secteurs, au réseau des équipementiers automobiles (en Champagne-Ardenne, le secteur de l'automobile reste un grand réservoir d'emplois).

Autres activités

À côté des secteurs dominants, cette forte tradition industrielle s'est donc développée dans des domaines divers. Revin constitue le fief de la célèbre marque d'**appareils électroménagers** Arthur-Martin (aujourd'hui Electrolux), qui a très fortement marqué les lieux de ses quelque cent trente ans de présence. Charleville-Mézières, Sedan et Givet, ainsi que plusieurs localités de Haute-Marne, se sont réorientées dans la **plasturgie**.

Le tourisme

En dehors des grands pôles touristiques, dont certains jouissent d'une renommée internationale (Reims, Troyes, routes du champagne, grands lacs), le tourisme reste ailleurs à découvrir.

UNE RÉGION PRÉSERVÉE

Le tourisme apporte des ressources appréciables à la Champagne-Ardenne : il fait partie des pôles du schéma régional pour le développement économique. Le relatif isolement dont la région a souffert, conséquence du repli de ses activités traditionnelles, peut alors devenir une chance : elle possède un environnement naturel et des villages préservés.
Le bruissement de la Semoy, une plage de lac, la cueillette des myrtilles dans un sous-bois, la parure des bruyères et des genêts, les sentiers escarpés sillonnant la forêt ou la ligne des crêtes font oublier la vie citadine.

UNE HALTE PROLONGÉE

Au carrefour de l'Europe du Nord-Ouest, la Champagne-Ardenne se situe sur l'un des principaux axes qui attirent irrésistiblement les touristes des îles Britanniques et des pays du Nord vers le soleil méditerranéen. Mais la Champagne-Ardenne est plus qu'une étape traditionnelle. Si les touristes français sont majoritaires, nos amis du Nord (Allemagne, Pays-Bas, Belgique) sont aussi séduits par la richesse du patrimoine naturel et culturel qu'ils y découvrent et y passent volontiers leurs vacances. Certains en tombent même amoureux et achètent de vieilles maisons qu'ils restaurent.

UNE DESTINATION D'AVENIR

À côté de ses caves et d'un tourisme culturel qui concerne davantage ses centres urbains, la Champagne-Ardenne reste une destination privilégiée du **tourisme vert** et **familial**, ainsi que d'un tourisme de mémoire, avec ses nombreux vestiges des deux guerres mondiales. La région mise sur le développement du tourisme d'itinéraires, à travers la valorisation des circulations douces (450 km de voies vertes, tourisme fluvial, etc.) et des circuits thématiques, notamment orientés vers le tourisme technique (fonte d'art, coutellerie…).

La gastronomie

À côté du célèbre vin pétillant, charcuteries et fromages font la réputation de la Champagne. En Ardenne, la cuisine est forte en goût, du sanglier mariné au fameux maroilles. Quant aux douceurs, bonne nouvelle : elles abondent !

LE GOÛT DU TERROIR

En Ardenne

Ici, la cuisine reste simple, robuste et plutôt hivernale. La salade de pissenlits est accompagnée de petits **crétons** chauds, c'est-à-dire de morceaux de lard (en Champagne, on parle de **fritons**). L'omelette au lard, au jambon ou aux morilles est un plat courant. La **cacasse** est le ragoût traditionnel, à base de pommes de terre et de lard. La **bayenne** (lits de pommes de terre intercalés de couches d'oignons et d'ail) accompagne le ragoût de sanglier ou de biche.
Le **jambon cru** des Ardennes est traditionnellement séché avec

L'ancien haut-fourneau de Vendresse.
David Truillard / Domaine de Vendresse

des branches vertes de genêt ou de genévrier, puis au feu de bois ordinaire pendant plus d'un mois. Le **boudin blanc** de Rethel *(voir p. 375)* peut être dégusté à l'apéritif, coupé en tranches, ou en plat. Du côté d'Haybes, on avoue une faiblesse pour le boudin à l'oignon. La **dinde rouge** fit son apparition dans les Ardennes lors de la domination espagnole dans les Flandres, à la fin du 16e s. Cette race, qui avait quasiment disparu, revit aujourd'hui grâce à certains éleveurs. La mise en élevage ayant lieu une seule fois par an, c'est une volaille de fêtes dont on déguste la chair moelleuse en fin d'année. L'automne est la saison du **gibier** : noisette de marcassin, selle de chevreuil ou gigue sauce chasseur, civet de lièvre à l'ardennaise, « roussettes » (grives rôties dans une feuille de sauge ou préparées en terrine avec du genièvre). On ne se prive pas de chasser le sanglier dans un département où l'on compte presque un chasseur pour dix habitants !

En Champagne

La **joute** ou potée des vendangeurs se compose de jambon fumé, de lard et de saucisses, entourant un gros chou. Le département de l'Aube assure d'ailleurs un quart de la production française de **chou à choucroute**. Ici, on aime la cuisiner au champagne *(voir Brienne-le Château, p. 214)*. Du côté

LABEL QUALITÉ

Plus de 200 produits portent le sigle départemental « **Ardennes de France** », qui garantit la qualité supérieure et l'origine ardennaise des produits : le jambon sec des Ardennes, la noix de jambon, la viande de porc et le boudin blanc de Rethel. Le premier a gagné ses lettres de noblesse grâce aux efforts de la **Confrérie du jambon sec des Ardennes**, apparue en 1985. Celle-ci a été suivie par d'autres confréries : celles de la « cacasse à cul nu », de la salade au lard…

ODE À LA TRUFFE

Depuis une vingtaine d'années, la Haute-Marne relance la production d'une truffe peu connue, la *Tuber uncinatum* dite truffe grise de Bourgogne, utilisée au 19e s. dans les restaurants de Paris (elle fournissait alors une douzaine de tonnes par an !).
Les plantations regroupent entre 400 et 600 arbres truffiers à l'hectare et produisent environ 200 kg de truffes.
Récoltée du 15 septembre au 31 décembre, elle est vendue sur le marché de **Chaumont**, où quelques trufficulteurs sont regroupés dans la Confrérie du joyau des bois.
Pour un week-end de découverte autour de la truffe, voir « Nos adresses à Chaumont », p. 276.

de Troyes, la fameuse **andouillette** était déjà attestée dans des documents de l'année 878 ! Elle est composée de chaudins (gros intestin) et d'estomacs de porc coupés en lamelles comportant la dénomination des AAAAA (Association amicale des amateurs d'andouillette authentique) *(voir « Nos adresses à Troyes », p. 207).*
Le **jambon de Reims** en croûte, d'une grande finesse, est fait à partir d'épaule de porc désossée : saumuré puis cuit dans un bouillon spécial, il est ensuite assaisonné au champagne et chapeluré.
Dans l'Argonne, on prépare un certain nombre de plats dits « à la Sainte-Menehould », parmi lesquels les célèbres **pieds de cochon panés**, mais aussi le cou de mouton, la queue de bœuf et de veau *(voir Sainte-Menehould, p. 181).* On peut agrémenter les plats d'une pointe de **moutarde de Reims**, élaborée à partir du marc de champagne.
Sur la carte des poissons, les **truites** de la Semoy, farcies ou mariées au jambon, et les fritures de fretin de Meuse sont en bonne place, avec les **brochets** de rivière et d'étang (ceux du Der sont réputés) et les filets de sandre, braisés ou accommodés au champagne.

FROMAGE…

La région produit surtout des fromages à base de lait de vache, à pâte molle et croûte lavée ou fleurie.
Au sud de Troyes, on s'est spécialisé dans l'élaboration de fromages crémeux et peu fermentés. Le plus fameux est le **chaource**, produit depuis le 12e s. Cette AOC onctueuse, couverte d'une fine moisissure blanche, est à déguster à partir de quatorze jours *(voir Chaource, p. 256).* L'Aube produit d'autres fromages, parmi lesquels ceux de Mussy, de Saint-Julien et de Champ-sur-Barse.
Originaire de Haute-Marne, l'AOC **langres** se caractérise par sa forme concave et sa couleur orange. Il peut être affiné au marc de champagne. Le département est aussi devenu un grand producteur d'**emmental** du pays, suite à l'installation de fromagers suisses au 19e s.
En ce qui concerne les Ardennes, le **rocroi** présente la particularité d'être à 0 % de matière grasse.

… OU DESSERT ?

Les pâtisseries ancestrales sont les **frivoles** ou **fiverolles**, beignets dégustés au moment du carnaval.
La recette du **pain d'épice** remonte dans la région au 13e s.
Le **gâteau mollet**, brioche légère qui contenait jadis un petit anneau d'argent, pouvait être au menu des fiançailles ou du repas de noces.
Les crêpes rustiques, **vautes** et

tantimolles, se dégustent en entrée ou au dessert. Les **galettes au sucre ardennaises** sont servies tièdes avec le café. Le **gomichon de Rethel** est une poire entourée de pâte et cuite au four, et la **rabote** sa variante à base de pomme. Citons également la **dariole**, tartelette garnie d'un flan, et la tarte aux myrtilles. Le **carolo** de Charleville-Mézières est un biscuit meringué avec une crème au beurre.
Les **biscuits roses de Reims**, aromatisés à la vanille, peuvent être broyés en « terrine » sur un lit de crème anglaise. Leur belle couleur, obtenue à partir d'un colorant naturel à base de cochenille, était à l'origine destinée à masquer les petits points noirs laissés par la vanille…

LES GRANDS CHEFS DE CHAMPAGNE

Tinqueux

Les noms de **Lallement** et de L'Assiette Champenoise, synonymes de cuisine de qualité, sont connus dans la région rémoise depuis plus de trente ans. En effet, Jean-Pierre Lallement (le père) régalait déjà ses clients en son auberge de Châlons-sur-Vesle avant de venir s'installer en 1987 au château de la Muire, dans les faubourgs de Reims. Très tôt, Arnaud (le fils) s'est passionné pour la cuisine auprès du fourneau paternel avant d'aller faire ses classes chez les plus grands : Guérard, Vergé, Chapel… Ayant vite appris, il rentre dans le giron familial pour prendre définitivement les rênes des cuisines en 1996. Après la première étoile conquise par le papa, le fils fait merveille dans le style créatif et décroche la deuxième en 2005, faisant de cette confortable adresse une table phare de la Champagne. Désormais, Arnaud Lallement, jeune patron-chef perfectionniste, étonne ses clients en déclinant les produits sous différentes visions dans une même assiette.
L'Assiette Champenoise – *40 av. Paul-Vaillant-Couturier - ✆ 03 26 84 64 64.* *Voir aussi p. 113.*

Montchenot

C'est grâce à son père, passionné de cuisine et de bon vin, que **Dominique Giraudeau** a connu dès son enfance les joies de faire son marché. De cette époque est née sa vocation de cuisinier, tandis qu'il garde toujours le souci de dénicher le meilleur produit. Après avoir œuvré dans des cuisines prestigieuses (il fut le second de Gaston et Gérard Boyer dans leur Chaumière à Reims, illuminée par trois étoiles, puis chef du Chardonnay, également étoilé), il a posé sa toque en 1992 au pied de la Montagne de Reims. Sa cuisine, pleine de saveurs et de finesse, à mi-chemin entre classicisme et modernité, parfois imaginée « sous la pression », rallie tous les suffrages. Nombreux sont les Champenois qui pourront vous le confirmer.
Le Grand Cerf – *50 route nationale 51 - ✆ 03 26 97 60 07.*

Châlons-en-Champagne

Voici plus de trente ans que **Jacky Michel** demeure fidèle à l'Hôtel d'Angleterre dont il fut le chef avant d'en devenir propriétaire en 1981. Sa cuisine est le reflet du respect de la tradition et du souci de la création. « Offrir le plus noble du terroir champenois », telle pourrait être sa devise. Au fil du temps, sa table est devenue une véritable institution fréquentée par une fidèle clientèle qui apprécie la finesse de sa cuisine et son cadre élégant. La cave est très riche en vins de Champagne.

Hôtel d'Angleterre et **Restaurant Jacky Michel** – *19 pl. Mgr-Tissier - ✆ 03 26 68 21 51.*

Colombey-les-Deux-Églises

Les **Natali** ou une histoire de famille liée à celle d'un village ! Colombey-les-Deux-Églises, paisible lieu de résidence du général de Gaulle, a connu un afflux de visiteurs à partir de 1971, suite au décès du grand homme d'État. Comme il fallait répondre à la demande croissante de restauration, Gérard Natali (le père) décide de créer son affaire dans l'ancienne fermette familiale. Amoureux de la nature, fin chasseur et ramasseur de champignons, il prépare des recettes créatives utilisant les produits du terroir, appréciées des clients anonymes comme des chefs d'État et ministres du monde entier venus rendre hommage au Général. En 2001, Jean-Baptiste (le fils) revient à l'auberge après avoir côtoyé de grands chefs tels Daniel Boulud à New York et Christian Willer à Cannes. Il donne une nouvelle impulsion à cette table déjà renommée et lui apporte une note encore plus inventive, ce qui lui vaut une étoile. En 2005, l'auberge est transférée de l'autre côté du village, dans une maison de maître offrant confort et raffinement. La famille Natali a également ouvert un bistrot, non loin de leur auberge.

Hostellerie La Montagne-Restaurant Natali et **À la Table du Général**– *✆ 03 25 01 51 69.* *Voir aussi p. 281.*

DANS LES VERRES

Si le champagne demeure incontestablement la star de la région, d'autres boissons alcoolisées méritent l'attention. La traditionnelle **Choue** haut-marnaise, blonde, brune ou blanche, est une **bière artisanale** de double fermentation, élevée sur lie de levures *(voir Chaumont, p. 278)*. La Marne produit quant à elle la **Valmy** *(voir Sainte-Menehould, p. 180)*. Dans les Ardennes, la tradition brassicole remonte au 14e s. En bière du pays, la Petite Brasserie Ardennaise (l'Oubliette, l'Arduinna), la Brasserie artisanale du château fort de Sedan (la Sedane), la Bière de Sedan (Princesse, Sedania Energy) font partie des enseignes incontournables, de même que la Société ardennaise de brasserie de Launois-sur-Vence qui commercialise une « Triple »

MOUSSEUX N'EST PAS CHAMPAGNE

Il ne faut pas confondre champagne et **crémant**, vin mousseux élaboré selon la méthode traditionnelle, mais dont la pression est plus faible et la durée d'élevage moins longue.

Il en existe cinq en France : les crémants de Loire, d'Alsace, de Bordeaux, de Limoux, de Bourgogne, auxquels on ajoute celui du Luxembourg. D'autres vins mousseux sont obtenus par la **méthode rurale** (première fermentation en bouteille), très ancienne, comme le gaillac ou la clairette de Die.

Hautvillers, l'abbaye où le frère Dom Perignon inventa le champagne.
S. Remain/Iconotec/Photononstop

baptisée Woinic, du nom du sanglier fétiche des Ardennes, la bière des Sangliers et l'Ardwen.
Dans le pays d'Othe *(voir p. 240)*, les pommiers, devenus rares, servent à fabriquer un **cidre** sec et pétillant. Chaque petite exploitation possède un vieux pressoir, prêt à fonctionner à l'automne. Le cidre est consommé jeune (il se nomme alors « subille ») ou au printemps suivant, après avoir fermenté dans de gros tonneaux ouverts : on y adjoint du sucre candi et quelques grains d'orge.
Pour l'apéritif, le **cacibel** est un mélange de cidre, de cassis et de miel. Le **ratafia**, autrefois consommé lors de la ratification d'un accord, est fait à base de moût de raisin et de marc de champagne.
La région produit aussi, en quantités très limitées, des vins tranquilles bénéficiant de l'appellation contrôlée **coteaux champenois**. Il s'agit de vins rouges (souvent désignés par le nom de leur commune d'origine : Bouzy, Ay, Cumières, Vertus) ou encore blancs ou rosés. Le **champagne rosé** est le seul exemple de mélange d'un vin blanc tranquille avec un vin rouge, d'appellation coteaux champenois. Une appellation particulière est réservée au **rosé des Riceys** *(voir p. 261)*, élaboré exclusivement avec le pinot noir.
La Haute-Marne produit des vins de pays de coteaux : le **coiffy** et le **montsaugeonnais**, blancs ou rouges.

Le champagne, toute une histoire

Les vins de Champagne sont connus depuis des siècles : les Gaulois cultivaient déjà la vigne lors de la conquête romaine.
La tradition fut maintenue par les premiers évêques de Reims et les moines installés sur les coteaux. Mais il y a loin de ces « vins tranquilles » à la science du champagne, née à la fin du 17e s. Aujourd'hui, la vente annuelle correspond à 3 milliards de flûtes !

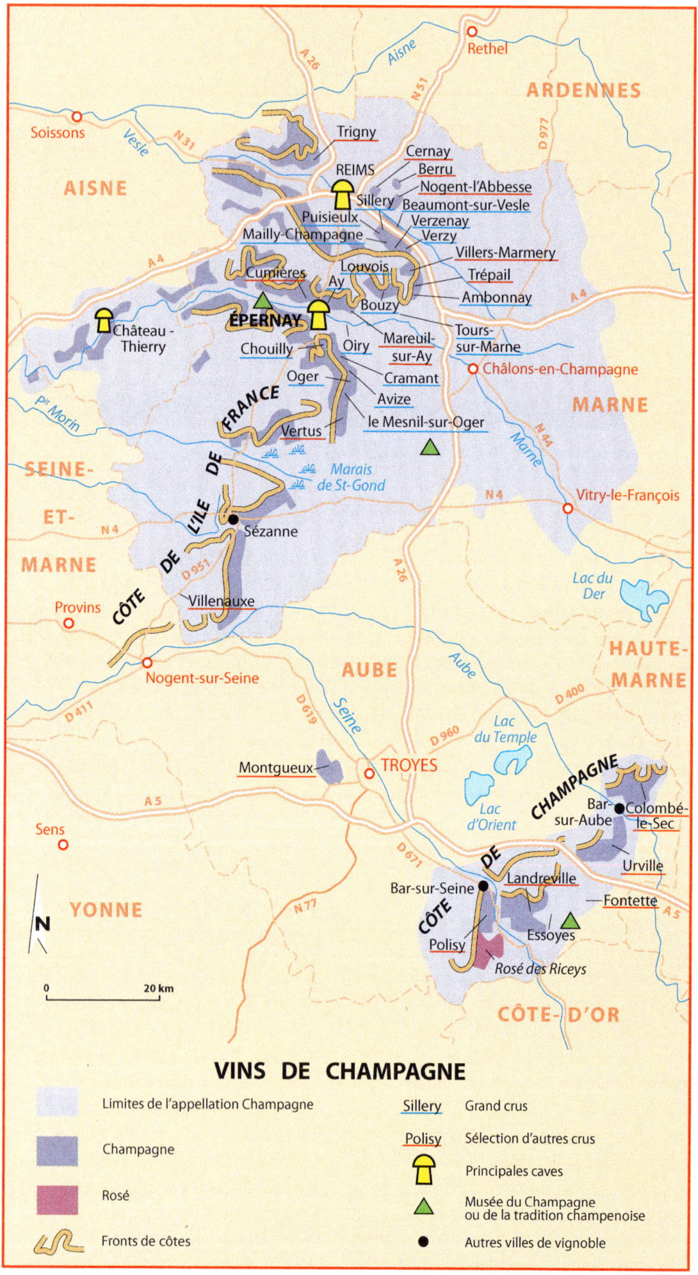

VINS DE CHAMPAGNE

VIN DES PAPES ET DES ROIS

La notoriété des vins de Champagne grandit à partir du 10e s. Ce sont des vins rouges et blancs, comme ceux d'Ay, « clerets et fauvelets, subtils, délicats et d'un goût fort agréable au palais… ». À Clairvaux, **saint Bernard** introduit l'arbanne, cépage qui est à l'origine des crus de la côte des Bar. Le pape **Urbain II**, Champenois d'origine, puis à la Renaissance **Léon X**, qui possède son vendangeoir personnel en terroir d'Ay, les préconisent. Les vins de Champagne profitent aussi de l'affluence suscitée par les sacres royaux. **Henri IV** se déclare « sire d'Ay et de Gonesse, c'est-à-dire des meilleures vignes et des plus fertiles guérets… ».
Il s'agit alors de vins tranquilles qui ont une tendance à pétiller, d'où leur nom de « vins du diable » ou « saute-bouchon ». Exilé en Angleterre, le **marquis de Saint-Évremond** les met à la mode. Les termes « champaign » (1663) et « sparkling champagne » apparaissent outre-Manche… bien avant d'être employés en France, de même que la bouteille « à gros corps et long col » et un bouchonnage de liège capable de résister à la pression. Pour rendre le vin pétillant, on y ajoute alors des ingrédients et des épices.

UNE INVENTION RÉVOLUTIONNAIRE

La démarche de **dom Pérignon** *(voir Hautvillers, p. 127)* est bien différente. Observant les conditions de la seconde fermentation au printemps qui suit les vendanges, avec la remontée de la température, il obtient l'effervescence. En bon gestionnaire des biens de l'abbaye d'Hautvillers, ce moine bénédictin pratique l'assemblage des crus pour assurer la qualité constante du vin. Avec lui naît la science du champagne. Mais ce procédé reste une fantaisie coûteuse car les bouteilles explosent : les ouvriers portent d'ailleurs un masque grillagé jusqu'à la fin du 19e s.
On boit du champagne aux petits soupers du Régent, aux parties fines de Casanova ou sous les tentes des maréchaux de Saxe et de Richelieu. La marquise de Pompadour le souligne : « C'est le seul vin qui laisse la femme belle après boire. » Quant à Voltaire, il déclare dans *Le Mondain* (1736) : « De ce vin si fin l'écume pétillante/De nos Français est l'image brillante. »
Les grandes maisons naissent à Reims et à Épernay : **Ruinart** en 1729, Fourneaux qui deviendra **Taittinger** en 1734, **Moët** en 1743, **Clicquot** en 1772. La Révolution passe, le champagne reste… Sous

CÉPAGES ET MILLÉSIMES

Au nombre de trois seulement, ils sont bien adaptés au terroir et au climat champenois :
– le **pinot noir**, aux grains noirs serrés et au jus blanc, donne du corps et de la puissance au vin (Montagne de Reims et côte des Bar) ;
– le **pinot meunier**, également noir à jus blanc, est recherché pour son fruité et se caractérise par sa souplesse (vallée de la Marne) ;
– le **chardonnay** à grappes blanches est réputé pour sa finesse et son arôme (côte des Blancs).
Le **blanc de blancs** est fait uniquement avec des raisins blancs du cépage chardonnay. Le **blanc de noirs**, moins connu, provient exclusivement du pinot noir et du pinot meunier. Les **vins millésimés**, mélanges de crus différents mais de même année, doivent vieillir trois ans. Enfin, certaines maisons de champagne proposent des cuvées de prestige lors de grandes circonstances…

l'Empire, les ventes grossissent régulièrement : **Florent-Louis Heidsieck**, originaire de Westphalie, et la **Veuve Clicquot**, prospectent en Allemagne. Moët exporte en Angleterre grâce à la contrebande. Malgré son goût pour le chambertin, Napoléon est un client fidèle des négociants champenois. En 1815, Talleyrand utilise le « vin civilisateur » pour obtenir de meilleures conditions de paix, lors du congrès de Vienne.

UN SUCCÈS MANIFESTE

Les réquisitions et les pillages de 1814-1815 ont pour les négociants de vins une vertu publicitaire. De nouvelles maisons sont fondées, souvent par des Rhénans, intrépides représentants de commerce.
Les rois, les princes et toute l'aristocratie européenne en font un vin de fête. Le « champ' » des demi-mondaines est un élément de la vie du boulevard du Second Empire. Cependant, le champagne est alors un vin doux que l'on boit au dessert. Ce sont les Anglo-Saxons qui aiment le champagne brut. Aux expositions universelles de 1889 et 1900, le foudre géant d'**Eugène Mercier** est le clou d'une campagne de publicité savamment orchestrée. Le **phylloxéra** attaque la production dès 1888. Les débats autour de la délimitation du vignoble entraînent des émeutes en 1911, mais ils participent aussi à l'émergence de la notion d'appellation d'origine contrôlée, appliquée en 1927. Les guerres ne ruinent pas l'expansion du champagne : 1914, 1915 et 1917 figurent même parmi les plus fameux millésimes du siècle…

UNE ÉLABORATION MINUTIEUSE

Le champagne est un vin blanc… issu pour les deux tiers de raisins noirs. De nombreuses opérations sont nécessaires à sa naissance, qui se déroule en trois temps. Mais le prestige d'un grand champagne dépend bien sûr de la qualité du vin de base.

Le vin tranquille

Les trois quarts de la vendange sont composés de raisins noirs issus de deux cépages : le **pinot noir** et le **pinot meunier**. On utilise aussi un cépage blanc : le **chardonnay** *(voir l'encadré page précédente)*. Autour de la mi-septembre, les vendangeurs font la récolte manuelle car les raisins seront pressurés entiers, ce qui exclut les machines à vendanger. Les grappes sont déposées dans des caisses en plastique ajourées pour faciliter l'évacuation du jus. Elles sont transportées le plus rapidement possible jusqu'au vendangeoir, souvent installé à proximité du vignoble.

CHIFFRES…

Facteurs humains*:
4722 récoltants-expéditeurs ; 67 coopératives avec une activité commerciale ; 299 négociants.
Surface en production*:
33568 hectares, dont 24024 dans la Marne, 7090 dans l'Aube et la Haute-Marne, et 2454 dans l'Aisne et la Seine-et-Marne.
Encépagement*:
Pinot noir 39 % ; meunier 32 % ; chardonnay 29 %.
Récolte (en équivalent bouteilles)*:
385 millions de bouteilles ; rendement = 13261 kg/ha.
** chiffres 2011 du Comité interprofessionnel du vin de Champagne*

La **méthode champenoise** est appelée partout ailleurs méthode traditionnelle. Les grappes sont pressées sans avoir été foulées, ce qui permet d'obtenir un moût (jus de raisin) blanc même avec du raisin noir. L'unité de capacité du pressoir est le **marc** qui correspond à 4000 kg de vendange. Le pressurage dure trois heures. Les premiers 2050 l constituent la **cuvée**, auxquels s'ajoutent les 410 l de la **taille**. Seuls ces 2460 l sont utilisés pour l'élaboration des vins d'appellation champagne.

Après **débourbage** par gravitation naturelle, une opération systématique destinée à éclaircir les jus, ceux-ci sont mis en cuves (les foudres sont encore utilisés par des maisons comme Krug ou Bollinger). Ils subissent la première fermentation, qui dure environ six jours. La **chaptalisation** (ajout de sucre) entraîne une augmentation du degré alcoolique de 2,5°. Les particules en suspension sont éliminées. Le vin est passé à froid pour éviter que les bouteilles ne deviennent « gerbeuses » en exaltant la mousse à leur ouverture.

L'assemblage

Cette opération, dirigée par des œnologues ou le caviste de la maison, correspond à la composition de la cuvée.

À l'exception des blancs de blancs millésimés, tous les champagnes sont en effet le résultat d'**assemblages** réalisés sur les vins secs et tranquilles des trois cépages, de provenances et souvent d'âges différents. Chaque maison possède sa cuvée propre, dont la qualité est constante.

Les vins de la **Montagne de Reims** et de la **côte des Bar**, où domine le pinot noir, sont charpentés et corsés. Ceux de la **vallée de la Marne**, issus en majorité du pinot meunier aux grains plus foncés et serrés, sont ronds et fruités *(voir l'encadré p. 49)*. Les vins frais et élégants de la **côte des Blancs** proviennent du cépage chardonnay à grappes blanches. La proportion de raisins noirs et blancs peut varier (en général autour de 2/3 et 1/3). Lors des années exceptionnelles, le champagne est millésimé. Dans ce cas, sa saveur porte les caractéristiques de l'année.

La champagnisation

Cette ultime étape permet la **prise de mousse**. La seconde fermentation est réalisée en bouteille par adjonction d'une **liqueur de tirage** composée de sucre, sous la forme d'un sirop, et de levures sélectionnées. Les bouteilles sont très épaisses pour résister à la forte pression (5,5 bars) due au dégagement de gaz carbonique qui, au moment du

... ET TENDANCES

La **crise économique** survenue à l'automne 2008 a fait chuter les ventes (et les prix) de façon vertigineuse en 2009. En septembre 2009, la Champagne annonçait des ventes en baisse de -19 % par rapport à septembre 2008. Néanmoins, dès 2010, les bulles ont retrouvé les faveurs de leur public, ce qui a permis aux professionnels du secteur de connaître **une année record en 2011**, avec une progression des ventes de 3.5 % sur un an. Cette reprise des ventes s'explique avant tout par le dynamisme des exportations. En 2011, environ 50 % du chiffre d'affaires total du secteur a été réalisé à l'exportation. Si la France reste le premier marché du champagne, avec 55 % des ventes en volume, les amateurs de bulles se trouvent également aux Etats-Unis, deuxième marché, en Allemagne, ainsi qu'en Asie, où l'engouement pour le champagne se fait de plus en plus sentir.

débouchage, produira la mousse. Serties d'une capsule en plastique, elles sont disposées sur des lattes, dans des caves où règne une température constante (10 à 12 °C), pour une durée de quinze mois au minimum.

Durant ce temps, un dépôt s'est formé, qu'il faut éliminer en le dirigeant vers le goulot. Les bouteilles sont alors placées sur des pupitres perforés, la pointe inclinée vers le bas. Chaque jour, un **remueur** leur imprime une rotation d'un quart de tour et les redresse légèrement : il peut manipuler jusqu'à 40 000 bouteilles par jour. Après quatre à six semaines, la bouteille est verticale et le dépôt complètement rassemblé sur le bouchon. Cependant, sauf pour quelques cuvées de prestige, ce remuage est aujourd'hui effectué par des **gyropalettes** qui remuent 504 bouteilles à la fois en huit à douze jours.

Le col de la bouteille est ensuite plongé dans un bain de saumure entre -20 et -22 °C. Le dépôt, prisonnier d'un glaçon, est expulsé : c'est le **dégorgement**, effectué par des machines. La quantité de vin manquant est remplacée par du vin de même nature, additionné d'une **liqueur d'expédition** comportant quelques produits « maison », et du sucre en quantité variable suivant que l'on veut obtenir du champagne doux, demi-sec, sec ou brut.

Après bouchage à l'aide d'un bouchon de liège très épais, la bouteille est muselée et habillée pour l'expédition. Le vin a en moyenne trois à quatre ans d'âge.

DANS LA BOUTEILLE

Une charte de qualité très stricte, adoptée en 1992, permet au champagne de se distinguer des autres vins mousseux. Le champagne ne se fabrique… qu'en Champagne. L'appellation est protégée par toute une série d'accords bilatéraux. L'étalement de la seconde fermentation favorise la dissolution du gaz carbonique et garantit la finesse des **bulles**.

Le **dépôt** est composé de levures mortes libérant des substances aromatiques qui affinent le bouquet du vin. La qualité des bulles du champagne dépend de trois facteurs : la finesse de la bulle, la persistance du dégagement et la présence du cordon autour du verre, marque d'un dégagement régulier.

SUR L'ÉTIQUETTE

La bouteille de forme champenoise garantit l'authenticité du produit, ainsi que l'étiquette qui comporte le pays (« France »), l'appellation (« champagne »), le type du vin (« rosé »), la contenance de la bouteille, la marque, le nom et l'adresse du producteur.

Le **numéro d'immatriculation** du Comité interprofessionnel du vin de Champagne est précédé d'**initiales** qui renseignent sur la catégorie du producteur, la teneur en sucre résiduel (brut, sec, demi-sec, doux) et le titre alcoométrique du vin en pourcentage de volume. Elle peut préciser le **millésime** (vins de la même année) et le nom de la **commune** (raisins d'une même

LES BOUTEILLES

Quart : 18,7 cl ; **Demie** : 37,5 cl ; **Bouteille** : 75 cl ; **Magnum** : 2 bouteilles ; **Jéroboam** : 4 bouteilles ; **Réhoboam** : 6 bouteilles ; **Mathusalem** : 8 bouteilles ; **Salmanazar** : 12 bouteilles ; **Balthazar** : 16 bouteilles ; **Nabuchodonosor** : 20 bouteilles.

Il existe aussi le **Salomon** (24 bouteilles), le **Primat** (36 bouteilles) et le **Melchisédech** (40 bouteilles) qui ne sont cependant pas homologués.

Les vendanges en Champagne.
L. Hughes / Tips / Photononstop

commune). Lorsque le complément de volume appartient à la même cuvée et qu'il n'y a pas d'apport de sucre, on parle d'**extra-brut** ou de **brut de brut**.

Sur les bouteilles, les lettres ont également une signification très précise :
R.M. : récoltant manipulant, qui élabore lui-même le vin de sa propriété.
N.M. : négociant manipulant, qui élève et commercialise le vin.
M.A. : marque d'acheteur.

LA DÉGUSTATION

Le champagne doit être servi frais (8-10 °C) et versé dans des flûtes qui mettront en valeur son bouquet (les coupes favorisent la perte des bulles et des arômes).

« Sabler » signifiait à l'origine boire cul sec et s'appliquait à tous les vins. Le champagne brut peut être servi tout au long d'un repas. Beaucoup d'amateurs le préfèrent cependant en apéritif ou entre les repas. Les champagnes secs ou demi-secs sont réservés au dessert, de préférence avec des pâtisseries « sèches » (génoise, biscuits, etc.), tandis que le champagne rosé se marie bien avec les charlottes aux fruits rouges.

Nature

La Champagne, région largement préservée, a de quoi susciter autant l'émerveillement que la curiosité. À la Champagne dite crayeuse, terroir d'exception propice à l'épanouissement de célèbres vignobles, répond la Champagne humide, où l'eau omniprésente dessine le paysage et favorise une vie sauvage intense. L'Ardenne, quant à elle, présente un paysage valloné, tapissé de forêts profondes percées par les méandres de la Meuse.

Terre de Champagne

La configuration de la région est comparable à une série de plats empilés, dont la taille et l'âge décroissent de pair à partir de la base vers le sommet.
Au milieu de l'ère secondaire, le socle ancien s'effondre et la mer envahit le Bassin parisien qui devient un vaste golfe. À l'époque tertiaire, mer et lacs l'occupent à deux reprises : les sédiments s'accumulent sous forme d'auréoles concentriques, démarquant le centre du bassin par rapport aux massifs primaires. D'ouest en est, on rencontre successivement le plateau de Brie et du Tardenois, la Champagne crayeuse, la Champagne humide et ses rebords (l'Argonne), puis le Barrois et le plateau de Langres. Sous l'effet du plissement alpin, ces tables de roches sédimentaires ont pris une inclinaison montante vers l'est et le sud-est.

LE TRAVAIL DE L'ÉROSION : UN RELIEF DE CÔTES

De la Brie et du Tardenois jusqu'au plateau lorrain se déploie un type particulier de paysage, fait d'une succession de plateaux, de côtes et de dépressions.
Les côtes, appelées aussi **cuestas**, ont été progressivement dégagées par l'érosion. Elles dominent la plaine de 100 à 200 m et regardent vers l'est. Leur rebord irrégulier est festonné de ravins, de saillants (Montagne de Reims) et de percées en entonnoir (l'Aisne, la Marne, la Vesle, les deux Morins) dans lesquelles pénètre le vignoble.
Il en existe cinq : la célèbre **falaise de l'Île-de-France**, ligne de côtes incurvée de la Seine à l'Oise, la **côte de Champagne**, la **côte des Bar**, la **côte de Meuse** et la **côte de Moselle** *(voir* Le Guide Vert Alsace Lorraine *pour ces deux dernières).*
Rebord d'érosion, la cuesta recule plus ou moins rapidement. Les buttes isolées, en avant des côtes, comme le **mont Aimé** (240 m) ou le **mont Saran**, témoignent de son ancien tracé. Ces dernières ont été épargnées par l'érosion en raison de la résistance offerte par leur chapeau calcaire. Les sols légers et fertiles des pentes, abritées des vents humides, concentrent le vignoble et les vergers. Les villes importantes, comme **Reims**, se situent sur les grandes voies de passage qui longent les côtes.

Le revers de la côte est une table de roche dure, dont la plus célèbre est la **Champagne crayeuse**. Avant les progrès agricoles, la région était si pauvre qu'elle avait été qualifiée de « pouilleuse » par les économistes du 18e s. Cette région dénudée, qui donna son nom à la Champagne (étymologiquement : « plaine calcaire »), forme un arc de cercle d'une largeur de 80 km. On peut la repérer sur la carte au relâchement du réseau routier et à l'espacement des villages. Les formes y sont molles, les versants adoucis, la cuesta parfois estompée. Le délitement de la craie sous l'action du froid crée des amas de débris appelés grèves ou **grouines**. Le plateau est aride malgré l'abondance des précipitations. L'eau, s'infiltrant à travers les fissures de la craie, ne reparaît que dans le fond des vallons, sous forme de sources appelées **sommes**, d'où le nom de nombreux villages : Somme-Vesle, Sommesous, Somme-Suippe. Quelques cours d'eau – l'Aisne, la Marne, l'Aube, la Seine – creusent de grandes **vallées alluviales** à fond plat, humides et verdoyantes, au centre desquelles se concentrent villes et villages.
Le **plateau de Brie et du Tardenois** est drainé par de rares rivières, la Marne et les deux Morins, ainsi que par un fleuve, la Seine.
Autre plateau calcaire et marneux, le **Barrois** est sillonné par les vallées de la Saulx et de l'Ornain, le long desquelles se sont installées les principales localités : Bar-le-Duc et Ligny-en-Barrois. Il se prolonge au sud-ouest par la **côte des Bar** : Bar-sur-Aube, Bar-sur-Seine (*bar* en celtique signifie « sommet »), dont les versants sont recouverts par le vignoble champenois de l'Aube.

DES « PAYS » CARACTÉRISTIQUES

Le **pays d'Othe**, au sud de la Champagne crayeuse, atteint par endroits plus de 300 m d'altitude. Les cisterciens de l'abbaye de Pontigny ont joué un grand rôle dans sa colonisation et son défrichement. Les hauteurs, couronnées de forêts, s'élèvent au-dessus des vallons quadrillés par les champs. Les **thureaux**, ou buttes de grès, qui ondulent **la Puisaye** ont résisté à l'érosion.
Deux plateaux bornent finalement la Champagne humide. S'élevant à plus de 500 m, le **plateau de Langres** est une masse de calcaire très épaisse et couverte d'importants massifs forestiers. De nombreux cours d'eau, dont la Seine et la Meuse, y prennent leur source.
L'**Argonne**, inclinée vers l'ouest, fait figure de cuesta. Elle est constituée d'une roche spécifique, la **gaize**, sorte de grès verdâtre, dur et imperméable, dans lequel l'érosion a façonné crêtes et défilés étroits. Ces hauteurs humides (jusqu'à 360 m), aux sombres massifs de hêtres et de chênes, sont des terres d'élevage. L'activité se concentre dans la **vallée de l'Aisne** qui forme un couloir entre l'Argonne et la

LES TUFIÈRES

Caractéristique des milieux calcaires, la tufière, qui forme une sorte d'escalier naturel, est un véritable « laboratoire » à ciel ouvert : sous l'action conjointe de divers facteurs (ruissellement des eaux, photosynthèse), le calcaire contenu dans les eaux d'infiltration forme un précipité, qui constitue alors le tuf. Le dépôt du calcaire s'érige progressivement en « barrage », donnant naissance à cette disposition caractéristique de bassins en gradins. La cascade d'Étufs *(voir Chaumont, p. 275)* et la tufière de Rolampont *(voir Langres, p. 290)* relèvent de ce phénomène naturel.

Champagne sèche, avec sa petite métropole : Sainte-Menehould.

LE VIGNOBLE

Il couvre environ 33 000 ha, situés en majeure partie dans le département de la Marne, mais aussi dans quelques cantons de l'Aube, de l'Aisne, de la Seine-et-Marne et de la Haute-Marne.
Le **champagne** constitue l'essentiel de la production.
Le climat continental est rigoureux, et la vigne, s'épanouissant à mi-pente des versants calcaires qui la protègent des vents humides, ne doit sa maturité qu'au sous-sol crayeux de la côte de l'Île-de-France. La **craie** joue le rôle d'un régulateur hydrique (elle assure un excellent drainage ou permet à l'eau de remonter pour alimenter les racines en surface) et thermique (elle s'échauffe rapidement au printemps, emmagasine la chaleur pour la nuit et renvoie le rayonnement solaire vers les ceps). La composition minérale du sol confère finesse et arômes aux vins, les meilleurs terroirs étant les plus crayeux : la **Montagne de Reims**, pays de coteaux sur la rive gauche de la Vesle, affluent de l'Aisne, la **vallée de la Marne** et la **côte des Blancs**, au sud d'Épernay jusqu'à Vertus. Les **grands crus** (communes où le raisin est acheté à son prix maximal) sont situés sur la côte des Blancs et la Montagne de Reims.

Lacs, étangs et rivières

Encerclant l'auréole de la Champagne crayeuse, l'étroite gouttière de la Champagne humide est un pays où l'eau s'insinue partout, striant le paysage de ruisseaux ou formant marécages et étangs comme au sud de l'Argonne. De grands lacs artificiels ont aussi été créés, ceux du Der et de la Forêt d'Orient, où la faune et la végétation sont d'une richesse rare.

LA MAIN DE L'HOMME

Mis en eau en 1974, le **lac du Der**, près de Saint-Dizier et de Vitry-le-François, capte les eaux de la Marne, protégeant Paris des inondations, et les restitue du 1er juillet au 31 octobre. Il est donc à son plus haut niveau en juin, et au plus bas en novembre. Avec ses 4 800 ha et ses 77 km de rives, c'est le plus vaste lac artificiel d'Europe occidentale. Il accueille six plages et trois ports, dont le plus grand port de plaisance en eau douce de France. Pays de bois et de prairies où paissent chevaux et bovins, le Der constitue une contrée originale, avec ses villages entourés de vergers, ses maisons et ses églises construites en bois, car la pierre y est rare. Ce fut longtemps le pays des bûcherons et des vanniers.
Le **lac d'Orient** (2 300 ha), dans le vaste Parc naturel régional de la forêt du même nom, aux portes de Troyes, a été mis en eau dès 1966. Il est prolongé au nord par le **lac du Temple** (1 830 ha) et le **lac Amance** (490 ha).
Dans la région de Langres, la limite de partage des eaux entre les trois grands bassins rhodanien, parisien et rhénan répartit les sources de la **Saône**, de la **Marne** et de la **Meuse**, qui finiront respectivement leur parcours dans la Méditerranée, dans la Manche et en mer du Nord. Quatre lacs réservoirs ont été créés à la charnière du 19e s. et du 20e s. pour alimenter le canal de la Marne à la Saône : le **lac de la Liez**, le **lac de la Mouche**, le **lac de Charmes** et le **lac de la Vingeanne**.

LE PETIT PEUPLE DES LACS

Sur le site du **lac du Der**, on a recensé 125 espèces nicheuses, soit 70 % de celles qui existent en

Champagne-Ardenne. Des oiseaux typiques des milieux aquatiques s'y reproduisent, comme le **héron pourpré**, le **blongios nain**, le **canard chipeau**, la **sterne pierregarin** et le **milan noir**.
Mais le plus beau spectacle est celui du passage des grands oiseaux migrateurs, dès la mi-août et jusqu'au printemps selon les espèces. Parmi les quelque 270 espèces observées, on compte 40 000 à 60 000 **grues cendrées**, qui trouvent ici nourriture et quiétude *(voir lac du Der, p. 318)*.
Chaque jour aux premières lueurs de l'aube, ces grands échassiers (1,30 m de haut et 2,30 m d'envergure) « claironnent » et « trompettent » dans une clameur impressionnante, avant de s'envoler par milliers dans les champs qui regorgent de résidus de maïs.
Dans l'après-midi, les oies se rassemblent à nouveau et rejoignent le lac jusqu'à la tombée de la nuit. D'autres oiseaux migrateurs font du site leur lieu d'hivernage, comme les **cygnes de Bewick**, les **grandes aigrettes** et les **aigles pygargues à queue blanche** (2,50 m d'envergure environ).
Parmi les milieux d'eau douce les plus intéressants, étangs et marais abritent une grande diversité de plantes qui s'étagent et se regroupent suivant le niveau d'eau. La salicaire aux fleurs roses ainsi que l'iris jaune émergent sur les rives. Au-delà des roseaux et de la lentille d'eau s'enracinent le potamot et le nénuphar blanc.
Des poissons carnassiers guettent leurs proies, comme les **perches** et les **brochets** au corps fusiforme : ils chassent essentiellement des poissons blancs, mais les plus voraces apprécient également les batraciens et les oiseaux. On y rencontre aussi la **tanche**, poisson de vase omnivore, et le **gardon** herbivore qui se nourrit de plancton.

DANS LES SOUS-BOIS

La **Forêt d'Orient**, aux terrains humides parsemés d'étangs, est un vestige de l'immense forêt du Der qui couvrait jadis la région du pays d'Othe jusqu'aux coteaux de Saint-Dizier. Le chêne pédonculé y domine (Der vient du celtique *dervos* qui signifie « chêne »), mais on y trouve aussi le charme, le frêne commun et le merisier. C'est le refuge du **pinson**, du **geai des chênes**, grand amateur de glands, et du **pic épeiche**, dont le chant est une véritable rafale sonore… Dans la partie nord-est du lac d'Orient, près de la réserve ornithologique, un espace faune permet d'observer sangliers, cerfs, élans, aurochs, tarpans et chevreuils.
Dans la **forêt du Temple**, le sentier de découverte des Salamandres met parfois sur la piste de petites bêtes sauvages, notamment des batraciens. Des sentiers de Petite ou de Grande Randonnée ainsi que des circuits balisés incitent à des promenades à pied et à bicyclette.

Terre d'Ardennes

Pays de forêts, l'Ardenne a pris le nom de la déesse celte Arduinna (« forêt profonde » en langue celtique), représentée chevauchant un sanglier.
Aux confins du Nord-Est, depuis la « pointe de Givet », elle forme une sorte de triangle où de petites cités, à la fois austères et charmantes, ponctuent un paysage de collines boisées par d'épaisses frondaisons. Sa faible population contraste avec les fortes densités du grand ensemble belge et allemand, tout proche.

LES CAPRICES DE LA MEUSE

À la fin de l'ère primaire (de -550 à -220 millions d'années), le plissement hercynien fit surgir de hautes montagnes, parmi lesquelles l'**Ardenne**, qui fut ensuite nivelée par l'érosion. Le massif, qui atteint 502 m d'altitude à la **Croix de Scaille** sur la frontière franco-belge, se présente comme un plateau à peine ondulé de grès, de granit et de schistes, entaillé par la Meuse et la Semoy.

La **Meuse** déplie ses méandres étroits à travers des roches très dures, formant des isthmes au pied de pentes sombres. Le caractère sinueux de la vallée s'explique par un phénomène appelé « surimposition ». Le fleuve coulait, à l'origine, sur un sol nivelé par l'érosion, permettant la formation des méandres qui ont conservé leur tracé lorsque les terrains durs du sous-sol ont subi un relèvement. Plus au nord, dans la pointe de Givet, la Meuse emprunte des vallées élargies, dans un paysage davantage riant.

Les courbes douces de ce relief ancien sont tapissées par une épaisse **forêt** de feuillus (chênes, hêtres) et de conifères (épicéas, mélèzes). Elle recouvre 70 % de l'Ardenne française, mais la *Silva arduinna*, dont parlait César, a été réduite en taillis sous futaie par la pratique de l'**essartage**.

Le musée de la Forêt, à Renwez *(voir p. 340)*, évoque de vieux métiers ardennais : bûcheron, charpentier, scieur de long, charbonnier, sabotier...

L'Ardenne est également une terre de **chasse** : la « tenderie aux grives » consiste à attirer les volatiles avec les fruits du sorbier des oiseleurs dans des pièges appelés « pliette » ou « ployette ». Le **sanglier**, difficile à observer, se fraye son chemin à travers les broussailles, essentiellement la nuit et en groupe.

DES BALCONS EN FORÊT

Les points de vue sont nombreux sur la **vallée de la Meuse** et ses méandres : le mont Malgré-Tout à Revin, la roche à Sept Heures de Monthermé, évoquée par Julien Gracq dans *Un balcon en forêt*, la Platale au-dessus de Fumay, entourée de vastes forêts comme à Haybes, la roche aux Sept Villages ou encore les roches de Laifour. Sur les hauteurs règnent les **fagnes** (marais tourbeux).

Le **lac des Vieilles-Forges** (150 ha), lac de retenue alimenté par les sources du plateau, enchâsse ses plages de sable et ses eaux fraîches dans un cadre de forêts.

Des croisières sont organisées sur la Meuse ainsi que des randonnées fluviales. Fumay constitue une escale tranquille où les plaisanciers côtoient les bateliers en route vers les Pays-Bas. Paradis des pêcheurs de truites, la **Semoy** enlace de ses boucles des promontoires rocheux et boisés.

Une sensibililité à l'environnement

Les forêts, qui représentent plus du quart de la surface du territoire champardennais, sont le poumon vert de toute la zone.

PARC NATUREL RÉGIONAL DES ARDENNES

Homologué en 2011, le PNR des Ardennes (47e de France) s'étend de Charleville-Mézières à la frontière belge. Il recouvre 91 communes et des paysages singuliers : la pointe de Givet, le Massif ardennais, le plateau de Rocroi, le val de Sormonne et la Thiérache ardennaise. Le label PNR garantit la qualité des patrimoines locaux et représente un atout écologique et économique majeur. Le parc protège une faune et une flore exceptionnelles, favorise la restauration du patrimoine culturel et architectural et encourage l'idée d'un tourisme durable.

Du givre sur le vignoble de la route touristique du Champagne.
E. Luidier / hemis.fr

Le patrimoine naturel est en outre l'un des ressorts de son développement économique, car sa nature préservée est l'un des principaux atouts de la région qui mise notamment sur un tourisme « vert » et familial. Cette situation confère aux habitants et aux pouvoirs publics une sensibilité et une responsabilité en matière d'environnement.

UNE VOLONTÉ POLITIQUE

Les préoccupations environnementales émergent dès le début des années 1970, avec la conscience de la valeur et de la fragilité du patrimoine naturel de la région. La création de deux parcs naturels régionaux, celui de la **Forêt d'Orient** en 1970 et celui de la **Montagne de Reims** en 1976, témoigne de la volonté de préserver sa biodiversité et l'équilibre de ses écosystèmes. En 1978, soit quatre ans après sa création, le **lac du Der**, pourtant artificiel, est à son tour classé réserve ornithologique, car il est devenu une étape dans la migration des grues cendrées.
Plus récemment, la Région Champagne-Ardenne s'est engagée aux côtés de l'Agence de l'environnement et de la maîtrise de l'énergie (Ademe) pour diversifier les sources énergétiques et développer sur son territoire les **énergies renouvelables**. Leur utilisation, qui ne génère ni déchet ni émission polluante, permet de réduire les rejets de gaz à effet de serre, répondant ainsi aux objectifs du protocole de Kyoto.

PRÉVENIR LES RISQUES

La région doit également faire face à un certain nombre de problèmes spécifiques, liés directement ou indirectement à une situation géographique privilégiée à bien des égards et à une nature « généreuse » parfois envahissante. Les bassins de la Marne et de la Meuse sont sujets aux crues, comme lors des **inondations** catastrophiques de la Meuse en 1993 et 1995 qui ont tristement

NATURA 2000

Avec 101 sites sélectionnés, la région champardennaise est impliquée dans **Natura 2000**, réseau européen d'espaces naturels d'intérêt communautaire. Ce dispositif écologique vise à promouvoir une gestion adaptée des espaces naturels en prenant en compte les exigences économiques, sociales et culturelles, ainsi que les particularités régionales et locales. Des aides financières sont ainsi accordées aux collectivités ou aux privés pour assurer le maintien ou le rétablissement dans un état favorable des habitats naturels dont ils ont la responsabilité.

marqué les mémoires locales.
Depuis lors, la région s'inscrit dans une stratégie globale de prévention qui s'est notamment traduite par le déplacement de certaines usines et le développement d'un réseau d'étude et d'information des habitants, destinés à réduire les risques et les dommages causés par les crues.

Dans une région où les vastes forêts constituent le refuge de nombreux animaux, la multiplication des grands **axes routiers** peut représenter un réel danger, en particulier pour la petite faune : 15 espèces de batraciens y ont été recensées, parmi lesquelles la reinette verte, la salamandre et le triton crêté, espèces rares et protégées. Chaque année, au cours de la **migration des batraciens** depuis leur habitat forestier vers les étangs (lieux de reproduction), des milliers d'individus disparaissent, ce qui menace la survie de certaines espèces.

Grâce à la mobilisation des associations pour sensibiliser le grand public et les décideurs au sort de la petite faune et à ses conséquences pour l'environnement, les directions départementales de l'équipement et les collectivités territoriales intègrent désormais dans leurs projets de construction le rétablissement de la « transparence » des routes : il s'agit notamment de créer des passages pour la grande faune et des conduits souterrains pour la petite faune. Un dispositif élaboré de recensement et de « crapauducs » permet ainsi de sauver des milliers de batraciens chaque année, contribuant à préserver la biodiversité de la région.

Victime de son succès auprès de la faune avicole, la Champagne-Ardenne doit faire face aux nuisances provoquées par les **grues cendrées**, qui ont fait des grands lacs un lieu de villégiature privilégié. Comme souvent en effet, la préservation de certaines espèces entre en concurrence avec les intérêts économiques et privés. Lors de la halte bisannuelle des grands oiseaux, les champs à proximité des lacs deviennent de véritables garde-manger.

Au printemps en particulier, les grues extirpent de la terre les jeunes semis pour en consommer la graine germée, causant des dégâts non négligeables aux cultures et entraînant un manque à gagner pour les exploitants. Afin de remédier à la situation, la Région a mis en place en 2005 un dispositif de compensation des pertes pour les agriculteurs touchés par ce fléau. La mesure, renforcée en 2009 par des dispositifs agro-environnementaux comme la gestion des herbages, vise à réconcilier les défenseurs et amoureux de la nature avec les habitants concernés, pour que le spectacle unique de la migration se perpétue sans compromettre l'activité agricole et le développement économique de la zone.

Histoire

Lieu de passage et d'enjeux majeurs au carrefour de l'Europe, la Champagne-Ardenne s'est trouvée au cœur d'événements marquants. Des pages décisives de l'histoire nationale et mondiale se sont écrites dans la région, qui en garde le souvenir glorieux ou meurtri. Siège du sacre des rois de France, terrain stratégique des deux guerres mondiales, elle porte la mémoire des fastes et des champs de bataille.

Chronologie

LA PRÉHISTOIRE

- **10e millénaire av. J.-C.** – Le peuplement de la Champagne et des Ardennes s'effectue le long des rivières et atteint ensuite les plateaux. L'économie villageoise des agriculteurs sédentaires se substitue à l'économie de subsistance des grands chasseurs.
- **4500-2000 av. J.-C.** (Néolithique) – Les hommes défrichent la forêt, perfectionnent leur outillage et adoptent la céramique.
- **2000-1800 av. J.-C.** (Âge du cuivre) – L'usage des tombes collectives se répand : les dolmens et les **hypogées** (grottes artificielles creusées dans la craie) révèlent de vastes chambres funéraires.
- **1800-750 av. J.-C.** (Âge du bronze) – Au 13e s., une série d'invasions introduit l'incinération parmi les rites funéraires. Les cendres sont placées dans des urnes, regroupées dans de vastes nécropoles, les **champs d'urnes**. Une riche aristocratie détient le monopole de la métallurgie, pratique le commerce et la guerre, tandis que la paysannerie conserve un mode de vie néolithique.

ROMAINS ET BARBARES

- **Avant la conquête romaine** – Le territoire actuel de la Champagne est occupé par plusieurs peuples : les Lingons (Langres), les Rèmes (Reims), les Catalaunes (Châlons) et les Tricasses (Troyes). Les **oppida**, sites naturels fortifiés sur lesquels ils sont installés, jouent un rôle de capitale : Durocortorum (Reims), Andematunum (Langres).
- **58-51 av. J.-C.** – Conquête romaine. Les **Rèmes** et les **Lingons**, peuples les plus puissants de la région, apportent un soutien indéfectible à **Jules César**. Cet appui leur vaut le titre d'« alliés du peuple romain » et leur épargne la sujétion à partir de 51.
- **Haut-Empire** – Sous le règne d'**Auguste** (27 av. J.-C.-14 apr. J.-C.), la Champagne est intégrée à la province de **Belgique**. La plupart des villes actuelles, **Reims** en particulier, deviennent d'importants nœuds routiers. Dans les campagnes se met en place un réseau de bourgades et de **villae**. L'agriculture atteint un haut niveau technique (avec l'utilisation d'une moissonneuse, le « vallus ») et l'artisanat évolue rapidement, de la céramique à la **verrerie**, dont la région se fait une spécialité (Reims est la ville des oculistes).

Le **thermalisme** connaît lui aussi un vif succès.

- **69-70** – Troubles à la mort de Néron : la Gaule se rallie à l'Empire et l'assemblée de Reims consacre la **Paix romaine**.
- **2de moitié du 3e s.** – Des **missionnaires** évangélisent la région : saint Bénigne à Langres, saint Savinien à Troyes, saint Memmie à Châlons et saint Sixte à Reims.
- **4e-5e s.** – La Champagne est confrontée aux vagues destructrices des **invasions germaniques**. En 366, le maître de cavalerie **Jovin** écrase les Alamans près de Châlons. Les évêques se font les défenseurs des cités, qui s'entourent d'enceintes fortifiées réduisant considérablement leur superficie.
- **451** – **Attila** est vaincu lors de la bataille des **champs Catalauniques** *(voir l'encadré ci-dessous et Châlons-en-Champagne, p. 168)*.
- **476** – Chute de l'Empire romain d'Occident.

MÉROVINGIENS ET CAROLINGIENS

- **498 ?** – Le jour de Noël, **saint Remi** parvient à obtenir la conversion de **Clovis** à Reims. Son baptême rend le souverain acceptable pour l'aristocratie gallo-romaine. Les successeurs de l'évêque de Reims (mort vers 530) continuent de renforcer la fonction épiscopale *(voir Reims, p. 92)*.
- **511** – Mort de **Clovis**. La Champagne connaît une suite de partages. **Loup** (575-590) en est le premier duc ; le duché périclite ensuite pendant deux siècles.
- **774** – **Charles Martel** sécularise de nombreux biens d'Église, mais le métropolitain de Reims reçoit le titre d'archevêque.
- **Oct. 816** – Le sacre de **Louis Ier** dit le Pieux, fils de Charlemagne, couronné empereur à Reims par le pape Étienne IV, marque le point de départ d'une longue tradition de la monarchie française *(voir Reims, p. 92)*.
- **843** – Le **traité de Verdun** partage l'Empire carolingien entre les trois fils de Louis le Pieux. La Champagne, qui fait partie de la France occidentale, séparée de la Lotharingie par la vallée de la Meuse, est sous le règne de **Charles le Chauve**, correspondant à une période assez faste. Les villes tiennent une grande place dans les échanges interrégionaux. La vie intellectuelle et artistique atteint son apogée à Reims à cette époque. La vie rurale, en revanche, est moins bien connue en dépit des **polyptyques** (inventaires) laissés par quelques grandes abbayes.
- **Fin du 9e s.** – Les raids normands ouvrent une période incertaine, d'où émerge la société féodale.

LE ROI DES HUNS

En 451, **Attila**, chef d'un puissant empire d'Europe centrale et orientale, franchit le Rhin et entre en Gaule. Après avoir brûlé Metz, le « fléau de Dieu » se dirige vers Reims, Troyes, Sens et Paris. À Orléans, l'armée des Huns bat en retraite devant celle du Romain **Ætius**, composée principalement de contingents germaniques dont les Francs. Attila doit encore livrer bataille en juin 451 sur les **champs Catalauniques**, dont la localisation exacte reste une énigme. On évoque le site de Moirey (qui viendrait de *campus Mauriacus*) à Dierrey-Saint-Julien, à l'ouest de Troyes. En fait, il semblerait que la bataille se soit déroulée en plusieurs endroits, dans un vaste périmètre entre Châlons et Troyes. Ætius est vainqueur, le roi wisigoth **Théodoric** est tué, Attila préfère la fuite : la Gaule est délivrée de la menace barbare.

L'autorité des derniers Carolingiens est combattue par la famille de Vermandois, dont le chef, **Herbert II** (mort en 983), réussit à se tailler une principauté à partir de l'évêché de Reims.

MOYEN ÂGE

- **11e s.** – À la suite de mariages, la **maison de Blois** règne sur la Champagne. Premiers feudataires du royaume, les comtes de Champagne, également appelés comtes de France, doivent cette position à leur richesse davantage qu'à leur puissance militaire.
- **25 juin 1115** – **Saint Bernard** fonde l'**abbaye de Clairvaux** *(voir p. 230)*, l'une des quatre « abbayes filles » de Cîteaux, établie en Bourgogne par le Champenois **Robert de Molesme** en 1098. À la même époque naissent les amours célèbres d'**Héloïse** et **Abélard** *(voir l'ancienne abbaye du Paraclet à Nogent-sur-Seine, p. 252)*.
- **1118** – L'Aubois **Hugues de Payns** fonde à Jérusalem l'ordre des Templiers, qui comptera parmi ses rangs plusieurs figures champenoises. Il convainc le pape **Honorius II** de reconnaître le Temple, qui est porté sur les fonts baptismaux à la cathédrale St-Pierre-et-St-Paul de Troyes en 1129.
- **12e s.** – Grâce à la politique économique des **comtes de Champagne** qui assurent la protection des marchands et leur accordent de multiples facilités, notamment juridiques, la région devient le centre des échanges commerciaux entre les Flandres et l'Italie. Avec **Thibaud II**, le développement des foires est renforcé par la frappe d'un monnayage de bon aloi.
- **1182** – L'archevêque de Reims **Guillaume aux Blanches Mains** dirige le gouvernement du royaume en l'absence du roi **Philippe Auguste** (1179-1223), son neveu, parti pour la croisade.
- **1210** – Début de la construction de la **cathédrale de Reims**.
- **1234** – Le comte **Thibaud IV de Champagne** devient roi de Navarre et abandonne ses possessions de la Loire et de la Beauce à Saint Louis. Ses talents de trouvère assurent sa célébrité : il a composé une soixantaine de chansons amoureuses dont certaines adressées, dit-on, à la reine Blanche de Castille. La cour de Champagne est alors l'une des plus brillantes du royaume.
- **1284** – Le comté de Champagne est uni au domaine royal suite au mariage de la comtesse de Champagne et de Navarre, Jeanne, avec **Philippe le Bel**.

LES FOIRES DU 13e s.

Six foires « internationales » d'une durée de deux mois se déroulent notamment à Lagny, Provins, Troyes et Bar-sur-Aube. Elles suivent un calendrier et un rituel précis : l'entrée (8 jours), la vente (30 jours), puis les paiements (15 jours). On y échange soies et épices d'Orient, textiles et produits bruts d'Europe du Nord. Les marchands de toutes nationalités sont regroupés en cités ou ligues, sous la responsabilité d'un consul ou d'un capitaine. À l'initiative des changeurs italiens, les plus dynamiques, les opérations financières l'emportent progressivement sur le commerce lui-même : dans la seconde moitié du 13e s., les foires prennent l'aspect d'un grand marché des espèces et du change. La volonté royale de favoriser Paris, l'ouverture de la route atlantique et la guerre de Cent Ans leur portent un coup sévère au 14e s. En 1350, elles redeviennent de simples marchés régionaux.

- **1337** – Début de la **guerre de Cent Ans**. Après la mort des trois fils de Philippe le Bel, les « **rois maudits** », les barons français préfèrent son neveu, Philippe VI de Valois, à son petit-fils, Édouard III d'Angleterre. Ce dernier conçoit le projet de se faire sacrer à Reims, mais la ville résiste et il doit lever le camp le 11 janvier 1360. Les campagnes subissent les ravages incessants de bandes de pillards jusqu'en 1366, date de l'intervention de **Du Guesclin**. Deux raids anglais, celui de Jean de Lancastre en 1373 et celui de Buckingham en 1380, sont particulièrement dévastateurs pour le « plat pays ».
- **Début du 15e s.** – La rivalité entre **Armagnacs**, partisans de la famille d'Orléans, et **Bourguignons**, partisans du duc de Bourgogne et alliés des Anglais, rallume la guerre. La Champagne passe alors sous influence bourguignonne.
- **21 mai 1420** – Isabeau de Bavière, épouse du roi dément Charles VI, signe le **traité de Troyes** qui prive le dauphin de ses droits à la succession, et désigne son gendre, Henri V d'Angleterre, comme héritier du trône de France. Celui-ci entreprend la conquête du nord de la France.
- **21 mai 1429** – La situation se renverse lorsque **Jeanne d'Arc** parvient à faire sacrer le dauphin à Reims. Charles VII acquiert une légitimité indiscutable et se rend maître de la Champagne.

DE LA RENAISSANCE À LA RÉVOLUTION

- **Fin du 15e s.** – Le règne de Louis XI amorce la reconstruction. L'**école troyenne** de sculpture et de peinture sur vitrail va rayonner sur toute la région *(voir Troyes, p. 193)*.
- **1515-1559** – Les guerres contre la maison d'Autriche affectent durement la région, entraînant une succession de sièges (Mézières, Mouzon, Saint-Dizier…) et la destruction de **Vitry** par les armées germaniques de **Charles Quint** (1544).
- **1542** – Création de la généralité de **Châlons**, où un représentant du roi affirme l'autorité monarchique.
- **Fin du 16e s.** – Le **massacre de Wassy** (Haute-Marne) en 1562 marque le début des guerres de Religion *(voir Wassy, p. 315)*. Jusqu'à la St-Barthélemy (1572), les protestants semblent dominer la situation. Mais la Ligue dirigée par les Guises, très puissants dans la région, reprend le dessus. Les villes hésitantes se rallient à leur cause ; seules Langres et Châlons restent fidèles au roi. La prise de Paris et la conversion d'**Henri IV** dénouent la situation, mais c'est à Chartres et non à Reims (qui se soumet la dernière), que le souverain est couronné le 27 février 1594.
- **1614-1642** – Le **duc de Bouillon**, prince de Sedan, se rebelle contre le gouvernement de Marie de Médicis. Trois interventions royales sont nécessaires pour soumettre la Lorraine et ses confins (1614-1634). La monarchie en profite pour annexer le **Barrois**. Deux ans plus tard, la guerre contre l'Espagne déclenche une nouvelle série de malheurs. En 1642, la principauté de **Sedan** est cédée à Louis XIII et rattachée à la Champagne.
- **19 mars 1643** – La mort de Richelieu, puis celle de Louis XIII, incitent les Espagnols à reprendre l'offensive en Champagne. Mais les troupes royales commandées par le jeune **duc d'Enghien**, futur Grand Condé, leur infligent une sévère défaite à **Rocroi** *(voir p. 383)*.
- **1648-1653** – La **Fronde** menée contre le roi par les Grands du royaume divise la France qui vit une période de troubles graves provoquant d'incessants passages de troupes. Les Espagnols campent

LA GUERRE DE TRENTE ANS

Dans la première moitié du 17e s., la région est profondément marquée par une série de troubles qui touchent l'ensemble de l'Europe et seront plus tard identifiés comme la guerre de Trente Ans. La France se retrouve ainsi « encerclée » au nord par des territoires soumis aux Habsbourg, dont le véritable chef est le roi d'Espagne. Les divers conflits qui l'opposent à l'Espagne prendront fin avec la signature du **traité des Pyrénées** en 1659.

non loin de Reims. La Champagne, exsangue, traverse les plus noirs moments de son histoire.

- **1654** – Le voyage du sacre de **Louis XIV** à Reims amorce une amélioration, laquelle ne sera vraiment effective qu'après la signature du traité des Pyrénées avec l'Espagne qui rend Rocroi à la France.
- **Fin du 17e s.** – **Dom Pérignon**, moine de l'abbaye d'Hautvillers, améliore le procédé de fabrication du vin mousseux *(voir p. 127)*. L'extension du vignoble est stimulée au 18e s. par la production des vins champagnisés qui s'exportent facilement.

DE LA RÉVOLUTION À NOS JOURS

- **1779-1784** – **Napoléon Bonaparte** étudie à l'école militaire de Brienne-le-Château.
- **1789-1791** – Le 18e s. est un siècle réparateur. L'agriculture se relève ; l'industrie textile reprend vigueur pendant la seconde moitié du siècle ; la métallurgie connaît un rapide essor dans l'Ardenne et le sud-est de la région (la généralité de Châlons arrive alors au 1er rang de la production métallurgique française). À côté des villes (Reims, Troyes, Sedan), une industrie rurale se développe dans les vallées. L'**industrialisation** accentue les inégalités sociales : l'opulence des nouvelles dynasties bourgeoises contraste avec l'existence précaire de milliers d'ouvriers à la merci de la moindre crise, comme celle de 1788 qui, à Troyes, met 6 000 d'entre eux au chômage. La **Révolution** reçoit donc, à ses débuts, un accueil favorable. Dans la nuit du 20 au 21 juin 1791, le roi **Louis XVI** décide de s'enfuir vers l'est et de revenir à Paris à la tête d'une armée. Reconnus à Sainte-Menehould, le roi et sa famille sont arrêtés à **Varennes-en-Argonne** *(voir p. 186)*.
- **20 sept. 1792** – Les frontières sont menacées : les Prussiens, soutenus par les émigrés de l'« armée de Condé », occupent Verdun le 2 septembre, puis franchissent les défilés de l'Argonne qui leur ouvrent la route de Paris. **Danton** donne une extraordinaire impulsion à la défense nationale et lance sa célèbre formule : « Il nous faut de l'audace, encore de l'audace, toujours de l'audace, et la France est sauvée. » Elle l'est en effet, dans sa Champagne natale, à **Valmy** où Dumouriez arrête l'invasion prussienne *(voir Sainte-Menehould, p. 182)*.
- **1814** – **Campagne de France** de Napoléon, qui revient à Brienne-le-Château pour repousser l'invasion des alliés (Russes, Prussiens, Autrichiens). Son armée est composée en grande partie de très jeunes conscrits, les **« Marie-Louise »**. La région de Troyes est occupée deux ans et la Champagne, une fois de plus, souffre considérablement de la guerre. Les alliés auront l'occasion de revenir en 1815, au lendemain de Waterloo.
- **1856** – Napoléon III crée le **camp de Châlons**.
- **1870** – Guerre franco-prussienne. Prise dans une souricière à **Sedan**,

l'armée française, malgré quelques exploits comme à **Bazeilles**, doit capituler le 2 septembre ; 83 000 hommes sont faits prisonniers. Les Prussiens qui occupaient Châlons depuis le 26 août entrent à Reims le 4 septembre, jour de la chute de l'Empire. Des groupes de francs-tireurs poursuivront isolément la lutte, provoquant parfois d'horribles représailles de l'ennemi. Natif de l'Ardenne, le **général Chanzy** tente, à la tête de la IIe armée de la Loire rassemblée à la hâte par Gambetta, de renverser la situation au profit de la France.

- **28 janv. 1871** – L'armistice et la capitulation de Paris mettent fin au conflit. Le **traité de Francfort** (10 mai) rattache l'Alsace et une partie de la Lorraine à l'Empire allemand, ce qui rapproche la Champagne des frontières.
- **1914** – En août, les Allemands déclarent la guerre à la France et, après avoir envahi la Belgique, gagnent la bataille des frontières. **von Kluck** fonce alors en direction de la Seine et, contrevenant aux ordres supérieurs, décide d'attaquer par l'est plutôt que par l'ouest. **Gallieni**, gouverneur militaire de la place de Paris, suggère à **Joffre**, qu'il seconde, d'attaquer von Kluck sur son flanc droit *(voir Bataille de l'Ourcq dans* Le Guide Vert Île-de-France*)*. Les Alliés remportent la première **bataille de la Marne**, du 6 au 9 septembre, notamment avec l'aide de 600 taxis parisiens réquisitionnés pour conduire au front 4 000 hommes en renfort des troupes de la garnison de Paris : c'est le fameux épisode emblématique des **taxis de la Marne**. Une brèche s'ouvre dans les armées allemandes et l'armée anglaise s'y engouffre. Les Allemands, menacés d'être coupés, battent en retraite jusqu'à la vallée de l'Aisne où ils se retranchent.
- **19 sept. 1914** – L'incendie provoqué par le bombardement de la **cathédrale de Reims** marque le début du « martyre » de l'édifice qui le laissera largement endommagé.
- **Sept. 1914-mai 1918** – C'est la **guerre des tranchées**, épuisante et sanglante. Chacun des hauts commandements cherche la percée décisive et de nombreuses offensives sont montées de part et d'autre. En Champagne, la plus importante est l'offensive française de septembre 1915 dans la région de Souain (Marne).

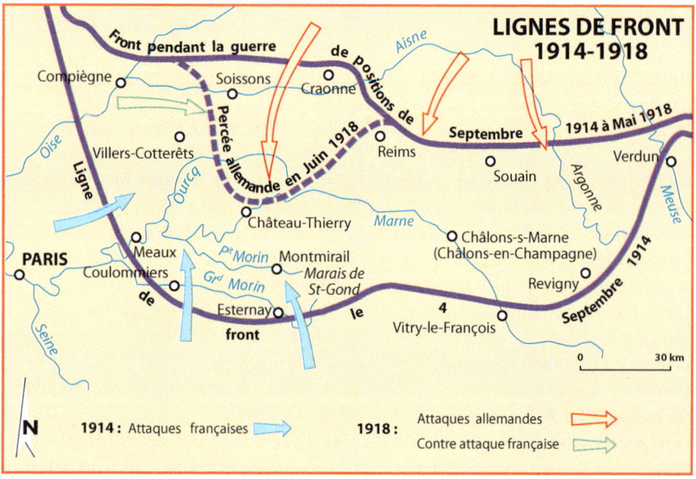

- **Juil.-nov. 1918** – Les Allemands font une percée en juin 1918, mais **Foch** reprend l'initiative dans cette seconde bataille de la Marne. Pressés de toutes parts, les Allemands se replient. Le 26 septembre, Foch déclenche une offensive générale qui conduira à la défaite allemande et à l'**armistice de Rethondes** (11 novembre 1918).
- **Sept. 1939** – France et Angleterre déclarent la guerre à l'Allemagne.
- **1940** – Après la drôle de guerre qui avait duré tout l'hiver, les Allemands envahissent les Pays-Bas et la Belgique le 10 mai. La Wehrmacht fait porter ses efforts sur les **Ardennes**, région réputée impénétrable où l'effet de surprise joue à plein. Elle enfonce sans peine le front français et franchit la Meuse à Sedan, le 14 mai au soir. Dans la brèche ainsi formée et malgré la résistance, sur l'Aisne, de la 14e division d'infanterie aux ordres du général de Lattre de Tassigny, les Allemands avancent sans obstacle vers la mer, qu'ils atteindront huit jours plus tard. Le 15 mai, les **spahis** d'Afrique du Nord leur avaient opposé une résistance héroïque près de La Horgne *(voir Forêt d'Élan, p. 360)*.
- **1944** – Libération de la Champagne.
- **7 mai 1945** – L'Allemagne capitule et signe l'armistice à Reims.
- **1966** – Naissance de **Charleville-Mézières**, qui devient ainsi préfecture du département, par la fusion de 5 communes.
- **1966-1991** – La mise en eau des **lacs-réservoirs d'Orient** (1966), **du Der** (1974) et **du Temple** (1991), destinés à réguler les cours respectifs de la Seine, de la Marne et de l'Aube, ajoute un atout touristique majeur à une région située à l'écart des grands axes. Le **Parc naturel régional de la Forêt d'Orient** est créé en 1970.
- **1970** – Mort du **général de Gaulle**, dans sa retraite de Colombey-les-Deux-Églises (Haute-Marne). Il repose dans le cimetière près de l'église.
- **1976** – Création du **Parc naturel régional de la Montagne de Reims** *(voir p. 125)*.
- **1982** – Inauguration à **Troyes** du **musée d'Art moderne** abritant la donation Lévy.
- **1995-1996** – Mise en service de la centrale nucléaire **Chooz B**. Le 1 500e anniversaire du baptême de Clovis est célébré à Reims en présence du pape **Jean-Paul II**.
- **Fin 2003** – Ouverture de l'A 34 (partielle) entre Charleville-Mézières et Reims. En projet, le prolongement jusqu'à la frontière belge inscrira la région sur le grand axe européen Rotterdam-Marseille.
- **Juin 2007** – Inauguration du TGV-Est européen, qui met Reims à 40mn de Paris et offre des liaisons directes avec plusieurs régions sans passer par la capitale.
- **Oct. 2008** – Inauguration à Colombey-les-Deux-Églises du Mémorial Charles-de-Gaulle par le président de la République Nicolas Sarkozy et la chancelière allemande Angela Merkel.
- **Déc. 2011** – Homologation du PNR des Ardennes.

Le monachisme champenois

Avec la Bourgogne, la Champagne a été l'un des hauts lieux du monachisme médiéval. Les premières fondations monastiques remontent au 6e s., à l'initiative de saints évangélisateurs ou de princes. Mais l'élan principal vint de Luxeuil où saint Colomban, missionnaire irlandais, avait fondé un monastère doté d'une règle qui fut largement adoptée dans la France du Nord.

LE RAYONNEMENT DE L'ÉCOLE DE REIMS

Plusieurs abbayes fleurissent à l'époque mérovingienne. Ces monastères et leurs **ateliers de copistes** jouent un rôle essentiel dans le renouveau artistique et culturel des temps carolingiens. Le **psautier dit d'Utrecht** est écrit et illustré entre 820 et 830 dans le scriptorium de l'**abbaye d'Hautvillers**, d'où sortent les plus remarquables productions de l'Empire. Les Rémois sont les auteurs d'un splendide recueil d'Évangiles conservé à la bibliothèque d'Épernay, d'où son nom d'**évangéliaire d'Épernay**. Le rayonnement d'Hautvillers perdure sous Charles le Chauve, et l'école de Reims continue à produire de prestigieux manuscrits et de splendides pièces d'orfèvrerie comme le **talisman de Charlemagne**, conservé au palais du Tau. L'influence de l'école de Reims se fait encore sentir aux 10e et 11e s. jusqu'en Angleterre, puis elle décline au profit des nouveaux foyers du Saint Empire romain germanique et de l'abbaye royale de Saint-Denis.

LE DÉVELOPPEMENT DU MONACHISME AU 11e s.

Après l'an 1000, une étonnante ferveur religieuse s'empare de l'Europe occidentale. En Champagne, les monastères développent leurs possessions. Ils sont presque tous adeptes de la règle bénédictine et certains dépendent de la grande fédération de **Cluny**, forte de plus de 1 000 maisons et de 10 000 moines. Mais l'opulence clunisienne conduit les abbayes de l'ordre à délaisser le travail manuel et intellectuel au profit d'une magnificence démesurée.
C'est un moine champenois, **Robert de Molesme**, qui jette les bases de la réforme en créant en 1075 à Molesme, près des Riceys, une abbaye qui devient un foyer de vie monastique. En 1098, il se met en quête d'un lieu d'isolement et de pauvreté. C'est la fondation du « nouveau monastère » de **Cîteaux**, en Bourgogne, qui va devenir en quelques décennies le chef d'ordre d'une congrégation de plus de 350 monastères, implantés dans toute l'Europe.
Ce succès est dû aux « abbayes filles » auxquelles **Étienne Harding**, le 3e successeur de Robert de Molesme, confie le développement des cisterciens. **Bernard de Fontaine**, jeune noble bourguignon, crée en 1115 le monastère de **Clairvaux** qui assurera le plus grand nombre de filiations et sera le centre du monde religieux occidental jusqu'à la mort de son créateur, en 1153. La Champagne conserve des vestiges de la douzaine d'abbayes cisterciennes qui subsistèrent jusqu'à la Révolution, telles qu'Auberive, Igny, Signy, Trois-Fontaines, La Chalade et Morimond.
À cette époque, trois catégories de personnes vivent à l'abbaye : les **moines** se consacrent à la prière et effectuent un travail de copiste, les **convers** se chargent des travaux des champs, avec l'aide des **oblats**, laïcs qui participent à la prière et travaillent à vie pour le monastère en échange du gîte et de la nourriture.

LE MODÈLE CISTERCIEN

Saint Bernard définit de façon intransigeante la règle de saint Benoît, qu'il fait appliquer à la lettre. Il impose à ses moines de Clairvaux et à tous les moines de l'ordre cistercien des conditions de vie rigoureuses. L'emploi du temps d'une journée est réglé avec une précision méthodique dès le lever entre 1h et 2h du matin. Les offices divins occupent six à sept heures

Église St-Étienne de Vignory (vers l'an 1000), bel exemple de l'architecture romane du milieu du 11e s.
G. Labriet / Photononstop

par jour, le reste du temps étant partagé entre le travail manuel, le travail intellectuel et les lectures pieuses. Chef de la communauté, l'abbé vit parmi ses moines dont il partage les repas. Il est assisté d'un prieur, qui le remplace en son absence.

La règle attache une grande importance au travail de la terre, si bien que **Clairvaux** ne tarde pas à devenir un centre agricole de premier plan, à la tête du mouvement de défrichement et de colonisation de la région. Le système d'exploitation repose sur les **granges**, fermes isolées qui comprennent, outre les bâtiments d'exploitation, un dortoir, un réfectoire, un chauffoir et une chapelle. Le vestige le plus remarquable est celui du cellier de Colombé-le-Sec *(voir p. 227)*.

Aux activités agricoles s'ajoute bientôt l'exploitation de **mines** et de **forges** qui forment un bassin industriel au nord-ouest de Chaumont et font de l'abbaye le premier producteur de fer en Champagne au 18e s.

Les personnalités de la région

Zone d'échanges, la région voit naître des personnalités d'envergure, qui s'illustreront dans des domaines divers : religion, science et technique, stratégie militaire…

RACHI (VERS 1040-1105)

Célèbre commentateur de la Bible et du Talmud, Rachi naît dans une famille juive de Troyes. Après des études en Allemagne, il rentre dans sa ville natale où il se consacre à la recherche et à l'enseignement, attirant autour de lui de nombreux disciples.

HUGUES DE PAYNS (VERS 1070-1136)

Né au château de Payns, aux environs de Troyes, ce chevalier serait issu de la maison des comtes de Champagne. Il participe à la première croisade et, en 1118, offre au patriarche de Jérusalem d'assurer la sécurité des pèlerins avec huit autres chevaliers : c'est la naissance de l'ordre des moines-soldats, appelés Templiers (car installés à proximité de l'ancien Temple de Salomon, à Jérusalem, disparu et remplacé par un second Temple, dont il ne reste alors que des vestiges).

URBAIN IV (VERS 1200-1264)

Fils d'un savetier, Jacques Pantaléon, élevé par le chapitre de la cathédrale de Troyes, devient docteur en théologie et prêtre. Il est ensuite nommé évêque de Verdun puis patriarche de Jérusalem par Alexandre IV, avant d'être élu pape en 1261 sous le nom d'Urbain IV. L'année suivante, il fait construire une collégiale dédiée à saint Urbain sur le site de l'échoppe de son père à Troyes.

CHANZY (1823-1883)

Originaire de Nouart dans les Ardennes, Chanzy entre à St-Cyr en 1841 et exerce par la suite des commandements en Algérie. Élu député des Ardennes en 1871, il est nommé gouverneur général de l'Algérie par Mac-Mahon en 1873. Sénateur républicain inamovible en 1875, il est aussi président du conseil général des Ardennes. En 1879, il devient ambassadeur de France à Saint-Pétersbourg.

LOUISE MICHEL (1830-1905)

Celle qui sera surnommée « la Vierge rouge de la Commune » est née au château de Vroncourt-la-Côte (Haute-Marne). Au terme de ses études à Chaumont, elle crée une école libre à Audeloncourt, Clefmont puis Millières (Haute-Marne), où elle enseigne selon les principes républicains. Auteur d'importants écrits politiques et de nombreux poèmes et contes, elle est surtout une infatigable militante révolutionnaire et l'une des principales figures de la Commune de Paris (1871), où elle s'illustre par son courage et sa détermination. Elle sera détenue de 1871 à 1873 à l'abbaye d'Auberive (Haute-Marne), alors transformée en prison pour femmes afin de soulager Clairvaux.

ÉMILE COUÉ (1857-1926)

L'inventeur de la célèbre « méthode Coué » (« Tous les matins, à tous les points de vue, je vais de mieux en mieux »), qu'il pratiqua dans sa clinique à Nancy, est natif de Troyes.

ÉDOUARD HERRIOT (1872-1957)

Né à Troyes, dans un deux-pièces de l'actuelle place Jean-Jaurès, ce dreyfusard fut député et sénateur radical, ministre de l'Éducation nationale, président du Conseil, maire de Lyon et président de l'Assemblée nationale. Plusieurs fois président de son parti, cet agrégé de lettres et académicien français avait un talent oratoire remarquable, qu'il mettait au service de fortes convictions. Fervent laïc, il s'est abstenu lors du vote des pleins pouvoirs au maréchal Pétain, en juillet 1940. Tout un symbole pour ce républicain qui eut droit à des funérailles nationales.

GASTON BACHELARD (1884-1962)

Natif de Bar-sur-Aube, Gaston Bachelard commence par travailler dans les Postes. Mobilisé pendant la Grande Guerre, il passe trois ans dans les tranchées. Entre 1919 et 1922, il devient agrégé de philosophie, tout en enseignant la physique et la chimie. Bachelard est l'un des grands philosophes des sciences, de la connaissance et de l'imaginaire, domaine servi par le réel, la rêverie et le symbolisme qu'il a explorés avec une plume fascinante.

Art et culture

La richesse de l'héritage culturel de la Champagne-Ardenne est immédiatement visible dans ses édifices, dont plusieurs ont été inscrits sur la liste du Patrimoine mondial de l'Unesco. Durant les périodes de prospérité, son rayonnement artistique s'exerce bien au-delà de la région. L'école de Troyes assurera ainsi la renommée de la ville dans les domaines de la sculpture et du vitrail. Mais le savoir-faire du terroir est également à l'origine de constructions traditionnelles caractéristiques.

L'art

Malgré une histoire marquée par d'innombrables destructions, la région a conservé un patrimoine considérable.

ART GALLO-ROMAIN

Du passé urbain antique ont subsisté quelques vestiges : à **Reims** restent un cryptoportique et, surtout, la porte Mars, arc de triomphe orné de scènes de la vie agricole célébrant la prospérité romaine. **Langres** conserve quant à elle une porte. Les fouilles archéologiques ont mis au jour une villa avec toutes ses structures, notamment des thermes, à **Andilly-en-Bassigny** *(voir Langres, p. 292)*. Par ailleurs, les musées de Troyes, de Reims, de Nogent-sur-Seine et de Langres présentent des collections très complètes de céramique, verrerie, statuaire, objets usuels, etc.

ART MÉROVINGIEN

Méconnu, l'art mérovingien est bien représenté en Champagne et dans les Ardennes par les éléments de **mobilier funéraire**, retrouvé dans une multitude de nécropoles locales telles que la tombe princière de Pouan, dont le contenu est conservé au musée archéologique de Troyes.

L'**orfèvrerie** arrive en tête des arts pratiqués à cette époque avec des bijoux tels que fibules, boucles de ceinture, plaques de garniture de bouclier, poignées d'épée, etc. L'armement montre également la grande maîtrise technique de la **métallurgie** mérovingienne. Les armes les plus répandues étaient l'épée longue à double tranchant, la francisque (hache de jet dissymétrique) et le scramasaxe, sorte de sabre droit à un seul tranchant.
À côté du travail des métaux, spécialité germanique, la **sculpture** tenait une place importante. Les principales réalisations concernaient, outre la décoration des églises, les sarcophages dont les plus caractéristiques offrent un décor en faible relief de motifs géométriques. Ceux d'Isle-Aumont montrent l'évolution de cet art funéraire du 5e au 8e s.

ART ROMAN

L'architecture romane n'a pas eu le temps de se développer en Champagne car elle y fut très vite relayée par l'art gothique. Les porches en appentis sont néanmoins courants dans la région, d'où leur surnom de **porche champenois**.
Les invasions normandes et hongroises laissent la place à

une période de reconstruction.
À l'est, l'Empire germanique des Ottons exerce une forte influence sur les conceptions artistiques du temps. Les nombreux sanctuaires construits au 9e s. ont tous disparu, à l'exception du chœur de l'**abbaye d'Isle-Aumont**.
Les églises du début du 11e s. ont souvent l'allure de grandes basiliques charpentées à éclairage abondant. La décoration intérieure, très sobre, privilégie les formes géométriques. Trois édifices champenois se rattachent à ce style : Montier-en-Der (reconstruite en 1940), Vignory et St-Remi de Reims. **St-Étienne de Vignory** a conservé son aspect primitif qui en fait un des monuments les plus remarquables de la région.
À **St-Remi de Reims**, malgré l'hétérogénéité de l'édifice, l'art roman fait une large place au décor sculpté.
Les découvertes de la salle capitulaire de l'abbaye St-Remi, du cloître de Notre-Dame-en-Vaux à Châlons-en-Champagne, et du portail de St-Ayoul à Provins laissent penser que les monastères romans possédaient alors d'importantes richesses.

ART GOTHIQUE (12e-16e s.)

Né en Île-de-France au 12e s., l'art gothique s'est aussitôt développé dans la riche Champagne voisine avec l'édification de l'abbatiale de **Mouzon**, de Notre-Dame-en-Vaux à **Châlons-en-Champagne**, de St-Quiriace à **Provins** et de l'abbatiale d'**Orbais**, où l'architecte Jean d'Orbais éleva un chœur remarquable qui lui servit de modèle pour la cathédrale de Reims. Les chœurs de Notre-Dame de **Montier-en-Der** et de St-Remi à **Reims** offrent une particularité originale : les ogives du déambulatoire ainsi que des chapelles rayonnantes reposent sur des colonnes placées à l'entrée de ces dernières.
Les 13e et 14e s. marquent l'âge d'or des grandes cathédrales comme Notre-Dame de Reims. Servis par une pierre calcaire au grain très fin et facile à tailler, les **ateliers de Reims**, surtout productifs au 13e s., créent plusieurs chefs-d'œuvre qui ornent les porches de la cathédrale, dont le fameux *Ange au sourire*.
St-Amand-sur-Fion, les cathédrales de Châlons et surtout St-Urbain de Troyes montrent l'aboutissement des recherches de l'architecture gothique, dont la décadence s'amorce avec l'apparition du **style flamboyant** : la surabondance du décor sculpté tend alors à masquer les lignes essentielles des monuments. En Champagne, la **basilique Notre-Dame-de-l'Épine** en constitue le meilleur exemple.
Au cours des 14e et 15e s., marqués par la guerre de Cent Ans, se développe la mode des **gisants** (sculptures), représentant généralement un groupe entourant le corps du Christ, et des **sépulcres** (tombeaux).

ART RENAISSANCE (16e s.)

En Champagne, la Renaissance trouve peu de résonance dans l'architecture religieuse, à l'exception de la région de **Troyes** où l'on peut admirer des façades et des porches décorés de cartouches, de corniches et de frontons. Le portail de St-Maurille de **Vouziers** et l'extraordinaire façade de Rembercourt-aux-Pots sont les principaux témoignages architecturaux de cette époque.
La **sculpture** connaît un essor exceptionnel à Troyes dans la première moitié du 16e s., période de transition entre le gothique et la Renaissance. Le **maître de Chaource** notamment est l'auteur de la *Sainte Marthe* de l'église Ste-Madeleine de Troyes, de la *Pietà*

LES ÉGLISES DE L'AUBE

Avec 1 160 baies vitrées dont la plupart datent du 16e s., elles sont remarquables. L'école troyenne s'y est également épanouie avec de fameuses sculptures comme celles du maître de Chaource : on y retrouve l'héritage du « gothique détendu » et l'influence de la Renaissance italienne. Notez que Troyes possède la plus grande surface de vitraux d'Europe.
Aube en Champagne Tourisme propose un guide *Fascinantes Églises*.

de Bayel et de la remarquable *Mise au tombeau* de Chaource.
À la même époque, **Jean Gailde** réalise l'admirable jubé flamboyant de Ste-Madeleine. L'influence italienne commence à faire son apparition avec la *Vierge au raisin* de St-Urbain de Troyes.
Parallèlement à l'essor de la sculpture se développe une « industrie » de la **peinture sur verre** grâce aux commandes des donateurs. L'utilisation de cartons reproduits à plusieurs exemplaires explique en partie la richesse en vitraux des petites églises de l'Aube. Dans le premier tiers du siècle, on assiste à une explosion de couleurs, particulièrement spectaculaire dans les fenêtres hautes de la cathédrale de Troyes.
À partir de 1540, le **maniérisme** s'impose. Le château de Joinville et les hôtels Renaissance à Troyes et à Reims manifestent le retour aux formes antiques. Les églises sont envahies par les statues de **Dominique Florentin**, élève du Primatice, qui s'installe à Troyes et forme à son tour quelques disciples, dont **François Gentil**.
Les **maîtres verriers** utilisent de plus en plus la **grisaille** sur verre blanc rehaussée de jaune, d'argent et de sanguine. Le décor architectural est inspiré par l'école de Fontainebleau ; cependant les peintres troyens conservent la représentation traditionnelle en registres.
Au 17e s., prolongeant ainsi une grande tradition, **Linard Gontier** revient à la polychromie avec une nouvelle technique d'émaux sur verrières à fond blanc qui donne des coloris éclatants. Il est le maître de la composition monumentale avec des œuvres comme le Pressoir mystique de la cathédrale de Troyes, et fut aussi un exceptionnel miniaturiste et portraitiste grâce à son habileté à utiliser la sanguine et la grisaille.

ART CLASSIQUE (17e-18e s.)

L'architecture classique a produit à **Charleville** un chef-d'œuvre du style Henri IV-Louis XIII avec la **place Ducale**, qui présente de nombreuses analogies avec la place des Vosges à Paris.
Le 18e s. embellit les villes, parfois au prix de la destruction d'édifices anciens. La **place Royale à Reims** constitue un exemple typique de ces grandes places à la française s'ordonnant autour de la statue du monarque. L'hôtel de ville et l'ancien hôtel de l'Intendance à **Châlons-en-Champagne** témoignent du rayonnement de Paris.

ARCHITECTURE MILITAIRE

Zone frontière, la région des Ardennes a conservé quelques fortifications dont l'impressionnant **château de Sedan**, le plus grand d'Europe, qui fut construit du 15e s. au 18e s.
La plupart des **églises fortifiées** de la Thiérache se situent dans l'Aisne. Elles ont été transformées à la fin du 16e s. et au 17e s. pour servir de lieu de refuge dans une région bouleversée par des guerres

incessantes, à la frontière entre la France, les Pays-Bas espagnols et l'Empire germanique.

Sur la frontière du Nord et des Ardennes, **Vauban** (1633-1707) avait établi deux lignes de places fortes relativement rapprochées les unes des autres (le « pré carré »). Son système se caractérise par des bastions complétés par des demi-lunes, le tout environné de profonds fossés. L'un des plus beaux exemples est la place forte de **Rocroi**.

Décidée par le ministre de la Guerre Paul Painlevé et son successeur André Maginot, à partir de 1925, la **ligne Maginot** comprend un ensemble d'ouvrages en béton placés au sommet ou à flanc de coteaux, sur toute la frontière nord-est. Le **fort de Villy-la-Ferté** en constitue un exemple intéressant. Malheureusement, cette formidable ligne défensive fut privée de ses troupes d'intervalle au moment crucial, ce qui rendit vaine sa résistance de mai-juin 1940.

ART MODERNE (20e s.)

Au début du siècle dernier, c'est dans les fonderies de Saint-Dizier qu'**Hector Guimard** a créé les œuvres Art nouveau que l'on peut contempler dans les rues de la ville de Paris et de grandes métropoles du monde entier : grilles et balcons, bouches de métro, fontaines, lampadaires… *(voir Saint-Dizier p. 312 et la Vallée de la Blaise p. 314).*

Nombre de vitraux endommagés pendant les guerres ont été remplacés par des créations contemporaines : à Reims, ceux de la chapelle absidiale de la cathédrale, dessinés par Marc Chagall, ont été réalisés par la dynastie des **maîtres verriers Simon**, comme ceux de l'église St-Jacques, œuvres de Vieira da Silva et Sima. À Mézières, les vitraux d'inspiration cubiste de la basilique ont été dessinés par **René Dürrbach** (proche de Picasso). En 2005, des vitraux non figuratifs dus à **David Tremlett** ont été posés dans l'église de Villenauxe-la-Grande.

Maisons rurales traditionnelles

Les campagnes champardennaises ont conservé intact leur habitat, qui contribue beaucoup au charme de la région. Architecture et matériaux évoluent au fil des paysages et leur confèrent leur personnalité. Corps de fermes isolés ou maisons alignées en gros bourgs abritent un mobilier massif et, dans les zones viticoles, le matériel lié au travail de la vigne et du vin.

L'HABITAT

Dans la **Champagne sèche**, les habitations regroupées autour des sources forment de gros villages éloignés les uns des autres. On pénètre dans les fermes par une porte cochère cintrée, surmontée d'un petit bâtiment faisant souvent office de pigeonnier. Autour de la cour rectangulaire se répartissent les granges, côté champ, et le logis, côté rue, dont le rez-de-chaussée est habité et le premier étage sert de grenier. Les maisons ont un toit élevé et sont construites en craie sur une assise de pierre, de brique ou de moellons. À l'est et au sud de la région, les pans de bois font leur apparition. Aux abords des vignes, on rencontre quelques cadoles, abris de pierre sèche érigés par les vignerons *(voir Les Riceys, p. 263).*

Dans le bocage de la **Champagne humide**, des fermes et des hameaux isolés occupent l'espace entre les villages. Les constructions adoptent une architecture à pans de bois, entre lesquels sont intercalés du torchis, des carreaux de terre ou des briques de différentes couleurs, comme dans la région de Troyes. Les toits à faible

pente forment un auvent, et les combles aux très belles charpentes compensent l'absence de cave.
À noter que les **églises à pans de bois** utilisent les mêmes matériaux robustes que les maisons. Elles sont surmontées de flèches et couvertes d'ardoises ou d'écailles de bois.
Dans les villages tout en longueur de l'**Argonne**, les maisons présentent un curieux mélange de matériaux. La façade est souvent de briques rouges et noires au niveau du rez-de-chaussée, tandis que l'étage (grenier) est en torchis, protégé des intempéries par des lattes en chêne. Les toits de tuiles, presque plats, font saillie tout autour de la maison et en particulier en façade.
Autour de Bar-sur-Aube et de Bar-sur-Seine, sur le **plateau de Langres** et dans la vallée de la Blaise, les villages apparaissent tout blancs sous de hauts toits de tuiles (autrefois, les maisons étaient recouvertes de chaume ou de pierre de lave). Le moellon calcaire constitue le matériau de prédilection, les pierres de taille n'étant utilisées que pour les encadrements de portes et de fenêtres.
Dans l'**Ardenne**, l'ardoise et le schiste triomphent partout : ardoise mauve de Fumay, ardoise bleue de Rimogne, pierre bleue de Givet. Les maisons construites dans ces matériaux durs sont de couleur sombre et leur toit, presque plat, était à l'origine couvert d'ardoises grossières et lourdes, les « faisaus ».

LE MOBILIER

Malgré la proximité de Paris, de la Lorraine et de la Bourgogne, le **meuble champenois** garde une personnalité propre. Il est solide, travaillé dans d'épais panneaux de chêne. La sculpture, sobre, est égayée par une ornementation simple, souvent florale. Les meubles plus raffinés (armoires, gaines d'horloge…) sont fabriqués en noyer, plus fin pour les sculptures.
L'**armoire** comprend deux portes et, parfois, un large tiroir à la base. Dans la région de Charleville, on rencontre des armoires à trois portes et à pieds cambrés ; l'armoire auboise est ornée d'une croix de Malte sur les panneaux.
Le **buffet vaisselier** est le meuble le plus typique des intérieurs paysans. Il est fabriqué avec du bois fruitier en Champagne, du chêne dans l'Argonne et l'Ardenne.
Le **lit** en chêne ou en orme, souvent peint en gris clair, peut être encastré dans une alcôve, complété par un vaisselier et placé à côté de la cheminée en pierre blanche.
Les **horloges**, très hautes (2 m et plus), sont en cerisier ou en chêne clair ; quelques-unes ont la forme d'une hotte s'évasant vers le haut. L'horloge champenoise s'assortit au reste du mobilier et provient souvent du même artisan.
Les **tables** sont en chêne, rectangulaires et à plateau épais, tandis que la table de vigneron, ronde et à bascule, se range contre le mur.
La **pompe** en cuivre rouge, alimentant un évier de pierre, est également très caractéristique.
Les **pétrins**, ou maies, faisaient très souvent partie du mobilier traditionnel, notamment dans les Ardennes.

ABC d'architecture

Architecture religieuse

Plan-type d'une église

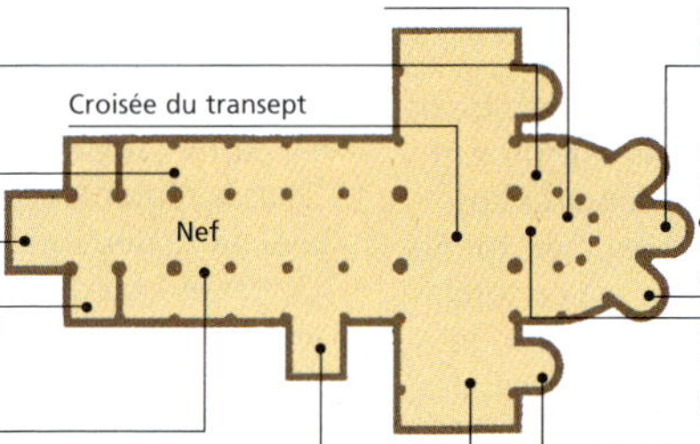

Coupe d'une église

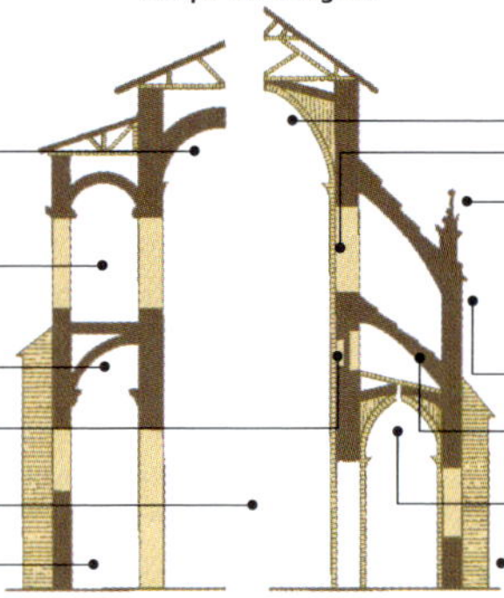

MÉZIERES – Basilique Notre-Dame-de-l'Espérance (15e s.)

R. Corbel/MICHELIN

MOUZON – Intérieur de l'abbatiale (1195-vers 1240)

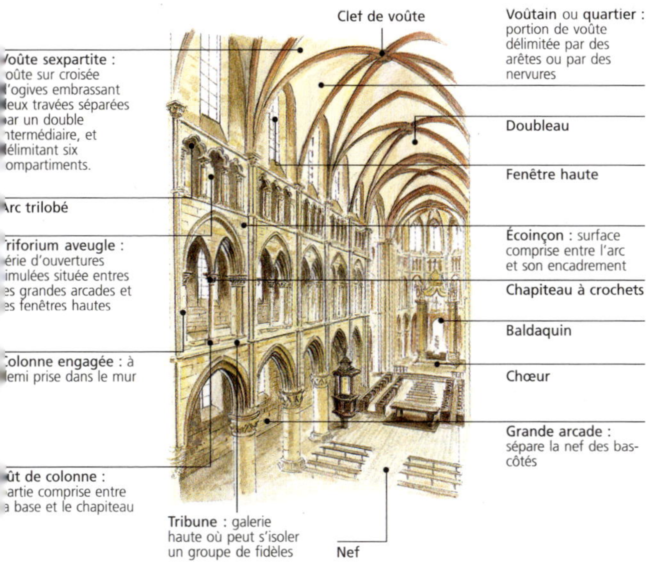

REIMS – Chevet de la cathédrale (1211-1260)

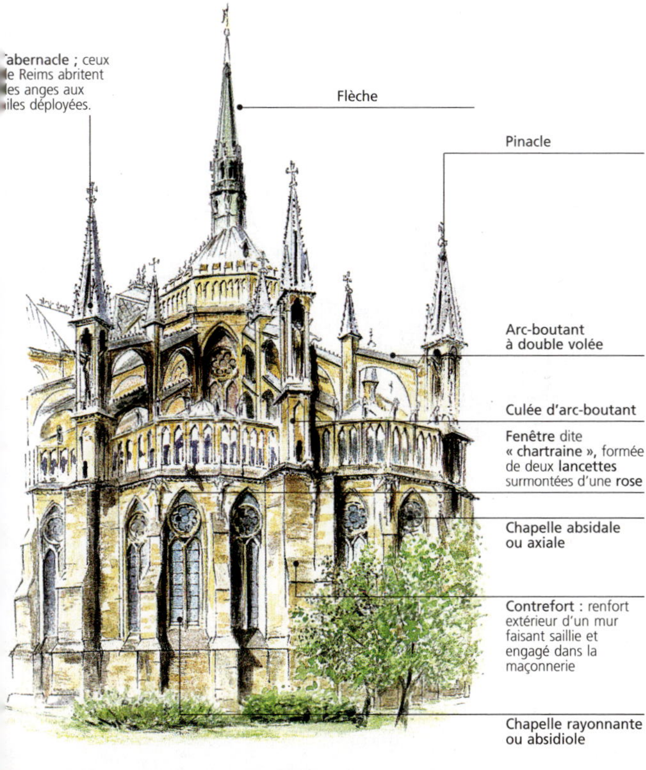

R. Corbel/MICHELIN

N.-D.-DE-L'ÉPINE – Façade de la basilique (1420-vers 1530)

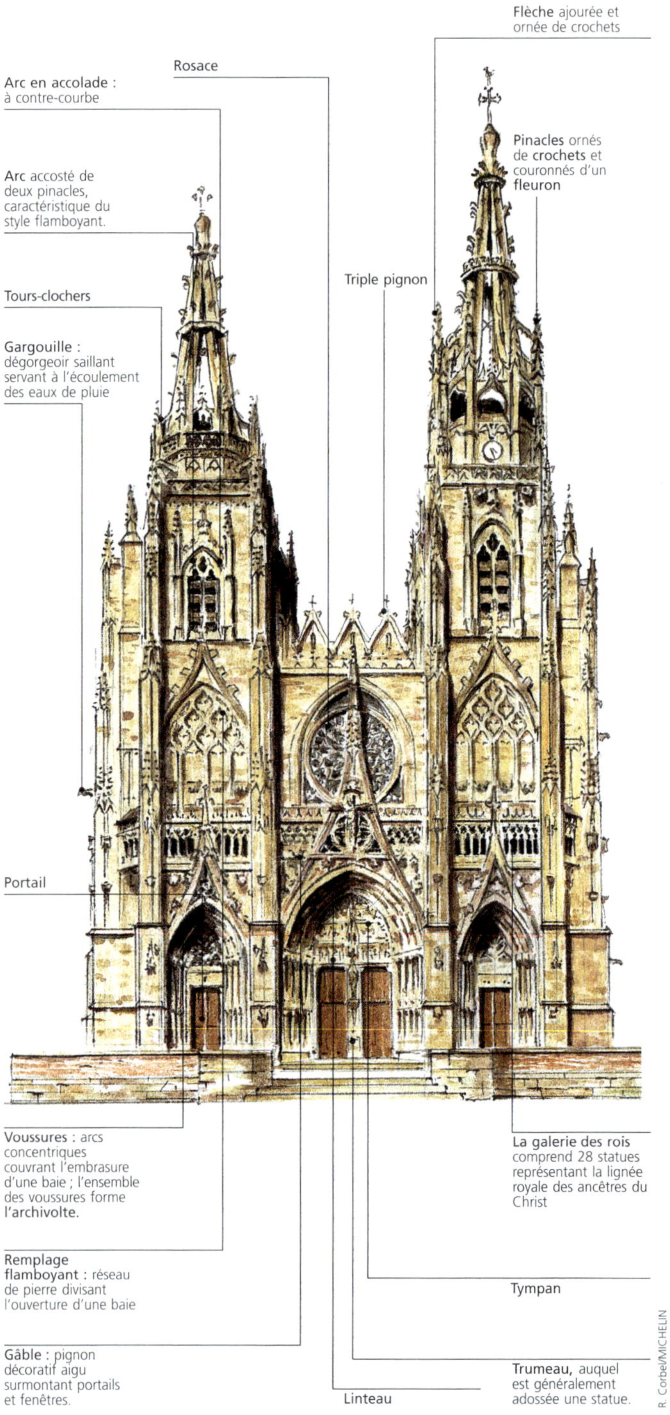

Mobilier d'église

REIMS – Orgue de la cathédrale (18e s.)

VILLEMAUR-SUR-VANNE – Jubé de l'église (16e s.)

HAUTVILLERS – Stalles de l'abbaye (18e s.)

Architecture civile

NOGENT-SUR-SEINE – Maison « à la Turque » (16e s.)

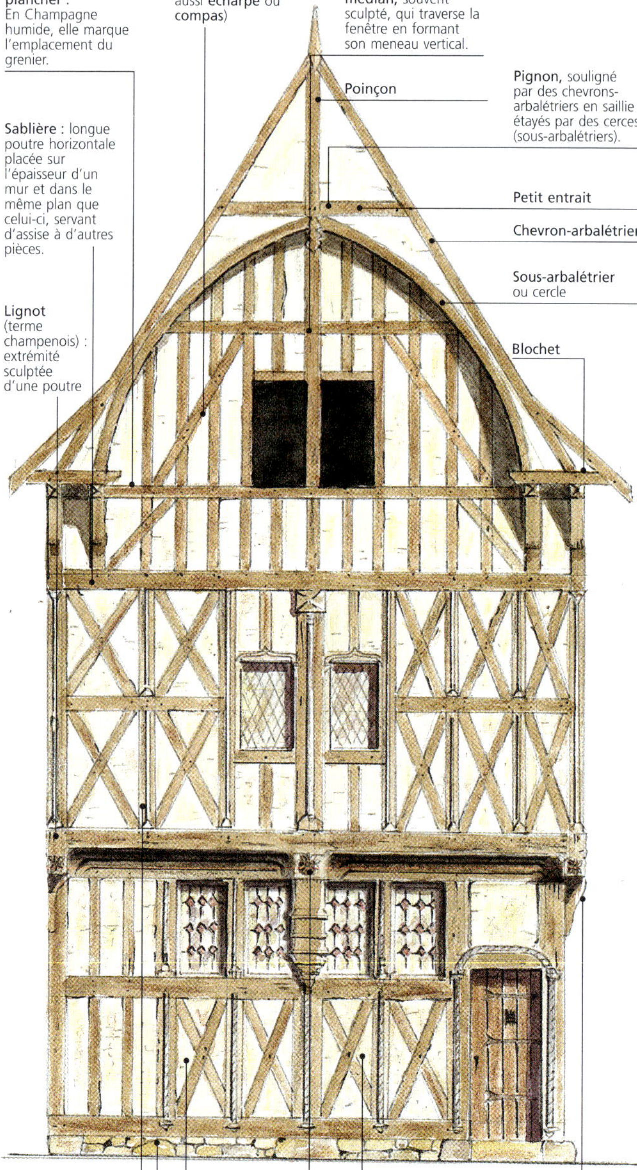

R. Corbel/MICHELIN

JOINVILLE – Château du Grand-Jardin (1533-1546)

Architecture militaire

ROCROI – Place forte (1675)

R. Corbel/MICHELIN

Littérature

La terre de Champagne-Ardenne a inspiré les hommes et les femmes de lettres, champardennais d'origine ou d'adoption. À l'époque médiévale, l'essor des foires s'accompagne d'une grande effervescence intellectuelle. Plusieurs figures majeures des Lumières sont associées à la région, intimement liée également au souvenir mythique de Verlaine et de Rimbaud.

Les précurseurs

Au 12e s., la Champagne compte les principaux écrivains de la langue française naissante. On attribue à **Bertrand de Bar-sur-Aube** l'épisode le plus connu de la geste de Guillaume d'Orange, *Aimeri de Narbonne*, qui sera repris par Victor Hugo dans la *Légende des siècles*. C'est aussi l'époque des amours d'**Héloïse et Abélard**, devenus célèbres grâce à la *Correspondance* qui en est restée *(voir l'ancienne abbaye du Paraclet à Nogent-sur-Seine, p. 251)*. Reçu à la Cour de Champagne par la comtesse Marie, **Chrétien de Troyes** (v. 1135-v. 1183) associe l'idéal de l'amour courtois et la tradition celtique dans ses romans de chevalerie. Initiateur de la littérature courtoise en France, il est l'auteur des célèbres *Lancelot ou le Chevalier de la charrette* et *Perceval ou le Conte du Graal*.

Avec les croisades paraissent les chroniques relatant ces épopées. La première, *Histoire de la conquête de Constantinople*, est écrite par **Geoffroy de Villehardouin** (1150-1213), originaire de la région de Troyes et maréchal de Champagne, qui s'illustra dans la quatrième croisade. Le **sire de Joinville** (1224-1317), sénéchal de Champagne, fait le récit de son expédition aux côtés de Saint Louis dans son *Histoire de Saint Louis*.

Les pourfendeurs

Au 17e s., **Paul de Gondi** (1613-1679), né à Montmirail (Marne) et cardinal de Retz, joue un rôle important dans la Fronde comme chef de l'opposition. Rival de La Rochefoucauld, dont il partage l'utilisation des maximes comme forme d'expression, il brosse dans ses *Mémoires* le tableau de la vie politique française de son époque.

Né à Château-Thierry, **Jean de La Fontaine** (1621-1695) évoquera les paysages de Champagne dans plusieurs de ses fables *(voir Château-Thierry, p. 151)*.

Au Siècle des lumières, Langres voit naître **Diderot** (1713-1784), tandis que **Voltaire** (1694-1778) viendra longuement séjourner au château de Cirey-sur-Blaise *(voir Langres p. 286 et Vallée de la Blaise p. 316)*.

Les paysagistes

Le grand historien de souche ardennaise, **Jules Michelet** (1798-1874), effectue de nombreux séjours à Renwez près de Rocroi, qu'il décrit dans ses ouvrages

LITTÉRATURE ORALE

La nature profonde et les mystérieuses forêts, refuge des marginaux et des créatures étranges, ont inspiré de nombreuses légendes locales, dans lesquelles on retrouve également l'influence celtique : les Quatre Fils Aymon, les Dames de la Meuse et Roger la Honte en sont quelques-unes.
Pour plus d'informations, reportez-vous aux circuits dans la partie « Découvrir la Champagne-Ardenne » (voir p. 341) et « Route des Légendes de Meuse et Semoy » dans la partie « Organiser son voyage » (voir p. 23).

autobiographiques, *Ma jeunesse* et *Mon journal*.

Gustave Flaubert (1821-1880) fait de Nogent-sur-Seine *(voir p. 250)* le décor de son *Éducation sentimentale*.

Dans son *Essai sur les fables de La Fontaine*, l'Ardennais **Hippolyte Taine** (1828-1893), qui cherche à expliquer la biographie des hommes et leur œuvre par l'influence du milieu naturel, analyse le caractère champenois de l'auteur.

La figure de **Paul Verlaine** (1844-1896) est associée à Rethel *(voir p. 374)* par les années qu'il y passa, notamment en compagnie d'**Arthur Rimbaud** (1854-1891), l'enfant de Charleville *(voir Charleville p. 336 et Roche à Sedan p. 358)*.

Gaston Bachelard (1884-1962) fait souvent référence à sa ville natale de Bar-sur-Aube qui inspire sa réflexion, notamment son œuvre sur la poétique des quatre éléments : « Si je veux étudier la vie des images de l'eau, il me faut donc rendre leur rôle dominant à la rivière et aux sources de mon pays. » *(L'Eau et les Rêves)*. En 1961, il reçoit le Prix national des lettres pour *La Flamme d'une chandelle*. Des sculptures lui sont consacrées dans la région *(voir p. 124, 217 et 284)*.

L'académicien **Marcel Arland** (1899-1986) raconte son enfance haut-marnaise dans *Terre natale* *(voir Nogent, p. 291)*. En hommage, le groupement des trois communes de Varennes-sur-Amance, Chézeaux et Champigny-sous-Varennes sera baptisé Terre-Natale. Il obtient le prix Goncourt 1929 avec *L'Ordre*, récit largement autobiographique.

Connu comme « le promeneux des Ardennes », **André Dhôtel** (1900-1991) est originaire d'Attigny près de Rethel. Il est l'auteur d'une quarantaine de romans, dont la plupart se déroulent dans ce pays centré autour de son village natal, que Maurice Nadeau désignera comme le « Dhôtelland ». Les localités de la région, qu'il aime à parcourir à pied, apparaissent fréquemment dans son œuvre sous des noms d'emprunt : Aigly ou Flagny pour Attigny, Bermont ou Verziers pour Vouziers, Rieux pour Mont-de-Jeux où il possède une maison. Professeur, André Dhôtel voit plusieurs fois ses manuscrits refusés par des éditeurs parisiens, avant d'atteindre la notoriété avec *Le Pays où l'on n'arrive jamais*, qui a pour cadre la vallée de la Meuse et obtint le prix Femina en 1955.

Dans *Un balcon en forêt* (1958), **Julien Gracq** (1910-2007) s'inspire de ses souvenirs de soldat dans les Ardennes pendant la Seconde Guerre mondiale. Ce récit, évoquant la naissance de l'amour lors de la « drôle de guerre », sera adapté au cinéma en 1979.

3/ DÉCOUVRIR LA CHAMPAGNE-ARDENNE

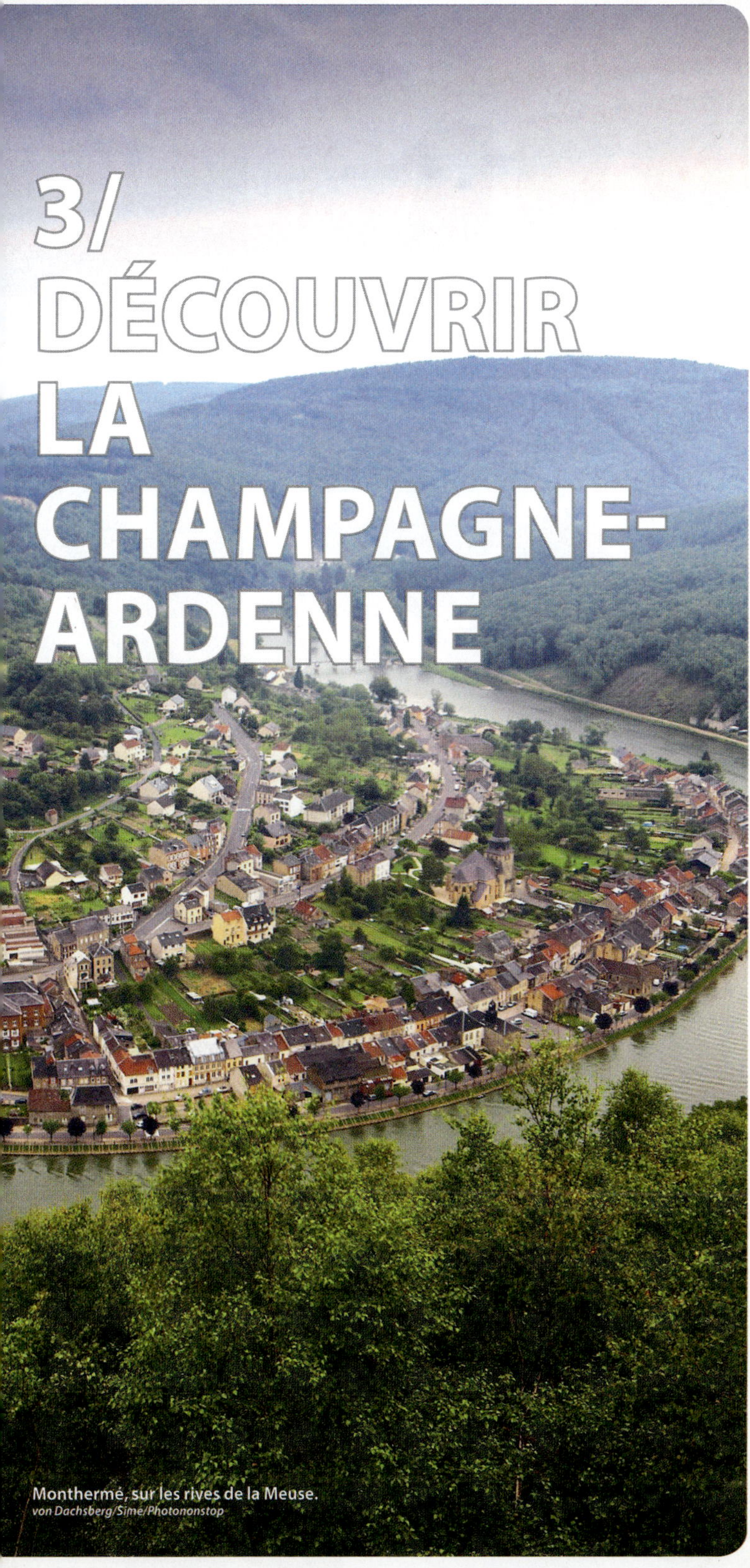

Monthermé, sur les rives de la Meuse.
von Dachsberg/Sime/Photononstop

Le Logis
Des MOINES

+ d'adresses

La Marne du champagne 1

Carte Michelin Départements 306 – Aisne (02) et Marne (51)

REIMS★★★ ET SON CIRCUIT 90

À 23 km à l'ouest de Reims

FISMES ET SON CIRCUIT 116

Au sud de Reims

PARC NATUREL RÉGIONAL DE LA MONTAGNE DE REIMS★★ 120

À 23 km au sud de Reims

ÉPERNAY★ ET SES CIRCUITS 132

À 57 km au sud-ouest de Reims

CHÂTEAU-THIERRY ET SON CIRCUIT 149

À 45 km au sud d'Épernay

SÉZANNE ET SES CIRCUITS 157

À Hautvillers, les ruelles sont jalonnées d'enseignes en fer forgé de style naïf.

F. Guiziou / hemis. fr

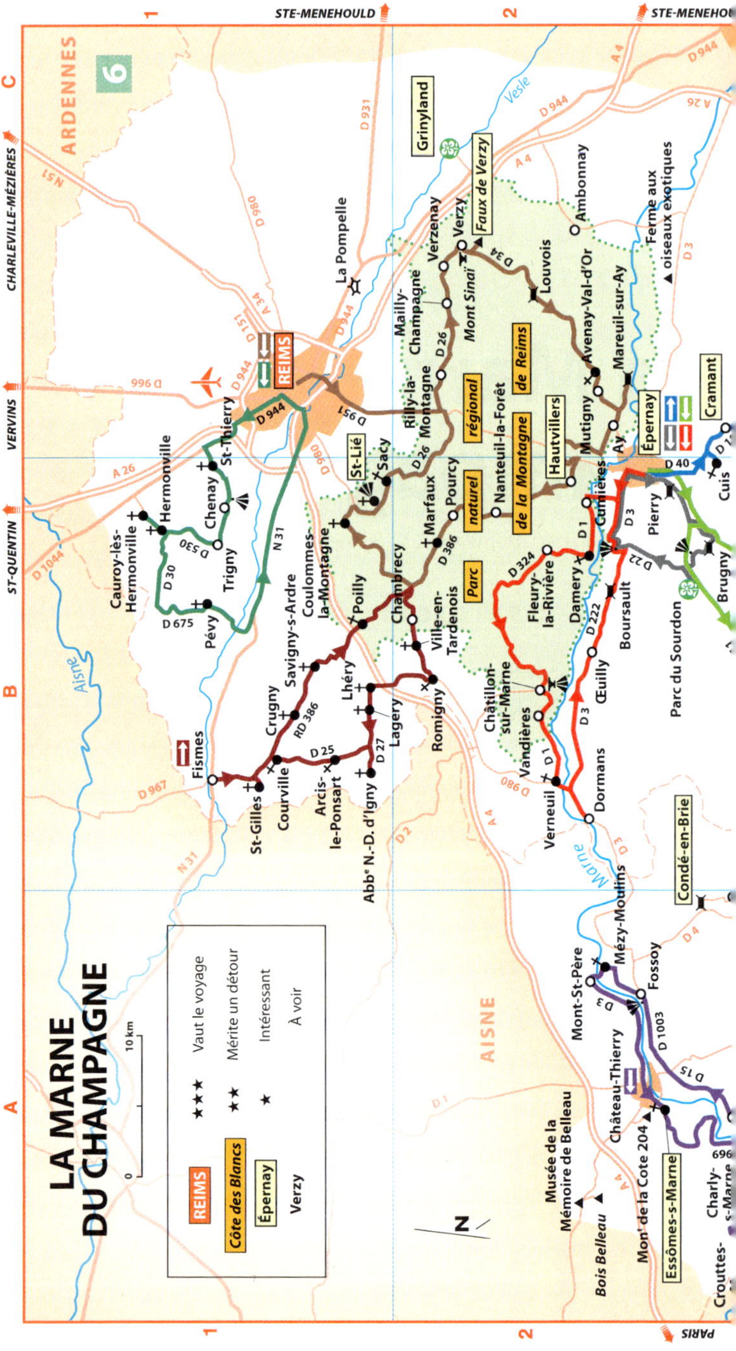
LA MARNE DU CHAMPAGNE
REIMS
Côte des Blancs
Épernay
Verzy
★★★ Vaut le voyage
★★ Mérite un détour
★ Intéressant
À voir
0
10 km
ARDENNES
AISNE
6
CHARLEVILLE-MÉZIÈRES
VERVINS
ST-QUENTIN
STE-MENEHOULD
PARIS
Reims
Fismes
Épernay
Cramant
Condé-en-Brie
Essômes-s-Marne
Grinyland
Faux de Verzy
St-Lié
Hautvillers
Parc naturel régional de la Montagne de Reims
La Pompelle
Verzy
Verzenay
Mailly-Champagne
Rilly-la-Montagne
Sacy
Mont Sinaï
Louvois
Ambonnay
Avenay-Val-d'Or
Mareuil-sur-Ay
Mutigny
Ay
Nanteuil-la-Forêt
Pourcy
Marfaux
Cumières
Damery
Fleury-la-Rivière
Chambrecy
Ville-en-Tardenois
Coulommes-la-Montagne
Poilly
Savigny-s-Ardre
Crugny
Courville
St-Gilles
Arcis-le-Ponsart
Abb^e N.-D. d'Igny
Lhéry
Lagery
Romigny
Châtillon-sur-Marne
Vandières
Verneuil
Dormans
Œuilly
Boursault
Pierry
Cuis
Brugny
Parc du Sourdon
Ferme aux oiseaux exotiques
Cauroy-lès-Hermonville
Hermonville
Chenay
St-Thierry
Trigny
Pévy
Mézy-Moulins
Mont-St-Père
Fossoy
Château-Thierry
Mont de la Cote 204
Musée de la Mémoire de Belleau
Bois Belleau
Charly-s-Marne
Crouttes-
Marne
Vesle
Aisne
A 4
A 26
A 34
N 31
N 51
D 944
D 951
D 980
D 966
D 931
D 26
D 34
D 386
D 324
D 1
D 3
D 22
D 222
D 40
D 675
D 30
D 530
RD 386
D 25
D 27
D 967
D 1044
D 2
D 4
D 15
D 1003
D 151

Nogent-l'Artaud
Jardins de Viels-Maisons
Colonne commémorative
Montmirail
Vauchamps
Fromentières
Urbais-l'Abbaye
Montmort-Lucy
Étoges
Vertus
Bergères-lès-Vertus
Mont Aimé
237
CHÂLONS-EN-CHAMPAGNE
MEAUX
PARIS
VITRY-LE-FRANÇOIS
TROYES
Andecy
Baye
Congy
Le Reclus
Villevenard
Marais de St-Gond
Oyes
Reuves
Mondement-Montgivroux
Allemant
MARNE
SEINE-ET-MARNE
AUBE
Vallée du Grand Morin
Châtillon-sur-Morin
Sézanne
Bricot-la-Ville
Forêt de la Traconne
L'Étoile
Corroy
Fontaine-Denis-Nuisy
Dolmen
Bethon
Pressoir
Seine
Aube
D 407
D 933
D 41
D 215
D 934
D 373
D 42
D 242
D 343
D 43
D 45
D 44
D 39
D 951
D 239
D 86
D 453
D 49
D 50
D 350
D 9
D 977
A 26
N 4
D 43
D 5
D 7
D 71
D 677
D 441
D 373
A
B
C
3
4
2
Ville de départ du circuit
Massif de St-Thierry
Églises romanes de la vallée de l'Ardre
Le champagne roi
Les coteaux sud d'Épernay
La côte des Blancs
La vallée de la Marne aux environs d'Épernay
Églises et châteaux
La vallée de la Marne aux environs de Château-Thierry
Forêt de la Traconne
Marais de St-Gond et vallée du Petit Morin

Reims

★★★

180 842 Rémois – Marne (51)

NOS ADRESSES PAGE 112

S'INFORMER

Office du tourisme de Reims – *2 r. Guillaume-de-Machault - 51100 Reims - 03 26 77 45 00 - www.reims-tourisme.com - 31 mars-7 oct. : 9h-19h, dim. et j. fériés 10h-18h ; reste de l'année : 9h-18h, dim. et j. fériés 10h-16h - fermé 1er janv., 25 déc. Autre point d'accueil - Cour de la Gare - ouv. tte l'année : lun. 7h30-11h, 12h-18h ; mar.-sam. 8h30-11h, 12h-18h (vend. 19h) ; dim. 12h-17h30 - fermé 1er janv. et 25 déc.*

Visites guidées – *03 26 77 45 00 - www.reims-tourisme.com - Se rens. à l'office de tourisme.* Reims, qui porte le label Ville d'art et d'histoire, propose des visites-découvertes animées par des guides-conférenciers agréés par le ministère de la Culture et de la Communication. En sais., l'office de tourisme organise chaque sem. des visites guidées thématiques.

Vous pouvez découvrir Reims à votre rythme grâce aux 6 circuits audioguidés : la cathédrale Notre-Dame (1h), le palais du Tau (1h), le musée-abbaye St-Remi (1h), la basilique St-Remi (1h), Reims Découverte (visite de la ville d'une durée de 2h), 1920-1930 : la Reconstruction et l'Art déco à Reims (2h).

SE REPÉRER

Carte de microrégion C1 (p. 88) – *carte Michelin Départements 306 G7.*
Ceinturée par des boulevards tracés au 18e s., la ville se prolonge par de grands ensembles, certains à la limite du vignoble. L'A 4 permet de gagner le centre-ville en longeant le **Centre des congrès**, conçu en 1994 par l'architecte Claude Vasconi. L'office de tourisme est logé dans l'ancienne maison du trésorier du chapitre des chanoines.

SE GARER

Parkings derrière la cathédrale. Une autre possibilité est de laisser votre voiture sur les Basses Promenades, à proximité du centre.

À NE PAS MANQUER

Parmi le très riche patrimoine rémois, courez voir en priorité la cathédrale, le palais du Tau et les célèbres caves.

ORGANISER SON TEMPS

Une journée bien remplie permet de faire le tour de la ville et de ses principaux monuments (2 à 3h sans compter les visites guidées), puis de voir une maison de champagne (1h). Il vous faudra plusieurs jours pour explorer ses musées, comparer ses caves et découvrir les environs. Les fêtes Johanniques (2e week-end de juin) et les Flâneries musicales d'été (juin-juillet) animent Reims avec une programmation de qualité.

AVEC LES ENFANTS

Des visites spéciales et des ateliers sont proposés aux enfants *(merc., sam. et vac. scol.)*. Passionnés de tout âge rêveront devant les collections du musée de l'Automobile, tandis que le planétarium intéressera les astronomes en herbe ; le parc nature de Sept-Saulx, aux alentours, offre des activités pour tous.

La cathédrale Notre-Dame à Reims.
S. Sonnet/hemi.fr

1

Une âme, des pierres et des bulles ! Sur cette cité veille l'Ange de la cathédrale, l'une des plus vastes et des plus belles de France. Un joyau à contempler en fin d'après-midi, quand le soleil effleure sa grande rosace et ses milliers de sculptures… Mais ce chef-d'œuvre n'est pas le seul à être classé au Patrimoine mondial de l'Unesco. Le palais du Tau ou l'abbaye et la basilique St-Remi comptent parmi les autres merveilles de Reims qui, en dépit des soubresauts de l'histoire, ont réussi à préserver leur identité. Tournée vers l'avenir, à l'image du tramway inauguré en avril 2011, cette ville dynamique pétille, comme le champagne jalousement conservé dans ses somptueuses caves !

★★★ Découvrir la cathédrale Notre-Dame B2

Pl. Cardinal-Luçon - www.cathedrale-reims.com - 7h30-19h30 - possibilité de visite guidée des tours et des parties hautes (rens. au ✆ 0 892 701 351 (0,34 €/mn) ou sur www.reims-tourisme.com). Voir l'ABC d'architecture, p. 77.

Classée au Patrimoine mondial de l'Unesco, elle est l'une des plus grandes cathédrales du monde chrétien par son unité de style, sa statuaire et les souvenirs qui la lient à l'histoire des rois de France. Sa longueur totale atteint 138 m ; la hauteur sous voûte est de 38 m.

Une première cathédrale fut élevée en 401 par saint Nicaise, puis remplacée au 9e s. par un édifice plus vaste, détruit lors d'un incendie en 1210. L'archevêque Aubry de Humbert décida alors la construction d'une cathédrale gothique à l'image de celles qui étaient en chantier depuis la fin du 12e s. à Paris, Soissons et Chartres. Les plans furent confiés au **maître Jean d'Orbais** et la première pierre posée en 1211. En 1285, l'intérieur était achevé ; les tours se dressèrent au cours du 15e s. Le projet était de bâtir quatre autres tours et sept clochers, mais en 1481 un incendie ravagea les combles. La cathédrale souffrit de quelques modifications au 18e s. (suppression du jubé, de vitraux et du labyrinthe), mais elle passa la Révolution sans grands dommages.

Reims dans l'histoire

Reims antique

L'origine de Reims, territoire des Rèmes qui lui ont donné son nom, est très ancienne. Après la conquête romaine, elle devient capitale de la province de Belgique. La ville se développe à partir de la fin du 1er s. et prend sa forme de ville romaine, dont ne subsistent aujourd'hui que la porte Mars et le cryptoportique du forum. Dès le 3e s., comme partout en Gaule, les invasions provoquent un rétrécissement de l'espace urbain. La fonction militaire de la cité, placée au carrefour de routes stratégiques, prend de l'ampleur.

En 407, le nord-est de la Gaule est dévasté et Reims n'est pas épargné : **saint Nicaise**, massacré devant sa cathédrale, devient le premier martyr rémois.

Voulant élargir ses frontières, **Clovis**, roi des Francs, bat le Romain Syagrius à Soissons en 486. Selon la tradition, il fait le vœu de se convertir à la religion chrétienne qui est celle de sa femme, Clotilde, s'il l'emporte sur les Alamans. C'est chose faite à Tolbiac (en Allemagne), ce qui lui permet d'étendre son territoire jusqu'au Rhin.

Le baptême de Clovis

On le situe peu avant l'an 500. Évêque depuis l'âge de 22 ans, dit-on, **Remi** (vers 440-533) baptise Clovis le jour de Noël, scellant l'union des Francs et du christianisme. L'événement est narré par Grégoire de Tours dans son *Histoire des Francs*. La ville pavoise : une procession se déroule de l'ancien palais impérial jusqu'au baptistère situé près de la cathédrale. Lorsqu'il entre pour le baptême, Remi interpelle Clovis d'une voix éloquente : « Courbe doucement la tête, fier Sicambre ; adore ce que tu as brûlé, brûle ce que tu as adoré. »

Reims médiévale

Sous l'épiscopat de Remi, la vocation religieuse de Reims prend une importance décisive. L'événement le plus marquant est le sacre impérial de Louis le Pieux, en octobre 816, dans la vieille cathédrale. Sous les épiscopats d'Ebbon

L'ASCENSION DES COLBERT

Les Colbert sont issus d'une vieille famille de marchands rémois qui se sont peu à peu intéressés aux offices, des charges royales gratifiantes très recherchées par la bourgeoisie. Le père, Nicolas Colbert (1590-1661), est banquier négociant. Il quitte Reims où les affaires dépérissent et s'installe à Paris. Après une période difficile, la fortune lui sourit : il noue de solides relations et en profite pour établir ses enfants. Né à Reims en 1619, Jean-Baptiste, aîné de la famille, devient commis de Le Tellier, puis il est nommé contrôleur général des Finances à la chute de Fouquet, en 1661.

Jean-Baptiste Colbert joue un rôle capital dans l'organisation administrative de la monarchie, mais plus encore dans l'orientation de la vie économique. Le colbertisme entreprend de stimuler le travail productif en créant de grandes manufactures comme les Gobelins. La Champagne profite de ces initiatives en faveur du commerce : une manufacture d'armes royale est créée en 1688 à Charleville ; le textile se redresse, du moins pour un temps. Cependant, une rivalité permanente oppose le clan Colbert à celui de Michel Le Tellier et de son fils Louvois, dont la suprématie s'affirmera à la mort de Colbert, en 1683.

SAUVÉ DES BOMBES

Au cours de la Première Guerre mondiale, Reims fut détruit à 80 % par les bombardements allemands. Le 19 septembre 1914, l'un d'eux mit le feu à la charpente de la cathédrale : l'énorme brasier fit fondre les cloches et les plombs des verrières, et éclater la pierre. Des obus atteignirent ensuite l'édifice tout au long des affrontements… Cependant, les murs tinrent bon et, à la fin de la guerre, une nouvelle restauration, financée en grande partie par la donation Rockefeller, fut entreprise. L'architecte Henri Deneux conçut alors une charpente en béton ininflammable. En 1937, la cathédrale fut à nouveau consacrée. La Seconde Guerre mondiale épargna la ville, hormis le quartier situé autour de la gare. C'est à Reims que fut signée la capitulation des forces allemandes, le 7 mai 1945, dans le collège technique où le général Eisenhower avait établi son quartier général.

et d'Hincmar (9e s.), le rayonnement artistique de l'**école de Reims** atteint son apogée, tandis qu'une nouvelle cathédrale s'élève. Du 11e au 13e s., la ville se développe et s'embellit de prestigieux édifices, comme l'abbatiale St-Remi et la cathédrale Notre-Dame. De 1160 à 1210, la superficie bâtie a presque doublé et la ville atteint les limites de son extension médiévale. Reims confirme définitivement sa vocation de ville du sacre. Celui de Charles VII, le 17 juillet 1429, est le plus émouvant. Jeanne d'Arc assiste à la cérémonie, son étendard à la main : « Il a été à la peine, il était juste qu'il fût à l'honneur. »

Le grand cérémonial du sacre

Réglé dès le 12e s., il sera observé pour les derniers sacres à Reims, de Louis VIII à Charles X (1223 à 1825). Le jour du couronnement, un dimanche matin, deux évêques vont en procession chercher le roi au palais archiépiscopal, qu'une galerie de bois ornée de tapisseries relie à la cathédrale. Lorsque le cortège parvient à la porte du roi, un chantre frappe et le dialogue suivant se poursuit, par trois fois : « Le grand chambellan : que demandez-vous ? – Un des évêques : le roi. » L'évêque dit enfin : « Nous demandons Louis que Dieu nous a donné pour roi. » La porte s'ouvre alors et la compagnie est conduite au lit de parade du roi.

Les évêques mènent ensuite le roi à la cathédrale : celui-ci prend d'abord place dans le chœur, puis s'agenouille au pied de l'autel et s'assied enfin sous le dais. La sainte ampoule, apportée de St-Remi, est placée sur l'autel près de la couronne de Charlemagne et d'autres objets sacrés : son épée Joyeuse, le sceptre, la main de justice, les éperons, le livre des Cérémonies, une camisole de satin rouge garni d'or, une tunique et le manteau royal de velours violet à fleurs de lys. Ayant prêté serment, le roi monte à l'autel où les dignitaires le ceignent de son épée et lui fixent ses éperons. Avec une aiguille d'or, l'archevêque prend dans la sainte ampoule une goutte du saint chrême qu'il mélange avec les huiles consacrées sur la patène de saint Remi ; il procède ensuite à l'onction sur la tête, le ventre, les épaules, le dos et les jointures des bras. Le roi revêt alors le manteau, reçoit l'anneau, le sceptre et la main. Avec l'assistance des pairs, l'archevêque le couronne, le mène au trône, sous le jubé, l'embrasse et crie : « *Vivat Rex æternum.* »

Après l'acclamation des assistants, le lâcher de colombes et la salve de mousqueterie, on entonne le *Te Deum*. Enfin, le roi regagne l'archevêché et la cérémonie se conclut par un banquet. Le lendemain, il se rend à l'abbaye de Corbeny (Aisne) pour vénérer les reliques de saint Marcoul qui donnent le pouvoir de guérir les écrouelles.

Au 19e s. fut menée une campagne de consolidation et de restauration. Elle s'achevait à peine lorsque la guerre de 1914-1918 la frappa de plein fouet.

EXTÉRIEUR

De nombreuses **statues** sont nichées dans chaque recoin. On en a dénombré plus de 2300, mais certaines, trop abîmées par la guerre et les intempéries, sont désormais exposées au palais du Tau. La plupart ont été remplacées par des copies, taillées par Georges Saupique et Louis Leygue.

Façade

C'est l'une des plus belles qui soient en France. Son système d'élévation est semblable à celui de Notre-Dame de Paris, mais ses lignes sont magnifiées par le mouvement vertical que créent les tympans, les gâbles et les pinacles aigus, les colonnettes élancées et les gigantesques effigies de la galerie des rois.

Les trois **portails** correspondent aux trois nefs. Ils sont surmontés d'un gâble qui sert de support au groupe de **sculptures** habituellement situé sur le tympan, mais celui de Reims est ajouré. Celles-ci sont caractéristiques du style champenois au 13e s. : variété des attitudes, simplicité des vêtements, imitation de la nature. Au portail central, consacré à Marie, la *Vierge au trumeau* sourit. Dans les ébrasements de droite : groupes de la *Visitation* et de l'*Annonciation*; dans ceux de gauche : la *Présentation de Jésus au Temple* avec la Vierge près du vieillard Siméon, et saint Joseph au visage malicieux, portant des colombes; dans le gâble : *Couronnement de la Vierge par le Christ* (l'original se trouve au palais du Tau). Au-dessus de la rosace et de la scène décrivant le combat de David et Goliath, la **galerie des Rois** compte 56 statues, dont chacune mesure 4,50 m de haut et pèse 6 à 7 tonnes. Au centre, on découvre le *Baptême de Clovis*.

Longez la cathédrale par la gauche.

Contreforts

L'aspect latéral de la nef, avec ses contreforts et arcs-boutants, a conservé son allure d'origine, aucune chapelle n'ayant été construite ultérieurement. On surnomme Notre-Dame de Reims la « Cathédrale des anges », car les contreforts sont surmontés de niches dont chacune abrite un grand ange aux ailes déployées, parmi lesquels le célèbre **Ange au sourire** *(portail de gauche, le 1er à gauche de la porte).*

Façade du transept nord

Elle est dotée de trois **portails** dont la statuaire est plus ancienne que celle de la façade occidentale. Celui de droite provient de l'ancienne cathédrale romane : son tympan, orné d'une Vierge en majesté sous une arcade en plein cintre, est encadré de beaux entrelacs de feuillages. Le portail du milieu figure, au trumeau, *Saint Calixte pape*. Celui de gauche montre, dans les ébrasements, six belles statues d'apôtres encadrant le *Beau Dieu*, qui a retrouvé sa belle tête. Le **tympan** présente des scènes du Jugement dernier aux détails pittoresques. Parmi les damnés du premier registre, on reconnaît un roi, un évêque, un moine et un juge. Au-dessus, les morts se contorsionnent pour sortir de leurs tombes.

Chevet

Du cours Anatole-France s'offre une belle **vue★** sur le chevet de la cathédrale. La multiplicité des chapelles rayonnantes, avec leurs toits surmontés de galeries à arcatures, et les deux séries superposées d'arcs-boutants, créent une harmonieuse association de volumes.

À l'heure

La cathédrale a conservé une **horloge astronomique** du 15e s. Chaque heure déclenche deux cortèges de figurines : *L'Adoration des Mages* et *La Fuite en Égypte*.

INTÉRIEUR

L'impression de clarté et d'élancement est accentuée par les dimensions de la nef, étroite par rapport à sa longueur, et par le tracé des doubleaux formant des arcs très aigus.

Nef

Elle s'élève sur trois étages. Au-dessus des **arcades** étayées de piliers cylindriques, le **triforium** aveugle correspond à l'appui des toitures des bas-côtés : il court sous les hautes **baies**, divisées en lancettes par un meneau. Les **chapiteaux** englobent dans leur pourtour les quatre demi-colonnes engagées dans le pilier : ils sont ornés d'une décoration florale plus ou moins élaborée selon l'étape de la construction. Les plus anciens (en partant du chœur) dessinent des feuilles d'acanthe traitées en crochet, des monstres et même deux vignerons portant un panier de raisin *(6e pilier de la nef à droite)*. Les plus récents illustrent avec fidélité et délicatesse la flore locale.

Chœur

Il ne comporte que deux travées, mais la partie réservée au culte déborde très largement sur la nef qui possède trois travées : le déroulement des sacres et l'importance du chapitre exigeaient un vaste espace. Autrefois, un jubé clôturait le chœur, qui servait d'élévation pour le trône royal. Les **piliers** diminuent de section et se resserrent à chaque travée, accentuant l'effet d'élévation. Les **chapelles rayonnantes**, qui s'ouvrent sur le déambulatoire, sont reliées entre elles par un passage à la base des ouvertures, typique de l'architecture champenoise.

Le **revers de la façade★★**, œuvre de Gaucher de Reims, est unique dans l'histoire de l'architecture gothique. Le mur est creusé de niches dans lesquelles ont été sculptées des statues. Les différents registres sont séparés par une luxuriante décoration florale, évoquant celle des chapiteaux de la nef.

Au-dessus, la grande rose (12 m de diamètre) surmonte le triforium qui découpe ses arcatures sur des verrières de même forme. Au-dessous, dans le revers du portail dont le tympan est ajouré, s'inscrit une rose plus petite.

Le **revers du portail central** est le mieux conservé. À gauche se déroule la *Vie de la Vierge* ; 2e registre : l'archange Gabriel annonce à Anne et Joachim la naissance de Marie ; 3e registre : Joseph et Marie se rencontrent à la Porte Dorée ; 4e registre : un prophète (sans doute Isaïe annonçant la venue de l'Emmanuel, un enfant qui sera le sauveur) présente la crèche ; 5e et 6e registres : massacre des Innocents ; dernier registre : fuite en Égypte. À droite est représentée la *Vie de saint Jean Baptiste*. En bas, la *Communion du chevalier* (en habits du 13e s.) montre Melchisédech offrant le pain et le vin à Abraham.

★★ Vitraux

Créés au 13e s., ils ont beaucoup souffert. Certains ont été remplacés par du verre blanc au 18e s. D'autres ont été détruits pendant la guerre de 1914-1918. Il subsiste ceux de l'**abside** représentant, au centre, Henri de Braine le donateur *(partie inférieure de la lancette de droite)* et, de part et d'autre, les évêques suffragants dépendant de l'archevêque de Reims avec leur église : Soissons, Beauvais, Noyon, Laon, Tournai, Châlons, Senlis, Amiens et Thérouanne.

La **grande rosace** de la façade, chef-d'œuvre du 13e s., est dédiée à la Vierge : au centre, la *Dormition*, et dans les corolles qui l'entourent, les Apôtres puis des anges musiciens.
Les maîtres verriers **Simon** travaillent depuis plusieurs générations à la restauration des verrières. Jacques Simon a refait, entre autres, les vitraux des *Vignerons* (**a**). Sa fille Brigitte Simon-Marcq a exécuté une série de verrières abstraites, dont les *Eaux du Jourdain*, à droite des fonts baptismaux (**b**) dans le transept sud. Depuis 1974, la chapelle absidale (**c**) est ornée de **vitraux de Chagall** qui frappent par leur dominante bleue et par leur luminosité : dessinés par l'artiste, ils furent réalisés par les ateliers Simon. Au vitrail central, le *Sacrifice d'Abraham (à gauche)* fait pendant au *Sacrifice de la Croix (à droite)*. La fenêtre de gauche figure l'Arbre de Jessé et celle de droite les grands moments de la cathédrale : baptême de Clovis, sacre de Saint Louis.

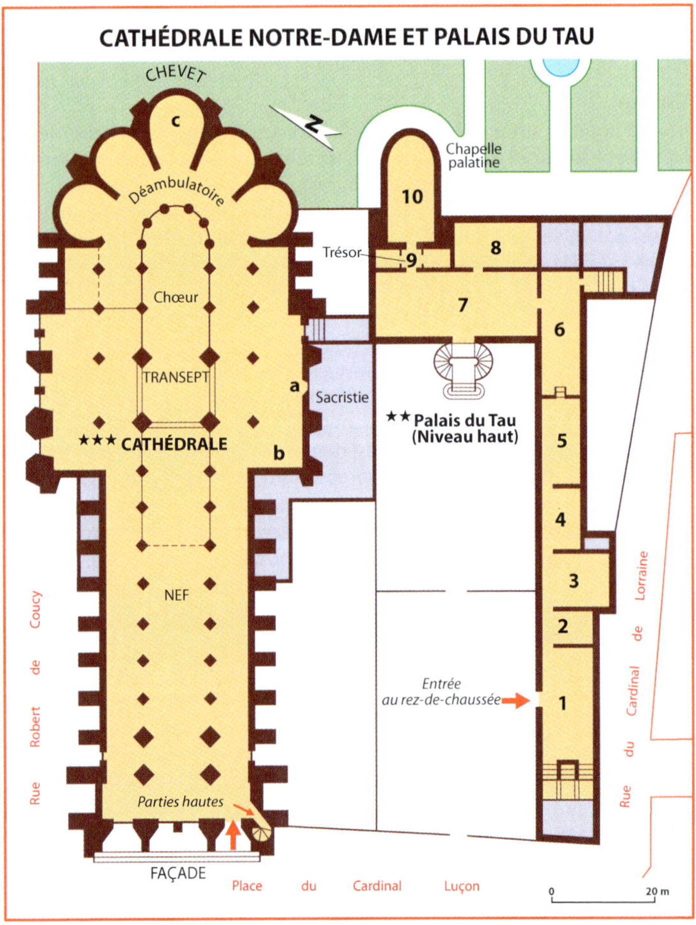

Se promener Plan de ville

CENTRE-VILLE

Circuit 1 tracé en vert sur le plan de ville (p. 98) – Comptez 2h.

★★ Palais du Tau B2 et plan ci-contre

2 pl. du Cardinal-Luçon - - 03 26 47 81 79 - http://palais-tau.monuments-nationaux.fr - - 6 mai-8 sept. : 9h30-18h30 ; reste de l'année : 9h30-12h30, 14h-17h30 - fermé lun., 1er janv., 25 déc. - 7,50 € (-25 ans gratuit) - gratuit J. du patrimoine - 11 € billet combiné avec les tours de la cathédrale Notre-Dame.

Le palais des archevêques de Reims existe à cet emplacement depuis 1138. Dès le Moyen Âge, époque où il était entouré de fortifications, il fut aménagé pour accueillir le roi et sa suite à l'occasion du sacre. Deux phases de cette cérémonie s'y déroulaient : le lever du roi et le festin qui suivait le sacre.

Le palais reçut ce curieux nom en raison de son plan en forme de T (tau en grec), évoquant les premières crosses épiscopales. Plus tard, le même nom fut donné à la grande salle édifiée à la fin du 15e s. Le bâtiment fut remanié au 15e s. dans le style gothique flamboyant, puis vers 1670 dans le style classique par Robert de Cotte. À l'occasion du dernier sacre, celui de Charles X en 1825, des transformations reconstituèrent une partie de son décor médiéval. Très abîmé par l'incendie du 19 septembre 1914, le palais a été longuement restauré. Classé au Patrimoine mondial de l'Unesco, il abrite aujourd'hui le trésor de la cathédrale et une partie de sa statuaire originale.

1

La **salle basse**, voûtée sur croisée d'ogives, est située à gauche de l'entrée. Une exposition présente l'évolution du site de la cathédrale et du quartier canonial disparu : carreaux de pavement, arcades du cloître du chapitre et chapiteaux. De cette salle, on découvre le dépôt lapidaire dans la chapelle basse (éléments du jubé).

À droite de l'entrée, empruntez les escaliers pour gagner le 1er étage.

La **galerie du Couronnement de la Vierge** (**1**) comporte certaines des dix-sept tapisseries en laine et soie offertes en 1530 à la cathédrale par l'archevêque Robert de Lenoncourt. On y découvre aussi de grandes statues, représentations allusives de rois (13e s.), provenant des bras nord et sud du transept.

La **salle du Roi de Juda** (**2**) abrite une statue de ce souverain (14e s.), dont les proportions sont étonnantes puisqu'elle était conçue pour être vue du sol. À voir aussi : trois tapisseries de l'histoire de la vie de la Vierge et la partie supérieure d'un ange, issu d'une série composée de sept anges aux ailes déployées.

Le **salon carré** (**3**) est orné de tapisseries de lisses (Flandres, 15e s.) et de tapisseries du 17e s., tissées à Reims, représentant des scènes de la vie du Christ. Remarquez aussi les végétaux délicatement sculptés (13e s.), ainsi que deux grandes statues de Madeleine et de saint Pierre provenant de la façade occidentale.

Dans la **salle du Cantique des Cantiques** (**4**) sont exposées quatre précieuses tentures de laine et de soie, brodées à l'aiguille (17e s.).

La **salle des petites sculptures** (**5**) abrite des masques et des gargouilles qui étaient situés aux retombées des fenêtres hautes et aux contreforts des arcs-boutants, ainsi que les statues d'Abraham et d'Aaron (provenant du portail sud).

La **salle du Goliath** (**6**), dominée par la statue monumentale (5,40 m) de ce géant en cotte de mailles, accueille également les statues de saint Paul, saint

LA MARNE DU CHAMPAGNE

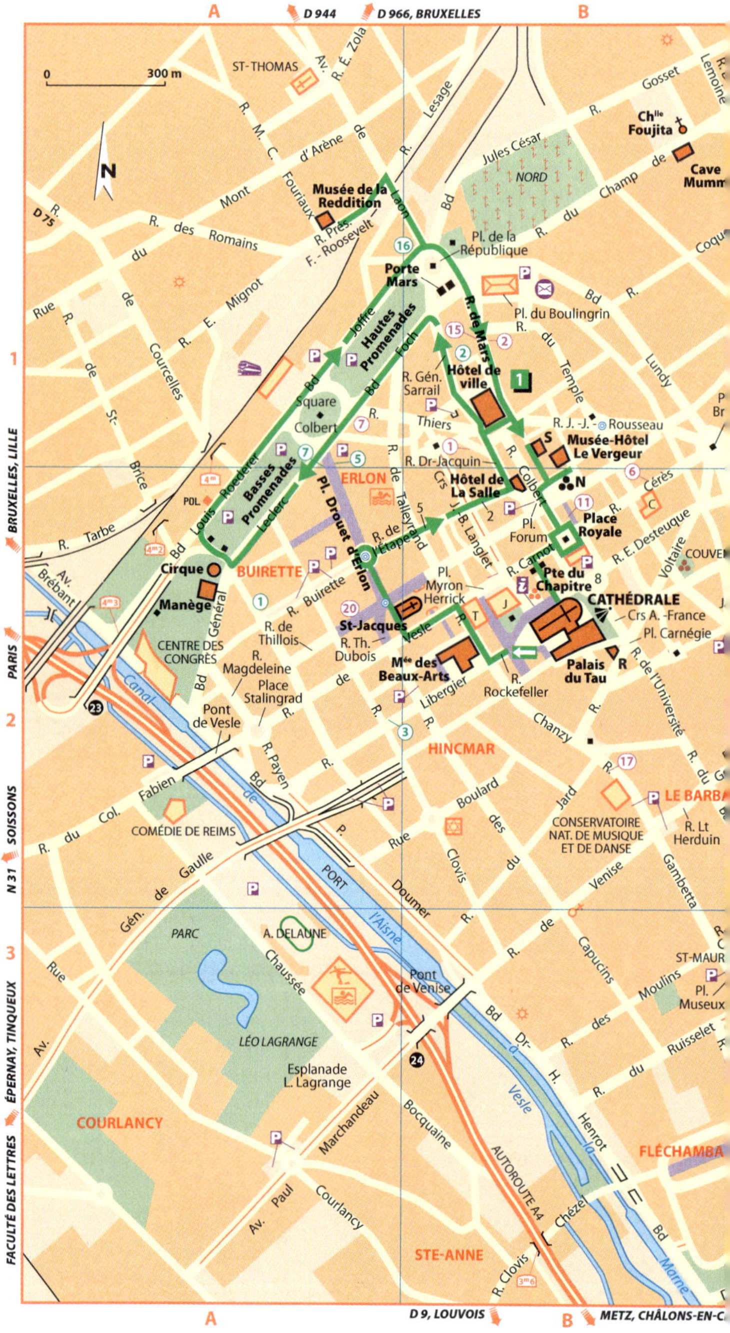

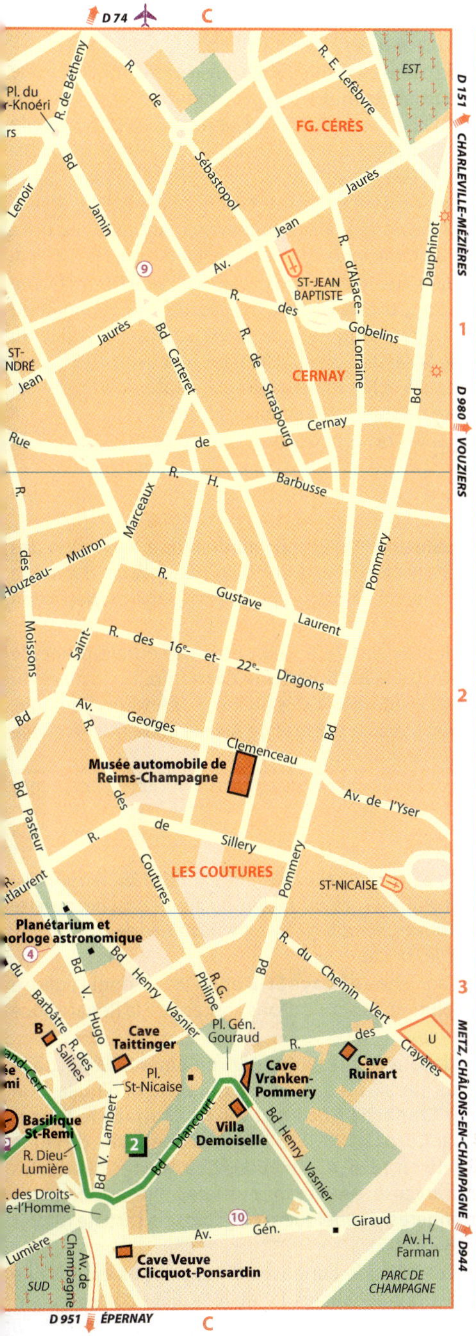

REIMS

SE LOGER

Ardenn'Hôtel .... (1)
Azur .... (2)
Cathédrale (Hôtel de la) .... (3)
Crystal .... (5)
Grand Hôtel Continental .... (7)
Porte Mars .... (16)

SE RESTAURER

Antr'Act (L') .... (1)
Boulingrin (Brasserie Le) .... (2)
Charmes (Les) .... (4)
Da Nello .... (6)
Foch (Le) .... (7)
Jamin (Le) .... (9)
Jardin des Crayères (Le) .... (10)
Millénaire (Le) .... (11)
Petit Comptoir (Au) .... (15)
Table Anna (La) .... (17)
Vigneraie (La) .... (20)

INDEX DES RUES

Arbalète (R. de l') 2
Cadran St-Pierre (R.) 5
Martyrs de la Résistance (Place des) 8

Bibliothèque Carnegie .... R
Cave G. -H. Martel & Cie .... B
Cryptoportique gallo-romain .... N
Hôtel des Comtes de Champagne .... S

Jacques, Adam et Ève, celle de la Synagogue aux yeux bandés et celle de l'Église, très endommagée par un obus. Remarquez aussi des éléments de l'ancien jubé gothique, détruit en 1744.

La **salle du Tau** (**7**) servait de cadre au festin qui suivait le sacre. Toute tendue d'étoffes fleurdelisées, en partie dissimulées par deux immenses tapisseries d'Arras (15e s.) qui célèbrent l'histoire de Clovis, elle est couverte d'une belle voûte en carène. L'histoire et les fonctions du palais y sont évoquées, ainsi que les cérémonies des sacres des rois de France.

La **salle Charles X** (**8**) rassemble les vêtements et ornements que ce roi portait pour son sacre en 1825, notamment son immense manteau bleu orné de fleurs de lys. Également un tableau de *Charles X en habit royal* par Gérard.

Le **trésor** (**9**) est disposé dans deux chambres : celle de gauche renferme des présents royaux très rares, préservés à la Révolution : le talisman de Charlemagne (9e s.) contenant un fragment de la Vraie Croix ; le calice du sacre (12e s.) ; le reliquaire de la sainte épine, taillé dans un cristal du 11e s. ; le reliquaire de la Résurrection (15e s.) et le reliquaire de sainte Ursule, délicat vaisseau de cornaline décoré de statuettes émaillées (1505).

La chambre de droite abrite les ornements du sacre de Charles X : le reliquaire de la sainte ampoule ; un grand vase d'offrande et deux pains d'or et d'argent ; le collier de l'ordre du St-Esprit porté par Louis-Philippe ; une copie de la couronne de Louis XV.

Le portail de la **chapelle palatine** (**10**) est surmonté d'une Adoration des Mages. Élevée de 1215 à 1235, celle-ci a reçu, en guise de garniture d'autel, la croix et les six chandeliers de vermeil réalisés pour le mariage de Napoléon avec Marie-Louise.

En sortant du palais, et avant de rejoindre le parvis de la cathédrale, prenez le temps de jeter un œil curieux sur la **bibliothèque Carnegie**, sur la place du même nom. Cet édifice semi-cylindrique (1928), financé par Andrew Carnegie, géant étasunien de l'acier, est marqué par le style Art déco, de même que le hall d'accueil *(accessible)*, joliment décoré.

Revenez sur le parvis de la cathédrale, quittez-le par la rue Rockefeller et prenez à droite la rue Chanzy.

★ Musée des Beaux-Arts B2

8 r. Chanzy - ✆ 03 26 35 36 00 - www.ville-reims.fr - 10h-12h, 14h-18h - fermé mar., j. fériés (se rens.) - 3 € (-16 ans gratuit) - gratuit 1er dim. du mois - pass'découverte valable 1 mois donnant accès au musée-abbaye St-Remi, au musée de la Reddition, au planétarium et à la chapelle Foujita.

Il occupe les bâtiments de l'ancienne **abbaye St-Denis** (18e s.), dont l'église a disparu au temps de la Révolution. Les collections courent de la Renaissance jusqu'à l'époque contemporaine.

Rez-de-chaussée – On y découvre, présentés par roulement, 13 portraits (16e s.) de princes allemands, dessins rehaussés de gouache et d'huile d'un extraordinaire réalisme, par **Cranach l'Ancien** et son fils **Cranach le Jeune** ; une série de 27 paysages par **Corot** (1796-1875), ainsi qu'une étude de jeune Italien assis exécutée à Rome en 1826. À voir aussi : des œuvres des écoles flamande, hollandaise et française, des céramiques des plus importantes fabriques françaises et étrangères, et quelques sculptures de l'artiste rémois René de Saint-Marceaux (1845-1915).

1er étage – Dans la première salle, de curieuses toiles peintes en grisaille rehaussée de couleurs s'échelonnent sur les 15e et 16e s. Elles comprennent quatre séries de scènes fourmillant de détails pittoresques : *Les Apôtres*, *La Vengeance de Jésus-Christ* et *La Passion de Jésus-Christ*. Elles servaient peut-être de décor pour les mystères ou pour le passage du roi se rendant de St-Remi à la cathédrale lors du sacre.

Les salles suivantes, présentées chronologiquement, sont consacrées principalement à la peinture française du 17e s. à nos jours.

Continuez dans la rue Chanzy et tournez à gauche dans la rue de Vesle (piétonne) : on distingue un portail qui permettait d'accéder au transept sud de l'église St-Jacques. Tournez à droite dans la rue Marx-Dormoy.

Église St-Jacques AB2

Sa nef à triforium relève d'un style gothique pur (13e-14e s.). Elle précède un chœur gothique flamboyant (début 16e s.) qu'encadrent deux chapelles Renaissance à colonnes corinthiennes (milieu 16e s.). Les **vitraux** non figuratifs, créés dans les ateliers Simon, ont été conçus par **Vieira da Silva** (1967) pour les chapelles latérales, et par **Sima** (1965) pour le chœur. Un nouveau baptistère, ainsi que le mobilier du chœur et de l'autel ont été récemment mis en place.

Place Drouet-d'Erlon A2

Né à Reims en 1765 dans une famille populaire, **Jean-Baptiste Drouet** est l'exemple type de ces soldats de l'an II qui se hissèrent aux plus hauts sommets de la hiérarchie militaire sous l'Empire. En 1849, la Ville de Reims lui a élevé une statue et a donné son nom à une place. Piétonne, celle-ci constitue le centre animé de la ville, où se sont installés cafés, restaurants et cinémas.

Au niveau de la fontaine Subé (1903), prenez à droite la rue de l'Étape jusqu'à la rue de l'Arbalète.

★ Hôtel St-Jean-Baptiste de La Salle B2

Cet édifice Renaissance, où naquit Jean-Baptiste de La Salle *(voir encadré ci-dessous)*, a été bâti de 1545 à 1556. Harmonieusement équilibrée, la façade sur rue est scandée de pilastres, doriques au rez-de-chaussée et ioniques à l'étage. Elle est flanquée d'un pavillon d'entrée à porte cochère qu'encadrent des figures représentant Adam et Ève. Une frise sculptée, très décorative, traverse toute la façade : triglyphes, médaillons et bustes y alternent.

Hôtel de ville B1

Il fut incendié en 1917, mais sa majestueuse façade du début du 17e s. a pu être sauvée. Beau fronton sculpté d'un bas-relief équestre représentant Louis XIII.

Prenez à gauche la rue du Gén.-Sarrail.

JEAN-BAPTISTE DE LA SALLE

Né en 1651 à Reims, chanoine de la cathédrale en 1667, le jeune Jean-Baptiste appartient à une riche famille aristocratique qui le destine à une brillante carrière ecclésiastique. Mais il préfère se consacrer entièrement à l'éducation des pauvres. Il commence par organiser la communauté des sœurs du Saint Enfant Jésus. En 1684, il fonde sa communauté des frères des Écoles chrétiennes, ou Lasalliens, appelée à prendre une immense extension. En 1695, il publie un ouvrage intitulé *La Conduite des écoles*. Jean-Baptiste de La Salle s'éteint à Rouen en 1719, laissant à l'état d'ébauche une œuvre considérable dont le laboratoire avait été la région rémoise. Les Lasalliens, qui ont joué un rôle notable dans l'histoire de l'école, existent toujours.

Basses et Hautes Promenades A1-2

Ces vastes cours ombragés ont été réalisés au 18e s. à l'emplacement des fossés et des glacis de l'ancienne enceinte. Les travées latérales permettent le stationnement près du centre-ville. À l'extrémité des Basses Promenades a été placée une superbe grille en fer forgé, érigée en 1774 à l'occasion du sacre de Louis XVI.

Non loin de là, sur le boulevard du Général-Leclerc, s'élèvent le **Cirque** (1 100 places) et le **Manège** (600 places), deux bâtiments du 19e s. réhabilités, qui accueillent diverses manifestations.

★ Porte Mars B1

Cet arc de triomphe d'ordre corinthien a été érigé en l'honneur d'Auguste, mais il est postérieur au 3e s. Au Moyen Âge, il servit de porte aux remparts qui ont été supprimés au 18e s. Haute de 13,50 m, la porte Mars est percée de trois arches décorées intérieurement de bas-reliefs sculptés, où l'on reconnaît difficilement Jupiter et Léda, Romulus et Rémus.

Prenez l'av. de Laon puis à gauche, l'av. du Président-Franklin-Roosevelt.

Musée de la Reddition A1

12 r. du Président-Franklin-Roosevelt - ✆ 03 26 47 84 19 - www.reims.fr - 10h-12h, 14h-18h - fermé mar., 1er janv., 1er Mai, 14 Juil., 1er et 11 Nov., 24-25 et 31 déc. - 4 € (-18 ans gratuit) - pass'découverte donnant accès au musée des Beaux-Arts, au musée-abbaye St-Remi, au musée de l'Ancien collège des Jésuites, au planétarium et à la chapelle Foujita.

Eisenhower avait choisi ce collège technique et moderne comme QG, à la fin de la Seconde Guerre mondiale. La capitulation allemande y fut signée le 7 mai 1945 à 2h41, dans la salle de la Signature qui a conservé son aspect d'alors, avec ses cartes. Autour de cette salle, le musée rappelle le déroulement de la guerre, notamment depuis le débarquement des Alliés en Sicile, en 1943.

Revenez sur vos pas et prenez la rue de Mars.

Rue de Mars B1

Au n° 6, la façade est décorée de panneaux de mosaïque illustrant l'élaboration du champagne.

Hôtel des Comtes de Champagne (S) B1

Cette demeure gothique appartient à la maison Taittinger.

À côté se trouvait la maison des Musiciens dont le 1er étage a été reconstitué au musée St-Remi *(voir p. 105)*.

Rejoignez la place du Forum, ancienne place des Marchés.

REIMS 2020

Ce vaste projet de modernisation et de redynamisation de la ville, dévoilé en novembre 2010, a pour vocation de changer le visage de Reims. Il ne sera pas sans conséquence du point de vue touristique, puisqu'il englobe les éléments suivants :

– la mise en service du tramway depuis 2011.

– l'élargissement de la zone piétonne vers la cathédrale Notre-Dame *(en cours)*, jusqu'au futur complexe de commerces et de loisirs du pont de Vesle.

– la remise en service en septembre 2012 des halles du Boulingrin, marché couvert.

– la construction vers 2017 d'un nouveau musée des Beaux-Arts juste à côté des halles, sur l'actuelle place du Boulingrin.

Escalier du musée Saint-Remi à Reims.
J. Nicolas/hemis.fr

1

lages. La couronne de lumière, percée de 96 jours symbolisant les 96 années de la vie de saint Remi, est une copie de celle qui fut détruite à la Révolution.
Entouré d'une clôture du 17e s., encore d'esprit Renaissance, le **chœur** gothique à quatre étages, d'une structure harmonieuse et légère, est éclairé par des baies qui conservent leurs vitraux du 12e s. : ils représentent la Crucifixion, des apôtres, des prophètes et les archevêques de Reims.
Derrière l'autel, le **tombeau de saint Remi** a été réédifié en 1847. Cependant, les statues des niches proviennent du tombeau antérieur et sont du 17e s. : elles figurent saint Remi, Clovis et les douze pairs qui participèrent au sacre.
Au pourtour du chœur flanqué d'un double collatéral, d'élégantes colonnades séparent le déambulatoire des **chapelles rayonnantes**, selon une disposition qui a fait école en Champagne. Les chapelles présentent des chapiteaux ayant partiellement conservé leur polychromie d'origine et des statues des 13e et 18e s.
Dans la 1re travée du bas-côté gauche, 45 dalles à incrustations de plomb dessinant des scènes bibliques (13e s.) viennent de l'ancienne abbaye St-Nicaise.
Dans le transept sud : une Mise au tombeau (1530) provenant de l'ancienne commanderie du Temple, et le retable des *Trois Baptêmes* (1610) représentant le Christ, entouré de Constantin et de Clovis.

★★ Musée-abbaye St-Remi C3

53 r. Simon - ✆ 03 26 35 36 90 - www.ville-reims.fr - 14h-18h30, w.-end 14h-19h - fermé 1er janv., 1er Mai, 14 Juil., 1er et 11 Nov., 25 déc. - 4 € - pass'découverte donnant accès au musée des Beaux-Arts, au musée de la Reddition, au planétarium et à la chapelle Foujita.
L'ancienne abbaye royale St-Remi (17e et 18e s.), qui jouxte la basilique, constitue un très bel ensemble de bâtiments. Elle conserve certaines parties médiévales, comme le parloir du 13e s. et la salle capitulaire ornée de petits chapiteaux romans. Elle abrite un musée, consacré à l'**art rémois** des origines à la fin du Moyen Âge, avec deux exceptions : la section d'histoire militaire et les tapisseries de St-Remi.

La cour d'honneur donne accès à un bâtiment à la majestueuse façade Louis XVI. Le cloître, élevé en 1709 sur les plans de Jean Bonhomme, est adossé à la basilique dont les arcs-boutants s'imbriquent dans l'une des galeries.

Collections gallo-romaines – *Dans les anciens réfectoires et la cuisine du 17e s.* Elles font revivre la ville antique de Reims, Durocortorum. On y remarque de belles mosaïques dont celle du gladiateur Thrace, un grand plan-relief au 1/2000 et le **tombeau de Jovin★**, magnifique sarcophage romain des 3e et 4e s.

Histoire de l'abbaye – Le superbe escalier d'honneur datant de 1778 mène à la galerie où se trouve la série des **dix tapisseries de St-Remi★★**. Commandées par l'archevêque Robert de Lenoncourt pour la basilique St-Remi, elles furent exécutées de 1523 à 1531. Chaque tapisserie se décompose en plusieurs tableaux évoquant la vie du saint patron et les miracles qui la jalonnent. On y découvre également des éléments de sculptures du tombeau de l'archevêque Hincmar, une exceptionnelle tête en pierre polychrome du roi Lothaire (vers 1140), un pied du candélabre en bronze de saint Remi (12e s.) et de beaux émaux limousins (17e s.) représentant la vie des saints Timothée, Apollinaire et Maur.

Archéologie régionale – Du **paléolithique** au **néolithique**, important outillage, mobilier funéraire des hypogées des marais de Saint-Gond près de Sézanne, et nombreuses maquettes.

La **protohistoire** est représentée par de nombreuses pièces découvertes dans de riches tombes du département de la Marne, depuis l'âge du bronze jusqu'à La Tène finale et la conquête romaine.

Pour l'**artisanat gallo-romain**, voir la fresque de *La Mort d'Adonis*, un enduit peint du 3e s. de Boult-sur-Suippe, et les vestiges lapidaires d'un cénotaphe élevé par les Rèmes à la mémoire de Caïus et Lucius, fils adoptifs d'Auguste morts prématurément.

La **période mérovingienne** est évoquée par du mobilier de nécropoles du royaume de Reims (6e et 7e s.) ainsi que des bijoux, poteries, armes, verreries…

Parmi les **sculptures médiévales** champenoises du 11e au 16e s., admirez le tympan sculpté de personnages pleins de grâce, et la console en bois représentant Samson et le lion.

La salle consacrée au **Reims gothique** présente les vestiges de monuments civils et religieux disparus : éléments sculptés de l'église St-Nicaise détruite au 18e s., et reconstruction du 1er étage de la façade de la maison des Musiciens, ornée de cinq statues (13e s.).

Section d'histoire militaire – Dans une grande salle, de nombreux uniformes, équipements, armes blanches et à feu, documents, rappellent les faits marquants de l'histoire militaire de la cité, de la guerre des Gaules à la reddition allemande du 7 mai 1945. Parmi les tableaux figurent des œuvres célèbres d'**Édouard Detaille** : *La Charge du 9e cuirassier à Morsbronn* et un fragment du *Panorama de la bataille de Rezonville.*

Revenez sur vos pas pour rejoindre la rue du Grand-Cerf. Descendez vers la place des Droits-de-l'Homme, remontez le bd Diancourt et prenez à droite le bd Henry-Vasnier.

★★ Villa Demoiselle C3

56 bd Henry-Vasnier - ☏ 03 26 35 80 50 - www.champagne-demoiselle.fr - ♿ - visite guidée sur demande préalable 10h-18h - fermé 1er janv., 25 déc. - 17 € (-18 ans 10 €) - avec dégustation (+18 ans).

Chef-d'œuvre de la période de transition entre l'Art Nouveau et l'Art Déco, la villa Demoiselle fait face au domaine Vranken-Pommery *(voir ci-après)*. Et c'est justement aux nouveaux propriétaires du domaine, Paul-François et Nathalie Vranken, que l'on doit le sauvetage de l'ancienne villa Cochet, tour à tour abandonnée, vouée à la démolition puis squattée et pillée. En 2008, soit un siècle après sa construction, la maison a retrouvé sa splendeur d'antan. Il aura fallu quatre années de travaux de restauration ambitieux, au cours desquelles les meilleurs artisans d'art se sont succédé à son chevet. Leur savoir-faire exceptionnel rend un bel hommage à l'œuvre de Louis Sorel, l'architecte d'origine, qui fit preuve d'innovation en dotant la villa d'une structure en béton et d'une charpente métallique - ce qui la sauva d'ailleurs des bombardements pendant la Grande Guerre. Les lieux sont désormais consacrés aux champagnes Demoiselle et Diamant, notamment le sous-sol du pavillon d'accueil, dont le caveau rassemble une collection de 3 000 reproductions de bouteilles millésimées datées de 1874 à 2000. Au fil des salles, vous pourrez admirer, entre autres merveilles, une cheminée de Paul-Alexandre Dumas, des peintures murales de Félix Aubert, des vitraux d'Auguste Labouret, un lustre de 9,4 m de hauteur dans la montée d'escalier et des luminaires des Métalliers Champenois. Des expositions temporaires, consacrées aux différents corps de métier qui ont participé à la rénovation de la villa, enrichissent d'autant la visite.

★★ LES CAVES DE CHAMPAGNE

Profondes et étendues (120 km de galeries), les caves de Reims jouissent d'une réputation mondiale. Les grands établissements se groupent sur les pentes crayeuses de la butte St-Nicaise, trouée de galeries dites « crayères », souvent gallo-romaines, ou dans le quartier du Champ de Mars. 1

Vranken-Pommery C3

5 pl. du Gén.-Gouraud - ✆ 03 26 61 62 56 - www.vrankenpommery.com - visite guidée sur demande préalable 10h-18h - fermé 1er janv., 25 déc. - 17 € (-12 ans gratuit) - billet combiné avec la Villa Demoiselle (tarif variable selon le champagne choisi).

En 1836, Narcisse Greno fonde une maison de champagne et s'associe à Louis-Alexandre Pommery. À la mort de ce dernier, sa veuve manifeste de grandes qualités de chef d'entreprise. Elle lance le champagne brut, fait construire les bâtiments actuels dans le style élisabéthain (1878) et fait relier 120 anciennes crayères gallo-romaines par 18 km de galeries. Elle acquiert également de nombreux vignobles, créant l'un des plus beaux domaines de la Champagne viticole (300 ha). La visite permet de découvrir l'élaboration du champagne à travers les crayères, ornées de sculptures du 19e s. À voir : un foudre de 75 000 l, œuvre d'**Émile Gallé**.

Ruinart C3

✆ 03 26 77 51 51 - www.ruinart.com - ♿ - visite guidée sur demande préalable avr.-oct. : h, se rens. ; reste de l'année : tlj sf sam. h, se rens. - fermé dim., j. fériés et lun., fév. - 70 € (enf. 15 €) - dégustation 2 cuvées de prestige, 35 € dégustation 1 cuvée.

Créée en 1729 par le neveu du moine dom Thierry Ruinart, grand ami de dom Pérignon, cette maison prit son essor pendant la Restauration. Très affectée par les guerres mondiales, elle a retrouvé un nouvel élan à partir de 1949. Aujourd'hui, dans le cadre du groupe Moët-Hennessy, le champagne Ruinart représente le haut de gamme. Ses caves occupent 3 niveaux d'un ensemble exceptionnel de crayères gallo-romaines.

Taittinger C3

✆ 03 26 85 84 33 - www.taittinger.com - visite guidée de déb. mai à mi-nov. : 9h50-11h50, 14h20-16h20 ; de mi-mars à fin avr. et de mi- à fin nov. : tlj sf dim. et j. fériés 9h50-11h50, 14h20-16h20 ; reste de l'année : tlj sf w.-end et j. fériés 9h50-11h50, 14h20-16h20 - 16 € (-18 ans 8 €).

Négociants en vin rémois, les Fourneaux se lancent dès 1734 dans la commercialisation des vins mousseux. En 1932, Pierre Taittinger arrive à la tête de la maison qui prend alors son nom. Propriétaire de 250 ha de vignobles, de 6 vendangeoirs sur la Montagne de Reims, du château de la Marquetterie à Pierry et de l'hôtel des Comtes de Champagne à Reims, la maison Taittinger possède en outre de superbes caves. Leur visite permet de découvrir 15 millions de bouteilles dont le contenu vieillit dans la fraîcheur des crayères gallo-romaines creusées en pyramide, et dans les cryptes de l'ancienne abbaye St-Nicaise (13e s.) détruite à la Révolution.

Champagne G.-H. Martel & Cie (B) C3

17 r. des Créneaux - ✆ 03 26 82 70 67 - www.champagnemartel.com - visite guidée sur demande préalable 10h-11h30, 14h-17h30 - fermé 1er janv., 25 déc. - 11 € (-10 ans gratuit) - billet combiné avec champagne de Cazanove (Reims).

La maison ouvre ses crayères creusées entre le 4e et le 15e s. : visite des caves, présentation d'un film, dégustations. Son écomusée comporte une collection de machines et d'outils utilisés de la plantation jusqu'à la récolte.

Veuve Clicquot-Ponsardin C3

- ✆ 03 26 89 53 90 - www.veuve-clicquot.fr - ♿ - visite guidée sur demande préalable de déb. avr. à mi-nov. : h, se rens. - fermé dim. et lun. - 25-90 € selon la prestation choisie.

La maison fut fondée en 1772 par Philippe Clicquot, mais c'est son fils qui la développa et la veuve de ce dernier, née Ponsardin, qui créa la société sous son nom actuel. « La Grande Dame du champagne » – son surnom a été donné à la cuvée spéciale – eut de remarquables initiatives, dont celle du remuage dès 1816. Aujourd'hui, avec 265 ha de vignes, la maison exporte les trois quarts de sa production. Ses caves sont aménagées dans des crayères gallo-romaines. Au cours de leur visite, tout est expliqué, des vendanges à la mise en bouteilles : fermentation, assemblage, remuage, dégorgement… Il est possible de suivre des cours de dégustation pour mieux apprécier le parfum, la robe, les saveurs d'un champagne et la finesse de ses bulles.

Mumm B1

✆ 03 26 49 59 70 - www.ghmumm.com - ♿ - visite guidée sur demande préalable mars-oct. : 9h-12h, 14h-18h ; reste de l'année : tlj sf dim. 9h-12h, 14h-18h - fermé 1er janv., 25 déc. - 24 € (-10 ans gratuit).

Créée en 1827 par une famille de négociants en vin allemands, cette maison connut de grandes heures au 19e s. en Europe et en Amérique. Aujourd'hui, elle possède 218 ha de vignes et 25 km de caves.

Le Cordon Rouge, né en 1875 et devenu l'emblème de la marque, tire son origine du ruban dont la maison honorait les bouteilles de ses meilleurs clients, en hommage à la Légion d'honneur. La visite des caves, précédée par un film, permet de voir les cuveries anciennes conservées en l'état, et se termine par une exposition d'outils liés à la profession.

À voir aussi Plan de ville

Musée automobile de Reims-Champagne C2

- ✆ 03 26 82 83 84 - www.musee-automobile-reims-champagne.fr - ♿ - juil.-août : 10h-12h, 14h-18h ; avr.-juin et sept.-oct. : tlj sf mar. 10h-12h, 14h-18h ; reste de l'année : tlj sf mar. 10h-12h, 14h-17h - fermé de fin déc. à mi-janv., 25 déc. - 8 € (-18 ans 6 €) - 20 € billet famille (2 adultes + 2 enf.).

Mosaïque représentant les étapes de la fabrication du champagne.
H. Lenain / hemis. fr

1

Créé en 1985 par Philippe Charbonneaux, styliste en automobile à qui l'on doit notamment les lignes des R 8 et R 16, ce musée situé dans une ancienne usine abrite plus de 160 véhicules. Parmi les collections, dont une partie a été récemment renouvelée, figurent de grandes marques comme Delahaye, Salmson, Porsche, Jaguar ou encore une limousine Sizaire-Berwick 1919 et un coupé Messier 1929. Des vitrines d'autos miniatures et des voitures à pédales complètent la collection. À voir aussi : des affiches et des plaques émaillées du début du 20e s.

★ Chapelle Foujita B1

03 26 35 36 00 - www.ville-reims.fr - mai-oct. : 14h-18h - fermé merc., 1er Mai, 14 Juil. - 3 € (-16 ans gratuit) - 1er dim. du mois gratuit - pass'découverte donnant accès au musée des Beaux-Arts, au musée de la Reddition, au musée-abbaye St-Rémi et au planétarium. Due au mécénat de la maison Mumm, cette chapelle a été entièrement conçue et décorée dans la tradition de l'art chrétien primitif par **Foujita** (1886-1968), peintre japonais de l'école de Paris, alors âgé de presque 80 ans. Inaugurée en 1966, elle commémore l'illumination mystique ressentie en la basilique St-Remi par ce peintre qui se convertit au catholicisme et fut baptisé dans la cathédrale. L'intérieur est orné de vitraux et de fresques stylisées dans les tons bleus, or, jaunes et verts, représentant des scènes de l'Ancien et du Nouveau Testament. Au revers de la façade, dans la *Crucifixion*, le peintre a confronté la Vierge jeune mère et la Vierge de douleurs, tout en noir. Foujita s'est représenté à droite, dans la foule massée au pied de la Croix.

À proximité Carte de microrégion

Fort de la Pompelle C1

9 km au sud-est par la D 944, direction Châlons-en-Champagne.

03 26 49 11 85 - avr.-oct. : 10h-18h ; reste de l'année : 10h-17h - fermé lun. - 4 € (-16 ans gratuit).

La masse informe et blanchâtre du fort couronne une butte s'élevant à 120 m d'altitude. Cet ouvrage (1880 à 1883) renforça la ceinture des huit forts élevés en 1875 pour la défense de Reims. On peut faire le tour des fortifications d'où sont visibles les tranchées et les casemates, côté sud. Le fort fut l'objectif constant des Allemands, qui l'occupèrent du 4 au 23 septembre 1914. Chassés, ils l'attaquèrent maintes fois au cours de la bataille de Champagne. La résistance de la Pompelle permit les deux victoires de la Marne.

Musée de la Guerre de 1914-1918 – Au moyen de documents d'époque, d'objets de la vie quotidienne dans les tranchées, d'armes et d'uniformes, il évoque les combats pour la défense de Reims durant la Première Guerre mondiale. On remarque l'étonnante collection de **560 coiffures et casques allemands★** : casques à pointe à boule (artilleur), coiffures coloniales des troupes d'Empire, colbacks fourrés des hussards ; certains arborent le lion des Reiters (cavaliers) saxons ou l'aigle des cuirassiers de la garde impériale.

★ Grinyland - Parc nature de Sept-Saulx C2

22 km au sud-est par la D 944, direction Châlons-en-Champagne.

- ☎ 03 26 03 24 91 - www.grinyland.fr - juil.-août : 10h-19h ; avr.-juin et déb. sept. à mi-nov. : w.-end, vac. scol. et j. fériés 10h30-18h, reste de la sem., se rens. - 14 € (-11 ans 11 €) - spectacle de Noël sur demande préalable (15 €), se rens..

Bon à savoir – Des **barques** sont à votre disposition pour sillonner les canaux (1 km). Après la balade dans la tourbière accompagnée d'un animateur, vous pourrez reprendre des forces en pique-niquant. Aire de jeux pour enfants et guinguette pour les adultes *(les w.-ends d'été)*.

Situé à l'est du Parc naturel régional de la Montagne de Reims, cet espace nature, agréablement aménagé à deux pas de la Vesle, a pour fil d'Ariane l'eau. Vous aurez la surprise de pénétrer au cœur d'une **tourbière** grâce à une succession de pontons en bois qui serpentent au ras de l'eau. Ces sentiers insolites, bordés de saules et de roseaux, sont jalonnés de panneaux explicatifs, de jeux visuels et tactiles (la visite commentée permet une plus ample découverte de cet écosystème). Le parc comporte des **îlots** thématiques : l'île aux Bambous pour rester zen, l'île aux Fleurs pour réveiller le sens olfactif et l'île aux Canards pour la connaissance de la faune.

La maison du père Noël – *☎ 03 26 03 24 91 - lamaisonduperenoel.fr - de fin nov. à fin déc., spectacle (1h15) à 10h, 11h15, 13h45, 15h, 16h30, 17h45, 19h - réserv. obligatoire - 8 €.* Le père Noël a quitté la région ardennaise pour prendre ses quartiers à Grinyland. Chaque fin d'année, vous pourrez venir frapper à sa porte pour visiter sa maison. En compagnie de lutins facétieux, vous passerez de la bibliothèque à la cuisine, puis traverserez les chambres des lutins avant de pénétrer dans les appartements du père Noël. Les gourmands de passage pourront s'arrêter à la taverne pour goûter de drôles de recettes *(ouverte dès 9h)*.

Circuit conseillé Carte de microrégion

MASSIF DE SAINT-THIERRY BC1

Circuit de 56 km tracé en vert foncé sur la carte de microrégion (p. 88) – Comptez environ 1h30. Quittez Reims par l'avenue de Laon, puis la D 944. Après La Neuvillette, prenez la 1re route à gauche (D 26).

La D 26 gravit les pentes du massif de Saint-Thierry, avancée de la falaise de l'Île-de-France qui ressemble à la Montagne de Reims mais comporte moins de vignes et davantage de bois. Cette région est riche en modestes églises romanes, précédées d'un porche.

Saint-Thierry C1

Ce village, sur les hauteurs dominant la plaine de Reims, s'est formé autour du monastère fondé en l'an 500 par saint Thierry, disciple de saint Remi. Monseigneur de Talleyrand, archevêque de Reims et oncle du célèbre ministre, fit construire durant le règne de Louis XVI un château à l'emplacement de l'abbaye qui fut rasée à la veille de la Révolution : ne subsistent que les cinq piliers romans de l'ancienne salle capitulaire (12e s.). Celle-ci a été transformée en **chapelle** par les bénédictines qui, depuis 1968, font revivre ce lieu. L'**église St-Hilaire** (12e s.), dotée d'un porche champenois, s'ouvre par une galerie couverte d'un toit et adossée à la façade. Des colonnettes, ornées de chapiteaux sculptés de feuillages, portent de chaque côté quatre arcades romanes. Derrière le porche s'élève une tour à trois étages, percée de baies.

Rejoignez Chenay par la D 26.

Chenay B1

Au pied du monument de la Résistance s'étend un **panorama** sur Reims, sa cathédrale et la Montagne de Reims.

Continuez sur la D 26 vers Trigny.

Trigny B1

Ce village de caractère était le point de départ de la route empruntée par les rois jusqu'à Reims, sur le chemin du sacre. Un **point de vue** aménagé dévoile la beauté du site.

Prenez la D 530 vers Hermonville.

On traverse une région sablonneuse, productrice d'asperges et de fraises.

Hermonville B1

Bourg important au Moyen Âge, ce village a gardé sa belle **église St-Sauveur** (fin 12e s.) dont le porche imposant, à arcatures, occupe toute la largeur de la façade. On entre par un beau portail (imposte de bois, niche) abritant une Vierge du 18e s. L'intérieur est d'un style gothique primitif très homogène que fait ressortir un autel à baldaquin du 18e s.

Les maisons d'Hermonville s'animent de statues, de bas-reliefs et de porches anciens.

Par la D 530 au nord, vous pouvez faire un détour à Cauroy-lès-Hermonville.

Cauroy-lès-Hermonville B1

L'**église** (début du 12e s.) mérite une halte pour sa nef lambrissée de style roman et son porche champenois, le plus ancien de la région.

Revenez à Hermonville et prenez la D 30 qui franchit le faîte du massif. À Bouvancourt, tournez à gauche sur la D 675.

Peu avant d'arriver à Pévy, charmante **vue** plongeante sur le village et, au-delà, sur la vallée de la Vesle.

Pévy B1

Ce village, niché au creux d'un vallon, abrite des fontaines et des lavoirs. Il possède une **église** intéressante. Sa nef romane contraste avec le haut chœur gothique que coiffe un clocher en bâtière. À l'intérieur, fonts baptismaux romans et retable en pierre (15e s.) relatif à saint Jean Baptiste.

Descendez par la D 675 jusqu'au niveau de la Vesle que l'on franchit à Jonchery ; revenez à Reims par la N 31.

NOS ADRESSES À REIMS

VISITES

Coulée verte – Aménagée sur l'ancien chemin de halage, elle borde le canal latéral à la Marne et à la Vesle, et pénètre jusqu'au cœur de Reims. Idéale pour des balades. *Rens. à l'office de tourisme et sur www.voiesvertes.com/htm/detaille51Reims.htm.*

Bon à savoir – La Reims City Card (16 €) inclut une visite de cave et deux audioguides. *Rens. à l'office de tourisme.*

HÉBERGEMENT

PREMIER PRIX

Ardenn'Hôtel – *6 r. Caqué - 03 26 47 42 38 - www.ardennhotel.fr - 14 ch. 48 € - 5,50 €.* Cet établissement abrité derrière une avenante façade en briques ne manque pas d'atouts : sa situation dans une petite rue calme du centre-ville, la propreté irréprochable de ses chambres décorées avec goût et son accueil toujours souriant vous séduiront. Une bonne adresse pour les budgets serrés.

À proximité

Chambre d'hôte Lapie – *1 r. Jeanne-d'Arc - 51360 Val-de-Vesle (Courmelois) - 21 km au sud-est de Reims par D 944 et D 326 à gauche - 03 26 03 92 88 - www.zigzagparc.fr - fermé de mi-déc. à mi-fév. - - 5 ch. 58 €.* Cinq belles chambres aux teintes pastel ont été aménagées dans ce noble corps de ferme niché au cœur du village. Agréable décor mêlant l'ancien au moderne. La grande salle du rdc est très agréable pour le petit-déjeuner.

BUDGET MOYEN

Hôtel de la Cathédrale – *20 r. Libergier - 03 26 47 28 46 - www.hotel-cathedrale-reims.fr - Wifi - 17 ch. 61/75 € - 8 €.* Situé dans un immeuble d'angle, un hôtel aux chambres simples, bien tenues et rénovées par étapes. Le petit-déjeuner est servi dans une salle égayée de tableaux d'artistes locaux.

Azur – *9 r. des Écrevées - 03 26 47 43 39 - hotelazurreims.free.fr - Wifi - 9 ch. - 71/81 € - 8 €.* Derrière l'hôtel de ville se trouve ce charmant hôtel. Côté rue ou côté cour, les chambres colorées vous réservent confort et tranquillité. Très bon accueil.

Crystal – *86 pl. Drouet-d'Erlon - 03 26 88 44 44 - www.hotel-crystal.fr - fermé 24 déc.-3 janv. - Wifi - 31 ch. 77/87 € - 9 €.* La maison, située en centre-ville, se trouve au bout d'un passage garantissant calme et tranquillité. Chambres rajeunies et bien tenues, jardinet où l'on petit-déjeune l'été.

POUR SE FAIRE PLAISIR

Grand Hôtel Continental – *93 pl. Drouet-d'Erlon - 03 26 40 39 35 - www.grandhotelcontinental.com - fermé 24 déc.-10 janv. - Wifi - 61 ch. 98/189 € - 14 €.* La belle façade de 1862 abrite un salon bourgeois et des chambres confortables, insonorisées et décorées dans des styles variés (classique, ancien, actuel, etc.).

Porte Mars – *2 pl. de la République - 03 26 40 28 35 - www.hotelportemars.com - 24 ch. 89/105 € - 12 €.* Les chambres, habillées de boiseries, sont parfaitement insonorisées et climatisées. Salon feutré agrémenté d'une cheminée. Petit-déjeuner gourmand servi sous une verrière.

À proximité

Chambre d'hôte La Closerie des Sacres – *7 r. Chefossez - 51110 Lavannes - 13 km au nord-est de Reims par D 151 - ✆ 03 26 02 05 05 - www.closerie-des-sacres.com - 3 ch. 94/120 € ☕.* Chambres d'hôte aménagées avec goût dans les écuries d'une ancienne ferme. Meubles anciens ou en fer forgé et tissus choisis. Petit-déjeuner servi devant une cheminée en pierre.

UNE FOLIE

À proximité

Hôtel L'Assiette Champenoise – *40 av. Paul-Vaillant-Couturier - 51000 Tinqueux - 3,5 km à l'ouest de Reims - ✆ 03 26 84 64 64 - www.assiettechampenoise.com - Wifi - 39 ch. 165/395 € - ☕ 24 € - ✕ formule déj. 59 € - 158 € (fermé mar. et merc. midi).* Belle maison de maître de la fin du 19e s. dans un grand parc clos. Les chambres, refaites, adoptent un style actuel (teintes taupe, rouge, blanc). Élégant restaurant, ouvert sur une terrasse, et délicieuse cuisine créative. *Voir aussi p. 45.*

RESTAURATION

PREMIER PRIX

Le Jamin – *18 bd Jamin - ✆ 03 26 07 37 30 - www.lejamin.com/ - fermé 16-20 avr., 16-31 août, 14-28 janv., dim. soir et lun. - formule déj. 14 € - 21 bc/31 €.* Un restaurant de quartier simple et généreux, au cadre sobre et actuel. Cuisine traditionnelle et suggestions du jour à l'ardoise, à prix doux. Service aimable et efficace.

Les Charmes – *11 r. Brûlart - ✆ 03 26 85 37 63 - www.restaurantlescharmes.fr - ouv. tlj 12h-13h15, 19h30-21h15 sf lun. soir, sam. midi et dim. - formule déj. 13,80 € - 23,60/36 €.* Proche des caves de champagne et de la basilique, sympathique salle de restaurant familial agrémentée de peintures sur bois. Bon choix de whiskies.

BUDGET MOYEN

Brasserie Le Boulingrin – *48 r. de Mars - ✆ 03 26 40 96 22 - www.boulingrin.fr - fermé dim. - 18,50 bc/23,50 €.* Dans cette institution rémoise depuis 1925, l'ambiance joviale et le décor de brasserie Art déco s'accordent avec une cuisine de produits frais sans chichi.

Au Petit Comptoir – *17 r. de Mars - ✆ 03 26 40 58 58 - au.petit.comptoir@wanadoo.fr - fermé dim. et lun. - formule déj. 20 €.* Un intérieur contemporain sobre mais égayé de peintures. Dans l'assiette, une généreuse cuisine de bistrot revisitée, assortie de vins de la région et du monde.

La Table Anna – *6 r. Gambetta - ✆ 03 26 89 12 12 - www.latableanna.fr - fermé 15-31 août, de Noël au 15 janv., dim. soir, merc. soir et lun. - forrmule déj.16,90 € - 22/42 €.* Le « chef-artiste-étalagiste » est l'auteur des tableaux exposés en salle et compose lui-même ses vitrines. Il mitonne de bons petits plats ; sa femme, Anna, officie en salle.

La Vigneraie – *14 r. de Thillois - ☏ 03 26 88 67 27 - www.vigneraie.com - fermé dim. soir, merc. midi et lun. - formule déj. 16/25 € - 32,50/69€.* Derrière une façade vigneronne, une salle coquette exposant les tableaux d'un artiste local. Une carte de vins étoffée en champagnes accompagne des plats actuels et de saison.

L'Antr'Act – *5 r. Salin - ☏ 03 26 84 42 89 - www.antract.com - fermé 1re sem. janv., 1 sem. en juil., dim. soir, lun., mar. et merc. soirs (selon réservations) - formule déj. 14 € - 22/38 € - dîner spectacle sam. soir (sur réserv.).* Dans une agréable salle aux tons pastels, ce restaurant vous propose une belle carte (poissons/viandes). En dessert, choisissez le café « très » gourmand. Excellent accueil.

POUR SE FAIRE PLAISIR

Le Millénaire – *4-6 r. Bertin - ☏ 03 26 08 26 62 - www.lemillenaire.com - fermé sam. midi et dim. - 32/85 €.* Salle à manger actuelle, rehaussée de couleurs vives et agrémentée de nombreuses toiles contemporaines. Le chef réalise une cuisine savoureuse, bien ancrée dans son époque.

Le Jardin des Crayères – *7 av. du Gén.-Giraud - ☏ 03 26 24 90 00 - www.lescrayeres.com - fermé en janv. - P - formule déj. 28 €.* La « petite adresse » du Château les Crayères, dans une dépendance du parc. Salle contemporaine, bonne cuisine de brasserie tendance, et service souriant.

Le Foch – *37 bd Foch - ☏ 03 26 47 48 22 - www.lefoch.com - fermé 3 sem. en août et vac. de fév., sam. midi, dim. soir et lun. - 31/80 €.* Le restaurant borde les Promenades, ces cours ombragés dessinés au 18e s. Salle à manger relookée dans un style actuel et soigné. Cuisine au goût du jour sur une base classique.

Da Nello – *39 r. Cérès - ☏ 03 26 47 33 25 - fermé 1 sem. pdt les vac. de Pâques, 3 sem. en août, 25 déc.-1er janv., sam. midi, dim., et lun. soir - ♿ - 30/40 €.* Ce chaleureux restaurant italien n'a rien à cacher. Toutes ses tables ont vue sur les cuisines et le four à pizza placé au milieu de la salle. Pâtes fraîches, grillades et plats du jour élaborés selon le marché. Le tout servi avec l'accent, « ecco ».

ACHATS

Deléans – B2 - *20 r. Cérès - ☏ 03 26 47 56 35 - www.deleans.fr - lun. 14h-19h, mar.-sam. 9h-12h30, 14h-19h* (sf merc. 12h) - *fermé août, dim. et j. fériés.* Cette maison fondée en 1874 fabrique avec passion et de façon artisanale des spécialités à base de cacao. Goûtez, entre autres, le Pavé de Reims (un cœur praliné enveloppé de deux couches de nougatine) ou les petits bouchons de champagne enfermés dans un bouchon géant au chocolat.

La Petite Friande – B2 - *15 cours Jean-Baptiste-Langlet - ☏ 03 26 47 50 44 - www.la-petite-friande.com - juil.-août : mar.-sam. 10h-12h, 14h-19h ; reste de l'année 10h-19h - fermé dim., lun. et j. fériés.* Depuis 1832, la maison s'enorgueillit d'être la créatrice des authentiques bouchons de champagne, à base de marc de champagne. Autre création pour les amateurs de plaisirs gourmands : les Bulles à la vieille fine de la Marne et les macarons.

Biscuits Fossier – B2 - *25 cours Jean-Baptiste-Langlet - ☏ 03 26 47 59 84 - www.fossier.fr - lun. 14h-19h, mar.-vend. 9h30-19h,* sam. 9h-19h.

Fondée en 1756, la biscuiterie Fossier est une véritable institution rémoise, et la dernière maison à produire les fameux biscuits roses à la texture mi-dure, mi-friable. Autant dire qu'une visite s'impose (sur rdv lun.-vend. 9h-12h, 3,50 €), usine comprise, pour apprendre à « piouler » votre flûte de champagne dans les règles de l'art.

EN SOIRÉE

Bar de l'Hôtel de la Paix – A2 - *9 r. Buirette - ✆ 03 26 40 04 08 - www.hotel-lapaix.fr - tlj 16h-2h.* Le bar de cet hôtel est l'un des lieux favoris des Rémois, à commencer par nombre de viticulteurs et de restaurateurs qui viennent s'y retrouver. Cadre rénové, convivial et « cosy », et terrasse donnant sur le jardin privé. Spécialités : cocktails et champagnes.

La Chaise au Plafond – hors plan par A3 - *188 av. d'Épernay - ✆ 03 26 06 09 61 - lun.-vend. 7h-20h, sam. 8h-20h, j. fériés 8h-13h - fermé pdt vac. de Pâques et 3 dernières sem. d'août, dim.* Fondé en 1910, ce bar-tabac est célèbre pour sa chaise restée figée au plafond depuis le 12 septembre 1914, date à laquelle un obus termina sa course dans l'établissement. Terrasse en été. Cave à cigares comprenant 250 vitoles (notamment cubains, honduriens ou de St-Domingue).

Degermann-bar – A2 - *35 r. Buirette - ✆ 03 26 47 02 27 - www.degermann.fr - fermé 1er-15 août.* Pour boire un verre en toute tranquillité avant ou après le dîner, optez pour ce bar américain de standing. Demandez à jeter un coup d'œil aux somptueux salons de réception Degermann. Cocktails et champagnes.

L'Apostrophe – A2 - *59 pl. Drouet-d'Erlon - ✆ 03 26 79 19 89 - www.restaurant-lapostrophe.com - fermé 24-25 déc.* Situé au cœur de la vie nocturne rémoise, sur la place la plus animée de la ville, cet établissement au décor moderne comprend un bar au rdc et un restaurant à l'étage. Spécialités de cocktails. Concerts deux fois par mois.

ACTIVITÉS

Parc de Champagne – *10 av. du Gén.-Giraud - au sud-est de Reims, dans le quartier des caves - ✆ 03 26 35 52 50 - www.ville-reims.fr - fermé 1er janv. et 25 déc.*
Sur 22 ha, ce parc arboré reçoit divers événements culturels (dont les Flâneries musicales) et accueille des manifestations sportives. Il comprend des jeux d'enfants et plusieurs terrains de sport. Le lieutenant de vaisseau Hébert (1875-1957) y expérimenta sa méthode d'éducation physique de plein air, dite « naturelle ».

AquaGlissConcept – *8 bis r. Gabriel-Voisin - ✆ 06 67 45 13 00 - www.aquaglissconcept.fr. Balade en canoë-kayak sur la Marne, sur la Vesle et le lac du Der. Initiation en eau calme et en eau vive. Pour les enfants, chasse au trésor et autres animations.*

À proximité

Zig Zag Parc – *R. de l'Écluse - 51360 Val-de-Vesle -t 06 87 27 84 44 - www.zigzagparc.fr - 2-30 juin : merc., sam., dim. 14h-19h ; 1er juil-2 sept : tlj 10h30-19h (fermeture des caisses à 17h30). À 18 km au sud-est de Reims, un labyrinthe géant de blé et de maïs, sur 10 ha, que surmonte une tyrolienne géante. Circuit de karts à pédales, animations, jeux…*

1

Fismes

5 377 Fismois – Marne (51)

NOS ADRESSES PAGE 119

S'INFORMER

Office du tourisme de Fismes – *28 r. René-Letilly - 51170 Fismes - 03 26 48 81 28 - www.fismes-tourisme.fr - 9h-12h, 14h-17h - fermé dim., lun. et j. fériés - l'office de tourisme propose cinq brochures détaillant certains itinéraires alentour.*

SE REPÉRER

Carte de microrégion B1 (p. 88) – *carte Michelin Départements 306 E7.* Au confluent de la Vesle et de l'Ardre, Fismes est sur la N 31 entre Soissons et Reims (23 km), Château-Thierry (41 km au sud-ouest par la D 967) et Épernay (42 km au sud-est par la D 386).

À NE PAS MANQUER

Le circuit des églises romanes.

ORGANISER SON TEMPS

Une demi-journée pour une promenade dans Fismes suivie du circuit.

Avec ses remparts en partie conservés, ses fossés comblés au 18e s. pour devenir de belles promenades, Fismes constitue une étape agréable, déjà appréciée des anciens rois de France qui s'y arrêtaient la veille de leur sacre à Reims. Cette ville est aussi le point de départ de circuits à la découverte du massif de Saint-Thierry, ponctués de lavoirs, d'églises romanes, de grottes et de villages qui viennent s'ajouter aux attraits de la nature.

Se promener

Musée

03 26 48 81 28 - www.fismes-tourisme.fr - 9h-12h, 14h-17h - fermé lun., dim. et j. fériés - gratuit.

Au 1er étage de l'office de tourisme, une salle retrace l'histoire de Fismes : fossiles et dents de requins retrouvés dans la région, cartes postales anciennes, porcelaine fabriquée par la famille Vernon de 1853 à 1860.

Église Ste-Macre

Elle fut édifiée au 11e s. à l'emplacement d'un oratoire construit vers l'an 800 pour recevoir le corps de la sainte. Il n'en subsiste que la tour massive et l'abside à chevet rectangulaire.

LE SAVIEZ-VOUS ?

Le dessinateur de BD **Albert Uderzo** est né à Fismes en 1927. Il lança le journal *Pilote* et créa *Astérix*, en collaboration avec René Goscinny. Il est revenu dans son village natal, notamment pour inaugurer un menhir dans l'allée Goscinny-et-Uderzo.

Converti par l'abbé Mugnier, l'écrivain **Joris-Karl Huysmans** (1848-1907) fit retraite durant l'été 1892 à l'abbaye Notre-Dame-d'Igny, qu'il évoqua dans son roman *En route* sous le nom de Notre-Dame-de-l'Âtre.

L'église Saint-Julien de Courville.
Valérie Bourguignon Kenny

1

Circuit conseillé Carte de microrégion

ÉGLISES ROMANES DE LA VALLÉE DE L'ARDRE B1-2

Circuit de 52 km tracé en bordeaux sur la carte de microrégion (p. 88) – Comptez 2 à 3h. Quittez Fismes au sud par la D 386 vers Épernay.

Bon à savoir – Le Parc régional de la Montagne de Reims *(voir « Nos adresses à… » p. 129)* propose des visites guidées des églises romanes de la région *(rens. au 03 26 59 44 44 - www.parc-montagnedereims.fr)*. Une brochure facilitant leur découverte est disponible à la Maison du Parc *(11,50 €)*.

Trapues mais harmonieuses, ces églises présentent une architecture assez proche : de plan basilical, elles ne comportent pas de transept mais un chevet plat, et sont généralement dotées d'une tour-porche.

À partir de Courville, on longe le cours de l'Ardre, apprécié des pêcheurs. Sur le rebord du plateau sont extraits des moellons de pierre calcaire, qui furent utilisés pour la construction des monuments religieux de Reims.

Crugny B1

Traversé par l'Ardre, c'est le village le plus important de la vallée.

Église St-Pierre – Modifiée à plusieurs reprises, la nef date du 11e s., tandis que le transept et le chœur à chevet plat remontent à l'époque gothique. À l'intérieur, Christ en bois polychrome et bénitier du 12e s.

Savigny-sur-Ardre B1

C'est ici que Charles de Gaulle, qui n'était alors que colonel, lança le 21 mai 1940 le premier appel radiophonique à poursuivre la lutte, prélude à celui du 18 juin et à la résistance.

De l'**église** romane subsiste la tour qui se dressait primitivement au-dessus de la croisée du transept. Les vantaux du portail (16e s.) proviendraient de l'abbaye de Montazin.

Après Faverolles et Tramery, la route passe sous l'A 4.

Poilly B1

Le nom du village viendrait de *poleum*, qui désignait le peuplier chez les Gaulois.

Dédiée à saint Remy, l'**église** date des 11e-12e s. et le chœur du 13e s. À la croisée du transept, les arcs romans en plein cintre reposent sur des colonnes dont les chapiteaux sculptés rappellent ceux de Courville *(voir plus loin)*.

Tournez à droite sur la D 980 vers Verneuil.

En traversant **Chambrecy**, remarquez la masse trapue de l'église, avec sa grosse tour carrée, et admirez les fresques murales à l'intérieur de l'édifice.

Ville-en-Tardenois B2

Dans ce village fortement endommagé pendant la Première Guerre mondiale, l'**église** du 12e s. fut restaurée après 1918 : la croisée du transept, voûtée en berceau, est surmontée d'une belle tour carrée à toit en bâtière.

Romigny B2

Sa petite **église**, dont la nef fut remaniée au 15e s., a conservé un portail roman, cantonné de deux colonnes avec des chapiteaux à feuilles lisses. Il est surmonté d'une archivolte en plein cintre.

Prenez à droite la D 23 vers Lhéry.

Lhéry B1

Cette ancienne seigneurie appartenait jadis à la famille de l'évêque Cauchon, accusateur de Jeanne d'Arc. L'**église** date de la fin du 12e s. et marque la transition de l'art roman à l'art gothique, avec ses arcades brisées soutenues par des piliers cruciformes.

Lagery B1

C'est ici qu'est né vers 1040 le pape Urbain II *(voir p. 140)*. Sur la place, la belle halle du 18e s. est complétée par un lavoir. L'**église**, comme celle de Lhéry, date du début de l'art gothique. Le portail est cantonné de fines colonnettes baguées dont les chapiteaux sont sculptés de feuilles d'acanthe. À côté de l'église, les bâtiments du **manoir** forment un grand quadrilatère dont le colombier occupe un angle.

Suivez la D 27 vers Coulonges-Cohan.

Abbaye Notre-Dame-d'Igny B1

Dans un vallon du Tardenois se cache ce monastère cistercien, fondé en 1128 par saint Bernard. Les bâtiments furent reconstruits au 18e s., puis une seconde fois après la guerre de 1914-1918, dans le style gothique. Aujourd'hui, ils sont occupés par des religieuses trappistes.

Revenez sur la D 27 ; au carrefour, prenez la D 25 à gauche.

Arcis-le-Ponsart B1

Le village occupe un joli site au-dessus d'un vallon. L'**église** est incluse dans une enceinte que prolongent les fortifications d'un château du 17e s., dont il ne reste qu'une tourelle à poivrière.

Prenez la D 25 au nord d'Arcis.

Courville B1

L'importance de l'**église St-Julien**, édifice roman dominant le village, fut liée à la présence d'un archevêché. Admirez la nef romane à arcades en « double rouleau » reposant sur des chapiteaux aux sculptures en méplat.

Prenez à gauche la D 386.

Saint-Gilles B1

De l'ancien prieuré situé sur une hauteur ne subsiste que l'**église St-Pierre**, édifice roman surmonté d'un clocher octogonal à pans irréguliers. Le chœur de l'église est de style gothique.

La D 386 ramène à Fismes.

NOS ADRESSES À FISMES

HÉBERGEMENT ET RESTAURATION

BUDGET MOYEN

La Boule d'Or – *11 r. Lefèvre - ✆ 03 26 48 11 24 - www.boule-or.com - fermé mar. midi, dim. soir et lun. - Wifi - 8 ch. 59/90 € - ☕ 8,20/12,50 € - 🍴 14,20/47,50 €.* Comme jadis les rois de France en route pour leur sacre, vous ferez étape dans la localité. À votre disposition, des chambres fraîches d'une tenue impeccable. Deux salles à manger en enfilade, simples mais coquettes ; cuisine de tradition et plats du terroir.

POUR SE FAIRE PLAISIR

À proximité

Chambre d'hôte La Maison Bleue – *46 r. Haute - 51170 Crugny - à 8,5 km au sud-est de Fismes par D 386 - ✆ 03 26 50 84 63 - www.la-maison-bleue.com - fermé 22 déc.-31 janv. - 6 ch. 120/190 € ☕ - 🍴 40 € bc (sur réserv.).* Accueillante maison au cœur d'un paisible parc avec étangs. Chambres personnalisées ; la plus spacieuse, sous les toits, donne sur le village et la vallée de l'Ardre. Cuisine traditionnelle. aux accents régionaux.

Parc naturel régional de la Montagne de Reims

★★

Marne (51)

NOS ADRESSES PAGE 129

S'INFORMER

Maison du Parc – *Voir Pourcy dans « Circuit conseillé ». 03 26 59 44 44 - www.parc-montagnedereims.fr - - de déb. avr. à mi-nov. : 8h30-12h30, 13h30-17h30, w.-end et j. fériés 13h30-17h30 ; reste de l'année : tlj sf w.-end et j. fériés 8h30-12h30, 13h30-17h30 - fermé 25 déc.-1er janv., 11 Nov.*

SE REPÉRER

Carte de microrégion BC1-2 (p. 88) – *carte Michelin Départements 306 FG7-8*. S'étendant entre Reims et Épernay, ce parc est sillonné par de nombreuses départementales qui en facilitent le tour (D 26, D 9 et D 22). La Montagne de Reims est le nom géographique du plateau forestier qui domine la plaine de Champagne ; il culmine à 288 m au sud de Vezy, le point le plus élevé du département de la Marne. Le massif s'étire sur 27 km de longueur entre la Vesle et la Marne. Le Parc naturel régional présente une mosaïque de paysages : les coteaux de la Montagne de Reims à l'est, la vallée de la Marne au sud, le plateau forestier de la Montagne de Reims au centre et le plateau agricole du Tardenois de la vallée de l'Ardre à l'ouest.

À NE PAS MANQUER

Le musée du Phare de Verzenay pour comprendre le vignoble de Champagne et ses activités économiques et humaines ; un arrêt chez un producteur de l'un des charmants « villages de Champagne ».

ORGANISER SON TEMPS

Le circuit vous occupera une bonne journée. Il vous faudra davantage de temps évidemment pour explorer les lieux à travers les nombreux sentiers de randonnée. Le Parc peut donc constituer un but d'excursion pour ceux qui séjournent dans les villes des environs ou, à l'inverse, une base pour découvrir la région. Le paysage s'anime pendant les vendanges, en septembre-octobre.

AVEC LES ENFANTS

Le verger conservatoire de la Montagne de Reims et la mare pédagogique de la Maison du Parc, à Pourcy ; le sentier des Faux, à Verzy ; les promenades pédestres en famille.

Ce plateau de 50 000 ha offre des paysages ordonnés et diversifiés, où alternent forêts, vignobles et terres cultivées, le tout jalonné de 68 villages entretenus avec un soin méticuleux, à l'image des rangées de vignes de la région. La « Montagne » peut s'enorgueillir de ses grands crus, d'une architecture originale, d'une faune et d'une flore préservées, telles les orchidées sauvages qui se nourrissent sur sol calcaire. Au milieu de cette mer végétale, propice aux randonnées, se dresse la silhouette insolite du Phare de Verzenay, qui abrite le musée de la Vigne.

Village de la Montagne de Reims.
J. Hodder / Comité Interprofessionnel du vin de Champagne

1

Circuit conseillé Carte p. 122

LE CHAMPAGNE ROI

Circuit tracé en marron sur la carte p. 122 et sur la carte de microrégion (p. 88) – 100 km – Comptez une journée. Au départ de Reims par la D 951 jusqu'à Montchenot, puis prenez la D 26 vers Villers-Allerand.
La D 26 suit la côte nord de la Montagne de Reims et serpente parmi les vignes et les villages de Champagne.

Rilly-la-Montagne

Producteurs et négociants en champagne sont installés dans ce bourg cossu.
2,5 km. Accès indiqué depuis le village. La boucle de la **Croix-Nicaise** parcourt les pentes du mont Joli, sous lequel passe le tunnel de la voie ferrée Paris-Reims. Elle longe de nombreuses mares, témoins d'une zone d'extraction de pierres meulières utilisées au 19e s. (et début 20e) pour la construction des maisons et des routes.

Mailly-Champagne

3,5 km (2h30). 03 26 59 44 44 - www.parc-montagnedereims.fr - accès libre au sentier de découverte des richesses géologiques - dép. de la salle des fêtes de Mailly-Champagne - pour une visite sans accompagnateur, il est conseillé de se procurer le Guide géologique de la Montagne de Reims (7 €) à la Maison du Parc, à Pourcy - des visites guidées sont organisées par le Parc naturel régional de la Montagne de Reims selon une programmation annuelle.
Située sur les rebords de la côte d'Île-de-France qui domine la plaine de Champagne, la carrière pédagogique de Mailly-Champagne renferme plus de 70 millions d'années d'histoire géologique. Elle offre la seule coupe complète et continue des terrains de l'ère tertiaire, présente à l'est du Bassin parisien (craies, sables, argiles, marnes et calcaires, fossiles marins…).

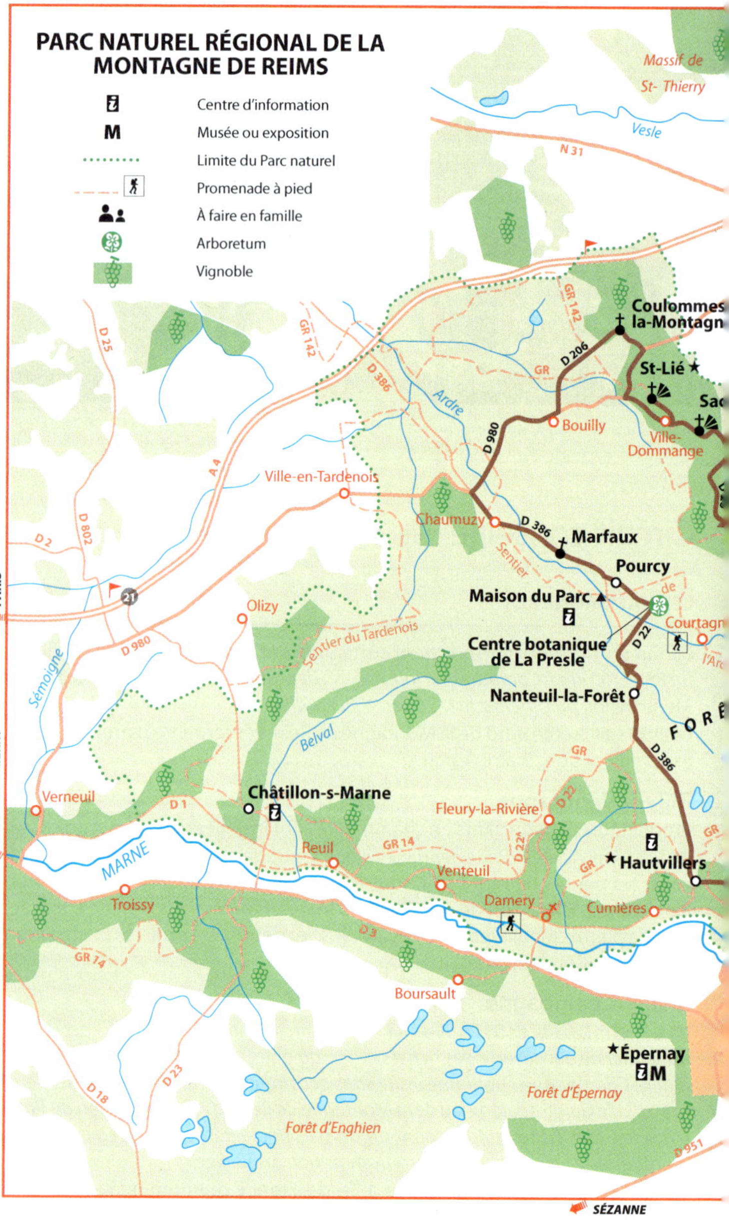
PARC NATUREL RÉGIONAL DE LA MONTAGNE DE REIMS
Centre d'information
M
Musée ou exposition
Limite du Parc naturel
Promenade à pied
À faire en famille
Arboretum
Vignoble
Massif de St- Thierry
Vesle
N 31
Coulommes la-Montagn
St-Lié
Sac
Ville-Dommange
Bouilly
D 206
GR 142
GR
D 386
Ardre
D 980
A 4
D 25
Ville-en-Tardenois
Chaumuzy
D 386
Marfaux
Pourcy
Maison du Parc
Centre botanique de La Presle
Courtagn
D 22
Sentier
Sentier du Tardenois
Nanteuil-la-Forêt
FORÊ
D 802
D 2
PARIS
21
D 980
Olizy
Sémoigne
Belval
CHÂTEAU-THIERRY
Verneuil
D 1
Châtillon-s-Marne
Fleury-la-Rivière
Hautvillers
MARNE
Reuil
GR 14
Venteuil
Troissy
Damery
Cumières
D 3
GR 14
Boursault
Épernay
M
Forêt d'Épernay
D 18
D 23
Forêt d'Enghien
D 951
SÉZANNE

PARC NATUREL RÉGIONAL DE LA MONTAGNE DE REIMS

1

Depuis la D 26, on aperçoit, à droite au sommet de la colline, une **sculpture** contemporaine de Bernard Pagès célébrant la Terre, en hommage à l'œuvre de Bachelard *(voir p. 83)* : *La Terre et les rêveries de la volonté.*

Verzenay

Ce bourg vigneron au coteau renommé est dominé par un **moulin à vent** à l'ouest et un **phare**, bâti en 1909 et transformé en musée de la Vigne. Sa vocation initiale était de vanter la marque de champagne Joseph Goulet. À sa base, le bâtiment servait de guinguette, avec des balançoires et un jeu de croquet. En 1940, les Allemands y installèrent une mitrailleuse antiaérienne.

★ **Musée de la Vigne-Phare de Verzenay** – - *03 26 07 87 87 - www.lepharedeverzenay.com - - de mi-mars à fin déc. : 10h-17h, w.-end et j. fériés 10h-17h30 - fermé lun., déb. janv. (se rens.), 25 déc. - 7,50 € (-6 ans gratuit) - billet combiné avec le phare 8,50 €.* Une passerelle de bois mène au phare restauré, sous lequel s'enroule un bâtiment contemporain de forme elliptique. À 25 m de hauteur dans le phare, un panorama d'exception à 360° s'offre aux visiteurs : les vignes de Champagne à perte de vue, un moulin, des villages, des champs, une ville et une cathédrale. Le musée propose une exposition très bien conçue, faisant largement appel aux techniques audiovisuelles, qui présente le vignoble de Champagne. Grâce à un écran d'images et à une maquette ponctuée de zones d'éclairage, on perçoit l'étendue de son terroir et la variété de ses cépages. Dans le belvédère de bois offrant des fenêtres panoramiques sur le vignoble, des panneaux et des bornes auditives instruisent sur l'histoire et l'économie du champagne. Une salle ronde évoque le cycle saisonnier de la vigne, les outils utilisés pour les tailles qui varient selon les cépages, les travaux des vignerons, les retrouvailles collectives et la fête de la St-Vincent.

Verzy

Ce village vigneron très ancien se développa sous la protection de l'abbaye bénédictine St-Basle. Fondée au 7e s. par saint Nivard, archevêque de Reims, autour de la tombe de l'ermite Basle mort vers 630, ce monastère fut détruit en 1792. *Voir aussi « Nos adresses à… » p. 129.*

Dans Verzy, prenez la D 34 vers Louvois. En arrivant sur le plateau, prenez la 2e route à gauche vers le parking des Pins.

★ Faux de Verzy

1h. Parcours découverte fléché avec panneaux informatifs - - accès libre au départ du parking des Faux (sentier labellisé Tourisme et handicap pour les 4 déficiences) ou du parking des Pins (tables de pique-nique, aire de jeux). 03 26 59 44 44 - www.parc-montagnedereims.fr - le Parc naturel régional de la Montagne de Reims organise des visites commentées selon une programmation annuelle (se rens. à la Maison du Parc).

MALÉDICTION OU MALADIE ?

On a souvent attribué l'étrange silhouette des **faux** à une malédiction, à la mutation génétique de l'espèce, ou encore à l'action d'une bactérie ou d'un virus… Si les causes exactes d'apparition du phénomène tortillard ne sont pas encore connues, nous savons aujourd'hui que la nature du sol n'explique pas ces déformations, puisque ce caractère est contenu dans les gènes des arbres. Il s'agirait donc d'une manifestation de la biodiversité du hêtre : les faux de Verzy sont sans doute les derniers témoins d'une variété qui a disparu peu à peu dans le reste de l'Europe.

LE PARC NATUREL RÉGIONAL

Créé en 1976, il s'étend sur 53 279 ha : 34 400 personnes habitent l'une des 68 communes incluses dans son périmètre. Le Parc naturel régional de la Montagne de Reims offre une mosaïque de milieux qui hébergent une faune et une flore riches et diversifiées, mais rares et fragiles ; les faux de Verzy en sont un des fleurons. Les paysages variés, caractérisés par la trilogie « forêts, vignes, cultures », donnent à ce territoire une identité singulière. Le parc s'appuie ainsi sur son patrimoine pour assurer son développement économique et touristique. Il œuvre en faveur de ses paysages, notamment ceux liés à l'AOC Champagne, de son massif forestier et de sa biodiversité.

Grands crus – Le massif ne présente pas de sommets bien distincts, à l'exception du mont Sinaï (alt. 283 m) et du mont Joli (alt. 274 m). Il s'agit plutôt d'un plateau calcaire accidenté, couvert de sables ou de marnes, qui se creuse par endroits en étangs, en « fosses » et en gouffres donnant naissance à des rivières souterraines. Sur les versants nord, est et sud du massif, la roche disparaît sous le vignoble (9 300 ha), dont les crus figurent parmi les meilleurs de Champagne.

1

La forêt de Verzy (1 050 ha) est peuplée d'un millier d'arbres exceptionnels, les faux (du latin *Fagus* : hêtre), variété de hêtres aux rameaux et branches tortueux, appelés tortillards. Il existe deux autres peuplements en Europe (Allemagne et Suède) de moindre importance.

Observatoire du mont Sinaï

10mn AR. Parking de l'autre côté de la D 34. Sur le bord de la crête, une casemate situe l'observatoire d'où le **général Gouraud** observait les positions allemandes pendant la Première Guerre mondiale. Le site avait été dénommé ainsi par les militaires en langage conventionnel. Vue étendue en direction de Reims et des monts de Champagne *(table d'information).*

Reprenez la D 34 vers Louvois.

Château de Louvois

Ne se visite pas. Édifié par Mansart à l'intention du ministre de Louis XIV, il appartint à Mesdames, filles de Louis XV. Entouré d'un parc conçu par Le Nôtre, il fut en grande partie démoli de 1805 à 1812. Le château actuel est un vestige d'un pavillon partiellement reconstruit au 19e s.

Prenez la D 9 au sud vers Avenay-Val-d'Or.

À quelques kilomètres au sud-est de Louvois se trouvent les réputés coteaux champenois rouges d'**Ambonnay** *(voir « Achats » dans « Nos adresses à… » p. 130).*

Avenay-Val-d'Or

Église St-Trésain – Cette église (13e et 16e s.) conserve une belle façade flamboyante. Admirez les orgues du 16e s. *(bras droit du transept)* et les tableaux provenant de l'abbaye bénédictine du Breuil, détruite à la Révolution.

Face à la gare d'Avenay, prenez la D 201 et, après la voie ferrée, la route qui grimpe à Mutigny.

Mutigny

Entre vignes et forêt, ce village est implanté sur un promontoire, à 240 m d'altitude. Près de l'église rurale, **vue** sur Ay et la côte des Blancs à droite, et sur la plaine vers Châlons en face.

Les paysages du champagne
Les « coteaux historiques des vignobles de Champagne », situés entre Mareuil-sur-Ay et Cumières, figurent parmi les trois sites remarquables retenus pour la candidature des paysages du champagne au Patrimoine mondial de l'Unesco : l'avenue de Champagne à Épernay et les crayères de la butte Saint-Nicaise à Reims. *(www.paysagesduchampagne.fr).*

Sentier du Vigneron – *2,2 km - 03 26 52 31 37 - www.mutigny-en-champagne.com - mars-nov. : 9h-12h30, 13h30-16h30, w.-end 9h30-12h30 - fermé mar. et j. fériés - possibilité de visite guidée avec dégustation 6,50 € (-12 ans gratuit).* Il forme une boucle au départ du village, et comporte 12 panneaux d'interprétation qui invitent le promeneur à découvrir le vignoble champenois et les différents travaux de la vigne au fil des saisons.
En descendant sur Ay, points de vue vers Épernay et la côte des Blancs.

Ay

Dans un site abrité au pied du coteau, la cité des Agéens se trouve au cœur d'un vignoble célèbre, déjà connu à l'époque gallo-romaine et très apprécié de nombreux rois. Henri IV se disait « sire d'Ay et de Gonesse », c'est-à-dire du bon vin et du bon pain (Gonesse, en Île-de-France, était réputée pour ses boulangers).
Au n° 69 de la rue Jules-Blondeau, la **maison Gosset**, dont le fondateur fut cité comme vigneron dans les registres d'Ay en 1584, s'enorgueillit d'être la plus ancienne de Champagne. L'**église St-Brice** comporte un portail de style gothique flamboyant. Rue St-Vincent, une maison à pans de bois porte le nom de **pressoir Henri IV**. « Les vins d'Ay tiennent le premier rang en bonté et perfection… Ils sont clairets et fauvelets, subtils et délicats… et souhaités pour la bouche des rois, princes et grands seigneurs », disait un contemporain.
Institut international des vins de Champagne – *03 26 55 78 78 - www.villa-bissinger.com.* Créé à l'initiative de la communauté de communes de la Grande Vallée de la Marne, il est logé dans un hôtel particulier du 19e s. Doté d'un centre de documentation, l'institut se consacre à la recherche sur le champagne (histoire, évocations artistiques, images publicitaires, etc.), et forme des étudiants au monde du vin (droit, économie…) grâce à une convention avec l'université de Reims. Il propose aux visiteurs la découverte des vins de Champagne : présentation du vignoble et dégustation commentée *(voir « Nos adresses à… » p. 130).*
Départ de la place de la Libération (panneau d'information) - dépliant disponible à la mairie d'Ay - 03 26 56 92 10 - www.ay-champagne.fr. Le parcours des **musardises agéennes**, jalonné de 19 panneaux d'interprétation sur le champagne, se faufile parmi les maisons de Champagne jusqu'à un point de vue dans les vignes. Il se décline en deux versions : un itinéraire « de jour » (3,3 km) et un itinéraire « éclairé » (2,1 km).
À Ay, prenez à gauche la D 1 jusqu'à Mareuil-sur-Ay.

Mareuil-sur-Ay

Le **château** a été élevé au 18e s. pour J.-B. de Domangeville dont la fille fut aimée du poète André Chénier. Le domaine fut acquis en 1830 par le duc de Montebello, fils du maréchal Lannes, qui y créa la marque de champagne portant son nom.
Revenez à Ay et poursuivez vers Dizy, puis tournez sur la N 2051 vers Champillon.
Entre Dizy et Champillon, la route gravit la côte. D'une terrasse aménagée au bord de la route, **vue★** sur le vignoble, la vallée de la Marne et Épernay.

Les faux de Verzy.
J-C et D. Pratt/Photononstop

1

★ **Hautvillers**

Pl. de la République - 51160 Hautvillers - 03 26 57 06 35 - www.tourisme-hautvillers. com - info@tourisme-hautvillers.com.

Ce charmant village, perché à 250 m d'altitude, est classé 1er cru et fait partie des « trois bons coteaux vineux d'Ay, Hautvillers et Avenay ». Les trois cépages champenois y sont cultivés sur 275 ha.

Sur le parking, en bas du village, se trouve un ancien **pressoir** d'une contenance de 2000 kg. Au fil des ruelles bien fleuries, environ **140 enseignes** en fer forgé sont peintes à la main, comme autrefois. Elles illustrent l'activité pratiquée dans la maison à laquelle chacune est accrochée : travaux de la vigne et du vin, corps de métier, portraits d'hommes ou de femmes, etc. La forme des porches, bordés de briques rouges, rappelle les anses des paniers en osier que l'on utilisait autrefois pour cueillir le raisin.

Dom Pérignon repose depuis 1715 dans l'**église abbatiale St-Sindulphe** : sa dalle funéraire de marbre noir se trouve au pied du maître-autel, à gauche. Un grand lustre (1950) formé de quatre roues de pressoir devance le

LES TROUVAILLES DE DOM PÉRIGNON

Dom Pérignon (1639-1715) fut pendant quarante-sept ans le procureur et le cellérier de l'abbaye St-Pierre à Hautvillers. S'il n'a pas « découvert » le champagne, il a beaucoup contribué à faire de ce vin gris ou rouge, non mousseux à l'origine, un vin « saute bouchon ». Dom Pérignon fit des trouvailles essentielles : l'assemblage de raisins issus de différents terroirs pour former des « cuvées », le pressurage rapide et fractionné des raisins noirs pour extraire un jus blanc d'une limpidité parfaite, l'utilisation des premières bouteilles en verre épais et de bouchons en liège pour contenir la mousse, et le creusement des caves en pleine craie pour assurer le vieillissement des vins à température constante.

maître-autel. Remarquez aussi les stalles de la fin du 17e s. *(voir l'ABC d'architecture p. 79)* provenant probablement de Signy-l'Abbaye, les boiseries du chœur (18e s.) et sept grands tableaux religieux (Simon Boullard, Jean Langlois, Claude Charles), parmi lesquels deux œuvres de l'école de Philippe de Champaigne : *Saint Nivard reçoit les plans de l'abbaye* et *Saint Benoît converse avec sa sœur.*
Ancienne abbaye St-Pierre – *03 26 57 06 35 - 9h-17h. - gratuit.*Fondée en 650 par saint Nivard, neveu du « bon roi Dagobert », l'abbaye dépendait de la congrégation bénédictine de St-Maur (Mauristes). Incendiée, puis reconstruite au 17e s., elle est aujourd'hui la propriété de Moët et Chandon. À travers les grilles donnant sur le parc de l'abbaye, on aperçoit le pavillon des Dames de France, habitation des filles de Louis XV lorsqu'elles venaient ici en pèlerinage.
Par la D 386, on rejoint Nanteuil-la-Forêt plus au nord.

Nanteuil-la-Forêt

S'inscrivant dans un site bucolique, au creux d'un vallon étroit que cerne la forêt, ce village eut jadis un prieuré de templiers.
Jardin botanique de La Presle – - *03 26 59 43 39 - www.jardin-brochet-lanvin.com - lun.-ven. 14h-18h, sam. 9h-12h, 14h-18h - ouvert 4 dim. (se rens.), fermé j. fériés - 5 € (-16 ans gratuit) - possibilité de visite guidée sur RV.* Ce jardin botanique, le premier de la région champenoise à avoir reçu le label de « Jardin remarquable », rassemble les collection nationales de saules et de spirées, ainsi que plus de 800 variétés de roses, dont la rose « La Marne ». Le beau jardin de plantes vivaces sert notamment de centre de formation régionale horticole.
Continuez sur la D 386 vers le nord.

Pourcy

Maison du Parc – *03 26 59 44 44 - www.parc-montagnedereims.fr - - de déb. avr. à mi-nov. : 8h30-12h30, 13h30-17h30, w.-end et j. fériés 13h30-17h30 ; reste de l'année : tlj sf w.-end et j. fériés 8h30-12h30, 13h30-17h30 - fermé 25 déc.-1er janv., 11 Nov.- aire de pique-nique.* Symbole du Parc naturel régional, la Maison du Parc est un lieu d'accueil ouvert à tous. Son architecture, primée au niveau national, illustre une ferme contemporaine. Elle est à la fois le port d'attache de l'équipe technique du parc et un point d'informations touristiques. Des expositions temporaires y sont présentées d'avril à novembre. Le verger conservatoire de la Montagne de Reims et la mare pédagogique sont ouverts toute l'année, sous le regard attentif de quatre chiens-loups qui veillent à l'entrée du site, œuvre végétale de Caroline Valette, appelée *La Chimère des quatre vents.*

Marfaux

À l'intérieur de l'**église**, beaux chapiteaux sculptés de feuilles d'acanthe et de petits personnages.
Après Chaumuzy, tournez à droite sur la D 980 puis, à hauteur de Bouilly, prenez à gauche la D 206 vers Coulommes-la-Montagne.

Coulommes-la-Montagne

Ce village fleuri possède une belle **église** romane dont le clocher est éclairé d'une unique baie. Dans le transept et le chœur, chapiteaux à feuilles lisses et palmettes.
Tournez à droite pour rejoindre la D 980 en passant par Pargny-lès-Reims ; 1,5 km plus loin, prenez à gauche vers Saint-Lié.

★ Chapelle St-Lié

Bâtie sur une « motte » près de Ville-Dommange, cette chapelle se dissimule dans un bosquet (sans doute un ancien bois sacré gallo-romain). Dédiée à un ermite du 5e s., elle date des 12e, 13e et 16e s. et s'entoure d'un cimetière.

Près de la chapelle se dresse une croix en fer forgé portant les instruments de la Passion. Dans son axe, le clocher trapu de Ville-Dommange coiffe une église (12e-16e s.) dont les dimensions prévues étaient si grandes qu'elle ne put être achevée.

Vue★ panoramique sur Ville-Dommange, la côte d'Île-de-France, Reims dominée par sa cathédrale, la plaine jusqu'au massif de Saint-Thierry et le Tardenois.

Sacy

L'**église St-Remi** possède un chevet de la fin du 11e s. et une tour du 12e s. Du cimetière attenant, vue sur Reims.

Continuez sur la D 26 pour revenir à Reims par la D 951.

NOS ADRESSES DANS LE PARC NATUREL RÉGIONAL DE LA MONTAGNE DE REIMS

VISITES

Églises romanes – Une brochure comprenant une fiche pour chacune des 33 églises romanes de la région facilite leur visite (disponible à la Maison du Parc, *11,50 €*). Le Parc organise des visites guidées *(voir programmation à la Maison du Parc, ✆ 03 26 59 44 44 - www.parc-montagnedereims.fr).*

HÉBERGEMENT

BUDGET MOYEN

À St-Euphraise-et-Clairizet

Chambre d'hôte Delong – *24 r. des Tilleuls - 51390 St-Euphraise-et-Clairizet - 14 km au sud-ouest de Reims par D 980 et D 26 - ✆ 03 26 49 20 86 - www.domainedelong.com - P - 4 ch. 60 € ☕ - ✕ 30 €.* Sur une exploitation viticole, ancienne étable joliment rénovée : beaux murs de pierre et charpente apparente dans les chambres, dotées en outre d'agréables sdb. Visite de la cave et du pressoir et dégustation du champagne de la propriété.

À Mareuil-sur-Ay

Chambre d'hôte La Famille Guy Charbaut – *12 r. du Pont - 51160 Mareuil-sur-Ay - 8 km à l'est d'Épernay par D 1 - ✆ 03 26 52 60 59 - www.champagne-guy-charbaut.com - fermé 1er janv. et 25 déc. - P - 5 ch. 73 € ☕ - ✕ 46 €.* Vignerons de père en fils depuis 1930, les Charbaut se mettent en quatre pour vous accueillir dans leur jolie maison du 19e s., vous faire visiter ses caveaux taillés dans la craie et déguster leurs meilleures cuvées de champagne. Chambres garnies de meubles anciens. Repas servis dans un magnifique cellier.

RESTAURATION

PREMIER PRIX

À Verzy

Au Chant des Galipes – *2 r. Chanzy - 51380 Verzy -19 km au sud-est de Reims par N 44 - ✆ 03 26 49 66 42 - chantdesgalipes@wanadoo.fr - fermé 15-30 août, 20 déc.-20 janv., lun. soir, mar. soir, jeu. soir, dim. soir et merc. - formule déj. 14,50 €.* Au cœur du bourg vigneron, une table sympathique, tons chauds, peinture au plafond représentant le ciel. Recettes dans l'air du temps.

FAIRE UNE PAUSE

À Verzy

Perching Bar – *Voir Arboxygène p. 131.*

ACHATS

À Ambonnay

Soutiran-Pelletier – *12 r. St-Vincent - 51150 Ambonnay - 6,5 km au sud-est de Louvois par D 34 et D 19 - ✆ 03 26 57 07 87 - www.soutiran.com.* Héritier du savoir-faire de cinq générations de vignerons, Alain Soutiran est un assembleur expérimenté, réputé pour ses crus AOC champagne « coteaux champenois rouge d'Ambonnay ». Dégustations.

Serge Pierlot – *10 r. St-Vincent - 51150 Ambonnay - 6,5 km au sud-est de Louvois par D 34 et D 19 - ✆ 03 26 57 01 11 - champagne-serge-pierlot@wanadoo.fr - fermé janv., de fin août à déb. sept.* La côte d'Ambonnay-Bouzy, favorisée par son exposition au sud et au sud-est, est réputée pour ses crus AOC champagne et « coteaux champenois rouge d'Ambonnay ». Vous pourrez les déguster chez Agnès et Serge Pierlot qui font aussi visiter leur musée exposant un pressoir du 18e s. et des outils de la vigne et du vin.

À Ay

Institut international des vins de Champagne – *Villa Bissinger - 15 r. Jeanson - 51160 Ay - 28 km au sud de Reims par N 51 - ✆ 03 26 55 78 78 - www.villabissinger.com - fermé 25 déc.-1er janv., w.-end et j. fériés sur RV.* Plusieurs sessions d'initiation sont proposées tout au long de l'année : de quelques heures jusqu'au parcours découverte de deux jours (dégustation, gastronomie, visite et découverte du vignoble).

À Verzy

Étienne Lefevre – *30 r. de Villers - 51380 Verzy - 19 km au sud-est de Reims par N 44 - ✆ 03 26 97 96 99 - www.champagne-etienne-lefevre.com - fermé 3 sem. en août et 1 sem. en fév. - ouv. (uniquement sur rdv) lun.-sam. 9h-11h30, 13h30-17h30 ; dim. 9h30-11h30.* Sous les bâtiments de la propriété érigés au 19e s. se trouvent d'étonnantes caves à voûtes ogivales, creusées à plus de 15 m de profondeur. On y expose une collection d'outils de vigneron et des pressoirs, dont le plus ancien date du 18e s. Dégustation et vente à l'issue de la visite.

ACTIVITÉS

Ay Eco-Visite – *12 r. Roulot - 51160 Ay - ✆ 03 26 55 14 97 - www.ay-eco-visite.com.* James Richard-Fliniaux propose une éco-visite guidée du vignoble en voiture électrique, agrémentée ou non d'une collation au détour d'un chemin. Activité primée par le Parc naturel régional au concours des Éco-trophées, au titre d'initiative exemplaire en faveur du développement durable.

Centre d'initiation à la nature de Commetreuil – *Domaine* *de Commetreuil - 51390 Bouilly - ✆ 03 26 50 64 75 - www.parc-montagnedereims.fr - ouv. tte l'année sur résev. - fermé vac. de Noël.* Implanté au milieu d'un massif forestier de 150 hectares, le centre propose des séjours de découverte de la nature dans le cadre des clubs CPN (Connaître et protéger la nature): patrimoine de la Montagne de Reims, animations nature, accueil de classes ou de groupes sur une ou plusieurs journées.

Champ's Marine – *Capitainerie - pl. Charles-de-Gaulle - 51160 Mareuil-sur-Ay - ✆ 06 77 84 49 28 - www.champsmarine.fr.* Pour louer des bateaux sans permis, entièrement équipés, pour une croisière d'un jour, d'un week-end, d'une ou de plusieurs semaines, de 2 à 8 personnes.

Arboxygène – *Forêt de Brise-Charrettes - 51380 Verzy - ✆ 06 89 44 73 68 - www.arboxygene.eu - merc.-sam. 14h-19h - 16 € adultes, 12 € - 12 ans.* Près des faux de Verzy, ce parc à forte tendance écologique consiste en parcours forestiers dans les arbres : 3 circuits adultes de difficulté croissante, 2 circuits enfants, 1 parcours nocturne. Au milieu du parc, le **Perching Bar** est un bar à champagne original car perché dans les arbres. Accessible par une passerelle en bois, il est situé à près de 6 m de hauteur et offre une vue splendide sur la plaine de Champagne. Un concept unique en Europe pour déguster champagnes de grandes maisons ou de vignerons indépendants *(www.perchingbar.eu - jeu. soir et w-end).* Hôtellerie dans les arbres *(mêmes horaires que le parc, nocturne le sam. soir ; 30 € avec une coupe de champagne).*

Pré en bulles – *2 r. du Stade - 51380 Trépail - ✆ 03 26 53 50 00 - ww. pre-en-bulles. com - fermé 25 déc. - ouv. lun.-vend. 10h-18h, w.-end et j. fériés 10h-19h - 7 €(enf. 5 €).* Automates, marionnettes, décors et jeux de lumières rivalisent de technologie dans deux spectacles : « Le Parcours des arts de la vigne » révèle le savoir-faire des hommes et la passion de la vigne, tandis que « La Part des Anges » raconte l'histoire du champagne.

Randonnée pédestre

✆ 03 26 59 44 44 - www.parc-montagnedereims.fr. Le sentier GR 14 et ses variantes 141 et 142 permettent de faire le tour du Parc, qui comporte également de nombreuses boucles et sentiers de pays. Des promenades-découvertes sont aménagées le long du canal latéral à la Marne : des panneaux d'information jalonnant le parcours entre Condé-sur-Marne et Damery sensibilisent le promeneur au patrimoine : faune, flore, savoir-faire local, etc. Aires de pique-nique et sites panoramiques à Ville-Dommange, Hautvillers, Dizy, Verzy et Châtillon-sur-Marne.

Cyclotourisme

✆ 03 26 59 44 44 - www.parc-montagnedereims.fr. Des fiches et cartes sont en vente à la Maison du Parc.

1

Épernay

★

24317 Sparnaciens – Marne (51)

NOS ADRESSES PAGE 145

S'INFORMER
Office du tourisme d'Épernay – *7 av. de Champagne - 51201 Épernay - 03 26 53 33 00 - www.ot-epernay.fr - mai-sept. : 9h30-12h30, 13h30-19h, dim. et j. fériés 11h-16h ; reste de l'année : tlj sf dim. et j. fériés 9h30-12h30, 13h30-17h30 - fermé 1er janv., 25 déc.*

SE REPÉRER
Carte de microrégion BC2 (p. 88) – *carte Michelin Départements 306 F8.*
Épernay, principal centre viticole de Champagne avec Reims (à 23 km au nord par la D 951), est au cœur des trois grandes zones de vignoble : la Montagne de Reims, la côte des Blancs et la vallée de la Marne.

SE GARER
Parking sur l'esplanade Charles-de-Gaulle, à proximité de l'office de tourisme.

À NE PAS MANQUER
Passage obligé par une cave et… dégustation !

ORGANISER SON TEMPS
La visite d'une cave dure environ 45mn ; comptez autant pour un tour de ville.

AVEC LES ENFANTS
Le Jardin de Vignes, à Chouilly ; la Ferme aux oiseaux exotiques, à Athis ; le parc du Sourdon.

Épernay se dévoile au gré de ses artères fleuries, de son avenue de Champagne, propice à la flânerie, qui prolonge les parcs des maisons productrices et s'anime notamment lors des « Habits de Lumière », féerie autour du divin nectar aux bulles d'or. Les alentours ne manquent pas de charme, avec leurs pierres chargées d'histoire et leurs sites enchanteurs comme la côte des Blancs. Et oui, ne cherchez plus, vous y êtes : Moët & Chandon, Mercier… Ces grands noms du champagne sont à Épernay, au cœur du vignoble. Leurs caves sont ouvertes à la visite : cent kilomètres de galeries creusées dans le sous-sol de craie abritent des millions de bouteilles !

Se promener Plan de ville

CENTRE-VILLE

Circuit tracé en vert sur le plan de ville p. 134 – Comptez 45mn-1h.
Très endommagée en 1914-1918, la ville a été à nouveau bombardée en 1940. Elle conserve néanmoins de beaux hôtels particuliers du 19e s.

La cave de la maison de Castellane.
E. Luidier / hemis. fr

Depuis l'office de tourisme, traversez le **jardin de l'hôtel de ville** (B), ancienne propriété de la famille Moët, dessiné au 19e s. par les frères Bühler à qui l'on doit aussi le parc de la Tête d'Or à Lyon.

Sur la **place Mendès-France** (B), vous pouvez admirer d'un côté le **théâtre Gabrielle-Dorziat** (B), dont la machinerie n'a pas changé depuis son inauguration (1902), et de l'autre l'**église Notre-Dame** (B), en partie inspirée par celle d'Orbais *(voir p. 143)*.

Empruntez la **rue du Dr-Verron** (AB) à gauche de l'église : au n° 7, remarquez les vestiges du **portail** d'une maison Renaissance qui fut celle de la régente Louise de Savoie (1476-1531), la mère de François Ier.

Prenez à gauche au bout de la rue.

Le **portail St-Martin** (A) (16e s.), décoré de guirlandes de pierre, provient de l'ancienne église Notre-Dame.

Prenez la rue du Général-Leclerc à gauche du portail et rejoignez l'avenue de Champagne.

★★ LES CAVES DE CHAMPAGNE

De prestigieuses maisons – certaines remontent au 18e s. – s'alignent sur l'avenue de Champagne, longue de près d'1 km. Elles sont situées au-dessus de la falaise de craie, trouée de dizaines de kilomètres de galeries à température constante (9-12 °C).

LE SAVIEZ-VOUS ?

Avant l'époque gallo-romaine, le site actuel d'Épernay n'était qu'un vaste marécage, empli de ronces aux pointes acérées, d'où son nom : Sparnacum (le radical celte *spar* signifiant « épine »). Les Romains réalisèrent d'importants travaux de drainage, ce qui permit la fondation d'une ville au 5e s.

Moët & Chandon

✆ 03 26 51 20 20 - www.moet.com - visite guidée sur demande préalable de déb. avr. à mi-nov. : 9h30-11h30, 14h-16h30 ; de mi-nov. à fin déc. : tlj sf w.-end 9h30-11h30, 14h-16h30 ; reste de l'année : tlj sf w-end et j. fériés 9h30-11h30, 14h-16h30 - fermé janv., 25 déc. - 17 € (-18 ans 9,50 €).

Première maison de champagne, Moët & Chandon est liée à l'histoire de l'abbaye d'Hautvillers dont elle est propriétaire, et à dom Pérignon qu'elle a honoré en donnant son nom à sa cuvée spéciale. Claude Moët, le fondateur, se lança dans la production du champagne en 1743. Son petit-fils, Jean Rémy, proche de Napoléon Ier, reçut la visite de l'Empereur à plusieurs reprises (l'établissement conserve l'un de ses chapeaux). Le gendre de Jean Rémy, Pierre Gabriel Chandon, ajouta son nom à la raison sociale de la maison. En 1962, cette entreprise familiale s'est constituée en société anonyme (groupe Louis Vuitton-Moët-Hennessy).

Les caves de Moët & Chandon (28 km) contiennent l'équivalent de 90 millions de bouteilles. La visite, très complète, permet de suivre les étapes de l'élaboration du champagne, dont le remuage et le dégorgement.

Mercier

73 av. de Champagne - 👥 - 68-70 av. de Champagne - ✆ 03 26 51 22 22 - www.champagnemercier.fr - ♿ - visite guidée de mi-mars à mi-nov. : 9h30-11h30, 14h-16h30 ; de mi-fév. à mi-mars et de mi-nov. à mi-déc. : tlj sf mar. et merc. 9h30-11h30, 14h-16h30 - 11 € (-18 ans 5,50 €).

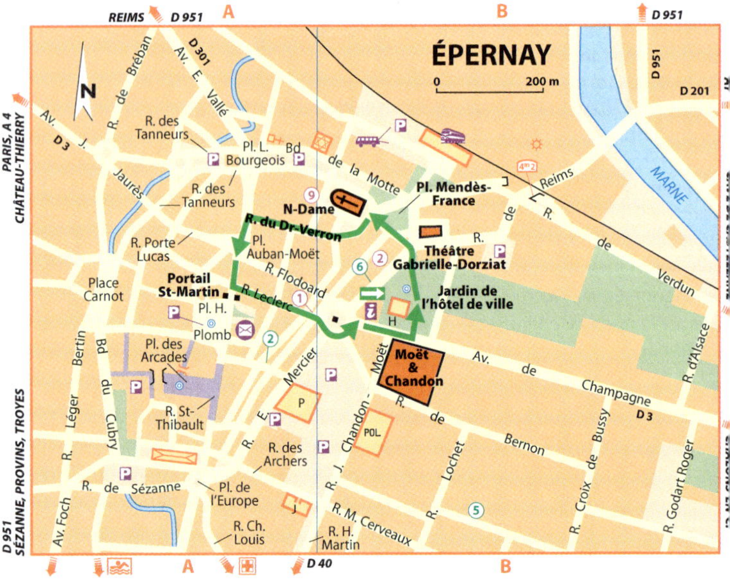

SE LOGER

- Berceaux (Les) ②
- Clos Raymi (Le) ⑤
- Jean Moët ⑥

SE RESTAURER

- Banque (La) ①
- Cave à Champagne (La) ②
- Table Kobus (La) ⑨

En 1858, Eugène Mercier regroupa plusieurs maisons de champagne pour créer la maison Mercier et fit creuser 18 km de galeries. En 1889, à l'occasion de l'Exposition universelle, il demanda au sculpteur châlonnais **Navlet** de décorer un foudre géant d'une capacité de 215 000 bouteilles, et le plaça sur un chariot tiré par 24 bœufs et 18 chevaux de renfort dans les côtes. Ce « convoi exceptionnel » couvrit Épernay-Paris en vingt jours. Des ponts furent renforcés pour son passage et des murs abattus. Ce **foudre de 34 t** est aujourd'hui installé au centre de l'espace d'accueil. Deuxième productrice de champagne après Moët & Chandon, la maison Mercier fait aujourd'hui partie du groupe Louis Vuitton-Moët-Hennessy.
Après une descente spectaculaire en ascenseur panoramique, la visite des caves Mercier s'effectue en petit train automatisé, dans les galeries de craie décorées de sculptures réalisées par Navlet.

De Castellane

57 r. de Verdun - 57 r. de Verdun - ✆ 03 26 51 19 11 - www.castellane.com - ♿ - visite guidée 15 mars-23 déc. : 10h-12h, 14h-18h - 10 € (-18 ans 6,50 €).
À la visite guidée des caves, longues de 10 km, s'ajoute la visite libre de la tour et du musée. La **tour**, bâtie en 1900 par Marius Toudoire, architecte de la gare de Lyon à Paris, est aménagée en lieu d'exposition. Du haut de ses 60 m s'ouvre une vue étendue sur Épernay et le vignoble de la vallée de la Marne. On y découvre un historique de la famille Mérand et de la famille de Castellane (qui compte parmi ses membres le célèbre collectionneur Boni de Castellane, mari de la milliardaire américaine Anna Gould), ainsi que des collections d'affiches et de bouteilles.
Le **musée des Anciens Métiers du champagne** évoque les différentes étapes de l'élaboration du champagne. Des scènes reconstituées illustrent la tonnellerie, le travail de la vigne, la vendange et le pressurage. Différentes sections présentent la faune régionale, l'artisanat (vannerie, verrerie...), des affiches ayant trait au champagne et une riche collection de 3 000 étiquettes.

À proximité Carte p. 136

Jardin de Vignes

À Chouilly, 5,5 km à l'est par la D 40A.
✆ 03 26 55 40 61 - entrée libre.
Cet espace muséographique en plein air s'inscrit dans le prolongement de l'avenue de Champagne, à l'entrée de Chouilly. Un parcours pédagogique jalonné de panneaux d'interprétation, de photos et de cultures permet de comprendre la situation et les cépages du vignoble champenois, l'art subtil de la vigne, les plantes adaptées aux sols calcaires, etc.

Centre vinicole Nicolas Feuillatte

À Chouilly, 5,5 km à l'est par la D 40A - ✆ 03 26 59 55 65 - www.feuillatte.com - visite guidée lun.-vend. sur demande préalable ✆ 03 26 59 64 61 (10h-12h15, 14h-17h). Visite-dégustation : 7 € avec 1 flûte, 10 € avec 2 flûtes ou 18 € avec 3 flûtes.
Une visite à la coopérative Nicolas Feuillatte permet de comprendre d'un peu plus près ce qui fait l'insolente réussite commerciale de cette jeune maison (créée en 1976) qui se place parmi les cinq plus importantes de Champagne (8 000 000 de bouteilles vendues en 2010, contre près de 23 000 000 vendues par Moët & Chandon, le leader du marché). Mais elle permet surtout de voir chaque étape de l'élaboration du champagne : cuverie, tirage, remuage, dégorgement, habillage... Des panneaux explicatifs viennent en complément à chaque étape. Une visite instructive.

Ferme aux oiseaux exotiques

À Athis, 13 km à l'est par la D 3.

36 rte Nationale - 06 73 35 83 77 - www.la-ferme-aux-oiseaux.com - - mai-sept. : 14h-19h - fermé lun., 1er janv., dim. de Pâques, 1er et 11 Nov., 25 déc. - 8 € (-10 ans 4 €) - fête de la Rose 1er w.-end de juin - jardin illuminé avec thème musical sur réserv. en août.

Dans un corps de ferme restauré (17e s.), une dizaine de volières abritent plus de 300 espèces originaires d'Asie, d'Afrique, d'Australie… De petits salons installés dans la cour permettent d'admirer les oiseaux aux couleurs chatoyantes. Un **parc floral** (3 000 m²) complète la visite.

Circuits conseillés Carte p. 136

★ LES COTEAUX SUD D'ÉPERNAY

Circuit gris sur la carte p. 136 et sur la carte de microrégion (p. 88) – 28 km – Comptez environ 1h. Quittez Épernay au sud par la D 951.

Les villages à flanc de coteaux couronnés de forêts, le plancher du vallon tapissé de culture, un paysage baigné de lumières changeantes : vous êtes sur le rebord de la « falaise de l'Île-de-France ».

La route remonte le **vallon de Cubry** dont les versants sont revêtus de vignes. Au passage, vous pouvez contempler le **château de Pierry** *(voir p. 137)*.

À Moussy, vue sur l'**église de Chavot** (13e s.) perchée sur un piton.
1 km après Vaudancourt, reprenez à droite la D 951 vers Brugny-Vaudancourt.

Château de Brugny

Il regarde le vallon de Cubry qui fuit, en contrebas, jusqu'à Épernay. Les bâtiments du 16e s. ont été remaniés au 18e s. Admirez la silhouette du donjon carré en pierre, que cantonnent des échauguettes rondes en brique.
Au carrefour, tournez à droite sur la D 36 vers Saint-Martin-d'Ablois.
Vues★ sur les pentes sinueuses du cirque du Sourdon ; à droite l'église de Chavot, au centre Moussy, à gauche la forêt d'Épernay.
Prenez à gauche la D 11 vers Mareuil-en-Brie.

Parc du Sourdon

03 26 59 95 00 - ♿ - avr.-oct. : 9h-18h - gratuit.
Planté d'arbres, il est traversé par le torrent du Sourdon qui forme de petits bassins riches en truites : sa source jaillit entre les rochers en formant des cascatelles.
Revenez à Saint-Martin-d'Ablois et prenez à gauche la D 22. La route traverse la forêt d'Épernay (domaine privé). Après Vauciennes, prenez à droite la D 3 pour rejoindre Épernay.

1

★★ LA CÔTE DES BLANCS

Circuit bleu sur la carte p. 136 et sur la carte de microrégion (p. 88) – 28 km d'Épernay au mont Aimé – Comptez environ 2h. Quittez Épernay au sud-ouest par la D 951.
D'Épernay à Vertus, la **côte des Blancs**, orientée nord-sud, s'appuie aux rebords du plateau de Brie. Comme la Montagne de Reims, c'est un élément de la « côte de l'Île-de-France », chère aux géographes. À l'exception d'une couronne boisée, ses versants, orientés à l'est, sont entièrement couverts de vignes. La côte des Blancs est ainsi nommée parce qu'elle est presque exclusivement plantée de **chardonnay**, un cépage blanc. Ses crus, d'une finesse élégante, sont utilisés dans l'élaboration des cuvées de prestige et la réalisation du blanc de blancs. La plupart des grandes marques de champagne y possèdent des vignes et des vendangeoirs. Certains vignobles sont même pourvus d'un système de chauffage destiné à les préserver des gelées.
En avant de cette falaise calcaire se détachent des buttes témoins comme le mont Saran (alt. 239 m) et le mont Aimé (alt. 237 m). À flanc de coteau s'égrènent les villages aux rues tortueuses, le long desquelles s'ouvrent les hauts portails des maisons vigneronnes. Cet itinéraire, en balcon ou à mi-côte, offre de jolies vues sur le vignoble et l'immensité de la plaine de Châlons.

Château de Pierry

03 26 54 02 87 - www.chateau-de-pierry.fr - ♿ - avr.-oct. : 9h-12h, 14h-16h - fermé dim., j. fériés, de fin juil. à fin août - 6,50 € (-8 ans gratuit) - visite sur demande préalable.
Édifiée en 1750 par Mgr de Choiseul-Beaupré, cette ancienne demeure de campagne, au pied de coteaux renommés, abrite la mairie de Pierry. Jacques Cazotte, l'auteur du *Diable amoureux*, guillotiné en 1792, y vécut.
On découvre le jardin anglais, les salons de réception, les appartements privatifs et les dépendances viticoles où se trouvent un pressoir et des celliers créés vers 1750, ainsi qu'un petit **musée du Machinisme** de 1850 à 1950. La « flûte de l'amitié » est offerte à l'issue de la visite.

Dans le village de Pierry, à la cave coopérative Vincent d'Astrée, vous pourrez, en plus de déguster de bons champagnes, admirer la **plus imposante flûte au monde** (2,13 m de hauteur, 19 kg, contenance de 200 bouteilles). *Voir aussi p. 147 pour la plus grosse bouteille et le plus gros bouchon.*

Dans Pierry, prenez à gauche la D 10.

Vues à gauche sur Épernay et la vallée de la Marne.

Cuis

Église St-Nicaise – D'architecture romane, elle est édifiée sur une terrasse au-dessus du village. Depuis la D 10, perspectives sur la Montagne de Reims.

Continuez sur cette route.

★ Cramant

Cramant occupe un site agréable sur une avancée de la côte. L'entrée du bourg est signalée par une bouteille géante (un jéroboam) de plus de 8,60 m de haut et 7,95 m de circonférence à la base, réalisée pour une fête du champagne en 1974. Le célèbre cru, produit par le cépage blanc chardonnay, a acquis une renommée universelle.

Avize

Connu pour son cru, Avize forme dans son lycée viticole les futurs vignerons champenois. L'**église** est du 12e s., mais le chœur et le transept sont du 15e s. Au-dessus de la localité, à l'ouest, la promenade présente une vue étendue.

Poursuivez sur la D 10.

Oger

Titulaire d'un « premier cru de la côte des Blancs », Oger est classé parmi les « plus beaux villages de France », et désigné comme le plus fleuri d'Europe. Son **église** des 12e-13e s. comporte une haute tour carrée et un chevet plat percé d'un triplet.

Musées des traditions de l'amour et du champagne★ – *1 r. d'Avize - ✆ 03 26 57 50 89 - www.mariage-et-champagne.com - mars-déc. : 9h-12h, 14h-18h, dim. et j. fériés 10h-12h, 14h-17h30 - fermé 25 déc. - 6 € (-12 ans gratuit) - possibilité de visite guidée.* Les coutumes du mariage de 1880 à 1920 sont évoquées par 600 objets curieux ou insolites, dont une collection de **globes de mariées**. Les bouquets ou couronnes, fabriqués à la main par des boutonneuses, étaient d'une grande diversité ornementale : fleurs en papier, carton, peau, métal doré, coquillage. Le champagne n'est pas oublié : présentation d'une collection d'étiquettes anciennes montrant l'évolution de l'appellation champagne et visite des caves du 18e s. avec leur galerie aux outils d'antan. Dégustation possible en fin de visite.

LIRE UN BOUQUET DE MARIÉE

Feuille de chêne : longévité du couple.
Feuille de lierre : attachement l'un pour l'autre.
Oranger : pureté.
Raisin : prospérité et abondance.
Feuille de tilleul : fidélité.
Colombe : paix du foyer.
Cerise : pour vaincre la guigne.

Le Mesnil-sur-Oger

Ce village vigneron très étendu est bâti sur un plan irrégulier. On y trouve une petite grotte dédiée à la Sainte Vierge *(ne se visite pas)*. Un paisible enclos ombragé entoure l'**église** romane dont le clocher se trouve sur la croisée du transept ; on y entre par un portail Renaissance à colonnes cannelées.

La **maison Launois**, fondée en 1872, a créé un attrayant musée.

★ **Musée de la Vigne et du Vin** – *2 av. Eugène-Guillaume - ☏ 03 26 57 50 15 - www.champagne-launois.fr - visite guidée sur demande préalable de mi-mars à fin déc. : 9h-12h, 15h-17h, w.-end et j. fériés 10h-12h30, 15h-17h ; reste de l'année : tlj sf dim. 9h-12h, 14h-17h, sam. et j. fériés : 10h-12h30, 15h-17h - fermé 1er janv., dim. de Pâques, 15 août, 25 déc. - 7,50 € - visite et repas au champagne (sur réserv.) de mi-mars à déb. juil. et sept.-déc. : sam. et dim. midi.* De nombreux objets, outils et machines illustrent la culture de la vigne et le travail des vignerons d'autrefois. Belle collection de pressoirs des 17e, 18e et 19e s. Dans différents caveaux sont évoqués les métiers annexes : fabrication de bouchons, verrerie, tonnellerie… Collection de pieds de vigne façonnés par la main de l'homme. La visite se termine par une dégustation. Découverte du vignoble en petit train.

Par une petite route serpentant au flanc du coteau vineux, gagnez Vertus.

Vertus

Au pied de la fameuse côte des Blancs, Vertus est vouée à la vigne (450 ha de vignobles). Elle offre l'image d'une petite ville aux rues irrégulières entrecoupées de placettes et dotées de nombreuses fontaines d'eau vive. 1

L'**église St-Martin** fut construite sur pilotis à la fin du 11e et au début du 12e s. Elle a subi de nombreuses transformations et fut restaurée à la suite de l'incendie de juin 1940. À l'intérieur, le transept et le chœur à chevet plat comportent des voûtes d'ogives du 15e s. Sur un autel du croisillon droit, admirez une Pietà (16e s.) finement sculptée et, dans la chapelle des fonts baptismaux, une statue de saint Jean Baptiste en pierre (16e s.). Du croisillon gauche, un escalier mène aux trois cryptes du 11e s. formant un ensemble curieux : remarquez, dans la crypte centrale, de beaux chapiteaux ornés de larges feuilles.

Dans la descente vers **Bergères-lès-Vertus**, qui possède une charmante église romane de campagne, vues agréables sur les alentours.

Au sud de Bergères-lès-Vertus, prenez à droite la petite route vers le mont Aimé.

★ Mont Aimé

Occupé dès la préhistoire, il fut fortifié tour à tour par les Gaulois, les Romains puis les comtes de Champagne : en 1210, **Blanche de Navarre**, mère de Thibault IV, fit construire un château, dit de la Reine Blanche, qui subit trois sièges au cours de la guerre de Cent Ans. Pendant quatre siècles, ses ruines servirent de carrières. Lors de l'occupation de la région par les pays coalisés, une grande revue de l'armée russe, qui rassembla 500 000 personnes, se déroula au pied du mont le 10 septembre 1815. En 1914, le mont Aimé se trouva au cœur du dispositif de la **bataille des Marais de Saint-Gond** (bataille de la Marne).

Aujourd'hui, les ruines du château féodal s'éparpillent dans la verdure. À l'un des angles de l'ancienne enceinte, un belvédère *(table d'orientation)* ménage une **vue** étendue au nord sur la côte des Blancs, à l'est sur la plaine. Grande aire de pique-nique aménagée. Une légende locale y situe un sanctuaire cathare : tous les enfants du coin ont un jour cherché l'entrée de la citadelle souterraine…

Départ du parking (panneau d'information). Quatre petits sentiers balisés permettent d'arpenter la butte : les chemins de la Promenade (520 m) et du Télégraphe (1 300 m), en forêt ; le chemin des Carrières (1 500 m) sur les falaises crayeuses ; et celui des Vignes (1 700 m).

★ LA VALLÉE DE LA MARNE AUX ENVIRONS D'ÉPERNAY

Circuit rouge sur la carte p. 136 et sur la carte de microrégion (p. 88) – 63 km au départ d'Épernay – Comptez environ 4h. Quittez Épernay à l'ouest par la D 3, tournez à droite vers Mardeuil, puis traversez la Marne pour longer la rive droite et gagner Cumières.

Dans cette vallée bordée de vignes et couronnée de forêts, des villages s'étagent le long des deux rives de la Marne. Roi de ce vignoble : le **pinot meunier**. Très bien adapté aux terres de la vallée de la Marne, il couvre presque la moitié du vignoble champenois. La couleur blanchâtre de la face intérieure de ses feuilles évoque la blancheur de la farine et lui a donné son nom. Ce cépage apporte du fruité, de la vivacité et du caractère à la production de champagne.

Cumières

Situé en contrebas d'un cirque de vignes, couronné au nord par la pointe de la forêt de Reims, ce bourg longe la Marne (remarquez les statues de métal représentant les travaux de la vigne tout au long de l'année). Avec son abreuvoir et ses quais où se balancent les barques des pêcheurs, il est le point de départ de **croisières** au fil de l'eau *(voir « Nos adresses à… » p. 148)*.

Poursuivez sur la D 1 vers l'ouest.

Damery

Au pied du coteau, sur les bords de la Marne (à ses quais abordait jadis le coche d'eau), Damery constitue un agréable but de promenade. Ici naquit **Adrienne Lecouvreur** (1692-1730), tragédienne aux nombreuses passions, dont celle qu'elle éprouva pour le prince Maurice de Saxe.

Dominant le village, l'**église** (12e-13e s.) était celle d'un prieuré de l'abbaye bénédictine St-Médard de Soissons. Elle abrite une Vierge à l'Enfant de **Watteau** (18e s.). Sa nef romane est éclairée par des baies lancéolées. Les chapiteaux sculptés des piliers soutenant le clocher sont ornés d'un intéressant bestiaire dans un décor de feuillages. Le buffet d'orgue et les grilles du chœur sont du 18e s.

Tournez à droite vers Fleury-la-Rivière.

Fleury-la-Rivière

Cave aux Coquillages – *39 r. du Bourg-de-Vesle - ✆ 03 26 58 36 43 - www.lacaveauxcoquillages.fr - visite guidée (env. 1h30) jeu. apr.-midi et vend.-dim. 10h, 14h30, 16h et 17h30 (groupes sur RV) - nb de visiteurs limité à 45 pers. - la cave est à 12°C et l'hygrométrie est de 95% - déconseillé aux personnes souffrant de claustrophobie - 8 € avec dégustation de champagne (-16 ans 6 €).*

Au fil d'un parcours souterrain de 200 m de long, ce site fossilifère d'une

LE PAPE DES CROISADES

Né vers 1040 dans le village de Lagery, **Eudes de Châtillon** est un disciple de saint Bruno, fondateur des Chartreux. Chanoine, puis archidiacre à Reims, il entre ensuite chez les bénédictins de Cluny, abbaye au rayonnement considérable. À la demande de Grégoire VII, il quitte le monastère pour devenir son conseiller, et deviendra lui-même plus tard premier pontife sous le nom d'**Urbain II**. Il parcourt la chrétienté, en proie aux guerres et à la corruption, et joue de son influence dans la trêve de Dieu, qui interdit aux seigneurs de se battre plus de trois jours par semaine. Le pape Urbain II tient plusieurs conciles, dont celui de Clermont en 1095, où il prêche la première croisade. Il meurt le 29 juillet 1099, l'année même de la prise de Jérusalem par les croisés.

Le village de Fleury-la-Rivière et son vignoble.
G. Labriet / Photononstop

1

richesse impressionnante raconte l'histoire d'une ancienne mer tropicale et de ses habitants. Le *Campanile giganteum*, un mollusque de 40 à 60 cm de long, des restes de requin ou encore des oursins témoignent que la région de Damery était sous la mer il y a 40 millions d'années.
La D 324 sillonne les villages entre vignes et champs.
À Cuchery, prenez à gauche la D 24 vers Châtillon-sur-Marne.

Châtillon-sur-Marne

20 r. de l'Église - 51700 Châtillon-sur-Marne - ✆ 03 26 58 32 86 - www.otchatillon51.com - 10h-12h30, 14h-18h, lun. 14h-18h - fermé 25-déc.-1er janv.
Au débouché du vallon de Cuchery, à 148 m d'altitude, cette petite cité fortifiée couronne une colline couverte de vignes. Au Moyen Âge, elle servait les intérêts de puissants seigneurs, dont le connétable de France **Gaucher de Châtillon** (1250-1328) qui soutint Philippe le Bel dans la lutte contre les Templiers et la papauté.
Garez-vous et prenez la rue de l'Église puis, à droite, la rue Berthe-Simonet.
Statue du pape Urbain II – *✆ 03 26 58 32 86 - wwww.otchatillon51.com - gratuit - visite libre de l'extérieur uniquement*. Haute de 33 m sur son socle, elle a été érigée en 1887 sur la motte féodale qui portait le donjon du château. Taillée dans le granit breton, elle est constituée de 80 blocs amenés par des chars à bœufs de Port-à-Binson (3 km au sud) : c'est un hommage à Urbain II, enfant du pays qui prêcha la première croisade. Aux abords, une table d'orientation précise le point de **vue★** sur les 22 villages de la vallée de la Marne et ses vignobles.
Prenez à l'ouest la D 1 en direction de Vandières.

Vandières

Son nom viendrait de *vinum dare* (« donner du vin ») ou de *vendemiare* (« vendanger »). En haut du village, le **château** (18e s.) s'élève au milieu d'un parc. L'**église** du 11e s. est ornée d'un beau porche. Vues sur la vallée et les collines qui la bordent au sud.
Continuez sur la D 1.

Verneuil

Agréablement située au bord de la Semoigne, au nord de la Marne, la petite **église** des 12ᵉ et 13ᵉ s. a été restaurée.

Après Vincelles, vous atteignez Dormans.

Dormans

Av. des Victoires - 51700 Dormans - 03 26 53 35 86 - www.tourisme-dormans.fr - juin-août : 10h30-18h ; avr.-mai et sept. : 10h-12h, 14h-18h, w.-end et j. fériés 14h-18h ; reste de l'année : tlj sf dim. 10h-12h, 14h-17h - fermé 24 déc.-2 janv.

Dans cette station verte de vacances, on goûte la quiétude des bords de Marne. Le château Louis XIII ouvre les portes de son parc, entre deux visites aux producteurs de champagne des environs !

Château et mémorial – *Av. des Victoires - 03 26 53 35 86 - www.tourisme-dormans.fr - 1er avr.-11 Nov. : 14h-18h, dim. et j. fériés 10h-12h, 14h-18h - gratuit.* À l'intérieur d'un parc ombragé d'arbres majestueux, dont des séquoïas près du pont chinois, le **château** sert de cadre à des réceptions et à des expositions temporaires. L'office de tourisme y est également installé. Au fond du parc, le **mémorial des Batailles de la Marne** a été élevé à un emplacement désigné par le maréchal Foch. Le sanctuaire comprend deux étages. L'escalier dans l'axe de la chapelle mène à la première terrasse où se trouve la crypte : on y découvre le résumé des opérations de 1918 et une table d'orientation. Sur le parvis, à droite, remarquez un cadran solaire en marbre, et à gauche une table d'orientation décrivant le déroulement de la seconde bataille de la Marne.

Par un escalier à gauche, on atteint une cour précédée d'une lanterne des morts. Elle est entourée d'une galerie, au fond et à gauche. L'ossuaire abrite les dépouilles de 1 500 soldats inconnus. À droite, la chapelle supérieure adopte le même plan que la crypte, mais elle est plus haute et très claire.

LE SAVIEZ-VOUS ?

Orbais doit son existence au monastère créé par saint Réol ou Rieul, archevêque de Reims. Les premiers occupants furent des moines venus du moutier de Rebais, d'où l'étymologie « hors rebais » parfois donnée au nom d'Orbais.

Du mémorial, on peut gagner le moulin en traversant le parc où un **verger conservatoire** a été reconstitué : il recèle quelque 80 variétés de fruits.

Église – Une tour carrée à quatre pignons, percés de trois baies accouplées, s'élève sur la croisée du transept dont le bras nord est flanqué d'une tourelle à clocheton octogonal. La partie la plus intéressante de l'église est le chœur à chevet plat du 13ᵉ s., éclairé par un grand fenestrage de style rayonnant.

Suivez la D 3 jusqu'à Port-à-Binson.

On aperçoit Châtillon dominé par la statue d'Urbain II.

Prenez la D 3 vers Œuilly.

Œuilly

Écomusée – *- 03 26 57 10 30 - www.ecomusee-oeuilly.fr - visite guidée avr.-oct. : 10h30, 14h-18h (dernière entrée 16h30), dim. et j. fériés 14h-18h ; reste de l'année : tlj sf lun. 10h30, 14h-17h (dernière entrée 15h30), dim. et j. fériés 14h-17h - fermé mar., de fin déc. à déb. janv., 1er Mai - 6,50 € (-14 ans 4 €) - mai-juin : réserv. conseillée.* Cet ancien bourg fortifié, à flanc de coteau, possède un écomusée en trois sections : la **Maison champenoise** (1642) fait revivre le quotidien

d'une famille de vignerons à la fin du 19e s. ; le **musée de la Goutte**, dédié au fameux alcool tiré des marcs de raisin, abrite l'ancien alambic du village (1850) ainsi qu'une exposition consacrée aux émeutes de 1911 en Champagne *(voir p. 50)* et aux techniques de la tonnellerie ; l'**école communale 1900** a gardé ses pupitres, son poêle, son tableau noir et même un bonnet d'âne.
Prenez la D 222 en direction de Boursault.

Château de Boursault

Bâti en 1848 par l'architecte Arveuf pour la célèbre **veuve Clicquot**, ce vaste château, visible depuis la montée sur Ventheuil, est inspiré du style Renaissance, avec ses tours en poivrières, ses clochetons, ses hautes cheminées et ses 365 ouvertures. Il fut le cadre de fastueuses réceptions organisées par Mme Clicquot, puis par son arrière-petite-fille, la duchesse d'Uzès.
Poursuivez jusqu'à Vauciennes et prenez la D 22, puis la D 3 vers Épernay.
Belles **vues★** sur la vallée de la Marne, Damery et la Montagne de Reims.

ÉGLISES ET CHÂTEAUX

Circuit vert clair sur la carte p. 136 et sur la carte de microrégion (p. 88) – 58 km – Comptez environ 1h. Quittez Épernay au sud par la D 951 et prenez la D 11 pour rejoindre Orbais-l'Abbaye, à 23 km au sud-ouest.

1

★ Orbais-l'Abbaye

Entouré de collines boisées, ce charmant village aux étroites ruelles bordées de maisons anciennes doit sa renommée à son église abbatiale. Fondée au 7e s., c'est l'un des plus remarquables édifices gothiques de Champagne. Sa construction fut dirigée, selon toute vraisemblance, par Jean d'Orbais, l'un des maîtres d'œuvre de la cathédrale de Reims.

★ **Église** – *03 26 52 36 50 - - de mi-avr. à fin oct. : 9h-19h - gratuit - possibilité de visite guidée sur demande préalable.* Construite aux 12e et 13e s., elle conserve le chœur et le transept de l'abbatiale, ainsi que deux des travées primitives de la nef (l'une servant de porche, l'autre à l'intérieur). Les autres travées et la façade à deux tours furent détruites en 1803. Observez la disposition originale des arcs-boutants du transept et de l'abside : ils se rejoignent sur la même culée de contrefort. La flèche légère, qui surmonte la croisée du transept, date du 14e s.

Le **chœur★**, avec son déambulatoire et ses chapelles rayonnantes, est considéré comme le prototype de celui de la cathédrale de Reims ; le rond-point est remarquable par l'équilibre de ses lignes : des arcades aiguës supportent un triforium élancé et des fenêtres hautes que surmontent des oculi.

La chapelle absidiale abrite un vitrail du 13e s. représentant des scènes de l'Ancien Testament. Les fenêtres hautes conservent quelques fragments de vitraux en grisaille.

L'entrée du transept, qui sert de nef, est garnie de **stalles** réalisées au début du 16e s. : les parcloses portent des effigies d'apôtres, à l'exception des deux premières ornées de sculptures représentant à droite l'Arbre de Jessé, à gauche la Vierge. Miséricordes et jouées présentent des figures de fantaisie.

On peut voir dans les **bâtiments conventuels** une salle du 13e s. à double travée couverte de croisées d'ogives, qui sert de chapelle d'hiver.

Départ de l'église (panneau d'information). Il existe plusieurs possibilités de promenades (*entre 1,3 et 4 km*) dans le village et alentour.
Empruntez la D 42 au sud, puis la D 242 pour rejoindre Fromentières.

Église de Fromentières

℘ 03 26 81 62 02 (Mme Bastien) - possibilité de visite guidée sur RV.
Derrière le maître-autel se trouve un monumental **retable★★** flamand (fin 15e-début 16e s.). Peint et sculpté, il fut acquis en 1715 à Châlons par un curé de Fromentières pour 12 pistoles, faible somme en regard de sa valeur actuelle. Ce chef-d'œuvre est signé d'une « main coupée », emblème légendaire d'Anvers, et relève de l'école allemande de Nuremberg. Cette main était celle d'un terrible géant que coupa un héros.
Des volets peints relatent des épisodes du Nouveau Testament et, derrière, apparaissent trois étages de scènes aux délicates figurines : à l'origine, ces dernières étaient peintes de couleurs vives et se détachaient sur des fonds dorés. Les 150 personnages évoquent la vie et la Passion du Christ avec un sens du détail familier et une intensité d'expression exceptionnelle.
Rejoignez Étoges par la D 933.

Étoges

Ce fut jadis une seigneurie importante appartenant à la maison de Conflans, l'une des plus anciennes de Champagne.
Construit par les barons d'Anglure, l'harmonieux **château** du 17e s. fut sous l'Empire la propriété du comte de Guéhéneuc, sénateur, régent de la Banque de France et beau-père du maréchal Lannes. Il abrite un hôtel qu'entoure un parc de 18 ha *(ne se visite pas, mais on peut y jeter un œil)*. Sur les douves en eau s'élance un pont : la vue embrasse les bâtiments de briques roses à chaînages et parements de pierre blanche, et les hauts toits à la française coiffés d'ardoises mauves.
Église – Construite au 12e s., elle a été remaniée aux 15e et 16e s., comme en témoignent sa rose gothique et son portail Renaissance. Elle comporte plusieurs gisants du 16e s. : René d'Anglure et sa femme Catherine de Bouzey, leur fils François d'Anglure et la seconde femme de celui-ci.
Empruntez la D 18 sur 8 km.

Montmort-Lucy

Château – *www.montmort.com. Ne se visite plus.* Ce château, élevé sur une éminence, commandait le passage du Surmelin. Il conserve certaines parties du 12e s., mais fut rebâti à la fin du 16e s. En brique avec des parements de pierre blanche, cette demeure familiale garde un aspect féodal : les douves atteignent 14 m de profondeur. Il est doté d'un portail Renaissance (1577) et d'une rampe à chevaux, dont la tour hélicoïdale est la seule du genre en France, avec celle d'Amboise.
Église – Entourée d'un cimetière, elle retient l'attention avec son porche, sa nef romane et son premier transept du 13e s. Le chœur et le second transept datent du début du 16e s. (vitraux de la même époque). À voir dans la nef : la chaire du 18e s.
Revenez à Épernay par la D 951.

NOS ADRESSES À ÉPERNAY

VISITES

Promenades en petit train « Bacchus » – *03 26 53 33 00 - www.ot-epernay.fr - h, se rens. - 6,50 € (-16 ans gratuit).*

HÉBERGEMENT

BUDGET MOYEN

À proximité

Chambre d'hôte Les Botterets – *7 r. du Fort - 51190 Oger - 13 km au sud d'Épernay par D 40 puis D 10 - 03 26 57 94 78 - - 6 ch. 50/55 €.* La maison d'habitation et l'ancien vendangeoir de cette propriété abritent des chambres d'hôte rénovées. L'aménagement intérieur manque un peu de cachet, mais l'authenticité de l'accueil et l'atmosphère typique d'un village viticole font néanmoins apprécier l'adresse.

POUR SE FAIRE PLAISIR

Les Berceaux – *13 r. Berceaux - 03 26 55 28 84 - www.lesberceaux.com - 29 ch. 95/130 € - 11 €, demi-pension possible - formule déj. 33 € - 69/81 €.* Au cœur de la pétillante cité, une auberge aux chambres confortables, toutes rénovées à l'identique (tons jaunes, parquet foncé). L'élégant restaurant gastronomique vous invite à déguster une cuisine classique authentique. Belle cave.

À proximité

Les Grains d'Argent – *1 allée du Petit-Bois - 51530 Dizy - 4 km au nord d'Épernay par N 2051 - 03 26 55 76 28 - www.lesgrainsdargent.com - fermé 23-31 déc. - - Wifi - 20 ch. 99/110 € - 15 €, demi-pension possible - 29/90 €.* Bel accueil, jolies chambres personnalisées et bar à champagne dans cette hôtellerie contemporaine tournée vers les vignes. Le restaurant, relooké dans un esprit actuel, sert des plats au goût du jour, ponctués par le rythme des saisons.

UNE FOLIE

Jean Moët – *7 r. Jean Moët - 03 26 32 19 22 - www.hoteljeanmoet.com - Wifi - - 12 ch. 125/260 € - 12 € -* Cet hôtel « écologique », ouvert en 2010, est situé en plein centre-ville. Chambres meublées dans le style Louis XV, relevé par quelques touches contemporaines. Petit-déjeuner à prendre sous la superbe verrière 1900 en fer forgé. Ambiance chic mais décontractée. Très bon accueil.

Le Clos Raymi – *3 r. Joseph-de-Venoge - 03 26 51 00 58 - www.closraymi-hotel.com - fermé 24 déc.-2 janv. - Wifi - 7 ch. 115/175 € - 15 €.* La maison de maître en briques rouges fut celle de la famille Chandon. Chambres personnalisées et raffinées. Agréable salle des petits-déjeuners ouverte sur le jardin.

À proximité

Chambre d'hôte Manoir de Montflambert – *51160 Mutigny - 7 km au nord-est d'Épernay par D 201 - 03 26 52 33 21 - manoir-de-montflambert@wanadoo.fr - - 5 ch. 112/132 €.* Ce manoir du 17e s., ancien relais de chasse des ducs de Gontant Biron, présente une vue panoramique sur la Marne et le vignoble. Les lambris, l'imposant escalier menant aux chambres, la tranquillité et la petite histoire du lieu (qui aurait abrité les amours d'Henri IV et de la comtesse de Montflambert), justifient le prix de

1

la nuitée. Dégustation et vente du vin de la propriété.

RESTAURATION

BUDGET MOYEN

La Banque – *40 r. du Gén.-Leclerc - ✆ 03 26 59 50 50 - ouv. tlj -formule déj.14,50 € - 18,50/32 €.* Cette grande brasserie, ouverte en 2010, occupe l'ancien bâtiment de la Banque de France. Les patrons ont eu l'heureuse idée de conserver une partie des éléments d'origine. Le comptoir d'accueil de la banque est ainsi devenu celui du bar à champagne et les toilettes ont pris place dans l'ancienne salle des coffres! Décoration colorée et ambiance feutrée : l'endroit se veut chic et atypique. Dans l'assiette, mélange correct de classiques nationaux et de plats plus inventifs.

La Cave à Champagne – *16 r. Gambetta - ✆ 03 26 55 50 70 - www.la-cave-a-champagne.com - formule déj. 18 € - 18/34 €.* Petit caveau à la gloire des vins régionaux (exposition de bouteilles). Vraie gageure, on y fait un repas au champagne sans se ruiner. Registre culinaire traditionnel.

La Table Kobus – *3 r. Dr-Rousseau - ✆ 03 26 51 53 53 - www.latablekobus.com - fermé 2 sem. en avr., 2-20 août, 28 déc.-8 janv., jeu. soir, dim. soir et lun. - formule déj. 19,50 € - 29/50 €.* Un sympathique bistrot 1900 où l'on peut déguster du champagne en apportant ses propres bouteilles, et ce sans payer de droit de bouchon! Les Sparnaciens s'y précipitent.

À proximité

Le Caveau – *R. de la Coopérative - 51480 Cumières - 5 km au nord-ouest d'Épernay par D 301 - ✆ 03 26 54 83 23 - www.lecaveau-cumieres.com - fermé dim. soir, mar. soir et vac. scol. de fév. - 13,20/74 €.* Il vous faudra franchir une première salle décorée sur le thème de la vigne, puis un long couloir, avant de découvrir ce superbe restaurant aménagé sous les voûtes d'un caveau taillé dans la craie. Tables dressées avec soin. Spécialités champenoises.

FAIRE UNE PAUSE

C comme champagne de propriétaire – Bar dégustation. *Voir p. 147.*

ACHATS

Chocolat

Dallet – *26 r. du Gén.-Leclerc - ✆ 03 26 55 31 08 - www.chocolat-vincentdallet.com - fermé 2 sem. en janv./fév. et 2 sem. en juil./août - ouv. mar.-dim. 7h30-19h45.* La pâtisserie chocolaterie Dallet est la maison d'un puriste et d'un amoureux du goût. Retrouvez la passion d'un métier à travers une exquise douceur maison : le pavé d'Épernay, préparé à base d'un croquant aux noisettes relevé de champagne.

Chocolat Emmanuel Briet – *13 r. Porte-Lucas - ✆ 03 26 54 31 92 - www.lechocolatemmanuelbriet.com - mi-juin-mi-sept. : mar.-sam. 10h-12h, 14h-19h, fermé dim., lun. et j. fériés; mi-sept.-mi-juin : lun. 14h-19h, mar.-sam. 9h-19h, dim. et j. fériés 10h-13h.* Un chocolatier distingué par les 4 tablettes du Club des Croqueurs, et élevé au rang de meilleur chocolatier du Grand Est de la France! Installé en centre-ville, il allie classique et originalité, comme le Pondichéry, une spécialité. Visite, dégustation et conseils pour savourer les produits.

Chocolaterie Thibaut – *ZA de Pierry - Pôle d'activités St-Julien -*

51530 Pierry - 2 km au sud d'Épernay par D 11 - ✆ 03 26 51 58 04 - www. chocolaterie-thibaut.com *- visites : lun. 14h-18h, mar.-sam. 9h-11h, 14h-18h - fermé j. fériés.* Cet artisan chocolatier élabore devant vous ses spécialités : un chocolat en forme de bouchon de champagne fourré aux alcools régionaux (ratafia, fine marne, marc de champagne), praliné lait et praliné noir. Dégustation et vente des produits dans la boutique attenante.

Champagne

C comme champagne de propriétaire – *8 r. Gambetta - ✆ 03 26 32 09 55 - www.c-comme.fr - fermé 25 déc., 1er et 2 janv. - ouv. dim.-mar. 11h-20h, merc.-jeu. 11h-22h, vend.-sam. 11h-1h30.* Espace dédié au champagne et à ses cousins comme le ratafia, le marc et la fine de champagne, le rosé des Riceys. Ici, on valorise les richesses des différents terroirs (les cépages, les arômes). De 350 à 400 références de champagnes (à travers 50 propriétaires soigneusement choisis) sont proposés dans le caveau et le vaste bar de dégustation. Conseils personnalisés, vente sur place (même à l'unité) et par correspondance.

Beaumont des Crayères – *64 r. de la Liberté - 51530 Mardeuil - 4 km au nord-ouest d'Épernay - ✆ 03 26 55 29 40 - www. champagne-beaumont.com - fermé 2 sem. en août, 1er janv. et 25 déc.* La maison Beaumont, qui produit 550 000 bouteilles par an, élabore des vins de haute expression, régulièrement distingués, notamment grâce à une méthode de pressurage particulière. Dégustation, vente et visite guidée des caves. Petites curiosités parmi les nombreux objets présentés dans le hall d'accueil : la plus grosse bouteille de champagne au monde (1,76 m de hauteur, contenance de 200 bouteilles normales) et le plus gros bouchon de champagne au monde (1,20 m de hauteur). Si les records liés au champagne vous intéressent, voir la plus grande flûte au monde p. 138.

Corbon – *541 av. Jean-Jaurès - 51190 Avize - 10 km au sud d'Épernay par D 10 - ✆ 09 66 42 34 93 - www.champagne-corbon.com.* La famille Corbon se transmet de père en fils (et fille) la gestion de cette maison qui élabore depuis 1971 son propre champagne et se spécialise dans les vieux millésimes, en priorité ceux de chardonnay d'Avize. Des initiations à la dégustation sont proposées aux personnes intéressées.

Launois Père & Fils – *2 av. Eugène-Guillaume - 51190 Le Mesnil-sur-Oger - 11 km au sud d'Épernay par D 40 et D 10 - ✆ 03 26 57 50 15 - www. champagne-launois.fr - fermé 1er janv., Pâques et 25 déc.* Cette maison de « récoltant-manipulant » fondée en 1872 a créé son propre musée de la vigne et du vin. Sa visite s'accompagne d'une dégustation de crus de la marque. Des repas gastronomiques et des « journées » – notamment pendant les vendanges – sont égalements organisés (réservation indispensable).

Champagne Milan – *6 r. d'Avize - 51190 Oger - 15 km au sud d'Épernay - ✆ 03 26 57 50 09 - www.champagne-milan.com.* Maison familiale fondée en 1864, la société Milan travaille ses champagnes 100 % chardonnay classés Grand Cru dans la plus pure tradition. Toute l'année, visite guidée des caves, celliers et pressoirs traditionnels, suivie de dégustations commentées ou de repas alliant gastronomie et champagne *(réserv. conseillée)*. En saison, 4 chambres chez le vigneron.

Breton Fils – *12 r. Courte-Pilate - 51270 Congy - 15 km au sud d'Épernay par D 951 et D 943 - ✆ 03 26 59 31 03 - www.champagne-breton-fils.com - ouv. tlj 9h-12h, 13h30-17h30.* Cette maison qui exploite 17 ha de vignes commercialise son champagne sous la marque Breton Fils depuis plus d'un demi-siècle. Johann, l'actuel dépositaire du savoir-faire familial, fait visiter avec enthousiasme ses caves taillées dans la craie où vieillissent sur lie près de 450 000 bouteilles.

F. P. Arnoult Coopérative vinicole – *Rte de Damery - 51480 Fleury-la-Rivière - 10 km au nord-ouest d'Épernay par D 3 et D 22 - ✆ 03 26 58 42 53 - champagne-fp.arnoult@wanadoo.fr - fermé 25 déc.-1er janv., lun. mat. et merc. - ouv. dim. et j. fériés (sur rdv) ; lun.-vend. 8h30-12h30, 14h-17h15 ; sam. 9h-12h30, 14h-18h.* Les fresques qui ornaient jusqu'ici les façades de cette cave coopérative sont progressivement transférées à l'intérieur où elles seront mieux protégées des intempéries. Dégustation et vente des produits maison dans une salle offrant un magnifique panorama sur le vignoble de la vallée de la Marne.

Veuve Olivier & Fils – *10 rte de Dormans - 02850 Trélou-sur-Marne - 2,5 km à l'ouest de Dormans par D 6 - ✆ 03 23 70 24 01 - www.champagne-veuve-olivier.com - ouv. lun.-vend. 9h-12h, 14h-17h ; sam. 9h-12h (sur rdv l'apr.-midi).* Cette propriété admirablement située offre un très vaste panorama sur la vallée de la Marne. Une vidéo et une visite commentée des installations, où subsiste un pressoir traditionnel, vous expliqueront tout des procédés de fabrication du champagne. Dégustation et vente.

Champagne Charlier et Fils – *4 r. des Pervenches - 51700 Montigny-sous-Châtillon - ✆ 03 26 58 35 18 - www.champagne-charlier.com - ouv. lun.-vend. 8h-12h, 14h-17h30 ; sam. 10h30-12h, 15h-17h30 ; dim. 10h30-12h.* L'un des pionniers des visites de propriété, distingué d'ailleurs pour son accueil. L'enseigne « Aux foudres de chêne » indique que les champagnes sont conservés dans des fûts de chêne, ce qui n'est plus courant. Après avoir appris comment se font leurs nectars, vous pourrez en déguster dans un énorme tonneau, à condition de ne pas être trop nombreux.

Autres spécialités

À proximité

Musée de l'Escargot en Champagne – *8 r. des Plumons - 51700 Try-Dormans - ✆ 03 26 58 10 77 - www.equantys.com. Ce musée présente un élevage de gallinacés et propose ses produits à la vente : escargots en bocaux et coquilles beurrées.*

ACTIVITÉS

Croisière et Champagne – *12 r. de la coopérative – BP 22 - 51480 Cumières. Embarcadère : quai de Marne - ✆ 03 26 54 49 51 - www.champagneetcroisiere.com - de mi-mars à avr. et de mi-sept. à mi-déc. (sur réserv.) ; mai-mi-sept. : départ à 9h30, 15h30 (sf lun.) et 17h - 9,60 € (-4 ans gratuit).*

Château-Thierry

14683 Castelthéodoriciens – Aisne (02)

NOS ADRESSES PAGE 156

S'INFORMER

Office du tourisme de Château-Thierry – *9 r. de la Vallée - 02400 Château-Thierry - 03 23 83 51 14 - www.chateau-thierry-tourisme.com - de mi-mai à mi-sept.: 10h-12h30, 13h30-18h, dim. 13h30-17h, j. fériés 14h-17h; reste de l'année: tlj sf dim. 10h-12h30, 13h30-17h, j. fériés 14h-17h - fermé 24 déc.-1er janv., 1er Mai.*

SE REPÉRER

Carte de microrégion A2 (p. 88) – *carte Michelin Départements 306 C8.* La ville est située sur l'A 4 entre Paris et Reims. Champenoise par ses origines et son vignoble, elle est bâtie sur les deux rives de la Marne, au flanc d'une butte isolée que couronne l'ancienne place forte des comtes de Champagne.

SE GARER

Parking devant la mairie, au pied du chemin de ronde, ou près de la porte St-Pierre (pour accéder au château en voiture).

À NE PAS MANQUER

Que vous soyez cigale ou fourmi, gravissez les marches de la maison natale de La Fontaine! Visitez le musée du Trésor de l'hôtel-Dieu.

ORGANISER SON TEMPS

Comptez une demi-journée pour une visite de la ville et de ses environs, une journée si vous empruntez ensuite la route du Champagne.

AVEC LES ENFANTS

Le tour du château et ses animations, dont le spectacle de rapaces en vol libre; la maison natale de Jean de La Fontaine; le château de Condé et ses parcours ludiques dans le parc.

1

Nichée au cœur du vignoble champenois de la vallée de la Marne, Château-Thierry est une terre de mémoire : elle conserve en effet le souvenir du roi mérovingien Thierry IV, qui y mourut en 737 et lui donna son nom; celui d'un homme illustre, Jean de La Fontaine, qui y vit le jour en 1621 et y passa une grande partie de sa vie, proche de la nature si inspirante; et, enfin, celui des lieux historiques de la Grande Guerre.

Se promener Plan de ville

LE TOUR DU CHÂTEAU

Circuit tracé en vert sur le plan de ville ci-après. Partez de la place de l'Hôtel-de-Ville. La rue du Château monte à la porte St-Pierre.

Le plateau, qui commandait la vallée de la Marne, abrita successivement un oppidum gaulois, une place forte mérovingienne, une forteresse féodale, puis une résidence seigneuriale au 13e s. En 1060, Hugues Lambert, dit **Thierry**, fit aplanir le sommet de la butte pour y élever une enceinte fortifiée, et un château fut bâti du 11e au 17e s. En raison de son mauvais entretien et de l'arasement des principaux bâtiments, seule la base des murs subsiste aujourd'hui.

Musée du Trésor de l'hôtel-Dieu

R. du Château - ✆ 03 23 83 51 14 - www.hotel-dieu-chateau-thierry.fr - visite guidée de mi-juin à mi-sept. : sam. 10h30, 14h et 16h, vend. 14h et 16h, mar.-jeu. 16h ; de déb. avr. à mi-juin et de mi-sept. à fin oct. : sam. 10h30, 14h et 16h, dim. et vend. 14h et 16h ; reste de l'année : sam. 10h30, 14h et 16h et vend. 14h et 16h - 7 € (-18 ans 3 €). Fondation royale, l'hôtel-Dieu fut créé en 1304 par Jeanne de Navarre et dirigé par une communauté de religieuses. Pauvres, pèlerins, vieillards et malades trouvaient refuge et étaient soignés dans cet établissement, qui connut son âge d'or sous Louis XIV. Le nouveau musée qui y a été aménagé expose des objets d'art, protégés au fil des siècles et remis en scène dans l'apothicairerie, les cuisines, la chapelle du 17e s. et l'ouvroir…

Porte St-Pierre

C'est la dernière des quatre portes de la ville. Jeanne d'Arc et Charles VII y seraient passés en 1429, de retour du sacre royal à Reims, après avoir chassé les Bourguignons de la ville. De l'extérieur, on découvre la façade principale flanquée de deux tours rondes.

Château

On y entre par la **porte St-Jean** (13e s.), dont vous remarquez l'appareil à bossages. Sa galerie s'ouvre par six créneaux sur l'espace intérieur à ciel ouvert. Le château est devenu une promenade (2,5 ha) avec de belles **vues** sur la ville, la vallée de la Marne et le monument de la Cote 204. Sur la **tour de Bouillon**, un plan gravé sur pierre montre l'ancien château avec son mur d'enceinte, ses tours et son donjon.
De là, descendez par un escalier au chemin de ronde intérieur.
Spectacle de rapaces – *- ✆ 03 23 83 51 14 - www.hippogriffe.net - ♿ - avr.-sept. : 15h, w.-end 14h30 et 16h30, fermé jeu. et j. fériés - 9 € (-13 ans 6,50 €).* Sur la haute cour, la Compagnie des aigles de Château-Thierry embarque petits et grands dans un ballet aérien époustouflant.
Le site de l'ancien château intéresse les archéologues. Le chantier-école de l'université Paris I-Sorbonne y est installé. En été, on peut visiter le **terrain de fouilles** *(sur RV, lors des chantiers - réserv. au ✆ 03 23 83 03 46 ou 06 20 53 22 76).*

CHÂTEAU-THIERRY

0 100 m

SE LOGER

Île de France 3

M. et Mme Leclère (Chambre d'hôte) 5

Maison natale de Jean de La Fontaine

- ✆ 03 23 69 05 60 - www.musee-jean-de-la-fontaine.fr - 9h30-12h, 14h-17h30 - fermé lun., 1er janv., 1er Mai, 1er nov., 25 déc. - 5,20 € (-18 ans 3,10 €) - gratuit merc. - possibilité de visites avec un audio-guide 3 €.

En partie remanié, cet ancien hôtel particulier (1559) fut la propriété des La Fontaine jusqu'en 1676 et abrite aujourd'hui un **musée**. Dans ses petits salons meublés selon le goût du temps, il présente divers documents et objets en rapport avec l'écrivain : acte de baptême, lettre portant sa signature et quelques portraits ou bustes. Vous pourrez contempler de magnifiques éditions des *Fables* et des *Contes*, des volumes illustrés par Oudry (1755) et Gustave Doré (1868). À voir aussi : un échantillonnage d'objets les plus divers, décorés de scènes des *Fables*.

À voir aussi Plan de ville

Cimetière franco-britannique

En haut de la rue des Fusillés, ce lieu de mémoire est lié à la Grande Guerre : la région de Château-Thierry fut alors le théâtre de combats déterminants.

Caves de champagne Pannier

23 r. Roger-Catillon - ✆ 03 23 69 51 30 - www.champagnepannier.com - ♿ - visite guidée sur demande préalable 9h-12h30, 14h-18h - fermé dim. et j. fériés - 7,50 € (-16 ans 3,50 €).

Un montage audiovisuel et une visite des caves installées dans des carrières de pierre du 13e s. permettent de comprendre les étapes de l'élaboration du champagne.

1

À proximité Carte p. 154

Monument de la Cote 204

5 km au sud-ouest. Quittez Château-Thierry par la D 1003 : au croisement marquant le sommet de la montée, tournez à gauche dans l'avenue menant au mémorial américain d'Aisne-Marne situé à la Cote 204.

Confrontées à la forte position allemande en juin 1918, la 39e division française et la 2e division américaine mirent plus de cinq semaines à en déloger l'ennemi. Ils y réussirent le 9 juillet 1918. Un monument américain composé d'une double colonnade s'élève à cet endroit *(schéma des opérations sur la face côté vallée)*. De là, belle **vue** sur Château-Thierry, son château, et la vallée de la Marne.

« Bois-Belleau »

11 km à l'ouest, par la D 9.

Au sud du village de Belleau, le bois fut occupé par les Allemands le 2 juin 1918 et reconquis le 25 juin par la brigade américaine Harbord. Le 18 juillet, il servit de plate-forme de départ aux troupes américaines qui participèrent à la vaste contre-offensive alliée. En souvenir des combats, le nom de « Bois-Belleau » fut donné à un porte-avions que les Américains cédèrent à la France en 1953.

LA GRANDE GUERRE

En 1914 et en 1918, le sort de la France et des Alliés s'est joué sur les rives de la Marne où se déroulèrent deux batailles décisives. Les combats de 1914 furent livrés dans le Multien. En 1918, Château-Thierry marqua l'extrême avancée allemande et c'est dans les secteurs de Villers-Cotterêts et de Reims que les Alliés remportèrent la victoire.

Dans le grand **cimetière américain** reposent 2 289 soldats dont 250 inconnus. Une chapelle commémorative en forme de tour romane découronnée a été bâtie dès 1918 : on y retrouve les noms des disparus. Le **cimetière allemand** se trouve à 500 m au-delà du cimetière américain.

Revenez au carrefour du cimetière américain et tournez à droite dans la petite route signalée « Belleau Wood », puis 400 m plus loin encore à droite.

On atteint, dans ce bois si disputé, le monument des Marines autour duquel des canons et obusiers ont été disposés en guise de **mémorial**.

Revenez dans le village de Belleau.

Musée de la Mémoire de Belleau 1914-1918 – *Pl. du Gén.-Pershing - ✆ 03 23 82 03 63 - www.musee-memoire-souvenir-belleau.com - ♿ - 8 mai-31 oct. et 11 Nov. : vend. et sam. 10h-12h30, 14h-17h30, dim. 14h-18h, j. fériés 14h30-18h, lun. 14h-17h30 - gratuit - possibilité de visite guidée..* Au centre du village de Belleau, ce petit musée rappelle les événements de 1918 autour d'expositions thématiques.

Condé-en-Brie

16 km à l'est par la D 1003 et la D 4.

Au confluent des vallées du Surmelin et de la Dhuys, Condé fut rebaptisé Vallon Libre à la Révolution. Sa halle en charpente (15e s.) repose sur des colonnes doriques et accueille toujours le marché campagnard chaque 1er dimanche du mois d'avril à octobre.

★ **Château** – *✆ 03 23 82 42 25 - www.chateaudeconde.fr - de mi-avr. à mi-oct : 14h30-17h30 - fermé lun. - 10 € (-11 ans 5 €) - après une vidéo retraçant l'histoire du château et de ses illustres occupants, la visite des lieux est orientée par une documentation individuelle. Des audioguides familiaux sont téléchargeables gratuitement sur le site internet.* L'élégante silhouette du château ne laisse pas deviner la richesse de son **décor intérieur**. Cette ancienne propriété des seigneurs de Coucy devint rapidement une demeure princière. Elle fut rebâtie au 16e s. par Louis de Bourbon-Vendôme, cardinal archevêque de Sens, auquel succéda son neveu, Louis de Bourbon, premier prince de Condé. En 1719, elle est achetée par le marquis Jean-François Leriget de La Faye, administrateur de la Compagnie des Indes. Cet illustre mécène fit décorer l'intérieur du château par de célèbres artistes : **Jean-Baptiste Oudry**, auteur des *Chasses*, **Servandoni**, architecte et spécialiste renommé du trompe-l'œil, ou encore **Watteau** et ses élèves à qui l'on doit sans doute de nombreux décors peints. Après l'escalier d'honneur et le spectaculaire trompe-l'œil sur toile du grand salon central, œuvres de Servandoni, succèdent dans l'aile Watteau de petites pièces agréablement décorées par le maître ou ses élèves. La pièce la plus exceptionnelle reste le **grand salon★** décoré d'admirables natures mortes, exécutées par Oudry.

Dans le **parc** du château, deux parcours ludiques *(15 et 40mn)* ont été imaginés pour les jeunes visiteurs.

De **Montigny-lès-Condé** *(à 1,6 km au sud)*, on bénéficie d'un panorama sur les champs vallonnés et le vignoble.

Colonne commémorative de Marchais-en-Brie

21 km au sud-est par la D 1 puis la D 933.

Surmontée d'un aigle doré (1867), elle évoque le souvenir des dernières batailles remportées par **Napoléon** sur les troupes russes et prussiennes, lors de la campagne de France en février 1814 : Champaubert le 10 et Montmirail le lendemain.

À **Vauchamps** *(12 km à l'est sur la D 933)*, une autre colonne, plus modeste, célèbre la victoire napoléonienne du 14 février 1814 contre les armées de Silésie commandées par von Blücher.

Jardins de Viels-Maisons

25 km au sud-est par la D 1 puis la D 933.

- 06 75 96 11 72 - www.jardins-vielsmaisons.net - du 1er w.-end de juin au 3e w.-end de sept. : 14h-18h - fermé merc., jeu. et j. fériés - 6,50 € (-16 ans gratuit).

À l'emplacement d'une forteresse ruinée à la Révolution, le baron de Ladoucette fit construire en 1804 une demeure de style Empire, toujours habitée par la même famille.

Le **parc**, adossé à une église romane remaniée au 17e s., a retrouvé son aspect initial. Réaménagé sur 5 ha, il comprend 2000 espèces différentes : jardin à la française (roses et plantes officinales), jardin à l'anglaise (arbustes et plantes vivaces), jardins symboliques composés de bruyères, d'hortensias, de graminées… Dans le jardin de curé, 32 parcelles symétriques sont bordées de thym et de santoline.

Montmirail

25 km au sud-est par la D 1 puis la D 933.

4 pl. Rémy-Petit - 51210 Montmirail - 03 26 81 40 05 - www.montmirail-tourisme.eu - juin-sept : tlj sf lun. 9h30-12h30, 13h30-18h30, jeu. 9h30-12h30, sam. 9h30-12h30, 13h30-17h ; reste de l'année : tlj sf sam. 10h-12h30, 13h30-17h30, jeu. 10h-12h30 - fermé dim. et j. fériés.

Un village ancien aux maisons basses et crépies, dominant la pittoresque vallée du Petit Morin, tel apparaît Montmirail. S'il respire aujourd'hui la tranquillité, les passionnés d'histoire se souviendront que Napoléon y gagna une victoire éclatante contre les Prussiens et les Russes en 1814, et qu'un siècle plus tard exactement, les armées françaises y chassèrent les soldats allemands.

Château – *03 26 81 40 05 - www.montmirail-tourisme.eu - visite guidée juil.-sept. : lun.-jeu. 14h30, 15h30 - 5 € - gratuit J. du patrimoine.* Cet édifice de style Louis XIII en brique et pierre fut bâti au 16e s. sur les assises d'un ancien château fort et profondément remanié au 17e s. Le futur cardinal de Retz y grandit et **Vincent de Paul**, précepteur de la famille de Gondi, vécut là pendant seize ans.

En 1685, le sévère **Louvois**, ministre de la Guerre de Louis XIV, acheta le domaine : il fit redessiner les jardins à la française par **Le Nôtre** et y accueillit le Roi-Soleil. Ses descendants se transmirent le château puis, en 1779, Bénigne Augustine Le Tellier de Louvois épousa Ambroise-Polycarpe de La Rochefoucauld : le château devint ainsi propriété de la famille jusqu'en 1991, à la mort de sa dernière occupante, Edmée de La Rochefoucauld.

Les « Avenues » plantées d'ormes et de tilleuls qui prolongent la grande allée du château jusqu'à la forêt de Rouges-Fossés furent commandées par le fils aîné de Louvois à la fin du 17e s. Mais, dévastées par la tempête de décembre 1999, elles ont été replantées de tilleuls en 2009.

LES STATUES DE MONTMIRAIL

Les ruelles empruntant le tracé des anciennes fortifications, en grande partie détruites à la Révolution, permettent de découvrir quelques-unes des nombreuses statues qui jalonnent les rues de Montmirail. En 1618, **saint Vincent de Paul** fit notamment placer une statue de la Vierge sur les quatre portes de la ville : trois d'entre elles sont encore visibles, intégrées aux murs de maisons situées à proximité des anciennes portes *(guide du circuit fléché disponible au syndicat d'initiative).*

1

Circuit conseillé Carte p. 154

★ LA VALLÉE DE LA MARNE AUX ENVIRONS DE CHÂTEAU-THIERRY

Circuit violet sur la carte p. 154 et sur la carte de microrégion (p. 88) – 60 km – Comptez environ 4h. Quittez Château-Thierry à l'ouest par l'av. J.-Lefebvre, puis prenez la D 969.

Le vignoble de l'Aisne, accompagnant le sillon de la Marne depuis Crouttes-sur-Marne à Trélou, près de Dormans, appartient à la Champagne viticole délimitée.

Essômes-sur-Marne

★ **Église abbatiale St-Ferréol** – *06 08 68 69 52 - www.abbatiale.org - de fin avr. à mi-sept. : sam. 10h-12h, 15h-18h - gratuit - j. spéciales le dernier w.-end d'avril.*
Elle fut fondée en 1090 par Hugues de Pierrefonds, évêque de Soissons, pour les chanoines de l'ordre des Augustins. Elle doit son nom à l'heureuse issue d'un siège de trois semaines que les moines remportèrent sur les Anglais le 18 septembre 1370, jour de la St-Ferréol. L'**intérieur**★ est caractéristique du style gothique lancéolé : le triforium, avec ses étroites arcatures géminées, contribue pour beaucoup à l'élégance de l'ensemble. Les 38 stalles du chœur sont de style Renaissance. Au transept sud se trouve une chapelle du 16e s. fermée par une clôture à colonnades.

D'Essômes, gagnez Montcourt, puis tournez à gauche sur la D 1400.

La route traverse le vignoble. Après le hameau de Mont-de-Bonneil, sur la route d'Azy, **panorama** sur la boucle de Chézy et les lointains de la Brie, en partie boisés.

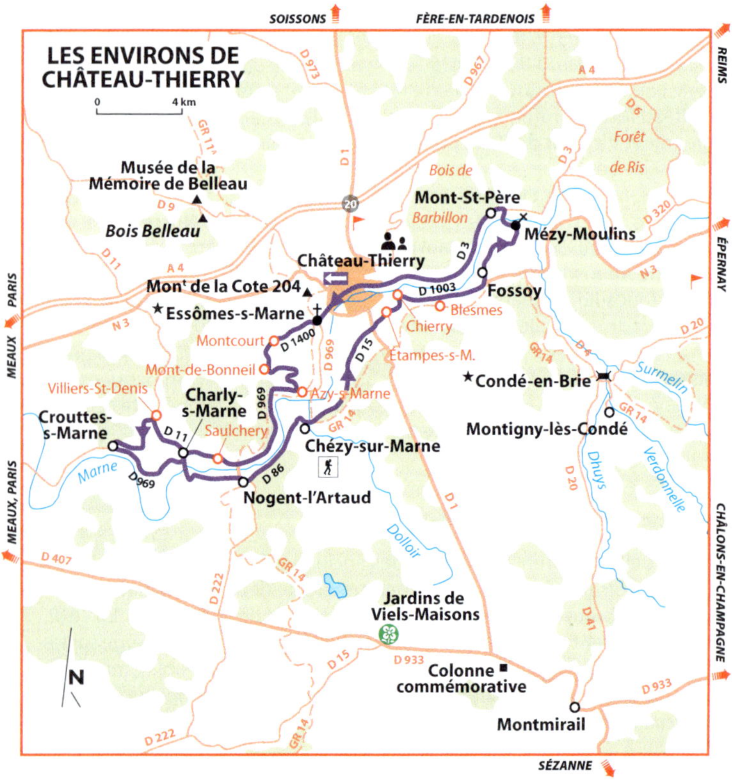

À Azy, reprenez la D 969. Après l'agglomération de Saulchery, on atteint Charly.

Charly-sur-Marne

C'est la plus importante commune viticole de l'Aisne en superficie. Au centre trône la statue d'**Émile Morlot** (1859-1907), député et maire qui fut à l'origine du classement du vignoble axonais en appellation champagne.

Prenez la D 11 vers Villiers-Saint-Denis, puis la D 842 vers Crouttes-sur-Marne.

La route offre une **vue** étendue au sud, sur la boucle de la Marne.

Crouttes-sur-Marne

Ce joli village vigneron en pierre doit son nom aux caves forées dans le rocher (du latin *cryptæ*).

Laissez votre voiture sur la place de la mairie et grimpez jusqu'au site escarpé de l'église St-Quiriace, qui possède un clocher roman avec un toit en bâtière.

De Crouttes, revenez à Charly par la D 969, puis traversez la Marne. Sur l'autre rive, suivez la D 86 vers Nogent-l'Artaud.

Nogent-l'Artaud

Ce fut le siège d'une ancienne abbaye des Clarisses, fondée à la fin du 13e s. par Blanche d'Artois, reine de Navarre : quelques vestiges subsistent dans le quartier du Couvent, près de l'école.

Entre Nogent-l'Artaud et Chézy, empruntez la D 86.

Agréable parcours dégagé au-dessus de la Marne, face aux pentes du vignoble. 1

Chézy-sur-Marne

La tour du clocher Renaissance de l'église (14e-16e s.) porte les monogrammes d'Henri II et de Catherine de Médicis, ainsi que le croissant de lune de Diane de Poitiers. Sur la place de ce village de caractère, maison du 15e s. avec galerie et colombages.

Un chemin a été aménagé sur les rives du Dolloir, affluent de la Marne, enjambé par de vieux ponts de pierre.

Prenez la D 15. La route passe sous la D 1 pour gagner Étampes-sur-Marne, puis Chierry où l'on rejoint la D 1003 puis la D 3.

De Chierry à Blesmes, **panorama** sur la vallée de la Marne.

1,5 km après Blesmes, prenez la petite route à gauche.

Fossoy

Musée de la Vigne et du Vin (Le Varocien) – *☏ 03 23 71 90 47 - www.champagne-dehu.com - visite guidée sur demande préalable h, se rens. - fermé j. fériés - 5 € (-15 ans gratuit).* La maison Déhu, où l'on est vigneron depuis sept générations, est un point d'accueil sur la Route touristique du champagne. Elle a créé ce petit musée dans une ancienne écurie. Après une explication sur les trois cépages, on découvre les outils et machines utilisés autrefois par les vignerons, dont un réfractomètre de 1863 servant à mesurer le degré d'alcool.

Poursuivez la petite route jusqu'à Mézy-Moulins.

Église de Mézy-Moulins

Cet édifice de style gothique (13e s.) est étayé d'arcs-boutants et surprend par l'homogénéité de son style. À l'intérieur, aux lignes pures, un triforium presque complet, rythmé à cinq arcatures, dissimule une galerie circulaire.

Traversez la Marne et tournez à gauche sur la D 3 pour longer la rive droite.

Mont-Saint-Père

Dans ce village est né l'artiste **Léon Lhermitte** (1844-1925), qui a laissé quelque 1 000 tableaux inspirés de la vie rurale et des paysages de sa région natale. C'est dans la ferme fortifiée du Ru Chailly à Fossoy, sur la rive sud de la Marne, qu'il a peint *La Paye des moissonneurs (musée d'Orsay, Paris).*

La D 3 longe le bois de Barbillon avant de regagner Château-Thierry.

NOS ADRESSES À CHÂTEAU-THIERRY

VISITES

03 23 83 51 14 - www.chateau-thierry-tourisme.com - plaquette disponible à l'office de tourisme (gratuit). Visite libre de la ville orientée vers les lieux liés au plus célèbre des Castelthéodoriciens.

HÉBERGEMENT

BUDGET MOYEN

À proximité

Chambre d'hôte M. et Mme Leclère – *1 r. de Launay - 02330 Connigis - 12 km à l'est de Château-Thierry par D 1003 et D 4 - 03 23 71 90 51 - fermé 24 déc.-1er janv. - P - 5 ch. 56/65 € - 22 €.* L'ancien château de Connigis (16e s.) s'élève au cœur d'un vaste parc entouré de vignes. Ses propriétaires élaborent leur propre champagne et en proposent la dégustation à l'apéritif. Les espaces intérieurs ont conservé leur atmosphère campagnarde. À table, produits maison et vin à discrétion.

POUR SE FAIRE PLAISIR

Île de France – *60 r. Lhermitte, rte de Soissons - 03 23 69 10 12 - www.hotel-iledefrance.com - 36 ch. 85/165 € - 13 € - 24,90/44,90 €.* Cet hôtel qui surplombe la vallée de la Marne s'est offert une seconde jeunesse : chambres douillettes et confortables, spa et centre de remise en forme modernes. Au restaurant, la carte change avec les saisons. Terrasse panoramique.

ACHATS

Champagne Pannier – *23 r. Roger-Catillon - 03 23 69 51 30 - www.champagnepannier.com - visite guidée sur rdv (03 23 69 51 33).* En 1999, soit 100 ans après la création de la maison Pannier, une équipe d'archéologues découvre dans ses caves une fresque du 14e s. représentant un archer. La marque en fait son emblème et adopte sa devise « tendre à la perfection ». Visite et dégustation commentée.

Déhu Père & Fils – *3 r. St-Georges - 02650 Fossoy - 9 km au sud-est de Château-Thierry par D 1003 - 03 23 71 90 47 - www.champagne-dehu.com - lun.-vend. 8h30-12h, 14h-17h30.* Les Déhu sont vignerons de père en fils depuis sept générations. Après la visite de leur musée, qui présente une collection d'outils anciens destinés au travail de la vigne et à l'élaboration du vin, vous serez initié à « l'art et la manière de déguster le champagne ».

Sézanne

5 268 Sézannais – Marne (51)

NOS ADRESSES PAGE 163

S'INFORMER

Office du tourisme de Sézanne –*pl. de la République - 51120 Sézanne - 03 26 80 54 13 - www.sezanne-tourisme.fr - fermé j. fériés - juil.-août : 9h-18h ; reste de l'année : tlj sf dim. et j. fériés 9h-12h30, 14h-17h30.*

Visites guidées – *03 26 80 51 43 - www.sezanne-tourisme.fr - visite guidée sur demande préalable - l'office de tourisme propose 2 visites guidées : visite de la ville, l'hydraulique et les moulins.*

SE REPÉRER

Carte de microrégion B4 (p. 88) – *carte Michelin Départements 306 E10.*
Sézanne est à 45 km au sud d'Épernay par la D 951, qui offre un **point de vue** sur la ville. Au sud-ouest s'étend la forêt de la Traconne et au nord-est le marais de Saint-Gond. Une ceinture de mails (promenades), à l'emplacement des anciens fossés, délimite le noyau ancien.

1

SE GARER

Laissez votre voiture sur la place du Champ-Benoist *(gratuit).*

À NE PAS MANQUER

Une promenade dans le vieux Sézanne ; un passage chez un producteur.

ORGANISER SON TEMPS

Comptez une heure pour un tour de ville. En septembre-octobre, les vignobles s'animent avec les vendanges.

AVEC LES ENFANTS

Sentier de découverte du marais de Saint-Gond, à Reuves ; balades familiales dans la forêt de la Traconne.

Rues sinueuses, mails ombragés et jardins propices aux balades, vin blanc et, bien sûr, champagne comptent parmi les charmes de Sézanne et des villages voisins. Blottie au pied des contreforts de la Brie, cette ancienne cité médiévale s'étend au flanc d'une colline truffée de souterrains et de caves. Un voyage au cœur d'un pays attachant.

Se promener

Pour circuler plus facilement en ville, n'hésitez pas à demander un plan à l'office de tourisme.

Église St-Denis

Reconstruite au 16e s. et progressivement restaurée, elle s'élève en lisière de la place de la République. Au pied de l'imposante **tour** carrée de style Renaissance, haute de 42 m, sont collées de minuscules habitations. Sur la tour, remarquez l'horloge encadrée par deux frises sculptées.

LE SAVIEZ-VOUS ?

C'est un jeu pratiqué sur l'espace dégagé par les anciens fossés, remblayés à la Révolution, qui donna leur nom aux allées ombragées de la ville : le jeu du mail ou du maillet.

On pénètre dans l'église par un escalier à double volée, montant à un petit portail aux vantaux de bois sculptés Renaissance. L'intérieur, de style gothique flamboyant, est d'une rare unité. Admirez les voûtes compartimentées, en étoile.

En quittant l'église, prenez à droite.

Derrière le **puits Doré** (16e s.), orné d'un couronnement en fer forgé, tournez à gauche dans l'étroite **rue Cogne-Fort** bordée de maisons à pans de bois, où résidait probablement jadis un forgeron ou un maréchal-ferrant.

Prenez à gauche dans la rue de l'Hôtel-de-Ville : au bout, tournez à droite.

Le **mail des Cordeliers**, bordé de marronniers, longe les anciens remparts. À droite, signalé par une statue, le **Prétoire** fut l'ancienne demeure des comtes de Champagne et du duc d'Orléans, avant de devenir, à la Révolution, une cour de justice.

Au bout du mail, remontez sur la droite. En contrebas se trouve l'**auberge de la Femme sans tête** *(voir encadré ci-dessous)* et le **cimetière** qui comporte un carré militaire français et britannique.

Remontez la rue de la Halle qui conduit à la place du Marché.

À gauche de la **halle** de style Baltard (fin 19e s.), entrez dans le passage du **Cour Bichot** avec ses maisons anciennes. Au bout, tournez à gauche pour admirer le grand **cadran solaire** (18e s.) sur le mur d'une maison bourgeoise. Prenez à droite la rue des Infirmes, puis à gauche, et encore à gauche dans la rue de l'Ancien-Hôpital : au bout, tournez à droite et remontez le **mail de Marseille**, puis le **mail de Provence**.

Tournez à droite dans la rue du Capitaine-Faucon qui vous ramène face au puits Doré.

Départ à 1 km au-dessus du camping (accès en voiture : suivez « camping », puis « parcours santé »). Un **sentier botanique** a été aménagé dans un site protégé des pâtis, paysage de lande et de mares *(aire de pique-nique)*.

À proximité Carte de microrégion

Corroy B4

18 km à l'est par la N 4, puis la D 305 à partir de Connantre.

Église – Elle possède un porche champenois (13e s.) plaqué sur la façade. Couvert d'une savante charpente carénée du 15e s., celui-ci s'ouvre par une arcature de baies géminées. À l'intérieur de l'église, la longue nef charpentée du 12e s. donne sur le chœur, l'abside et deux chapelles construits à la fin du 16e s.

LES MYSTÈRES DE L'AUBERGE DE LA FEMME SANS TÊTE

Par un soir de grand vent, une femme (ou une statue féminine transportée dans une charrette ?) fut décapitée par l'enseigne de l'auberge… Ou bien était-ce la serveuse qui, n'apportant jamais ce qui lui avait été commandé, avait gagné cette réputation d'étourdie ? Fort injustement car, en ces temps difficiles (c'était la Grande Guerre), il lui fallait déployer des trésors d'inventivité pour composer un plat… souvent inattendu !

Sézanne, maisons accolées à l'église St-Denis.
N. Thibaut / Photononstop

1

Circuits conseillés Carte de microrégion

FORÊT DE LA TRACONNE B4

Circuit tracé en bleu clair sur la carte de microrégion (p. 88) – 60 km – Comptez environ 2h. Quittez Sézanne au sud-ouest par la D 239. À Launat, tournez à gauche vers Le Meix-Saint-Époing et 500 m plus loin, à droite vers Bricot-la-Ville.

Couvrant près de 3 000 ha, cette forêt, remarquable par la profondeur de ses sous-bois, est principalement exploitée en taillis de charmes sous futaie de chênes.

L'itinéraire mène également sur la Route du champagne, à travers des paysages de vignoble méconnus par rapport à ceux situés plus au nord, mais pleins de charme.

Bricot-la-Ville

À l'entrée de ce ravissant hameau, perdu dans une clairière de la forêt, vous passez devant son étang tapissé de nénuphars.

Admirez ensuite la petite église et le manoir de ce site *(privé)* qui accueillit du 12e au 16e s. une abbaye de moniales bénédictines, transférée à Sézanne au 17e s.

Poursuivez jusqu'à Châtillon-sur-Morin.

La route suit la **vallée du Grand Morin** : clairières et bosquets se succèdent, harmonieusement disposés comme dans un jardin anglais.

Châtillon-sur-Morin

En arrivant, on passe devant la **fontaine St-Léger**.

Tournez à gauche dans le village (D 86) et remarquez l'**église fortifiée** (16e s.).

Prenez à gauche la D 48. Aux Essarts-le-Vicomte, prenez à gauche la D 49.

L'Étoile

En pleine forêt, en bordure de ce vaste rond-point herbeux où est érigée une **colonne** de grès surmontée d'une croix en fer forgé (18e s.), on aperçoit un faux (hêtre tortillard) provenant de Verzy *(voir Parc naturel régional de la Montagne de Reims, p. 120)*.

1,8 km. Départ de la Maison forestière (panneau d'information). Accessible hors période de chasse. Le **sentier botanique** de l'Étoile permet de découvrir les essences de la forêt de la Traconne. Également de nombreuses possibilités de promenade sur les routes forestières.

Continuez sur la D 49 vers Barbonne-Fayel.

Beau **panorama** au sortir du bois : devant s'étend Barbonne-Fayel et, sur les côtés, le vignoble à perte de vue.

À l'entrée de Barbonne-Fayel, prenez à droite la D 951 vers Villenauxe. Tournez ensuite à gauche pour entrer dans Bethon.

Bethon

Église St-Serein – *Juil.-août ; reste de l'année sur RV au ☎ 03 26 80 49 55.* Encadrée de vignes et d'un petit parc boisé, l'église (16e s.) possède trois nefs de hauteur pratiquement égale. Dominant le village, elle offre un beau **point de vue** sur les environs. On aperçoit au loin les deux cheminées de la centrale de Nogent-sur-Seine.

Quittez le village en direction de Chantemerle et continuez sur la D 350 qui sillonne le vignoble.

À La Celle-sur-Chantemerle, la route tourne devant un ancien **pressoir**.

Fontaine-Denis-Nuisy

Dans le transept gauche de l'**église**, une fresque du Jugement dernier du 13e s. représente les damnés rôtissant dans un vaste chaudron.

Les curieux feront un détour par le **dolmen** qui s'élève juste après le hameau de Nuisy, sur la D 350, à droite.

Prenez la D 50 jusqu'à Barbonne-Fayel, puis la D 951 vers Saudoy. Bifurquez vers les jolis villages du Plessis et de Vindey, avant de regagner Sézanne par la D 45.

MARAIS DE SAINT-GOND ET VALLÉE DU PETIT MORIN B3

Circuit tracé en orange sur la carte de microrégion (p. 88) – 56 km – Comptez environ 2h.

Au pied de la falaise de l'Île-de-France qui forme le rebord du plateau briard, les eaux des **marais de Saint-Gond** alimentent avec parcimonie le cours supérieur du Petit Morin. Ces marais s'étendent sur 15 km, entre la côte des Blancs et les coteaux du Sézannais : les pentes sud des buttes calcaires qui les bordent sont plantées de vignes produisant un « blanc nature » apprécié. Leur superficie s'est considérablement réduite, une partie ayant été drainée

LE SAVIEZ-VOUS ?

Le marais doit son nom à un ermite, neveu de saint Wandrille, qui se retira en ces lieux au 7e s. *(voir Oyes, p. 162)*.

Dans un registre plus rabelaisien, la verve populaire attribua au site l'origine suivante : un géant confortablement posté, un pied sur le mont Aimé et l'autre sur le mont Août, soulagea une envie bien naturelle. Les marais de Saint-Gond étaient nés.

et transformée en prairies ou en cultures de maïs. Durant la Première Guerre mondiale, le marais fut l'enfer des soldats. Aujourd'hui, c'est le paradis des grenouilles…
Quittez Sézanne au nord par la D 39 (direction Vertus). La route traverse un paysage vallonné où alternent vignes, champs et bois.

Allemant

Ce petit village accroché au bord de la colline aurait été colonisé aux 4e ou 5e s. par le peuple germanique des Alamans. Au 12e s., il appartenait aux puissants seigneurs de Broyes, qui y fondèrent un prieuré dépendant de l'abbaye de Saint-Gond.
L'importante **église** gothique flamboyante, en grande partie reconstruite à partir de 1500, est dotée d'une haute tour de croisée et d'un double transept.
Du cimetière attenant, la **vue** embrasse la falaise de l'Île-de-France à gauche, les marais de Saint-Gond et la plaine de Fère-Champenoise à droite.
Continuez sur la D 39, et au niveau d'un silo, tournez à gauche (D 44) vers Broussy-le-Petit, puis Reuves.

Reuves

À la sortie du village à droite en direction de Villevenard. Un sentier balisé chemine à travers la « réserve naturelle volontaire » (65 ha) façonnée par la nature et les hommes : tourbières, prairies parfois marécageuses, peupliers et bosquets.
Une petite boucle *(30 à 45mn)* entre mares et pâturages, accessible même en période humide, est jalonnée de panneaux d'interprétation sur la faune et la flore. La grande boucle *(1h)* qui la prolonge traverse le marais *(se munir de bottes ; fermé en période de chasse, de sept. à mars).*

Villevenard

Dans ce village vigneron, l'**église** du 12e s. attire les regards par ses belles proportions et sa nef romane à petites baies en plein cintre. Son clocher octogonal est percé de baies géminées. À l'intérieur, le décor du chœur (18e s.) forme un ensemble homogène.
Prenez à droite, puis la première à gauche.

Congy

Ce village fleuri, avec sa halle (19e s.) et ses maisons typiques, aux murs crépis et parements de brique, compte une vingtaine de producteurs de champagne.
Prenez la D 343 en direction de Baye, puis une petite route à gauche vers Andecy.

Andecy

L'**abbaye** bénédictine Notre-Dame, fondée dans le vallon d'Andecy au 12e s., fut reconstruite du 17e au 19e s. Vendue comme bien national à la Révolution, elle redevint à la fin du 19e s. un couvent qui est toujours en activité *(ne se visite pas).*
Continuez à descendre et prenez à droite au croisement après l'abbaye.

Baye

Le **château**, reconstruit au 17e s., a conservé une chapelle du 13e s. attribuée à Jean d'Orbais. Il vit naître la belle **Marion de Lorme** (1611-1650), courtisane célèbre sous Louis XIII par ses aventures galantes, et qui compta parmi ses proches Ninon de Lenclos, libertine affichée et femme de lettres. Victor Hugo en tira un drame en cinq actes et en vers, *Marion Delorme* (1831). Les bâtiments accueillent un foyer de charité depuis les années 1950 *(ne se visite pas).*

LA BATAILLE DE LA MARNE

En septembre 1914, les marais de Saint-Gond et les hauteurs avoisinantes furent témoins des combats acharnés entre la 2e armée allemande de von Bülow et la IXe armée française sous les ordres du **général Foch**. L'enlisement de la garde ennemie dans les marais a été raconté par ce dernier : « Le 6, elle avait traversé les marais et s'était emparée de Bannes, qui est à l'une de leurs extrémités. Mais quand elle en voulut déboucher et pousser sur Fère, elle fut prise par l'artillerie du colonel Besse… Quatre fois la Garde, avec un courage, un entêtement auxquels il faut rendre hommage, essaya de déboucher de Bannes : quatre fois ses colonnes oscillèrent, tourbillonnèrent. La Garde, ou du moins la fraction de ce corps qui s'était glissée dans Bannes, eut vraiment là son tombeau. » Foch réussit à contenir l'ennemi, puis, à partir du 10, à le refouler en direction de la Marne.

Dans l'**église** du 13e s. fut inhumé **saint Alpin**, évêque de Châlons au 5e s. et natif de Baye. La galerie-porche, qui abritait des marchands les jours de marché, fut sérieusement endommagée en 1883 « par un cheval rétif et son conducteur maladroit ». *Fermé pour travaux.*

Repartez par la D 951 en direction de Sézanne, puis tournez à droite sur la D 43.

Abbaye du Reclus, à Talus-Saint-Prix

Bd Sézanne - ✆ 03 26 42 61 67 - www.abbayedureclus.fr - visite guidée juin-sept. : 10h-12h, 14h-16h ; reste de l'année : sur demande préalable - fermé mar. - 5 € (-12 ans gratuit).

Un saint ermite, Hugues le Reclus, se retira dans ce vallon vers 1123, et lui donna son nom. En 1142, saint Bernard y fonda une abbaye, dont le plan suit celui des premières abbayes cisterciennes. Partiellement démolie pendant les guerres de Religion, l'abbaye fut reconstruite par les abbés commandataires (abbés, religieux ou non, nommés par le roi à partir de 1516, et bénéficiant de revenus parfois considérables). Sous l'actuel bâtiment des moines, on visite des éléments importants de l'abbaye du 12e s. : galerie est du cloître, salle capitulaire, sacristie, prison monastique… De l'ancienne église médiévale subsiste le chœur, la nef ayant été transformée en logis abbatial. Gîte sur place.

En descendant quelques centaines de mètres, vous arrivez au domaine des Forges, site aménagé pour la pêche sur le Petit Morin.

Repartez en sens inverse et poursuivez sur la D 43 : la route domine la vallée du Petit Morin, avec une belle vue sur les marais. Dans Villevenard, prenez à droite vers Reuves et, après le pont sur le Petit Morin, la route à droite vers Oyes.

Oyes

À l'entrée du village, la route contourne l'ancienne **abbaye de Saint-Gond**, fondée au 11e s. à l'emplacement de son ermitage. Abandonné au 17e s., vendu comme bien national à la Révolution, cet ancien monastère bénédictin accueille un gîte rural.

L'**église St-Genest** (12e-13e s.) abrite les reliques de saint Gond.

Mondement

Clé du dispositif militaire français couvrant les approches de la Seine, la **butte de Mondement** (alt. 223 m) domine les marais. Elle fut disputée avec acharnement le 9 septembre 1914. Le parc du château connut des combats d'une extrême violence entre la division marocaine du général Humbert et les troupes allemandes qui furent obligées de se retirer, laissant 3 000 cadavres sur place.

Impossible de manquer le **monument commémoratif**, monolithe en ciment teinté de rouge, haut de 35 m. Une victoire ailée le surmonte. La vue s'étend sur les marais de Saint-Gond jusqu'au mont Aimé et aux coteaux champenois *(tables d'orientation)*.

Musée d'histoire de Mondement – *✆ 03 26 80 51 43 - www.mondement1914.asso.fr - juin-oct. : dim. 15h-18h - gratuit*. En contrebas, l'ancienne école accueille ce musée consacré à la première bataille de la Marne : fresques pédagogiques, lettres originales (Liautey, Foch, Poincaré…) et objets d'époque.

Mondement est intégré au départ d'une nouvelle route touristique « **Circuit 1914-1918 : la Grande Guerre dans la Marne** » *(voir p. 22)*, dont la brochure est à télécharger sur le site du Comité régional du tourisme *(voir p. 11)*.

Regagnez Sézanne par la D 45 puis la D 39.

NOS ADRESSES À SÉZANNE

HÉBERGEMENT

POUR SE FAIRE PLAISIR

À proximité

Domaine Montgivroux – *51120 Mondement-Montgivroux - 8 km au nord-est de Sézanne par D 39 et D 45 - ✆ 03 26 42 06 93 - www.audomainedemontgivroux.com - P - 20 ch. 80/110 € - ☕ 11 €.* Cette grande ferme champenoise du 17e s. vous accueille au cœur d'une campagne vallonnée. Les chambres, à la décoration personnalisée, sont spacieuses.

RESTAURATION

PREMIER PRIX

Hôtel de la Croix d'Or – *53 r. Notre-Dame - ✆ 03 26 80 61 10 - www.lacroixdor-sezanne.fr - fermé 2 sem. déb. janv., dim. soir et merc. - 15/45 €.* Maison de pays à l'atmosphère agréablement provinciale. Cuisine traditionnelle (spécialité de rognons de veau). Les chambres, d'ampleur variée, ont bénéficié d'un rajeunissement.

BUDGET MOYEN

Le Relais Champenois – *157 r. Notre-Dame - ✆ 03 26 80 58 03 - www.relaischampenois.com - fermé 16-31 août, vac. de Noël, 1 sem. en fév. et dim. soir - P - formule déj. 18 € - 29/55 € - 19 ch. 68/85 € - ☕ 10 €, demi-pension possible.* Salles à manger champêtres agrémentées de boiseries et de poutres apparentes. Bon choix de menus traditionnels. Chambres fraîches et bien meublées, plus calmes à l'annexe (deux sont climatisées).

ACHATS

Entre Cour et Jardin – *24 r. Léon-Jolly - ✆ 03 26 80 54 70.* Une agence de décoration est installée dans cet hôtel particulier du 18e s. Visite libre des jardins à la française. Boutique de fleurs. Exposition pour Noël et au printemps (décoration).

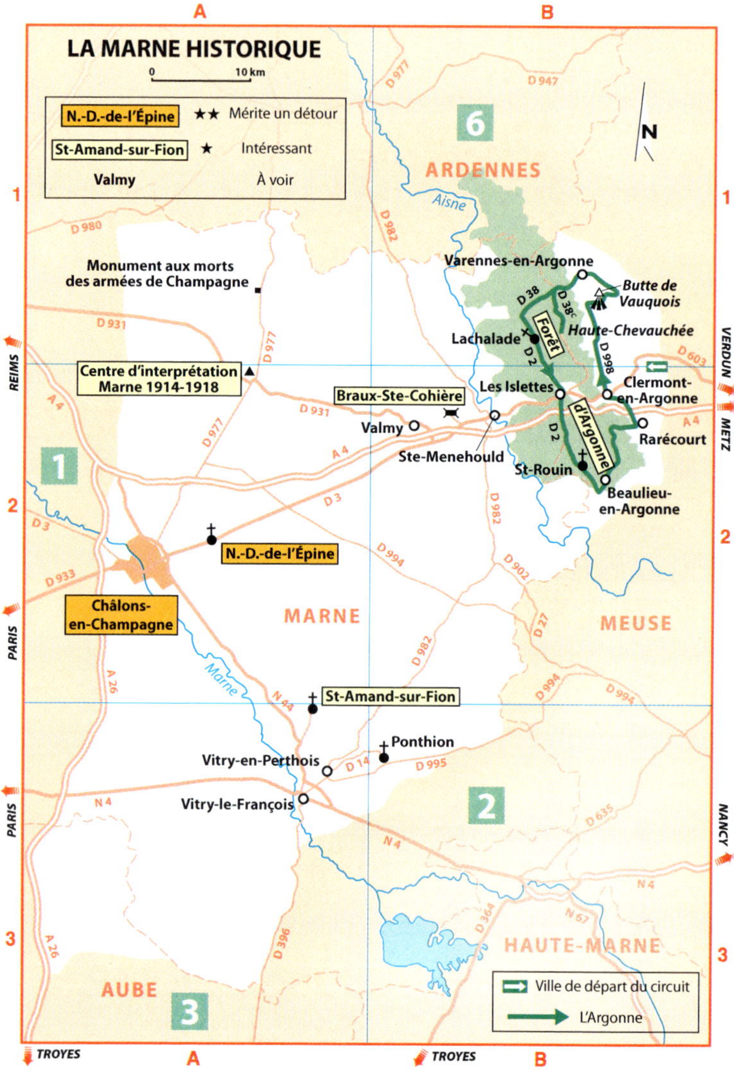
LA MARNE HISTORIQUE
0 10 km
N.-D.-de-l'Épine ★★ Mérite un détour
St-Amand-sur-Fion ★ Intéressant
Valmy À voir
ARDENNES
MARNE
MEUSE
HAUTE-MARNE
AUBE
Monument aux morts des armées de Champagne
Centre d'interprétation Marne 1914-1918
Braux-Ste-Cohière
Valmy
Ste-Menehould
Varennes-en-Argonne
Butte de Vauquois
Haute-Chevauchée
Lachalade
Forêt d'Argonne
Les Islettes
Clermont-en-Argonne
Rarécourt
St-Rouin
Beaulieu-en-Argonne
N.-D.-de-l'Épine
Châlons-en-Champagne
St-Amand-sur-Fion
Ponthion
Vitry-en-Perthois
Vitry-le-François
Aisne
Marne
REIMS
PARIS
VERDUN
METZ
NANCY
TROYES
Ville de départ du circuit
L'Argonne

+ d'adresses

La Marne historique ★

Carte Michelin Départements 306 – Marne (51) et Meuse (55)

CHÂLONS-EN-CHAMPAGNE★★ 166

À 30 km au sud-est de Châlons-en-Champagne

VITRY-LE-FRANÇOIS 177

À 39 km au nord-est de Châlons-en-Champagne

SAINTE-MENEHOULD 180

Au nord-est de Châlons-en-Champagne

L'ARGONNE★ ET SON CIRCUIT 184

Châlons-en-Champagne

★★

46 236 Châlonnais – Marne (51)

NOS ADRESSES PAGE 175

S'INFORMER

Office du tourisme de Châlons-en-Champagne – *3 quai des Arts - 51000 Châlons-en-Champagne - ☏ 03 26 65 17 89 - www.chalons-tourisme.com - mai-sept. : 9h-12h30, 13h30-18h30, dim. et j. fériés 11h-12h30, 14h-18h ; reste de l'année : tlj sf dim. et j. fériés 9h30-12h, 14h-18h - documents disponibles pour des parcours libres et thématiques.* Circuits patrimoine, circuits vélo, balades fleuries...

Visites guidées – *☏ 03 26 65 17 89 - www.chalons-tourisme.com - visite guidée sur demande préalable juil.-août : 3 fois par sem. ; reste de l'année : 3 sam. par mois.* L'office de tourisme met en place des visites guidées à thème dont le programme change chaque année. Châlons-en-Champagne, qui porte le label Ville d'art et d'histoire, propose des visites-conférences (2h) et des visites-découvertes (45mn) animées par des guides-conférenciers.

SE REPÉRER

Carte de microrégion A2 (p. 164) – *carte Michelin Départements 306 I9.* Châlons est à 33 km au sud-est de Reims par la D 944 puis N 44. La ville est sillonnée par le Mau et le Nau, formés par de petits bras de la Marne.

SE GARER

Parking souterrain de la GHV (Galerie Hôtel de Ville).

À NE PAS MANQUER

La cathédrale St-Étienne, la collégiale et le musée du cloître de Notre-Dame-en-Vaux, la basilique Notre-Dame-de-l'Épine (à 8 km de Châlons) et la découverte de la ville au fil des canaux.

ORGANISER SON TEMPS

Une demi-journée permet de se faire une bonne idée de la ville.

AVEC LES ENFANTS

Les Jards constituent un espace privilégié pour la famille.

Chef-lieu de la Marne, cette ville dynamique et animée est surtout l'un des piliers de la Champagne. On y vient pour sa cathédrale, son charme indéniable et ses nombreux lieux de mémoire, témoins d'un riche passé.

LE SAVIEZ-VOUS ?

La maison à pans de bois, qui abrite aujourd'hui l'office de tourisme, se situait autrefois rue de la Petite-Juiverie, puis fut démontée et remontée sur le quai des Arts. Une première maison à colombages avait inauguré le mouvement, en 1971. À l'origine rue Clémangis, elle fut reconstruite rue Nicolas Durand... mais 9 ans plus tard, d'où son nom de **maison Clémangis**.

Église de Notre-Dame-en-Vaux, étape sur le chemin de Saint-Jacques-de-Compostelle.
F. Guiziou/hemis.fr

La cité a conservé quelques belles maisons à pans de bois, de vieux ponts enjambant deux canaux et d'immenses jardins où il fait bon flâner. Une étape incontournable pour qui sillonne la région.

2

Se promener Plan de ville

CENTRE-VILLE

Circuit tracé en vert sur le plan de la ville (p. 171) – Comptez 3h. Débutez la visite par la cathédrale, rue de la Marne.

★★ Cathédrale Saint-Étienne A2

03 26 65 17 89 - www.chalons-tourisme.com - ♿ - mai-sept. : 10h-12h, 14h-18h, dim. 14h30-18h ; reste de l'année : w.-end 10h-15h - fermé lun. et 1er janv., Pâques, 1er et 11 Nov., 25 déc.

Avant la Révolution, elle s'élevait au centre d'un quartier canonial dont le cloître « processionnal » se trouvait à l'emplacement du square actuel. Deux fastueux mariages princiers s'y déroulèrent au 17e s. : celui de Philippe d'Orléans, frère de Louis XIV, avec la princesse Palatine, et celui du Grand Dauphin avec Marie-Christine de Bavière.

Extérieur – Le flanc nord est d'un style gothique très pur. La nef est rythmée par de hauts contreforts supportant des arcs-boutants à double volée, et par d'immenses verrières aux fines lancettes. Le bras du transept, percé d'une rose au dessin harmonieux, est flanqué d'une tour romane, vestige de la cathédrale précédente, incendiée en 1230. À l'ouest : grand portail massif du 17e s.

Intérieur – La nef, inondée de lumière, donne une sensation de légèreté avec son triforium vitré et surmonté de vastes baies. Les deux travées les plus proches de la façade ont été élevées en 1628 et copient le style gothique, à l'exception des feuillages de leurs chapiteaux, dont la forme indique la date réelle de construction. De beaux **vitraux★** témoignent de l'évolution de cet art du 12e au 16e s. Dans le bas-côté nord : 1re travée, vitrail offert par la corporation des pelletiers (13e s.) ; dans le bras nord du transept : vitraux illustrant deux prophètes et les deux donateurs et, plus loin, saint Étienne et Pierre de Hans (13e s.) ; dans le bas-côté sud : 7e travée, vitrail de l'Enfance du Christ (16e s.) ; 6e travée : vitrail des saints et saintes avec la Vierge et l'Enfant (15e s.). Dans une chapelle du déambulatoire, à droite de la chapelle axiale : une peinture sur bois, œuvre du 15e s., montre la consécration de la cathédrale en 1147 par le pape **Eugène III**. Dans la chapelle suivante, on peut admirer un Christ au tombeau, bas-relief du 17e s.

Quelques **œuvres d'art** sont réparties dans le transept et le chœur : un majestueux maître-autel à baldaquin du 17e s. (chœur), un Christ aux liens (ou Christ de pitié) du 16e s. (bras nord du transept). Dans le déambulatoire, superbes dalles funéraires gothiques.

Trésor – Trois précieux vitraux du 12e s. sont restaurés dans la salle basse de la tour, parmi lesquels une Crucifixion entourée de scènes bibliques et la *Découverte des reliques de saint Étienne*, rehaussée d'un bleu lumineux. À voir aussi : un fragment de la natte de jonc de saint Bernard ; la mitre et le brodequin épiscopal (12e s.) de saint Malachie, ami de saint Bernard.

Prenez la rue de la Marne et passez la place Foch pour rejoindre la place Monseigneur-Tissier, par les rues de l'Hôtel-de-Ville et de Vaux.

CHÂLONS-EN-CHAMPAGNE DANS L'HISTOIRE

Les champs Catalauniques – Au milieu du 5e s., Attila, en pleine retraite, livre une dernière et terrible bataille dite des « champs Catalauniques ». Or l'emplacement précis de ce combat reste à déterminer. Il ne doit pas être confondu avec l'oppidum, situé à 15 km au nord-est de Châlons, sur le territoire de La Cheppe. Cet ouvrage fortifié servait en effet de refuge au peuple celte local, les Catalauni. Il occupait le lieu-dit « le Vieux-Châlons » qui, au 17e s, fut rebaptisé « **camp d'Attila** ».

La « principale ville de Champagne » – Au Moyen Âge, la ville fait partie du comté de Châlons. Grands vassaux de la Couronne, ils assistent le roi dans les cérémonies du sacre. La généralité de Châlons, instituée en 1542, ne correspond pas entièrement à la province de Champagne, celle-ci ayant été amputée des territoires correspondant à l'ouest de la Seine-et-Marne et au nord de l'Yonne au profit de la généralité de Paris. La suprématie de la ville remonte aux guerres de Religion. Alors que les autres villes se rangent du côté de la Ligue, Châlons reste fidèle au roi. En récompense, **Henri III** la considère en mars 1589 comme « la principale ville de Champagne ».

À partir de 1637, l'intendant de Champagne réside à Châlons. En 1787, l'Assemblée provinciale s'y réunit. Le découpage départemental, en 1789, confirme la ville dans ses fonctions de chef-lieu de la Marne.

Grandes manœuvres – Par décret du 15 novembre 1856, signé par Napoléon III, un camp d'entraînement militaire de 10 000 ha, le plus vaste de France, est créé à proximité de Châlons, sur le territoire de Mourmelon. L'Empereur s'y installe pour observer les manœuvres en grandeur réelle et assister aux essais d'armes nouvelles, comme le fusil Chassepot. Aujourd'hui, Mourmelon accueille toujours une base militaire.

Longtemps appelée Châlons-sur-Marne, la ville a retrouvé en 1998 le nom qu'elle portait jusqu'au 18e s.

★ Église Notre-Dame-en-Vaux A1

Pl. Mgr-Tissier - ✆ 03 26 65 17 89 - www.chalons-tourisme.com - ♿ - mai-sept. : 10h-12h, 14h-18h, dim. 14h30-18h ; reste de l'année : tlj sf dim. 10h-12h, 14h-18h - fermé 1er janv., Pâques, 1er et 11 Nov., 25 déc. - possibilité de visite guidée.

Cette ancienne collégiale est classée au Patrimoine mondial de l'Unesco, au titre des églises des chemins de Saint-Jacques-de-Compostelle. Édifiée vers 1150 dans le style roman, sa nef et son transept furent surélevés à l'époque gothique et son chœur reconstruit (fin du 12e s. et début 13e s.).

Extérieur – L'austère façade romane, avec ses deux tours surmontées de flèches couvertes de plomb, se reflète dans les eaux du Mau. Le chevet à déambulatoire et les chapelles rayonnantes sont mis en valeur par deux tours romanes *(placez-vous de l'autre côté de la place Mgr-Tissier pour admirer l'élévation de l'ensemble)*. Le porche sud (15e s.) précède un portail roman, dont les statues-colonnes ont été mutilées à la Révolution, mais les chapiteaux ont été épargnés. Le carillon comprend 56 cloches. Au nord de l'église, un jardin *(non accessible hors saison)* marque l'emplacement de l'ancien cloître.

★★ **Intérieur** – *Pénétrez dans l'église par la porte sud (accueil Notre-Dame).* Il est éclairé par une harmonieuse série de **vitraux★** champenois. Les plus beaux (16e s.) ornent le bas-côté nord. La nef, avec son élévation à quatre niveaux, témoigne d'un style de transition entre art roman et art gothique primitif. Le chœur, entièrement reconstruit à la fin du 12e s.-début du 13e s., a conservé cette élévation par souci d'harmonie. Dans le bras nord du transept, fragment de la dalle funéraire des parents de Jean Talon (1626-1694). Cet intendant de la Nouvelle-France (Québec) est inhumé dans l'une des chapelles de l'église.

Remontez le bas-côté nord en partant du portail ouest.

2e travée : la *Légende de saint Jacques*, du verrier picard **Mathieu Bléville**, raconte la bataille de Clavijo (844) qui opposa les chrétiens espagnols aux Maures ; 3e travée : *Dormition* et *Couronnement de la Vierge* ; 4e et 5e travées : *Légendes de sainte Anne et de Marie* ; *Enfance du Christ* ; 6e travée : la *Compassion de la Vierge* est illustrée par une Descente de Croix et une Pietà avec Marie Madeleine (1526).

Contournez l'église par l'un des côtés pour gagner la rue Nicolas-Durand, où se trouve l'entrée du musée du Cloître de N.-D.-en-Vaux.

En face de l'entrée, la **maison Clémangis** (fin 15e s.) sert de salle d'expositions.

2

★ Musée du Cloître de Notre-Dame-en-Vaux A1

R. Nicolas-Durand - ✆ 03 26 69 38 53 - www.tourisme-en-champagne.com - avr.-sept. : 10h-12h, 14h-18h ; reste de l'année : 10h-12h, 14h-17h, w.-end 10h-12h, 14h-18h - fermé mar., 1er janv., 1er Mai - 3,50 € - possibilité de visite guidée sur demande préalable. billet combiné avec le musée Jules-Garinet et le musée des Beaux-Arts et d'Archéologie.

Il abrite de remarquables sculptures provenant d'un cloître roman, dont les premières fouilles importantes remontent à 1963. Des débris sculptés découverts à Châlons suscitèrent les premières recherches, effectuées à l'appui de documents d'archives : un plan daté de 1752 montre le tracé d'un cloître, juste à côté de N.-D.-en-Vaux. Bâti au 12e s., il avait été démoli en 1759 par les chanoines eux-mêmes pour construire leurs maisons canoniales. Les fouilles à l'emplacement de cet ancien tracé et dans le soubassement des maisons avoisinantes ont permis de redonner vie à une grande partie du décor sculpté de ce merveilleux cloître.

Une grande salle présente, parmi les pièces de valeur, des colonnes sculptées ou baguées et une série de **55 statues-colonnes★★** : les plus belles représentent des prophètes et de grandes figures bibliques (Moïse, Daniel), des saints chrétiens (Paul au visage d'une intense spiritualité), des personnages de l'Ancien Testament (roi de Juda) et du Moyen Âge (chevaliers).

Remarquez un groupe de chapiteaux relatant des épisodes de la vie du Christ et de la légende des saints. Sur les quatre faces de l'un des chapiteaux se suivent la *Présentation au Temple*, la *Fuite en Égypte*, le *Baptême du Christ* et la *Résurrection de Lazare*. Sur un autre se déroule le festin des *Noces de Cana*, le premier miracle de Jésus qui y changea l'eau en vin.

Prenez la rue Nicolas-Durand jusqu'au quai Notre-Dame, que vous descendez jusqu'à la place Godart, dans le prolongement.

Musée des Beaux-Arts et d'Archéologie A1

☏ 03 26 69 38 53 - www.chalons-en-champagne.net - 14h-18h, sam. 10h-12h, 14h-18h, dim. 10h-12h, 14h30-18h30 - fermé mar., 1er janv., 1er Mai, 1er et 11 Nov., 25 déc. - 3,50 € (-18 ans gratuit) - possibilité de visite guidée le 1er dim. de chaque mois - animations pédagogiques pour les enf. durant les expositions temporaires - billet combiné avec le musée du cloître Notre-Dame-en-Vaux et le musée Jules-Garinet.

En 1794, une partie de la bibliothèque de Châlons accueillit des pièces confisquées par les instances révolutionnaires : ainsi naissait le Muséum départemental, l'un des plus anciens musées de France. En 1861, Charles Picot fait à la ville un legs conséquent, noyau du musée municipal qui s'installe à partir de 1879 dans ses salles actuelles le long de la place Godart. Le pavillon d'angle sera terminé en 1906. Les salles permanentes abritent les collections de peintures (15e-20e s.), d'**archéologie médiévale**, de sculpture Renaissance, de mobilier (du 15e s. à l'Art nouveau). Vous y trouverez aussi des objets d'art, des sculptures de **Rodin** et un **cabinet d'ornithologie**, conservé en grande partie dans son état d'origine, avec près de 2 000 oiseaux naturalisés provenant du monde entier. Dans la galerie de peintures du 14e au 20e s. : *Paysage d'hiver* par **Joos de Momper** (16e s.), *Portrait de Cazotte* par **Perronneau** (18e s.), *Autoportrait* de **Nonotte** (18e s.), *Parc du château de Saint-Cloud* par **Daubigny**, toiles du Châlonnais **Antral** (20e s.).

Une politique de grandes expositions et de partenariats avec le Louvre permet de découvrir des collections inédites et conservées dans les réserves.

Revenez sur la place Foch, dominée par l'hôtel de ville et l'église Saint-Alpin.

Hôtel de ville A1

Construit par Nicolas Durand de 1772 à 1776, il comporte un hall d'entrée orné de 28 colonnes doriques. Une plaque rappelle que le soldat inconnu américain y fut choisi en 1921. Au 1er étage, la salle des mariages est rythmée de pilastres corinthiens.

Église Saint-Alpin A1

Mai, juin et sept. : sam. 10h-12h, 14h-18h ; juil.-août : mar.-sam. 10h-12h, 14h-18h.

Entourée de maisons au nord et à l'est, cette église, construite du 12e au 16e s., mélange les styles gothique (notamment flamboyant) et Renaissance.

Les chapelles du bas-côté sud sont éclairées par des **verrières Renaissance★**, magnifiques compositions en grisaille. On remarque ainsi, dans la 1re chapelle du bas-côté sud : *Saint Alpin, évêque de Châlons, devant Attila* ; dans la 3e chapelle : *L'Empereur Auguste devant la sibylle de Tibur* ; dans la 6e chapelle : *Saint Jean Baptiste ;* dans le bras sud du transept, en partie haute : *Multiplication des pains* et *Miracle de Cana*. Le déambulatoire conserve de précieux vitraux du 16e s. Parmi les œuvres d'art, remarquez le *Christ de pitié*, de l'école française du 16e s. Dans le bas-côté gauche, l'une des dalles funéraires gravées (13e s.) représente Jehan de Dommartin et sa femme. Au revers de façade occidentale, voyez le buffet d'orgue de 1762.

Prenez la rue d'Orfeuil qui porte le nom du dernier intendant de Champagne.

Hôtel Dubois de Crancé A1

Cette belle demeure du 17e s. eut pour propriétaires successifs : Pierre Gargam (trésorier de France), Jean-Gabriel Le Gendre (architecte de l'Intendance) et la famille Dubois de Crancé, du nom d'un gouverneur de la ville. Les deux lucarnes centrales sont d'origine, les deux autres ont été ajoutées en 1886, en remplacement d'un œil-de-bœuf.

Avancez-vous dans le **passage Henri-Vendel**. Au fond de la cour, on distingue l'ancien portail de l'**église Saint-Loup** (17e s.) ; dans le passage, de nombreuses plaques de cheminée en fonte, aussi appelées taques.

Revenez à la rue d'Orfeuil et poursuivez jusqu'à la rue de Chastillon.

À l'angle de la rue Croix-des-Teinturiers et de la rue de Chastillon se dresse une jolie maison de style Art nouveau, construite en 1907.

Prenez à gauche la rue Croix-des-Teinturiers, continuez jusqu'à la rue Pasteur.

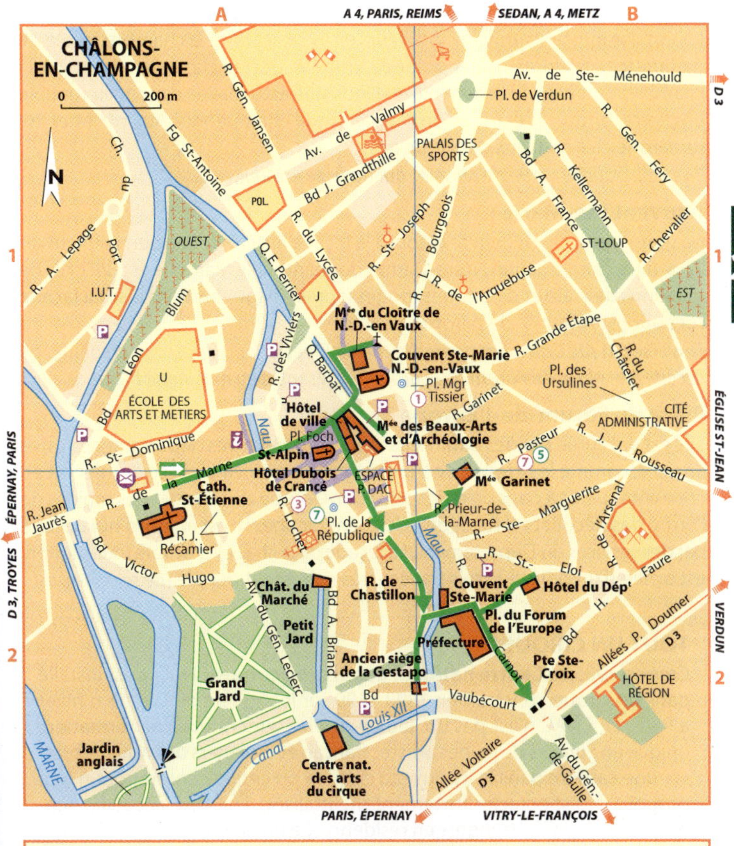

SE LOGER		SE RESTAURER	
Pasteur	5	Carillon Gourmand (Au)	1
Pot d'Étain (Le)	7	Chaudron Savoyard (Le)	3
		Petit Pasteur (Le)	7

Musée Jules-Garinet B1-2

13 r. Pasteur - ☏ 03 26 69 38 53 - www.chalons-en-champagne.net - 14h-18h - fermé mar. et j. fériés - 3,50 € (-18 ans gratuit) - billet combiné avec le musée du cloître Notre Dame-en-Vaux et le musée des Beaux-Arts et d'Archéologie.

Dans cet ancien hôtel du Vidame, en partie gothique, on découvre l'appartement d'un collectionneur du 19e s. : peintures du 14e au 19e s., dont la *Flagellation* attribuée à **Preti** et, dans le salon rouge, une toile de **Cabanel** *(Ruth glanant dans les champs de Booz)*. Au 2e étage a été rassemblée une collection d'une centaine de maquettes, qui représentent essentiellement des églises et des cathédrales de France.

Revenez sur vos pas et prenez à gauche la rue de Chastillon.

Rue de Chastillon A2

Jusqu'au 19e s., elle portait le nom de rue de la Bassinerie, où travaillaient les artisans. Aux numéros pairs résidaient des gens aisés et aux numéros impairs les manuels. Au **nº 2**, l'hôtel particulier, édifié au milieu du 17e s., fit l'objet d'importants travaux intérieurs en 1738. Il abrite la chambre locale de commerce et d'industrie et possède un beau portail classique. Au **nº 10**, la chambre régionale de commerce et d'industrie est installée dans un immeuble en pierre, brique et craie, selon l'appareillage champenois. Aux **nos 14** et **16**, remarquez les maisons à pans de bois.

Prenez à gauche la rue de Jessaint qui traverse le Mau.

Couvent Ste-Marie B2

Ne se visite pas. On découvre d'abord la façade arrière de l'ancien couvent du 17e s. de la congrégation Notre-Dame : donnant sur le Mau, elle est décorée de moellons de craie et de briques rouges (appareillage champenois). La façade sur cour est rythmée de pilastres cannelés.

Traversez la rue Carnot et prenez la rue de Vinetz. Par un passage en pente, on accède à la place du Forum de l'Europe, représentée en mosaïque bleue.

Place du Forum-de-l'Europe B2

Elle est entourée par des bâtiments modernes (Archives départementales) et anciens, comme le **prieuré de Vinetz** (prononcer « Vinai ») : ce dernier est en craie côté rue, et à pans de bois sur la cour. Occupé au 17e s. par des moines de l'ordre des Récollets, il fut cédé à des bénédictines ; il est aujourd'hui occupé par des services du Département. La façade de la chapelle, simple mur-pignon, est ornée d'un portail à trois travées très richement décoré *(ne se visite pas)*.

TOUT UN CIRQUE !

Créé en 1985, le **Centre national des arts du cirque** (CNAC) s'est installé dans un cirque construit en 1898-1899 sur le modèle du Cirque d'hiver à Paris. Le CNAC n'est pas un lieu de divertissement mais de formation, unique en Europe, de jeunes artistes français et étrangers désirant embrasser une carrière dans le « nouveau cirque » ou cirque contemporain (qui propose des spectacles fortement théâtralisés). Le CNAC accueille également de jeunes étrangers en résidence. La fin de l'année est l'occasion pour les artistes en herbe de présenter un spectacle, dirigé par un prestigieux parrain, d'abord à Châlons puis à Paris (La Villette).

Dans la même veine circassienne, chaque année au début du mois de juin, le festival de cirque et de théâtre de rue, **Furies**, transforme Châlons en une piste ouverte.

Revenez à la rue Carnot.

Préfecture B2

Elle occupe l'ancien hôtel des Intendants de Champagne, bâti de 1759 à 1766 sous la direction de J.-G. Legendre et N. Durand. L'édifice, réalisé sous le règne de Louis XV, est marqué par une architecture sobre. Le décor se limite aux guirlandes de feuilles de chêne qui surmontent les fenêtres du 1er étage.

Porte Sainte-Croix B2

Rouillé d'Orfeuil, intendant de Champagne de 1764 à 1789, fit édifier cette porte triomphale en 1769-1770, sur les plans de Jean-Joseph Bochet de Colluel, ingénieur en chef des Ponts et Chaussés, alors attaché à l'Intendance. Elle fut dédiée à Marie-Antoinette, à son arrivée en France pour y épouser le futur Louis XVI, et prit alors le nom de porte Dauphine, mais redevint porte Sainte-Croix à la Révolution. Son décor sculpté, côté ville, n'a jamais été achevé.

Ancien siège de la Gestapo AB2

03 26 68 31 17 - www.tourisme-champagne-ardenne.com - visite guidée sur demande préalable.

Dans ce bâtiment qui fut réquisitionné par les autorités allemandes, des documents d'époque, photos et biographies de résistants fusillés ou morts en déportation, dont certains séjournèrent en ces lieux de triste mémoire, apportent un témoignage édifiant et poignant sur les heures sombres de l'Occupation et le courage des hommes et des femmes qui la refusèrent.

Sur la route de **L'Épine** (*voir « À proximité »*), au pied de la **butte des Fusillés**, on peut encore voir les poteaux où furent exécutés 47 résistants.

2

LES JARDS A2

Ancienne prairie et possession de l'évêque, le Jard se prêtait aux rassemblements de foules. Le pape Eugène III y rencontra la population châlonnaise lors de sa venue pour la consécration de la cathédrale, en 1147. Le Jard fut réaménagé au 18e s. dans le cadre de l'embellissement de la ville souhaité par l'intendant de Champagne, Rouillé d'Orfeuil.

Petit Jard – Remanié en 2001, ce jardin paysager de style Napoléon III comporte une horloge florale et un **arboretum**. Il est aménagé en partie à l'emplacement des anciens remparts et s'étend le long du Nau, coupé par la « porte d'eau » du **château du Marché**, ouvrage fortifié (début 17e s.), avec sa tourelle en appareillage champenois.

Grand Jard – Cette vaste esplanade, aménagée au 18e s., est agrémentée de bassins et d'allées plantées de marronniers, ainsi que d'un beau **kiosque à musique** du 19e s. Le jardin est fermé au nord par les bâtiments de l'École normale. De la passerelle qui le relie au Jardin anglais, par-dessus le canal latéral à la Marne, vue sur la cathédrale et la préfecture.

Jardin anglais – Dessiné en 1818 et restructuré avec bonheur en 2004, il est bordé par le canal et la Marne et comporte des plans d'eau.

Le sentier des **berges de la Marne** permet une agréable promenade.

À voir aussi Plan de ville

Église Saint-Jean hors plan par B2

Accès par la rue Jean-Jacques-Rousseau. Si fermée : clés au presbytère.

Par un parvis surélevé, on accède à la partie occidentale reconstruite au 14e s. Au bas-côté sud a été accolée au 15e s., ou au tout début du 16e s., la petite **chapelle des Arbalétriers** (fermée). Dans l'église, la nef romane couverte d'un berceau lambrissé, le transept éclairé d'immenses baies et le chœur surélevé à chevet plat s'ornent de vitraux du 19e s.

À proximité Carte de microrégion

★★ Basilique Notre-Dame-de-l'Épine A2

8 km à l'est par la D 3.

Voir l'ABC d'architecture, p. 78.

S'élevant sur une légère éminence, la basilique, classée au Patrimoine mondial de l'Unesco au titre des chemins de Saint-Jacques-de-Compostelle, s'aperçoit de loin. Inspirée de la cathédrale de Reims par certains éléments architecturaux et ornementaux, elle est le siège de grands pèlerinages depuis le Moyen Âge : selon la légende, des bergers découvrirent une statue de la Vierge dans un buisson d'épines enflammé, à proximité de la chapelle primitive. Des pèlerins illustres (Charles VII, Louis XI) sont venus vénérer l'image miraculeuse, dont une copie est exposée sous le jubé. Le thème de la Vierge au buisson ardent inspira aussi le roi René d'Anjou, qui fit exécuter par Nicolas Froment pour l'autel d'une chapelle de l'église des Carmes à Aix-en-Provence le triptyque du *Buisson ardent* (vers 1475), visible aujourd'hui dans la cathédrale aixoise. Un pèlerinage a toujours lieu à Notre-Dame-de-L'Épine le dimanche suivant le 8 Mai, et le 15 août.

Extérieur – La construction de la basilique, qui commença au début du 15e s., s'acheva en 1527. L'édifice présente une façade de style gothique flamboyant : Claudel évoquait ce « brasier ardent, buisson de roses épanouies ».

Trois **portails** sont surmontés de gâbles aigus dont le plus haut porte une Crucifixion. En se plaçant près d'eux, on découvre une perspective ascendante sur l'étagement fantastique des pinacles, des clochetons et des **gargouilles**★ très réalistes qui étonnèrent Hugo et Huysmans. Symbolisant notamment les vices et les esprits mauvais, chassées du sanctuaire par la présence divine, les gargouilles jugées trop obscènes furent démolies au 19e s. et remplacées.

Le **portail du bras sud du transept** est orné de draperies sculptées analogues à celles du revers de façade de la cathédrale de Reims. Son linteau porte diverses scènes sculptées relatant la vie de saint Jean Baptiste. À proximité, une inscription gothique s'adresse aux voyageurs : « Bonnes gens qui ici passez, priez Dieu [pour les trépassés]. » Tout autour de l'église, des anneaux fixés au mur permettaient autrefois d'attacher son cheval.

La flèche de droite, haute de 55 m, présente une couronne mariale à fleurs de lys ; celle de gauche, arasée en 1798 pour permettre l'installation d'un télégraphe Chappe, a été reconstruite en 1868.

Intérieur – D'un style très pur, il exprime la perfection de l'architecture gothique. Le chœur est clos par un élégant **jubé** (fin du 15e s.), dont l'arcade droite abrite la statue vénérée de Notre-Dame (14e s.) et par une clôture de pierre, gothique à droite, Renaissance à gauche. Au-dessus du jubé, une poutre de gloire (16e s.) porte le Christ en croix entre la Vierge et saint Jean.

En contournant le chœur par la gauche, on observe dans le déambulatoire un **tabernacle-reliquaire** de structure gothique mais dont le décor mêle éléments gothiques et renaissants. L'espace situé derrière la grille, dont il subsiste quelques traces, permettait aux fidèles de toucher les reliques, dont un fragment de la Vraie Croix. Les chapelles rayonnantes sont du début du 16e s. L'une d'elles abrite une belle Mise au tombeau (milieu du 15e s.) dont on ne connaît ni l'auteur, ni l'atelier.

★ Centre d'interprétation Marne 1914-1918 A2

À Suippes, 23 km au nord par la D 977.

4 r. Bayard - 03 26 68 24 09 - www.marne14-18.fr - - juil.-août : 10h-19h ; reste de l'année : 13h-18h - fermé déc.-janv. et lun., Pâques, 1er Mai - 6,50 € (-18 ans 3 €) - gratuit J. du patrimoine.

Installé dans la Maison des associations, cet espace est dédié à la compréhension du front de Champagne lors de la Grande Guerre : photos et documents écrits, salle de projection, armes, uniformes, objets, enregistrements… Le tout, très didactique et facile à suivre, permet de saisir les ressorts du conflit dans toutes ses dimensions, notamment humaine. Même la chanson de Craonne n'est pas oubliée. Elle fut composée en réaction contre le désastre du chemin des Dames (1917).

Le centre sert de référence à un circuit automobile « **Sur les pas des armées de Champagne** », qui relie les principaux lieux de mémoire liés à la Première Guerre mondiale dans les environs *(voir p. 22)*.

Monument aux morts des armées de Champagne A1

30 km au nord par la D 977.

Ce monument est situé à la ferme Navarin, point culminant du plateau (alt. 192 m), lieu principal de la **bataille de Champagne** : il commémore les combats d'octobre 1914 et de septembre 1915. Le groupe sculpté qui le surmonte montre notamment le **général Gouraud**, commandant de la IVe armée, inhumé dans la crypte, et le lieutenant **Quentin Roosevelt**, fils du président Theodore Roosevelt, qui fut tué en 1918 dans le Tardenois.

2

NOS ADRESSES À CHÂLONS-EN-CHAMPAGNE

VISITES

Petit train touristique – *Juil.-août : tlj à 16h30 - visites commentées (40mn) - billetterie et départ à l'office de tourisme.*

HÉBERGEMENT

PREMIER PRIX

Pasteur – *46 r. Pasteur - 03 26 68 10 00 - www.hotel-pasteur.fr - fermé 1 sem. entre fin déc. et déb. janv. - P - 28 ch. 48/66 € - 9 €.* Il règne une atmosphère bourgeoise un brin désuète dans cet établissement situé tout près du centre. Un bel escalier (17e s.) dessert les chambres, hautes sous plafond, spacieuses et confortables ; celles du rdc ont été rénovées. Agréable cour intérieure arborée.

BUDGET MOYEN

À proximité

Chambre d'hôte La Grosse Haie – *Chemin de St-Pierre - 51510 Matougues - 12 km à l'ouest de Châlons par D 3 -*

✆ 03 26 70 97 12 - songy.chambre@wanadoo.fr - P - *3 ch. 46/50 € - ☕ - ✕ 21/29€.* Oubliez la route qui borde cette maison bâtie au sein d'une exploitation agricole : les espaces extérieurs, les activités pour les enfants, les chambres colorées et les produits fermiers vous assurent un séjour attrayant.

Le Pot d'Étain – *18 pl. de la République - ✆ 03 26 68 09 09 - www.hotel-lepotdetain.com - Wifi - 30 ch. 73/85 € - ☕ 9,5/12 €.* Cet hôtel situé dans le quartier historique abrite des chambres actuelles, rustiques ou décorées dans un esprit néocolonial. Lounge bar au rdc.

RESTAURATION

PREMIER PRIX

Le Chaudron Savoyard – *9 r. des Poissonniers - ✆ 03 26 68 00 32- fermé 2 sem. fin mai-début juin - formule déj. 10/15 €.* Ne vous fiez pas à la façade de style champenois, ici la cuisine est vouée à la région savoyarde. Pour déguster ces préparations, choisissez la salle du bas aux poutres apparentes ou celle de l'étage à l'atmosphère plus montagnarde.

BUDGET MOYEN

Le Petit Pasteur – *42 r. Pasteur - ✆ 03 26 68 24 78 - www.restaurant-lepetitpasteur.com - fermé 31 juil.-21 août, 24 déc.-2 janv., dim. soir et lun. - formule déj. 15,50/19,50 € (en sem.) - 26/34,50 €.* Aimable restaurant abritant une salle au cadre actuel complétée, à la belle saison, d'une terrasse fleurie. Recettes traditionnelles.

Au Carillon Gourmand – *15 bis pl. Mgr-Tissier - ✆ 03 26 64 45 07 - fermé 1 sem. en fév., 1 sem. en avr., 1er-23 août, dim. soir, merc. soir et lun. - formule déj. 21 € - 35€.* Cadre contemporain mis en valeur par un éclairage design : une adresse chic et élégante, sans aucune surcharge. Côté cuisine, on revisite sagement la tradition.

POUR SE FAIRE PLAISIR

À proximité

À l'Auberge des Moissons – *8 rte Nationale - 51510 Matougues - 12 km à l'ouest de Châlons par D 3 - ✆ 03 26 70 99 17 - www.des-moissons.com - réserv. obligatoire - 25/40 € - 27 ch. 83/100 € - ☕ 10 €.* Cuisine élaborée à partir des produits du marché fermier. 27 chambres, assorties d'un espace bien-être et d'un salon, avec cheminée et bar.

PETITE PAUSE

Christophe Letrou – A2 - *27 pl. de la République - ✆ 03 26 21 46 63.* Salon de thé, pâtisserie, glacier-chocolatier, restauration rapide le midi… L'adresse idéale pour un en-cas. Ne manquez pas de goûter, outre le chocolat maison, le Châlonnais : cette douceur se marie idéalement à une coupe de champagne. Terrasse d'été.

ACHATS

Marché – Merc., vend., sam. et dim. matin, marché couvert sous la grande halle (fin 19e s.) rénovée.

ACTIVITÉS

Au fil de l'eau – *✆ 03 26 65 17 89 - mai, juin et sept. : w.-end et j. fériés à partir de 14h ; juil.-août : tlj et nocturnes vend. et sam. soirs.* L'office de tourisme propose des promenades en barque à moteur sur le Mau et le Nau (possibilité de louer canoës bi-places).

Vitry-le-François

13 686 Vitryats – Marne (51)

NOS ADRESSES PAGE 179

S'INFORMER

Office du tourisme de Vitry-le-François – *6 bd François-Ier - 51300 Vitry-le-François - 03 26 74 45 30 - www.vitry-le-francois.net - avr.-sept. : 9h-12h30, 14h-18h, sam. 10h-17h30 ; reste de l'année : 9h-12h, 14h-17h, sam. 10h-16h30 - fermé dim. et j. fériés.*

SE REPÉRER

Carte de microrégion A3 (p. 164) – *carte Michelin Départements 306 J10.* à 29 km au nord-ouest de Saint-Dizier par la N 4, la ville occupe une situation géographique exceptionnelle dans une vaste plaine fertile, au pied de la falaise crayeuse de Champagne. Située sur la rive droite de la Marne, en amont du confluent de la Saulx, elle se trouve à la jonction de trois canaux : Marne au Rhin, Marne à la Saône, canal latéral à la Marne.

SE GARER

Grand parking gratuit sur la droite de l'église Notre-Dame et à la périphérie du carré historique.

À NE PAS MANQUER

La visite d'une cave ; une escapade à Saint-Amand-sur-Fion.

ORGANISER SON TEMPS

Comptez une petite heure pour un tour du centre.

2

Cité carrefour en étoile, la capitale du Perthois étale les rues en damier de son centre entre les multiples voies d'eau qui l'entourent. Son cœur bat du côté de la place d'Armes, mais l'eau reste un élément important du paysage et les bras de canaux ainsi que divers vestiges rappellent que le destin de cette ville fleurie fut largement déterminé par l'histoire de la navigation. Les vignobles du champagne et les forêts, tout comme le lac du Der, ne sont pas loin…

NAISSANCE D'UNE VILLE

L'origine de Vitry-le-François est relativement récente. **François Ier** la fit en effet construire en remplacement de Vitry-en-Perthois, ville située à 4 km de là et brûlée en 1544 par les troupes de **Charles Quint**. Il choisit le site de Maucourt, carrefour fluvial déjà fréquenté par les mariniers du petit port du Bas Village. À la nouvelle ville forte, il donna son nom et ses armes « d'azur à la salamandre d'or… chargées de trois fleurs de lis d'or… ». Un ingénieur bolonais, **Girolamo Marini**, conçut le plan en damier avec une grande place d'armes pourvue d'un pilori, des fortifications bastionnées et, à l'est, une citadelle détruite au 17e s. Le rôle stratégique de Vitry ne se révéla guère avant 1814 : **Napoléon**, qui mena un raid hardi sur les arrières ennemis, manqua d'y capturer l'empereur Alexandre de Russie, le roi de Prusse et le généralissime autrichien Schwartzenberg. Détruite à 90 % lors de la dernière guerre, elle a été reconstruite d'après son plan primitif.

Se promener

Collégiale Notre-Dame-de-l'Assomption

Pl. d'Armes. Cette église des 17e et 18e s. constitue un bel exemple de style classique par ses lignes équilibrées et les proportions rigoureuses de sa façade : ses tours jumelles sont cantonnées de volutes et surmontées de pots à feu. À l'intérieur, on apprécie la majesté de la nef et du transept que prolonge une abside datant de la fin du 19e s. Au niveau des 3e piliers de chaque côté, remarquez les larges arcs en anse de panier. Sur le maître-autel à baldaquin, les chandeliers et la croix furent réalisés pour le sacre de Charles X à Reims (1825). Les grandes orgues et leur buffet (18e s.) proviennent de l'abbaye de Trois-Fontaines *(voir Saint-Dizier, p. 313)*. Le mobilier comprend également des boiseries du 18e s. (chaire, banc d'œuvre). Ne manquez pas la Crucifixion peinte par Jean Restout en 1737 *(derrière la chapelle du bas-côté gauche).*
Au milieu de la place d'Armes trône la **statue** de la rivière Marne (1840), surnommée « la Déesse ».
De la place d'Armes, longez l'église sur son flanc gauche.

Hôtel de ville

Ce monument historique occupe l'emplacement d'un ancien couvent de récollets fondé au 17e s. par l'évêque de Châlons-en-Champagne. En grande partie détruit au cours de la Seconde Guerre mondiale, l'édifice a été rebâti selon les plans du 19e s. Ses agréables **jardins** abritent la façade de l'ancienne chapelle du Collège des Garçons qui fut incendiée en 1940, ainsi que le groupe *Adam et Ève* du sculpteur Alphonse Terroir, donné par la Ville de Paris.
De la place d'Armes, prenez la Grande-Rue-de-Vaux.

Porte du Pont

Ce bel arc de triomphe (1746) faisait partie de l'ancienne enceinte fortifiée. Couronné d'acrotères portant des trophées, il fut élevé en 1748 à la sortie ouest vers Paris. Démonté en 1939, il n'a été réinstallé qu'en 1985 à l'entrée nord de la ville.

À proximité Carte de microrégion

★ Saint-Amand-sur-Fion A1-2

10 km au nord par la N 44, puis à droite.
Bon à savoir – L'association Promouvoir Saint-Amand-sur-Fion et la vallée du Fion *(03 26 73 94 55 - http://perso.orange.fr/stamandsurfion.asso.fr)* propose des visites libres ou guidées du village.
Ce village s'étire le long des deux rives du Fion, petit affluent de la Marne qui attire les pêcheurs de truites. Parcourez les ruelles et les sentes de ce bourg qui compte cinq moulins, une centaine de maisons à pans de bois et quelques lavoirs – modestes constructions de torchis bâties entre le pont de l'église et le pont Mathieu.
★ **Église** – *03 26 73 94 55 - http://perso.orange.fr/stamandsurfion.asso.fr - ♿ - 9h30-18h30 - possibilité de visite guidée sur demande préalable 4 € (-12 ans 2 €).*
Au 12e s., le comte de Champagne avait fait don du village de Saint-Amand aux chanoines de la cathédrale de Châlons. Ceux-ci édifièrent une église romane (12e s.) en craie blanche dont subsistent le portail central avec ses voussures en plein cintre, certaines parties de la nef et une tour renfermant un escalier à vis. À la suite d'un incendie, l'église fut reconstruite au 13e s., avec l'édification du transept et du chœur dans un style gothique flamboyant.

L'**intérieur** frappe par son élancement et sa grâce. Devant le chœur se détache une poutre de gloire du 18e s. Remarquez le triforium qui se trouve autour du chœur et du transept, lequel a été remanié au 15e s. À l'intérieur comme à l'extérieur, la Renaissance a laissé son empreinte par de nombreuses sculptures. Le porche-galerie datant de la première église et remanié au 15e s. donne, par la présence de ses sept arcades, l'impression d'un cloître.

Vitry-en-Perthois A3

4 km au nord-est par la D 982.

Reconstruit à l'emplacement de la localité de Vitry (plusieurs fois détruite, incendiée en 1544, puis finalement « déplacée » à Vitry-le-François), le village reçut le nom de Vitry-le-Brûlé. Son **église** Renaissance, en grande partie rebâtie après l'incendie, possède des fonts baptismaux du 15e s.

Du **pont** sur la Saulx, jolie vue sur la rivière et un moulin.

Sur les hauteurs, les vestiges de la **chapelle Ste-Geneviève** (13e s.), perdue au milieu des champs, constituent l'un des rares témoins de l'ancien Vitry. *Accès fléché en voiture ou par un sentier piétonnier (5mn).*

Le **mont de Fourche**, point culminant du Perthois (207 m) auquel on accède par une petite route entre champs et vignobles, présente un panorama sur Vitry-le-François et la campagne environnante.

Ponthion B3

10 km au nord-est par la D 982, puis la D 14.

Entre le canal de la Marne au Rhin et la Saulx, Ponthion possède une **église** des 11e et 15e s. précédée d'un joli porche en appentis du 12e s.

Dans ce village eut lieu, en 754, l'entrevue entre le pape Étienne II et Pépin le Bref, dont l'une des conséquences fut la naissance des États pontificaux.

2

NOS ADRESSES À VITRY-LE-FRANÇOIS

HÉBERGEMENT

BUDGET MOYEN

Hôtel de la Cloche – *34 r. A.-Briand - 03 26 74 03 84 - www.hotel-de-la-cloche.com - fermé 23 déc.-3 janv. et dim. soir du 1er nov. au 30 avr. - Wifi - 22 ch. 58/115 € - 8 €, 27/42 €.* Établissement du centre disposant de chambres fonctionnelles ; deux sont plus spacieuses et cossues. Carte de brasserie au Vieux Briscard.

Hôtel de la Poste – *1 r. Ste Croix - 03 26 74 02 65 - www.hotellaposte.com - tlj sf dim midi. - Wifi - 29 ch. 62/95 € - 9 € -* formule déj. *19,80/22,80 € - 38/60/75 € bc.* Face à la collégiale Notre-Dame, cet hôtel abrite des chambres pratiques, bien entretenues (certaines avec baignoire balnéo), et un agréable coin salon. Cuisine dans l'air du temps au restaurant.

RESTAURATION

PREMIER PRIX

Le Gourmet des Halles – *11 r. des Sœurs - 03 26 74 48 88 - fermé mar. - 14,90/25 €.* Halte sympathique à deux pas des halles. Une fresque murale égaye l'une des trois salles. En été, vous pourrez prendre votre repas sur la « terrasse-trottoir ».

Sainte-Menehould

4 537 Menehildiens – Marne (51)

NOS ADRESSES PAGE 183

S'INFORMER

Office du tourisme de Sainte-Menehould – *5 pl. du Gén.-Leclerc - 51800 Ste-Menehould - ✆ 03 26 60 85 83 - www.argonne.fr - juil.-août : 9h-12h30, 14h-18h30, dim. 10h-12h, 14h-17h ; sept.-déc. : tlj sf dim. 9h-12h, 14h-18h, lun. 14h-18h ; janv.-mars : tlj sf fériés 9h-12h, 14h-17h30 ; reste de l'année : tlj sf j. fériés 9h-12h, 14h-18h.*

Visites guidées – L'office du tourisme organise des visites de la ville, du site de la bataille de Valmy et du moulin ainsi que des circuits thématiques autour de l'histoire, la nature, l'architecture (réserv. pour les groupes). Juil.-août : visites guidées et randonnées à thème du lun. au vend. (sur réservation pour les individuels).

SE REPÉRER

Carte de microrégion B2 (p. 164) – *carte Michelin Départements 306 L8.* À l'ouest de la forêt d'Argonne, dominée par une butte appelée « le château », la ville est traversée par la D 3 et se trouve à proximité de l'A 4.

À NE PAS MANQUER

Une promenade entre ville haute et ville basse, et un réconfort gourmand avec la dégustation d'un « plat à la Sainte-Menehould ».

ORGANISER SON TEMPS

On peut passer 1/2 journée entre la ville et ses environs, si l'on s'attarde comme, selon la légende, Louis XVI devant un plat de pieds de cochon.

Traversé par l'Aisne, le bourg, situé au début du défilé des Islettes, s'ouvre sur les grandes forêts de l'Argonne. En 1791, Louis XVI et sa famille, en fuite vers l'étranger, y furent reconnus. Mais Sainte-Menehould, c'est aussi les attraits d'une jolie cité champenoise, avec ses mets typiques comme les succulents pieds de cochon, une campagne verdoyante, ou encore le célèbre site de Valmy.

Se promener

La ville basse a été reconstruite au 18e s. après un incendie en 1719. Elle entoure la butte du château, qui a conservé un caractère médiéval.

Selon la tradition, c'est à **dom Pérignon**, enfant du pays qui étudia l'assemblage de différents crus, que l'on doit le champagne *(voir p. 127)*. Une statue se dresse en son honneur dans le **square Pasteur**. Cet espace vert, en centre-ville, rejoint deux autres nouveautés centrées sur la nature : les **jardins de l'Hôpital**, aménagés sur ceux de l'ancien hôpital de 1728, et le **parc boisé et paysager** situé au croisement de l'Aisne et de l'Auve *(jeux pour enfants)*.

Place du Général-Leclerc

Coupée par la route nationale, cette place où se dresse l'**hôtel de ville** (1730) est due à Philippe de La Force qui reconstruisit la cité après l'incendie de 1719. Elle présente une architecture en briques alternées de « gaize » (une pierre blanche locale typique de la région dont il n'existe que trois gisements dans le monde), et toitures d'ardoises bleutées.

Le moulin de Valmy.
J.-D. Sudres / hemis. fr

SAINTE-MENEHOULD DANS L'HISTOIRE

Histoire sainte – Manehould était l'une des filles de Sigmar, comte de Perthes et gouverneur d'Astenay au 5e s. Elle se distinguait par sa bonté et sa piété, et aurait fait jaillir une source en frappant le sol de sa quenouille. La ville fut appelée tantôt Astenay, Château-sur-Aisne ou Sainte-Manehould, puis Sainte-Menehould.

Dernier relais avant Varennes – À la suite des difficultés causées par la question religieuse, **Louis XVI** se résolut à quitter secrètement Paris pour rejoindre le marquis de Bouillé à Montmédy. Il pensait revenir sur Paris à la tête des troupes concentrées par ce dernier, en s'appuyant au besoin sur une armée autrichienne. Dans la nuit du 20 au 21 juin 1791, accompagné de la reine, de ses deux enfants et de Madame Élisabeth, sa sœur, le roi quitta les Tuileries. La fuite avait été soigneusement préparée. Mais à Sainte-Menehould, au moment où la berline relayait, J.-B. Drouet reconnut le roi. Ardent patriote, il soupçonna une fuite vers la frontière. Il devança la lourde voiture par un chemin de traverse, et galopa jusqu'à Varennes où il donna l'alarme. Aujourd'hui, une plaque commémorative est apposée sur la gendarmerie, à l'emplacement de la maison de poste où Louis XVI fut reconnu.

Spécialités culinaires – On raconte que c'est en prenant le temps de déguster des **pieds de cochon** que Louis XVI se fit reconnaître… C'est un plat riche et savoureux, dont chaque restaurant a ses secrets de fabrication. Flambés et nettoyés, les pieds sont cuits à feu très doux dans un bouillon (jusqu'à 40h lorsque le pied reste entier) où se retrouvent oignons, carottes, vin blanc, épices, herbes aromatiques. Cette longue cuisson rend les os friables, permettant de les croquer et d'en déguster la moelle. Refroidis dans le bouillon, les pieds sont passés dans le beurre fondu et la chapelure, mais ils peuvent aussi être préparés en sauce. Ils sont ensuite grillés et réchauffés au four.

Musée d'art et d'histoire

Pl. du Général Leclerc - ☏ 03 26 60 62 97 - fermé lun., 1er janv., 1er Mai et 25 déc. -mar. 14h-18h, merc. 10h-12h, 14h-17h, jeu.-vend. 14h-18h, sam. 10h-17h, dim. 10h-12h, 14h-18h - audioguide et visite guidée 1er dim. du mois à 15h - 5 € (-18 ans gratuit).
L'ancien hôtel de la Subdélégation de Champagne (1726) abrite des collections de tableaux, sculptures et objets, qui retracent l'histoire de la ville de sa fondation au 18e s., dans des domaines aussi variés que la géologie, l'histoire, l'art sacré, l'architecture, l'urbanisme et le mobilier.

Butte du château

Accès en voiture par une rampe, ou à pied par un chemin et des escaliers.
La ville haute conserve l'aspect d'un village argonnais avec de vieilles maisons basses à pans de bois, fleuries de géraniums. D'en haut, belle **vue★** sur la ville basse avec ses toits couverts de tuiles romaines et sur l'église St-Charles (19e s.). La restauration partielle des fossés Mondos permet aujourd'hui de faire le tour de la butte, de la côte Canard à l'**église Notre-Dame**, ou église du château (13e et 15e s.). Entouré d'un cimetière, l'édifice présente des murs rebâtis au 18e s. avec des alignements de brique et de « gaize », la pierre blanche du pays. À l'intérieur, vous découvrirez un curieux chapiteau figurant des cochons allant à la glandée, des vitraux sur la vie de Menehould ainsi qu'un remarquable orgue à volets (17e s.).

À proximité Carte de microrégion

★ Château de Braux-Sainte-Cohière B2

▷ *5,5 km à l'ouest par la D 3 et la D 384.*
Ne se visite pas. Les bâtiments ont été édifiés aux 16e et 17e s. par Philippe de Thomassin, gouverneur de Châlons sous Henri IV. Ils abritaient une unité d'élite de soldats appelés « chevaux légers », dont le roi de France portait l'uniforme sur le champ de bataille. Dumouriez et son état-major s'y installèrent pour organiser la bataille de Valmy *(voir encadré ci-dessous).*

UNE VICTOIRE POUR LA JEUNE RÉVOLUTION

Les armées en présence étaient dirigées par des professionnels de la noblesse européenne. Du côté français, Kellermann et d'Aboville comptaient quarante ans d'expérience militaire.
Les Prussiens débordèrent les Français par un petit passage, la Croix-aux-Bois, au-dessus de Grandpré, elle-même gardée par les troupes françaises. Derrière eux se trouvait le pays qu'ils avaient pour mission d'envahir, tandis que Dumouriez faisait face à la France qu'il était chargé de défendre !
Après une violente canonnade, les Prussiens tentèrent de gravir le **plateau de Valmy**. Mais les Français, dont les trois quarts étaient des vétérans, firent bonne contenance, encouragés par Kellermann. Aux cris de « Vive la Nation », ils tinrent en échec les Prussiens. Le soir, Brunswick donnait l'ordre de retraite… En fait, la **bataille de Valmy** ne fut qu'un modeste engagement : sur une masse de 90 000 hommes, on dénombra 184 Prussiens et 300 Français blessés ou tués. Mais ses conséquences psychologiques furent importantes, car elle contribua à affermir la Révolution. Le lendemain, la République était proclamée…

Valmy B2

12 km à l'ouest par la D 3 puis la D 931.

Aux abords de ce petit village, un affrontement eut lieu le 20 septembre 1792 entre les armées françaises (environ 50 000 hommes) stationnées près d'un moulin, et les troupes ennemies (42 000 Prussiens, 49 000 Autrichiens, 6 000 Hessois et 15 000 émigrés) postées sur la côte de la Lune, à environ 2 km. Les Français étaient dirigés par **François Christophe Kellermann**, général en chef de l'armée du centre. La bataille – qui se limita à un duel d'artillerie – se solda par une victoire française *(voir encadré ci-contre).*

Le **moulin de Valmy** occupe l'un des deux sites stratégiques de la bataille. Détruit le jour même sur les ordres de Kellermann, parce qu'il servait de point de mire à l'artillerie ennemie, il fut remplacé par un moulin des Flandres, acheté pour l'occasion et inauguré en 1947. Ce dernier, détruit par la tempête de décembre 1999, a laissé place au moulin pivot actuel, de type champenois. Une **chapelle** abrite la sépulture de la princesse Henriette Ginetti, arrière-petite-fille de Kellermann, qui contribua par ses dons à l'aménagement du site. De la butte, **vue** étendue sur la Champagne et la forêt d'Argonne.

NOS ADRESSES À SAINTE-MENEHOULD

HÉBERGEMENT/RESTAURATION

PREMIER PRIX

L'Argonnais – *2 r. Florion - ☎ 03 26 60 70 84 - Wifi - 7 ch. 38/43 € - ☕ 6 €.* Proche du centre, un petit hôtel de conception moderne dont les chambres, bien insonorisées et protégées par un digicode, profitent de la vue sur l'Aisne. Accueil amène et intéressant rapport qualité-prix.

À proximité

Aux Berges de la Biesme – *1 ch. Epense les Vignettes D 3 - 8 km à l'est de Sainte-Menehould par D 3 dir. Verdun - ☎ 03 26 60 09 22 - fermé lun. soir et merc. - P - 11,50/17,90 €.* Cette maison à la façade fleurie constitue une étape bien pratique sur la D 3. Le décor de la salle à manger est simple (murs lambrissés, parquet et petite cheminée), mais néanmoins agréable. Carte traditionnelle soigneusement composée.

BUDGET MOYEN

Le Cheval Rouge – *1 r. Chanzy - ☎ 03 26 60 81 04 - www.lechevalrouge.com - fermé 1er-10 janv. - Wifi - 24 ch. 55/63 € - ☕ 6 €, demi-pension possible.* À deux pas de l'hôtel de ville, cette auberge ancienne, aux chambres impeccablement tenues, assure des nuits paisibles.

ACTIVITÉS

Argonne Aventure – *16 pl. d'Austerlitz - La Grange-aux-Bois (au bord de la N 3 entre Sainte-Menehould et la Grange-aux-Bois) - ☎ 06 74 37 57 84.* Vous y trouverez des pistes de VTT et de roller tout-terrain, un labyrinthe de maïs avec ses énigmes, des parcours acrobatiques de différents niveaux, pour exercer votre équilibre, votre souplesse et votre recherche de sensations.

Pédalo – *☎ 03 26 60 44 94 - mai-sept., fermé lun. et mar. matin.* Pour un tour nautique de la ville. 6,30€, 1h de location.

2

L'Argonne

★

Meuse (55)

NOS ADRESSES PAGE 187

S'INFORMER
Office du tourisme du Pays d'Argonne champenoise – *5 pl. du Gén.-Leclerc - 51800 Ste-Menehould - ℘ 03 26 60 85 83 - www.argonne.fr - juil.-août : 9h-12h30, 14h-18h30, dim. 10h-12h, 14h-17h ; sept.-déc. : tlj sf dim. 9h-12h, 14h-18h, lun. 14h-18h ; janv.-mars : tlj sf fériés 9h-12h, 14h-17h30 ; reste de l'année : tlj sf j. fériés 9h-12h, 14h-18h.*

SE REPÉRER
Carte de microrégion B1-2 (p. 164) – *carte Michelin Départements 307 B/C3-4.* Ce massif, dont la plus grande largeur entre Clermont et Sainte-Menehould ne dépasse pas 12 km, atteint 308 m d'altitude au sud de Clermont. Il représentait jadis un sérieux obstacle à la circulation. Clermont-en-Argonne se trouve à 15 km à l'est de Sainte-Menehould et à 67 km à l'est de Châlons-en-Champagne.

À NE PAS MANQUER
Les sites de la Première Guerre mondiale ; le musée d'Argonne à Varennes-en-Argonne, pour comprendre l'arrestation de Louis XVI.

ORGANISER SON TEMPS
Comptez une journée si vous programmez des visites, en prévoyant de déjeuner à Varennes ou à Beaulieu.

AVEC LES ENFANTS
Les mémoriaux et lieux de combats de 1914-1918.

Situé aux confins des plaines de Champagne, ce pays fut très convoité durant la Grande Guerre, qui marqua la région de son empreinte douloureuse. Voilà pour le passé. Aujourd'hui alternent belles et vastes forêts, mises en valeur par les moines dès le Moyen Âge, paysages vallonnés et prairies verdoyantes, piquetés de villages pittoresques où l'on préserve un artisanat reconnu. Des atouts qui en font une contrée agréable à parcourir, à pied ou à vélo.

Circuit conseillé Carte ci-contre

L'ARGONNE

Circuit tracé en vert sur la carte ci-contre et sur la carte de microrégion (p. 164) – 77 km au départ de Clermont-en-Argonne – Comptez une demi-journée.

Clermont-en-Argonne
Sur le flanc d'une colline boisée dont le sommet (alt. 308 m) est l'un des points culminants de l'Argonne, Clermont affiche un certain cachet au-dessus de la vallée de l'Aire. Ancienne capitale du comté du Clermontois, la ville était

dominée par un château fort entouré de remparts. Elle fit successivement partie de l'Empire germanique, de l'évêché de Verdun, du comté de Bar, du duché de Lorraine, avant de passer à la France en 1632. Louis XIV l'attribua au Grand Condé. Le château fut rasé après la Fronde.

Église St-Didier – Elle possède deux portails Renaissance du 16e s. Les voûtes du transept et du chœur, de style gothique flamboyant, sont particulièrement ouvragées. Remarquez également les vitraux modernes et un « miroir de la Mort », bas-relief du 15e s. Belle Mise au tombeau du 16e s., composée de six statues dont le groupe des trois Marie, en pierre polychrome.

Prenez le chemin à droite de l'église et suivez une allée conduisant à l'extrémité du **promontoire** : vue sur la forêt d'Argonne et la vallée de l'Aire *(table d'orientation)*.

Quittez Clermont-en-Argonne par la D 998, en direction de Neuvilly-en-Argonne, d'où vous suivez la D 946. À Boureuilles, sur la droite, la D 212 conduit à Vauquois. À l'entrée de Vauquois, prenez à gauche le chemin goudronné d'accès à la butte. Laissez votre voiture et gravissez le sentier qui conduit au sommet.

Butte de Vauquois

1 r. d'Orléans - ✆ 03 29 80 73 15 - www.butte-vauquois.fr - visite guidée des installations souterraines les 1er dim. du mois : 9h30-12h ; 1er et 8 Mai, J. du patrimoine : 10h-18h 3 € (enf. 1,50 €).

Les belligérants de la **Première Guerre mondiale** se disputèrent cette butte. Un monument témoin marque l'emplacement de l'ancien village détruit. Un petit chemin suit la ligne de crêtes d'où l'on aperçoit la forêt de Hesse, la butte de Montfaucon et la vallée de l'Aire, et domine plusieurs cratères de mine profonds de 30 m. Le terrain alentour est bouleversé : on peut encore y voir les restes de barbelés et de chevaux de frise.

Rejoignez la D 38 qui mène à Varennes-en-Argonne.

Varennes-en-Argonne

Louis XVI et sa famille furent arrêtés ici alors qu'ils tentaient de rejoindre les régiments qui leur étaient restés fidèles. Ils y vécurent le début d'une longue série d'humiliations. Cet événement historique rendit célèbre cette petite ville qui vit tranquillement sur les bords de l'Aire.

Musée d'Argonne – *✆ 03 29 80 71 17 - www.tourisme-argonne.fr - juil.-août : 14h30-17h30 ; de déb. avr. à fin juin et sept. : sam. et j. fériés 14h30-17h30, dim. 14h30-16h30 - fermé de sept. à déb. avr. - 5 € (-6 ans 2 €).* Installé dans un bâtiment moderne, le musée comprend une exposition sur Louis XVI présentant des documents relatifs au roi et à son arrestation, une galerie consacrée aux arts et traditions de l'Argonne (céramique sigillée de l'Argonne, faïences des Islettes et de Waly) et une salle regroupant des souvenirs des guerres de 1914-1918 et de 1939-1945 (combats souterrains de l'Argonne et intervention américaine).

Du musée jusqu'à l'église, un **itinéraire** jalonné de sept panneaux évoque l'arrestation de la famille royale, dans la nuit du 21 au 22 juin 1791.

Mémorial de Pennsylvanie – Grandiose monument aux morts américains commémorant les combats de 1918. Jolie vue sur l'Aire et sa campagne, au nord.

Poursuivez sur la D 38, puis tournez à gauche sur la route de la Haute-Chevauchée.

Haute-Chevauchée

De violents combats se déroulèrent dans ce haut lieu de la guerre de 1914-1918. Aujourd'hui, la route qui mène au **Kaisertunnel** et au cimetière militaire de la Forestière offre une agréable promenade en forêt. Dans les sous-bois, de part et d'autre de la route, des tranchées et des boyaux sont encore visibles.

✆ 03 29 88 42 22 - www.tourisme-argonne.fr - visite guidée juil.-août : merc., dim. et j. fériés 14h-18h ; reste de l'année : dim. et j. fériés 14h-18h fermé du 11 nov. à déb. avr. - 4 € (-12 ans gratuit) - ouv. 1er dim. de mars et de déc. : 14h-17h.

Revenez sur la D 38, poursuivez jusqu'au Four-de-Paris, puis prenez la D 2 vers Lachalade.

Lachalade

Le village est dominé par l'imposante silhouette d'une ancienne abbaye cistercienne. L'**église** du 14e s. ne comporte plus que deux travées, d'où ses curieuses proportions : les trois premières ont été détruites lors d'un incendie au début du 17e s. Sur la façade ouest, la rose flamboyante provient de l'abbaye St-Vanne de Verdun.

Continuez vers Les Islettes.

Les Islettes

Ce bourg autrefois très actif était connu pour ses tuileries, ses verreries et, surtout, ses faïenceries.

La D 2 traverse Futeau et entre dans la forêt de Beaulieu.

Ermitage de Saint-Rouin

Saint Roding (ou Rouin) était un moine irlandais du 7e s. Retiré en Argonne, il fonda un monastère auquel succéda l'abbaye de Beaulieu. Dans ce beau site forestier a été aménagée une « cathédrale de verdure ». Un bâtiment solitaire, l'Abri des pèlerins, accueille le visiteur puis, sous la voûte des arbres, apparaît une **chapelle** moderne en béton conçue par le R. P. Rayssiguier, disciple dominicain de Le Corbusier. Les **vitraux** multicolores ont été créés par une jeune artiste japonaise.

Poursuivez sur la D 2, puis tournez à gauche vers Beaulieu-en-Argonne.

Beaulieu-en-Argonne

Ancien siège d'une importante abbaye bénédictine, ce village très fleuri s'allonge sur une butte d'où vous aurez de belles vues sur le massif forestier. De l'ancienne abbaye subsistent quelques murs et surtout un **pressoir★** du 13e s. en chêne (la vis est en charme). Les moines pouvaient y presser 3 000 kg de raisin, donnant 1 600 l de jus. *✆ 03 29 70 68 52 - www.beaulieu-en-argonne.com - accès libre tte l'année - gratuit.*

De Beaulieu-en-Argonne, prenez la route forestière qui longe le bâtiment du pressoir (sur la gauche), poursuivez jusqu'au carrefour des Trois-Pins ; continuez tout droit, puis prenez à droite la direction de Rarécourt.

Musée de la Faïence, à Rarécourt

Sur la route, à droite après le pont sur l'Aire - ✆ 03 83 56 95 40 - www.centre-argonne.eu - de mi-juin à fin août : 10h-12h, 14h-18h30, w.-end et j. fériés 10h30-12h, 14h30-18h30 - 4 € (enf. 2,50 €) - possibilité de visite guidée sur demande préalable.
Aménagé dans une maison forte du 17e s., il présente plus de 800 pièces de faïences et terres cuites régionales des 18e et 19e s.

Rejoignez Clermont-en-Argonne par la D 998.

2

NOS ADRESSES EN ARGONNE

HÉBERGEMENT / RESTAURATION

PREMIER PRIX

Hostellerie de l'Abbaye – *7 Grande-Rue - 55250 Beaulieu-en-Argonne - ✆ 03 29 70 38 69 - fermé 2 nov.-14 mars - 8 ch. 50-64 € - 8 € - 13,10 € (midi en sem)/19,50 € (soir en sem.)/19,80/25,50 € (w.-end et j. feriés).* Cette maison, qui borde la rue principale de Beaulieu-en-Argonne, abrite le café local, des chambres bien tenues et un restaurant. Ambiance familiale, jolie vue sur l'Argonne et les massifs forestiers.

POUR SE FAIRE PLAISIR

À Châtel-Chéhéry

Chambre d'hôte Château de Châtel – *8 r. du Château - 08250 Châtel-Chéhéry - 9 km au nord-ouest de Varennes-en-Argonne par D 946 puis D 42 - ✆ 03 24 30 78 54 - chateaudechatel.pagesperso-orange.fr - - 3 ch. 85/90 € - 25/30 €.* Château du 18e s., entouré d'un parc à flanc de coteau, qui mêle vieux meubles, cheminées anciennes, bel escalier d'époque. Piscine chauffée, terrain de jeux, vélos à disposition, étang de pêche…

LE CŒUR DE L'AUBE

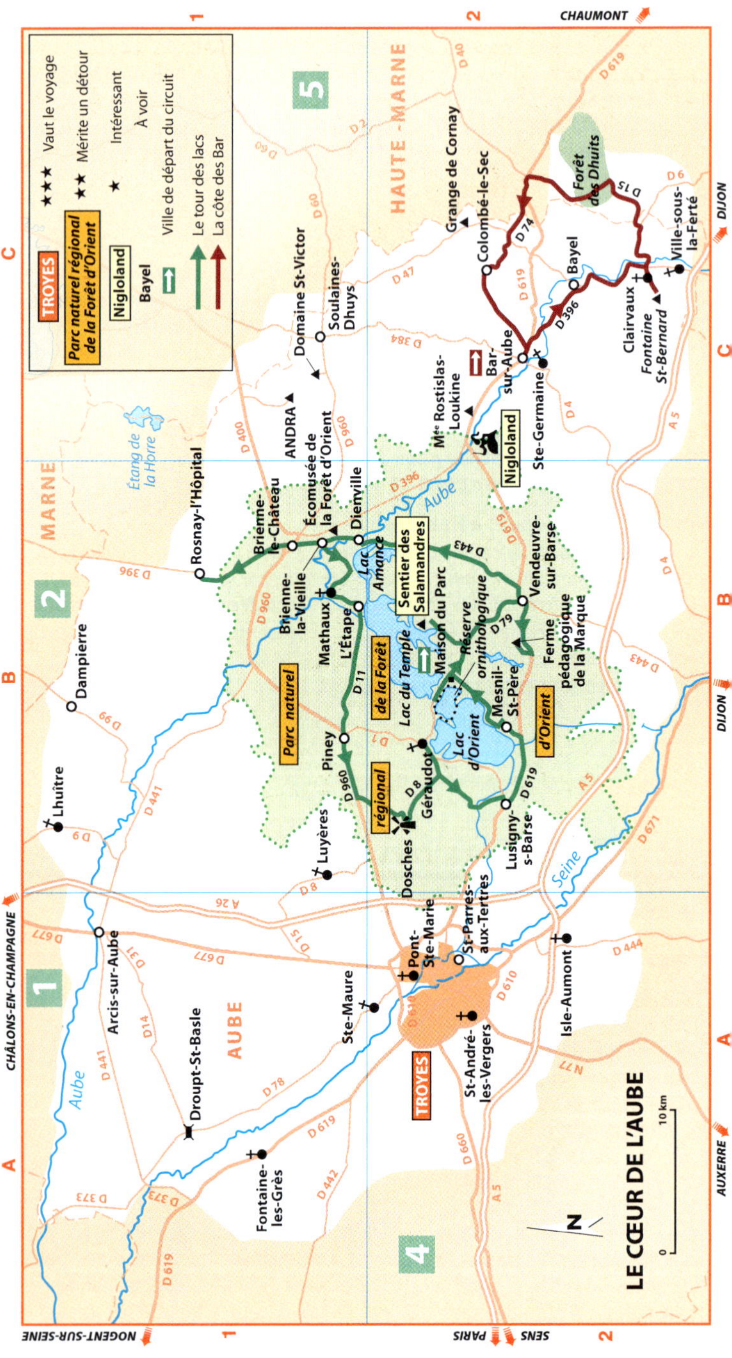

+ d'adresses

Le cœur de l'Aube 3

Carte Michelin Départements 306 – Aube (10)

TROYES★★★ 190

À l'est de Troyes

PARC NATUREL RÉGIONAL DE LA FORÊT D'ORIENT★★ 210

À 53 km à l'est de Troyes

BAR-SUR-AUBE ET SON CIRCUIT 221

À 14 km au sud de Bar-sur-Aube

ANCIENNE ABBAYE DE CLAIRVAUX 229

À 23 km au nord de Troyes

ARCIS-SUR-AUBE 235

Troyes

★★★

61 188 Troyens – Aube (10)

NOS ADRESSES PAGE 205

S'INFORMER

Office du tourisme de Troyes – *16 bd Carnot - 10000 Troyes - ✆ 03 25 82 62 70 - www.tourisme-troyes.com - 1er juin-12 sept. : 9h-12h30, 14h-18h30 ; reste de l'année : 9h-12h30, 14h-18h30 - fermé dim. (sf avr.-oct. : 10h-13h), 1er janv., 25 déc. - 2e bureau r. Mignard (centre-ville) - ✆ 03 25 73 36 88 - 1er juil.-12 sept. : 10h-19h ; juin 9h-12h30, 14h-18h30, dim. 10h-12h, 14h-17h ; avr. et oct. : 9h-12h30, 14h-18h, dim. 10h-12h, 14h-17h ; reste de l'année : tlj sf dim. 9h-12h30, 14h-18h30 - fermé 1er janv., 25 déc.*

Visites guidées – *✆ 03 25 82 62 70 - www.tourisme-troyes.com - de déb. juil. à mi-sept.* Troyes, qui porte le label Ville d'art et d'histoire, propose des **visites-découvertes** animées par des guides-conférenciers agréés par le ministère de la Culture et de la Communication. L'office de tourisme organise par ailleurs des **visites thématiques**, notamment en langage des signes, et des balades originales *(se rens. à l'office de tourisme - tte l'année à dates programmées)*.

Visites audioguidées – *✆ 03 25 82 62 70 - www.tourisme-troyes.com - se rens. à l'office de tourisme - 5,50 €.* Trois balades audioguidées, dont une spécialement dédiée aux juniors et ados, pour un parcours libre de 2h dans le centre historique.

Visites ludiques et familiales – *✆ 03 25 82 62 70 - www.tourisme-troyes.com - itinéraires libres (3h) - livret (3 €) en vente à l'office de tourisme.* Troyes propose une gamme de « rallyes-découvertes » adaptés à tous : « À kid'jouer 4-7 ans », « À kid'jouer 8-12 ans », et « En quête de la Magnifique », etc. Nouveautés : le Géocaching, une chasse au trésor moderne, portant sur le patrimoine culturel et naturel de Troyes s'effectue sur la côte des Bar (à pied et en voiture) ; CAPénigmes (livret 3 €), une manière originale de découvrir Troyes en famille, en répondant à des questions.

Circuit touristique – *✆ 03 25 82 62 70 - www.tourisme-troyes.com - dépliant disponible à l'office de tourisme.* Deux circuits d'env. 1h30 permettent de découvrir les sites importants grâce à une signalétique en centre-ville.

SE REPÉRER

Carte de microrégion A2 (p. 188) – *carte Michelin Départements 313 E4.* Desservi par l'A 5, Troyes possède un centre-ville en forme de bouchon de champagne, délimité par une ceinture de boulevards : on s'y repère par rapport au « corps » et à la « tête ».

SE GARER

Laissez votre voiture derrière l'hôtel de ville. Le nouveau parking souterrain « Cathédrale » se trouve place de la Libération, au pied de la préfecture.

À NE PAS MANQUER

La visite du centre historique, de la cathédrale St-Pierre-et-St-Paul, et du musée d'Art moderne. Les gourmets ne manqueront pas de s'attabler devant une andouillette.

ORGANISER SON TEMPS

Comptez une demi-journée pour la visite du vieux Troyes, 2 jours avec celle des musées. Les magasins d'usine sont particulièrement courus pendant les soldes, qui sont l'occasion de très bonnes affaires.

AVEC LES ENFANTS

Des visites ludiques de la ville sont destinées spécialement au jeune public. Aux alentours, le Parc naturel régional de la Forêt d'Orient, avec ses lacs, offre des espaces et des activités pour tous.

Voilà une cité bien vivante, au charme prenant. Le centre historique, le fameux « bouchon de champagne », conserve jalousement ses maisons à pans de bois et ses ruelles médiévales, parfois si étroites que l'on peut se passer des objets d'une maison à l'autre. On ne se lasse pas de découvrir cette ville d'art, ses hôtels particuliers, ses musées et ses dix églises classées regorgeant de vitraux du 12e au 21e s. Entre gastronomie et escapades, vous pourrez par ailleurs faire de bonnes affaires dans ses célèbres magasins d'usine, hérités d'une tradition bonnetière encore bien vivace. Les environs, enfin, ne manquent pas non plus d'attraits, à l'instar de la voie verte qui se dessine de part et d'autre de la ville.

Se promener Plan de ville

★★ CŒUR HISTORIQUE

Circuit tracé en vert sur le plan de ville (p. 194) – Comptez 3 à 4h. Débutez la visite devant l'hôtel de ville.

Au Moyen Âge, Troyes comptait deux quartiers distincts : la cité, dans la tête du « bouchon de champagne », était le centre aristocratique et ecclésiastique, autour de la cathédrale ; le bourg, dans le corps du « bouchon », était le quartier bourgeois où se tenaient les foires de Champagne.

3

Place Alexandre-Israël B2

Cette grande place bordée de cafés est dominée par la façade Louis XIII de l'**hôtel de ville**. Au-dessus du porche d'entrée, la devise révolutionnaire est demeurée sous sa forme initiale : « Liberté, Égalité, Fraternité ou la Mort. »
Prenez la rue Champeaux.

Rue Champeaux B2

Spécialement large pour une rue du 16e s., c'était la principale artère du quartier.
À l'angle de la rue Paillot-de-Montabert, la **maison du Boulanger** (E) abrite le centre culturel Thibaud-de-Champagne. En face, la **tourelle de l'Orfèvre** (N) doit son nom à la profession de son premier propriétaire. Recouverte en partie d'un damier d'ardoises, elle est soutenue par des cariatides et comporte un atlante aux pieds de chèvre. L'encorbellement, au 1er étage, permettait de gagner de la place et, surtout, de payer moins d'impôts ! À l'époque, en effet, l'impôt était calculé sur la surface bâtie.
En se dirigeant vers l'église St-Jean et en se retournant, on découvre un point de vue sur cet ensemble typiquement troyen du 16e s.
Longez l'église St-Jean, puis prenez la rue Mignard qui ramène rue Champeaux.
En face se trouve l'**hôtel Juvénal-des-Ursins** (B) datant de 1526. Il tire son nom d'une famille champenoise à laquelle appartenait Jean Ier, magistrat du roi Charles VII, né à Troyes. Prévôt des marchands de Paris, il contribua à faire attribuer la régence du royaume à Isabeau de Bavière, en 1408.

Histoire et architecture troyennes

Saint Loup et Attila

Bâtie à l'emplacement d'une forteresse gauloise, la cité des Tricasses est évangélisée au 3e s. Le plus illustre de ses évêques, **saint Loup**, occupe le siège épiscopal durant cinquante-trois ans. En 451, Attila et les Huns envahissent la Gaule, pillant et détruisant tout sur leur passage *(voir p. 62)*. Lorsque l'ennemi atteint Troyes, saint Loup se rend au camp d'Attila et s'offre en otage pour le salut de sa ville. Sa vertu impressionne le chef des Huns qui se détourne de Troyes.

Les comtes de Champagne

Sous la dépendance des évêques jusqu'au 10e s., la cité passe ensuite aux mains des comtes de Champagne. Certains vont embellir et enrichir leur capitale. **Thibaud II** instaure le Conduit des Foires qui garantit la sécurité des marchands. Cette disposition va donner un nouvel élan aux foires de Champagne *(voir p. 63)*, lesquelles vont être à l'origine de la prospérité de la ville.

Son fils **Henri Ier** fonde un certain nombre d'églises et d'hôpitaux (dont l'hôtel-Dieu de Troyes). Il agrandit la ville et mérite le beau surnom de « libéral ».

Thibaud IV, appelé le Chansonnier, devient roi de Navarre en 1234. Il est surtout connu pour ses chansons d'amour qui s'inspirent des grands thèmes de la poésie courtoise. Lorsque la dernière héritière des comtes de Champagne, Jeanne, épouse le roi de France Philippe le Bel en 1284, elle apporte la province dans sa corbeille de mariage.

Le honteux traité de Troyes

Dans la lutte qui oppose les Armagnacs aux Bourguignons, **Isabeau de Bavière**, épouse du roi Charles VI, fait le jeu des Bourguignons et des Anglais. Abandonnant Paris, favorable aux Armagnacs, la reine fait à Troyes le piètre honneur de la choisir pour capitale. Le 21 mai 1420, Isabeau signe avec les Anglais le traité de Troyes qui déshérite le dauphin et livre la France aux envahisseurs. Le pacte est scellé par le mariage d'Henri V, roi d'Angleterre, avec Catherine de France. Le prince anglais est proclamé régent du royaume en attendant de devenir roi, à la mort de Charles VI. Anglais et Bourguignons s'installent en maîtres à Troyes. La ville est délivrée par Jeanne d'Arc, en 1429.

Berceau des compagnons

De nombreuses corporations (maîtres verriers, charpentiers, tailleurs de pierre) se développent à Troyes, lieu d'intense activité économique et artistique au Moyen Âge et à la Renaissance. Le compagnonnage y naît en 1419 par une ordonnance de Charles VI concernant les cordonniers de la ville.

Amateurs d'andouillette

En 1560, pendant les guerres de Religion, Troyes est aux mains des ligueurs, ultra-catholiques commandés par le duc de Guise, gouverneur de Champagne. Une armée royaliste ayant mis le siège devant la ville, ce dernier se réfugie dans la tour de la cathédrale, tandis que les assaillants se répandent dans les faubourgs. Or, c'est dans le quartier St-Denis que l'on fabriquait les andouillettes. Les soldats du roi ne résistent pas à la tentation. Surpris en pleine euphorie, ces amateurs d'andouillettes sont massacrés par centaines, et la ville reste aux mains des ligueurs. En 1595, elle ouvre grand ses portes à Henri IV, qui s'est converti deux ans plus tôt au catholicisme.

Sculpteurs et maîtres verriers

À l'aube du 16e s., la sculpture troyenne atteint un niveau artistique unique. Et la Champagne, terre d'échanges en pleine effervescence, devient un des hauts lieux de création européens. S'inspirant de courants artistiques multiples (art flamand, art parisien, Renaissance italienne…), les sculpteurs installés à Troyes produisent une grande variété de styles. Alors que le gothique s'essouffle au profit du maniérisme naissant venu d'Italie et des Flandres, ils rayonnent avec éclat. À tel point que la province fournit des artistes au grand chantier de Fontainebleau, Primatice et Rosso orchestrant le savoir-faire champenois pour les stucs et sculptures de la demeure royale.

Foyer de création prépondérant et influent, la Champagne troyenne, avec des commanditaires actifs, en pleine Contre-Réforme, orne ses églises. Naissent sous le ciseau expérimenté des sculpteurs, à partir d'un bloc de pierre blanche et douce, des sourires de vierges, des drapés de robes et des postures étudiées qui réveillent la ferveur. Le maniérisme pleinement installé en Champagne anime les œuvres au point de leur donner vie. Leur sensibilité captive.

Les **vitraux** que les ateliers produisent du 14e au 17e s. peuvent être admirés dans les églises de la ville. Parmi les grands maîtres verriers, citons **Jehan Soudain** et **Linard Gontier**. Cette tradition artistique se perpétue au 17e s. avec le peintre **Mignard** et le sculpteur Girardon, nés à Troyes.

Le « pays des bonnets de coton »

C'est ainsi que l'on désigne la ville jusqu'à ce que le bonnet soit relégué au magasin des accessoires de vaudeville. C'est en 1505 qu'apparaissent les premiers bonnetiers troyens, fabricants de bonnets et de bas tricotés à la main. En 1745, les administrateurs des hôpitaux font venir à l'hôpital de La Trinité, dans l'hôtel de Mauroy, des métiers à fabriquer les bas, afin de procurer du travail aux enfants pauvres qu'ils hébergent. Cette initiative est couronnée de succès. La manufacture de La Trinité est imitée, et la communauté des bonnetiers compte 40 membres en 1774. Le rôle de Troyes s'accroît au 19e s. grâce aux constructeurs de métiers à bonneterie locaux, qui placent les bonnetiers troyens dans une situation privilégiée. Aujourd'hui, la bonneterie reste l'industrie dominante de Troyes et du département *(voir p. 38)*.

Architecture troyenne

En 1524, le Grand Incendie ravage le corps du « bouchon ». Ses habitants, qui profitent d'un plein essor économique, reconstruisent des demeures plus luxueuses que l'on découvre en parcourant le cœur historique. Les maisons à colombages Renaissance (16e s.) se composent d'une charpente en poutres de chêne entre lesquelles est intercalé le torchis, mélange de terre et de paille. Les étages en encorbellement reposent souvent sur des consoles sculptées. Ils sont surmontés par des pignons pointus à auvent et un toit en tuiles plates. Certaines demeures adoptent l'appareil champenois, damier de briques et de moellons de craie. Les plus élégantes sont construites en pierre, matériau alors fort onéreux du fait de l'éloignement des carrières.

En 1964, Troyes devient ville pilote pour la mise en place d'un secteur sauvegardé (loi Malraux), qui fait depuis l'objet d'une formidable mise en valeur. À côté de cette architecture traditionnelle, Troyes possède un important patrimoine industriel (19e-20e s.) hérité de sa longue histoire bonnetière : usines, maisons patronales, quartiers ouvriers…

SE LOGER
All Seasons 1
Arlequin 2
Comtes de Champagne (Les) 4
Ibis 10
Royal 15
Troyes (Hôtel de) 16

SE RESTAURER
Bistroquet (Le) 1
Crieurs de Vin (Aux) 9

TROYES

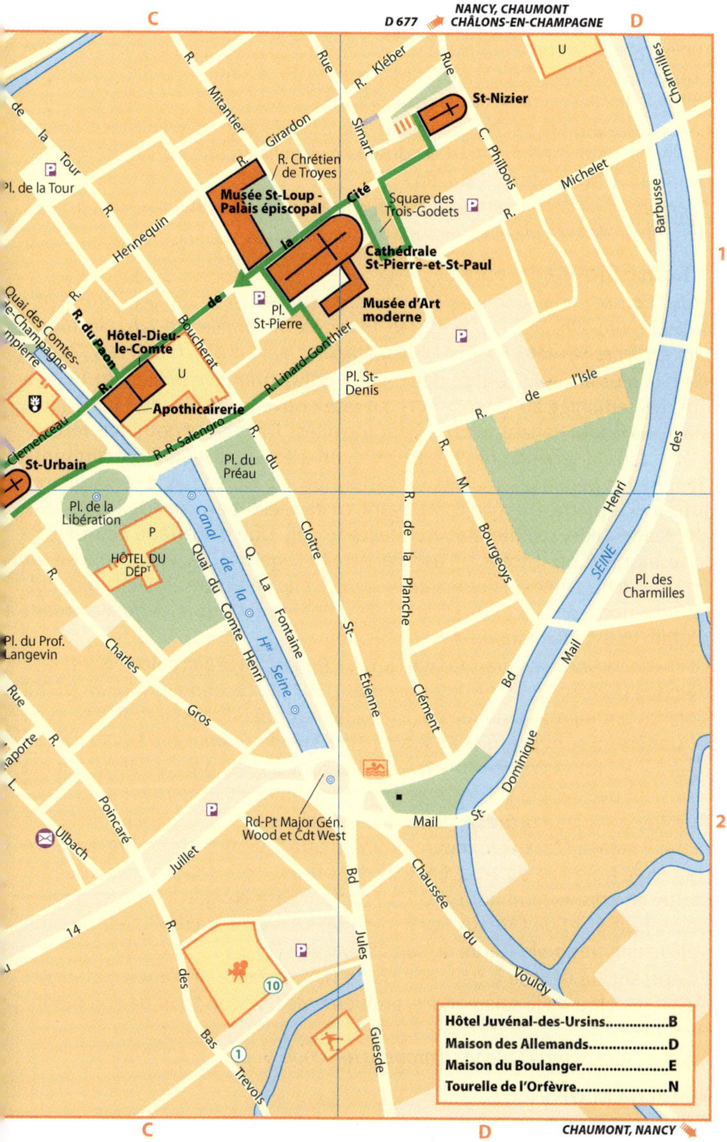

Étoile (L')........................ 10
Jardin Gourmand (Au)........................ 11
Mignardise (La)........................ 12
Table du Marché (La)........................ 14
Tables des Peintres (Aux)........................ 16
Valentino........................ 13

INDEX DES RUES

Bordet (R. Th.)........................ 2
Mignard (R.)........................ 6
Montée des Changes........................ 8
Paillot de Montabert (R.)........................ 10
Quinze-Vingts (R. des)........................ 12
Ursins (R. des)........................ 16

★ Ruelle des Chats B2

Ses maisons à pignons sont tellement rapprochées, de part et d'autre de la ruelle, qu'un chat peut aisément sauter d'un toit à l'autre. Les bornes, à l'entrée, empêchaient les roues des chariots de heurter les murs. La nuit, comme la plupart des autres rues, une herse la fermait.

La ruelle s'élargit et devient la rue des Chats. Sur la gauche, un passage donne accès à la **cour du Mortier-d'Or** dont la très belle architecture a été reconstituée à partir d'éléments anciens.

Reprenez la rue des Chats, tournez à gauche dans la rue Charbonnet, puis à droite dans la rue de la Madeleine.

★ Église Ste-Madeleine B2

16 bd Carnot - ✆ 03 25 82 62 70 - www.tourisme-troyes.com - ♿ - mai-sept. : 10h-13h, 14h-19h, dim. et j. fériés 14h-19h ; reste de l'année : 9h-12h, 13h-16h30, dim. et j. fériés 14h-16h30 - fermé lun. (sf j. fériés), 1er janv., 1er Mai, 1er et 11 Nov., 25 déc.

C'est la plus ancienne église de Troyes. L'église primitive (milieu du 12e s.) a été très remaniée au 16e s. : elle reçut une nouvelle abside (de 1498 à 1501) ainsi que la tour Renaissance de la façade ouest. Dans la nef gothique, reconstruite dans la seconde moitié du 19e s., un triforium aveugle est surmonté de fenêtres géminées, mais toute l'attention est attirée par le remarquable **jubé★★** de pierre. De style flamboyant, ce dernier fut exécuté de 1508 à 1517 par Jean Gailde, sculpteur et architecte troyen. Une balustrade fleurdelisée le surmonte. Côté chœur, un escalier atteint la galerie : sa rampe repose sur une corniche ornée de figures grotesques et de choux frisés. Sur la face collatérale nord, on peut voir un groupe de bois peint, doré et délicatement sculpté (œuvre flamande).

Le chevet est orné de grandes **verrières★** Renaissance aux coloris éclatants : de gauche à droite, la *Vie de Saint Louis* (1507), la *Création du Monde* (1500) dont les premières scènes en bas à gauche (évoquant la séparation des eaux, la lumière…) sont presque abstraites, la *Légende de saint Éloi* (1506), l'*Arbre de Jessé* (1510), la *Passion* (1494) – en bas sont représentés les donateurs et leur saint patron –, la *Vie de sainte Madeleine* (1506) et le *Triomphe de la Croix*.

Admirez aussi les **statues★** : dans le bas-côté droit contre un pilier de la nef, la belle **sainte Marthe★**, œuvre du maître de Chaource, est représentative de l'école troyenne du 16e s. En face, dans le bas-côté gauche, remarquez la statue en bois de saint Robert (15e s.) portant dans chaque main les abbayes de Molesmes et de Cîteaux, qu'il a fondées. Devant le vitrail de la Passion s'élève une très belle statue de saint Sébastien (16e s.).

En sortant de l'église à gauche : porte flamboyante de l'ancien charnier (1525) décorée de la salamandre, emblème de François Ier, et de son monogramme « F ».

Revenez sur vos pas et prenez à droite la rue Charbonnet.

Hôtel de Marisy B2

Édifié en 1531, ce bel hôtel de pierre est orné d'une ravissante tourelle d'angle de style Renaissance, décorée de figures et de blasons.

Prenez à gauche la rue des Quinze-Vingts, puis à droite la rue de la Monnaie.

Rue de la Monnaie AB2

Elle est bordée de belles maisons à pans de bois. Au **nº 34**, l'hôtel de l'Élection (16e s.) est couvert d'essentes. Aux **nos 32** à **36**, l'hôtel de la Croix d'Or (début 16e s.), en pierre et à damier, fut la demeure de Nicolas Riglet, maire de Troyes au milieu du 16e s.

Prenez à gauche la rue des Ursins et gagnez la place Audiffred.

Maisons à pans de bois, rue de la Monnaie.
J.-P. Degas/hemis.fr

Sur cette place, l'ancien **hôtel particulier** (18e s.) de Nicolas Camusat, maire de Troyes en 1759, abrite la chambre de commerce et d'industrie.

Revenez sur vos pas et continuez la rue de la Monnaie. Tournez à gauche dans la rue Colbert, jusqu'à la place Jean-Jaurès, puis à droite dans la rue Huguier-Truelle.

Église St-Nicolas A2

Bd Victor Hugo - ouv. lors des confessions 16h-18h.

Cette église fut reconstruite après l'incendie de 1524. Son portail sud flanqué de pilastres est orné de statues de **François Gentil**. À l'intérieur, la tribune très ouvragée est occupée par la chapelle du Calvaire, avec une loggia et une balustrade. Prendre l'escalier dans le bas-côté pour admirer la voûte à clés pendantes.

Revenez place Jean-Jaurès.

3

Place Jean-Jaurès AB2

Récemment réaménagée, c'est l'ancienne place du Marché-au-Blé. En 2013, un centre commercial ouvrira dans l'ancien bâtiment de la bourse du travail. La maison formant l'angle avec la rue de Vauluisant est un beau témoignage de l'architecture champenoise, en brique et craie. Son encorbellement repose sur des consoles sculptées représentant des visages ; au coin, une jolie Vierge de l'Apocalypse sur son croissant de lune.

Prenez à droite la rue de Turenne.

À l'angle de cette rue, une maison ancienne a été élevée sur un rez-de-chaussée moderne (remarquez la porte d'entrée au 1er étage).

★ Église St-Pantaléon B2

✆ 03 25 82 62 70 - www.tourisme-troyes.com - mai-sept. : 10h-13h, 14h-19h, dim. et j. fériés 14h-19h ; reste de l'année : 9h-12h, 13h-16h30, dim. et j. fériés 14h-16h30 - fermé lun. (sf j. fériés), 1er janv., 1er Mai, 1er et 11 Nov., 25 déc.

Cette église du 16e s. a été voûtée de bois au 17e s. Éclairée de hautes verrières Renaissance, la plupart en grisaille, elle présente un surprenant balcon sinueux et une importante collection de **statues★** : placées principalement sur les piliers de la nef, elles proviennent d'églises et de couvents détruits à la Révolution. Au premier pilier, à droite, la statue de saint Jacques par **Dominique Florentin** serait un autoportrait de l'artiste. Face à la chaire, la belle *Vierge de douleur* est d'esprit gothique, tandis qu'aux piliers du chœur, *La Charité* et *La Foi*, œuvres de Dominique Florentin, sont teintées d'italianisme. Le musée de Vauluisant se trouve à côté de l'église.

★ Musée de Vauluisant B2

4 r. de Vauluisant - ✆ 03 25 43 43 20 - mai-sept. : merc. 14h-19h, jeu., vend. 10h-13h, 14h-19h, w.-end 11h-13h, 14h-19h ; reste de l'année : merc., jeu. 14h-17h, vend. 10h-12h, 14h-17h - fermé 1er janv., 1er Mai, 1er et 11 Nov., 25 déc. - 3 € (-25 ans gratuit) - gratuit J. du patrimoine, la Nuit des musées et 1er dim. du mois.

Construit au 16e s. à l'emplacement d'un édifice appartenant aux abbés de Vauluisant (Yonne), l'hôtel de Vauluisant présente une belle façade Renaissance à tourelles, dont les toits sont surmontés d'épis représentant le soleil et la lune. Il a conservé sa salle d'apparat, avec son plafond à la française et sa splendide cheminée de pierre. Deux musées s'y côtoient.

Musée d'Art troyen★ – Une première section présente un panorama de l'**art** en Champagne méridionale, de l'époque romane à la fin du 16e s., par la fameuse école troyenne : sculptures (*Christ en croix* attribué au maître de Chaource, *Vierge à l'Enfant* en pierre polychrome de Villenauxe, *Mise au tombeau* de Montier-la-Celle), peintures *(Le Songe de saint Joseph, L'Assomption de la Vierge)* et quelques objets d'art.

Une salle évoque l'**architecture** troyenne au 16e s. avec des éléments de pans de bois sculptés (abouts de poutre), des tableaux et des documents graphiques. La salle du **Vitrail** présente un panorama de l'école troyenne de peinture sur verre de la fin du 15e au début du 17e s.

Dans les caves voûtées, collection de carreaux de pavement en terre cuite du 13e au 17e s.

Musée de la Bonneterie – Troyes fut la capitale française de la bonneterie. Plusieurs salles illustrent son histoire et ses procédés de fabrication. Une belle collection de bas à décor brodé, perlé ou incrusté au tricotage, est exposée par roulement. On découvre un ensemble de machines et de métiers dont les plus anciens datent du 18e s. (métiers rectilignes, circulaires, exceptionnelle tricoteuse dite « Jacquard à ficelles ») et la reconstitution d'un atelier artisanal de bonnetier au 19e s.

Revenez rue de Turenne et descendez jusqu'à l'hôtel.

Hôtel de Chapelaines B2

No 55. Il fut construit entre 1524 et 1536 par un riche teinturier dont les descendants anoblis devinrent barons et marquis de Chapelaines. Belle façade Renaissance.

Prenez la rue Général-Saussier, puis tournez à gauche dans la rue de La Trinité.

★★ Maison de l'Outil et de la Pensée ouvrière B2

Hôtel de Mauroy - 7 r. de la Trinité - ✆ 03 25 73 28 26 - www.maison-de-l-outil.com - ♿ - avr.-sept. : 10h-18h ; reste de l'année : tlj sf mar. 10h-18h - fermé 1er janv., 25 déc. - 6,50 € (-18 ans 3 €) - possibilité de visite guidée sur demande préalable - gratuit Nuit des musées.

La Maison loge dans l'**hôtel de Mauroy★★**, construit en 1550 par de riches marchands, et bel exemple de l'architecture troyenne du 16e s. Sa façade sur la rue est appareillée en damier champenois. Dans la cour *(accessible lors de la*

visite du musée), des colombages, des briques, un damier champenois (briques et craie) et des bardeaux (tuiles en bois) s'intercalent autour d'une tourelle polygonale. Remarquez les colonnes de style corinthien supportant la galerie de bois. Grâce à la générosité de Jean de Mauroy, l'hôtel accueillit l'orphelinat de La Trinité. En 1745, on y introduisit des machines pour la fabrication de bas : ce fut le début de la bonneterie mécanique à Troyes.
En 1966, la Ville de Troyes remit cet hôtel entre les mains des **compagnons du Devoir** qui le restaurèrent et y installèrent un musée original, présentant une superbe collection d'outils dits de façonnage à main.
Un itinéraire de visite *(notice d'explication détaillée)* permet d'admirer 8 000 outils du 17e au 19e s., groupés par catégories (haches, varlopes, compas, bigornes…) ou par métiers (charron, vannier, menuisier, maréchal-ferrant, couvreurs…). Un grand nombre de métiers du bois, du fer, du cuir et de la pierre sont ainsi évoqués, témoignant d'une époque où l'habileté manuelle était à l'honneur. Dans la cour à gauche sont exposés, dans une grande salle, des chefs-d'œuvre de compagnons : charpentes d'églises, escalier, porte…
Attenante au musée, la bibliothèque comprend 32 000 ouvrages, dont les deux tiers consacrés aux métiers manuels : ouvrages techniques, encyclopédiques et historiques.
Juste à côté, rejoignez l'angle des rues de la Trinité et Thérèse-Bordet.

Maison des Allemands (D) B2

Construite au 16e s. et décorée au 18e s., cette maison à pans de bois accueillait les marchands d'Allemagne au moment des foires.
Tournez à droite dans la rue Thérèse-Bordet. Par la rue Larivey, rejoignez la rue Général-Saussier.

Rue Général-Saussier B2

L'ancienne rue du Temple – une commanderie de templiers était située au niveau des **nos 1** et **3** – présente un bel alignement de maisons anciennes. Au **no 3**, l'hôtel du Commandeur est une jolie maison de pierre et brique au toit couvert de tuiles vernissées en écaille. Bâtie sous Louis XIII, elle appartenait au commandeur de l'ordre de Malte. Au **no 11** se dresse l'hôtel Dûchatel-Berthelin (18e s.) où Napoléon résida pendant la campagne de France. Dans un angle, au **no 26**, remarquez l'hôtel des Angoiselles agrémenté d'une tour à clocheton.
Revenez sur vos pas et prenez à droite la rue de la Montée-des-Changes, longeant l'hôtel des Angoiselles. Traversez la rue Émile-Zola : la rue de la Montée-des-Changes devient un passage, puis on atteint la place du Marché-au-Pain.

Place du Marché-au-Pain B2

L'ancienne place aux Changes était un lieu où les changeurs installaient leurs tables au cours des foires. Elle offre une vue sur la tour d'horloge de l'église St-Jean aux allures de minaret.

Église St-Jean-au-Marché B2

R. Mignard - fermé pour travaux.
En 1420 fut célébré, dans cette église, le mariage de Catherine de France, fille de Charles VI et d'Isabeau de Bavière, avec Henri V d'Angleterre. La tourelle d'horloge est du 14e s. La nef, assez basse, est de style gothique ; le chœur, réédifié au début du 16e s., est beaucoup plus élevé. Au-dessus de l'autel, on peut voir deux tableaux de Mignard. Le tabernacle de marbre et bronze a été exécuté d'après les dessins de Girardon (1692).
Suivez la rue Urbain-IV en direction de la place de la Libération.

QUEL CARACTÈRE !
Les religieuses de Notre-Dame-aux-Nonnains, à qui appartenait le terrain sur lequel on commençait à édifier l'église, décidèrent d'employer la manière forte pour reprendre leur bien : elles saccagèrent les chantiers. L'abbesse porta le scandale à son comble en souffletant l'archevêque de Tyr qui venait bénir le cimetière de St-Urbain.

★ Basilique St-Urbain C1-2

Pl. Vernier - ✆ 03 25 82 62 70 - www.tourisme-troyes.com - ♿ - mai-sept. : 10h-13h, 14h-19h, dim. et j. fériés 14h-19h ; reste de l'année : 9h-12h, 13h-16h30, dim. et j. fériés 14h-16h30 - fermé lun. (sf j. fériés), 1er janv., 1er Mai, 1er et 11 Nov., 25 déc.

Elle fut construite de 1262 à 1286, par ordre du pape **Urbain IV** (1185-1264) qui était originaire de Troyes, sur l'emplacement de l'échoppe de savetier de son père. C'est un témoignage de l'art gothique champenois du 13e s.

La **façade ouest** date du 19e s. Sous le porche, observez le portail du 13e s. dont le tympan représente le Jugement dernier. Longez l'édifice jusqu'au chevet pour admirer la légèreté des arcs-boutants, l'élégance des fenêtres, la grâce des pinacles, des gargouilles et des autres éléments décoratifs. Les portails latéraux s'abritent sous des porches du 14e s.

Intérieur – Tout l'intérêt se concentre sur le chœur, édifié d'un seul jet. Exemple rare pour le début du gothique, les verrières occupent une surface considérable, réduisant les murs à une simple ossature de pierre. Les **verrières** du 13e s. occupent les médaillons des fenêtres basses du sanctuaire, les fenêtres hautes du sanctuaire et du chœur, et les médaillons de la chapelle St-Joseph, à gauche du chœur. Dans la chapelle à droite du chœur, sur l'autel, se trouve la souriante **Vierge au raisin★**.

Poursuivez jusqu'à la place de la Libération et traversez le canal, récemment aménagé pour les piétons. Prenez la rue Roger-Salengro, puis la rue Linard-Gonthier, célèbre maître verrier du 16e s.

Au **n° 22**, l'hôtel du Petit Louvre (14e s.) est l'ancienne demeure de l'évêque et fut utilisé comme relais de poste en 1821.

Tournez à gauche pour rejoindre la place St-Pierre.

★★ Cathédrale St-Pierre-et-St-Paul CD1

Pl. Saint-Pierre - ✆ 03 25 76 98 18 - ♿ - mai-sept. : 10h-13h, 14h-19h, dim. et j. fériés 14h-19h ; reste de l'année : 9h-12h, 13h-16h30, dim. et j. fériés 14h-16h30 - fermé lun. (sf j. fériés), 1er janv., 1er Mai, 1er et 11 Nov., 25 déc.

Construit du 13e au 17e s., cet édifice est remarquable par ses dimensions, la richesse de sa décoration et la beauté de sa nef.

Extérieur – Très ouvragée, la **façade** (début 16e s.) est due en partie à Martin Chambiges, constructeur du transept de la cathédrale de Beauvais, qui travailla également à la cathédrale de Sens. Elle est ornée d'une belle rose flamboyante. Les trois portails sont surmontés de gâbles ouvragés. Sculptures et statues ont été détruites à la Révolution. Deux tours étaient prévues, mais seule celle de gauche, haute de 66 m, a été achevée au 17e s. À sa base, une plaque rappelle le passage de **Jeanne d'Arc** à Troyes, le 10 juillet 1429.

Contournez la cathédrale par la gauche pour admirer le portail du **transept nord** (13e s.) dont la statuaire (disparue à la Révolution) lui valut le nom de Beau Portail. La partie supérieure est remarquable : une immense rose, qui inscrit ses 12 rayons en ogives dans un carré, est accompagnée de quatre rosaces.

Intérieur – Une impression de puissance et de légèreté s'en dégage. L'élégance de l'architecture, l'harmonie des proportions et l'éclat des vitraux soulignent l'admirable perspective de la nef et du chœur.

Les **verrières★★** permettent de comparer la technique du vitrail à des époques différentes. Les vitraux du **chœur** et du **déambulatoire** datent du 13e s. D'un dessin primitif qui se soucie peu de la perspective, ils charment par la chaleur et l'intensité de leurs coloris : ils représentent surtout de grands personnages isolés (papes et empereurs) et des scènes de la vie de la Vierge. Les verrières de la **nef** (début du 16e s.) sont d'une autre facture : la pureté des tons, où dominent les rouges, et la souplesse de la composition forment de véritables tableaux peints sur verre. On remarque, au nord, l'*Histoire de la Vraie Croix*, la *Légende de saint Sébastien*, l'*Histoire de Job* et l'*Histoire de Tobie* ; au sud, l'*Histoire de Daniel*, celle de *Joseph*, la *Parabole de l'Enfant prodigue* et un magnifique *Arbre de Jessé*.

La **rose de la façade**, œuvre de Martin Chambiges, a été terminée en 1546 et décorée d'une verrière exécutée par Jehan Soudain : *Les Patriarches entourent Dieu le Père*. Elle est partiellement masquée par le buffet d'orgue du 18e s. provenant de l'abbaye de Clairvaux.

Le célèbre vitrail du *Pressoir mystique* (4e chapelle du bas-côté gauche) fut exécuté en 1625 par **Linard Gonthier**. On y voit le Christ étendu sous les montants du pressoir, le sang qui s'échappe de la plaie de son flanc, remplissant un calice. De sa poitrine s'élance un cep de vigne dont les rameaux supportent les douze apôtres (détail).

★ **Trésor** – *juil.-août : 10h-12h, 14h-16h - fermé dim., lun. et j. fériés - gratuit.* Dans une salle voûtée du 13e s. sont exposés : un coffret d'ivoire teinté de pourpre (11e s.) ; quatre émaux cloisonnés (11e s.) de forme semi-circulaire qui présentent les symboles des quatre évangélistes ; un psautier dit du comte Henri, manuscrit aux lettres d'or du 9e s. ; deux couvertures de missel ornées de pierres précieuses ; la châsse de saint Bernard (12e s.) ; des émaux mosans du 12e s.

★★ Musée d'Art moderne CD1

Pl. Saint-Pierre ☏ 03 25 76 26 80 - www.musees-troyes.com - mai-sept. : 10h-13h, 14h-19h, w.-end 11h-19h, fermé lun. ; reste de l'année : 10h-12h, 14h-17h, w.-end 11h-18h, fermé lun. - 5 € (-18 ans gratuit) - gratuit 1er dim. du mois.

3

En 1976, Pierre et Denise Lévy, industriels troyens, firent don à l'État de l'importante collection d'art français (2 000 œuvres) qu'ils avaient rassemblée depuis 1939. Pour l'accueillir, la ville de Troyes fit aménager les bâtiments de l'ancien palais épiscopal.

Le bâtiment – Encadrant une cour sur un flanc de la cathédrale, l'évêché comprend une partie Renaissance où l'on retrouve le damier champenois (brique et pierre), et une aile du 17e s. dont le fronton est orné des armes de l'évêque qui la fit construire.

Depuis 1905, le bâtiment avait perdu sa fonction d'origine au bénéfice de bureaux. Sa restauration a remis en valeur les vastes pièces aux plafonds à poutres ou à caissons, les cheminées monumentales et le très bel escalier Renaissance sculpté.

La collection – Elle comprend 388 peintures (fin du 19e s. et début du 20e s.), ainsi que 1 277 dessins, 104 sculptures, des verreries, des pièces d'art africain et océanien. Elle est particulièrement riche en **œuvres des peintres fauves★★**, surnom donné, au Salon de 1905, à quelques peintres qui « faisaient rugir la couleur ». Les formes étranges et l'absence de perspective leur valurent aussi le surnom d'« invertébrés ». Les toiles de Derain, grand ami de Pierre Lévy, explosent de couleurs dans les représentations de Londres *(Hyde Park, Big Ben)* et de Collioure, ainsi que celles de Vlaminck *(Paysage à Chatou)*, de Braque *(Paysage à l'Estaque)* et de Van Dongen qui utilise le même procédé « fauve » : la couleur pure est étendue en larges aplats dans ses portraits mondains.

Pour la période antérieure aux fauves, on remarquera dans les premières salles deux petits Courbet, un beau double portrait de Degas, une saisissante esquisse de Seurat, un attachant Vallotton et les insolites représentations d'usines de Vuillard. Les œuvres plus récentes comptent des tableaux de Robert Delaunay avant sa période abstraite, de Roger de La Fresnaye, Seurat, Modigliani, Soutine, Buffet, Nicolas de Staël, Balthus et de nombreuses toiles d'**André Derain**, postérieures à sa période fauve.

Pierre Lévy a également constitué un important fonds de Maurice Marinot, peintre troyen qui devint verrier, et dont on admire les créations de style Art déco.

Les dessins, en nombre important, sont présentés par roulement dans une vaste salle d'exposition aménagée dans les combles, sous une belle charpente.

La collection d'**art africain**, exposée comme dans un écrin, comprend des statues, des reliquaires, des cuillers, une statue en bronze du Bénin représentant un suivant de l'Oba et des cimiers – coiffes bambaras figurant des antilopes stylisées qui inspirèrent de nombreux peintres au début du 20e s.

Musée St-Loup - Palais épiscopal C1

R. Chrétien-de-Troyes (entrée par les jardins du musée) - ✆ 03 25 42 20 09 - mai-sept. : 10h-13h, 14h-19h, w.-end 11h-19h ; reste de l'année : 10h-12h, 14h-17h, w.-end 11h-18h - fermé mar. et 1er janv., 1er Mai, 1er et 11 Nov., 25 déc. - 4 € (-25 ans gratuit) - possibilité de visite guidée sur demande préalable 2 € - gratuit Journée du patrimoine, La Nuit des musées et 1er dimanche du mois.

Les bâtiments de l'ancienne abbaye St-Loup (17e et 18e s.) ont été agrandis aux 19e et 20e s. Ils abritent aujourd'hui trois musées :

Musée d'Histoire naturelle – Une partie du rez-de-chaussée est consacrée à la belle collection de mammifères et d'oiseaux du monde entier. Le cloître expose une collection de squelettes (ostéologie), ainsi que des minéraux et des météorites.

★ **Musée d'Archéologie** – Situées dans les vastes caves de l'ancienne abbaye, les collections d'**archéologie régionale★** vont de la préhistoire aux Mérovingiens. Parmi les pièces maîtresses : l'Apollon de Vaupoisson, bronze gallo-romain de 1,10 m de haut, et le trésor de Pouan, ensemble exceptionnel d'armes et d'objets de parure en orfèvrerie cloisonnée et en or massif, provenant d'une tombe princière de la période mérovingienne (5e s.).

La galerie des **sculptures médiévales** donne une idée de l'activité qui régna sur les chantiers de la Champagne méridionale du 13e au 15e s. : chapiteaux, gargouilles, très beau Christ en croix du 13e s.

À l'entresol, les dessins et miniatures du 16e au 18e s. sont présentés par roulement.

Musée des Beaux-Arts – Au 1er étage de l'ancienne abbaye, on peut voir des œuvres de toutes les écoles du 15e au 19e s. Le 17e s. est très bien représenté avec Rubens, Van Dyck, Philippe de Champaigne, Jacques de Létin, Le Brun, Mignard… Pour le 18e s., on retient deux petits tableaux de Watteau (*L'Enchanteur* et *L'Aventurier*), ainsi que des toiles de Natoire, Boucher, Fragonard, Lépicié, Greuze, David et Mme Vigée-Lebrun. Dans ces galeries sont également présentés des sculptures (œuvres de Girardon), des émaux du 16e s. et des meubles.

Remontez la rue de la Cité en longeant le côté nord de la cathédrale, puis tournez à droite et traversez le joli square des Trois-Godets. Revenez rue de la Cité en empruntant la rue Simart à gauche.

Église St-Nizier D1

Cette église du 16e s. se remarque de loin, avec sa toiture recouverte de tuiles vernissées multicolores. Elle abrite une belle Mise au tombeau, une Pietà du 16e s. et un Christ aux outrages de l'école troyenne du 16e s.

Revenez sur vos pas et empruntez la rue de la Cité.

Hôtel-Dieu-le-Comte C1

Quai des Comtes-de-Champagne - ☏ 03 25 80 98 97 - ♿ - mai-sept. : 10h-13h, 14h-19h, merc., jeu. 14h-19h, w.-end 11h-13h, 14h-19h ; reste de l'année : 10h-12h, 14h-17h, merc., jeu. 14h-17h - fermé lun., mar., 1er janv., 1er Mai, 1er et 11 Nov., 25 déc. - 2 € (-25 ans gratuit) - gratuit J. du patrimoine, la Nuit des musées et 1er dim. du mois.

L'ancienne **apothicairerie★** possède une riche collection de 240 bocaux en faïence (18e s.) et une exceptionnelle série de 320 boîtes de bois peint, décorées de motifs souvent végétaux représentant les différentes variétés médicinales. À voir aussi : des mortiers de bronze des 16e et 17e s. L'ancien laboratoire est aménagé en musée : bustes reliquaires du 16e s., pichets en étain.

Retraversez le canal, longez le côté nord de la basilique St-Urbain, rejoignez la place Alexandre-Israël et prenez à droite la rue de la République jusqu'à la place Jean-Moulin.

Médiathèque du Grand Troyes B1

☏ 03 25 43 71 20 - www.mediatheque.grand-troyes.fr - 9h30-19h, lun. et jeu. 12h-19h, 2e dim. du mois 14h-18h - fermé dim., j. fériés - 3 € - possibilité de visite guidée sur demande préalable.

Dans un édifice de verre et de métal, elle accueille une exposition permanente multimédia : « Mille Ans de livres à Troyes ». Autour de la Grande Salle qui contient l'impressionnant **magasin** de livres anciens, un parcours chronologique inversé présente les collections patrimoniales exceptionnelles d'une des plus anciennes bibliothèques de France. Outre de précieux manuscrits, elle regroupe les fonds de l'abbaye de Clairvaux *(voir p. 229)*, un fonds unique de littérature de colportage (la « Bibliothèque bleue », collection de textes populaires, est née à Troyes vers 1620), et une très riche série de reliures romanes.

À proximité Carte de microrégion

3

Non loin de Troyes, de nombreuses localités possèdent une église digne d'intérêt. Le détour sera souvent l'occasion d'une belle découverte.

Pont-Sainte-Marie A2

3 km au nord.

Église de l'Assomption – Au bord de la Bâtarde, cette église du 16e s. présente une belle façade ornée de trois portails monumentaux. Celui du centre est de style flamboyant (niches, archivolte à crochets), et les deux autres de pur style Renaissance (guirlandes, rinceaux). Au-dessus des fonts baptismaux, un vitrail de 1590 figure une allégorie du chrétien livrant le « bon combat ».

Sainte-Maure A2

7 km au nord par la D 78.

église – Elle date du 15e s. et renferme le tombeau de sainte Maure (sarcophage du 9e s.).

Fontaine-les-Grès A1

19 km au nord-ouest par la D 619.

Église – L'église moderne (1966) possède un vitrail et un bénitier du 16e s. provenant de l'ancienne église. Sur le maître-autel, la lumière tombe d'une baie dissimulée dans le clocher, éclairant un Christ en bois de l'école espagnole (13e s.). À l'intérieur, des lambris de bois aux teintes chaudes recouvrent une ossature métallique. Les angles sont coupés par un autel, tempérant ainsi la sécheresse du triangle.

Saint-Parres-aux-Tertres A2

5 km à l'est.

Église – Édifiée sur la tombe supposée de saint Parres, martyr troyen du 3e s., elle date du 16e s. et le portail méridional a conservé son ornementation Renaissance. À l'intérieur, de beaux vitraux du 16e s. Déposés en 1939, ils ont retrouvé leur place. L'église renferme aussi de nombreuses œuvres d'art : statue de *Saint Parres tenant sa tête* dans la chapelle nord, et une ravissante Vierge à l'Enfant dans la chapelle sud.

Nécropole paléochrétienne – Une vitrine d'exposition permet de voir sept sarcophages gallo-romains et différents objets découverts dans les sépultures, suite aux fouilles effectuées à proximité de l'église.

★★ Parc naturel régional de la Forêt d'Orient B1-2

À une dizaine de kilomètres à l'est de Troyes. Voir p. 210.

Luyères B1

18 km au nord-est par la D 960 puis la D 8.

Après plus de trente ans d'une profonde restauration intérieure et extérieure, l'**église du St-Julien** (fin du 15e et début du 16e s.) a rouvert ses portes. Cette église dite « église-halle » compte, en plus de vitraux et de statues du 16e s., un jubé en bois datant de 1552.

Saint-André-les-Vergers A2

4 km au sud-ouest. Prenez le bd Victor-Hugo, le bd de Belgique, puis la N 77 et tournez à droite dans la rue de la Croix-Blanche.

Église – L'église (16e s.) s'ouvre à l'ouest par le portail dit « des Maraîchers », décoré de guirlandes de fleurs, de fruits et de légumes. À l'intérieur : très belles statues en bois polychrome (16e s.) de la Vierge et de saint Jean.

Isle-Aumont A2

13 km au sud-est par la D 671.

Sur l'axe de la Seine, qui fut un axe de passage privilégié, la butte d'Isle-Aumont témoigne d'un passé particulièrement riche. Sur ce promontoire se sont succédé des habitats néolithiques puis celtiques, des sanctuaires païens et chrétiens, un camp viking, des nécropoles, des monastères et des châteaux. Maints vestiges en subsistent, qui ont été révélés par les fouilles. De superbes sarcophages mérovingiens (5e au 8e s.), provenant d'un établissement monastique (5e au 9e s.) détruit par les Normands, indiquent que ce sanctuaire était très fréquenté.

Voie verte à pied, à cheval, et surtout à vélo…

L'aménagement de voies vertes dans le département de l'Aube s'inscrit dans un schéma départemental des itinéraires cyclables, qui confère une place de choix au vélo. Les cyclistes peuvent emprunter la **vélovoie des Lacs**, soit 84 km de pistes sécurisées entre Saint-Julien-les-Villas (à 4 km de Troyes) et le Parc naturel régional de la Forêt d'Orient (au niveau de Dienville). La **voie verte du canal de la Haute-Seine**, quant à elle, s'étend de Barberey-Saint-Sulpice (à 5 km de Troyes) à Saint-Oulph. Le parcours de 27,5 km, en pleine nature, s'effectue au bord de l'eau. Outre la piste cyclable sécurisée le long des berges, un sentier a été aménagé pour les promeneurs et les cavaliers. Fin 2013, cette voie devrait être prolongée jusqu'à Nogent-sur-Seine.

Église St-Pierre – Elle fut rebâtie au 10e s. : de cette phase datent l'abside de forme semi-circulaire, dégagée sous le chœur, ainsi que la table d'autel. En 1097, Robert de Molesme fonda un prieuré bénédictin, mais c'est au 12e s. que commença la construction de l'église actuelle. Plus vaste que la précédente, elle comportait une nef avec deux collatéraux et se terminait par un chœur surélevé, l'ancien ayant été remblayé. Les collatéraux furent démolis au 15e s. et au 19e s., et une seconde nef ajoutée aux 15e et 16e s.

NOS ADRESSES À TROYES

VISITES

Pass'Troyes – *03 25 82 62 70 - www.tourisme-troyes.com - rens. à l'office de tourisme - valable un an - 12 €. Il inclut une visite guidée ou audioguidée, l'entrée dans les musées de la ville, des réductions dans les magasins d'usine, une dégustation de champagne, etc.*

HÉBERGEMENT

PREMIER PRIX

Hôtel Arlequin – *50 r. Turenne - 03 25 83 12 70 - www.hotelarlequin.com - Wifi - 22 ch. 47/88 € - 8 €.* Au cœur du quartier historique, ce charmant hôtel propose des chambres confortables et colorées. Accueil gourmand assuré pour les amateurs de friandises.

Hôtel Les Comtes de Champagne – *54-56 r. de la Monnaie - 03 25 73 11 70 - www.comtesdechampagne.com - - 36 ch. 66/90 € - 9 €.* Les comtes de Champagne auraient jadis battu monnaie dans les quatre maisons du 12e s. qui composent cet hôtel. Chambres rénovées ; celles avec kitchenette conviennent aux séjours familiaux. La cheminée monumentale de la salle des petits-déjeuners témoigne de l'ancienneté du lieu.

BUDGET MOYEN

Hôtel Ibis – *R. Camille-Claudel - 03 25 75 99 99 - www.ibishotel.com - Wifi - - 77 ch. 52/82 € - 9 €.* Au cœur d'un espace de loisirs (bowling, patinoire, cinéma), cet établissement bénéficie de chambres climatisées de bonne taille. Véranda pour les petits-déjeuners.

Hôtel de Troyes – *168 av. du Gén.-Leclerc-de-Hautecloque (ancienne rte de Paris) - 03 25 71 23 45 - www.hoteldetroyes.fr - 4 €- 23 ch. 65/70,50 € - 7,90 €.* Situé à l'extérieur de la ville touristique, cet hôtel compte 23 chambres réparties dans deux bâtiments, reliés entre eux par une véranda lumineuse emplie de verdure. On appréciera les coloris tendance, harmonieusement associés au mobilier contemporain. Soirées étapes en partenariat avec le restaurant « le Sarrail », à 400 m.

À proximité

Chambre d'hôte Moulin d'Eguebaude – *36 r. Pierre-Brossolette - 10190 Estissac - 23 km à l'ouest de Troyes par D 661 puis D 660 - 03 25 40 42 18 - http://moulineguebaude.fr - - 6 ch. 71/76 € - rest. 25 € bc.* Sur un vaste domaine piscicole, moulin à blé champenois (1789) dont les chambres, simples et fraîches, sont plus agréables dans l'annexe. Boutique de produits du terroir aubois. La truite est à l'honneur sur la carte du restaurant, qui évolue au gré du marché.

3

POUR SE FAIRE PLAISIR

All Seasons Hôtel – *r. Camille-Claudel - ✆ 03 25 43 24 24 - www.all-seasons-hotels.com - Wifi - ♿ P 10 €/nuit - 77 ch. 103/111 € ☕.* Installé dans un bâtiment éco-responsable, respectueux de l'environnement jusque dans ses moindres détails, cet hôtel propose des chambres de qualité au design contemporain. Au rez-de-chaussée, un espace jeux est dédié aux enfants. Possibilité de prendre le petit-déjeuner en terrasse aux beaux jours.

Royal Hôtel – *22 bd Carnot - ✆ 03 25 73 19 99 - www.royal-hotel-troyes.com - Wifi - 40 ch. 82/120 € - ☕ 10 €, demi-pension possible - ✕ formule déj. 18,50 € (sf lun. midi) - 24,50/32,50 €.* Bien situé, près de la gare, cet hôtel dispose de chambres simples, fonctionnelles et bien tenues. Celles de la catégorie supérieure (décor classique) sont plus spacieuses. Agréable salon-bar feutré et élégante salle à manger actuelle ; cuisine traditionnelle.

À proximité

Chambre d'hôte Les Beauchots – *412 rte de Lépine - 10120 Saint-Germain (à 5 km au sud de Troyes en suivant la route d'Auxerre) - ✆ 03 25 79 51 92 - www.lesbeauchots.fr - Wifi - ⊭ ♿ P - 5 ch. 85/110 € ☕.* Calme garanti ! Pour se dégourdir les jambes, ce très beau domaine possède un verger, des canaux, un vaste jardin et un petit bois qui rappelle la proximité de la forêt d'Othe. Côté maison de maître (17e-18e s.), 4 chambres et une suite confortables, décorées avec soins. Accueil sympathique.

Chambre d'hôte Domaine de la Creuse – *10800 Moussey - 13 km au sud de Troyes (route de Dijon puis D 444) - ✆ 03 25 41 74 01 - www.domainedelacreuse.com - fermé 20 déc.-5 janv. - P ⊭ - Wifi - 5 ch. 110/130 € ☕.* Cette demeure champenoise du 18e s. abrite d'adorables chambres de plain-pied disposées autour d'une cour intérieure aménagée en jardin. Délicieux petits-déjeuners et accueil parfait.

RESTAURATION

PREMIER PRIX

Aux Tables des Peintres – *ruelle des Chats/23 r. des Quinze-Vingts - ✆ 03 25 73 59 94 - fermé dim. soir et lun. - ouv. mar.- dim. midi 10h-15h, 19h-21h30 (réserv. conseillée w.-end et période estivale) - formule 12 €.* Ici, toiles et cuisine sont maison ! Quand la maîtresse des lieux ne manie pas le pinceau, elle est aux fourneaux pour préparer des plats simples à base de produits frais, à déguster dans une ambiance familiale et conviviale. En été, l'adorable terrasse de la cour intérieure du 16e s. devient un lieu d'animation artistique.

Aux Crieurs de Vin – *4 pl. Jean-Jaurès - ✆ 03 25 40 01 01 - fermé 1re quinz. de janv. et la sem. du 15 août, dim. et lun. - formule déj. 10,90 €.* Amateurs de bonnes bouteilles, cette maison saura vous séduire. D'un côté la boutique de vins et spiritueux, de l'autre le chaleureux bistrot à l'atmosphère « rétro ». Côté cuisine, les plats du marché et les recettes du terroir raviront les connaisseurs.

BUDGET MOYEN

L'Étoile – *11 r. Pithou - ✆ 03 25 73 12 65 - www.etoile-troyes.com - fermé dim. - ouv. lun.-merc. (midi) et jeu.-sam. (midi et soir) - formule déj. 18,10 € - menu « terroir » 22 €.* Cet établissement est réputé pour son andouillette et sa tête de veau maison. Les plats sont copieux et l'ambiance conviviale. Aux beaux jours, possibilité de manger en terrasse sur la rue piétonne.

La Table du Marché – *52 r. du Général-de-Gaulle - ☏ 03 25 73 15 26 - fermé 3 sem. en août, dim. soir et lun. - menu « terroir et patrimoine » 22 €.* À proximité du marché des halles, cette brasserie dans le style des années 1930 propose une cuisine à base de produits frais. Outre l'incontournable andouillette de Troyes, des tripes et des terrines maison, vous pourrez aussi essayer ses moules et ses soles.

Le Bistroquet – *10 r. Louis-Ulbach - ☏03 25 73 65 65 - www.bistroquet-troyes.fr - fermé dim. soir (et dim. midi de mi-juin à mi-sept.) - ♿ - formule déj. 14,90/24,90 € - 20,90/32,90 €.* Banquettes bordeaux, chaises bistrot et lustres rétro : un décor façon brasserie parisienne de la Belle Époque qui sied parfaitement à la cuisine proposée.

Valentino – *35 r. Paillot-de-Montabert - ☏ 03 25 73 14 14 - le.valentino@orange.fr - fermé 2 sem. en août, 2 sem. en janv., dim. et lun. - formule déj. 25 € - 33/55 €.* Cette maison à colombages propose, dans sa salle contemporaine ou sur sa jolie terrasse fleurie, une goûteuse cuisine centrée sur les produits de la mer. Service attentionné.

Au Jardin Gourmand – *31 r. Paillot-de-Montabert - ☏03 25 73 36 13 - fermé 2 sem. en mars, 3 sem. en sept., lun. midi et dim. - formule déj. 18 €.* Cadre intimiste et romantique dans ce restaurant du vieux Troyes. De bons plats du terroir – dont l'andouillette ! – côtoient des recettes plus créatives. Terrasse sous les glycines.

La Mignardise – *1 ruelle des Chats - ☏03 25 73 15 30 - www.lamignardise.net - fermé dim. soir et lun. - ouv. 12h-14h, 19h30-21h30 - ♿ - formule déj. 26/32 € - 36/56 €.* Élégant intérieur (pierres, briques, bois et touches modernes), cuisine au goût du jour et service attentionné : on passe un bon moment dans cette maison à colombages du 16e s.

À proximité

L'Atelier Savoir et Saveur – *15 av. Henri-Barbusse - 10410 Saint-Parres-aux-Tertres - 4 km à l'est de Troyes par D 677 puis D 619 - ☏ 03 25 40 93 69 - ouv. mar., merc. et dim. midi - menus 18,50-21,50 € - carte 30 €.* Un décor recherché, mélange de modernité et d'esprit « zen ». Dans les assiettes, composées comme des tableaux, une cuisine inventive et des plats aussi divers que variés (ris de veau aux noix de St-Jacques mariées au mesclun et au roquefort). Accueil et service de qualité.

Bistrot DuPont – *5 pl. Charles-de-Gaulle - 10150 Pont-Sainte-Marie* (4 km au nord-est de Troyes par D 677 puis D 78) - *☏03 25 80 90 99 - www.bistrotdupont.com - fermé 1 sem. à Pâques, 3 sem. en août, 24 déc.-5 janv., dim. soir, lun., jeu. soir - 19/30 €.* Tout à côté de la Seine, ce sympathique établissement de type bistrot propose une cuisine copieuse et soignée. Ne manquez pas la spécialité maison : l'andouillette.

ACHATS

Spécialités

Les fameuses **andouillettes** se mangent grillées, nature ou arrosées d'huile dans laquelle on a fait rissoler des fines herbes et une gousse d'ail hachée. Elles se dégustent avec de la moutarde au vin de Champagne ou de la moutarde de Meaux. Une purée de pommes de terre, de haricots rouges ou des rondelles d'oignon frites, préalablement passées dans du lait ou de la bière, puis dans de la farine, les accompagnent.

Charcuterie Thierry – *73 av. du Général-Gallieni - 10300 Sainte-Savine - ✆ 03 25 79 08 74 - fermé merc. et dim. - ouv. lun. 9h30-19h, mar.-vend. 8h30-19h, sam. 8h30-18h30.* Une douce odeur vous saisit en poussant la porte de la boutique. C'est bien une charcuterie ! Daniel Thierry y fabrique ses andouillettes 5A à l'ancienne, c'est-à-dire à la main et tirée à la ficelle. Des produits largement récompensés, proposés dans nombre de restaurants, et dont la renommée déborde les frontières de la France. Le maître des lieux élabore d'autres délices, comme la potée champenoise.

La Boucherie Moderne – B2 - *Halles de l'Hôtel-de-Ville - ✆ 03 25 73 32 64 - fermé 2 sem. en fév. et 3 sem. en août.* On fera ici provision des véritables andouillettes de Troyes élaborées par Gilbert Lemelle, le plus grand fabricant français.

Patrick Maury – AB2 - *28 r. du Gén.-de-Gaulle - ✆ 03 25 73 06 84 - fermé lun., dim. et j. fériés - ouv. mar.-sam. 8h30-12h45, 14h45-19h.* Face aux halles, une minuscule boutique jalousée pour ses grandes spécialités. L'andouillette de Troyes y tient évidemment le haut de l'affiche. Elle doit toutefois partager la vedette avec le boudin (blanc et noir, honoré d'une médaille d'or) et autres charcuteries maison.

Autres produits de bouche

Les Halles de l'Hôtel-de-Ville – B2 - *R. Claude-Huez - ✆ 03 25 73 59 80 - lun.-jeu. 8h-12h30, 15h-19h, vend. et sam. 7h-19h, dim. et j. fériés 9h-12h30.* Ce vaste bâtiment de style Baltard, avec parkings en sous-sol, abrite une trentaine de professionnels qui tiennent comptoir ici à l'année. Une foire aux jambons est organisée chaque année mi-avril.

Marchés – Le marché a lieu tous les jours aux halles, pl. St-Remy (B1). Le grand marché se tient le sam. Un autre a lieu dans le quartier des Chartreux le merc. et le dim. mat. Un « marché de terroir » se tient le 3e merc. du mois sur les allées du bd Jules-Guesde - pl. Jean-Macé.

Jean-Pierre-Ozérée – B2 - *Halles de l'Hôtel-de-Ville - ✆ 03 25 73 72 25 - fermé dim. et lun., certains j. fériés (se rens.).* Affinage de fromages, entre autres le chaource, mais aussi le mussy et le langres. Une adresse intéressante pour qui n'a pas le temps de se rendre sur les lieux de production.

Pascal Caffet – B2 - *2 r. de la Monnaie - ✆ 03 25 73 35 73 - www.pascal-caffet.com - ouv. lun. 14h-19h15, mar.-vend. 9h-12h15, 14h-19h15, sam. 9h-19h15, dim. et j. fériés 9h-13h.* Le palais du chocolat… mais aussi de la glace, des sorbets et des pâtisseries. Parmi les spécialités : palais aux amandes, cristallines de Troyes et croc'télé. Tout cela se savoure intensément dans un cadre magnifique.

Cellier Saint-Pierre – C1 - *1 pl. Saint-Pierre - ✆ 03 25 80 59 25 - www.celliersaintpierre.fr - fermé lun., dim. et j. fériés - ouv. mar.-vend. 10h-12h, 15h-19h, sam. 10h-12h30, 14h30-19h30.* En face de la cathédrale, découvrez ce charmant cellier et sa sélection de vins et d'alcools. Possibilité de visiter la cave où la Prunelle de Troyes est fabriquée (sur rdv).

À proximité

Domaine du Moulin d'Eguebaude – *36 r. Pierre-Brossolette - 10190 Estissac - ✆ 03 25 40 42 18 - www.moulineguebaude.fr - fermé 1er janv. et 25 déc.* Visite de l'élevage piscicole (truites et saumons). Chambres *(71 € ☕)* et table d'hôte *(25 € bc).*

Les magasins d'usine

Tout commence dans les années 1950, lorsque Petit Bateau décide de vendre à ses employés les articles présentant de légers défauts, impossibles à commercialiser. Aujourd'hui, Troyes est la capitale des magasins d'usine avec plus de 210 enseignes regroupées dans trois zones. Le site de **Pont-Sainte-Marie** (Marques City et McArthur Glen) se trouve au nord-ouest, vers Châlons-Reims. Celui de **Saint-Julien-les-Villas** (Marques Avenue) est situé au sud-est, vers Chaumont-Dijon.

Marques City – *Pont-Sainte-Marie -de Troyes, bus n°1 en direction de Pont-Ste-Marie (arrêt Magasins)*. Rassemblant plus de 200 marques sur 15 000 m², ce site se distingue par les opérations commerciales pratiquées dans ses 30 magasins tout au long de l'année. L'univers des vêtements de sport ou de ville, des chaussures et de la maroquinerie à prix bas.

Mc Arthur Glen – *Voie du Bois - 10150 Pont-Sainte-Marie - de Troyes, bus n°1 en direction de Pont-Ste-Marie (arrêt Magasins) - ✆ 03 25 70 47 10 - www.mcarthurglen.fr - fermé 1er Mai*. Ce centre regroupe 84 boutiques (environ 210 grandes marques) proposant des articles de fin de série ou surplus de stock de la saison précédente, à prix réduits.

Marques Avenue – *Av. de la Maille - 10800 Saint-Julien-les-Villas - de Troyes, bus n° 2 en direction de Buchères (arrêt Bréviandes) - ✆ 03 25 82 80 80 - www.marquesavenue.com*. Avec 120 boutiques, c'est le plus grand centre de magasins de destockage en Europe. Vous y trouverez toute l'année les plus grandes marques de la mode et de la maison à prix réduits.

EN SOIRÉE

Le Bougnat des Pouilles – B2 - *29 r. Paillot-de-Montabert - ✆ 03 25 73 59 85 - à partir de 17h (mar.-sam.) - fermé 2e quinz. d'août*. Le patron déniche lui-même les crus de son bar à vins chez les petits propriétaires de la région. Il prête régulièrement les cimaises de ses murs pour des expos de peinture et de photographie. L'ambiance est des plus tranquilles et la musique oscille entre jazz, blues et worldmusic. Concert 2 fois par mois.

Le Tricasse – B2 - *16 r. Paillot-de-Montabert - ✆ 03 25 73 14 80 - ouv. tte l'année 15h-3h - fermé dim*. Le pub le plus renommé des nuits troyennes s'offre un cadre de standing et affectionne un joyeux éclectisme musical allant du jazz à la salsa, en passant par la house *(soirée DJ vend. et sam.)*.

Théâtre de la Madeleine – B1 - *R. Jules-Lebocey - ✆ 03 25 43 32 10 - www.theatredelamadeleine.com - fermé août*. Beau théâtre à l'italienne datant du 18e s., restauré et remanié au 19e s. puis dans les années 1970. Programmation : théâtre, danse…

Théâtre de Champagne – B1 - *R. Louis-Mony - ✆ 03 25 76 27 60 - www.maisonduboulanger.com. Location à la Maison du Boulanger - 42 r. Paillot-de-Montabert - ✆ 03 25 40 15 55 - tlj sf dim. et lun. 9h-12h, 14h-18h, sam. 10h-12h, 14h-17h - fermé juil.-août*. Spectacle Lyrique, comédie, théâtre d'auteur, variétés.

ACTIVITÉS

La Halle aux vélos – *25 r. Louis Ulbach - ✆ 03 25 80 00 80 - www.hallesauxvelos.com - ouv. oct.-avr. : lun.-dim. 9h30-12h, 15h-18h ; mai-sept. : lun.-dim. 8h30-12h, 14h-19h - location demi-journée (6 €), w.-end (17 €) et à la sem. (30 €).*

3

Parc naturel régional de la Forêt d'Orient

★★

Aube (10)

NOS ADRESSES PAGE 218

S'INFORMER

Office du tourisme des Grands Lacs et de la Forêt d'Orient – *Maison du Parc - 10220 Piney - ✆ 03 25 43 38 88 - www.lacs-champagne.fr - juil.-août : 10h-18h ; avr.-juin et sept.-oct. : 10h-12h30, 13h30-17h30 ; nov.-déc. : 13h-17h ; reste de l'année : tlj sf w.-end et j. fériés 13h-17h.* La Maison du Parc propose des sorties de découverte de la nature au fil des saisons : initiation à la botanique, aux chants d'oiseaux, connaissance des champignons ou des oiseaux migrateurs…

SE REPÉRER

Carte de microrégion B1-2 (p. 188) – *carte Michelin Départements 313 F/H 3-4.* Reliquat de la forêt du Der qui couvrait la région du pays d'Othe aux coteaux de Saint-Dizier, la forêt d'Orient occupe plus de 10 000 ha de terrains humides, parsemés d'étangs. Le Parc est situé aux portes de Troyes, à 15 km par la D 619.

À NE PAS MANQUER

Une promenade à pied, à vélo ou à cheval sur l'un des nombreux itinéraires aménagés à travers cet environnement d'eau et de forêts.

ORGANISER SON TEMPS

L'observation des oiseaux est la plus intéressante lors des migrations, de la fin de l'été au début du printemps. Prévoyez une bonne journée pour le circuit et prenez le temps de faire quelques pas en forêt, une halte à la plage, ou de découvrir les sites (attention aux horaires).

AVEC LES ENFANTS

La Maison du Parc et ses expositions instructives ; le Grimpobranches du lac d'Orient ; l'écomusée de la Forêt d'Orient, à Brienne-la-Vieille ; la ferme pédagogique de la Marque ; le sentiers des Salamandres et celui du Lapin Blanc, à Mesnil-Saint-Père ; les plages proposant de nombreuses activités, ainsi que l'Espace Faune et la réserve ornithologique de la Forêt d'Orient.

Ce Parc naturel régional de 82 000 ha, couvert sur près d'un tiers de forêts et de bois, s'étend à la limite de la Champagne crayeuse et de la Champagne humide. À la variété et à la beauté des paysages et du patrimoine bâti, à la richesse d'une faune et d'une flore admirablement préservées, s'ajoute la perspective d'une multitude d'activités : randonnée à pied ou à vélo ; découverte de ses trois grands lacs et de ses nombreux étangs, où l'on vient pour se détendre, piquer une tête, plonger ou taquiner le poisson ; observation des animaux, du vol des oiseaux migrateurs ou du ballet des batraciens.

Se promener Carte p. 212-213

Les lacs totalisent une centaine de kilomètres de rivages. Un parcours de 42 km dans la forêt du Temple et sur la **Vélovoie** *(voir « Nos adresses à… »)*, qui emprunte notamment la digue du lac Amance, permet de découvrir les trois lacs ainsi que le patrimoine de leurs villages à pans de bois. Les fiches des chemins de randonnée sont téléchargeables sur le site de l'office du tourisme intercommunal des grands lacs et de la Forêt d'Orient *(voir « S'informer »)*.

Lac d'Orient

Mis en eau en 1966, il forme un superbe plan d'eau de 2 300 ha qui permet de pratiquer la **voile** (dériveurs, catamarans) et la **plongée**. Mesnil-Saint-Père constitue la **base nautique** la plus importante du lac d'Orient, avec un **port** de 250 anneaux *(capitainerie du port de Mesnil, voir « Nos adresses à… »)*.
Une route touristique en fait le tour, offrant de belles vues, notamment entre Mesnil-Saint-Père et la Maison du Parc, et en faisant un détour par Montreuil-sur-Barse.

Trois **plages** de sable aménagées pour la baignade *(surveillées en juil.-août)* sont situées à Mesnil-Saint-Père, Géraudot et Lusigny-sur-Barse.

Lac du Temple

Mis en eau en 1990, il couvre une superficie de 1 830 ha. C'est le rendez-vous des amateurs de **pêche** et de **canoë**.

Lac Amance

Ses 490 ha sont réservés au **motonautisme** : ski nautique, jet-ski, bateaux à moteur… *(capitainerie du Port-Dienville, voir « Nos adresses à… »)*.

Vous pouvez aussi vous prélasser dans l'**anse Arcot** qui abrite une **plage** *(surveillée en juil.-août)*.

Ces deux derniers lacs, reliés par un canal de jonction de 1 500 m, sont constitués par les cuvettes naturelles de deux affluents de l'Aube : l'Amance et l'Auzon (avec le ru du Temple). Un **observatoire ornithologique** a été aménagé à l'entrée du canal.

UN ESPACE NATUREL PROTÉGÉ

Les plans d'eau de la Forêt d'Orient, où domine le **chêne**, mais qui abritent aussi des charmes et quelques essences replantées après les destructions de la dernière guerre (pin sylvestre, épicéa…), ont été créés pour régulariser les cours de l'**Aube** et de la **Seine**, comme le lac du Der avec la Marne un peu plus au nord. Avec la mise en eau des lacs, le Parc est devenu une halte des oiseaux migrateurs : parmi les **260 espèces** répertoriées, on peut y observer des oiseaux rares comme le pyrargue à queue blanche, la cigogne noire ou les oies grises. Certains y élisent domicile pendant tout l'hiver.
Créé en 1970, le Parc naturel régional s'étend sur 82 000 ha et regroupe 58 communes. Il a pour mission de contribuer à préserver l'équilibre naturel, de sauvegarder le patrimoine culturel et architectural, et d'assurer le développement économique et social.
Son nom perpétue le souvenir des anciens propriétaires de la forêt : les **chevaliers d'Orient**, hospitaliers et templiers. Cet ordre fut fondé en 1113 par le chevalier **Hugues de Payns** qui portait le nom d'un village situé au nord-ouest de Troyes *(voir p. 69)*.

Circuit conseillé Carte ci-dessous

LE TOUR DES LACS

Circuit tracé en vert sur la carte ci-dessous et sur la carte de microrégion (p. 188) – 82 km – Comptez au moins une demi-journée. Partez de la Maison du Parc située entre le lac d'Orient et le lac du Temple, sur la D 79.

Bon à savoir – Le circuit des 40 chefs-d'œuvre du Parc permet de découvrir les principaux points d'intérêt du territoire.

Maison du Parc

Voir la rubrique « S'informer ».

Cette maison troyenne du 16e s., déplacée et remontée dans la forêt de Piney, entre le lac d'Orient et le lac du Temple, est le siège du Syndicat mixte du Parc naturel régional de la Forêt d'Orient et de l'office de tourisme intercommunal. Lieu d'accueil pour les visiteurs et les randonneurs, elle propose une **exposition** permanente sur l'histoire du Parc (formation des lacs), sa faune et sa flore, et des expositions temporaires sur le patrimoine naturel et culturel de la région. Borne multimédia pour découvrir les oiseaux du parc.

Un espace est réservé aux enfants (film, jeux, etc.).
Prenez la D 79 en direction de Vendeuvre-sur-Barse sur 4 km, puis tournez à gauche sur la route forestière du Temple jusqu'au parking.

★ Sentier des Salamandres

2,5 km - 2h - ✆ 03 25 43 38 88 - www.lacs-champagne.fr - Un guide illustré et un dépliant sont en vente à la Maison du Parc. Au départ de la route forestière du Temple, ce sentier de découverte est jalonné de panneaux d'interprétation sur la forêt, sa gestion et ses hôtes sauvages.
Faites demi-tour pour reprendre la D 79 en direction de Vendeuvre-sur-Barse.

Vendeuvre-sur-Barse

Église St-Pierre-et-St-Paul – Cet édifice du 16e s. présente, au-dessus du portail nord, une intéressante sculpture Renaissance et une chaire provenant de l'abbaye de Clairvaux. À l'extérieur, à droite, on découvre une Pietà du 16e s.

Château de Bellevue – *Ne se visite pas.* Il fut construit aux 16e et 17e s. sur les vestiges d'une ancienne forteresse (1107). Ce vaste édifice domine un agréable parc d'où partent des petits sentiers pédestres.
Sortez de Vendeuvre par la D 619 et poursuivez jusqu'à Champ-sur-Barse.

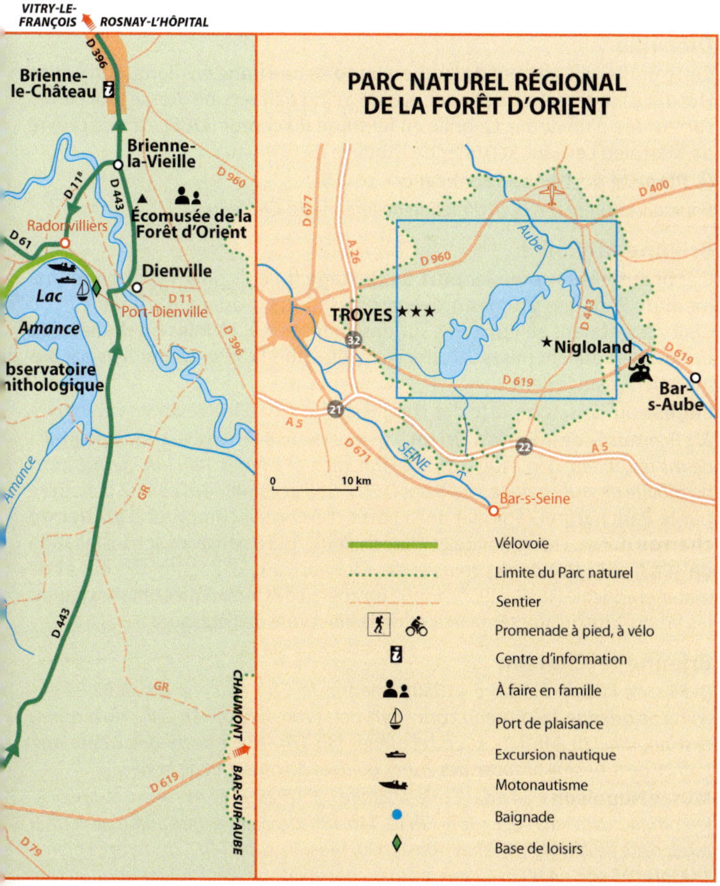

LA SAINTERIE DE VENDEUVRE

La porte d'entrée, ornée d'un décor néogothique, ainsi que les bâtiments témoignent de l'importance de cette **manufacture d'art religieux**, qui fonctionna de 1842 à 1961. Ses statues ornaient nombre d'églises de France et de pays étrangers où se trouvaient des missionnaires, notamment dans les anciennes colonies. Mais les colonies ayant disparu, et l'art de la statuaire ayant évolué, l'entreprise ne survécut pas aux évolutions de la seconde moitié du 20e s. Le Paradis, construit pour exposer les modèles, a été démoli en 1979. On projette de le reconstituer au château…

Ferme pédagogique de la Marque

03 25 41 47 97 - www.fermedelamarque.com - - visite guidée sur demande préalable - 6,80 € (-14 ans 5,80 €).

Une découverte intéressante de la ferme et de ses animaux, pour les petits et les parents. Comment nourrir les bêtes, participer à la traite des vaches, découvrir la forêt et son monde, comment faire du pain, de la culture du blé à la fabrication… les thèmes ne manquent pas.

Reprenez la D 619 jusqu'à Vendeuvre, puis la D 443 en direction du lac Amance.

Dienville

Cette petite ville au bord de l'Aube comporte une **halle** en pierre. Son **église** (16e-18e s.) se caractérise par une abside à cinq pans et une grosse tour carrée surmontée d'un dôme. La grille en fer forgé du chœur (1768) est une œuvre de Matthieu Lesueur, serrurier de l'abbaye de Clairvaux.

Plage et port *(voir « Se promener », p. 211).*

Poursuivez sur la D 443 en direction de Brienne-le-Château.

Brienne-la-Vieille

C'était autrefois le premier **port de flottage** du bois pour l'approvisionnement de Paris. Les grumes provenant des forêts d'Orient, du Temple et de Clairvaux étaient acheminées sur des chariots. Là, réunies en radeaux ou brêles, elles étaient mises à flotter sur l'Aube puis la Seine et guidées par des mariniers jusqu'à Paris.

L'**église** du 12e s. comporte des statues du 15e s. et d'intéressants vitraux.

Écomusée de la Forêt d'Orient – *03 25 92 95 84 - www.lacs-champagne.fr - de mi-fév. à déb. déc. : 10h-12h, 14h-18h, dim. et j. fériés 14h-18h - fermé lun. - possibilité de visite guidée 5 € (-8 ans 2 €) ; 7 € billet combiné avec les 2 sites.* Géré par le Parc naturel régional de la Forêt d'Orient, il comprend l'**atelier du charron** (forge, charronnage et maréchalerie), qui a conservé son installation de 1903, et la *Maison des Jours et des Champs* : une collection d'outils et de matériel agricole (1850 à 1950) donne un aperçu des techniques utilisées depuis les labours jusqu'aux semailles, et de la vie rurale de l'époque.

Brienne-le-Château

34 r. de l'École-Militaire - 10500 Brienne-le-Château - 03 25 92 82 41 - www.ot-brienne-le-chateau.com - avr.-oct. : 10h-12h30, 14h-18h ; nov.-mars : tlj sf lun. 10h-12h, 14h-17h, w.-end et j. fériés 14h-17h - fermé de mi-déc. à déb. janv. L'office de tourisme propose des visites guidées du musée et de la ville.

Musée Napoléon – *34 r. de l'École-Militaire - 03 25 92 82 41 - www.ot-brienne-le-chateau.com - avr.-oct. : 10h-12h30, 14h-18h (dernière entrée 30mn av. fermeture) ; reste de l'année : tlj sf lun. 10h-12h30, 14h-17h, sam. 14h-17h - fermé 1er janv., 1er Mai et 25 déc. - 4,90 € (-12 ans gratuit) - possibilité de visite guidée - gratuit Nuit* *des musées.* Dans l'**ancienne école militaire** fondée en 1776 pour les enfants de la noblesse désargentée se destinant aux métiers des armes, ce musée présente quelques souvenirs de la vie de l'Empereur et de la campagne de France, ainsi que l'organisation de l'enseignement dans cet établissement. La visite comprend la projection d'un film documentaire sur le musée et ses collections. Dans l'ancienne **chapelle des Carmélites** est exposé le **trésor des églises** des communes du parc de la Forêt d'Orient et de sa région : sculpture, peinture, orfèvrerie religieuse dont une cinquantaine de vases sacrés.

Hôtel de ville – L'Empereur légua à la ville de son adolescence une somme de 1 200 000 francs, dont une partie servit à construire l'hôtel de ville. Inauguré en 1859, il porte au fronton une effigie de Napoléon dans un médaillon surmonté d'un aigle. La statue de Bonaparte, devant l'hôtel de ville, témoigne du costume des élèves de l'époque : habit bleu avec parements, veste et culotte rouge.

Église St-Pierre-et-St-Paul – Fortement endommagé par l'incendie qui, en 1940, détruisit une grande partie de la ville, l'édifice a été restauré à l'identique. Construite en pierre de Champagne, cette église, où le futur Napoléon fit sa première communion, comporte une nef du 14e s. et un chœur à déambulatoire du 16e s., éclairés par des vitraux Renaissance à l'iconographie originale (celui de gauche retrace l'*Histoire de Noé*, celui de droite, la *Légende des saints Crépin et Crépinien*, deux frères martyrs du 3e s.). À voir aussi : le bénitier du 16e s. en forme de cloche, les fonts baptismaux et les grilles de chœur du 18e s.

Halles – Sous la belle charpente du 16e s., qui supporte un grand toit à pans couvert de tuiles, se tient toujours le marché du jeudi matin.

★ **Château** – *Ne se visite pas.* Bâti de 1770 à 1778, cet imposant château couronne de sa masse blanche la colline qui domine Brienne. Surnommé le « Versailles de l'Aube » en raison de l'aménagement du parc et de l'intérieur, il est aujourd'hui occupé par le Centre psychothérapique départemental. Passant devant l'hospice du 18e s., une allée monte à la grille d'honneur : **vue** sur le château, de sobre architecture Louis XVI.

NAPOLÉON, UN PARCOURS À BRIENNE

Le jeune Corse avait 9 ans lorsqu'il entra à l'école, tenue par des religieux minimes. Son père lui avait obtenu une bourse après avoir justifié de la noblesse de la famille Bonaparte. Petit, le teint pâle et parlant médiocrement le français, Napoléon se sentait peu à l'aise au milieu de ses camarades qui l'avaient surnommé « la paille au nez » en raison de son prénom bizarre qu'il prononçait Napoillonné, à l'italienne. Cependant, son air sombre, son attitude fière et son caractère susceptible en imposaient déjà.

L'adolescent excellait dans les exercices militaires et en mathématiques. Malgré sa faiblesse en français et en latin, il fut mis sur la liste des élèves capables d'entrer à l'École militaire de Paris, avec cette appréciation : « Monsieur de Buonaparte (Napoléon), né le 15 août 1769. Taille de 4 pieds, 10 pouces, 10 lignes. Bonne constitution ; excellente santé ; caractère soumis. Honnête et reconnaissant, sa conduite est très régulière. Il s'est toujours distingué par son application aux mathématiques ; il sait passablement l'histoire et la géographie ; il est faible dans les exercices d'agrément. Ce sera un excellent marin. » Le 22 octobre 1784, une lettre signée du roi le reconnut cadet gentilhomme.

Napoléon revint à Brienne à la fin de janvier 1814. On imagine que certains de ces anciens camarades moqueurs durent raser les murs… Avec une armée composée essentiellement de conscrits sachant à peine tenir un fusil, l'Empereur y attaqua les Prussiens et les Russes qu'il refoula sur Bar-sur-Aube.

3

Depuis la halle, prenez la rue du Pont puis à gauche la rue des Fours-du-Château.

L'arboretum – *Accès libre. Aire de pique-nique aménagée.* Il est situé sur la côte des vignes qui domine la ville : vous cheminerez parmi les nombreuses essences, dont un araucaria du Chili (appelé aussi « désespoir du singe » parce que ses feuilles très pointues rendent son ascension difficile) et un séquoia géant.

La promenade briennoise – *7 km. Itinéraire balisé, dépliant disponible à l'office du tourisme de Brienne.* Au départ de l'office de tourisme, ce circuit, qui relie les principaux sites d'intérêt de la ville, vous mènera jusqu'à l'arboretum, poursuivant ensuite à travers les vignes jusqu'à **Brienne-la-Vieille** et son écomusée *(voir p. 214).*

Prenez la D 396 sur 9 km en dir. de Vitry-le-François.

Rosnay-l'Hôpital

église Notre-Dame – *Juil.-août : dim. 15h-17h ; reste de l'année : clé disponible en échange d'une pièce d'identité auprès de la personne notée sous le halloy.* Sur les bords de la Voire, une « motte » jadis fortifiée porte cette église des 12e et 16e s. Remarquez la dalle funéraire (16e s.) située dans le bas-côté gauche. En longeant l'édifice par la gauche, on parvient à l'escalier qui descend dans une vaste **crypte** du 12e s., rebâtie au 16e s. tout comme l'église haute.

LE SAVIEZ-VOUS ?

Dans le Briennois, la culture du **chou** s'est développée avec l'installation des Alsaciens, il y a un siècle. Depuis, la choucroute au champagne est devenue une spécialité locale. La Fête de la choucroute a lieu chaque année, le 3e week-end de septembre.

Revenez à Brienne-le-Château. Prenez la D 11 vers Radonvilliers, puis la D 61 vers Mathaux.

Mathaux

Ce village présente une jolie **église** à pans de bois (18e s.), inspirée par l'architecture religieuse en pierre, dont le clocher carré est recouvert d'écailles de bois. Elle accueille un ensemble de statues des 16e-17e s.

Plusieurs des églises à pans de bois du circuit de découverte au départ de Montier-en-Der *(voir p. 324)* sont situées dans la zone du Parc.

Prenez la D 11A vers L'Étape.

À **L'Étape**, continuez tout droit jusqu'aux **digues** qui offrent la possibilité de faire quelques pas avec de vastes vues sur le lac Amance.

Récupérez la D 11 en direction de Piney : vous enjambez le **canal de restitution** des eaux du lac du Temple.

Piney

La belle **halle** en bois du 16e s. est remarquable par son volume et la qualité des matériaux utilisés. L'**église** (16e-19e s.) conserve des vitraux du 16e s. sur le thème de la Création et abrite l'immense tableau des vœux de la duchesse et du duc de Piney-Luxembourg.

Sortez de Piney par la D 960, puis empruntez la D 48 vers Dosches.

Le moulin de Dosches

Association Les Moulins à vent champenois - Ruelle du Pré-Naudet - 10270 Lusiny-sur-Barse - 03 25 41 55 88 - http://moulindedosches.free.fr/ - mars et nov. : 14h-18h, fermé mar. et sam. ; avril : 10h-12h, 14h-18h, dim. 14h-18h, fermé mar., sam. ; mai.-oct. : 10h-12h, 14h-18h., sam. et dim. 14h-18h, fermé mar. - 2 € (gratuit pour les enf. accompagnés de moins de 12 ans) - visite de groupe tte l'année sur RV - 4 €.

Ses grandes ailes et sa silhouette imposante sont visibles depuis la route menant à Dosches. Ce moulin à vent sur pivot de bois est la réplique d'un modèle du 18e s. et correspond à ceux qui parsemaient le paysage champenois. Une grange à dîme du 15e s. a été remontée sur place (elle servait à entreposer la dîme, impôt agricole perçu le plus souvent en nature, donc correspondant à une part de la récolte). En fonction des possibilités, vous pourrez assister au cérémonial du blé écrasé entre les meules de silex.
En face, deux **jardins**, jolis et bien conçus, vous attendent : l'un est dédié aux plantes médicinales, l'autre, dit « des délices », fait la part belle aux senteurs et aux fleurs.
Sortez de Dosches par la D 8 jusqu'à Vaudemanche, puis empruntez la D 1 vers Géraudot.

Géraudot

Église – Précédée d'un porche en bois, elle possède une nef du 12e s. et un chœur du 16e s. Au maître-autel, un beau retable Renaissance en pierre polychrome représente *La Crucifixion* et *La Résurrection*. Remarquez les vitraux du 16e s.
Poursuivez sur la D 1, puis bifurquez vers Lusigny-sur-Barse (D 1G).
Accès à la **plage** un peu avant d'arriver au village de Lusigny.
Sentier sylvestre – *9 km - 2h30. Topoguide en vente à la Maison du Parc.* L'itinéraire balisé au départ de la plage de Lusigny permet de découvrir les essences caractéristiques du massif de Larivour-Piney.

Lusigny-sur-Barse

À l'entrée du village, une **sculpture** (1986) enjambe le canal de la Morge. Cette arche d'acier galvanisé et de chêne (25 m de diamètre) laisse pendre une aiguille en acier inoxydable au-dessus d'un trou d'eau. Par cette œuvre, Klaus Rinke, professeur de sculpture constructive à la Kunstakademie de Düsseldorf, a voulu célébrer le thème de l'eau évoqué par **Bachelard** dans *L'Eau et les Rêves*.
Empruntez la D 619 vers Bar-sur-Aube, puis tournez à droite vers Mesnil-Saint-Père.

3

Mesnil-Saint-Père

Grâce à un sol particulièrement argileux, le village fut célèbre dans la région dès le 12e s. pour la fabrication des **tuiles émaillées**, des briques et des carrelages.
Plage et port *(voir « Se promener », p. 211).*
Sentier du Lapin Blanc – *03 25 43 38 88 - www.lacs-champagne.fr - 3 km - 1h30. Dépliant disponible à la Maison du Parc.* Cet itinéraire ludique de découverte du village, de sa faune et de sa flore, a été spécialement conçu pour les petites jambes.
Suivez la D 43 en direction de la Maison du Parc.

Espace Faune de la Forêt d'Orient

03 25 43 38 88 - www.lacs-champagne.fr - - mars-sept. : 14h-20h ; reste de l'année : 14h-22h - fermé oct.-mars et vend. - 5 € (-12 ans 3 €) - possibilité de visite guidée sur demande préalable.
Le nouvel espace pédagogique vous dévoile les richesses naturelles de la Champagne humide (oiseaux des lacs, mares forestières), des mammifères prestigieux d'hier (aurochs, tarpans, élans) et ceux d'aujourd'hui (cerfs, chevreuils et sangliers).

Deux points d'observation en lisière de bois permettent de découvrir les animaux en semi-liberté, sur une presqu'île. La fin de la journée est le moment le plus propice pour les apercevoir.
Passez devant la Maison du Parc et prenez à gauche la D 79 en direction de Géraudot.

Réserve ornithologique

Aménagée dans la partie nord-est du lac d'Orient, cette zone où nichent les oiseaux d'eau est protégée. Les **observatoires** permettent de suivre les évolutions des oiseaux qui font halte sur le lac lors des migrations, en octobre-novembre et en février-mars : poules d'eau, canards, mouettes rieuses, grues cendrées, hérons cendrés, oies sauvages. Avec l'implantation du nouvel observatoire des Valois, fuste au toit végétalisé en bordure du lac du Temple, il y a désormais un observatoire sur chacun des trois lacs, Orient, Temple et Amance.

NOS ADRESSES DANS LE PARC NATUREL RÉGIONAL DE LA FORÊT D'ORIENT

VISITES

Train touristique de la Forêt d'Orient – *03 25 41 20 72 - de mars à mi-oct. : 10h-18h - fermé 1er janv., 1er nov. et 11 Nov., 25 déc. - 8 € (-10 ans 5 €) - dép. de Port-Mesnil.*

HÉBERGEMENT

PREMIER PRIX

À La Rothière

Auberge de la Plaine – *D 396 - 10500 La Rothière - 03 25 92 21 79 - www.auberge-plaine.com - fermé vac. de Noël. - 14 ch. 52,80 € - 6,50 € (-8 ans 3,50 €) - 9,90/31,50 €.* Chaleureuse auberge de bord de route, à l'orée du Parc régional de la forêt d'Orient. Chambres d'esprit campagnard. Salle à manger meublée simplement et décorée d'objets paysans. La cuisine honore le terroir.

À Brevonnes

Chambre d'hôte La Bergeotte – *6 r. de Dienville - 10220 Brevonnes - 03 25 46 31 44 - ouv. tte l'année - - 2 ch. 45 €* . Un accueil d'une grande gentillesse vous attend dans cette plaisante fermette entièrement reconstruite en 1940. Ses chambres, sobrement aménagées, sont très bien tenues. Petite cuisine à disposition. L'été, vous profiterez du vaste et paisible jardin.

À Laubressel

Chambre d'hôte Mme Jeanne - Les Colombages Champenois – *33 r. du Haut - 10270 Laubressel - 7 km au nord-ouest de Lusigny-sur-Barse par D 619 et D 186 - 03 25 80 27 37 - ouv. tte l'année - - 5 ch. 50 €* . Deux ravissantes maisons champenoises à colombages abritent de confortables chambres aux charpentes apparentes. Il fait bon s'attabler devant la cheminée en hiver, ou en terrasse l'été, face aux prés pour déguster les produits de la ferme. Gîte à proximité.

BUDGET MOYEN

À Brévonnes

Au Vieux Logis – *1 r. Piney - 10220 Brévonnes - 03 25 46 30 17 - www.auvieuxlogis.com - fermé 25 déc. et 3 sem. en janv. - Wifi - 5 ch. 50/65 € - 7,50 €, demi-pension possible. Voir « Restauration » ci-dessous.*

À Lesmont

Chambre d'hôte Domaine des Lacs – *Au bourg - 10500 Lesmont - ☎ 03 25 92 00 70 - mail@domainedeslacs.com - fermé déc.-janv. - P - 5 ch. 60/75 € - ✕ 20 €.* Autrefois relais de chasse, puis ferme familiale tombée en ruine, ce groupe de bâtiments retrouve une seconde jeunesse depuis sa restauration. Trois chambres doubles à l'étage et une au rdc. La salle à manger et son coin salon en mezzanine trouvent leur place dans les anciennes écuries. Vaste espace verdoyant.

POUR SE FAIRE PLAISIR

À Lusigny-sur-Barse

Chambre d'hôte La Florestine – *29 r. Clemenceau - 10270 Lusigny-sur-Barse - ☎ 03 25 41 22 78 - www.lafloRestine.com - 3 ch. 90 €.* La maison en pierre et la longère champenoise ont été restaurées récemment. Situées au centre du village, elles donnent sur un agréable jardin et une piscine. Location de vélos. Deux nuitées au minimum en saison.

RESTAURATION

BUDGET MOYEN

À Brienne-le-Château

La Croix Blanche – *7 av. Pasteur - 10500 Brienne-le-Château - ☎ 03 25 92 80 27 - www.hotel-restaurant-croix-blanche.fr - fermé dim. soir, lun., pdt vac. de Pâques et 10 j. en oct. - formule déj. 11 € - 16/30 €.* Derrière une façade en pierre recouverte de vigne vierge, ce restaurant mise sur une décoration rustique, qu'on peut trouver un brin vieillotte mais qui n'est finalement pas désagréable. La carte, traditionnelle, compte quelques recettes régionales, dont la choucroute champenoise ou le millefeuilles d'andouillette au chaource.

À Brévonnes

Au Vieux Logis – *1 r. Piney - 10220 Brévonnes - ☎ 03 25 46 30 17 - www.auvieuxlogis.com - fermé sam. midi, dim. soir et lun. - 17/32 €.* Côté restaurant, salle au décor rustique à souhait (tommettes, bibelots chinés) ou jolie terrasse, avec jardin fleuri, pour goûter d'honnêtes recettes traditionnelles. Côté hôtel, vous trouverez quelques chambres relativement simples mais bien tenues.

POUR SE FAIRE PLAISIR

À Mesnil-Saint-Père

Auberge du Lac - Au Vieux Pressoir – *5 r. du 28 Août - 10140 Mesnil-Saint-Père - ☎ 03 25 41 27 16 - www.au-vieux-pressoir.com - fermé de mi-déc. à mi-janv. - P - formule déj. 19/25 € - 40/78 € - 21 ch. 79/169 € - 13 €.* Cette jolie maison à colombages, typique de la Champagne humide, abrite un lumineux intérieur néorustique. Dans l'assiette, place à une cuisine au goût du jour avec quelques touches d'originalité. Si vous comptez y passer la nuit, quelques chambres bien tenues.

ACHATS

À Brienne-le-Château

Le Petit Marché Nature de la Forêt d'Orient – *28-30 r. Jean-Jaurès - 10500 Brienne-le-Château - ☎ 03 25 92 80 14 ou 03 25 43 81.* Sur les marchés de la région, la trentaine d'éleveurs, de producteurs et d'artisans de l'association du Petit Marché Nature de la Forêt d'Orient vendent leurs produits « nature » cultivés, élevés ou fabriqués sur le territoire du Parc. Sachez encore que certains des artisans (apiculteur, potier…) organisent des visites de leur atelier. *Rens. auprès de l'Association des*

3

amis du Parc - La Capitainerie - 10140 Mesnil-Saint-Père - ✆ 03 25 41 28 30.

ACTIVITÉS

Cyclotourisme

✆ 03 25 43 38 88 - www.lacs-champagne.fr. Une voie verte, la Vélovoie réservée aux piétons, cyclistes et rollers, relie Troyes à Port-Dienville sur 42 km. Elle longe les trois lacs en passant par Géraudot. Un circuit vélo de 4 ou 12 km sillonne la forêt du Temple. Rens. à la Maison du Parc. - *www.pnr-foret-orient.fr.*

Nautisme

Capitainerie de Port-Dienville – *✆ 03 25 92 27 69 - www.pnr-foret-orient.fr - juil.-août : lun.-vend.10h-13h, 14h-18h, w.-end et j. fériés 9h30-18h30 ; avr.-juin et sept. : lun.-vend. 10h-12h, 14h-17h, w.-end et j. fériés 9h30-12h30, 13h30-18h ; mars et oct. : 10h-12h, 14h-17h (fermé merc. et jeu.).* Au départ de Port-Dienville, des promenades en bateau avec ou sans permis sont possibles sur le lac Amance.

Capitainerie du port de Mesnil-Saint-Père – *✆ 03 25 41 28 30 - www.pnr-foret-orient.fr - juil.-août : 9h30-13h, 14h-18h ; avr.-juin et sept. : 10h-13h, 14h-17h ; mars et oct. : 10h-12h30, 14h-17h (j. fériés et w.-end jusqu'à 18h) - fermé nov.-fév.*

Parc de loisirs

Grimpobranches du lac d'Orient – *✆ 06 12 03 62 33.* Situé en plein cœur de la forêt d'Orient, juste en face de la plage de Lusigny-sur-Barse, ce parc ravira petits et grands. Alliant découvertes et activités sportives, il vous donne le choix entre 5 parcours de niveaux différents, pour toute la famille.

Pêche

Les lacs sont peuplés de gardons, tanches, brèmes, perches, brochets… La pêche en bateau et à pied, de nuit ou de jour, est réglementée sur les trois lacs à l'exception principalement de l'anse sud du lac du Temple et de l'anse nord-est du lac d'Orient, occupé par la Réserve naturelle nationale de la Forêt d'Orient.

Randonnées pédestres

✆ 03 25 43 38 88 - www.lacs-champagne.fr - se rens. à l'Office du tourisme des Grands Lacs et de la Forêt d'Orient. Deux sentiers de Grande Randonnée de Pays (GRP) et plusieurs sentiers de Petite Randonnée (PR) sillonnent la forêt. Au total, elle compte 140 km de sentiers balisés.

Randonnées équestres

✆ 03 25 43 38 88 - www.lacs-champagne.fr - se rens. à l'office du tourisme des Grands Lacs et de la Forêt d'Orient. Deux circuits balisés : forêt d'Orient (15 km), forêt de Larivour (23 km).

Bar-sur-Aube

5 345 Baralbins ou Barsuraubois – Aube (10)

NOS ADRESSES PAGE 227

S'INFORMER

Office du tourisme du Pays de Bar-sur-Aube en Champagne – *4 bd du 14-Juillet - 10200 Bar-sur-Aube - ℘ 03 25 27 24 25 - www.tourisme.barsuraube.org - 24 juin-22 sept. : 9h30-12h30, 14h-18h, dim. et j. fériés 10h-12h30, lun. 14h-18h; 1er avr.-23 juin : tlj sf j. fériés 9h-12h30, 14h-17h30, dim. 10h-12h30, lun. 14h-17h30; reste de l'année : tlj sf dim. et j. fériés 9h-12h30, 14h-17h30 - fermé 23 déc.-3 janv.*

SE REPÉRER

Carte de microrégion C2 (p. 188) – *carte Michelin Départements 313 I4.* La ville est située sur la rive droite de l'Aube, au pied de la colline Ste-Germaine. Entre Troyes (60 km) et Chaumont (42 km), elle est traversée par la D 619 et ceinturée de boulevards à l'emplacement des remparts disparus.

SE GARER

Parking à côté de l'église St-Pierre. Dans le centre-ville, stationnement en zone bleue (disque disponible à l'office de tourisme).

À NE PAS MANQUER

« Le circuit de la Paume » et son église St-Pierre ; les ateliers de la cristallerie de Bayel ; un passage par une cave sur la route du Champagne ; l'abbaye de Clairvaux.

ORGANISER SON TEMPS

Comptez une bonne heure pour explorer le centre-ville, un peu plus si vous venez un samedi, jour du marché, et une demi-journée au moins pour le circuit si vous prévoyez de faire les visites. La Foire de septembre perpétue la tradition des grandes foires médiévales : c'est le moment de déguster du champagne local.

AVEC LES ENFANTS

Le parc d'attractions de Nigloland, à Dolancourt ; le domaine St-Victor et son parc à daims, à Soulaines-Dhuys.

À l'époque des comtes de Champagne, Bar-sur-Aube était célèbre pour ses foires qui entraient dans le cycle annuel des six grandes foires de Champagne, réputées dans toute l'Europe. Cette ville médiévale conserve aujourd'hui ses petites rues pittoresques, ses vieux hôtels, et ses deux églises St-Pierre et St-Maclou. Le « pays » qui s'étend alentour prend de multiples visages : coteaux de vignes, plateaux et sommets boisés, grandes étendues herbagées ou cultivées participent à sa diversité. Il ne compte pas moins de 27 villages, chacun gardant un témoignage de son passé : églises, lavoirs, châteaux…

Se promener

Circuit au départ de la place de l'Hôtel-de-Ville – Comptez 1h.

Le centre-ville a conservé certains vestiges de son « âge d'or » médiéval, ainsi que quelques belles maisons des 16e et 18e s.

3

Hôtel de ville

Il occupe une partie de l'ancien couvent des Ursulines, construit en 1634 pour l'éducation des jeunes filles. Rénovée, la place qui l'accueille est devenue piétonne.

Rue d'Aube

Aux **nos 16** et **18**, où se trouve l'actuel hôtel de la Poste, admirez une demeure du 18e s. ornée de beaux balcons en fer forgé : Jeanne de Valois de Saint-Rémy y connut le **comte de La Motte**, son futur mari, avant de devenir la triste héroïne de l'affaire du « collier de la reine ».

À voir aussi : au **n° 15**, une maison du 18e s. ; au **n° 32**, un garde-corps de balcon de la fin du 18e s. ; au **n° 33**, un hôtel de la fin du 16e s. La maison Renaissance au **n° 44** possède une porte en plein cintre, dont les pilastres supportent un fronton triangulaire à denticules.

Au bout de la rue, prenez à droite et longez l'Aube.

La **promenade des Chevillottes** mène à une ancienne motte féodale des comtes de Bar, qui surplombe un plan d'eau.

Repartez en sens inverse et reprenez la rue d'Aube, puis tournez dans la première rue à droite pour arriver dans la rue Jeanne-de-Navarre.

Église St-Maclou

Ne se visite pas. L'abside (11e s.) correspond à l'ancienne chapelle du château des comtes de Champagne à Bar-sur-Aube, détruit à la fin du 16e s. sur ordre d'Henri IV. L'actuel clocher (12e s.) en constituait l'ancien donjon : on voit encore l'emplacement de la herse. La façade classique (18e s.) est inspirée de la porte du grand cloître de Clairvaux *(voir p. 233)*.

Contournez l'église par la droite : au niveau du chevet, un oculus permettait de voir le saint sacrement, notamment la nuit.

Poursuivez par la rue Mailly.

On passe devant le portail ouvragé de la sous-préfecture, un ancien **grenier à sel**.

Poursuivez par la rue Armand, puis la rue Nationale.

Au **n° 14**, remarquez la **chapelle St-Jean** (11e et 12e s.) aujourd'hui désaffectée. Elle appartenait à la commanderie de l'ordre de St-Jean.

Prenez la rue St-Jean puis, à gauche, la rue du Général-Vouillemont.

Cellier aux Moines

✆ 03 25 27 08 01 - avr.-oct. : 12h-14h, 19h-22h ; reste de l'année : tlj sf merc. 12h-14h, 19h-22h, mar. 12h-14h - gratuit - visite uniquement aux heures de service.

Vignobles de la côte des Bar.
M. Gaspar / MICHELIN

L'ancienne maison de ville des moines de Clairvaux, à la façade austère percée de deux baies romanes géminées, abrite un beau cellier voûté d'ogives (12e s.) aujourd'hui aménagé en restaurant. C'est ici que se réunirent les vignerons lors de la **révolte de 1911** qui permit à la région de la côte des Bar de conserver son appellation champagne *(voir Bar-sur-Seine p. 261)*.
Au bout de la rue du Général-Vouillemont, vue sur le chevet de l'église St-Pierre, dont le toit d'une seule volée recouvre les chapelles absidiales.

★ Église St-Pierre

Cette église (12e s.) fut bâtie en plusieurs étapes, à l'emplacement d'un sanctuaire dont on aurait conservé le sol : il faut descendre huit marches pour accéder à la nef. Le maître-autel provient de l'abbaye de Clairvaux, et l'orgue de celle de Remiremont (Vosges). Une cinquantaine de pierres tombales (13e-18e s.) marquent l'emplacement des sépultures de seigneurs locaux et de riches commerçants. La statue de la *Vierge au bouquet* en pierre polychrome (fin du 15e s.) est caractéristique de l'**école troyenne**. Nichée dans le mur près de la 1re chapelle, la mesure qui servait de référence pour la vente des grains lors des foires. Le long de la façade et sur le bas-côté droit de la nef, l'église présente une galerie couverte d'une charpente, le **halloy**, qui servit sans doute aux marchands au temps des grandes foires. Dans le bas-côté sud, découvrez le retable de J.-B. Bouchardon, bel exemple de mobilier baroque du 18e s.

Médiathèque

13 r. St-Pierre.
Elle est installée dans l'**hôtel de Brienne** (début 17e s.). Contournez la bibliothèque pour admirer la façade Renaissance avec ses fenêtres à meneaux.
Prenez à gauche la rue Thiers qui a conservé des maisons à pans de bois : très vieille poutre sculptée au **n° 8**.
Traversez à nouveau la rue Nationale et prenez les rues de la Paume et du Poids pour regagner l'hôtel de ville.

À proximité Carte de microrégion

Chapelle Ste-Germaine C2

4 km au sud-ouest par la D 4. À 3 km, prenez à gauche, dans un virage, un chemin en forte montée et garez-vous.
1h15 AR. Un chemin piétonnier aboutit à la chapelle de pèlerinage élevée pour Germaine, vierge martyrisée à cet emplacement par les Vandales

en 407 et patronne tutélaire de Bar-sur-Aube. Après la chapelle, en contournant la maison, on parvient à une table d'orientation : **vue** sur Bar-sur-Aube, la vallée, Colombey-les-Deux-Églises et sa croix de Lorraine, les forêts des Dhuits et de Clairvaux.

Musée Rostislas-Loukine C2

À Arsonval, 6 km au nord-ouest par la D 619.

03 25 27 92 54 - http://f.arsonval.free.fr - visite guidée sur demande préalable.

Aménagé dans l'ancienne école communale, ce musée est consacré à cet artiste d'origine russe (1904-1988) naturalisé belge, qui vécut quelques années en Champagne. On y découvre une cinquantaine de toiles, au style aérien et coloré, dont un portrait du philosophe Gaston Bachelard. Le bâtiment accueille aussi des expositions temporaires sur l'histoire et la peinture régionales.

★ Nigloland C2

À Dolancourt, 9 km au nord-ouest par la D 619.

03 25 27 94 52 - www.nigloland.fr - - de mi-juil. à fin août : 10h-19h ; reste de l'année : h, se rens. fermé 8 nov.-7 avr. - 23,50 € (-12 ans 21,50 €).

Traversé par la rivière du Landion, ce parc d'attractions de France, l'un des plus visités de France, a pour mascotte un hérisson baptisé Niglo. Le petit train emmène petits et grands en balade à travers les quatre villages (canadien, rock'n roll, merveilleux et suisse), tandis que les amateurs de sensations fortes s'en donneront à cœur joie en embarquant dans la Navette de l'Espace, le Train de la Mine ou le Grizzli. Le Bat Coaster, avec ses voitures suspendues, se lance à près de 100 km/h sur des pentes impressionnantes. La Grande Roue de 60 m offre une vue panoramique sur le parc et la vallée environnante. Ne manquez pas le Niglo-show qui met en scène des automates électroniques, dans le village canadien.

Soulaines-Dhuys C1

18 km au nord par la D 384.

À pied, vous n'avez qu'à suivre les traits blancs et jaunes pour découvrir ce charmant village, traversé dans toute sa longueur par la Laine. Surnommé la « Venise verte de l'Aube », avec ses ponts de pierre enjambant la rivière, il abrite une église du 16e s. et de jolies maisons à pans de bois (dont une du 13e s.). La **chapelle St-Jean**, avec son avancée à pans de bois, est le vestige d'une ancienne léproserie. À voir aussi : les jardins potagers et la résurgence de la Dhuys, près du moulin banal.

Domaine St-Victor C1

21 km au nord par la D 384, puis sortez de Soulaines par la D 960 en direction de Brienne-le-Château.

03 25 92 28 33 - http://soulainesdhuys.stationverte.com - - de déb. juil. à mi-août : 9h-17h30, w.-end 13h-17h30 ; reste de l'année : tlj sf w.-end 9h-17h - fermé j. fériés - gratuit - possibilité de visite guidée.

Ancienne propriété bourgeoise, le domaine St-Victor conserve d'étonnants vestiges : poulailler style Marie-Antoinette, ossature des anciennes serres tropicales… Il abrite un Centre permanent d'initiatives pour l'environnement, un arboretum et un **parc à daims**, où un observatoire permet de guetter les animaux en toute discrétion.

Agence nationale pour la gestion des déchets radioactifs C1

25 km au nord par la D 384 jusqu'à Soulaines, puis la D 24 en direction d'Épothémont. La route traverse la forêt de Soulaines : 1 km après La Ville-aux-Bois, tournez à gauche.

0 800 31 41 51 - www.andra.fr - 8h30-12h, 13h30-17h - fermé w.-end, j., fériés, vac. de Noël - gratuit - possibilité de visite guidée des installations industrielles en cours d'exploitation, inscription obligatoire auprès du service de communication 9h-12h et 13h30-16h30 - se munir d'une pièce d'identité ou passeport en cours de validité - les visites sont interdites aux enfants de moins de 12 ans.
En fonction depuis janvier 1992, le centre de l'Aube est conçu pour recevoir l'ensemble des déchets faiblement et moyennement radioactifs à vie courte, produits en France. Dans le bâtiment d'accueil : expositions, maquettes animées, bornes interactives…

Circuit conseillé Carte ci-dessous

LA CÔTE DES BAR

Circuit tracé en bordeaux sur la carte ci-dessous et sur la carte de microrégion (p. 188) – 55 km – Comptez environ 2h. Quittez Bar-sur-Aube par la D 619 à l'est, puis la D 396 à droite, à la sortie de la ville.
Cet itinéraire suit une des **routes touristiques du champagne** : on traverse des paysages variés où les coteaux couverts de vignes alternent avec bois et vallées.

Bayel

Créée en 1666 par le maître verrier vénitien **Jean-Baptiste Mazzolay** qui obtint une lettre patente de Louis XIV, la cristallerie de Bayel est réputée pour sa production.
Écomusée du Cristal – *03 25 92 42 68 - www.bayel-cristal.com - -juil.-août : 9h15-13h, 14h15-18h, sam. 9h-12h30, 14h-17h30, dim. et j. fériés 14h-17h30 ; 1er avr.-23 juin : 9h15-13h, 14h15-18h, sam. 9h-12h30, 14h-17h30, dim. 14h-17h30 - reste de l'année : tlj sf dim. 9h-12h30, 14h-17h30 - fermé 1er janv., 1er Mai, 11 Nov., 25 déc. - 4 € (-18 ans 2 €) - possibilité de visite guidée sur demande préalable.* Le centre est aménagé dans trois petites maisons ouvrières *(entrée par l'office de tourisme)*. Il présente, grâce à des maquettes, le verre et ses différents

3

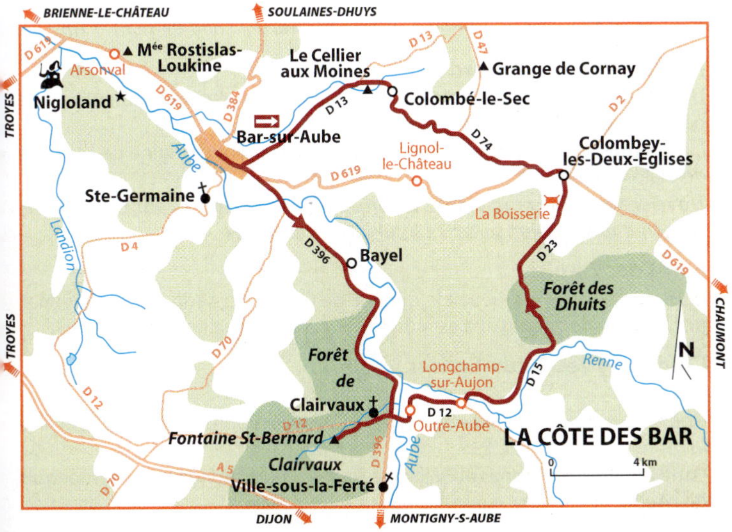

composants, l'histoire du cristal depuis l'Antiquité, son processus de fabrication, ainsi que les différentes techniques d'ornementation (guillochage, gravure…). Film *(15mn)*, collection de pièces de cristal réalisées par les Meilleurs Ouvriers de France.

Ateliers de la Cristallerie royale de Champagne★ – *☎ 03 25 92 42 68 - www.bayel-cristal.com - ♿ - visite guidée 9h30-11h - fermé 22 juil.-31 août, w.-end et j. fériés, - 6 € (-18 ans 3 €).* Les bâtiments semblent un peu grands pour la cinquantaine de salariés qui perpétuent cette longue tradition, mais l'adresse et les savoir-faire sont toujours là et ne manquent pas d'impressionner.

Après 12h de cuisson à 1 500 °C dans le grand four, le mélange de sable, de chaux, de soude et de plomb est prêt chaque matin pour la production journalière : verres, vases, carafes, etc.

Organisées autour du four, les équipes prélèvent la précieuse matière qui est rapidement moulée, soufflée, travaillée avec dextérité selon des gestes ancestraux. Elles doivent alors passer par un tunnel de cuisson avant de suivre différentes opérations de contrôle, de finition, de décoration *(voir aussi la rubrique « Achats » dans « Nos adresses à… »).*

Église – *Avr.-sept. : 8h-20h ; oct.-mars : 9h-17h.* Cette modeste église (12e s.) renferme une **Pietà★** en pierre polychrome de l'**école troyenne** (16e s.). La simplicité de l'attitude, le réalisme des traits, la perfection du modelé et l'harmonie des plis du vêtement dénotent l'intervention du **maître de Chaource** *(voir Chaource, p. 256).* Remarquez également une Vierge à l'Enfant, pièce centrale d'une exposition sur la sculpture des Rois maudits (1285-1328), au Grand Palais à Paris (1998).

Rejoignez la D 396 en direction de Clairvaux. Au bout de 1,5 km, tournez à droite vers Baroville, puis vers Arconville par la D 70.

La route traverse la **forêt de Clairvaux** et les vignobles du champagne. Entre Baroville et Arconville, la **vue** s'étend à l'est jusqu'au plateau de Langres.

Vers le nord, on distingue la croix de Lorraine qui domine le site de Colombey-les-Deux-Églises.

Prenez la D 396 vers Clairvaux.

Clairvaux

Voir p. 229.

Prenez la D 12, puis à gauche la route forestière du Val-Saint-Bernard (2 km).

Fontaine Saint-Bernard

Une halte a été aménagée dans un site ravissant, malheureusement ravagé par la tempête de décembre 1999.

Longtemps, on a cru que ce lieu était l'emplacement d'origine de l'abbaye de Clairvaux, en 1115.

Traversez la D 396 et rejoignez Colombey-les-Deux-Églises par Outre-Aube, Longchamp-sur-Aujon sur la D 12, puis la D 15 et la D 23.

Forêt des Dhuits

Cette forêt, où se promenait le général de Gaulle, possède de belles futaies de hêtres et de chênes. Il n'est pas rare d'y voir des cerfs et des sangliers.

Colombey-les-Deux-Églises

Voir p. 279.

Quittez Colombey-les-Deux-Églises par la D 619 vers Bar-sur-Aube et, 2 km plus loin, prenez à droite la D 235.

Entre Rouvres-les-Vignes et Colombé-le-Sec s'étend le vignoble champenois de l'Aube.

Colombé-le-Sec

Ce village fleuri (quatre fleurs) possède des fontaines et un curieux lavoir octogonal qui daterait du 12e s. L'église, très remaniée au 16e s., conserve un linteau roman décoré d'une croix grecque, entourée d'un agneau pascal et d'un loup.
Pourquoi ne pas terminer votre parcours par une dégustation (modérée !) de champagne chez l'un des producteurs du village *(voir « Nos adresses à… »)* ? L'un deux occupe le **Cellier aux Moines**, à 1 km du village. Cette belle ferme du 16e s. repose sur une impressionnante cave voûtée d'ogives du 12e s., ancienne dépendance de l'abbaye de Clairvaux.
Revenez à Bar-sur-Aube par la D 13.

NOS ADRESSES À BAR-SUR-AUBE

HÉBERGEMENT

PREMIER PRIX

À proximité

Chambre d'hôte Le Tryon – *8 r. du Château - 10200 Lévigny - 9,5 km au nord de Bar-sur-Aube - ✆ 03 25 92 78 95 - 🅿 - ouv. tte l'année - 3 ch. 50 €* ☕. Agriculteurs à la retraite, les propriétaires de cette ancienne ferme bien restaurée ont aménagé quatre chambres, confortables et bien équipées dans une aile indépendante de l'habitation principale. Table d'hôte familiale, avec les légumes du jardin et les fruits du verger, servie dans la salle à manger commune ou en terrasse.

BUDGET MOYEN

À proximité

Chambre d'hôte Le Goluret – *19 r. Gaston-Checq - 10200 Couvignon - 7 km au sud-ouest de Bar-sur-Aube - ✆ 03 25 27 90 25 - www.legoluret.com - ouv. tte l'année - 🅿 ♿ - Wifi - 5 ch. 65 € ☕ - ✕ 27 €.* Une cuisine succulente, préparée par la maîtresse de maison, et un accueil chaleureux sont parmi les atouts de cette adresse impeccable. Véronique et Gérard ont rénové cette maison de maître de 1892, au calme dans un jardin arboré. Les chambres portent un nom lié au champagne, rien de plus normal dans ce cœur du vignoble.

Hôtel Le St-Nicolas – *2 r. du Gén.-de-Gaulle - ✆ 03 25 27 08 65 - www.lesaintnicolas.com - ♿ - 27 ch. 62/89 € - ☕ 9 € - demi-pension 53 €.* Les chambres de ces jolies maisons en pierre, assez simples mais agréables, s'articulent autour de la piscine. Établissement calme, un peu à l'écart du centre-ville.

POUR SE FAIRE PLAISIR

À proximité

Hôtel Moulin du Landion – *5 r. St-Léger - 10200 Dolancourt - 9 km au nord-ouest de Bar-sur-Aube par D 619 - ✆ 03 25 27 92 17 - www.moulindulandion.com - fermé w.-end de Noël et 3 sem. en janv. - 🅿 - 16 ch. 59/99 € - ☕ 11 € - ✕ 32/45 €.* Moulin du 17e s. accolé à un bâtiment plus récent ; chambres agréables et cosy, dotées de balcons donnant sur la rivière ou sur le parc. Plats traditionnels au restaurant.

RESTAURATION

BUDGET MOYEN

La Toque Baralbine – *18 r. Nationale - ✆ 03 25 27 20 34 - www.latoquebaralbine.com - fermé dim. soir et lun. (sf j. fériés) - formule déj. 20 € - 24/60 €.* Dégustez, dans

3

la chaleureuse salle à manger ou sur la terrasse fleurie aux beaux jours, une cuisine actuelle bien faite où pointe l'accent du terroir.

POUR SE FAIRE PLAISIR

À proximité

La Taverne des Pirates – *Nigloland - 10200 Dolancourt - 9 km au nord-ouest de Bar-sur-Aube par D 619 - ✆ 03 25 27 57 57 - www.hoteldespirates.fr - fermé nov.-mars - dîner 38 €.* Bordant l'entrée du parc d'attractions Nigloland, cet établissement trouve sa place en lisière de forêt. Des boiseries acajou habillent tous les espaces, du vaste hall de réception et son bar en forme de bateau aux 30 chambres, toutes familiales. Salle de spectacles et coin jeux pour les enfants. Restaurant de type buffet.

ACHATS

Boutique de l'Écomusée du Cristal – *10310 Bayel - ✆ 03 25 92 37 60 - ouv. lun.-sam. 9h-12h30, 14h-17h30 (sf j. fériés et lun. en juil.-août).* Des pièces de cristal sont en vente au magasin d'usine.

Champagne

Champagne Cudel – *R. du Moulin - 10200 Colombé-la-Fosse - ✆ 03 25 27 24 51 - www.champagne-cudel.fr - visites sur RV - fermé j. fériés.* L'entreprise viticole Cudel a été créée en 1960 et est actuellement dirigée par Philippe Cudel et sa femme Agnès Cudel. Cette entreprise familiale élabore le champagne dans le respect des méthodes artisanales et traditionnelles. Dégustation.

Champagne Drappier – *R. des Vignes - 10200 Urville - ✆ 03 25 27 40 15 - www.champagne-drappier.com - fermé dim. et j. fériés - dégustation et ventes lun.-sam. 8h-12h, 14h-18h - visite domaine et cave sur RV.* Affaire familiale depuis 1808, cette exploitation est la seule au monde à effectuer la prise de mousse dans les grands flacons d'origine. Autre singularité : l'ajout au champagne d'une liqueur vieillie en fûts de chêne. Les cuvées mûrissent dans des caves du 12e s. construites par les moines de Clairvaux.

Champagne Dumont – *R. de Champagne - 10200 Champignol-lez-Mondeville - ✆ 03 25 27 45 95 - www.champagnedumont.fr.* Cette famille de propriétaires-récoltants cultive la vigne depuis plus de deux siècles. Très attachée aux méthodes traditionnelles, elle a su introduire ce qu'il fallait de technologies nouvelles pour maintenir son rang dans la profession. Visite des chais (pressoir, cuveries) et dégustation de champagne.

Champagne Charles-Clément – *R. St-Antoine - 10200 Colombé-le-Sec - ✆ 03 25 92 50 70 - www.champagne-charles-clement.fr - ouv. lun.-vend. 8h-12h, 13h30-18h, sam. 9h-12h, 14h-18h, dim. (juil.-août) 14h30-18h30.* Dans cette coopérative, l'ancien côtoie le moderne, avec des pressoirs à la fois pneumatiques et traditionnels. Vous pourrez y faire provision de champagnes rosés et de vins tranquilles AOC coteaux champenois. De nombreuses cuvées ont été primées.

Le cloître de l'ancienne abbaye.
H. Gaud / CDT Aube

Ancienne abbaye de Clairvaux

Aube (10)

3

SE REPÉRER

Carte de microrégion C2 (p. 188) – *carte Michelin Départements 313 I5*. L'abbaye se trouve à 14 km au sud de Bar-sur-Aube par la D 396. Le hameau de Clairvaux fait partie de la commune de **Ville-sous-la-Ferté**.

ORGANISER SON TEMPS

Prévoyez environ 2h pour l'ensemble des lieux. Attention aux horaires des visites, qui sont obligatoirement guidées car les bâtiments de l'abbaye restent inclus dans le domaine pénitenciaire. Se présenter 15mn avant, pièce d'identité exigée. On peut accéder séparément à l'hostellerie des Dames, qui assure l'accueil pour l'ensemble du site historique.

AVEC LES ENFANTS

Le parc Nigloland, près de Bar-sur-Aube *(voir p. 224)*, et la Forêt d'Orient *(voir p. 210)* ne sont pas loin.

Niché dans le verdoyant val d'Absinthe, ce haut lieu de l'histoire religieuse et de la spiritualité a connu depuis neuf siècles un rayonnement considérable. Si sa proximité avec la ville de Bar-sur-Aube la rattache d'une certaine manière au monde, l'une des quatre « filles majeures » de l'ordre cistercien témoigne toujours de la volonté d'isolement recherché par les moines. Les aléas de l'histoire ont quelque peu altéré l'ancienne abbaye de Clairvaux, devenue l'une des maisons centrales les mieux gardées de France, mais il en émane toujours un souffle particulier.

L'abbaye dans l'histoire

Le fondateur

Noble bourguignon, **Bernard de Fontaine** entre à 21 ans à l'abbaye de Cîteaux. En 1115, il n'a que 25 ans quand Étienne Harding, abbé de Cîteaux, l'envoie fonder une communauté à Clairvaux. Profondément mystique, organisateur efficace, il incarne cette réforme « cistercienne » qui a opéré un retour à la stricte observance de la règle monastique de saint Benoît (prière, obéissance et travail), alors que les bénédictins de Cluny acceptent selon lui des accommodements avec la règle *(voir p. 68)*. Épris de réforme, Bernard intervient dans tous les domaines : élections épiscopales, conciles, schisme pontifical, deuxième croisade qu'il prêche en 1146 à Vézelay. Son autorité morale l'impose à Rome où il « fait » les papes : Innocent II (1130-1143), puis Eugène III, un ancien moine de Clairvaux élu en 1145.

Atteint par l'échec de la deuxième croisade (1148) et la montée des hérésies qu'il combat en vain, Bernard meurt en 1153. Il sera canonisé en 1174. Sa foi intense et son dépouillement en font l'une des plus fortes personnalités du Moyen Âge.

Le rayonnement de Clairvaux

Bernard choisit la clairière d'Absinthe, au cœur des collines boisées des premiers contreforts du plateau de Langres, pour fonder la communauté. L'eau et le bois, matières premières et sources d'énergie, peuvent assurer une autarcie totale.

Les débuts sont difficiles : dénué de tout, le jeune abbé connaît la rigueur du climat, la maladie… C'est le temps du *Monasterium vetus*, ou Clairvaux I. Pourtant, en quelques années, les moines de Clairvaux créent des fours à chaux, des forges, des pressoirs, des celliers et des moulins. Ils font venir de Hongrie les pieds de vigne qui produiront, quelques siècles plus tard, le champagne de la côte des Bar. Le renom de Clairvaux suscite de nombreuses vocations.

L'architecture cistercienne

En accord avec les principes de pureté et de dépouillement de l'ordre, elle se caractérise par sa sobriété et son austérité. L'abbatiale de Clairvaux, construite de 1135 à 1145, est agrandie de 1154 à 1174. Longue d'une centaine de mètres, la nef à collatéraux en forme de croix latine se termine alors par un chevet plat, percé de trois fenêtres hautes et flanqué de quatre chapelles ouvrant sur un vaste transept. Le plan de l'abbaye, modèle du « plan bernardin », sera reproduit dans toutes les abbayes-filles, notamment à Fontenay ou Auberive. Une véritable ville médiévale s'inscrit alors dans les murs d'enceinte de Clairvaux II.

Les enluminures de Clairvaux

L'atelier abbatial réalise une abondante production de quelque 1 400 manuscrits. Là encore, la rigueur de l'esprit cistercien s'impose : saint Bernard se défie des couleurs vives et des dessins trop imaginatifs. Aussi, les formes

géométriques et les palmettes aux coloris ternes (tons de bleu ou de vert, rouge pâle, ocre, etc.) ont-elles tendance à dominer. Mais une seule couleur est autorisée, chaque volume étant monochrome.
Les manuscrits de Clairvaux participent au renouveau artistique de la Champagne du 12e s., rappelant les heures brillantes de l'école de Reims. Ils sont copiés par des moines venus de toute l'Europe.
À la fin du 12e s., l'abbaye possède environ 340 volumes de grand format. On estime qu'il a fallu 300 moutons pour réaliser la seule Grande Bible !
Les manuscrits de Clairvaux, parmi lesquels la fameuse « Bible de saint Bernard » et la « Grande Bible » en six volumes, sont aujourd'hui conservés en quasi-totalité à la médiathèque de Troyes *(voir p. 203)*. Ils sont inscrits depuis 2009 au Registre de la Mémoire du monde de l'Unesco.

Clairvaux au 18e s. : Clairvaux III

Après des siècles difficiles, entre peste et guerre de Cent Ans, Réforme protestante et conflits qui ont frappé Clairvaux, l'abbaye médiévale n'est plus adaptée à l'époque classique. Forts de leurs 20000 ha de propriété, les moines peuvent envisager de la reconstruire sur ses assises.
Dès 1740, l'abbé Pierre Mayeur entreprit des transformations majeures : l'essentiel du Clairvaux médiéval fut démoli, à l'exception de l'abbatiale et du bâtiment des convers. La nouvelle abbaye fut édifiée autour du grand cloître classique de Clairvaux III (1708-1792), constituant un ample quadrilatère de 50 m de côté.

Après la Révolution

Les moines sont chassés en 1790. Devenue bien national, l'abbaye est transformée en divers ateliers, mais sans qu'aucun bâtiment ne soit abattu. En 1808, Napoléon promulgue son nouveau code de procédure pénale, qui remplace les peines corporelles par les privations de liberté. Clairvaux est rachetée par l'État. D'importants travaux sont effectués pour transformer l'abbaye en maison de détention (la plus grande de France au 19e s.). L'abbatiale est abattue en 1812, pour servir de carrière et payer le chantier.
Les moines sont remplacés par des détenus politiques ou de droit commun. Parmi eux, Clairvaux vit passer Claude Gueux (1834), qui inspira Victor Hugo dans un plaidoyer contre la peine de mort, Blanqui (1872), puis les communards, Philippe d'Orléans (1890) et le prince Kropotkine (procès des anarchistes de Lyon – 1883), des mutins de Verdun en 1917, de nombreux résistants entre 1940 et 1944, plusieurs ministres de Vichy et Charles Maurras après la Libération, les généraux du putsch d'Alger, des indépendantistes pendant la guerre d'Algérie, et d'autres plus récents…
De l'ancienne abbaye, seuls subsistent aujourd'hui le splendide bâtiment des frères convers, avec son cellier et son dortoir. Mais l'existence de la prison a permis de conserver le grand cloître.

L'abbaye aujourd'hui

Le ministère de la Justice a libéré les bâtiments historiques, désormais en cours de restauration sous le contrôle du ministère de la Culture, propriétaire de cette partie de l'abbaye depuis 2002.
Un nouveau centre pénitentiaire a été construit en 1971 dans l'ancien verger, à l'écart des principaux vestiges de l'abbaye.

Découvrir

03 25 27 52 55 - www.abbayedeclairvaux.com - visite guidée juil.-sept. : lun.-mar. 10h30-12h30, merc.-dim. et j. fériés 10h30-12h30, 13h30-17h30 ; mars-juin et du 1er oct. au 15 nov. : lun.-mar. 10h30-12h30, 13h30-17h30, merc.-dim. 9h30-12h30-13h30-17h45 ; reste de l'année : merc.-dim. 11h et 15h - fermé 15 déc.-31 janv. - 7 € (-25 ans 4 €) - pièce d'identité obligatoire.

Long de 2,7 km, le haut mur de Clairvaux, qui s'élève à l'emplacement de l'enceinte fortifiée bâtie par les moines au 14e s., clôt un espace de près de 30 ha. On pénètre dans le domaine de l'abbaye par la porte du Midi. À gauche, en entrant, se trouve l'ancienne Hostellerie des Dames et, au-delà, les maisons et jardins potagers du Petit Clairvaux. De l'autre côté, on découvre les stricts bâtiments monastiques du Haut Clairvaux.

Hostellerie des Dames

03 25 27 52 55 - www.abbayedeclairvaux.com - ♿ - juil.-sept. : 10h30-12h30, 13h30-18h30 ; mars-juin et du 1er oct. au 15 nov. : 9h30-12h30, 13h30-18h30 ; reste de l'année : merc.-dim. 10h30-12h30, 14h30-16h30 - fermé 15 déc.-31 janv. - 2 € (-25 ans 1 €).

Elle fut bâtie vers 1500 pour accueillir les épouses des nobles, à l'époque monastique où les femmes ne pouvaient franchir la clôture du domaine. Au cours du temps, le bâtiment a changé plusieurs fois de fonction : lieu de vente du vin monastique, taverne, école... Il a été restauré par l'association Renaissance de Clairvaux. Une exposition et un audiovisuel *(2 €)* retracent l'histoire de l'abbaye et la vie de saint Bernard : intéressants pour ceux qui ne peuvent pas suivre une visite guidée *(durée 1h45)*.

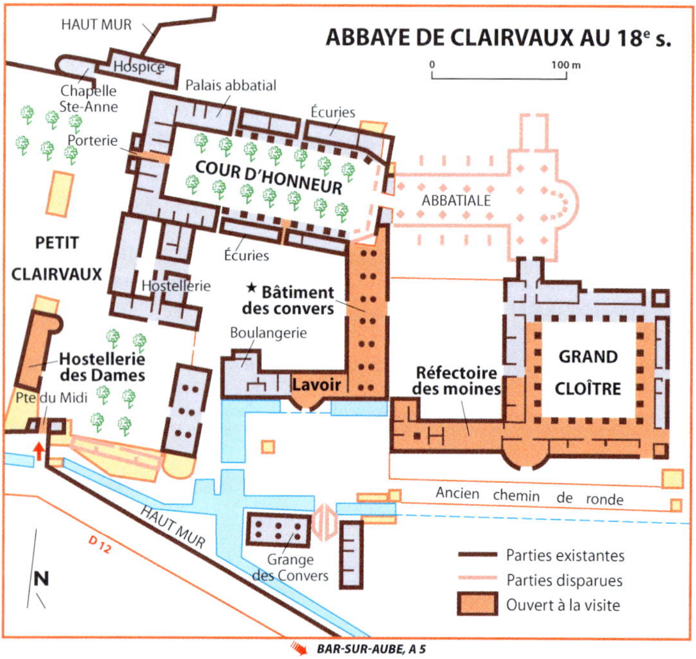

Petit Clairvaux

Dans cet espace aujourd'hui réservé aux logements du personnel du centre pénitentiaire, saint Bernard créa en 1115 le *Monasterium vetus* (Clairvaux I). La source qui irriguait cette abbaye primitive existe toujours, parmi les arbres. Quelques pans de murs témoignent que le premier monastère ne fut pas construit en bois, comme le veut la légende. Contre le mur d'enceinte nord, la chapelle Ste-Anne (18e s.), jadis réservée aux « étrangers », se détache devant la forêt qui entoure l'abbaye.

Haut Clairvaux

Pour répondre à la croissance de l'abbaye, le prieur Geoffroy de La Roche-Vaneau entreprit à partir de 1135, avec l'appui de Thibaud II, comte de Champagne, et malgré les réticences de saint Bernard, la construction d'un nouveau monastère à 300 m du précédent (Clairvaux II).

La porterie de Clairvaux est aujourd'hui celle du centre pénitentiaire. Elle ouvre sur une **cour d'honneur** qui conduisait à l'abbatiale et à une cité médiévale de 50 bâtiments *(ne se visite pas)*. Les écuries furent anoblies pour les besoins de l'activité économique des moines.

★ Bâtiment des convers

Ce bâtiment (1135-1708) – le seul qui subsiste de Clairvaux II – est composé d'un cellier semi-enterré et d'un **dortoir** en étage, divisés chacun en trois nefs de douze travées. L'architecture correspond aux principes bernardins. L'étage voûté d'arêtes est d'une grande pureté avec sa pierre blanche ; le couvrement du **cellier** est constitué d'une voûte sur croisée d'ogives reposant sur des piliers octogonaux. Sur de nombreuses arcatures, on peut voir les marques de tâcherons (compagnons tailleurs de pierre).

Après le rachat de Clairvaux par l'État au 19e s., le bâtiment des convers fut transformé en atelier. Il est aujourd'hui restauré.

Grand cloître

Au cours de la visite, on passe par un beau **lavoir** – aujourd'hui transformé en restaurant d'entreprise de la prison. On franchit également plusieurs bras d'une dérivation de l'Aube, qui constituent le système hydraulique de l'abbaye. Derrière les murs d'enceinte de la partie désaffectée de la prison, le **palais monastique** dresse son imposante façade classique (130 m de large), dont le fronton s'orne des armes de France.

Après 1808, le grand cloître fut scindé en dortoirs que l'on peut visiter à l'entresol. À l'étage subsistent de sinistres « cages à poules » qui, après la « réforme cellulaire » de 1875, permirent aux détenus d'échapper à la promiscuité des dortoirs. Elles servirent jusqu'en 1971, date de la construction de la nouvelle prison.

L'aile du grand cloître renferme l'**ancien réfectoire des moines**, empreint d'une certaine monumentalité : 35 m de long, 13 m de large et 12 m de hauteur sous plafond. Il est ceinturé des vestiges d'un lambris à cadre décoré de médaillons *(exposés au 1er étage de l'hostellerie des Dames)*. Cette pièce fut utilisée comme chapelle jusqu'en 1971 : au 19e s., on y faisait tenir jusqu'à 1 500 détenus debout !

À proximité Carte de microrégion

Ville-sous-la-Ferté C2

4 km au sud par la D 396.

Son **église** du 18e s. rassemble différents mobiliers recueillis lors de la Révolution à l'abbaye de Clairvaux, ainsi que le suaire de saint Bernard (12e s.). Une exposition permanente présente ses reliques.

Grange de Cornay C2

À Saulcy, 13 km au nord-est sur la D 47 par Lignol-le-Château.

03 25 27 12 02 - www.cornay10.fr - visite guidée sur demande préalable - gratuit.

La petite route des Moines, entre Rouvres-les-Vignes et Saulcy, mène à un corps de ferme qui dépendait au 12e s. de l'abbaye de Clairvaux. Reconstruite en 1577, elle conserve des vestiges de fortifications, comme en témoigne la tour défensive du 12e s. Son immense grange céréalière à cinq nefs (50 m sur 30) comporte une magnifique **poutraison** en chêne, remarquable exemple de charpente due aux Cisterciens – dont certains bois sont sans doute millénaires.

Château et jardins de Droupt-Saint-Basle.
Château de Droupt-Saint-Basle

Arcis-sur-Aube

3 015 Arcisiens – Aube (10)

3

S'INFORMER

Mairie – *1 pl. des Héros - 10700 Arcis-sur-Aube - 03 25 37 80 36 - www.arcis-sur-aube.com - lun.-merc. 8h30-12h, 13h30-17h30, jeu-vend. 8h30-12h, 13h30-17h, sam. 10h-12h - fermé sam. en août, dim. et j. fériés. - gratuit.*

SE REPÉRER

Carte de microrégion A1 (p. 188) – *carte Michelin Départements 313 E2.* Arcis est sur la route des grands lacs champenois. L'A 26 passe à proximité de la ville, qui est traversée par la D 677 entre Troyes et Châlons.

ORGANISER SON TEMPS

La ville peut faire l'objet d'une halte « historique ».

Ce gros village se trouve au centre de la Champagne crayeuse, une région verdoyante et très agricole. Dominé par une tour d'enceinte, seul vestige de l'ancien château fort auquel il doit son nom (du latin *arx*, signifiant « forteresse »), Arcis possède un certain charme avec son château du 17e s. qui abrite la mairie. Il s'enorgueillit d'avoir vu naître et grandir une gloire nationale, Danton, qui venait y respirer la sérénité lorsque la Révolution devenait étouffante.

Se promener

Place de la République

La **statue de Danton**, œuvre de Longepied (1888), pose dans l'attitude qu'il eut lors de la séance du 2 septembre 1792, le bras droit tendu vers la frontière de l'Est. En le regardant, reviennent ses paroles restées célèbres : « De l'audace, encore de l'audace, toujours de l'audace… »

L'ÉLOQUENCE AU SERVICE DE LA RÉVOLUTION

Georges Jacques Danton naît à Arcis-sur-Aube le 28 octobre 1759. Orphelin d'un père qui était procureur, il fait ses études à Troyes, puis à Arcis, et s'installe à Paris pour étudier le droit. Lorsque la Révolution éclate, il est avocat. Éloquent, Danton se fait remarquer au club des Cordeliers. Suite à la chute de la royauté, le 10 août 1792, il dirige le Gouvernement et participe à la création du Tribunal révolutionnaire et du Comité de salut public. Après avoir tenté de s'entendre avec les Girondins, Danton travaille à leur chute. Mais Robespierre guette son vieil adversaire qui fait désormais partie des Indulgents (ceux qui veulent en finir avec la Terreur et signer la paix avec l'ennemi). Sur un rapport de Saint-Just, Danton est arrêté, ainsi que ses amis : Fabre d'Églantine, Camille Desmoulins et Hérault de Séchelles. Traduits devant le Tribunal révolutionnaire, ils se défendent si bien que la Convention vote un nouveau décret : celui-ci place hors des débats tout prévenu qui insulterait la justice. Après une parodie de procès, ils montent sur l'échafaud le 6 avril 1794.

Église

Détruite en grande partie en juin 1940, elle a conservé son élégant portail de style gothique flamboyant (1503). L'intérieur est éclairé par une double rangée de baies.

À proximité Carte de microrégion

Lhuître B1

13 km au nord-est par la D 441, puis la D 9 à gauche.

Ce bourg, dont le nom d'origine celtique signifie « village au bord de l'eau », s'étend dans la vallée de la Lhuitrelle.

L'**église Ste-Tanche** est née d'un pèlerinage à cette sainte, jeune vierge et martyre qui, après sa décapitation, aurait porté sa tête dans ses mains jusqu'au lieu de sa sépulture. L'église, d'imposantes dimensions (50 m de long), présente une nef très élevée, qui marque l'apogée du style **gothique flamboyant**.

À l'intérieur, on découvre d'intéressantes statues du 16e s. dont celle de sainte Tanche, au revers de la façade. Dans le transept, un retable en pierre (16e s.) représente le Portement de Croix, la Crucifixion et la Résurrection. De curieuses représentations de sibylles, guerriers, prophètes, chimères et animaux ornent les chapiteaux.

Dampierre B1

21 km au nord-est par la D 441, puis la D 99 à gauche.

Dès le Moyen Âge, les seigneurs de Dampierre furent de puissants vassaux des comtes de Champagne.

Château – De la forteresse médiévale dotée d'un donjon puissant ne subsiste qu'un châtelet, au-delà d'une superbe grille en fer forgé du 18e s. Il est flanqué de quatre tourelles poivrières datant du 15e s. Le château (17e s.) est d'une ordonnance classique. Le tsar Alexandre Ier y séjourna le 23 février 1814.

Église – Ce sanctuaire du 16e s. a conservé un élégant chœur du début du 13e s. et un portail de style gothique flamboyant. Il abrite le tombeau de **Pierre de Lannoy**, baron de Dampierre mort en 1523.

Château de Droupt-Saint-Basle A1

17 km au sud-ouest par la D 31, puis la D 14 à Nozay.

03 25 21 15 54 - www.chateaudedroupt.com - août-sept. : visite libre des extérieurs 10h-12h, 14h-18h, visite guidée du château et des jardins merc. et sam. à 15h - reste de l'année : visite pour les groupes sur RV - 6 € (enf. 3 €).

Il aura fallu plus de vingt ans d'efforts et de passion aux propriétaires pour restaurer ce magnifique château, classé monument historique. Commencé à la fin du 16e s., il a été modifié jusqu'au 18e s. De cette époque datent les deux poternes, les tours d'angle, la double rangée de douves (remplies d'eau) et les murs extérieurs des communs. À l'intérieur, six pièces sont accessibles aux visiteurs, dont le salon et ses belles boiseries. À l'extérieur s'étendent un jardin à la française et un potager. Remarquez aussi la grange du 17e s. et le pont-levis, en état de marche. Un petit **musée d'Art populaire**, présentant une foison d'objets du quotidien, complète la visite.

NAPOLÉON OPINIÂTRE… MAIS DÉFAIT

Après la terrible retraite de Russie et l'invasion du territoire français par les nations alliées, en janvier 1814, l'Empereur tente de sauver la situation. Dans ses *Mémoires*, le **général comte de Ségur** relate la **bataille d'Arcis**, qui eut lieu le 20 mars 1814 : « Il était dix heures. Ney, Oudinot et Sébastiani, avec toute l'infanterie et la cavalerie, s'ébranlèrent. En peu d'instants, le rideau ennemi, qui couvrait les pentes, fut déchiré ; mais, parvenus sur la crête, un spectacle imposant les consterna. C'était toute l'armée alliée, avec ses réserves et ses souverains, plus de 100 000 hommes. […] D'instant en instant, ces têtes de colonnes profondes, marchant à grands espaces, et se rapprochant de plus en plus entre elles et de notre position, resserraient l'enceinte. Et néanmoins Napoléon, s'opiniâtrant encore, niait l'évidence. Il leur répondait que c'était une vision ; que ce qu'ils apercevaient à droite ne pouvait être que la cavalerie de Grouchy. Ce mouvement, s'écria-t-il, serait trop leste ; c'était une manœuvre trop hardie pour des Autrichiens ! « Je les connais ; ils ne se lèvent pas si vite, et si matin ! » C'était pourtant bien l'aile gauche de Schwarzenber », constate Ségur. Le 31 mars, les alliés pénètrent dans la capitale. Deux jours plus tard, c'est la déchéance de l'Empereur devant le Sénat. Napoléon abdiquera le 6 avril 1814.

Le champ de bataille se trouve au sud d'Arcis, sur la D 677 en direction de Troyes.

+ d'adresses

Vers le sud de l'Aube 4

Carte Michelin Départements 313 – Aube (10)

À l'ouest de Troyes

LE PAYS D'OTHE ET SON CIRCUIT 242

À 35 km au sud-ouest de Troyes

ERVY-LE-CHÂTEL ET SON CIRCUIT 246

À 51 km au nord-ouest de Troyes

NOGENT-SUR-SEINE 249

À 29 km au sud de Troyes

CHAOURCE★ ET SON CIRCUIT 255

À 32 km au sud-est de Troyes

BAR-SUR-SEINE ET SON CIRCUIT 259

Vue aérienne du château de La Motte-Tilly.

A. Chicurel / hemis.fr

VERS LE SUD DE L'AUBE

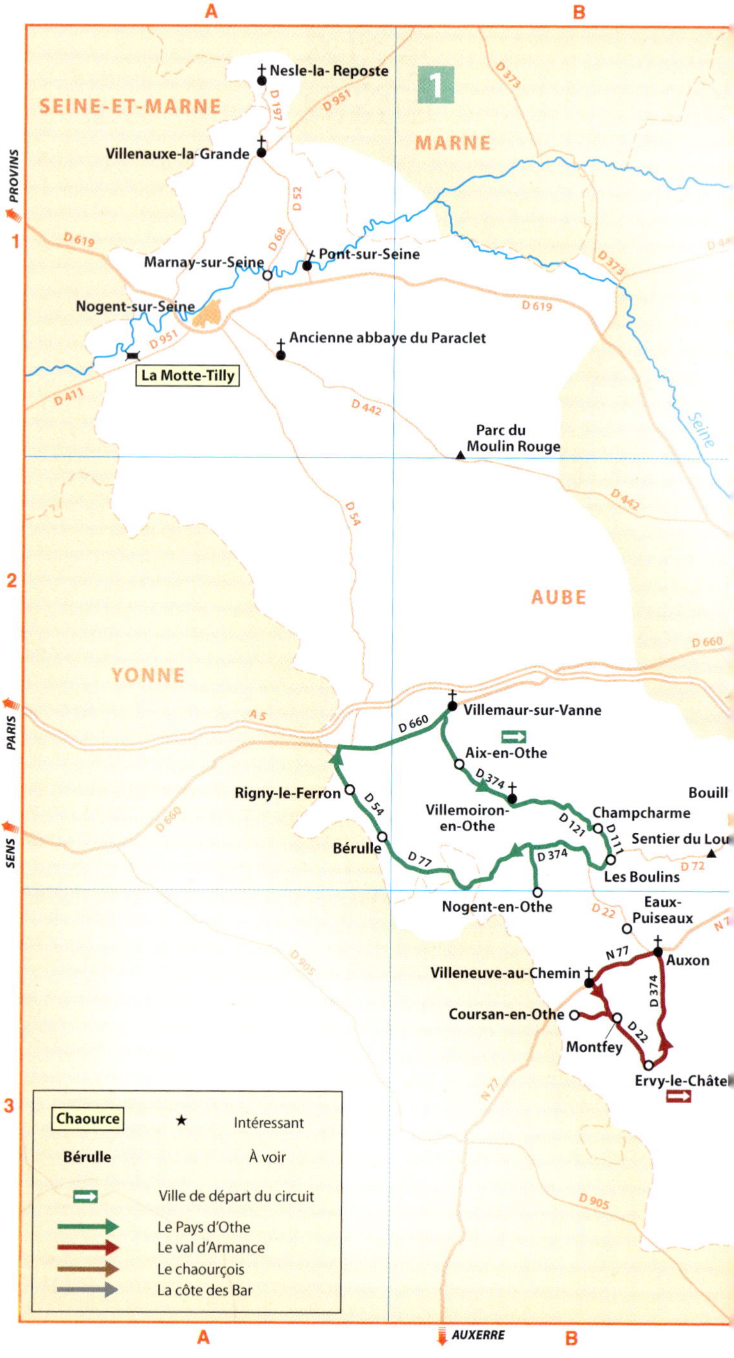

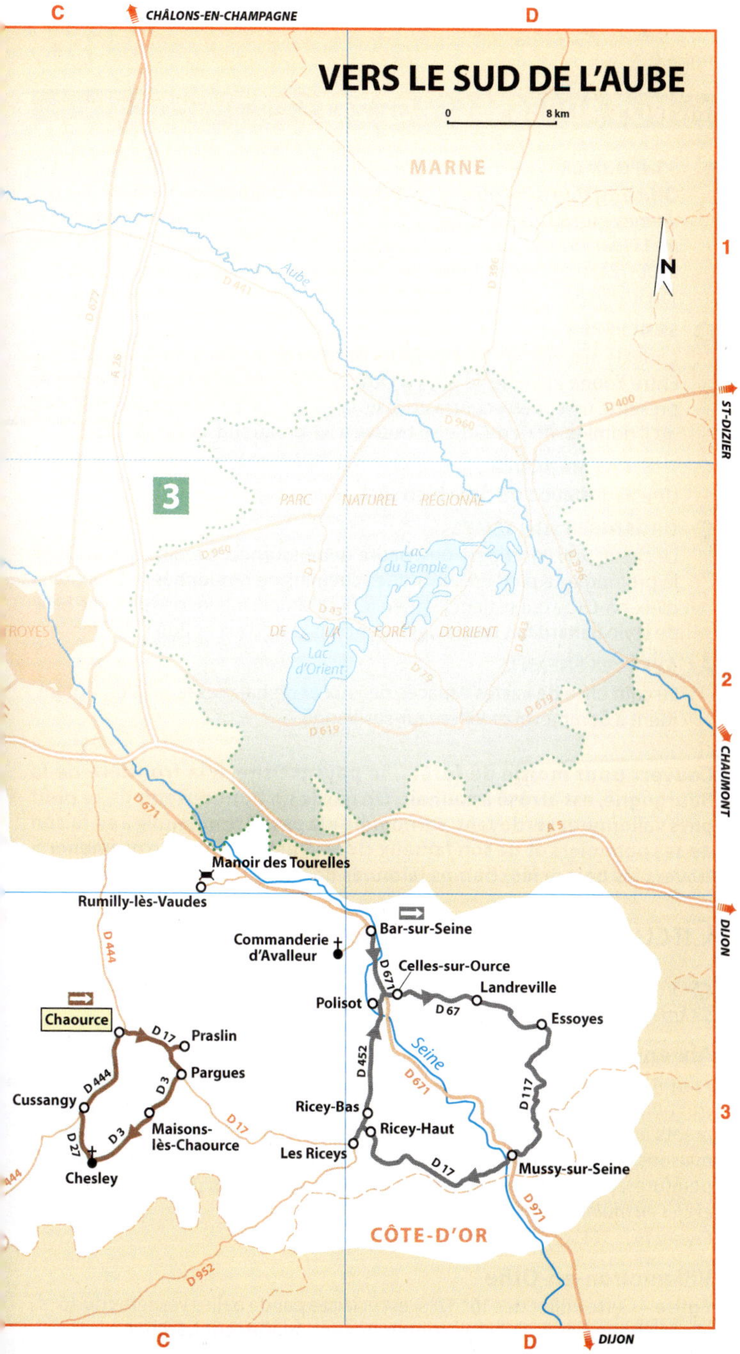
C
CHÂLONS-EN-CHAMPAGNE
D
VERS LE SUD DE L'AUBE
0
8 km
MARNE
1
N
Aube
D 441
D 677
A 26
D 396
D 400
ST-DIZIER
D 960
3
PARC NATUREL RÉGIONAL
DE LA FORÊT D'ORIENT
Lac du Temple
Lac d'Orient
TROYES
D 443
D 619
2
CHAUMONT
D 671
A 5
Manoir des Tourelles
Rumilly-lès-Vaudes
DIJON
D 444
Commanderie d'Avalleur
Bar-sur-Seine
Celles-sur-Ource
Landreville
Polisot
D 67
Essoyes
Chaource
D 17
Praslin
Pargues
Seine
D 452
D 117
Cussangy
D 3
Ricey-Bas
3
Maisons-lès-Chaource
Ricey-Haut
D 27
Les Riceys
Mussy-sur-Seine
Chesley
D 971
CÔTE-D'OR
D 952
C
D
DIJON

Le pays d'Othe

Aube (10)

NOS ADRESSES PAGE 245

S'INFORMER

Office du tourisme du pays d'Othe et de la vallée de la Vanne – *21 r. des Vannes - 10160 Aix-en-Othe - ☎ 03 25 80 81 71 - www.tourisme-paysdothe.fr - 15 juin-15 août : lun.-mar. 15h-18h, merc.-sam. 9h30-12h30, 15h-18h, dim. 9h30-12h30 ; reste de l'année : tlj sf dim. et lun. 10h-12h30, 15h30-17h30, jeu. 15h30-17h30 - j. fériés (se rens.).*

SE REPÉRER

Carte de microrégion B2-3 (p. 240) – *carte Michelin Départements 313 B/D4-5.* Entre Yonne et Seine, le pays d'Othe qui s'étend au sud-ouest de Troyes présente un curieux contraste avec la plaine de la Champagne crayeuse qu'il domine. Aix-en-Othe se trouve à 33 km au sud-ouest de Troyes.

À NE PAS MANQUER

Une dégustation de cidre bien sûr !

ORGANISER SON TEMPS

Le circuit vous occupera une petite demi-journée, à moins que vous ne le prolongiez à pied en suivant les chemins de randonnée… Le marché d'Aix-en-Othe qui se tient les mercredi et samedi matins dans la belle halle de style Baltard fait partie des « Cent marchés d'exception » de France.

AVEC LES ENFANTS

Le coin offre de vastes espaces de jeux et de balades familiales, notamment à Sommeval et Villemaur-sur-Vanne…

Couvert pour moitié de forêts, le pays d'Othe, à la frontière de la Bourgogne, est arrosé à souhait. On garde un bon souvenir de ce petit pays vallonné et verdoyant, surnommé « la petite Normandie » en raison de ses pommiers et de son fameux cidre. Quel plaisir de se promener à travers les bois et les champs jalonnés de paisibles villages de brique !

Circuit conseillé Carte ci-contre

Circuit tracé en vert sur la carte ci-contre et sur la carte de microrégion (p. 240) – 53 km – Comptez environ 2h.

Aix-en-Othe

« Capitale » du pays d'Othe, ce bourg bâti sur la rive droite de la Nosle doit son nom à deux sources qui jaillissent dans un parc. On y reconnaît les bâtiments liés à son ancienne activité textile des 19e et 20e s. : locaux d'usine et maisons des riches patrons bonnetiers. Son **église** (16e-18e s.) comporte des peintures, des statues et des tapisseries des 16e et 17e s. *(visites commentées et clés en mairie, en face - ☎ 03 25 46 75 00).*

Prenez la D 374 vers Villemoiron-en-Othe.

Villemoiron-en-Othe

Église – Cette église des 16e-17e s. est éclairée par de belles verrières du 16e s., et son chœur par des vitraux contemporains de **Vincent Larcher**.

À la sortie du village, remarquez le **lavoir** tout en briques.

Après le village, prenez à gauche la D 121. Dans la forêt de la Vente de l'Avocat, tournez à gauche puis tout de suite à droite vers Champcharme.
Le hameau de **Champcharme** offre l'occasion de satisfaire votre curiosité et vos papilles par une halte à la ferme *(voir « Nos adresses à… »).*
Poursuivez jusqu'au lieu-dit **Les Boulins**, où un petit plan d'eau a été aménagé devant l'ancien lavoir.
Prenez la D 72 vers Maraye-en-Othe, puis la D 374 jusqu'à Saint-Mards-en-Othe, et la D 22 en direction de Nogent-en-Othe.

Chemin de la Mémoire, à Nogent-en-Othe

4,5 km. Itinéraire balisé (voir panneau au départ, sur votre gauche). Déconseillé en période de chasse.
Ce parcours boisé jalonné de panneaux d'interprétation vous mènera sur les traces de la Résistance auboise.
Retournez à Saint-Mards-en Othe. Prenez la D 15 vers Bœurs-en-Othe et, en arrivant au Champion, tournez dans la 1re à droite vers Les Chevréaux ; poursuivez vers Berluvier (D 77), puis Bérulle (D 54).

Bérulle

Ce fut le fief de la famille du même nom : le **cardinal Pierre de Bérulle** (1575-1629) eut une influence politique considérable dans son opposition aux protestants. Il contribua à la réforme catholique du 17e s. afin de restaurer la rigueur de la religion, et fut le fondateur en France de la congrégation de l'Oratoire en 1609.
Église – *Travaux en cours, mais une partie se visite, notamment les vitraux, sur réserv. auprès de la mairie de Bérulle au ✆ 03 25 46 77 56.* De style Renaissance, elle date du 16e s. Ses fonts baptismaux, les beaux vitraux du chœur et les statues, dont une Vierge Mère, sont de la même époque.
Sentier du Fer – *6 km. Itinéraire balisé au départ du lavoir (voir panneau devant l'église). Plaquette explicative à l'office du tourisme d'Aix-en-Othe ou sur www.tourisme-paysdothe.fr.* Ce circuit d'interprétation retrace l'exploitation du minerai de fer en pays d'Othe, de l'époque gallo-romaine au Moyen Âge.
Continuez sur la D 54 vers Rigny-le-Ferron.

Rigny-le-Ferron

Dans ce gros village bordé de jolies façades régulières, la **mairie** surmontée d'une horloge dorée est, elle aussi, entièrement de brique.

Église – Elle possède un riche ensemble de verrières du 16e s., ainsi qu'un très beau groupe de la *Vierge de pitié* en pierre polychrome.
Continuez sur la D 54, puis prenez la D 660 (direction Troyes) jusqu'à Villemaur-sur-Vanne.

Villemaur-sur-Vanne

Église – *☏ 03 25 40 55 22 - visite guidée sur demande préalable à Mme Velut - 7 Grande-Rue - 10190 Villemaur-sur-Vanne.* Érigé au 17e s. en duché-pairie pour le chancelier Séguier, le village possède une église (12e-16e s.) au curieux clocher (1552), quasi unique en France. Sa charpente de chêne est recouverte de bardeaux de châtaignier. Son très beau **jubé★** en bois (1521), entièrement sculpté, représente une scène de la Passion et de la vie de la Vierge *(voir l'ABC d'architecture p. 79)*. Le lutrin (16e s.) et les boiseries du chœur (17e s.) proviennent de l'ancienne abbaye St-Loup de Troyes.
En contrebas, le **marais de la Vanne**, zone écologique protégée de 22 ha, offre une halte agréable. Un chemin permet de faire le **tour du grand étang**. Aire de pique-nique aménagée.
Rejoignez Aix-en-Othe par la D 374.

À proximité Carte de microrégion

Sentier du Loup B2

À Sommeval, 23 km au sud-est d'Aix-en-Othe par les D 121, D 111et D 72.
5, 10 ou 15 km. Itinéraire balisé (panneau au départ). Prenez la dir. Chamoy, puis à gauche la route de l'Avenir. Déconseillé en période de chasse. Trois parcours, dont celui de la « pelouse aux orchidées », permettent de traverser ce **site naturel protégé**.

Bouilly B2

27 km au sud-est d'Aix-en-Othe, 4 km après Sommeval.
Ce village est situé au pied du versant est de la forêt d'Othe.
Église St-Laurent – Construite au 16e s., elle a été restaurée au 18e s. Au-dessus du maître-autel, un remarquable retable en pierre, de style Renaissance, représente des scènes de la Passion. Sous ce retable, un bas-relief d'une grande finesse a pour thème la *Légende de saint Laurent*. Parmi les statues du 16e s., voir un curieux saint Sébastien décoré d'un collier en coquilles St-Jacques et une belle sainte Marguerite.

Eaux-Puiseaux B3

20 km au sud-est d'Aix-en-Othe par la D 374.
Des ânes peuplent les prairies de ce village de pierre et de brique situé sur les contreforts du pays d'Othe.
Musée du Cidre – *La Ferme d'Hotte - ☏ 03 25 42 15 13 - www.lafermedhotte.com - ♿ - de déb. avr. à mi-nov. : 14h-19h ; reste de l'année sur demande préalable - 4 € (-12 ans 3,50 €). (voir aussi « Nos adresses à… », ci-contre).* Il abrite une collection de pressoirs du 17e s. à nos jours, dont un pressoir à roue de perroquet de 1680, du matériel de tonnellerie, des alambics et des outils anciens qui retracent l'histoire de l'activité cidricole dans la région. La visite est suivie d'une dégustation.

NOS ADRESSES EN PAYS D'OTHE

HÉBERGEMENT

PREMIER PRIX

À Rigny-le-Ferron

Chambre d'hôte La Ferme des Ardents – *16 r. du Moulin - 10160 Rigny-le-Ferron - ☎ 03 25 46 79 82 -www.ferme-des-ardents.com-* 🅿 - *5 ch. 35 €* ☕. Qu'il fait bon séjourner dans cette ferme fortifiée du 17e s. ! Ses tours et pigeonniers, sa cour fleurie, son calme, ses chambres simples et mansardées laissent d'agréables souvenirs. Prix très doux.

BUDGET MOYEN

À Aix-en-Othe

Auberge de la Scierie – *3 rte de Druisy - La Vove - 10160 Aix-en-Othe - ☎ 03 25 46 71 26 - 12 ch. 55/63 € - ☕ 8,50 € - ✕ 30/36 €.* Ancien moulin devenu scierie au début du 20e s., cet hôtel bénéficie d'un cadre agréable, avec son parc traversé par une petite rivière. Les produits frais du terroir local se marient avec les recettes de poissons ou de fruits de mer. Les chambres, toutes très confortables, donnent sur la piscine. Une belle étape.

RESTAURATION

BUDGET MOYEN

À Estissac

La Marmite – *Pl. de la Halle - 10190 Estissac - ☎ 03 25 40 40 19 - la-marmite@wanadoo.fr -* 🅿 *- formule ardoise 10,50 € -15/28 €.* Cet hôtel-restaurant présente un agréable mélange de styles, formant un cadre chaleureux. Une salle typée brasserie, une autre plus cossue, un rien kitsch, mais toujours la même cuisine gourmande, élaborée à partir de produits régionaux. Une adresse gastronomique à prix doux.

ACHATS

Les Othéens fabriquent un cidre fermier dont la tradition remonte au 16e s. Ni pasteurisé ni stérilisé, il est obtenu par le pressurage de variétés anciennes. Dans les vergers, on veille sur 40 espèces de pommes : nez de chat, cul-d'oison, avrolles, vérollot…

À Saint-Mards-en-Othe

Distillerie artisanale du Pays d'Othe – *13 r. de la Croix - 10160 Saint-Mards-en-Othe - ☎ 03 25 70 14 89.* Cette famille de brandeviniers fabrique depuis quatre générations différentes sortes d'eaux-de-vie et de ratafias, mais aussi un whisky pur malt et une vodka. Dans un alambic qui date de 1920, on distille les fruits récoltés l'année précédente, suivant la tradition des bouilleurs de cru d'autrefois.

À Maraye-en-Othe

Ferme des Charmes – *Champcharme - 10160 Maraye-en-Othe - ☎ 03 25 70 12 80 - tlj sf merc. 15h-18h - 2 € (visite de la ferme) ; 2,50 € (visite du musée).* Après la visite de l'exploitation et du **musée de l'histoire paysanne**, vous dégusterez les produits fermiers et ferez provision de cidre bien sûr, de fromages et de confitures.

À Eaux-Puiseaux

La Ferme d'Hotte – *22 r. Largentier - 10130 Eaux-Puiseaux - ☎ 03 25 42 15 13 - www.lafermedhotte.com.- 1er avr. -15 nov. : tlj 14h-19h et le reste de l'année sur RV.* Cette exploitation produit du cidre, du jus de pomme, du ratafia de cidre, de l'eau-de-vie, de la liqueur, du vinaigre et de l'huile de colza. En visitant le **musée du Cidre du pays d'Othe**, découvrez la collection de pressoirs en état de marche, certaines pièces datant du 17e s. Dégustation et goûter à la ferme.

Ervy-le-Châtel

1 224 Ervitains – Aube (10)

NOS ADRESSES PAGE 248

S'INFORMER

Office du tourisme du Val d'Armance – *Bd des Grands-Fossés - 10130 Ervy-le-Châtel - ☏ 03 25 70 04 45 - www.tourismevaldarmance.fr - juin-août : 9h-12h, 13h30-18h, dim. 9h30-13h, mar. 13h30-18h ; reste de l'année : tlj sf dim. 9h30-12h, 14h-17h30, vend. 9h-12h, 14h-17h - fermé lun.* Il propose des visites guidées de la ville.

SE REPÉRER

Carte de microrégion B3 (p. 240) – *carte Michelin Départements 313 D5.* Sur une colline dominant la rive droite de l'Armance, Ervy-le-Châtel (alt. 161 m) se trouve à 35 km de Troyes et 40 km d'Auxerre.

ORGANISER SON TEMPS

Une demi-journée vous permettra de découvrir la ville et le val d'Armance. Le dernier dimanche de septembre, la pressée à l'ancienne à Eaux-Puiseaux reproduit la technique médiévale de fabrication du cidre.

AVEC LES ENFANTS

Le parc de Coursan-en-Othe offre un espace de détente pour la famille.

Un charme certain se dégage de cette petite ville médiévale à peuplement en rond, ancienne place forte des comtes de Champagne, aux confins de la Bourgogne et de la Champagne. Perchée au-dessus de la vallée de l'Armance, elle conserve de vieilles demeures et des curiosités architecturales. La nature environnante ne dément pas ces attraits, notamment les bords de l'Armance, propices aux escapades.

Se promener

Porte St-Nicolas

Une agréable promenade ombragée a été aménagée à l'emplacement des anciens remparts dont subsiste cet élément fortifié (remanié au 18e s.), flanqué de deux tours rondes (15e s.).

Halle

Cette curieuse halle circulaire (19e s.) en brique, torchis et châtaignier, comporte une galerie à colombages et trois toits à pans de bois : elle est inspirée de la halle aux blés de Paris. Elle accueille aujourd'hui l'office de tourisme ainsi que des expositions temporaires.

Église St-Pierre

Bâtie aux 15e et 16e s., elle est éclairée par des vitraux Renaissance. L'un d'eux décrit les *Triomphes* de Pétrarque, poème allégorique du 14e s. Ce sujet est exceptionnel dans un vitrail

LE SAVIEZ-VOUS ?

C'est à l'ingénieur **Eugène Belgrand**, né à Ervy, que l'on doit la première amenée d'eau potable sur Paris, alimentée par la source de la Vanne, et la construction des réservoirs de Montsouris.

La halle circulaire.
Office du tourisme du Val d'Armance

d'église. On y découvre de nombreuses statues de l'école champenoise, des peintures en grisaille *(collatéral droit)* représentant saint Pierre, saint Paul et l'Enfant Jésus, ainsi que des orgues du 18e s.

Circuit conseillé Carte de microrégion

LE VAL D'ARMANCE B3

Circuit tracé en bordeaux sur la carte de microrégion (p. 240) – 27 km – Comptez environ 1h. Quittez Ervy-le-Châtel au nord par la D 374.

Dans cette vallée préservée, à l'écart des grands axes routiers, la brique qui domine le paysage vallonné du proche pays d'Othe cède la place à la pierre calcaire, la rapprochant ainsi de son autre voisin immédiat, le Chaourçois.

4

Auxon

Église – À la lisière de la forêt d'Othe, Auxon possède une église du 16e s. à trois nefs. Remarquez le portail latéral dans le style de la Renaissance italienne, finement sculpté. À l'intérieur, statues des 14e et 16e s. (entre autres, un saint Hubert près de son cheval) et verrières des 15e et 16e s.

Et pourquoi ne pas faire une pause en bordure de la route principale qui traverse le village sur l'agréable espace ombragé agrémenté d'un lavoir *(aire de pique-nique)* ?

Empruntez la N 77 en direction de Villeneuve-au-Chemin.

Villeneuve-au-Chemin

Sur les hauteurs de ce village tout en longueur s'élève la **chapelle St-Joseph**, surmontée d'une Vierge en fonte haute de 7 m. De là s'offre un beau point de vue sur la campagne environnante.

Sortez par la D 22.

Coursan-en-Othe

Le **parc** de l'ancien château, dont subsistent les douves et une tour du 15e s., abrite un tulipier de Virginie, haut de 30 m et vieux de 300 ans.

Poursuivez sur la D 22.

Montfey

Par manque de moyens financiers pour ériger un clocher, la **cloche** (1600) de ce joli hameau de l'Aube rurale fut « provisoirement » placée à l'intérieur du cimetière… où l'on peut encore l'admirer.

Rejoignez Ervy-le-Châtel par la D 22.

NOS ADRESSES À ERVY-LE-CHÂTEL

HÉBERGEMENT ET RESTAURATION

PREMIER PRIX

À proximité

L'Étape Gourmande – *6 Grande-Rue - 10130 Eaux-Puiseaux - 03 25 80 36 96 - www.letapegourmande.fr - P - 14 ch. 59/65 € - 8,50 € - formule déj. 18 € - 23/39 €.* Ouvert sur la nature, cet hôtel de construction récente propose des chambres à la décoration actuelle et parfaitement tenues, grâce au dynamisme de ses nouveaux propriétaires. Petit-déjeuner servi sous forme de buffet. Cuisine traditionnelle au restaurant.

BUDGET MOYEN

À proximité

Chambre d'hôte Le Clos Poli – *2 r. de l'Église - 10130 Montigny-les-Monts - 9 km au nord d'Ervy-le-Châtel - 03 25 80 89 60 - www.leclospoli.fr - 3 ch. 69 € - - repas « en-cas d'hôte » 22 €.* Les chambres, spacieuses et personnalisées, pouvant accueillir au total 7 personnes, se trouvent dans une maison de pierre au cœur de la campagne. Vente de produits régionaux, tarifs préférentiels pour le golf de Troyes-La Cordelière.

ACHATS

Marché – Vendredi matin.

À proximité

La Fontaine de Bernn – *2 r. de la Fontaine - 10130 Bernon - 03 28 70 08 34 - www.escargot.fr.* Depuis 1992, cette entreprise familiale d'héliciculture pratique l'élevage en plein air, le ramassage et la préparation de ces petites bêtes à cornes et à coquille. En spécialité maison, le boudin d'escargot à rissoler, mais aussi « l'escargolade » (une recette qui ressemble à la tapenade). Hébergement et table d'hôte.

Nogent-sur-Seine

6 100 Nogentais – Aube (10)

NOS ADRESSES PAGE 254

S'INFORMER

Office du tourisme du Nogentais et de la vallée de la Seine – *53 r. des Fossés - 10400 Nogent-sur-Seine - ✆ 03 25 39 42 07 - www.tourismenogentais.fr - de mi-juin à mi-sept. : 9h-12h, 14h-17h, dim. 10h-12h, lun. 14h-17h ; reste de l'année : tlj sf dim. 9h-12h, 14h-17h, lun. 14h-17h - fermé j. fériés.*

Visites guidées – *✆ 03 25 39 42 07 - http://www.tourisme-nogentais.fr - visite guidée sur demande préalable - 5 € (-12 ans gratuit).* L'office de tourisme propose plusieurs visites thématiques (1h30) : Centre-ville, parcours Flaubert, Camille Claudel et Alfred Boucher ou Napoléon, Nogent médiéval, la Seine nogentaise, l'église St-Laurent.

Le **parcours Flaubert** (*✆ 03 25 39 42 07 - www.tourismenogentais. fr),* jalonné de panneaux d'interprétation, permet de découvrir la ville librement. *Document disponible à l'office de tourisme.*

Rallye « Mène l'enquête dans les rues de Nogent-sur-Seine » – *3 €/livret - 5 € les 2 livrets.* Des livrets pour les enfants (4-7 ans et 8-12 ans) permettent de découvrir le patrimoine culturel en parcourant la ville à l'aide d'énigmes. Cadeau en fin de parcours, une fois l'énigme résolue !

SE REPÉRER

Carte de microrégion A1 (p. 240) – *carte Michelin Départements 313 B3.*
Nogent-sur-Seine est la première ville de l'Aube lorsqu'on vient de Paris par la N 19 puis la D 619. C'est la route la plus courte, pas la plus rapide : il est préférable de prendre l'A 5 jusqu'à Marolles-sur-Seine, puis la D 41.

À NE PAS MANQUER

Le château de La Motte-Tilly.

ORGANISER SON TEMPS

La visite de la ville est relativement rapide, mais ses environs offrent plusieurs possibilités d'excursion.

AVEC LES ENFANTS

L'île Olive et son arboretum ; le rallye « Mène l'enquête » ; le plan d'eau du Monteuil ; le jardin botanique de Marnay-sur-Seine (parcours ludique et pédagogique) ; le parc du Moulin-Rouge, à Ossey-les-Trois-Maisons.

4

Entre ruelles bordées de maisons anciennes et berges de la Seine mangée par les nénuphars, on ne peut qu'être sensible au charme bucolique de cette petite ville. Elle inspira d'ailleurs Gustave Flaubert, un amateur de dimanches à la campagne, pour « L'Éducation sentimentale ». Mais le Nogentais séduit aussi par ses abbayes, ses églises et châteaux, voire même son passé industriel.

Se promener

La vieille ville comprend d'anciennes demeures à pans de bois. En bord de Seine s'élève un immense **moulin** de brique, lié à l'exploitation céréalière de la Brie voisine et, en contrebas, le **pavillon Henri-IV** (16e s.) qui accueille des expositions temporaires de mars à octobre.

L'agréable **île Olive**, sur la Seine, accueille un vaste arboretum et invite à la promenade. On y accède par une passerelle au ras de l'eau.
Le **plan d'eau du Monteuil** vous fera découvrir la faune et la flore de la Bassée, grâce à des panneaux.

Église St-Laurent

Cette église des 15e et 16e s. associe les styles gothique flamboyant et Renaissance, époque où fut créée l'ornementation de la tour, à gauche du portail principal. Les collatéraux Renaissance sont percés de larges baies. Les contreforts portent des chapiteaux ouvragés et des gargouilles originales. Le portail sud comprend un beau fronton. L'église est surmontée d'une lanterne qui a la forme d'une cage d'écureuil. Dessus, la statue de saint Laurent porte le gril, instrument de son martyre.

Musée Paul-Dubois–Alfred-Boucher

R. du Gué-de-la-Loge - ✆ 03 25 39 71 79 - www.musee-nogent-sur-seine.fr - 14h-18h - fermé lun., mar. et 1er janv., 25 déc. - 4 € (-18 ans gratuit). Un musée consacrée à Camille Claudel devrait ouvrir ses portes en 2014 sur l'îlot Saint-Époing.
Créé en 1902 à l'initiative d'Alfred Boucher, le musée de Nogent-sur-Seine développe une **collection de sculptures du 19e s.** aujourd'hui riche d'environ 400 pièces. On y trouve, aux côtés des œuvres de Boucher et de Paul Dubois, celles d'Henri Chapu, de Jules Dalou, d'Alexandre Falguière, d'Auguste Rodin et surtout de **Camille Claudel**, qui vécut à Nogent-sur-Seine de 1876 à 1879, où elle fut l'élève d'Alfred Boucher. Parmi les 23 sculptures de Camille Claudel exposées ici, la plus spectaculaire est le *Persée et la Gorgone*, le seul marbre monumental qu'elle réalisa. Le musée accueille également des **peintures** du 17e au 19e s. : œuvres de Raffaelli, Maximilien Luce, paysages d'Alfred Boucher et portraits d'Émile Boeswillwald. *Le Livon* est un paysage de Nogent peint en 1764 par Joseph Vernet : considérée comme perdue, la toile fut retrouvée en Angleterre et achetée en 1996. Elle fait partie d'une paire dont le pendant se trouve au musée des Beaux-Arts, à Berlin.

À proximité Carte de microrégion

★ Château de La Motte-Tilly A1

6 km au sud-ouest par la D 951.
✆ 03 25 39 99 67 - www.la-motte-tilly.monuments-nationaux.fr - visite guidée de mi-mai à mi-sept. : 10h-12h, 14h-18h ; reste de l'année : tlj sf mar. 14h-17h30 - fermé lun., 1er janv., 25 déc. - 7,50 € (-26 ans gratuit).

LE SAVIEZ-VOUS ?

Peintre et sculpteur originaire de Nogent-sur-Seine, **Alfred Boucher** fut le premier maître de Camille Claudel. Cet humaniste, soucieux de faire école, fonda en 1902 à Paris, la Ruche, un lieu d'accueil pour les artistes les plus démunis. Des centaines d'entre eux y passèrent, parmi lesquels des noms aujourd'hui prestigieux : Chagall, Soutine, Zadkine, Léger…

Dès l'enfance, **Gustave Flaubert** effectue de fréquents séjours dans la ville d'origine de son père, où il conserve des attaches familiales. Elle servira notamment de cadre à *L'Éducation sentimentale* : on peut encore admirer l'hôtel du Cygne de la Croix ou, dans le vieux quartier de la Pêcherie, la vieille maison à colombages, dite « de la Turque », qui fascinait le héros *(voir l'ABC d'architecture p. 80)*. Ses descriptions constituent aujourd'hui un précieux témoignage, de nombreux autres édifices ayant disparu.

Le château, d'architecture simple mais noble, est bâti en grès et maçonnerie de crépi. Il fut élevé à partir de 1754 sur la terrasse naturelle dominant la Seine, pour l'abbé Terray (1715-1778), contrôleur des Finances sous Louis XV. L'architecte est **François Nicolas Lancret**, neveu du célèbre peintre Nicolas Lancret, qui construisit également les hôtels de ville de Chaumont et de Châteauvillain.

Intérieur – Archéologue et historienne d'art, passionnée de mobilier, la marquise de Maillé (1895-1972) fut la dernière propriétaire du château, œuvre de sa vie qu'elle décora de son goût très sûr. Faute d'héritier, elle le céda aux Monuments historiques, avec l'exigence qu'il ne soit jamais habité mais que l'on puisse y sentir une présence, comme s'il le fut… d'où une discrète et subtile mise en scène. Dans les salons du rez-de-chaussée, l'éclat des **ensembles mobiliers★★** et décoratifs s'allie aux boiseries peintes, très lumineuses. Un bel escalier à rampe en fer forgé conduit au 1er étage, où deux pièces rappellent le souvenir de la marquise de Maillé : sa chambre à coucher tendue de vert ; la chambre Empire du comte de Rohan-Chabot, son père. Dans l'aile est se trouve la chambre de sa fille Claire, la princesse de Polignac, qui séjourna rarement au château pourtant doté d'un confort exceptionnel.

Dans le **parc**, la perspective principale, au nord du château, est marquée par le bassin du Miroir, bordé de chaque côté d'une allée de tilleuls.

Ancienne abbaye du Paraclet A1

6 km au sud-est par la D 442.

03 25 39 42 07 - www.tourisme-nogentais.fr - visite guidée de déb. juil. à fin août : 10h-12h, 14h-18h - fermé dim. - 2 € (-12 ans gratuit).

Originaire de la région nantaise, **Pierre Abélard** (1079-1142) s'y installa avec un seul clerc. Il commença par construire un oratoire, fait de roseaux et de chaume, autour duquel campèrent rapidement une foule de disciples. L'édifice fut alors bâti en pierre. **Héloïse** (1101-1164) devint abbesse des lieux en 1129. De l'abbaye, il ne reste qu'un cellier sous les bâtiments d'une ferme briarde. Derrière la chapelle, un obélisque marque l'emplacement de la crypte où se trouvaient les cercueils d'Héloïse et d'Abélard.

4

Parc du Moulin-Rouge B1-2

À Ossey-les-Trois-Maisons, 17 km au sud-est par les D 442, D 440 et D 116.

06 81 95 99 51 - www.parcdumoulinrouge.fr - - avr.-oct. : 10h-19h ; reste de l'année : 10h-18h - fermé de mi-déc. à fin janv. - 3,50 € (-10 ans 2,50 €).

Situé en pleine nature, ce parc ombragé de 2 ha abrite des chiens de prairie, des daims et quelques espèces exotiques : autruches, émeus, nandous, wallabies…

À LA DÉCOUVERTE DES MÉGALITHES

L'Aube, en particulier le Nogentais, est riche en monuments mégalithiques : ils témoignent de la présence très ancienne d'un habitat groupé et socialement organisé entre le pays d'Othe et Villenauxe-la-Grande, dans le cadre de la civilisation « Seine-Oise-Marne » de la fin du néolithique (-2500 à -2000). Les premières populations sédentarisées se fixèrent près des sources, des marais et des forêts. Trente-quatre polissoirs, dolmens, menhirs sont encore visibles dans l'Aube, notamment aux alentours de Nogent-sur-Seine. *Un circuit de 60 km permet d'en voir certains. Renseignements à l'office du tourisme du Nogentais et de la Vallée de la Seine.*

HÉLOÏSE ET ABÉLARD

Pierre Abélard se destine très tôt aux études et devient un maître réputé. Son enseignement, qui touche à toutes les disciplines, attire des auditeurs venus de l'Europe entière. En 1118, une idylle naît avec **Héloïse**, la nièce de Fulbert, un chanoine de Notre-Dame de Paris. Les deux amants ont un enfant. Pour échapper à la colère de la famille, la jeune mère se réfugie dans un couvent; les parents se vengent sur Abélard en lui tranchant « les parties du corps avec lesquelles il a commis ce dont ils se plaignent ». Il entre alors à l'abbaye royale de Saint-Denis, puis c'est la retraite dans un lieu désert, près de Nogent-sur-Seine : le Paraclet. Héloïse devient prieure d'Argenteuil, qu'elle quitte en 1129. Après dix ans de séparation, Héloïse et Abelard finissent par se revoir… Mais cette flamme est sans issue et le maître se consacre entièrement à son enseignement. À sa mort, Héloïse accueille sa dépouille. Elle s'éteint elle-même une vingtaine d'années plus tard. Les deux amants ont été inhumés en 1164 dans la grande église du Paraclet, enfin réunis. Les dépouilles ont été transportées en 1817 au cimetière du Père-Lachaise, à Paris.

Marnay-sur-Seine A1

7,5 km à l'est par la D 619, puis la D 68 à gauche.

Refuge des moines fondateurs de l'abbaye de Saint-Denis qui fuyaient les persécutions au 9e s., ce joli village des bords de Seine fut régulièrement fréquenté par les artistes, notamment ceux de Montparnasse vers 1930. Le peintre surréaliste **Claude Domec** (1902-1983) s'inspira de ses souvenirs d'enfance chez sa grand-mère à Marnay.

Jardin botanique – *03 25 21 94 18 - de mi-avr. à mi-oct. : 9h-12h, 14h-18h, sam. 10h-12h, 14h-19h, dim. et j. fériés 15h-19h - fermé lun. - possibilité de visite guidée (1h30) sur demande préalable - 5 € (-18 ans 2,50 €).* Créé en 1999, ce jardin très harmonieux abrite près de 3 000 espèces, assurant grâce à son **conservatoire** la protection de nombreuses plantes menacées, parmi lesquelles des espèces régionales et exotiques. C'est à la fois un jardin d'agrément et un jardin scientifique : chemin de l'Évolution pour comprendre l'origine des végétaux, carrés de plantes médicinales ou condimentaires, potager, roseraie… Le public est invité à se familiariser plus intimement avec le monde végétal à travers des expositions, des conférences et des excursions botaniques.

Centre d'art contemporain – *03 25 39 20 61 - www.camac.org - 9h-17h, sam. 14h-17h - fermé dim. et j. fériés - gratuit - possibilité de visite guidée sur demande préalable.* Installée dans un prieuré du 17e s., l'ancienne maison de Daniel Filapacchi à l'époque de *Salut les Copains* a été transformée par Frank Ténot en résidence internationale d'artistes. Elle accueille chaque année une trentaine d'artistes et organise autour de leur travail des expositions, des installations et des performances…

Pont-sur-Seine A1

11 km à l'est par la D 619.

La capitale du Morvois était jadis le siège d'une seigneurie que détinrent les Bouthillier, protégés de Richelieu. Défendue par une enceinte, la ville a gardé son cachet avec ses rues sinueuses et ses hôtels à haut portail.

L'**église St-Martin** a été construite aux 12e et 16e s. : sous les Bouthillier, l'intérieur a été entièrement peint de scènes et de motifs ornementaux assez curieux. À voir : les peintures d'Eustache Lesueur et les retables. À droite du chœur, la **chapelle du Rosaire** constitue un rare ensemble décoratif, typique du style Louis XIII.

Villenauxe-la-Grande A1

15 km au nord par la D 951.

23 pl. Georges-Clemenceau - 10370 Villenauxe-la-Grande - 03 25 21 38 94 - www.villenauxe-la-grande.fr - mai-sept. : 10h-12h30, 14h30-19h ; reste de l'année : tljsfdim. 10h-12h30, 14h30-19h, vend. 9h-12h30, 14h30-19h, sam. 9h-12h30, 14h30-17h - fermé j. fériés et lun.

Porte d'entrée de la côte des Blancs, Villenauxe se blottit dans les vallonnements de la falaise de l'Île-de-France où affleurent çà et là des taches crayeuses. Appelés « glaisiers », les Villenauxois exploitèrent durant un siècle les argiles réfractaires, aujourd'hui extraites à ciel ouvert. Ce bassin d'argile permettait de produire trois familles de céramique : le grès, la porcelaine et la faïence. Des artisans entretiennent toujours la tradition. Les habitants cultivèrent aussi longtemps la vigne... avant que le phylloxéra ne décime les plantations. Celle-ci est timidement réintroduite aujourd'hui.

Église St-Pierre-et-St-Paul – La construction de cette église fut entreprise au 13e s. par les moines augustins qui possédaient un prieuré à Villenauxe. Les carrières de grès ont fourni le matériau, ce qui explique sa fruste décoration extérieure. La tour du 16e s. s'élève sur les premières travées du bas-côté nord. Le portail flamboyant porte les effigies de saint Pierre et saint Paul.

À l'intérieur, on est frappé par l'ordonnance du chœur gothique. Sa voûte lambrissée est soutenue par de hautes arcades en tiers-point qui retombent sur des piliers ronds : la meilleure perspective s'offre à hauteur de l'autel, depuis le **déambulatoire★** (13e s.). Celui-ci est entièrement recouvert de nervures en amande.

La nef Renaissance, aux arcades plus spacieuses et moins décorées que celles du chœur, est couverte de voûtes d'ogives ramifiées plus élevées. Le bas-côté sud possède de belles clés pendantes.

Suite à la destruction des vitraux pendant la Seconde Guerre mondiale, l'église a été dotée de **vitraux contemporains★**, inaugurés fin 2005. Les 24 baies, soit une surface de 200 m², sont l'œuvre de l'artiste **David Tremlett** et des maîtres verriers **Benoît** et **Stéphanie Marq** (ateliers Simon-Marq à Reims). Ces vitraux abstraits, qui recourent aux formes géométriques (chœur) et symboliques (bas-côtés), cherchent à établir un dialogue entre architecture, spiritualité, et les deux traditions de Villenauxe : la céramique et la vigne. Couleurs vives, avec une prédominance des tons bleutés, en référence à la Vierge.

Nesle-la-Reposte A1

6 km au nord de Villenauxe. Quittez Villenauxe par la D 52 et, avant la voie ferrée, prenez à gauche la D 197 qui remonte un frais vallon.

Nesle-la-Reposte est né d'une importante abbaye bénédictine dont les vestiges, encore visibles dans le village, datent du 11e s. Ravagée par les guerres de Religion, l'abbaye fut transférée en 1674 à Villenauxe-la-Grande. Une partie des bâtiments, vendus comme bien national à la Révolution et transformés en ferme, ont été restaurés *(privé)*.

Dans l'**église** (15e s.) se trouve un tombeau d'abbé (début 13e s.) provenant du cloître de l'abbaye.

NOS ADRESSES À NOGENT-SUR-SEINE

HÉBERGEMENT

PREMIER PRIX

À proximité

Chambre d'hôte Mme Vulquin – *12 r. du Chêne - 10400 La Motte-Tilly - 4 km au sud-ouest de Nogent-sur-Seine par D 951 - ✆ 03 25 39 75 22 - P - 5 ch. 44 € - 4 €.* Le temps s'écoule paisiblement dans cette propriété nichée au cœur d'un petit village de la vallée de la Seine. Décor sans fioriture dans les chambres, qui occupent un pavillon moderne donnant sur une cour fermée. Accueil sans pareil.

RESTAURATION

BUDGET MOYEN

Beau Rivage – *20 r. Villiers-aux-Choux - 10400 Nogent-sur-seinet 03 25 39 84 22 - aubeaurivage@wanadoo.fr - fermé 15 fév.-8 mars, 2 sem. entre fin août et déb. sept., dim. soir et lun. - formule déj. 18 € (en sem.) - 23/44 € - 10 ch. 75 € - : 10€, demi-pension possible.* Salle à manger contemporaine, terrasse bucolique dressée sur une berge de la Seine, cuisine de saison (avec les herbes du jardin), chambres fraîches : tels sont les atouts de ce Beau Rivage.

ACHATS

À proximité

Jean-Pierre Giberot – *60 r. du Perrey - 10370 Villenauxe-la-Grande - ✆ 03 25 21 30 92.* L'atelier Giberot est spécialisé dans les porcelaines et faïences peintes à la main, qui reproduisent des décors anciens : Strasbourg, Moustiers, Rouen…

L'atelier du Cep – *56 pl. du Château - 10370 Villenauxe-la-Grande - ✆ 03 25 21 34 67 - jul.tessier@free.fr.* L'atelier du Cep produit 200 modèles en grès (arts de la table, objets décoratifs, luminaires, etc.). Exposition de reliefs monumentaux en grès.

Maison de Champagne Oudard – *20 av. de la Gare - 10370 Villenauxe-la-Grande - ✆ 03 25 21 39 37.* M. et Mme Oudard, propriétaires récoltants, font visiter leur cave. Vous trouverez également leur champagne au restaurant Le Flaubert, où leur jeune fils est chef de cuisine.

ACTIVITÉS

Randonnée – *✆ 03 25 39 42 07 - www.tourisme-nogentais.fr - topoguide en vente à l'office de tourisme.* Sept circuits de 8 à 20 km composés chacun d'une grande et d'une petite boucle.

Balades en Val de Noxe – *✆ 03 25 21 38 94 - topoguide gratuit disponible à l'office de tourisme.* Trois circuits de randonnées balisés (8-20 km) au départ de Villenauxe-la-Grande, balades au fil de l'eau (lavoirs et moulins), balades des ruelles (3-5 km) et brochure des randonnées de l'Aube (8 €).

Cyclotourisme

✆ 03 25 39 42 07 - www.tourisme-nogentais.fr - rens. auprès de l'office de tourisme. Sept circuits sur route.

Chaource

★

1 103 Chaourçois – Aube (10)

NOS ADRESSES PAGE 258

S'INFORMER

Office du tourisme de Chaource – *2 r. Grande - 10210 Chaource - ℘ 03 25 40 97 22 - www.tourisme-en-chaourcois.com - avr.-oct. : 10h-12h30, 13h30-18h, lun. 10h-16h ; reste de l'année : 10h-12h30, 13h30-16h, lun. 10h-16h - fermé dim. et j. fériés.*

SE REPÉRER

Carte de microrégion C3 (p. 240) – *carte Michelin Départements 313 E5.* À 29 km au sud de Troyes, Chaource se trouve à l'intersection de la D 443 et de la D 444, aux sources de l'Armance.

À NE PAS MANQUER

L'église St-Jean-Baptiste et, bien sûr, une dégustation du célèbre fromage !

ORGANISER SON TEMPS

Comptez une petite journée pour profiter du village et du circuit proposé. Les 2e week-ends de mars et d'octobre, assistez à la fabrication à l'ancienne du chaource *(voir « Nos adresses à… »).*

AVEC LES ENFANTS

Le musée des Poupées d'antan, à Maisons-lès-Chaource.

Chaource et sa campagne verdoyante, situées aux confins de la Champagne et de la Bourgogne, peuvent se prévaloir d'un environnement agréable. Les prairies, les vergers ou la forêt d'Aumont offrent diverses occasions de détente et de balades. À Chaource, dont le nom associe littéralement deux animaux, le chat et l'ours, blason du village, il faut découvrir son église, se promener dans les rues bordées de maisons anciennes, dont certaines remontent au Moyen Âge. Une époque où l'on fabriquait déjà le délicieux fromage qui a contribué à sa célébrité. Impossible de passer ici sans succomber au plaisir de goûter sa pâte généreuse. Il suffit de fermer les yeux devant ses 50 % de matière grasse…

Se promener

À proximité de l'église et des **halles** de type Baltard (1890), quelques **maisons du 15e s.** s'accolent les unes aux autres, typiques du style champenois : partie basse en pierre, torchis à l'étage. Dans la partie supérieure, l'avancée est soutenue par d'imposants piliers de bois, souvent sculptés. En dessous, la partie en recul ménage un « allour » ou passage couvert.

★ Église St-Jean-Baptiste

Cette église possède un chœur du 13e s. et une nef du 16e s. La chapelle semi-souterraine, à gauche du chœur, abrite une **Mise au tombeau★★**. Ce sépulcre polychrome, chef-d'œuvre de la sculpture champenoise, et la chapelle viennent d'être restaurés. Rarement tendresse et chagrin ont été traduits avec une telle émotion. Les visages poignants des saintes femmes et de la Vierge apparaissent sous les capulets au délicat plissé. Elles portent le costume des servantes du 16e s. Son auteur anonyme est désigné sous le nom de **maître de Chaource**. Il est également appelé « maître aux visages tristes » ou « maître de la sainte Marthe », car il est l'auteur de la statue de sainte Marthe, à l'église Ste-Madeleine de Troyes.

Une **crèche★** en bois doré du 16e s. *(3e chapelle sur la gauche)* témoigne du talent varié des sculpteurs de l'école troyenne. Présentée dans une armoire à volets (16e s.) formant un polyptyque, elle comprend vingt-deux statuettes aux vêtements chatoyants, représentant l'Adoration des Mages et des bergers.

Musée du Fromage

✆ 03 25 40 10 67 - www.tourisme-en-chaourcois.com - 10h-12h, 14h-18h ; reste de l'année : sur demande préalable - fermé mar. - 4,50 € (-14 ans 2 €).

Une maison de brique et de pierre accueille une collection d'objets liés à la fabrication des fromages : chaudrons de cuivre, peignes à cailler, brassoirs à emmental… jusqu'à la petite cabane itinérante du berger des Hautes-Pyrénées, qui suivait jadis les troupeaux, tirée par des ânes ou des mulets.

Le chaource, l'un des 46 fromages AOC français, est mis à l'honneur dans un petit film, où d'autres fromages locaux sont également évoqués comme le mussy, l'ervy et le soumaintrain.

Circuit conseillé Carte de microrégion

LE CHAOURÇOIS C3

Circuit tracé en marron sur la carte de microrégion (p. 240) – 28 km – Comptez environ 1h. Prenez la direction de Troyes (D 444), puis la D 17.

Ce petit circuit à travers champs et villages de pierre calcaire permet de découvrir la campagne chaourçoise.

Praslin

Ce minuscule village possède un porche du 16e s. aux armes de l'illustre maison champenoise des Choiseul-Praslin et du Plessis, ainsi qu'une **église** (16e-18e s.) abritant un ensemble de statues du 16e s. Comme souvent dans la région, les vitraux d'époque ont été détruits par les bombardements de 1940 et remplacés par du verre blanc *(ouverte en saison)*.

Pargues

Dans ce joli bourg traversé par la Marve, l'**église** (12e-17e s.), coiffée de coupoles, présente une architecture rare en forme de croix grecque *(ouverte en saison)*.

Une **éolienne** en pierre et brique, inaugurée en 1902, pompait l'eau à 18 m de profondeur et alimentait le lavoir ainsi que les maisons du village jusqu'en 1967.

Depuis l'éolienne, prenez la direction Maisons-lès-Chaource.

TOUT UN FROMAGE !

De forme ronde, mais plus haut que large, le chaource a obtenu l'Appellation d'origine contrôlée (AOC) en 1970. Fabriqué avec du lait de vache, c'est un fromage à pâte molle, légèrement salée, et à la croûte fleurie. Il se consomme plutôt d'octobre à mai, accompagné d'un rosé des Riceys. Il peut être servi en entrée ou pour accompagner une fondue de champignons, selon une recette locale.

Église St-Jean-Baptiste, la Mise au tombeau.
J.-M. Gourdon / CDT Aube

Maisons-lès-Chaource

L'**église** (16e-19e s.), dont le chevet baigne dans une mare, comporte quelques statues des 15e au 17e s. *(ouverte en saison).*

Musée des Poupées d'antan et de la Tonnellerie – *✆ 03 25 70 07 46 - www.tourisme-en-chaourcois.com - juil.-août : 10h-12h, 14h-18h ; mars-juin et sept.-oct. : tlj sf mar. 10h-12h, 14h-18h ; reste de l'année : sur demande préalable - 5 € (-14 ans 2 €).* Vous verrez avec émerveillement des poupées de cire, porcelaine ou caoutchouc, des années 1850 à 1950 (« Pauline », Bécassine, Jumeau, Petitcollin), mises en scène dans des décors reconstitués. Remarquez le petit autel de messe complet, appelé « jeu de messe » : ce jouet était réservé à l'aîné de la famille quand on le destinait à devenir curé. Un atelier de tonnellerie a été reconstitué, et présente les réalisations de deux tonneliers Meilleurs Ouvriers de France, le père en 1936 et le fils en 1952. La visite se termine par une dégustation de brioches.

En direction de Chesley (D 3), la route perce les immenses champs de céréales.

Chesley

L'**église St-Didier** (12e s.), dont la cloche se trouve dans un petit édicule à côté, présente dans le crépi de la face sud des inscriptions en lettres gothiques du 16e s.

Prenez la D 27 en direction de Cussangy.

Cussangy

En 1956, le conseil municipal renonça à changer le patronyme de ses habitants, les Cussangeois, « sous le futile prétexte de plaisanteries peu fines ». À la fin du 19e s., le lieu comptait 35 « gués » (trous d'eau) dont subsiste notamment une mare triangulaire.

Les **vitraux** (16e s.) de l'église St-Léger ont été récemment restaurés.

Une **champignonnière** est installée dans le village *(voir « Nos adresses à... »).*

Repartez en direction de Chaource.

NOS ADRESSES À CHAOURCE

HÉBERGEMENT ET RESTAURATION

BUDGET MOYEN

Hôtel Aux Maisons – *11 r. des AFN - 10210 Maisons-lès-Chaource - 6 km au sud-est de Chaource - ✆ 03 25 70 07 19 - www.logis-aux-maisons.com - P - Wifi - 23 ch. 72 € - ☕ 10 €, demi-pension possible - ✕ formule déj. 17 € -25/68 € bc.* Au centre du village, ces deux bâtisses champenoises abritent des chambres récemment rénovées, confortables et fonctionnelles, avec vue sur la piscine ou sur les prairies. Au restaurant, salle à manger au décor bourgeois et cuisine traditionnelle soignée. Belle carte de champagnes.

ACHATS

Marché – Le marché traditionnel se tient chaque lundi, sous les halles de type Baltard (1890).

Fromagerie artisanale – *30 rte de Maisons-lès-Chaource - ✆ 03 25 73 24 35 - http://fromageriedemussy.com - mar. et jeu.-sam. 9h-12h, 13h30-18h, lun.9h-12h, fermé mer. et dim.* Au cours d'une visite par sa galerie vitrée, cette fromagerie vous dévoile tous les secrets de fabrication de ses différents produits. Ici, on produit le célèbre chaource à pâte molle, mais aussi les délices de Mussy, les lys de Champagne, les soumaintrains ou encore du fromage blanc moulé. Petite boutique attenante.

À proximité

Poulain – *2 rte des Granges - 10210 Cussangy - 6 km au sud de Chaource - ✆ 03 25 40 18 71 - www.la-champignonniere.com. lun.-sam. 8h-12h30, 14h-18h - fermé dim. et j. feriés.* On y produit des champignons de Paris, mais aussi du lentin de chêne et plusieurs variétés de pleurotes : grises, jaunes, roses… Dégustation de la fondue de champignons au chaource et boutique de produits régionaux.

Bar-sur-Seine

3 303 Barséquanais – Aube (10)

NOS ADRESSES PAGE 264

S'INFORMER

Office du tourisme de Bar-sur-Seine – *33 r. Gambetta - 10110 Bar-sur-Seine - ✆ 03 25 29 94 43 - www.ot-barsurseine.fr - 1er juil.-15 sept. : 9h-13h, 13h30-17h, merc. et dim. 9h-13h ; reste de l'année : tlj sf dim. 9h-13h, 13h30-17h, merc. 9h-13h - fermé lun. et j. fériés.*

Visites guidées – *✆ 03 25 29 94 43 - www.ot-barsurseine.fr - ♿ - 2,50 € (-12 ans gratuit).* Visites thématiques gratuites organisées en haute saison.

SE REPÉRER

Carte de microrégion D3 (p. 240) – *carte Michelin Départements 313 G5.* La ville, à 32 km au sud-est de Troyes par la D 671, et à 37 km au sud-ouest de Bar-sur-Aube par la D 4, se situe à la confluence de quatre vallées (Seine, Arce, Ource, Laignes), au départ d'une des Routes touristiques du champagne.

SE GARER

Laissez votre voiture place du Marché, au parking Jeanne-de-Navarre.

À NE PAS MANQUER

Un tour du centre-ville ; l'église St-Étienne et ses vitraux ; une dégustation de champagne chez un producteur des environs ; le village d'Essoyes, sur les traces de Renoir.

ORGANISER SON TEMPS

Le vendredi matin, vous profiterez du marché, créé par Thibaud IV en 1229 ! Prévoyez une bonne demi-journée pour le circuit avec les visites (attention aux horaires d'ouverture), davantage bien sûr pour explorer les chemins de randonnée. La période des vendanges, en septembre-octobre, est particulièrement intéressante.

Adossée à une ligne de coteaux, où s'étendent les vignobles de la côte des Bar, la ville étire sur les rives du fleuve ses maisons à colombages. Si vous examinez attentivement une coupe de champagne, vous verrez se glisser entre les bulles des paysages champêtres et colorés… et tout l'univers du peintre Auguste Renoir, qui venait ici à la campagne, dans le village d'Essoyes, dont il faut découvrir les charmes.

Se promener

Dans la Grande-Rue, des **maisons anciennes** à pans de bois (16e et 17e s.) rappellent la prospérité d'antan, malgré les multiples pillages dont la ville a souffert au cours de son histoire : elle sera notamment assiégée sept fois pendant les guerres de la Ligue (1576-1593).

Église St-Étienne

✆ 03 25 29 94 43 - www.ot-barsurseine.fr - possibilité de visite guidée sur demande préalable à l'office de tourisme 2,50 € (enfants jusqu'à 12 ans gratuit).

Bâtie de 1505 à 1616, cette vaste église associe une structure gothique flamboyant à des éléments classique et Renaissance. À l'**intérieur★**, ses vitraux et verrières en grisaille sont caractéristiques de l'**école troyenne** du 16e s. Dans le croisillon sud, quatre bas-reliefs illustrant la vie de saint Étienne sont attribués à Dominique Florentin : ils proviennent du jubé de St-Étienne de Troyes détruit après la Révolution. Dans le croisillon nord, les panneaux d'albâtre évoquant la vie de la Vierge et les statues de sainte Anne et saint Joseph sont l'œuvre de l'artiste troyen François Gentil.

Traversez la place et prenez à gauche la cour de la Mironne, puis un petit passage couvert.

LE SAVIEZ-VOUS ?

Jeanne de Navarre naît en janvier 1273 à Bar-sur-Seine. Fille d'Henri III, dernier comte de Champagne, elle épouse Philippe IV le Bel. Ce mariage, dont naîtront trois rois de France (Louis X le Hutin, Philippe IV le Bon, Charles X le Bel), permet le rattachement du comté à la couronne de France en 1285.

Rue de la République

À gauche du passage, belle maison de pierre. En face, la plus grande maison de Bar a été le casino de la ville : elle aurait été édifiée à l'emplacement de l'ancienne demeure des comtes de Champagne. Sur la droite, le passage de la Poste présente des maisons à colombages aux poutres sculptées. Au n° 17, la **maison Renaissance** comporte, à l'angle, une petite niche qui abrite saint Roch et son chien. Sur la façade, un cartouche de 1580 mentionne : « Mieux vaut un peu avec justice que gros revenu sans équité », inscription devenue la devise de la ville.

Tournez à droite dans l'avenue Paul-Portier.

À l'angle de ces deux rues s'élève la **maison de l'Apothicaire** (15e s.), l'une des plus vieilles de Bar-sur-Seine. Au passage, on découvre à droite, au bout de la rue Lagesse, la **maison du Charron**, pseudonyme dû à la charpente qui donne l'effet d'une roue.

Prenez la rue des Fossés, créée sur l'emplacement d'anciens fossés, puis tournez à droite dans la **rue de la Résistance**. Remarquez au **n° 118** les pilastres d'ordre corinthien de la chapelle de la Passion, fondée au 12e s.

Au **n° 135** de la **Grande-Rue**, derrière le portail, un escalier de pierre (173 marches) à flanc de coteau mène à l'ancien château des comtes de Bar. Il fut démantelé à la fin du 16e s., à la demande des habitants ruinés par les guerres incessantes, et il n'en subsiste que la **tour du Lion**, ou tour de l'Horloge, reconstruite en 1948. En chemin, vous apprécierez le panorama sur les toits de la ville dominée par la masse de l'église, la forêt et le vignoble.

À proximité Carte de microrégion

Commanderie d'Avalleur C3

4 km au sud-ouest par la D 443.

03 25 29 94 43 - www.ot-barsurseine.fr - de mi-juin à mi-sept. : w.-end 14h30-17h30 ; 1er et 8 Mai, Ascension, Pentecôte : 14h30-17h30 ; reste de l'année sur demande préalable - gratuit - possibilité de visite guidée sur demande préalable 2,50 €.

Cette chapelle fut fondée par l'**ordre des Templiers**, créé après la première croisade. Après leur chute, elle passa en 1312 aux Hospitaliers de l'ordre de Malte.

Son architecture sobre correspond à l'esprit templier. Le chevet plat est percé de trois fenêtres. Les voûtes ogivales reposent sur des chapiteaux en culs-de-lampe, décorés de motifs végétaux. Des travaux ont révélé des bandeaux d'ornement polychromes du 13e s. Sous la charpente de châtaignier, de la même époque, des concerts sont programmés en été.

Rumilly-lès-Vaudes C2

13 km au nord-ouest par la D 671, puis la D 85 après Fouchères.
Église St-Martin – *03 25 40 73 74 - 9h-19h.* Ce bel édifice du 16e s. présente une remarquable unité tant sur le plan architectural que dans la statuaire. Il abrite un magnifique **retable★** de pierre polychrome (1533) et quelques vitraux de la fin du 16e s., dont certains du maître troyen **Linard Gonthier**.
Manoir des Tourelles – *03 25 40 73 74 - http://jean.daunay.free.fr - gratuit - visite guidée sur demande préalable avec M. Daunay.* Ce beau manoir Renaissance était la demeure d'un riche marchand de Troyes, Pierre Pyon, qui le rénova en 1530 à l'emplacement d'une ancienne demeure fortifiée, détruite pendant la guerre de Cent Ans. Conforté par quatre tourelles d'angle, l'édifice comporte une galerie de bois au 1er étage, soutenue par des colonnes torses couronnées de chapiteaux. À l'intérieur, certaines poutres sont ornées de dauphins et d'armoiries. Les manteaux de quatre cheminées furent agrémentés de médaillons, quand les abbés de Molesme prirent possession des lieux.

Circuit conseillé Carte de microrégion

LA CÔTE DES BAR D3

Circuit tracé en gris sur la carte de microrégion (p. 240) – 56 km – Comptez environ 2h.
Dès le Bas-Empire, la vigne fut cultivée sur les coteaux aubois : le vignoble barséquanais représente la plus grosse partie du vignoble de la **côte des Bar** (7 000 ha). Ce circuit emprunte une des **Routes touristiques du champagne**. Détruit par le phylloxéra après 1890, le vignoble fut progressivement reconstitué, mais les viticulteurs de l'Aube durent lutter contre ceux de la Marne pour retrouver l'appellation « **champagne** ». Cette lutte culmina en 1911 avec la révolte des vignerons, menée par Gaston Checq. Le 3 mai, le gouvernement envoya plus de 3 000 hommes à Bar-sur-Seine pour la contrer. Les Aubois obtinrent enfin satisfaction par la loi du 22 juillet 1927, au prix d'une concession : remplacer le gamay par des cépages (pinot, chardonnay...) admis pour l'élaboration du champagne.
Quittez Bar-sur-Seine au sud par la D 671 et prenez à gauche la D 67 vers Celles-sur-Ource.

Celles-sur-Ource

Dans ce village, vous pourrez faire une halte chez un producteur pour vous ravitailler en champagne !
6 ou 11 km. Itinéraires balisés (dépliant disponible à l'office du tourisme de Bar-sur-Seine). Au départ de l'ancien lavoir, le **chemin du Vigneron** permet de découvrir le paysage typique du vignoble champenois de la côte des Bar.

LES CADOLES, DES ABRIS DE FORTUNE

Les cadoles ou « loges » sont des abris en pierre calcaire, construits par les vignerons il y a deux siècles. Ils s'y protégeaient des intempéries et y prenaient leurs repas lors des travaux dans les vignes. De forme circulaire, ces cabanes ont été bâties avec les pierres plates trouvées sur place et posées simplement les unes sur les autres. Situées principalement au bord des vignes ou dans les bois, elles sont plus ou moins envahies par la végétation.

Landreville

Ce charmant bourg, avec son dédale de ruelles, abrite un patrimoine intéressant : le château, l'église, qui abrite un retable de Bouchardon, la chapelle et le calvaire qui furent bâtis du 12e au 16e s.
Continuez sur la D 67 jusqu'à Essoyes.

Essoyes

Auguste Renoir (1841-1919) avait acheté une maison en 1895 dans le village natal de sa femme, Aline Charigot. Pendant vingt-cinq ans, il vint y passer chaque été en famille. Nombre de ses tableaux évoquent ce coin de campagne. La commune d'Essoyes s'est lancée dans un grand projet culturel et touristique, **« Du côté des Renoir »**, opérationnel depuis la fin de l'année 2010. Ce circuit commence par le centre d'interprétation, dans le village, et se poursuit par les chemins jusqu'à l'atelier.
Parcours en famille – Vous pouvez découvrir Essoyes de manière originale, au travers du Cap Énigme, un parcours balisé à la manière d'une chasse au trésor au travers de questions.
Chemins de Renoir – *3, 7, 12 et 14 km. Circuits balisés au départ de la place d'Essoyes (rens. à l'office du tourisme de Bar-sur-Seine).* Dans les environs d'Essoyes, ces chemins permettent de mettre ses pas dans ceux du peintre : des plaques de lave émaillée reproduisant certains de ses tableaux ont été placés près des lieux qui les ont inspirés.
Atelier – *9 pl. de la Mairie - ✆ 03 25 29 10 94 - www.renoir-essoyes.com - ♿ - avr.-sept. : 10h-12h30, 13h30-18h30 ; reste de l'année : tlj sf mar. 10h30-12h30, 13h30-17h30 - fermé janv., 1er et 11 Nov., 24, 25 déc. - 8 € (-16 ans 4 €) - inclut la visite de l'Espace « Du côté des Renoir » et l'Atelier du peintre Pierre-Auguste Renoir - possibilité de visite guidée sur demande préalable 9 €.* Photos, documents et objets personnels du peintre y sont rassemblés. À l'étage, une exposition permanente met en perspective Renoir et sa famille, ainsi que le village d'Essoyes. Autour s'étend un jardin où sont cultivées les fleurs qu'il aimait représenter. Chaque année, l'atelier accueille également l'œuvre d'un artiste choisi par l'association Renoir. Créée en 1986 à l'initiative de Claude Renoir et de sa femme, elle a pour but de favoriser le travail de jeunes artistes en leur accordant une bourse.
Cimetière – Comme le rappellent des bustes en bronze de Guino, c'est ici que reposent Auguste Renoir, sa femme, ainsi que leurs trois fils, Pierre le comédien, Jean le cinéaste et Claude le céramiste.
Prenez la D 79 vers le sud, puis aussitôt à droite la D 117 à travers la forêt, et enfin la D 17 à droite.

Mussy-sur-Seine

Ancienne résidence d'été des évêques de Langres, cette localité a conservé des maisons des 15e et 16e s., dont un ancien grenier à sel. L'ancienne villégiature des évêques abrite aujourd'hui la mairie.
Église St-Pierre-ès-Liens – Édifiée à la fin du 13e s., elle frappe par ses vastes dimensions. Son abside présente de grandes analogies avec St-Urbain de Troyes. Dans la chapelle des fonts baptismaux, le *Saint Jean Baptiste*, haut de 2 m, est l'une des sculptures réalisées au 14e s. par des « imagiers », dont l'atelier eut un rayonnement sur tout le territoire de l'Aube et en Bourgogne. À voir aussi : le tombeau du 14e s. avec les gisants des fondateurs de l'église, Guillaume de Mussy, panetier de Philippe le Bel, et son épouse.
Musée de la Résistance – *✆ 03 25 38 42 08 - www.ot-mussy.fr - fermé pour travaux, réouverture déb. 2013, se rens. à l'office de tourisme.* Durant la dernière guerre, les forêts de Mussy-sur-Seine ont abrité un important maquis, qui

comptait 1 200 hommes à la fin du mois de juillet 1944. Dans une pièce sont réunis quelques souvenirs évoquant la Résistance.

Poursuivez au sud-ouest par la D 17.

Après avoir traversé la forêt, la route arrive en vue des coteaux couverts de vignobles des Riceys. Au cours de la descente vers Les Riceys, on distingue bien les trois villages, dominés chacun par une église Renaissance.

Les Riceys

14 pl. des Héros-de-la-Résistance - 10340 Les Riceys - ✆ 03 25 29 15 38 - www.lesriceys-champagne.com - 9h-12h, 14h-17h - fermé merc., sam., dim. et j. fériés.

À la limite de la Bourgogne, ce village singulier est formé de trois bourgs qui ponctuent le cours de la rivière Laignes. On y compte trois églises classées, deux châteaux, six chapelles et sept lavoirs ! Mais on y vient surtout pour son délicieux rosé, considéré comme l'un des meilleurs de France.

Les trois bourgs ont été tiraillés jusqu'à la Révolution entre le comté de Champagne et le duché de Bourgogne. Les habitants, dont la plupart étaient vignerons, en profitaient pour payer moins d'impôts : il suffisait pour cela d'avoir une maison à deux entrées, l'une en Champagne, l'autre en Bourgogne ! Selon le niveau de la fiscalité, on murait l'une d'elles pour bénéficier de l'autre, plus favorable... De nos jours, les vignerons ont le privilège de posséder le plus grand terroir de Champagne (866 ha). Ils sont également les seuls de France à bénéficier de **trois Appellations d'origine contrôlée** : champagne, coteaux champenois et le fameux rosé des Riceys.

L'espace est structuré par de nombreux murets en pierre qui délimitent les propriétés et clôturent les jardins.

Ricey-Bas – C'est là qu'on rencontre les plus d'anciennes **maisons de vignerons**, en pierre de pays, autrefois couvertes d'une toiture en lave qui a le plus souvent été remplacée par de la tuile.

Le **château** comprend deux corps de logis : l'un correspondant à l'ancien manoir féodal (11e-15e s.), l'autre fut construit au 18e s.

Église St-Pierre-ès-Liens – Ce bel édifice du 16e s. possède une riche façade à triple portail. Sa partie la plus ancienne remonte au 13e s. À l'intérieur, dans les chapelles de la Passion des bas-côtés nord et sud, on peut voir deux retables

4

UN PEU DE ROSÉ, MAJESTÉ ?

On dit que Louis XIV fit connaissance avec le rosé des Riceys lorsqu'il fit construire Versailles. Ce vin était parvenu dans les bagages des maçons et terrassiers champenois qui travaillaient au chantier du château.

Boire ce vin est peu commun ! La situation géographique du vignoble et la réglementation particulièrement sévère qui s'y attache ne permettent pas aux vignerons d'en produire chaque année. C'est aussi l'un des vins les plus contrôlés de France. Il est élaboré exclusivement à partir de raisins de pinot noir, provenant des coteaux les plus pentus et les plus ensoleillés. La vendange se fait par temps sec, et seules les plus belles grappes sont cueillies. La vinification est difficile : après une macération courte, la fermentation est rapide, accélérée par le foulage léger d'une partie des raisins. C'est la phase la plus délicate que le vigneron surveille avec le plus grand soin. Il s'agit de guetter le moment précis (à une heure près !) où apparaît le goût qui fait la particularité du rosé des Riceys : un délicat bouquet de fleurs sauvages, de violettes et de noisettes.

en bois sculpté. L'orgue provient de l'abbaye de Molesmes. Deux vitraux du 16e s. évoquent la Création et la Légende de l'hostie miraculeuse.

Ricey-Haut – L'**église St-Vincent** présente la particularité d'être composée de deux églises combinées, une seconde nef ayant été aménagée en allongeant le transept *(ne se visite pas)*.

Sur la place, remarquez la **halle au vin**, à la charpente imposante (18e s.), où se tient chaque année la foire du Grand Jeudi *(voir p. 31)*.

Aux Riceys, prenez au nord la D 452 jusqu'à Polisy, puis la D 207 qui passe par **Polisot**, village entouré de vignes et de bois.

Rejoignez Bar-sur-Seine par la D 671.

NOS ADRESSES À BAR-SUR-SEINE

HÉBERGEMENT

BUDGET MOYEN

À proximité

Le Val Moret – *10110 Magnant - 8 km au nord-est de Bar-sur-Seine - ✆ 03 25 29 85 12 - www.le-val-moret.com - Wifi - 42 ch. 61/75 € - ☕ 9 € - ✕ 13,50 (tlj sf sam. soir, dim. et j. fériés)/59€.* Près de l'autoroute (mais sans nuisances sonores), quatre bâtiments de plain-pied de type motel abritent des chambres fonctionnelles assez spacieuses. Aire de jeux pour les enfants. Salles à manger actuelles, dont une en véranda ; carte traditionnelle et plats régionaux.

RESTAURATION

PREMIER PRIX

Hôtel du Commerce – *30 r. de la République- 10110 Bar-sur-Seine - ✆ 03 25 29 86 36 - www.hotelrestaurantducommerce.fr - fermé 1 sem. au printemps, vend. soir et dim. - formule déj. 12,50 € - 12,50/39 € - 13 ch. 50 € - ☕ 7 €, demi-pension possible.* Cuisine traditionnelle réalisée avec de bons produits régionaux, servie dans une salle rustique avec colombages et cheminée. Petites chambres au confort simple. Prix serrés.

À proximité

Le Magny – *Rte de Tonnerre - 10340 Les Riceys - ✆ 03 25 29 38 39 - www.hotel-lemagny.com - fermé dern. sem. de janv.-fév., dern. sem. d'août, mar. (sf de mai à sept.) et merc. - ♿ - 16/44 € - 12 ch. 65/80 € - ☕ 9 €, demi-pension possible.* Dans une belle maison en pierre, le chef propose une cuisine traditionnelle actualisée dont on profite dans une agréable salle rustique. Chambres spacieuses et bien tenues, équipements modernes et piscine chauffée.

BUDGET MOYEN

À proximité

Auberge de la Seine – *1 fg de Bourgogne - 10260 Fouchères - 9,5 km au nord-ouest de*

Bar-sur-Seine - ✆ 03 25 40 71 11 - www.aubergedelaseine.com - de sept. à avr. : fermé dim. soir, lun. et merc., le reste de l'année : fermé dim. soir et lun. - formule déj. sem. 19 € - 29/68 € bc. Relais de poste du 18e s. agrandi d'une belle terrasse surplombant la Seine. On y mange des plats simples à base de bons produits frais du marché.

ACHATS

Marché – Un marché se tient le vendredi matin sur la place du Marché, perpétuant ainsi la tradition depuis 1229.

Champagne

Champagne Richardot – *38 r. René-Quinton - 10110 Loches-sur-Ource - ✆ 03 25 29 71 20 - champagne.richardot@wanadoo.fr - lun.-vend. 9h-12h, 14h-18h, w.-end sur RV, fermé du 25 déc. au 1er janv.* Les belles caves voûtées de la maison Richardot sont agrémentées d'une collection de vieux outils de vigneron. La vue magnifique sur le vignoble compose le petit « plus » de l'agréable salle de dégustation.

Champagne Moutard Père et Fils – *R. des Ponts - 10110 Buxeuil - 6 km au sud de Bar-sur-Seine par D 671 - ✆ 03 25 38 50 73 - www.champagne-moutard.fr - lun.-vend. 8h-12h, 14h-18h30, sam. 10h-12h, fermé dim. et j. feriés.* Tous les amateurs de champagne connaissent le pinot noir, le chardonnay ou le pinot meunier, mais depuis quelques années la famille Moutard a décidé de faire revivre un vieux cépage que l'on croyait disparu : l'arbane. Depuis 1992, François Moutard en a fait une cuvée spéciale (cuvée « Vieilles Vignes »), l'une des plus belles curiosités de Champagne.

Champagne René Jolly – *10 r. de la Gare - 10110 Landreville - A 5 sortie 22 dir. Magnant - ✆ 03 25 38 50 91 - www.jollychamp.com - fermé dim. et j. fériés. - visite et dégustation (1h) sur RV - gratuit* Après la visite des caves du 18e s. (beau centre de pressurage), faites un petit détour par le **musée** : les méthodes d'élaboration du champagne n'auront alors plus de secrets pour vous.

Champagne Morel Père et Fils – *93 r. du Gén.-de-Gaulle - 10340 Les Riceys - ✆ 03 25 29 10 88 - www.champagnemorelpereetfils.com - lun.-sam. 9h-12h, 14h-18h30, 1 dim./mois, fermé 2 sem. en été* Un magnifique bâtiment de style régional s'élève au cœur de ce domaine géré par la même famille depuis cinq générations. Dans ses belles caves voûtées, vous assisterez à quelques démonstrations et serez convié à l'incontournable dégustation de rosé des Riceys, de champagne rosé ou de champagne tout court.

Champagne Morize Père et Fils – *122 r. du Gén.-de-Gaulle - 10340 Les Riceys - ✆ 03 25 29 30 02 - www.champagnemorize.com - lun.-vend. 9h-12h30, 14h-17h ; sam. sur RV, fermé dim. et j. fériés.* Ces caves datant du 12e s. sont aussi charmantes qu'accueillantes. Après le rituel petit tour du propriétaire, vous vous accouderez un moment au comptoir en pierre ou prendrez place autour d'une table… Impossible de ne pas trouver son bonheur parmi ces 100 000 flacons remplis de bulles.

ACTIVITÉS

Randonnée

www.lesriceys-champagne.com - plaquette à l'office du tourisme des Riceys. Trois circuits balisés (7, 14,5 et 23 km) à travers bois et vignes permettent de découvrir les cadoles des environs des Riceys.

+ d'adresses

Le Haut-Marnais 5

Carte Michelin Départements 313 – Marne (51) et Haute-Marne (52)

CHAUMONT★ ET SON CIRCUIT 270

À 27 km au nord-ouest de Chaumont

COLOMBEY-LES-DEUX-ÉGLISES 279

À 35 km au sud-est de Chaumont

LANGRES★★ ET SES CIRCUITS 282

À 28 km au sud-ouest de Langres

AUBERIVE ET SON ABBAYE★ 300

À 23 km au nord de Chaumont

VIGNORY ET SON CIRCUIT 303

À 45 km au nord de Chaumont

JOINVILLE ET SON CIRCUIT 306

À 27 km au nord-ouest de Joinville

SAINT-DIZIER★ ET SON CIRCUIT 311

Au sud-ouest de Saint-Dizier

LAC DU DER★★ ET SON CIRCUIT 318

À 22 km au sud-ouest de Saint-Dizier

MONTIER-EN-DER ET SON CIRCUIT 324

Le lac du Der.

F. Guiziou/hemis.fr

LE HAUT-MARNAIS
0
10 km
Langres
Auberive
Joinville
★★ Mérite un détour
★ Intéressant
À voir
N
MARNE
MEUSE
AUBE
2
CHÂLONS-EN-CHAMPAGNE
PARIS
TROYES
EPINAL
VITRY-LE-FRANÇOIS
St-Dizier
Abbaye de Trois-Fontaines
Musée du Pays du Der
Lac du Der
Musée Champenois de la Vigne et du Vin
Arrigny
Eclaron
Giffaumont-Champaubert
Châtillon-sur-Broué
Drosnay
Outines
Arrembécourt
Joncreuil
Chavanges
Bailly-le-Franc
Lentilles
Étang de la Horre
Droyes
Puellemontier
Ceffonds
Montier-en-Der
Sommevoire
Louvemont
Wassy
Lac des Leschères
Montreuil-sur-Blaise
Dommartin-le-Franc
Doulevant-le-Château
Cirey-sur-Blaise
Argentolles
Joinville
Osne-le-Val
Les Jardins de mon moulin
Lacets de Mélaire
Poissons
St-Urbain
Blécourt
Vignory
Reynel
Andelot
Le Cul du Cerf
Château de Lafauche
Prez-sous-Lafauche
Soulaucourt-sur-Mouzon
Parc naturel régional de la Forêt d'Orient
Marne
Blaise
N 4
N 44
N 67
N 135
D 16
D 24
D 57
D 2
D 4
D 13
D 229
D 60
D 40
D 186
D 179
D 111
D 181
D 427
D 25
D 67A
D 253
D 44
D 167
D 148
D 74
D 133
D 619
D 400
D 396
D 960
D 982
D 995
D 994
D 1916
D 635
D 966
D 32
D 674
D 164
D 166
D 429
A 31

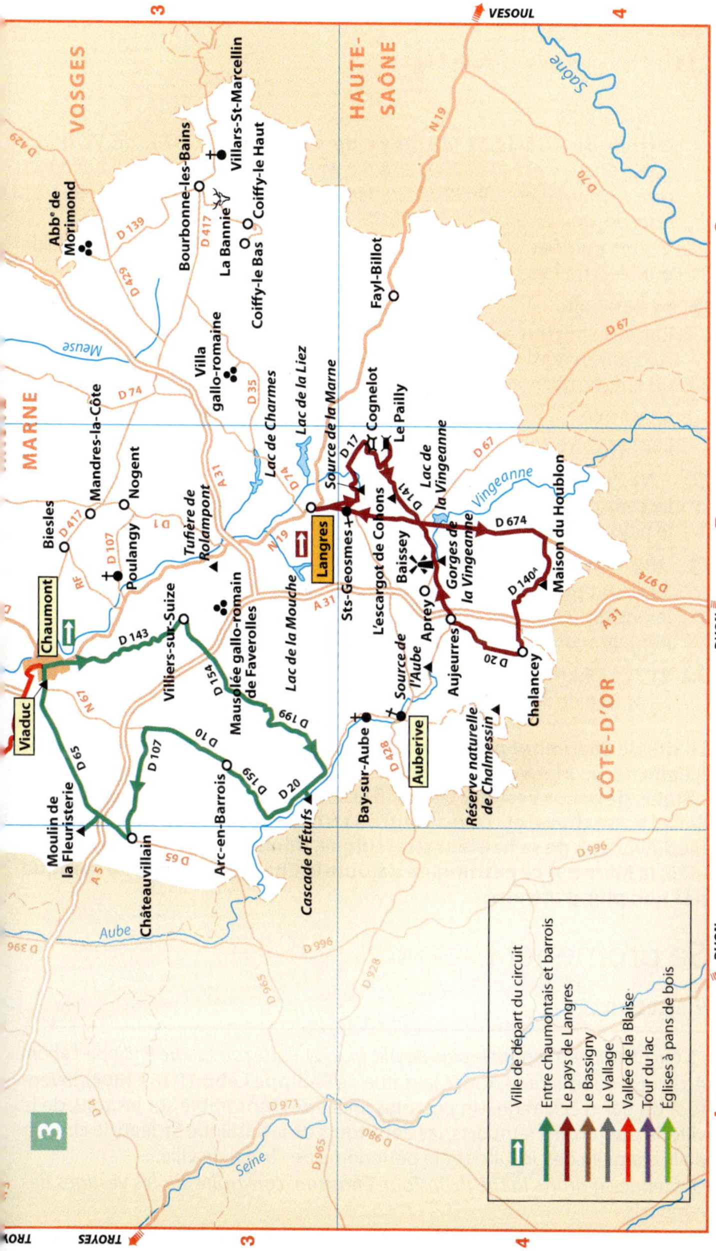
3
VOSGES
MARNE
HAUTE-SAÔNE
CÔTE-D'OR
VESOUL
DIJON
DIJON
TROYES
Chaumont
Langres
Auberive
Viaduc
Abbᵉ de Morimond
Bourbonne-les-Bains
Villars-St-Marcellin
Coiffy-le Haut
La Bannie
Coiffy-le Bas
Fayl-Billot
Villa gallo-romaine
Biesles
Mandres-la-Côte
Nogent
Poulangy
Tufière de Rolampont
Lac de Charmes
Lac de la Liez
Source de la Marne
Cognelot
Le Pailly
Lac de la Vingeanne
Maison du Houblon
Sts-Geosmes
L'escargot de Cohons
Baissey
Gorges de la Vingeanne
Aprey
Aujeurres
Chalancey
Source de l'Aube
Réserve naturelle de Chalmessin
Bay-sur-Aube
Lac de la Mouche
Villiers-sur-Suize
Mausolée gallo-romain de Faverolles
Arc-en-Barrois
Cascade d'Étufs
Châteauvillain
Moulin de la Fleuristerie
Meuse
Vingeanne
Saône
Aube
Seine
Ville de départ du circuit
Entre chaumontais et barrois
Le pays de Langres
Le Bassigny
Le Vallage
Vallée de la Blaise
Tour du lac
Églises à pans de bois
A
B
C
3
4

Chaumont

★

23 411 Chaumontais – Haute-Marne (52)

S'INFORMER

Office du tourisme du Pays de Chaumont – *37 r. de Verdun - 52000 Chaumont - ✆ 03 25 03 80 80 - www.tourisme-chaumont-champagne.com - 2 mai-15 sept. : 9h30-12h30, 14h-18h, dim. et j.fériés 10h-12h, 14h-17h ; reste de l'année : 9h30-12h30, 14h30-18h - fermé dim., j. fériés.*

Visites guidées – L'office de tourisme propose un système de visite audioguidée à travers la ville.

SE REPÉRER

Carte de microrégion B3 (p. 268) – *carte Michelin Départements 313 K5.*
À 35 km au nord de Langres par la D 619 et la N 19, Chaumont se situe sur un éperon abrupt dominant les vallées de la Suize et de la Marne.

SE GARER

Laissez votre voiture sur le parking de la gare.

À NE PAS MANQUER

Le centre ancien et la basilique ; quelques pas sur le viaduc pour admirer le paysage d'en haut…

ORGANISER SON TEMPS

Le circuit peut largement occuper une journée si vous décidez de faire les visites (certaines sur réservation, d'autres l'après-midi uniquement, préparez votre programme avant).

AVEC LES ENFANTS

Le musée de la Crèche.

Le site de Chaumont pourrait se prêter au tournage d'un film d'époque. À l'affiche, un plateau escarpé qui émerge des forêts, un viaduc très graphique, de beaux vestiges de fortifications et de nombreuses tourelles… Sellez votre cheval et courez ventre à terre visiter cette ville au caractère médiéval qui, de sa hauteur stratégique, domine les vallées de la Suize et de la Marne. À ce patrimoine s'ajoute le Chaumontais qui ne manque pas non plus d'attraits.

Se promener Plan de ville

VIEILLE VILLE

Circuit tracé en vert sur le plan de ville (p. 272). Partez du square Philippe-Lebon.
Au centre du square se trouve la statue de **Philippe Lebon** (1767-1804), inventeur du gaz d'éclairage. Un peu plus loin, **vue** d'ensemble sur les toits de la ville, le donjon, les remparts, les deux tours de la basilique St-Jean, le clocher de la chapelle des Jésuites et le petit dôme de l'hôtel de ville.

Descendez à droite la rue de la Tour-Chartron, construite sur les vestiges des remparts.

Au bas, remarquez la **tour d'Arse** (13e s.) de forme hexagonale.

Remontez la rue Monseigneur-Desprez jusqu'à la place St-Jean.

Sur la droite, une **maison à tourelle** en encorbellement surmonte une petite porte basse et cintrée ; en face, remarquez le portail d'un hôtel particulier de 1723.

Le village de Bourdons-sur-Rognon aux environs de Chaumont.
Ch. Guy / hemis.fr

Suivez la rue du Palais qui aboutit à la place du même nom, et montez l'escalier qui mène à l'**esplanade du donjon** : vue sur la vallée de la Suize. En bas s'étend l'ancien faubourg des **tanneries**. La maison Trefousse, spécialisée dans la ganterie, fit la renommée de la ville jusqu'au début du 20e s.

Musée d'Art et d'Histoire 1

3 pl. du Palais - ☎ 03 25 03 01 99 - de déb. mai à mi-sept. : 14h30-18h30 ; reste de l'année : 14h-18h - fermé mar., 1er janv., 1er Mai, 25 déc. - 2 € (-18 ans gratuit) - billet combiné avec le musée de la Crèche - gratuit 1er dim. du mois.

Le musée est installé dans les salles basses du château des comtes de Champagne. La **collection archéologique** comporte notamment une cuirasse en bronze du 8e s. av. J.-C., un autel et une mosaïque gallo-romaine. Parmi les **peintures** du 16e au 20e s., des œuvres de Paul de Vos, Sébastien Stoskopff, Nicolas Poussin et François Alexandre Pernot. Parmi les **sculptures**, le gisant de Jean l'Aveugle de Châteauvillain, l'ancien retable de la basilique St-Jean (école troyenne du 16e s.) et, surtout, des fragments du mausolée d'Antoinette de Bourbon et Claude de Lorraine, exécuté par Dominique Florentin. Une salle est consacrée à la famille Bouchardon.

Donjon 1

Fermé à la visite.

Seul vestige de l'ancien château des comtes de Champagne, ce donjon presque carré (11e-12e s.) fut utilisé comme prison au 19e s. Ses murs ont près de 3 m d'épaisseur à la base.

Prenez à gauche la rue Hautefeuille.

LE GRAND PARDON

Célébré depuis plus de cinq siècles, le Grand Pardon de peine et de coulpe a été instauré par **Jean de Montmirel** (1409-1479), ami du pape Sixte IV, pour conjurer la peste, la famine et les guerres. Cette fête a lieu chaque fois que la Saint-Jean-Baptiste coïncide avec un dimanche.

Les **rues Guyard** (bel hôtel Renaissance) et **Gouthière** conservent des maisons à tourelles en encorbellement à section circulaire, qui abritent des escaliers à vis et quelques tours à plan carré.

Poursuivez dans la rue Hautefeuille et prenez la rue Decrès.

Remarquez la belle **échauguette** et, au **n° 17**, un portail d'époque Louis XIV.

★ Musée de la Crèche 1

✆ 03 25 03 01 99 - de mi-mai à mi-sept. : 14h30-18h30 ; reste de l'année : 14h-18h - fermé mar., 1er janv., 1er Mai, 25 déc. - 2 € - billet combiné avec le musée d'Art et d'Histoire - possibilité de visite guidée sur demande préalable.

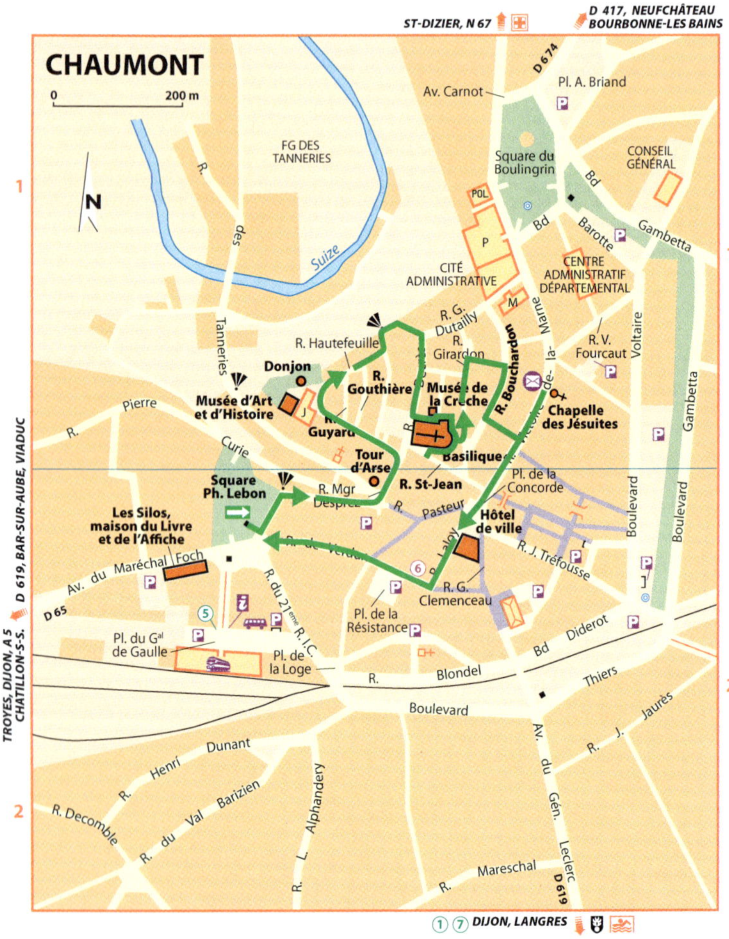

SE LOGER

Étoile d'Or (L') 1
Grand Hôtel Terminus-Reine 5
Grand Val (Le) 7

SE RESTAURER

Saint-Hubert (Le) 6

Il expose des **crèches★** du 17e au 20e s., en cire, bois, verre filé ou terre cuite, dont une magnifique collection de crèches napolitaines du 18e s.

★ Basilique St-Jean-Baptiste 1

Remaniée du 12e au 16e s., cette église fut érigée en collégiale en 1478, puis en basilique en 1948. Sur le flanc sud s'ouvre le **portail St-Jean**, protégé par un porche de pierre. Au trumeau, belle Vierge à l'Enfant. Au tympan, un bas-relief entouré d'une archivolte ornée d'anges représente la vie de saint Jean Baptiste : *Visite de Zacharie au Temple*, *Naissance de saint Jean Baptiste*, *Baptême* et *Décollation*.
Contournez la basilique par la gauche pour voir les arcs-boutants et les gargouilles.
À l'intérieur, le **chœur** et le **transept**, décorés à l'époque Renaissance, sont les parties les plus intéressantes : galerie à loggias et belles clés pendantes aux voûtes. Au bas de la nef à gauche, dans la chapelle du St-Sépulcre, on admire une **Mise au tombeau★★** (1471) d'un puissant réalisme. Le groupe de onze personnages grandeur nature, en pierre polychrome, représente l'Onction : les deux porteurs du corps du Christ tiennent les pots d'aromates et les spatules. La puissance d'expression des visages, les attitudes des personnages et le sens des volumes sont remarquables. La basilique abrite aussi des sculptures de l'atelier de Jean-Baptiste **Bouchardon** (chaire, banc d'œuvre), et un Arbre de Jessé du 16e s.

Rue St-Jean 1

Au **n° 22** se dresse la tourelle la plus haute de la ville. De magnifiques lucarnes (début 17e s.) sont ornées de cariatides ; d'autres (18e s.) sont agrémentées de volutes.
Tournez à gauche dans la rue Girardon.
Sur une petite place se trouvent deux hôtels fermés par un magnifique portail : à gauche l'**hôtel de Grand**, de style Louis XIII, est surmonté d'un fronton semi-circulaire ; à droite, l'**hôtel de Beine**, de style Louis XIV, est coiffé d'un fronton brisé orné d'un mascaron.
Prenez la rue Damrémont à droite, puis la rue Bouchardon.

Rue Bouchardon 1

Cette rue porte le nom du sculpteur classique **Edme Bouchardon** (1698-1762), qui y naquit au n° 27. Fils de Jean-Baptiste Bouchardon, cet artiste de cour, réputé pour ses œuvres réalistes, était un opposant au style rocaille. À voir, au **n° 6**, un sobre hôtel Louis XVI et, plus loin sur la gauche, l'échauguette coiffée d'un dôme en écailles de pierre, soutenue par un cul-de-lampe dans une petite tourelle de section carrée. 5
Prenez à gauche la rue Maitret et engagez-vous dans la rue Victoire-de-la-Marne.

Chapelle des Jésuites 1

Construite de 1629 à 1632 par des architectes de la Compagnie de Jésus, la chapelle de l'ancien Collège des Jésuites est communément appelée chapelle du Lycée. Sa façade a été maladroitement restaurée au 19e s. Derrière le maître-autel en bois sculpté et doré, un retable représente l'Assomption de la Vierge par **J.-B. Bouchardon**. En sortant de la chapelle, à gauche, la fontaine ornée d'un buste est du même sculpteur.
En suivant la rue Victoire-de-la-Marne, on arrive place de la Concorde, où se dresse l'hôtel de ville.

Hôtel de ville 2

Situé au bout de la rue Victoire-de-la-Marne, artère la plus fréquentée de la ville, il fut construit au 18e s. par l'architecte **François-Nicolas Lancret**, neveu du peintre Nicolas Lancret.

Retour par la rue Laloy, la rue Toupot-de-Beveaux à droite, et la rue de Verdun.

Les Silos, maison du Livre et de l'Affiche 2

☏ 03 25 03 86 86 - http ://silos.ville-chaumont.fr - ♿ - juil.-août : mar.-vend. 14h-18h30, sam. 9h-13h30, Chaumont Plage tlj 14h-19h ; reste de l'année : mar., jeu., vend. 14h-19h, merc. et sam. 10h-18h - fermé dim.-lun., j. fériés - gratuit.

Sur le site d'une ancienne coopérative agricole, des silos à grains ont été transformés en centre culturel dédié à l'affiche et au livre. Celui-ci recèle plus de **10 000 affiches** provenant du legs Dutailly, dont des œuvres de Jules Chéret (1836-1932), de Théophile Alexandre Steinlen (1859-1923), l'un des plus intéressants témoins du tournant du 20e s., et de Henri de Toulouse-Lautrec (1864-1901). Tout au long de l'année, des expositions se tiennent sur l'affiche, la photographie, l'illustration…

★ Viaduc Hors plan

Ce magnifique ouvrage d'art (1857) enjambe la vallée de la Suize. Long de 654 m, haut de 52 m, il comporte 50 arches de trois étages et permet aux voies ferrées de pénétrer au centre de la ville.

On peut se promener au 1er étage du viaduc, d'où l'on a un beau panorama sur la vallée de la Suize. Le 2e étage n'est pas accessible, tandis qu'au 3e passe la ligne de chemin de fer.

Circuit conseillé Carte de microrégion

ENTRE CHAUMONTAIS ET BARROIS AB3

▷ Circuit tracé en vert foncé sur la carte de microrégion (p. 268) – 118 km – Comptez une demi-journée. Sortez de Chaumont au sud par la D 143.

Au sud de Chaumont, le plateau prolonge la « montagne » bourguignonne et contraste avec les vallées encaissées des affluents de la Seine et de la Saône qui le découpent. La marque du calcaire apparaît partout : grottes, dolines et sources vauclusiennes liées à l'existence d'un sous-sol argileux. Le pays est couvert de massifs forestiers : forêt d'Auberive et forêt d'Arc-en-Barrois, qui constitue la première réserve de gibier de France.

Villiers-sur-Suize B3

Dans ce beau petit village haut-marnais déambule librement un troupeau d'**oies** devenu la mascotte des lieux : en obligeant les voitures à adapter leur vitesse, elles jouent le rôle de pittoresques ralentisseurs ! Le village possède un lavoir et une église du 17e s. Des animations sont régulièrement organisées *(renseignements à l'auberge de la Fontaine, voir p. 277).*

Prenez la D 154 jusqu'à Bugnières, puis Giey-sur-Aujon.

En chemin, vous aurez, si vous le souhaitez, l'occasion de goûter, avec modération bien sûr, à deux spécialités locales : le **rubis de groseilles** et la **Choue** *(voir la rubrique « Achats » p. 278).*

À Giey-sur-Aujon, prenez la D 199 jusqu'à Rouvres-sur-Aube : en arrivant dans le village, tournez à droite sur la D 20.

Cascade d'Étufs B3

10mn aller. Laissez la voiture sur le parking : le sentier (propriété privée, accès réglementé) qui mène à la cascade se trouve de l'autre côté de la route.

Cette **cascade pétrifiante** est l'une des plus célèbres de la Haute-Marne *(voir l'encadré p. 55)*. Les eaux tombent en cascatelles dans des vasques superposées. Malheureusement, depuis plusieurs années, la cascade manque cruellement d'eau.

Poursuivez sur la D 20 jusqu'à Aubepierre-sur-Aube et bifurquez à droite (D 159) en direction d'Arc-en-Barrois.

Arc-en-Barrois B3

Pl. Moreau - 52210 Arc-en-Barrois - 03 25 02 52 17 - www.tourisme-chaumont-champagne.com - juin-sept. : h, se rens.

Nichée au fond d'une vallée, sur les bords de l'Aujon, cette petite ville est classée « station verte de vacances » : entourée de forêts, c'est un agréable lieu de séjour.

Derrière l'hôtel de ville, admirez une belle façade Renaissance.

L'**église St-Martin** a été désorientée au 19e s. pour cause d'urbanisme. Il faut la contourner pour découvrir le portail du 15e s. où, sous un arc trilobé, le tympan porte un Christ en croix entre l'église et la synagogue. Dans la chapelle à droite de l'entrée, remarquez un sépulcre grandeur nature avec des personnages polychromes (17e s.). Le Chemin de croix qui entoure l'église est en fonte, matériau inhabituel pour ce genre d'œuvre, généralement en bois ou en pierre.

Le **château**, construit en 1845 par la princesse d'Orléans pour son père le roi Louis-Philippe, servit de pavillon de chasse. Pendant la Première Guerre mondiale, il fut mis à la disposition des blessés du front de Verdun et de l'Argonne. Il est aujourd'hui transformé en hôtel-restaurant *(voir « Nos adresses à… »)*.

À proximité, une immense **glacière** en forme d'œuf fut construite en 1873 pour stocker la glace tirée en hiver de l'étang du château.

À l'écart du village, une **machine à vapeur** sur 3 étages servait à actionner une scierie. Toujours en état de marche, elle a fonctionné de 1896 à 1963.

La glacière et la machine à vapeur sont accessibles pendant la saison estivale : merc.-dim. 14h-17h ; rens. auprès de l'office du tourisme de Chaumont (p. 270), qui propose également la visite du village.

Quittez Arc-en-Barrois par la D 10 jusqu'à Richebourg, puis prenez la D 107 en direction de Châteauvillain : on traverse l'immense forêt de Châteauvillain et d'Arc.

Châteauvillain A3

Cet ancien duché-pairie a appartenu au 18e s. au duc de Bourbon-Penthièvre, puis à la famille d'Orléans. La ville était entourée de murs flanqués de **60 tours** percées de trois portes dont on distingue des vestiges du 14e au 16e s. : tour Saint-Marc, tour des Malades. On peut suivre les contours du château (12e s.) qui formaient un quadrilatère. Ne subsiste aujourd'hui que la **tour de l'Auditoire**, qui abrite le syndicat d'initiative et des expositions temporaires *(de mi-juil. à mi-sept.)*, et un **colombier** du 17e s.

L'**église Notre-Dame-de-l'Assomption**, reconstruite à partir de 1770 grâce aux libéralités du duc de Penthièvre, possède une façade attribuée à Soufflot. De l'église primitive, il ne reste que le clocher avec sa flèche en pierre.

Face à l'église, l'**hôtel de ville** a été édifié en 1784 sur les plans de Lancret, architecte de l'hôtel de ville de Chaumont et du château de La Motte-Tilly près de Nogent-sur-Seine.

Rue du Duc-de-Vitry, l'ancienne **prévôté** s'ouvre par une porte à arc brisé. Elle a conservé ses bandeaux de pierre et ses gargouilles.

À la sortie de Châteauvillain en direction de Bar-sur-Aube, la **chapelle de La Trinité** (début 17e s.), édifiée en mémoire des victimes de la lèpre qui sévissait à l'époque, renferme des fresques anciennes *(clé en mairie ou bien adressez-vous à la première maison à droite de la chapelle)*.

Parc aux daims – *Ouvert au public toute l'année en journée (hors période de reproduction des daims) : à partir de mai 8h-20h, à partir de nov. 9h-17h - gratuit.* Constitué en 1655 par l'un des seigneurs de Châteauvillain pour s'adonner à la chasse *(voir p.33)*, le parc, où une centaine d'animaux évoluent en liberté, abrite également de nombreuses essences, ainsi que des plantes rares et médicinales. Des carrières étaient extraites les pierres servant à la construction des enceintes et au pavage des rues. Le pavillon d'entrée est une ancienne porte du 17e s., réplique de la porte Madame du 14e s.

Prenez la D 65 (direction Chaumont) et tournez à gauche sur la D 106 pour rejoindre Orges.

Moulin de la Fleuristerie, à Orges A3

06 22 10 89 48 - www.artamin.fr - visite guidée juil.-août : 15h-16h, 16h30-17h30 - 6,50 € (-12 ans 3 €).

C'est le dernier centre de production d'articles pour la **création florale** : les fleurs (en papier, soie, dragées, sucre...) sont utilisées pour la haute couture, la confiserie, la décoration intérieure, les accessoires de mariée... On découvre les procédés de fabrication et les installations d'origine car, depuis 1903, les machines sont toujours les mêmes (turbine fonctionnant encore en 110 V).

Rejoignez Chaumont par la D 105 puis la D 65.

NOS ADRESSES À CHAUMONT

VISITES

Week-end autour de la truffe en Haute-Marne – Aux environs de Chaumont, vous partirez en compagnie d'un chien à la recherche de la précieuse truffe grise de Bourgogne *(voir l'encadré p. 44)*, et apprendrez à la préparer auprès d'un chef cuisinier. Le forfait se compose de 2 jours et une nuit en demi-pension (chambre double) avec dîner gastronomique à l'hôtel Terminus Reine de Chaumont, la démonstration de cavage en forêt, le cours de cuisine et la visite audioguidée de la ville. Renseignements auprès du comité départemental du tourisme *(voir p. 11)*.

HÉBERGEMENT

BUDGET MOYEN

L'Étoile d'Or – *Rte de Langres, vers la sortie de la ville - 03 25 03 02 23 - - 11 ch. 55/79 € - 9 € - 18/28 €.* Les nuisances de la D 619 proche de l'hôtel sont tempérées par un double vitrage efficace. Chambres d'assez bon confort, parfois lambrissées ou mansardées. Pierres apparentes, cheminée et chaises Louis XVI font le cachet du restaurant.
Plats traditionnels.

Grand Hôtel Terminus Reine – *Pl. Charles-de-Gaulle - 03 25 03 66 66 - www.relais-sud-champagne.com - 59 ch. 71,50/126 € - 9,30 € -*

✕ 16/47,50 € (menu déjeuner 21 €). La plupart des chambres de cet hôtel situé en face de la gare bénéficient d'une rénovation réussie. Pour vous restaurer, vous aurez le choix entre le restaurant traditionnel et, au sous-sol, une formule plus simple, ouverte très tard, proposant grillades et pizzas.

Le Grand Val – *Rte de Langres, à la sortie de la ville - ✆ 03 25 03 90 35 - www.relais-sud-champagne.com - wifi - fermé vac. de Nöel - P 5 € - 53 ch. 60/76 € - ☕ 8,50 € - rest. Texas Grill.* Imposant hôtel des années 1960 en léger retrait de la route. Les chambres, fonctionnelles et progressivement refaites, sont plus grandes côté façade principale. Ambiance *sixties* dans le restaurant.

À proximité

Auberge de la Fontaine – *2 Pl. de la Fontaine - 52210 Villiers-sur-Suize - 21 km de Chaumont par D 919 et D 154 - ✆ 03 25 31 22 22 - www.aubergedelafontaine.fr - fermé 1er-15 mars et 15-30 sept. - 7 ch. 62 € - ☕ 8 € - ✕ 18/33 €.* Cette auberge gagnée par la vigne vierge abrite le bar du village et un restaurant au plaisant cadre rustique où l'on propose une cuisine du terroir. À 50 m, une aile récente héberge les chambres, la salle des petits-déjeuners et l'épicerie locale. Jardin. Possibilité de promenades en calèche.

RESTAURATION

BUDGET MOYEN

Le Saint-Hubert – *28 r. Toupot-de-Béveaux - ✆ 03 25 02 96 37 - wifi- ♿ - mai-sept. fermé dim. soir et lun.; oct.-avr. : fermé dim. et lun. - formule déj. 12,50 € - 24,80/42 € bc.* Ce restaurant se cache au centre de la ville, au fond d'une petite cour servant de terrasse par beau temps. L'architecture et le décor sont relativement simples, mais la cuisine, qui joue la carte de la tradition avec une pointe d'inventivité (filet mignon de porc au safran rouge), vaut le déplacement. Prix acceptables.

À proximité

Au Rendez-vous des Amis – *4 pl. du Tilleul - 52000 Chamarandes-Choignes - 2 km de Chaumont par la D 619 - ✆ 03 25 32 20 20 - www.au-rendezvous-des-amis.com - 12h-13h30, 19h30-21h15-fermé 1er-12 mai, 28 juil.-21 août et 22 déc.-2 janv. - P - 17/35 € - 18 ch. 76/82 € - ☕ 11 € (-10 ans gratuit).* Sympathique auberge proposant une cuisine traditionnelle élaborée avec de bons produits et servie dans un cadre rustique ou en terrasse face à l'église. Les chambres sont également plaisantes.

Hôtel du Parc – *1 pl. Moreau - 52210 Arc-en-Barrois - 16 km au sud de Chaumont par D 65 et D 3 - ✆ 03 25 02 53 07 - www.relais-sud-champagne.com - fermé mars, dim. soir, lun. (1er avr.-15 juin), mar. midi (15 juin-15 sept.), mar. et merc. (16 sept.-28 fév.) - 17/40 € - 16 ch. 60/75 € - ☕ 8 € -.* Cet ancien relais de poste du 17e s. abrite une salle à manger aux couleurs ensoleillées, complétée en été par une terrasse fleurie. On y sert une cuisine classique. Chambres fonctionnelles et calmes.

ACHATS

Marché – Mercredi et samedi dans les halles de type Baltard.

À proximité

Brasserie de Vauclair – *52210 Giey-sur-Aujon - 30 km au sud de Chaumont - ✆ 03 25 01 00 40 - www.la-choue.com - de sept. à avr. : lun.-vend. 9h-15h, le reste* *de l'année : 9h-16h, sam. 10h-20h, dim. 17h-20h.* Cet ancien prieuré abrite une brasserie artisanale créée en 2000, mais qui n'a pas attendu longtemps avant de faire parler d'elle. En effet, la spécialité maison, la bière de Choue, fait l'unanimité depuis plusieurs années, qu'elle soit blonde, blanche, rousse ou brune. À déguster avec modération…

Jean-Michel-Rousselle – *15 r. du Fays - 52210 Bugnières - 24 km au sud de Chaumont - ✆ 03 25 31 00 95 - domainedesrubis@wanadoo.fr - 8h-20h sur RV - fermé fin déc.* Le rubis de groseilles est une boisson fermentée fabriquée artisanalement. Il se boit frais, en apéritif ou à la fin d'un repas. Depuis peu est venu s'ajouter le rubis de cassis, fruité et parfumé, qui étonne par ses arômes.

Eaux-de-Vie Georges Decorse – *21 r. de l'École - 52240 Millières - ✆ 03 25 01 21 46 - www.distilleriedecorse.com - 10h-17h.* Profitant de l'expérience de plusieurs générations de bouilleurs de cru, cette entreprise familiale créée en 1991 travaille avec des fruits achetés chez les producteurs pour réaliser ses eaux-de-vie et ses liqueurs. Une qualité reconnue, qui lui vaut une bonne place au concours agricole général. Vente et dégustation.

ACTIVITÉS

Activités nautiques

Canal de la Marne à la Saône – *Délégation locale des Voies navigables de France (VNF) - 82 r. du Cdt-Hugueny - 52903 Chaumont - ✆ 03 25 30 79 79.*

A.N.C.R.E. – *Chez M. Lesserteur - Écluse 22- 52000 Chaumont - ✆ 03 25 03 33 02 -4,50 €/h (16,25 €/pers. pour un bateau de 12 pers.).* Location de pénichettes.

Vélo-rail

Cyclo-Rail des 3 Vallées – *52700 Andelot-Blancheville - ✆ 03 25 32 23 18- http ://si.troisvallees.pagesperso-orange.fr - de mai à sept.* De la gare de Chantraines, il suffit d'un coup de pédale pour partir à la découverte de l'arboretum de la vallée du Rognon, grâce au vélo-rail. Deux circuits proposés, de faible intensité physique, pour que cette sortie insolite reste avant tout un vrai plaisir pour toute la famille, chacun à son rythme.

La grande croix de Lorraine.
B. Rieger / hemis.fr

Colombey-les-Deux-Églises

676 Colombeyens – Haute-Marne (52)

NOS ADRESSES PAGE 281

SE REPÉRER
Carte de microrégion A2 (p. 268) – *carte Michelin Départements 313 J4.*
Colombey se situe sur la D 619 entre Bar-sur-Aube (à 16 km) et Chaumont (à 27 km). Le village fut de tout temps une étape sur la route de Paris à Bâle.

À NE PAS MANQUER
La Boisserie et le Mémorial Charles-de-Gaulle.

ORGANISER SON TEMPS
Comptez 3h pour la visite couplée de La Boisserie et du mémorial, suivie d'un tour du village.

Cette localité du pays chaumontais, typique de haute Champagne avec ses pierres blanches apparentes, est située à l'orée de la forêt des Dhuits. Entourée d'une très jolie campagne, Colombey est dominée par une imposante croix de Lorraine en granit rose, visible à des kilomètres, souvenir de Charles de Gaulle. Le village doit d'ailleurs sa notoriété au Général, qui venait ici dans sa propriété de La Boisserie. Il est enterré dans le petit cimetière de Colombey, au cœur de ces paysages étendus qu'il aimait arpenter.

Se promener

La Boisserie

✆ 03 25 01 52 52 - www.charles-de-gaulle.org - ♿ - avr.-sept. : 10h-13h, 14h-18h30 ; reste de l'année : tlj sf mar. 10h-12h30, 14h-17h30 - fermé de mi-déc. à déb. fév., 1er janv., 25 déc. - 4 € (-12 ans gratuit) - billet combiné avec le Mémorial Charles-de-Gaulle.

Le général de Gaulle acquiert La Boisserie en 1934. Pendant la guerre, la demeure est très endommagée par l'occupant : une partie du toit brûle et un mur s'effondre. Il faut attendre le 30 mai 1946 pour que le Général et sa famille reviennent s'y installer, après avoir fait exécuter des travaux : l'ajout d'une tour d'angle et d'un porche. Depuis, La Boisserie n'a pas changé… Elle perpétue la présence de son hôte illustre qui s'y délassait et y mûrissait ses grandes décisions.

Le public est admis dans un **salon** du rez-de-chaussée (souvenirs, livres, portraits de famille et photographies de personnalités). On entre aussi dans la **bibliothèque** sur laquelle donne le **bureau**, et dans la **salle à manger**.

LE SAVIEZ-VOUS ?

Colombey vient du latin *colombarium*, « colombier ». La mention des deux églises permet d'éviter la confusion avec les autres Colombey de la région. Autrefois, le village comportait deux églises, celle de la paroisse et la chapelle du prieuré dont il ne reste que des vestiges.

Mémorial Charles-de-Gaulle

✆ 03 25 30 90 80 - www.memorial-charlesdegaulle.fr - ♿ - mai-sept. : 9h30-19h ; reste de l'année : tlj sf mar. 10h-17h30 - fermé 31 déc.-28 fév. - 12,50 € (-12 ans 8 €) - billet combiné avec La Boisserie - 40 € billet famille (2 adultes + les enf. -18 ans) - possibilité de visite guidée.

Inauguré en 2008 par les chefs d'État allemand et français, le Mémorial Charles-de-Gaulle, dédié à la vie et à l'œuvre du Général, retrace l'histoire du 20e s.

Une bonne intégration paysagère de la construction a permis de préserver les panoramas champenois que le Général aimait tant.

L'exposition permanente regroupe une multitude de photographies, de documents, d'archives sonores et audiovisuelles qui rappellent les hauts faits de la carrière militaire et politique de Charles de Gaulle, mais aussi des aspects plus intimes de sa vie familiale.

UNE RETRAITE À COLOMBEY-LES-DEUX-ÉGLISES

Le général de Gaulle se retira à La Boisserie après avoir quitté les affaires de l'État, en 1946 et en 1969. Afin de sceller la réconciliation franco-allemande, il invita le chancelier allemand Adenauer dans sa propriété, durant sa visite en France, en septembre 1958. Adenauer fut le seul homme politique à partager ainsi l'intimité familiale du Général. Celui-ci mourut à La Boisserie le 9 novembre 1970. Dans les dernières pages de ses *Mémoires*, **Charles de Gaulle** évoque les paysages champenois des environs de Colombey : « *Cette partie de la Champagne est tout imprégnée de calmes, vastes, frustes et tristes horizons ; bois, prés, cultures et friches mélancoliques ; relief d'anciennes montagnes très usées et résignées : villages tranquilles et peu fortunés dont rien, depuis des millénaires, n'a changé l'âme, ni la place. Ainsi du mien. Situé haut sur le plateau, marqué d'une colline boisée, il passa des siècles au centre des terres que cultivent ses habitants…* »

Juste au-dessus du Mémorial se dresse, en hommage au Général, une **croix de Lorraine** monumentale (44,30 m de hauteur). Inaugurée le 18 juin 1972, elle domine le village et les forêts des alentours, dont la forêt de Clairvaux.

À proximité Carte de microrégion

Argentolles A2

À 4 km au nord-ouest par la D 104.
Ce village fait partie de la route touristique du Champagne *(voir p. 21)*. On peut y visiter un petit **musée sur la vigne et le vin**, aménagé par la confrérie « la St-Vincent de Rizaucourt et Argentolles » *(voir « Nos adresses à… »)*.

NOS ADRESSES À COLOMBEY-LES-DEUX-ÉGLISES

HÉBERGEMENT

BUDGET MOYEN

Les Dhuits – *D 619 - ☎ 03 25 01 50 10 -* wifi- *fermé 24,25 déc. et 1er janv. - P - 42 ch. 78 € - ☕ 8,50 € - ✕ 15/42 €.* En retrait de la route principale, ce bâtiment de construction moderne ouvre sur un vaste hall, flanqué de part et d'autre de la salle à manger et d'un bar assez chic. Au rdc, on compte 30 chambres bien équipées, avec Wifi et minibar. Plus simples, celles de l'étage demeurent très confortables.

RESTAURATION

BUDGET MOYEN

La Grange du Relais – *26, r. Nationale 19 - ☎ 03 25 02 03 89 - www.lagrangedurelais.fr - 17,90/33,90 €- 11 ch. 58/85 € - ☕ 7,50 €.* Cet ancien relais de poste est une bonne adresse sur le chemin du mémorial. Le cadre est rustique avec ses cheminées crépitant l'hiver, l'ambiance familiale, la terrasse ombragée agréable en été. Dans l'assiette : escargots, terrine de gibier, sacro-sainte andouillette et chaource.

À la Table du Général – *54 r. du Gén.-de-Gaulle- ☎ 03 25 01 51 69 - Avril-oct., dej. seult.* Blanquette de veau, daube de bœuf, entrecôte… La cuisine traditionnelle est à l'honneur dans ce bistrot ouvert par la famille Natali : Voir p. 45.

POUR SE FAIRE PLAISIR

Hostellerie la Montagne - Restaurant Natali – *10 r. Pisseloup - ☎ 03 25 01 51 69 - www.hostellerielamontagne.com - fermé 7-30 janv., lun. et mar. - ♿ - 28 € (menu déj. en sem.)- 55/85 € - 9 ch. 120/170 € - ☕ 14 €.* Carte inventive et séduisante, à base de produits du terroir. Demandez la « table du chef », dans la datcha, avec vue sur les cuisines. Au cœur d'un jardin, cette maison de maître en pierre dispose de charmantes chambres de style campagnard. Voir aussi p. 45.

ACHATS

À proximité

Confrérie la St-Vincent de Rizaucourt et Argentolles – *R. de la Mairie - 52330 Argentolles - ☎ 03 25 02 58 05 - jeanbernard.godin@wanadoo.fr.* Rien d'étonnant à ce qu'une confrérie œnophile se réclame de saint Vincent : c'est le patron des vignerons, dont la fête se célèbre fin janvier, période où la vigne nécessite le moins de travail. Le cellier, qui accueille un petit musée viticole, commercialise la production locale de champagne.

Langres

★★

8 066 Langrois – Haute-Marne (52)

NOS ADRESSES PAGE 297

S'INFORMER

Office du tourisme du pays de Langres et des 4 Lacs – *Pl. Bel-Air - 52200 Langres - ✆ 03 25 87 67 67 - www.tourisme-langres.com - juil.-août : 9h-18h30; avr.-juin et sept. : 9h-12h, 13h30-18h30, dim. et j. fériés 10h-12h15, 13h45-18h; reste de l'année : 9h-12h, 13h30-17h30 - fermé dim., 1er janv., 25 déc. - l'office de tourisme propose diverses formules de visite, ainsi qu'un service de location de vélos.*

Visites guidées – *✆ 03 24 57 39 84 - www.mairie-charlevillemezieres.fr - avr.-sept. : 14h-18h, w.-end et j. fériés 13h30-19h; reste de l'année : 13h30-17h30 - fermé jeu. - gratuit.*Langres porte le label Ville d'art et d'histoire. L'office de tourisme et le service patrimoine *(✆ 03 25 87 60 62)* proposent des visites-découvertes (2h) assurées par des conférenciers agréés par le ministère de la Culture et de la Communication.

Visites spéciales et ateliers pour les enfants *(merc., sam. et vac. scol.).*

Visites audioguidées – *✆ 03 25 87 67 67 - www.tourisme-langres.com - profitez de la ville en toute liberté au moyen du Guide-Man (audioguide : avr.-sept. 7 €; oct.-mars 5 €, entrée monuments incluse).*

SE REPÉRER

Carte de microrégion B3 (p. 268) – *carte Michelin Départements 313 L6.* À 35 km au sud de Chaumont par les D 619 et N 19, et à 65 km au nord de Dijon par l'A 31 et la D 428. Langres est une étape touristique sur l'axe nord-sud européen (A 5, A 31). Le plateau correspond à la ligne de partage des eaux entre les bassins parisien, rhénan et rhodanien. L'Aube, la Marne et la Meuse y prennent leur source.

SE GARER

Un parking gratuit de 200 places est à votre disposition, allée des Marronniers, à l'extérieur des remparts est de la ville. Deux ascenseurs, les « Panoramics », vous mènent à la vieille ville. Une aire de service pour camping-car se trouve près de l'office de tourisme.

À NE PAS MANQUER

Le centre, la promenade des remparts et la cathédrale St-Mammès.

ORGANISER SON TEMPS

Comptez au moins une bonne demi-journée pour explorer la ville et autant pour le circuit proposé, davantage dans les deux cas si vous visitez les sites (certains sont ouverts le week-end ou l'après-midi uniquement). La découverte de la région vous occupera aisément quelques jours.

AVEC LES ENFANTS

Les visites de la ville pour le jeune public *(voir ci-dessus)*; les quatre lacs, notamment ceux de la Liez et de la Vingeanne (plages aménagées et bases de loisirs); la tufière de Rolampont; l'escargot de Cohons; la Ferme d'Antan, à Mandres-la-Côte.

LANGRES

Perché à 500 m d'altitude au sommet d'un éperon rocheux, lié à un plateau où naissent la Seine et la Marne, Langres est une véritable acropole, cernée par la plus grande enceinte fortifiée d'Europe. Cachée derrière ses kilomètres de remparts jalonnés de tours et de portes, cette belle ville peut témoigner de 17 siècles d'histoire et fut préservée des trois dernières guerres. Le centre urbain, où naquit Diderot, déploie ses rues sinueuses et ses passages bordés d'édifices de pierre calcaire. Et de ses hauteurs, le regard porte sur un pays aux multiples attraits.

Se promener Plan de ville

De nombreux **panneaux d'interprétation** enrichiront votre parcours dans les rues. N'hésitez pas à emprunter les passages, également appelés porches, qui permettaient de passer d'une cour à l'autre, et à suivre le circuit balisé des fontaines et des lavoirs. En saison, il est agréable de se promener le soir dans la ville, dont les remparts et les principaux édifices sont **mis en lumière**.

★★ SUR LES REMPARTS

Circuit de 4 km – Comptez 1h30. Partez de la place des États-Unis, au sud.
Les remparts conservent douze tours et sept portes qui témoignent de l'évolution des fortifications depuis la guerre de Cent Ans jusqu'au 19e s. Le chemin de ronde constitue une agréable promenade : jolie **vue** à l'est sur la vallée de la Marne, le lac de la Liez et les Vosges ; au nord sur la colline des Fourches avec sa chapelle ; à l'ouest sur les coteaux de la vallée de la Bonnelle et, plus loin, sur le plateau de Langres et ses coteaux boisés.

LANGRES DANS L'HISTOIRE

La cité gallo-romaine – Déjà mentionnée au temps de la Gaule indépendante, Langres devint l'alliée de César. Au 1er s. apr. J.-C., à la mort de Néron, le chef lingon **Sabinus** tenta de s'emparer du pouvoir suprême. Il échoua et trouva refuge en un lieu que la légende situe dans une grotte, près de la source de la Marne *(voir p. 294)*.

Saint Didier – Menacée par les invasions, Langres construit sa première enceinte. La christianisation du pays intervint au 3e s. et un évêché fut fondé au siècle suivant. Les évêques de Langres qui dirigeaient le comté avaient le droit de battre monnaie, une marque de souveraineté concédée par Charles le Chauve (843-877). À partir du 12e s., l'évêché fut l'une des pairies ecclésiastiques du royaume. Au sacre des rois de France, l'évêque, duc et pair, portait le sceptre. Saint Didier, évêque de Langres, aurait été martyrisé pour avoir défendu la cité. Ayant eu la tête tranchée, il serait remonté à cheval, portant celle-ci dans ses mains. Une chapelle dédiée à son nom fut par la suite bâtie à l'endroit où il serait mort, à une date très imprécise : elle fait aujourd'hui partie du musée d'Art et d'Histoire.

Une place forte royale – La ville devint royale lors du rattachement de la Champagne au royaume, en 1284. Aux confins de la Bourgogne, de la Lorraine et de la Franche-Comté, ce fut au 14e s. une forteresse puissante qui joua un rôle stratégique jusqu'au 17e s. Elle retrouva sa vocation défensive dans la seconde moitié du 19e s. avec la restauration de l'enceinte, ainsi que la construction d'une citadelle et de huit forts détachés pour contrôler les trouées de Belfort et de Charmes.

Porte des Moulins 3

Cette porte (1647) a gardé son caractère militaire de l'époque Louis XIII. Elle est coiffée d'un dôme couvert de bardeaux de châtaignier. Son décor présente une allégorie des victoires françaises à la fin de la guerre de Trente Ans : ennemis enchaînés, heaumes, trophées.

Tour St-Ferjeux 3

Cette tour construite vers 1469-1472 était adaptée à l'artillerie et sa terrasse pouvait recevoir des pièces de gros calibre. Les deux salles voûtées, dont les murs ont 6 m d'épaisseur, abritaient huit casemates.

De la plate-forme, on découvre un panorama étendu sur la campagne et de belles vues sur les remparts. Une sculpture en acier poli du Néerlandais Eugène Van Lamsweerde, *L'Air*, rend hommage à **Gaston Bachelard**. Elle fait référence à l'un des écrits du philosophe, *L'Air et les Songes* *(voir p. 83)*.

Tour Virot 2

Semi-circulaire, elle protégeait le faubourg de Sous-Murs où se regroupaient les tanneurs, au pied de la cité. Elle possédait une enceinte particulière dont on distingue encore, en contrebas, la tour de Sous-Murs (1502).

Porte Henri-IV 2

Cette porte (1604) permettait l'accès au quartier de Sous-Murs. Elle a gardé les traces de son dispositif défensif : fossé, pont-levis…

Table d'orientation 2

En contrebas, on distingue le faubourg de Sous-Murs, entouré de sa propre enceinte et, de chaque côté, l'enfilade sur les remparts.

Au loin s'étendent le lac de la Liez et les Vosges.

Tour St-Jean 1

Bâtie sur un éperon, cette ancienne tour d'artillerie fut aménagée en pigeonnier militaire en 1883.

Tour du Petit-Sault 1

Cette tour d'artillerie (vers 1517-1521), de forme allongée et aux murs épais, possède deux salles voûtées reliées par un escalier, suivant la pente du terrain. Elle n'est ouverte qu'aux visites gourmandes nocturnes.

Porte gallo-romaine 2

Ancrée dans la muraille, et bâtie au 1er s. apr. J.-C., elle servit de tour au Moyen Âge.

Porte Neuve ou porte des Terreaux 2

La plus récente des portes (1855) est couronnée de mâchicoulis néogothiques. On discerne des vestiges du pont-levis.

Tours de Navarre et d'Orval 3

✆ 03 25 87 67 67 - www.tourisme-langres.com - juil.-août : 10h30-18h30 ; avr.-juin et sept. 14h-18h, w.-end et j. fériés 10h30-18h30 - fermé reste de l'année - 4 € (-16 ans gratuit) - gratuit J. du patrimoine..

Cet ensemble défensif fut inauguré par François Ier en 1521 pour protéger l'accès sud de la ville : ses murs atteignent jusqu'à 7 m d'épaisseur.

La tour de Navarre, dont l'ancienne terrasse d'artillerie fut couverte en 1825 d'une charpente en chêne monumentale, est la plus puissante. Elle est doublée par la tour d'Orval, dont la rampe hélicoïdale permettait d'acheminer les pièces d'artillerie au sommet de la tour de Navarre.

La tour de Navarre accueille un **parcours ludique** et **pédagogique** pour petits et grands. Un audioguide, des écrans vidéo et des bornes interactives vous font découvrir cet ensemble. Par des jeux de lumière, la tour s'anime pour vous conter les légendes de Langres, l'histoire des fortifications et l'Encyclopédie de Diderot.

LA VILLE ANCIENNE

Circuit tracé en vert sur le plan de ville ci-dessous – Comptez environ 1h30. Partez de la place des États-Unis, au sud.

Bon à savoir – Un **ascenseur incliné** relie le parking Sous-Bie, situé à l'extérieur des remparts, au centre-ville : vue sur Langres, le lac de la Liez et les Vosges.

Dans l'enchevêtrement des rues héritées du Moyen Âge, on découvre des maisons anciennes : quelques-unes sont d'époque Renaissance, mais la plupart ont été construites entre les 16e et 18e s. Parmi les éléments décoratifs, les niches (15e-19e s.) témoignent d'un fort sentiment religieux.

Rue Diderot 3

C'est la principale artère commerçante de la ville. La rue passe devant le théâtre, installé depuis 1838 dans l'ancienne chapelle des Oratoriens (1676).

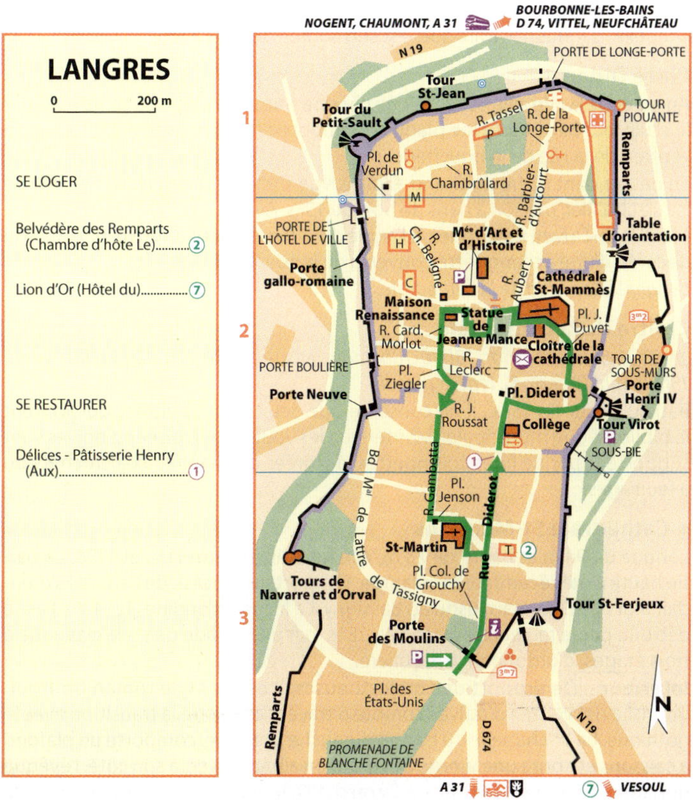

L'ESPRIT DE DENIS DIDEROT

Fils d'un maître coutelier, Denis Diderot (1713-1784) fait de brillantes études au Collège des Jésuites de Langres. On le destine à une carrière religieuse, mais il choisit de continuer ses études à Paris. Il ne reviendra qu'à cinq reprises dans sa ville natale, qu'il décrit dans ses *Lettres* à Sophie Volland ou dans le *Voyage à Langres*. Intéressé par les domaines les plus divers, il écrit de nombreux ouvrages : des essais, comme sa *Lettre sur les aveugles à l'usage de ceux qui voient* qui lui vaut d'être emprisonné à Vincennes, des romans *(La Religieuse)*, des satires *(Jacques le Fataliste)*, des dialogues philosophiques *(Le Neveu de Rameau)* et des critiques d'art *(Salons)*. Mais le nom de Diderot reste lié à l'*Encyclopédie*, œuvre monumentale dont il entreprend la rédaction avec d'Alembert, en 1747. Diderot y consacre vingt-cinq ans de sa vie : achevée en 1772, l'*Encyclopédie* comporte 35 volumes dont 11 de planches explicatives qui accordent une large place aux techniques et aux arts appliqués. À l'occasion du tricentenaire de la naissance du philosophe, la Maison des Lumières Denis Diderot sera inaugurée dans l'Hôtel du Breuil, et de nombreuses manifestations culturelles se dérouleront tout au long de l'année 2013. www.diderot2013-langres.fr.

Collège 2

Ce vaste bâtiment du 18e s. est l'ancien Collège des Jésuites. La façade de la chapelle, d'influence baroque, est surmontée de pots à feu.

Place Diderot 2

Au cœur de la cité, elle est dominée par une statue du philosophe réalisée par le sculpteur Bartholdi. Une plaque est apposée sur sa maison natale, située à l'entrée de la rue de la Boucherie.

En descendant la rue du Grand-Cloître, vue sur le lac de la Liez. À l'entrée de la rue Lhuillier, maison à pans de bois du 15e s. Avant de tourner à droite sur la place Jean-Duvet, remarquez, à l'angle de la **rue du Petit-Cloître**, une maison décorée d'une échauguette couverte de bardeaux (15e-16e s.).

Longez le flanc sud de la cathédrale.

Cloître de la cathédrale 2

03 25 87 63 00 - mar. 13h30-18h, merc. et sam. 9h30-12h, 13h30-18h, vend. 13h30-18h30 - fermé j. fériés - gratuit.

Bâti au début du 13e s., il ne conserve que deux galeries vitrées qui abritent la bibliothèque municipale. À l'intérieur, les voûtes sur croisées d'ogives sont supportées par de fines colonnettes, décorées de chapiteaux à crochets ou à feuillages.

★ Cathédrale St-Mammès 2

Longue de 94 m et haute de 23 m, elle fut édifiée entre 1150 et 1196. La partie haute a été récemment restaurée. L'important diocèse de Langres s'étendait alors du Dijonnais jusqu'au Bassigny. La façade d'origine (12e-13e s.) a été détruite par le feu et remplacée au 18e s. par une façade de style classique à trois étages, d'ordonnance régulière.

Intérieur – De proportions majestueuses, il est de style roman bourguignon. La nef voûtée d'ogives compte 6 travées et illustre la transition avec le gothique. La 1re chapelle du bas-côté gauche *(2e travée)* comporte un plafond à caissons et abrite une Vierge à l'Enfant en albâtre, avec, à son côté, l'évêque donateur, œuvre de 1341 due à **Évrard d'Orléans**. La 3e travée est ornée de bas-reliefs figurant la Passion, encastrés dans un fragment du jubé construit vers 1550 par le cardinal de Givry. Deux des tapisseries dont le prélat fit don à la cathédrale sont exposées dans le transept : elles figurent la légende de saint Mammès.

Le **chœur** et **l'abside**, élevés entre 1141 et 1153, sont les plus belles parties de l'édifice. Les chapiteaux du triforium de l'abside sont décorés d'animaux, d'êtres fantastiques et de motifs floraux. Dans le déambulatoire, un bas-relief représente la translation des reliques de saint Mammès, procession solennelle autour des murs de la ville.

Tour Sud – *℘ 03 25 87 67 67 - www.tourisme-langres.com - juil.-août : 14h30-18h30 ; avr.-juin et sept. : merc. et w.-end 14h-18h - fermé reste de l'année - 3 € (-16 ans gratuit).* Du haut de la tour (45 m), **vue** sur la ville et les environs.

Traversez la place Jeanne-Mance.

Dans le square se dresse la statue de **Jeanne Mance** (1606-1673) due au sculpteur Jean Cardot. Cette infirmière se rendit en 1641 au Canada pour s'y consacrer à sa vocation missionnaire et y fonda, avec Maisonneuve, l'hôtel-Dieu de Montréal.

Maison Renaissance 2

℘ 03 25 87 67 67 - www.tourisme-langres.com - 9h-18h - visite des caves Renaissance et médiévales lors des visites nocturnes gourmandes (se rens. à l'office de tourisme)..

Cette demeure du milieu du 16e s. se compose de deux bâtiments. Côté jardin, sa façade est agrémentée de colonnettes ioniques et corinthiennes, et de frises ornées de bucranes, de draperies et de fruits. Délimitée par une balustrade ajourée, la cour enserrant le puits a été surbaissée, afin de donner du jour aux cuisines situées en sous-sol. Visite de l'intérieur et des caves. Empruntez le couloir latéral : l'escalier à vis aboutit rue Cardinal-Morlot. À droite, jetez un coup d'œil sur une **maison Renaissance** d'un niveau supérieur, qui comporte des colonnettes doubles.

Musée d'Art et d'Histoire 2

℘ 03 25 86 86 86 - www.langres.fr - ♿ - 9h30-12h, 14h-18h - fermé mar., 1er janv., 1e Mai, 1er nov., 25 déc. - 4 € (-12 ans gratuit) - possibilité de visite guidée sur demande préalable - gratuit 1er dim. du mois..

Le musée s'étend sur 2 000 m². La chapelle romane St-Didier abrita dès 1 842 les collections de Langres, dont une partie est aujourd'hui exposée dans un bâtiment de verre et de béton.

La section **préhistoire** et **protohistoire** rassemble les découvertes faites dans la région (têtes celtiques de Perrogney).

La **section gallo-romaine★** comporte des fragments lapidaires provenant de grands ensembles architecturaux. Le *Togatus* (ou *Consul*) est une statue acéphale en marbre, découverte à Langres au 17e s. De nombreuses stèles et sculptures votives témoignent de l'importance de cette civilisation.

5

SAINT MAMMÈS, L'AMI DES BÊTES

Originaire de Cappadoce (3e s.), ce saint prêchait l'Évangile aux animaux sauvages. Quand les gardes romains envoyés par l'empereur Aurélien vinrent le chercher pour le martyriser, les bêtes féroces le protégèrent. Il fut finalement étripé. De ce fait, il est souvent représenté se tenant les entrailles. La cathédrale de Langres reçut de Constantinople un lot de ses reliques, dont le chef du saint.

Des collections de **peintures** et de **sculptures** (17e au 19e s.) rendent hommage à des artistes régionaux : J. Tassel, E. Bouchardon, G. Courbet, C. Corot. *Poursuivez par la rue de la Coutellerie, la rue du Cardinal-Morlot, la rue Lambert-Payen et la rue Gambetta qui mène à la charmante place Jenson.*

Église St-Martin 3

Édifiée au 13e s., elle fut remaniée suite à un incendie au 18e s., et surmontée d'un campanile de 52 m.

À proximité Carte de microrégion

LE PAYS DES QUATRE LACS B3-4

Autour de Langres, quatre **réservoirs** ont été créés à la fin du 19e s. et au début du 20e s. pour alimenter le canal de la Marne à la Saône. Au cours de l'été, la surface de ces plans d'eau peut diminuer. Les berges des « queues » de réservoirs se transforment alors en vasières et roselières, qui abritent une faune et une flore typiques des lacs : de ce fait, ils sont classés en zone naturelle d'intérêt écologique.

Situés dans un site boisé et verdoyant, ces lacs sont d'agréables lieux de détente et de promenade où l'on peut pratiquer des **activités nautiques**.

Lac de la Liez B3

5 km à l'est par la N 19.

C'est le plus grand des lacs (290 ha) : on peut s'y **baigner** *(plage surveillée en saison)*, pratiquer la voile *(base nautique)*, louer canoë, pédalo ou bateau électrique et pêcher.

16 km. Un sentier fait le **tour du lac** et sa digue en terre (460 m de long et 16 m de haut) peut être parcourue à pied, avec une vue sur Langres.

Lac de la Mouche B3

6 km à l'ouest par la D 135, puis la D 286.

Le plus petit des lacs (94 ha) est dominé par Saint-Ciergues au nord et Perrancey-les-Vieux-Moulins au sud. Ces localités sont reliées par une route qui emprunte une **digue** de 23 m de haut et 410 m de long.

7 km. Vous pourrez en faire le tour à pied, à vélo ou à cheval.

Lac de Charmes B3

8 km au nord-est par la D 74.

Une digue en terre de 362 m de long et 17 m de haut retient ce lac tout en longueur (197 ha) réputé pour son cadre naturel préservé, où viennent se poser

UN VRAI CHÂTEAU D'EAU !

Langres se trouve à la **limite de partage des eaux** entre la Méditerranée vers laquelle se dirige la Saône, la Manche où aboutit la Marne et la mer du Nord où se jette la Meuse. La ville se situe près des **sources** de la Marne, de la Seine, de la Meuse et de l'Aube, et de quatre **lacs** artificiels qui alimentent le **canal** de la Marne à la Saône. Ouvert en 1907, ce canal permettait d'acheminer les produits du bassin sidérurgique de l'est de la France, en liaison avec les zones de la Sarre. C'est aujourd'hui un canal de transit qui contribue à la traversée de la France, de Dunkerque à Marseille. Le franchissement de la ligne de partage des eaux a nécessité la création du tunnel de Balesmes, long de 4,8 km. Du fait de son étroitesse, le passage des péniches s'y fait par alternance.

Pêche dans le lac de Charmes.
Office du Tourisme du Pays de Langres et des 4 lacs

des oiseaux migrateurs. La nouvelle base nautique propose des locations de barques, avirons, pédalo et canoës. On peut également s'y baigner *(plage surveillée en saison)* et pêcher ou encore le survoler en parapente !

Lac de la Vingeanne B4

12 km au sud par la D 674.

Le lac est renommé pour son avifaune : sa **digue**, la plus longue des quatre lacs (1 254 m), est particulièrement prisée des ornithologues. On y trouve également une **plage** *(surveillée en saison)* et une base de loisirs.

Un chemin de 8 km permet de faire le tour de ce plan d'eau de 199 ha.

Gorges de la Vingeanne B4

Depuis le lac de la Vingeanne, continuez par la D 141^C vers Bayssey puis Aprey (8 km) et laissez la voiture au parking.

Depuis le village d'**Aprey**, un sentier botanique mène aux sources de la Vingeanne qui creuse un lit profond en terrain calcaire, dans un site verdoyant aux allures de gorges. Ce vallon sauvage était la promenade du seigneur d'Aprey et de son épouse Jeanne, qui mourut précocement. Le jeune homme aimait revenir en ces lieux où il se rappelait : « Là, vint Jeanne. » Enfin, c'est ce qui se dit !

5

À LA DÉCOUVERTE DE LA VANNERIE

Fayl-Billot C4

30 km au sud-est de Langres par la N 19.

À la limite des plateaux de Langres et de la Haute-Saône, ce gros bourg agricole est réputé pour son artisanat en osier qui lui vaut d'être connu comme la « capitale de la vannerie ». En effet, ce saule de petite taille pousse dans les bassins humides d'une région où la tradition de la vannerie remonte au 17e s. Voici un siècle, Fayl-Billot comptait encore 800 vanniers, 130 artisans du rotin et plus d'un millier d'artisans de l'osier. Aujourd'hui, on y trouve toujours 50 ha d'oseraies et une cinquantaine d'artisans.

Espace St-Antoine *–36 Grande-Rue - 52500 Fayl-Billot - ✆ 03 25 88 19 62 - www.tourisme-faylbillot.com - mai-août : 9h-12h, 13h-17h30, sam. 14h-18h ; reste de l'année : h, se rens. - fermé 20 déc.-2 janv. et 1er Mai - possibilité de visite guidée sur demande préalable 5 € - réalisation d'un objet en osier ou démonstration artisanale.* Il abrite l'office de tourisme et la **Maison de la Vannerie**, qui expose des travaux de qualité réalisés par des artisans regroupés en association : mobilier en rotin, objets de décoration en vannerie… Le 1er étage accueille une **présentation multimédia** sur les métiers d'osiériculteur et de vannier, sur l'histoire de la filière en Haute-Marne et sur ses nouveaux débouchés. Au 2e étage, exposition sur le travail du bois.

Vannerie authentique – *✆ 03 25 90 16 85 - 1er Mai-11 Nov. : 9h30-12h, 14h-18h (19h l'été).* Les artisans du GIE des vanniers du sud Haut-Marnais travaillent à tour de rôle dans cette boutique où leurs productions sont en vente.

À voir également, l'ancienne **église** de Fayl-Billot (13e-16e s.), éclairée par des vitraux de style gothique flamboyant *(renseignements à l'office de tourisme).*

AU NORD-OUEST DE LANGRES

Tufière de Rolampont B3

11 km au nord de Langres. Prenez la N 19. 1 km après Rolampont, tournez à gauche sur la D 254 et suivez le fléchage.

Cascade de la Tufière – *30mn AR.* La cascade de la Tufière, ou tufière de Rolampont, est ainsi dénommée parce que les eaux de source, chargées de calcaire, y déposent des concrétions de tuf dues à la présence d'algues microscopiques et de mousses *(voir p. 55)*. Dans ce site forestier, les eaux se diffusent en petites chutes et en gouttelettes sur un monumental étagement naturel, d'une étonnante fantaisie. Un sentier d'interprétation aménagé permet d'en faire le tour.

Un **circuit de randonnée** balisé de 11 km permet de relier la tufière de Rolampont et le mausolée gallo-romain de Faverolles *(renseignements à l'office du tourisme de Langres).*

Mausolée gallo-romain de Faverolles B3

19 km au nord-ouest de Langres. Suivez la N 19 et à Rolampont, prenez la D 155 à gauche, puis la D 256.

Les vestiges de ce mausolée ont été découverts en 1980 dans la forêt, à 3,5 km du village. Édifié en l'an 20 av. J.-C., il mesurait plus de 20 m de haut et présentait trois étages d'ordre corinthien. Par sa forme et sa fonction de cénotaphe, on peut le comparer au mausolée du plateau des Antiques, à Saint-Rémy-de-Provence. *Possibilité de visiter le site en cours de fouilles : renseignements auprès de l'atelier archéologique ci-dessous.*

Centre archéologique – *✆ 03 25 87 67 67 - www.tourisme-langres.com - juil.-août : 14h30-18h ; mai-juin et sept. : dim. et j. fériés 14h30-18h - reste de l'année : se rens. - fermé lun. et mar. - 3 € (-16 ans gratuit) - possibilité de visite audioguidée.* Dans ce lieu ont été regroupés les fragments du mausolée : hauts-reliefs sculptés où l'on discerne un rapace et des lions rampants, masques funéraires de Bacchus et Silène…

LES VALLÉES COUTELIÈRES

La visite *(sur RV)* des **ateliers de coutellerie** est l'occasion de découvrir les villages typiques des vallées du Rognon, de la Marne et de la Traire.

Bon à savoir – Une carte avec les coordonnées des ateliers est disponible à l'office du tourisme de Nogent.

Nogent B3

29 km au nord de Langres par la N 19 puis la D 1.

Pl. Charles-de-Gaulle - 52800 Nogent - 03 25 03 69 18 - www.villedenogent52.com - juil.-août : tlj sf lun. 10h-12h, 14h-18h, dim. 14h-17h ; reste de l'année : tlj sf dim. et lun. 10h-12h, 14h-18h - fermé de fin déc. à déb. mars.

Observez bien la lame de vos objets tranchants et vous y lirez peut-être le nom de Nogent. C'est pour fuir un impôt jugé abusif que les couteliers de **Langres** vinrent s'installer à Nogent au milieu du 17e s. Au 18e s., la ville gagna sa réputation en Europe par sa coutellerie de luxe. Dès 1860, des **forges industrielles** virent le jour à côté des ateliers artisanaux. Aujourd'hui, le secteur s'est diversifié, mais les anciens ateliers ont fermé un à un : seules subsistent quelques façades dans les rues du centre-ville. Dans cette ancienne ville royale, pas de second couteau mais des stars : couteaux de table, ciseaux, canifs, scalpels, sécateurs… Devant ce choix imposant, vous aurez du mal à trancher !

Bon à savoir – N'oubliez pas de prendre rendez-vous si vous désirez visiter les ateliers de coutellerie situés dans les villages des environs.

L'**office de tourisme**, situé dans les anciennes halles, abrite une **exposition** permanente : coutellerie, cisellerie, outils professionnels…

De l'ancien château médiéval ne reste qu'une **porte** intérieure nommée « Justice de Paix » : réaménagée en geôle, elle accueillit ensuite une instance judiciaire qui fonctionna jusqu'en 1958. Les pierres du château furent utilisées pour construire certains ateliers à flanc de colline.

Église St-Germain – Située à Nogent-le-Bas, cette église du 12e s. fut rebaptisée « le sabre et le goupillon » : pendant la Révolution, les ciseliers furent réquisitionnés et l'église transformée en manufacture de sabres et de baïonnettes. Elle comporte une Pietà du 14e s., des statues en pierre polychrome et des vitraux contemporains, œuvre du maître verrier **Christine Bicquet**.

Musée de la Coutellerie – *Espace Pelletier - 03 25 31 89 21 - www.nogent-52.com - ♿ - avr.-sept. : 10h-12h, 14h-18h ; mars et oct. : sur réserv. - fermé 1er Mai - 3 € (-12 ans 1 €) - possibilité de visite guidée sur demande préalable - gratuit Nuit des musées, J. du patrimoine, Fête de la science.* Ce musée est logé dans un espace qui porte le nom de Nicolas Pierre Pelletier, un grand ciselier du 19e s. Il présente divers exemples de la production du 18e au 21e s. : canifs, couteaux de chasse, superbes couteaux de table et ciseaux, tous plus ou moins ciselés, avec manche en bois, corne, ébène, ivoire… Des **ateliers** ont été reconstitués, l'un d'eux est à l'image d'une planche de l'*Encyclopédie* de Diderot (dont le père était coutelier à Langres). Dans une vitrine sphérique, les instruments chirurgicaux sont placés sur des plateaux mobiles. Aujourd'hui, Nogent est spécialisé dans les instruments destinés à la chirurgie de haute précision et dans la coutellerie d'art. Le musée propose également une **exposition temporaire** annuelle.

LA CLOCHE DES SOUVENIRS

Dans *Terre natale* (1938), l'académicien **Marcel Arland** évoque ses souvenirs d'enfance associés à la cloche que l'on peut encore apercevoir au-dessus de l'office de tourisme : elle signalait le début et la fin du marché, où ses parents, agriculteurs à Varennes-sur-Amance, se rendaient pour vendre le fruit de leur labeur.

Poulangy B3

9 km à l'ouest de Nogent par la D 107.

Ce joli village aux rues sinueuses abrita une **abbaye royale** fondée en 640, dont subsistent le porche derrière l'église et quelques bâtiments habités par des particuliers. Autrefois spécialisé dans la coutellerie à usage professionnel, il accueille un atelier de **coutellerie d'art**.

Mandres-la-Côte B3

5,5 km au nord de Nogent par la D 1.

Ferme d'Antan – *06 86 94 72 77 - www.ferme-antan.fr - visite guidée juil.-août : merc. et w.-end 15h-18h ; avr.-mai et sept. : 1er et 3e dim. du mois 15h-18h - 5 € (enf. 4 €) - groupes : tte l'année sur demande préalable.*

Un joyeux bric-à-brac campe dans cette ferme de 1831, restaurée par un couple de passionnés. Dix espaces relatent, avec force commentaires, la vie paysanne haut-marnaise de 1850 à 1950. Pendant des années, les propriétaires, à force de chine et de curiosité, ont amassé une formidable collection répartie en espaces consacrés chacun à un domaine (le garage, la chambre, l'alimentation, l'art du pain, la forge…). Même l'ancienne porcherie est investie.

Biesles B3

9,5 km au nord-ouest de Nogent par la D 1 puis la D 417.

Ce village, qui n'est pas situé dans la vallée, est actuellement le plus gros producteur, avec une spécialisation dans les **couteaux de table**, de chasse et les couteaux fermants : pas moins de six ateliers sont ouverts à la visite *(sur RV auprès de l'office du tourisme de Nogent).*

La **tour de l'ancien château fort** (16e s.) accueille une collection de plus de 900 objets liés à la **coutellerie**, à la ganterie et à la saboterie. *03 25 31 93 20 - www.nogent52-tourisme.com - juil.-sept. : dim. 15h-18h - possibilité de visite guidée sur demande préalable.*

ENTRE THERMALISME, VIGNOBLES ET ÉGLISES

Villa gallo-romaine C3

À Andilly-en-Bassigny, 20 km au nord-est de Langres par la D 74 et la D 35.

03 25 32 88 54 - www.haute-marne.fr - de déb. juin à fin sept. : 10h-12h30, 14h-18h - w.-end : possibilité de visite guidée.

Proche de la **via romana** reliant Langres à Strasbourg, cette villa rurale apparentée aux grandes exploitations établies dans le cadre d'un régime seigneurial fut construite entre le milieu du 1er s. et le 4e s. Elle présente des aménagements caractéristiques : thermes privés, portique et amorce de la cour à péristyle. Des archéologues poursuivent le travail de fouilles sur le site, qui est néanmoins accessible au public.

Bourbonne-les-Bains C3

39 km au nord-est de Langres par les D 74, D 35 et D 417.

Pl. des Bains - 52400 Bourbonne-les-Bains - 03 25 90 01 71 - www.tourisme-bourbonne.com - avr.-oct. : 9h-12h, 14h-18h, w.-end et j. fériés 10h-12h, 15h-18h ; reste de l'année : tlj sf w.-end et j. fériés 9h-12h, 14h-17h - fermé 1er janv., 25 déc.

La station qui domine la vallée de l'Apance était déjà connue des Romains et fut très prisée entre le 16e et le 18e s. Ses eaux chaudes radioactives et légèrement chlorurées inspirèrent Louis XV qui créa ici un hôpital militaire thermal, toujours debout, pour ses soldats atteints d'arquebusade. Bourbonne est la station de « l'eau qui guérit les os ».

Quartier thermal – *03 25 90 07 20 - www.valvital.fr - ♿ - de déb. mai à mi-oct. : 8h-12h30, 14h-17h30, vend. 8h-19h, sam. 8h-17h30, dim. et j. fériés 8h-12h30 ; reste de l'année : tlj sf dim. 8h-12h, 14h-17h30, sam. et j. fériés 8h-12h30 - fermé 28 nov.-7 mars, 1er et 11 Nov.* Trois sources chaudes (66 °C) coulent en permanence : la source St-Antoine ou puisard romain (thermes actuels), la source Matrelle (petit temple sur la place des Thermes) et la source Patrice, dans l'ancien hôpital militaire. Grâce à leur composition minérale proche du sérum humain, les eaux de Bourbonne favorisent la fixation du calcium sur les os et permettent ainsi le traitement des rhumatismes, la consolidation des fractures (en particulier pour les sportifs de haut niveau) et la prévention de l'ostéoporose. Les eaux contiennent également quelques gaz rares indiqués pour soigner les pathologies liées à l'ORL. L'établissement thermal, restructuré et agrandi en 1997, propose des bains avec hydromassage, des applications de boue chaude, un hammam avec cabines individuelles, une piscine, des douches au jet. Outre les cures, on y propose des séjours de remise en forme. Il a reçu de nombreuses personnalités : Auguste Renoir, Paul Guth, Raimu, Claude Autant-Lara, ainsi que Michel Platini qui se libéra de ses béquilles à la fin de la cure.

LE SAVIEZ-VOUS ?

Bourbonne dérive étymologiquement de **Borvo**, dieu gaulois des sources chaudes et thermales. Les Gallo-Romains s'adressaient au dieu bouillonnant des eaux thermales en espérant une guérison.

L'**ancien hôpital militaire thermal**, construit en France dès 1732, abrite aujourd'hui le centre Borvo, un hôtel et un centre d'animations (conférences, spectacles, activités diverses…) surnommé le « clocheton ».

Les **parcs des Thermes**, **des Sources** et **d'Orfeuil** forment l'écrin indispensable au repos et à la détente.

Ville haute – Elle occupe le sommet de la colline. De l'ancien château féodal du début du 16e s. subsiste la porterie qui marque l'entrée du **parc du Château**.

Installé dans les anciens communs, le **musée du Thermalisme** présente des vestiges gallo-romains et des peintures du 19e s. de René Xavier Prinet (1861-1946), Georges Freset (1894-1975) et Horace Vernet *(Prise de Constantine)*. En été, des expositions temporaires y sont organisées. *03 25 90 69 47 - www. bourbonne.com - ♿ - 14h-18h, sam. 10h30-12h, 14h-18h - fermé dim.-lun, j. fériés, 25 déc.-1er janv.*

La **belle demeure** construite à l'emplacement de l'ancien château fort a été léguée à la ville par un curiste reconnaissant, Chevandier de Valdrôme. La mairie s'y est installée depuis 1912. Vue agréable sur la ville basse et la vallée de l'Apance.

Du début du 13e s., l'**église Notre-Dame-de-l'Assomption** marque la transition entre le roman et le gothique. À l'intérieur, Vierge en marbre (14e s.).

Conçu à l'anglaise, l'**arboretum de Montmorency** compte 250 essences différentes dont 90 sortes de résineux et 95 espèces de feuillus.

Parc animalier de la Bannie C3

2,5 km au sud de Bourbonne-les-Bains par la D 139.

03 25 90 14 80 - www.bourbonne.com - ♿ - 1er avr.-21 oct. : tlj sf lun., mar. 14h-18h, dim. et j. fériés 11h30-18h30 ; mars : tlj sf lun., mar. 14h-17h, dim. et j. fériés 11h30-18h30 ; 22-31 oct. et fév. : merc. et sam. 14h-17h ; reste de l'année : merc. et sam. 14h-16h - gratuit.

Dans un parc de plus de 100 ha évoluent cerfs, daims, biches, sangliers, lapins ou chèvres, au sein de vastes enclos. Au cours de votre promenade, vous apercevrez aussi des paons, des canards et des pigeons en volières.

Villars-Saint-Marcellin C3

5 km au sud-est de Bourbonne-les-Bains par la D 417.

Construit sur les coteaux de l'Apance, le village est dominé par l'**église** du 12e s., restaurée au 19e s. Dans la crypte mérovingienne, le sarcophage de pierre du 8e s. est dit de saint Marcellin.

Coiffy-le-Haut C3

7,5 km au sud-ouest de Bourbonne-les-Bains par la D 26.

Ce bourg est connu pour son **vignoble** qui produit un vin léger de qualité, sous le nom de « vins de pays des coteaux de Coiffy ». À la fin du siècle dernier, le vignoble fut victime du phylloxéra et du développement ferroviaire qui facilita l'arrivée des vins du Midi de la France. Sous l'impulsion d'un groupe d'agriculteurs, 8 ha ont été replantés en 1983 avec des cépages nobles : le pinot noir et le gamay pour le vin rouge et le chardonnay, l'auxerrois et le pinot gris pour le vin blanc.

Du village, où subsistent quelques murailles de l'ancienne forteresse du 13e s., beaux points de vue sur le vignoble et les vallées encaissées.

Coiffy-le-Bas C3

Le village, séparé de Coiffy-le-Haut par quelques rangées de vignes, a conservé de vieilles maisons dont la mairie, avec sa porte du 16e s. et son échauguette.

Abbaye de Morimond C3

16 km au nord-ouest de Bourbonne-les-Bains par la D 139.

Cette abbaye cistercienne fondée en 1115 dans un vallon sauvage est la quatrième « fille majeure » de Cîteaux. Favorisée par sa position géographique aux confins de la Champagne et de la Lorraine, elle fut la « tête de pont » du développement de l'ordre cistercien vers les pays germaniques (213 abbayes dépendaient de Morimond au 13e s.).

Aujourd'hui subsistent quelques vestiges de la porterie et la chapelle Ste-Ursule, ancienne chapelle des Étrangers, remaniée au 17e s. et récemment restaurée. Allez jusqu'à l'étang : le site est chargé de mystère.

Circuit conseillé Carte de microrégion

LE PAYS DE LANGRES B4

Circuit tracé en bordeaux sur la carte de microrégion (p. 268) – 89 km – Comptez une demi- journée. Sortez de Langres au sud-est par la D 674 (direction Dijon). Au rond-point, suivez la direction de la source de la Marne (D 122 puis D 290).

Source de la Marne

4 km - 45mn AR. La descente, assez raide au début, peut être glissante.

Un **sentier de découverte** mène jusqu'à la source : la Marne émerge d'une sorte de caveau, clos par une porte en fer. À proximité, on discerne la **grotte de Sabinus**. Tacite raconte dans ses histoires comment, en 70 apr. J.-C., le Gaulois Sabinus rejeta l'alliance avec Rome et tenta d'entraîner ses concitoyens. Défait, il aurait fait croire à son trépas, vivant pendant neuf ans caché dans cette grotte avec sa femme Éponine. Découvert, le couple fut conduit à Rome et exécuté. Aire de pique-nique.

Le vignoble de Coiffy-le-Haut.
M. Busselle/Robert Harding Picture Library/age fotostock

Poursuivez dans la même direction jusqu'à Balesmes-sur-Marne et prenez la D 17 en direction de Chalindrey puis à droite la D 51 vers Noidant.

Fort de Cognelot

✆ 03 25 87 67 67 - www.tourisme-langres.com - visite guidée juil.-août : w.-end et j. fériés 15h30 - mai-juin et sept. : dim. et j. fériés 15h30 - 3,50 € (-12 ans gratuit).
Il fait partie d'une série de huit forts type **Séré de Rivières**, construits près de Langres après la guerre de 1870 pour protéger la frontière est. Réalisé entre 1874 et 1877, il devait contrôler le nœud ferroviaire de Culmont-Chalindrey. Se déployant autour de deux cours intérieures, le réduit comprenait des casemates pour 600 hommes, des magasins à munitions et des abris pour stocker les vivres, le matériel et l'artillerie.

Bon à savoir – Le site sert de cadre à plusieurs manifestations, comme la fête des sorcières ou des jeux de rôle. Mais il n'est alors plus ouvert au public.
Redescendez, avec une jolie vue sur Langres, pour récupérer la D 51 jusqu'à Chalindrey, puis prenez la D 17 vers Le Pailly.

5

Château du Pailly

✆ 03 25 87 67 67 - www.tourisme-langres.com - visite guidée juil.-août : dim. 14h30-18h30 - 3,50 € (-12 ans gratuit).
Cet édifice Renaissance fut bâti autour d'un château féodal par Gaspard de Saulx-Tavannes, compagnon d'armes de François Ier et futur maréchal de France. Il conserve son donjon (15e s.) dont la « salle dorée » est superbe, avec son plafond à la française et ses cheminées. Arrêtez-vous devant la façade à balcon qui donne sur la cour d'honneur. À gauche, admirez l'escalier à vis avec sa tourelle ajourée. Le jardin à la française et le parc se visitent également.
Continuez la D 141 (direction Noidant-Chatenoy), puis prenez à droite vers Cohons.

L'escargot de Cohons

Légèrement à l'écart de ce beau village tout en pierre, l'escargot se trouve au milieu des bois : élévations en pierre sèche et en forme de spirale, les escargots étaient destinés à orner les parcs et les jardins du 19e s. On peut grimper au sommet où se trouve une **terrasse**. Une quinzaine d'exemplaires de ce type sont recensés en Haute-Marne.

Prenez la D 141 jusqu'à Longeau, puis la D 674 en direction de Dijon. On traverse le réservoir de la Vingeanne. À Vaux-sur-Aubigny, tournez à droite vers Rivière-les-Fosses.

Maison du Houblon, à Rivière-les-Fosses

✆ 03 25 90 19 33 - http ://lamaisonduhoublon.free.fr - juin-sept. : jeu.-dim. 14h-18h - 3 € (-12 ans gratuit) - possibilité de visite guidée. Installée dans une **ancienne huilerie**, l'exposition retrace l'aventure du houblon dans ce village, où il arriva par la Bourgogne voisine. Grâce au témoignage des anciens planteurs, recueilli par une « guide de terroir » passionnée, vous découvrirez aussi toute l'activité liée à cette plante caractéristique, de sa culture à sa commercialisation.

Prenez la D 140A en direction d'Esnoms, puis la D 140 vers Chalancey.

Chalancey

Sur un promontoire du plateau de Langres, dominant la vallée de la Venelle, le site joua le rôle de sentinelle face au tout proche duché de Bourgogne. Seigneurie dès le 12e s., Chalancey possède une église des 12e-13e s. et un **château** féodal du 15e s. Une partie de ses possessions et rentes furent données à l'abbaye d'Auberive.

Prenez la D 20 vers Vaillant, puis la D 141D vers Aujeurres.

Aujeurres

Sur la place de l'église se dresse la curieuse **fontaine de la Peute-Bête** (18e s.). Dans le lavoir, un texte de l'écrivain Jean Robinet raconte la légende du monstre qui terrorisa la région avant d'être terrassé par saint Georges et pétrifié pour l'éternité : le tuyau d'écoulement de l'eau est, dit-on, le reste de la lance fichée dans sa gueule béante.

Circuit forestier de la **source de l'Aube** *(voir « À proximité » de l'ancienne abbaye d'Auberive, p. 301).*

Suivez la D 141J (direction Longeau) jusqu'à Baissey.

Moulin de Baissey

✆ 03 25 87 67 67 - www.tourisme-langres.com - visite guidée mai-sept. : 14h30-17h30 - 2,30 € (-10 ans gratuit).

Depuis 1980, une association restaure ce **moulin à farine**, ancienne propriété des évêques de Langres, dont les origines remontent au Moyen Âge. Son bief, creusé à flanc de coteau, conduit les eaux de la Vingeanne sur 1,2 km. Cet ouvrage, considérable à l'époque médiévale, assure au moulin une hauteur de chute d'eau de 7 m. Remanié au 19e s., il conserve des mécanismes en bois et fonte de cette époque, ainsi qu'une petite usine électrique de 1914. Au cours de la visite, la roue à aubes, les meules et autres engrenages se remettent en mouvement.

Prenez la D 141, puis la D 674, en direction de Langres.

À **Saints-Geosmes**, la route passe à côté de l'**église** du 13e s. dédiée à trois frères martyrisés en ce lieu. Elle est bâtie sur une crypte du 10e s.

Continuez jusqu'à Langres.

NOS ADRESSES À LANGRES

VISITES

Petit train touristique – *03 25 87 67 67 - www.tourisme-langres.com - visite guidée juil-août : 10h30-11h30, 14h-18h ; mai-juin et sept. : merc., w.-end et j. fériés 14h30-16h30 ; avr. : merc., dim. et j. fériés 14h30-16h30 - fermé reste de l'année - 6,30 € (-12 ans 4,30 €) - dép. office de tourisme - Circuit (1h).*

HÉBERGEMENT

POUR SE FAIRE PLAISIR

Chambres d'hôte Le Belvédère des Remparts – *33 r. Lombard - 03 25 87 09 71 - www.lebelvederedesremparts.com - fermé du 1er au 15 déc.- P - Wifi - 5 ch. 90/108 €* . Loren et Eglys Elliott ont restauré avec soin cette maison de maître du début du 20e s., dans une petite rue calme à l'entrée de Langres et tout près du centre-ville. Cinq chambres décorées avec goût, spacieuses et confortables. Derrière la maison, un jardin entouré d'un mur permet de goûter la quiétude du lieu en contemplant les remparts de la ville et le plateau de Langres.

PREMIER PRIX

À proximité

Camping municipal Le Château – *Pl. du Château - 52140 Montigny-le-Roi - 13 km à l'est de Nogent par D 107 - www.campingduchateau.com - 03 25 87 38 93 - ouv. 15 avr.-15 oct - 5,60 €/nuit.* C'est un petit camping situé dans le cadre agréable et boisé de la vallée de la Meuse. Tennis, jeux pour enfants.

Chambre d'hôte Ferme Adrien – *Rte du Val-de-la-Maljoie - 52400 Coiffy-le-Haut - 10 km au sud-ouest de Bourbonne-les-Bains par D 26 - 03 25 90 06 76 - francoise.pelletier@neuf.fr - P - 3 ch. 50 € - 15 €.* Quel bonheur de se retrouver dans cette ferme de 1845 entourée de vallons, de prés et de forêts. Sa cheminée monumentale dans la salle à manger, ses meubles anciens, mais aussi son petit musée paysan vous charmeront.

BUDGET MOYEN

Villa Hôtel du Lion d'Or – *408 faubourg des Auges (rte de Vesoul) - 03 25 87 10 88 ou 03 25 87 03 30 (juil.-août) - www.relais-sud-champagne.com - ouv. mai-sept., reste de l'année sur demande - P - 14 ch. 66 € - 8,50 €.* Petit établissement jouxtant un lac-réservoir (plage, pêche, voile). Chambres correctes et bar-salon « africain ». Salle à manger colorée et terrasse dressée au bord du jardin.

À proximité

Orfeuil – *29 r. d'Orfeuil (près des Thermes) - 52400 Bourbonne-les-Bains - fermé oct.-mars - 30 ch. 60/70 € - 9 € - rest. 14/26,50 €.* Près des thermes, cette maison du 18e s. possède un salon bourgeois et des chambres confortables et bien tenues. L'annexe dispose de spacieux studios, plus sobres. Mobilier *sixties* et plantes vertes dans le lumineux restaurant ; jardin bien fleuri en saison.

Hôtel du Commerce – *Pl. Charles-de-Gaulle - 52800 Nogent-en-Bassigny - 29 km au nord de Langres - 03 25 31 81 14 - www.relais-sud-champagne.com - le reste de l'année : tlj sf w.-end. et j. feriés, fermé du 25 déc au 1er janv. - Wifi - 18 ch. 65/69 € - 8,90 €, demi-pension possible - formule déj. 12 € - 21/31 €.* Bonne étape face à la mairie et près du musée de la Coutellerie. Chambres rénovées et

5

meublées en style Louis-Philippe. La cuisine régionale se déguste dans deux ambiances : un brin bourgeoise au restaurant, plus décontractée à la brasserie.

Chambre d'hôte L'Orangerie – *8 pl. Adrien-Guillaume Prangey (ex pl. de l'Église) - 52190 Villegusien-le-Lac - 16 km au sud de Langres par D 674 et D 26 - ✆ 03 25 87 54 85 - P - 3 ch. 68/73 € :.* Dans un environnement campagnard, entre le château et l'église du village se dresse cette demeure de charme garnie de lierre. Il règne une atmosphère romantique dans ses confortables chambres de jeune fille…

POUR SE FAIRE PLAISIR

À proximité

La Ferme du Soleil de Langres – *52250 Flagey - 15 km au sud de Langres (sortie A 31 Langres sud puis D 428 et D 6) - ✆ 03 25 84 45 23 - www.fermedusoleildelangres.com - P - 4 ch. 60 €, demi-pension possible.* Hospitalité et spontanéité sont la devise de cette maison. Chambres meublées dans un esprit moderne ; celle avec terrasse est particulièrement agréable. La salle à manger recèle deux lits clos datant du 18e s. Recettes réalisées avec les produits de la ferme, que l'on peut visiter.

RESTAURATION

PREMIER PRIX

Aux Délices - Pâtisserie Henry – *6 r. Diderot - ✆ 03 25 87 02 48 - www.patisserie-henry.com - 8h-19h - fermé dernière sem. de janv. et de sept. - 8/14 €.* Belle maison de 1580 située dans le vieux Langres. À l'intérieur, fresques récentes représentant les curiosités de la ville. Quiches, pâtés en croûte et pâtisseries pour une pause gourmande le temps d'un repas ou à l'heure du thé.

BUDGET MOYEN

À proximité

Auberge des Voiliers – *1 r. des Voiliers - Lac de la Liez - 4 km à l'est de Langres par N 19 et D 284 - ✆ 03 25 87 05 74 - www.hotel-voiliers.com - ouv. 18 mars-15 nov. et fermé mar. midi hors sais., dim. soir et lun. - P - formule déj. en sem. 15 € - 23,50/36 € - 10 ch. 60/80 € - : 9 € (4,50 enf.), demi-pension possible.* Une auberge placée au bord du lac de la Liez. Salle de restaurant ornée d'une fresque ; véranda pour profiter de la vue. Petites chambres climatisées sur le thème nautique.

Auberge des Trois Provinces – *R. de Verdun - 52190 Vaux-sous-Aubigny - 24 km au sud de Langres par N 19 et D 974 - ✆ 03 25 88 31 98 - fermé 1 sem. en oct., 3 sem. en janv., dim. soir sf juil.-août et lun.- 21/31 €, réserv. recommandée.* Fresques, poutres peintes et beau pavement composent le plaisant décor de ce restaurant familial installé dans une maison ancienne en pierre. Cuisine au goût du jour.

ACHATS

À proximité

Le Muid Montsaugeonnais – *23 av. de Bourgogne - 52190 Vaux-sous-Aubigny - ✆ 03 25 90 04 65 - www.muid-online.com. - visite sur RV.* Cette maison de la vigne, créée en 1989, fait la promotion du vignoble régional et offre une place de choix aux productions des communes alentour. Si le caveau de dégustation regorge de bonnes bouteilles, on notera aussi la présence de différentes saveurs du terroir dans la boutique.

Le Four à pain du Chanteau – *16 r. de la Fontenelle - 52200 Peigney - ✆ 03 25 87 63 94 - lechanteaupeigney@yahoo.fr - tte l'année sur RV.* Le temps d'une journée, apprenez toutes les étapes de fabrication du pain au levain et sa cuisson dans un authentique four à bois. Découvrez un savoir-faire ancestral dans cette ancienne maison paysanne, typique de la Haute-Marne. Dégustation de viennoiseries sortant du four et de produits du terroir.

Fromagerie Schertenleib – *R. de la Laiterie - 52140 Saulxures - ✆ 03 25 90 33 20 - domainedesrubis@wanadoo.fr - tlj sf dim. 8h-12h, 14h-18h.* Le fromage de Langres, qui bénéficie d'une AOC, est un fromage à pâte molle et croûte lavée. Il est fabriqué toute l'année avec le lait de vaches provenant des paturages du Bassigny et du plâteau de Langres.

SCEA Les Côteaux de Coiffy – *R. des Bourgeois - 52400 Coiffy-le-Haut - ✆ 03 25 84 80 12 - renautlaurent@aol.com - mars-déc. : 14h30-17h30 ; janv.-fév. : tlj sf dim. 14h30-17h30.* Caveau de dégustation de vins de pays blancs, rouges, rosés et méthode traditionnelle issus des 15 ha de vignoble plantés autour de Coiffy-le-Haut. Certaines cuvées ont obtenu des médailles au concours général agricole de Paris.

EN SOIRÉE

À proximité

Casino de Bourbonne-les-Bains – *1 pl. des Bains - 52400 Bourbonne-les-Bains - ✆ 03 25 90 90 90 - commercial.bourbonne@groupe-emeraude.com.* Lieu incontournable de la station, avec ses machines à sous, sa roulette anglaise, ses tables de boule ou de black-jack, le casino programme par ailleurs un riche éventail d'animations tout au long de l'année : dîner-spectacle ou musical, thé dansant, restauration à thème (avec gibier en saison).

ACTIVITÉS

Activités nautiques

Lac de la Liez – *✆ 03 25 87 09 03 - www.asn-liez.com.* Location de bateaux électriques et pédalos.

Randonnée

✆ 03 25 87 67 67 - http ://randonnee.tourisme-langres.com - 40 circuits de randonnée et 6 sentiers de découverte dans les environs de Langres sont téléchargeables sur le site de l'office de tourisme, où vous trouverez également le programme des sorties nature.

Plusieurs circuits sont également proposés au départ de **Bourbonne-les-Bains** : *✆ 03 25 90 01 71 - www.tourisme-bourbonne.com - circuit du Rateau (6 km) dép. devant la piscine - circuit de la Réserve (6,5 km) dép. parking du parc animalier - circuit des Épinées (11 km), circuit les Coteaux viticoles de Coiffy (28 km) et circuit La Bannie (5 km) dép. de l'office de tourisme.*

Parcours de santé – *✆ 03 25 90 05 45 - 4 km de Bourbonne - un sentier très vallonné serpente à travers la forêt de feuillus et de sapins. Aire de pique-nique et point de vue sur la vallée de l'Apance.*

Auberive et son abbaye

★

195 Auberivains – Haute-Marne (52)

S'INFORMER

Office du tourisme du Pays de Langres et des 4 Lacs – *pl. Bel-Air - 52200 Langres - ✆ 03 25 87 67 67 - www.tourisme-langres.com - juil.-août : 9h-18h30 ; avr.-juin et sept. : 9h-12h, 13h30-18h30, dim. et j. fériés 10h-12h15, 13h45-18h ; reste de l'année : 9h-12h, 13h30-17h30 - fermé dim., 1er janv., 25 déc.* L'office de tourisme propose diverses formules de visite, ainsi qu'un service de location de vélos.

SE REPÉRER

Carte de microrégion B4 (p. 268) – *carte Michelin Départements 313 K7.* Auberive se situe à 28 km au sud-ouest de Langres, près de la Côte-d'Or. Le village est traversé par l'Aube qui prend sa source à proximité.

ORGANISER SON TEMPS

Deux à trois heures sont nécessaires pour visiter l'abbaye et découvrir le Centre d'art contemporain. On peut aisément passer une journée dans le coin.

AVEC LES ENFANTS

Les sites naturels qui se trouvent à proximité : source de l'Aube, réserve de Chalmessin.

Dans la haute vallée de l'Aube, aux confins de la Bourgogne, cette abbaye cistercienne s'élève dans un charmant village cerné par la forêt. Ce vaste ensemble architectural au destin mouvementé est aujourd'hui en grande partie consacré à l'art contemporain.

Découvrir

✆ 03 25 84 20 20 - www.abbaye-auberive.com - ♿ - juin-sept : 10h30-12h30, 14h-18h30, mar. 14h-18h30 ; avr.-mai et oct. : dim. et j. fériés 14h-18h30 - fermé nov.-déc., 1er janv. 1er et 11 Nov. - 8 € (-18 ans 4,50 €) - audioguides en français, anglais, néerlandais, et allemand pour la visite libre (mise à disposition gratuite).

Abbaye

Implantée sur un domaine de 6,5 ha, l'abbaye a été en grande partie remaniée au 18e s. Le **cloître**, qui conserve trois ailes, date de cette époque et était fermé par l'ancienne abbatiale. De cette église, il ne subsiste que le chœur (1182), aujourd'hui orné d'un Christ et de **vitraux contemporains**, réalisés par Gilles Audoux. En parcourant le cloître, remarquez la porte romane, dite de la salle du chapitre (13e s.), ouvrant sur le réfectoire à voûte en « parapluie ».

L'aile ouest, celle des hôtes, présente une longue et monumentale façade classique qui fait face à la remarquable **grille d'honneur** (18e s.) de cette entrée ; elle provient de l'abbaye de Beaulieu et serait l'œuvre de Jean Lamour, auteur des grilles de la place Stanislas (Nancy). Dans l'aile est, on visite les cellules d'isolement, donnant sur la cour des prisonnières.

Détail des chapiteaux de l'abbaye.
Office du Tourisme du Pays de Langres et des 4 lacs

Centre d'art contemporain

Créé à l'initiative des propriétaires de l'abbaye, la famille Volot, industriels et mécènes, il est installé dans l'aile ouest et se consacre essentiellement à l'**art expressionniste**. Au rez-de-chaussée, des expositions temporaires réunissent artistes célèbres et méconnus. À l'étage, l'exposition permanente présente une partie de l'importante collection privée (peintures, sculptures et dessins) rassemblée par les propriétaires. Chaque pièce est consacrée à l'univers d'un artiste : **Rustin**, **Lindström**, **Aïni**…

Des **rencontres musicales** d'instruments à cordes, accueillant des solistes renommés, se déroulent chaque année début juillet. D'autres concerts et manifestations sont organisés ponctuellement.

Devant l'abbaye, l'agréable **promenade** « entre deux eaux », ombragée par des tilleuls, court entre l'Aube et le canal.

à proximité Carte de microrégion

5

Bay-sur-Aube B4

4,5 km au nord par la D 20.

église – Couronnant la butte de Taloison, avec une vue plongeante sur les rues escarpées du village, cette église romane (12e-13e s.) abrite un beau **retable de St-Hippolyte** (18e s.), œuvre du sculpteur langrois Antoine Besançon. Dans les chapelles latérales, remarquez les dalles funéraires (15e-16e s.). Il pourrait s'agir d'une réplique de l'ancienne abbatiale d'Auberive. À la St-Hippolyte (30 janvier), le soleil se lève dans l'axe du chevet, éclairant le chœur : chants médiévaux et distribution de café célèbrent l'événement.

Source de l'Aube B4

7 km au sud-est par la D 20.

La rivière, qui prend sa source au **mont Armet** (379 m) dans la forêt d'Auberive, jaillit dans un cadre bucolique. Aire de pique-nique.

UNE FILLE DE CLAIRVAUX

Fondée en 1135 par des moines de Clairvaux, l'abbaye d'Auberive est issue du grand mouvement monacal du 12e s. *(voir ancienne abbaye de Clairvaux et p. 67)*. Son architecture et son implantation sur un site isolé répondent à l'exigence cistercienne de sobriété. L'ensemble respecte le plan bernardin : une aile est réservée aux moines de chœur, une aile ouest abritant les bâtiments des convers, une aile nord dévolue aux communs, et une église à chevet plat. Les moines canalisent les eaux de l'Aube, installent un moulin et développent la pisciculture, assurant leur autonomie. L'abbaye, qui atteint son apogée au 13e s., sera pillée à plusieurs reprises, notamment lors de la guerre de Cent Ans, puis des guerres de Religion.

Une histoire mouvementée – À la Révolution, l'abbaye est vendue comme bien national à Caroillon de Vandeul, gendre de Diderot, qui y installe une filature de coton, puis sa résidence. Au 19e s., l'Histoire la rapproche à nouveau de Clairvaux, qui accueille un centre pénitentiaire. Pour le désengorger, Auberive est à son tour transformée par l'État en prison de femmes : **Louise Michel** *(voir p. 70)* y séjourne entre 1871 et 1873. Puis l'abbaye accueille successivement un centre de redressement, une colonie agricole et une colonie de vacances de l'entreprise Solvay, qui fonctionnera jusqu'en 2002. Éprouvée par cette longue histoire, l'abbaye a été récemment restaurée par ses nouveaux propriétaires : la famille Volot, industriels et mécènes, y a créé un **Centre d'art contemporain**, inauguré en 2006.

19 km. Carte du pays de Langres en vente à l'office du tourisme de Langres, ou fiche randonnée téléchargeable sur leur site Internet. Le circuit forestier de la Source de l'Aube est balisé, au départ de l'aire de pique-nique de Grande-Croix, près d'**Aujeurres**. Possibilité de faire le circuit à cheval ou à VTT *(3h)*.

Réserve naturelle de Chalmessin B4

12 km. Au milieu des bois, la réserve abrite un **marais tufeux** particulièrement apprécié des libellules, dont on a recensé 16 espèces.

Pour les marcheurs, il existe un **sentier de découverte** jalonné de panneaux d'interprétation *(1,5 km)* et 2 circuits balisés *(de 2,5 km et 3 km)*.

Vignory

288 Vangionnais – Haute-Marne (52)

SE REPÉRER

Carte de microrégion B2 (p. 268) – *carte Michelin Départements 313 K4.* Le village est situé exactement entre Chaumont (à 23 km) et Joinville (à 23 km), au carrefour de la D 40 avec la N 67.

À NE PAS MANQUER

L'église St-Étienne, pour les amateurs d'architecture religieuse.

ORGANISER SON TEMPS

Comptez une petite heure pour Vignory et la journée pour poursuivre avec le circuit (attention aux horaires des visites).

Entre la Marne à l'est et la forêt de l'Étoile à l'ouest, Vignory niche au creux d'un vallon verdoyant riche en eau et en bois qui alimentait les moulins. Située sur l'ancienne voie romaine, cette cité médiévale au plan quasiment inchangé est une halte recommandée pour ses sources, ses fontaines, ses remparts et sa belle église romane, sur laquelle veillent les ruines d'un château féodal superbement restauré.

Se promener

★ Église St-Étienne

Bâtie vers l'an 1000 par Guy Ier, seigneur de Vignory, l'église est un précieux témoignage de l'architecture romane du milieu du 11e s. La tour du clocher, de plan rectangulaire, montre sur chacune des faces des deux étages supérieurs deux couples de baies géminées et, au-dessous, un étage de baies murées assez profondes. Elle est coiffée d'un cône de pierre que recouvre un toit octogonal.

★ **Intérieur** – Bien que remaniée, l'église a conservé son aspect primitif avec sa charpente apparente, sa nef de neuf travées séparée des collatéraux par un mur qui s'élève sur trois étages : grandes arcades, claire-voie et fenêtres hautes. À l'étage inférieur, les grandes arcades reposent sur des piles rectangulaires ; au-dessus, chaque baie géminée est séparée par une colonne à fût trapu dont le chapiteau montre des influences celtes et orientales : chevrons, triangles, feuillages et animaux stylisés.

Le chœur, réuni à la nef par un arc triomphal très élevé, se divise en deux parties : un avant-chœur à deux étages et une abside en cul-de-four séparée du déambulatoire par sept colonnes, alternativement rondes et trapézoïdales. Certaines présentent des chapiteaux ouvragés (lions, gazelles).

L'église est riche en **sculptures** des 14e, 15e et 16e s. provenant d'ateliers provinciaux. Dans la chapelle axiale, remarquez la grande statue de la *Vierge portant l'Enfant Jésus*, un oiseau à la main (14e s.). Dans la 1re chapelle du bas-côté, on découvre un retable ainsi qu'un devant d'autel : il représente le Couronnement de la Vierge, entre saint Pierre et saint Paul. Dans la 4e chapelle : une série de petites scènes de la Nativité (fin du 14e s., 15e s.).

Lavoir

Dans la Grande-Rue, le remarquable lavoir (1832) adopte la forme d'un temple à péristyle roman. Des mannequins recomposent une scène de la vie villageoise. Non loin du lavoir, arrêtez-vous au **jardin médiéval** *(libre d'accès)* et au petit **musée** *(libre d'accès)* qui aborde l'histoire du village au travers de maquettes, de blasons, d'armes et de vestiges.

Le château fort

Accès en voiture par une petite route à la sortie de la ville.
L'association Histoire et Patrimoine de Vignory organise des visites guidées - ✆ 06 81 29 54 06 ou 06 77 00 84 47 - www.patrimoine-vignory.fr.
Le château fut édifié au 10e s. par un chevalier normand. Il en subsiste notamment des segments de courtine et une tour d'artillerie dominant la vallée. Le donjon rectangulaire du 12e s. a été entièrement restauré grâce au travail de jeunes bénévoles et à l'accompagnement de l'association Histoire et Patrimoine de Vignory. Actuellement, un autre chantier de restauration est en cours sur la Tour au Puits. Bien qu'en travaux, ce site reste libre d'accès.

Circuit conseillé Carte de microrégion

LE BASSIGNY BC2

Circuit tracé en marron sur la carte de microrégion (p. 268) – 118 km – Comptez 4h. Quittez Vignory par la D 166 jusqu'à Froncles : traversez la Marne et le canal puis continuez vers Doulaincourt par la D 253 puis la D 194 qui grimpent à travers les bois. Prenez à droite la D 67A qui longe la vallée du Rognon. À Vignes-la-Côte, suivez la D 147 puis la D 25 vers Reynel.
Le nord du Bassigny, situé entre le plateau de Langres et les collines de Lorraine, fut une zone stratégique que se disputèrent la Champagne et la Lorraine du Moyen Âge jusqu'au 18e s. Son paysage en conserve de nombreuses traces.

Reynel B2

Fondé au 7e s., érigé en comté par Pépin le Bref (757) puis en marquisat par François Ier (1560), Reynel fut ruiné par les guerres de Religion à la fin du 16e s. Des anciennes fortifications subsiste une belle **porte** flanquée de deux tours. L'**église** de l'Assomption-de-la-Vierge (18e s.) arbore une façade classique.
Château de Reynel – *✆ 03 25 01 34 84 - www.tourisme-chaumont-champagne.com - visite guidée de mi-juin à mi-sept. : 14h-18h - fermé mar. - 5 € (-16 ans 3 €) - visite libre du parc.* Bâti sur un éperon, il a appartenu aux puissantes familles des Joinville et des Amboise. Au Moyen Âge, ce fut un poste de défense avancé face à la Lorraine, partie intégrante du Saint Empire romain germanique. Le château médiéval fut rebâti au 18e s. et remanié au 19e s. Il ne manque pas d'élégance avec son corps de logis flanqué, du côté de la cour d'honneur, de deux pavillons rectangulaires. Son propriétaire, Walter Leempoels, expose une collection de toiles dont la plupart sont de **Jef Leempoels** (1867-1935), peintre de la famille royale belge. Depuis la terrasse, belle **vue** sur le plan d'eau et la vallée.
Continuez la D 25 jusqu'à Busson ; prenez la D 225 vers Leurville puis tounez à droite sur la D 16.

Le Cul du Cerf, à Orquevaux B2

Ce précipice en forme d'amphithéâtre (65 m de profondeur, 200 m de largeur), où s'amorce la vallée de la Manoise, résulte d'un processus d'érosion chimique et mécanique de l'eau en milieu calcaire.
6 km AR. ✆ 03 25 03 78 60 - Rens. au syndicat d'initiative des Trois Vallées, à Andelot. Au départ d'Orquevaux, on peut remonter le cours de la Manoise jusqu'à sa source, au fond du précipice, en longeant deux étangs.
Suivez la D 148 pour rejoindre Prez-sous-Lafauche.

Prez-sous-Lafauche C2

Château de Lafauche – *À 1,5 km par la D 110 - ✆ 03 25 03 59 32 - www.chateau-lafauche.com - 9h-18h - 3 € - possibilité de visite guidée sur demande préalable - gratuit J. du patrimoine.* Les vestiges de cette forteresse du 12e s. surplombent la plaine de Prez à 400 m d'altitude. Sa superficie (5 ha) témoigne de son importance stratégique au Moyen Âge : elle était le dernier bastion du royaume dans le comté de Champagne. Au-delà du village de Liffol-le-Petit, à 2 km, on entrait en Lorraine. Siège d'une baronnie, le château fut au 16e s. aux mains de la maison d'Amboise, puis de Lorraine. Ruiné après la Révolution où il fut exploité comme carrière de pierres, il en subsiste essentiellement la porte flanquée de 2 tours, parmi les 18 originelles.

Poursuivez sur la D 148 jusqu'à Goncourt, village d'origine des frères du même nom, et prenez la D 74 puis la D 16 jusqu'à Bourmont.

Bourmont C2

Aux mains des comtes de Champagne dès le 12e s., Bourmont devient chef-lieu du Bassigny en 1353, puis passe à la Lorraine un siècle plus tard. Cité-sœur de **Lamothe** que Mazarin détruit en 1645 en entraînant le déclin de Bourmont, elle ne sera française qu'en 1766, à la mort du dernier duc de Lorraine.

Ce beau village perché, autrefois fortifié, conserve quelques vestiges des remparts et des maisons anciennes du 16e au 18e s.

Depuis le parvis de l'**église Notre-Dame** (18e s.), à 478 m d'altitude : **point de vue panoramique** sur les environs. L'agréable **promenade du Côna**, bordée de tilleuls bicentenaires, mène à un calvaire (17e s.) édifié avec des pierres des anciennes fortifications. En contrebas, le **parc** des Roches, aménagé dans les pentes boisées, est agrémenté de ruines du 18e s.

Sur la place H.-Mutel, un monument rend hommage aux tirailleurs sénégalais tombés à la **bataille de Bourmont**, durant laquelle ils résistèrent pendant trois jours aux Allemands (18-20 juin 1940).

Les ruines de l'ancienne cité de Lamothe sont visibles dans la commune voisine de **Soulaucourt-sur-Mouzon** *(14 km au nord-est).*

Repartez par la D 16 jusqu'à Saint-Blin, puis prenez la D 674 vers Andelot.

Andelot B2

Le **traité d'Andelot**, signé en 587 entre Gontran de Bourgogne et Childebert d'Austrasie, est le plus ancien document diplomatique de l'Histoire de France. À l'entrée de la ville, vous passez devant le char Édith, obusier de la 2e division blindée du général Leclerc. L'hôtel de ville est du 16e s.

Église St-Louvent – Cette église du 13e s., remaniée au 16e s., possède un porche des 13e et 18e s. Elle abrite un Christ en Croix de Bouchardon provenant de l'abbaye de la Crête.

Quittez Andelot par la D 44 jusqu'à Bologne : à l'entrée de la ville, prenez à droite la D 167 puis la D 258 qui longent la Marne jusqu'à Vouécourt, et tournez à gauche pour regagner Vignory.

Joinville

3 712 Joinvillois – Haute-Marne (52)

NOS ADRESSES PAGE 310

S'INFORMER

Office du tourisme de Joinville – *Pl. Saunoise - 52300 Joinville - ☏ 03 25 94 17 90 - www.tourisme-joinville.fr - août-sept. : 9h-12h, 14h-18h ; oct.-juil. : tlj sf lun. 9h-12h, 14h-18h - fermé dim., j. fériés.* Il propose des visites guidées de la ville.

SE REPÉRER

Carte de microrégion B2 (p. 268) – *carte Michelin Départements 313 K3.* À 30 km au sud de Saint-Dizier et à 45 km de Chaumont par la N 67 qui fait une boucle pour contourner la ville.

SE GARER

Parking gratuit face à l'office de tourisme.

À NE PAS MANQUER

Le château du Grand Jardin.

ORGANISER SON TEMPS

Prévoyez une demi-journée pour la découverte de la ville et la journée entière pour y inclure ses environs (certains sites du circuit ne sont ouverts qu'en saison ou quelques jours dans la semaine).

AVEC LES ENFANTS

Les Jardins de mon moulin, à Thonnance-lès-Joinville.

Au bord de la Marne, à la limite de la Lorraine, cette cité princière d'architecture Renaissance ne manque pas d'attraits. Le Grand Jardin charme par ses carrés de fleurs, ses plantes médicinales et ses arbres fruitiers. Dominée par une colline où se languissent les ruines d'une forteresse, berceau des ducs de Guise, Joinville, entourée de forêts, s'inscrit au cœur d'une nature rayonnante qui offre bien des occasions d'escapade.

Se promener

★ Château du Grand Jardin

5 av. de la Marne - ☏ 03 25 94 17 54 - www.haute-marne.fr/legrandjardin - ♿ - de fin avr. à mi-sept. : 11h-12h45, 13h45-19h ; de déb. à fin avr. et de mi-sept. à déb. nov. : 14h-18h ; reste de l'année : w.-end 14h-18h - fermé mar., de mi-déc. à fin fév. - 4 € (-17 ans 2 €) - possibilité de visite guidée sur demande préalable - gratuit J. du patrimoine, 1er dim. du mois. Voir l'ABC d'architecture, p. 81.

Bon à savoir – Tout au long de l'année, le château accueille des expositions, des manifestations culturelles et des concerts.

Premier duc de Guise, **Claude de Lorraine** fit construire cette demeure d'agrément de 1533 à 1646 avec Antoinette de Bourbon. Le corps de logis est entouré par des douves sur trois côtés. Au temps des guerres de Religion, en 1583, un traité d'alliance y fut signé par Philippe II d'Espagne et les chefs de la Ligue. Des travaux de restauration ont rendu à cette demeure la magnificence de la Renaissance. Les façades présentent une riche décoration sculptée, attribuée aux artistes Dominique le Florentin et Ligier Richier.

Joinville, quai des Peceaux.
Ph. Lemoine / coll. MDT52

Intérieur – La salle d'honneur comporte cinq travées monumentales dont les trumeaux sont creusés de grandes niches décoratives. La chapelle St-Claude (16e s.) possède un plafond à caissons en pierre, orné de motifs floraux.

Jardin – Sa restauration s'est appuyée sur des illustrations et des textes de la Renaissance, notamment ceux de Rémi Belleau, ami de Ronsard. Le jardin est découpé en terrasses et en différents carrés : fleurs, plantes médicinales, plantes aromatiques. On y découvre des lavandes et des santolines, de petits buis taillés et 365 arbres fruitiers, soit plus de 70 variétés.

Auditoire

✆ 03 25 94 17 90 - www.auditoire-joinville.fr - visite guidée juil.-août : w.-end et j. fériés 15h-16h30 ; juin et sept. : dim. 15h-16h30 ; reste de l'année : sur réserv. - 5 € (-18 ans 2 €) - gratuit J. du patrimoine.

Ce tribunal seigneurial, édifié en 1561 par François de Guise et Antoinette de Bourbon, servit également de prison.

On visite la chambre des « pailleux » destinée aux prisonniers sans ressources (les cachots se trouvent au fond) puis la pistole pour les détenus aisés, la chambre des femmes et la chambre du geôlier.

Au 2e étage sont reconstitués le tribunal du bailliage, la figure de Jean de Joinville à cheval et en tenue de combat, la chambre funèbre de Claude de Lorraine et l'historial des princes.

Par un escalier à vis, on accède aux **greniers** qui conservaient le grain de la redevance seigneuriale (champart). Des personnages en costumes évoquent les riches heures de la cité. Sur la maquette de Joinville en 1650, on distingue le château féodal, la ville close entourée de remparts, les faubourgs et le château du Grand Jardin.

Église Notre-Dame

Cette église à l'architecture hétéroclite a été bâtie à la fin du 12e s. et au début du 13e s. Incendiée, elle fut restaurée au 16e s., puis reconstruite en partie au 19e s. dans le style d'origine. Remarquez les modillons sculptés à la base du

LE SAVIEZ-VOUS ?
Le plus célèbre des sires de Joinville est sans conteste **Jean de Joinville** (1224-1317) qui fut sénéchal de Champagne. Un bronze de 3 m de haut le représentant a été sculpté en 1861 par **Lescornel**, originaire de Langres. On peut le voir rue Aristide-Briand, debout avec un livre et une plume à la main. Les trois bas-reliefs évoquent son départ pour la croisade, Saint Louis rendant la justice sous le chêne de Vincennes et la bataille de la Mansourah en Égypte.

toit et le portail (13e s.) qu'abrite le clocher-porche (19e s.). Sur le flanc droit s'ouvre un portail Renaissance, orné de colonnes et de chapiteaux corinthiens. L'église a conservé sa nef (sauf les voûtes reconstruites au 16e s.) et ses collatéraux du 13e s. Elle abrite une Mise au tombeau (16e s.) offerte par Antoinette de Bourbon : un sépulcre d'une très belle composition, bien que marqué par un certain maniérisme. Un haut-relief en albâtre représente la Déploration. Une châsse contient une relique dite de la ceinture de saint Joseph, rapportée de Terre sainte en 1254 par Jean de Joinville.

Chapelle Ste-Anne
Au milieu du cimetière s'élève cette chapelle (1504) qu'éclairent de belles verrières où dominent les rouges et les bleus. Exécutées par des maîtres de l'**école troyenne** à ses débuts, elles retracent des scènes de la vie de la Vierge, de sainte Anne et de saint Laurent. À l'intérieur, vous verrez un Christ aux liens en bois, statue polychrome du 15e s.

Ancienne pharmacie de l'hôpital
Sur demande à l'office de tourisme - tlj sf dim. - tarif non communiqué.
L'hôpital Ste-Croix fut fondé en 1567 par Antoinette de Bourbon et son fils Charles, cardinal de Lorraine. Récemment restaurée, l'ancienne pharmacie présente plus de 230 **pots d'apothicaire**, notamment en faïence, utilisés dans l'établissement aux 18e et 19e s. Les « sœurs apothicaires » assuraient les préparations, parmi lesquelles la terrible « huile de petits chiens ».

Circuit conseillé Carte de microrégion

LE VALLAGE B2

Circuit tracé en gris sur la carte de microrégion (p. 268) – 64 km – Comptez environ 2h. Quittez Joinville au nord par la D 197. À Vecqueville, prenez à droite la D 8 puis, à la sortie de Curel, la D 179 en direction d'Osne-le-Val : le site de l'ancienne usine se trouve sur votre droite avant la ville.
Le pays qui s'étend autour de Joinville fut nommé ainsi en raison de ses nombreux vallons qui, à proximité de la Lorraine, accueillirent des **sites de forge**. Le circuit vous mènera à travers des villages marqués par leur ancienne activité industrielle, mais qui s'inscrivent dans un environnement naturel totalement préservé.

Osne-le-Val
Au 19e s., c'était le berceau de la fonte d'art en France. Son église abrite une chaire… en fonte !
Quittez Osne-le-Val en direction de Thonnance-lès-Joinville : en arrivant dans la ville, prenez à gauche la D 60.

Les Jardins de mon moulin, à Thonnance-lès-Joinville

06 79 50 74 92 - www.lesjardinsdemonmoulin.fr - de mi-mai à déb. oct. : 10h-12h, 14h-18h30 - fermé lun.-merc. - 6 € (-12 ans 4 €).

Les sens sont en éveil dans ce très beau jardin créé aux abords d'un ancien moulin à eau : sur plus de 8000 m^2, vous pourrez notamment y admirer, au fil des saisons, 4000 plantes vivaces, une roseraie de 600 rosiers, un jardin aquatique, un jardin blanc, un jardin médiéval…

Les curieux pourront se rendre à la ferme d'élevage d'écrevisses du **Moulin aux Écrevisses**, unique en Europe *(voir « Hébergement » dans « Nos adresses à… »).*

4 km après Thonnance-lès-Joinville, prenez à droite la petite route en sous-bois.

Lacets de Mélaire

On découvre, à travers les lacets aux pentes abruptes de la « Petite Suisse », une belle **vue** sur la forêt environnante et la vallée de Poissons. Au sommet, une grande aire de pique-nique boisée a été aménagée.

Poissons

À l'entrée du village, vous passez devant la **fontaine ronde** où Jeanne d'Arc aurait fait boire son cheval. Poissons a conservé de vieilles **maisons de vignerons**, basses et mitoyennes.

Le **château** (17e-18e s.), au fronton à l'emblème du Roi-Soleil, abrita les familles des maîtres de forge.

L'**église St-Aignan** (16e s.) est précédée d'un porche monumental aux voussures finement sculptées, formant avec le portail un bel ensemble Renaissance.

À 200 m de l'église, en descendant la rue des Moines, on parvient à l'ancien **moulin** réhabilité, dont certaines pièces remontent au milieu du 18e s.

Depuis les rives du Rongeant, vous aurez de jolis points de vue sur la vallée du même nom.

Dans le village, prenez la D 16 (direction Doulaincourt), puis la C 4 vers Saint-Urbain : la route zigzague à travers bois et champs.

Saint-Urbain

Le village accueillit une abbaye bénédictine fondée vers 860, dont la **porterie** est encore visible.

Prenez la D 181 en direction de Donjeux : en arrivant dans le village, tournez à droite puis à gauche (D 13) vers Rouvroy-sur-Marne. Vue sur le canal de la Marne. Poursuivez la D 13 jusqu'à Flammerécourt puis prenez la D 117 vers Blécourt.

Blécourt

Église – Cette église gothique d'inspiration clunisienne, construite aux 12e et 13e s., possède des proportions admirables. À l'intérieur, la *Vierge à l'Enfant*, sculptée dans le bois au 13e s. par un artiste de l'école champenoise, a fait l'objet d'un pèlerinage dès l'époque de Dagobert. Jeanne d'Arc s'y serait recueillie. Un pèlerinage y a toujours lieu en septembre.

À voir également dans le village : un **lavoir** semi-elliptique.

Poursuivez sur la D 117 vers le nord pour revenir à Joinville.

NOS ADRESSES À JOINVILLE

HÉBERGEMENT

PREMIER PRIX

À proximité

Chambre d'hôte Le Moulin aux Écrevisses – *Rte de Nancy - 52300 Thonnance-les-Joinville - 5 km à l'est de Joinville par D 60 - ☎ 03 25 94 13 76 - http ://ecrevisses.fr - P - 3 ch. (et 1 suite) 55 € : -* ✕ 27 bc/*48 €.* Cet ancien moulin situé en lisière de forêt, au bord d'une petite rivière, incite à la détente et aux loisirs : jardin, étang de pêche et nombreux sentiers balisés. Les chambres manquent un peu de caractère, mais leur confort est très apprécié. Les propriétaires s'occupent également d'un élevage pilote d'écrevisses à pattes rouges (unique en Europe) : visite et dégustation incontournables.

Camping « Les Castels » La Forge de Sainte Marie – *Rte de Joinville - 52230 Thonnance-les-Moulins - 1,7 km à l'ouest par D 427, au bord du Rongeant - ☎ 03 25 94 42 00 - www.laforgedesaintemarie.com - de fin avr. à mi-sept. - ♿ - 133 empl.* Entre campagne, forêt et étang, les bâtiments de cette ancienne forge du 18e s. ont été rénovés en gîtes. La forge elle-même abrite une piscine couverte et chauffée avec terrasse. Emplacements ombragés. Tennis couvert, golf, pêche, canotage, Jacuzzi, cabaret et club enfants.

POUR SE FAIRE PLAISIR

Le Soleil d'Or – *9 r. des Capucins - ☎ 03 25 94 15 66 - www.hotellesoleildor.fr - Wifi - 26 ch. 100/140 € - ☕ 10 € -* ✕ *fermé 3 sem. en août, vac. de la Toussain et de fév., dim. et lun.- formule déj. 17 € bc - 25/48 €.* Dans le berceau de la famille de Guise, maison chaleureuse dont les origines remontent au 17e s. Chambres rénovées par étape; sobre décor de bon goût dans les plus récentes. Restaurant néo-gothique alliant sculptures médiévales et tableaux contemporains.

RESTAURATION

BUDGET MOYEN

Le Soleil d'Or – *9 r. des Capucins - ☎ 03 25 94 15 66 - www.hotellesoleildor.fr - fermé 3 sem. en août, vac. de la Toussaint et de fév., dim. et lun. - formule 17 € bc - 25/48 €.* Le soleil brille sur cette cuisine servie dans un décor d'inspiration historique. On y marie avec subtilité de jolis produits pour un résultat flatteur. Une bonne adresse dans la région.

Saint-Dizier

★

26 404 Bragards – Haute-Marne (52)

NOS ADRESSES PAGE 317

S'INFORMER

Office du tourisme de Saint-Dizier – *4 av. Belle-Forêt-sur-Marne - 52100 St-Dizier - ✆ 03 25 05 31 84 - www.tourisme-saintdizier.fr - avr.-sept. : 9h-12h, 13h30-18h, sam. 10h-16h ; déc.-fév. : 9h-12h, 13h30-17h, sam. 10h-16h ; reste de l'année : 9h-12h, 13h30-17h30, sam. 10h-16h - fermé du 23 déc. au 2 janv., dim., j. fériés.*

Visites guidées – Topoguide en vente à l'office du tourisme de Revin. Cinq circuits de randonnée entièrement balisés (de 8 à 24 km) et 4 de VTT (7 à 18 km). Un topoguide en vente à l'office du tourisme de Rocroi décrit 38 circuits sur le plateau du Rocroi et en Thiérache ardennaise : lac des Vieilles-Forges, Renwez et sa forêt, au pays des Ardoisières, le plateau de Rocroi, les sources de la Sormonne, Signy-le-petit et ses étangs, les côtes de l'Audry et de la Sormonne, Liart et son pays, Rumigny et sa maison forte. L'office de tourisme propose aussi des visites guidées de la ville (1h30 - 1,50 €).

Circuit des Fontes d'art en Haute-Marne – *Voir p. 22.*

SE REPÉRER

Carte de microrégion AB1 (p. 268) – *carte Michelin Départements 313 J2.* Autour du centre-ville s'étendent plusieurs quartiers à l'identité marquée. À l'ouest, la Noue est l'ancien faubourg des mariniers ou brelleurs. À l'est, le faubourg de Gigny fut un village de vignerons. Plus au sud s'étend la banlieue ouvrière de Marnaval, avec son église en briques de laitier.

SE GARER

Parking gratuit au pied des remparts, face à l'office de tourisme.

À NE PAS MANQUER

Le centre-ville, à l'affût des éléments de fer forgé dont la ville regorge.

ORGANISER SON TEMPS

Comptez deux heures pour un bon tour de ville.

AVEC LES ENFANTS

Le lac du Der, avec ses nombreuses activités ; le Metallurgic Park.

LE SAVIEZ-VOUS ?

On appelle les habitants de Saint-Dizier « Bragards ». Ce serait la contraction de « Ah, les braves gars ! » lâché par François Ier en hommage à leur résistance face à l'armée de Charles Quint qui, en 1544, assiégea la ville pendant quarante-trois jours. Autre hypothèse : ce nom viendrait de la « brague », sorte de mât disposé sur les bateaux marnois ou les trains de bois assemblés dans la ville…

Saint-Dizier fait progressivement peau neuve, à l'image de son théâtre à l'italienne restauré. Dans cette ville connue pour ses fonderies, forges et aciéries, les amateurs d'Art nouveau ne manqueront pas le circuit des fontes ornementales dont elle constitue une véritable vitrine : balcons, appuis de croisées, panneaux de porte, rampes et soupiraux... Cette ancienne place forte entourée de belles forêts s'inscrit plus largement dans une région où le métal et la chaleur des hauts-fourneaux ne sont jamais bien loin.

Se promener

Des fortifications qui défendaient la ville subsistent les **remparts** entourant l'ancien château (13e s.), devenu préfecture, ainsi que trois tours.
L'**église Notre-Dame-de-l'Assomption** détruite par un incendie au 18e s. conserve son portail d'origine (12e s.).
Sur la place Aristide-Briand encadrée par l'hôtel de ville, le théâtre et les cafés, le **monument aux morts de 1544** commémore la date qui fait encore la fierté de la ville.
Le **théâtre à l'italienne** fut d'abord une halle au blé (1861), dont l'étage accueillait des représentations. Il ne devint salle de spectacles à part entière qu'à partir de 1908, et connut de grandes heures. Fermé en 2002, il a bénéficié d'une importante restauration. De nouveau réouvert, ce beau monument – on remarquera notamment le balcon d'Hector Guimard – a été inauguré en mai 2010.
De vieilles demeures à colombages subsistent place Émile-Mauguet, comme la **maison Parcollet** (16e s.).
Sur les bords du canal, entre Champagne et Bourgogne, l'ancienne **usine Miko** a été reconvertie en cinéma multiplexe. Sa **tour**, qui a été conservée, et un petit musée perpétuent la mémoire du lieu, intimement liée à celle de la ville. On y découvre le parcours de Luis et Mercedes Ortiz, fondateurs de la marque en 1921.

CIRCUIT DES FONTES ORNEMENTALES

Bon à savoir – L'office de tourisme propose deux circuits complets des fontes ornementales.
En 1900, **Hector Guimard** choisit les fonderies de Saint-Dizier pour créer des fontes ornementales de style Art nouveau. De nombreuses maisons sont décorées dans ce style, à l'extérieur comme à l'intérieur. Aujourd'hui, une ligne de mobilier urbain spécialement dessinée pour la ville perpétue la tradition. Ce circuit permet de découvrir un échantillon de ce patrimoine particulier.
Partez de la place de la Liberté.
À l'entrée de la rue de la Commune-de-Paris, au **n° 29**, on découvre un panneau de porte aux tulipes 1900.
Prenez la rue de l'Arquebuse.

Rue de l'Arquebuse

Au **n° 1**, observez la grille, la rampe d'escalier et les appuis de croisée 1900 ; aux **nos 1 bis** et **1 ter**, les appuis de croisée Guimard ; au **n° 31**, les appuis de croisée, panneaux de portes et soupirail Guimard ; au **n° 33**, les appuis de croisée 1900.
Tournez à gauche dans la rue du Colonel-Raynal.

Rue du Colonel-Raynal

Vous pouvez admirer des appuis de croisée au **nos 4**, **6** (voir également un panneau de porte Guimard), **8** et **39**.
Prenez à gauche la rue du Général-Maistre.

LE TEMPS DES HAUTS-FOURNEAUX

La vallée de la Blaise est l'une des plus anciennes régions métallurgiques de France. Dès 1157, des moines de Clairvaux fondent la première forge industrielle à Wassy. Hauts-fourneaux et ateliers actionnés par des roues à aubes s'installent peu à peu le long de la rivière, utilisant le bois des forêts environnantes pour le combustible, l'eau de la rivière pour la force motrice et le minerai de fer présent dans le sous-sol. En 1850, le bassin métallurgique produit 2 000 t de fer par an.

À la fin du 19e s., la Lorraine devient prépondérante, et la région se tourne alors vers une industrie plus décorative. Les éléments en fonte de la statue de la Liberté, par exemple, furent moulés à Dommartin-le-Franc, tandis que les décors du pont Alexandre-III à Paris, la statue de Champlain à Québec ou encore la fontaine Bartholdi à Washington furent fondus à Sommevoire.

De cette région proviennent aussi les **fontaines Wallace** qui ornent encore parfois les petites places de Paris, mais aussi les lampadaires des Champs-Élysées et les entrées des bouches du métro parisien : en 1900, **Hector Guimard** crée dans les fonderies de Saint-Dizier les pièces Art nouveau qui parent bon nombre d'immeubles de cette ville et de la capitale.

Si le sujet vous intéresse, suivez le circuit des Fontes d'art en Haute-Marne ou celui des Maîtres des forges *(voir p. 22)*.

Rue du Général-Maistre

Au **n° 24**, des appuis de croisée ; au **n° 15**, des panneaux de porte Guimard ; au **n° 13**, des panneaux de porte Guimard et des appuis de croisée 1900.

Revenez à la place par la rue Robert-Dehault.

QUARTIER DE LA NOUE

Ce faubourg était jadis animé par les bateliers (ou brelleurs) qui livraient à Paris, par flottage sur la Marne, des trains de bois (les brelles) dans des barques à fond plat appelées marnois. Le retour s'effectuait à pied. Ils vivaient dans des maisons basses en torchis, s'ouvrant sur une cour derrière laquelle s'étendaient jardins et champs.

Le quartier est percé de 80 minuscules voies (ou voyottes), perpendiculaires à l'avenue de la République. Ses maisons ne sont accessibles qu'à pied et demeurent en permanence dans la pénombre.

Sur les bords de la Marne en contrebas, une promenade a été aménagée.

5

À proximité Carte de microrégion

Abbaye de Trois-Fontaines A1

11 km au nord par la D 157 et la D 16.

03 26 73 03 94/16 27 - horaires et tarifs non communiqués.

Au cœur de la forêt, l'ancienne abbaye cistercienne, fille de Clairvaux, fut fondée en 1118 par saint Bernard, reconstruite au milieu du 18e s. et en grande partie détruite pendant la Révolution. Par un portail monumental du 18e s., on accède à la cour d'honneur, puis au parc de 3 ha agrémenté de statues. La visite inclut celle du **musée du Vélo**, installé sur le site, qui retrace l'histoire de la petite reine, de la draisienne à aujourd'hui.

★★ Lac du Der A1

11 km au sud-ouest par la D 384.
Voir p. 318.

Circuit conseillé Carte de microrégion

VALLÉE DE LA BLAISE AB1-2

Circuit tracé en rouge sur la carte de microrégion (p. 268) – 95 km de Saint-Dizier à Chaumont (57 km jusqu'à Cirey-sur-Blaise) – Comptez 3h. Quittez Saint-Dizier au sud par la D 384 (direction Troyes), puis suivez la D 2 et, à droite, la D 192.
Sans le savoir, vous vous êtes sûrement déjà assis sur un banc, extasié devant une fontaine ou une statue de fonte en provenance de cette vallée, à l'ouest de la Haute-Marne. L'art de la fonte, c'est toute la vie de ces petites localités… Suivez la rivière, qui abonde en truites (les pêcheurs se limiteront à six prises par jour !) : elle vous conduit à travers prairies et vallons boisés sur les traces de Voltaire.

Louvemont A1

Pans de bois, pierres et briques se mêlent dans ce village où deux vitrines ont été aménagées dans l'ancien **lavoir** (scènes de lavandières au travail) et la **caserne** (exposition de matériel ancien des sapeurs-pompiers).
Repartez par la D 185.

Wassy A2

R. du Gén.-Rignoux - 52130 Wassy - ✆ 03 25 07 64 47 - mai-sept. : merc.-vend. 10h30-12h30, 14h-17h30 ; reste de l'année : merc. et vend. 10h-12h30, 14h-17h30 - fermé w.-end et j. fériés.
Entre les forêts du Val et du Der, Wassy s'inscrit au cœur d'une région dont la tradition métallurgique remonte au Moyen Âge et qui accueillit le premier site de forge du pays. Cette petite ville tranquille fut le théâtre d'un massacre qui marqua le déclenchement des guerres de Religion en 1562. Aujourd'hui, les rives de la Blaise et le lac des Leschères, situé à deux pas, s'offrent aux pêcheurs ou aux baigneurs. **Paul Claudel** et sa sœur **Camille**, dont le père était conservateur des Hypothèques, habitèrent l'ancien immeuble situé en face du temple de 1879 à 1881. Paul fut élève au collège de Wassy pendant un an.
L'**église Notre-Dame** est, pour l'essentiel, un édifice de la seconde moitié du 12e s. avec des éléments romans et gothiques : à l'extérieur, remarquez la tour romane et le portail gothique. À l'intérieur, les chapiteaux romans sont décorés de motifs particulièrement riches. Voir aussi les voûtes gothiques.
Hôtel de ville – *✆ 03 25 07 64 47 - 8h30-12h, 14h-17h, sam. 9h-11h30 - fermé dim. et j. fériés - gratuit - possibilité de visite guidée sur demande à l'office de tourisme.* Dans cet édifice de 1775, le bureau du maire renferme une intéressante horloge astronomique du début du 19e s., réalisée par l'artisan serrurier François Pernot.
De la place Notre-Dame, on accède à la rue du Temple.
Musée protestant de la Grange – *✆ 03 25 07 64 47 - www.museeprotestantdewassy.e-monsite.com - visite guidée sur demande préalable mai-sept. : merc.-vend. 10h-12h30, 14h-17h30 ; reste de l'année : merc. et vend. 10h-12h30, 14h-17h30 - fermé w.-end, j. fériés - 1 € (-18 ans gratuit).* Construit à l'emplacement de la grange où fut commis le massacre des protestants, le temple abrite aujourd'hui une exposition et un montage audiovisuel sur l'histoire de l'église reformée de Wassy aux 15e et 17e s., et sur la révocation de l'édit de Nantes (1685).

LE MASSACRE DE WASSY

Revenant de Joinville où il était allé visiter sa mère, **François de Guise** (1519-1563) entra en son fief de Wassy le dimanche 1er mars 1562, à l'heure du prêche. Dans ce bourg partiellement gagné à la Réforme, des protestants assistaient à leur assemblée dans une vaste grange. Une querelle éclata… Les arquebusiers du duc pénétrèrent dans la grange et tuèrent les « parpaillots » qui leur tombaient sous la main.

Bien qu'il y ait assisté, François de Guise désavoua ce massacre qui causa une profonde émotion dans toute la France protestante. Ce fut le commencement des guerres de Religion qui ensanglantèrent le royaume jusqu'en 1598, année où fut proclamé l'édit de Nantes.

Gare de Wassy – *06 07 50 55 72 - visite sur demande préalable.* De dimension imposante pour la localité, la gare fut inaugurée par le président Carnot en 1892. Le train touristique de la Blaise et du Der circule en direction d'Éclaron et de Doulevant-le-Château avec possibilité d'arrêt à Dommartin-le-Franc.

Lac-réservoir des Leschères – *1 km au sud.* Dans un cadre verdoyant, cette retenue alimente le canal de la Blaise. Baignade, pêche et sentier pédestre vous y attendent !

À Brousseval, prenez à droite.

Montreuil-sur-Blaise B2

Dans ce village, la première forge fut autorisée par ordonnance royale en 1621. La production des « poêles phares » y a notamment été lancée en 1892. Le haut-fourneau, en service jusqu'en 1880, a été démoli en 1925. De ce passé subsiste une belle **roue à aubes** de 1890. À côté, des panneaux d'interprétation racontent l'histoire de la fonderie.

Traversez le pont devant la roue à aubes puis, au bout de l'allée, tournez à droite sur la D 2 en direction de Doulevant-le-Château. Avant d'entrer dans Dommartin-le-Franc, suivez à droite le panneau « Fonderies d'art ».

Dommartin-le-Franc B2

L'activité métallurgique du village s'exerça de 1459 à 1992. Magasin d'exposition de la **fonderie d'art** sur le site de l'ancienne usine, qui n'est pas accessible au public mais que vous pouvez apercevoir depuis l'entrée. Une coulée y est organisée chaque année fin septembre *(se renseigner auprès de l'office du tourisme de Saint-Dizier ou de Joinville).*

Metallurgic Park – *03 25 04 07 07 - www.metallurgicpark.net - ♿ - juin-sept. : 10h-13h, 14h-18h - fermé déc.-mars et lun., 1er janv., 25 déc. - 8 € (-16 ans gratuit) - possibilité de visite guidée sur demande préalable.* Ouvert en juillet 2010, ce centre dédié au savoir-faire métallurgique se répartit sur quatre sites de la région. Celui de Dommartin-le-Franc, avec son pavillon d'accueil, est le plus important. Un son et lumière présente de manière vivante le travail de la fonte autour d'un haut-fourneau de 1834, tandis que d'autres installations complètent la connaissance de ces métiers industriels. Les trois autres sites du parc sont constitués d'un parcours sur les sentiers de la vallée de la Blaise, d'un retour sur l'histoire de l'usine de Vecqueville et d'un autre parcours aux minières de Poissons.

De l'**église** de Dommartin, point de vue sur le village et ses environs.

Prenez la D 60 en direction de Doulevant-le-Château puis, à Courcelles, suivez à droite la D 13 vers Sommevoire.

Sommevoire A2

À l'ouest de la vallée de la Blaise, niché dans un vallon où la Voire prend sa source, ce village connut son essor métallurgique au 19ᵉ s. En 1847, **Antoine Durenne** racheta une fonderie et orienta sa production vers la fonte d'art (luminaires, fontaines, vases, statues religieuses). Un énorme cheval de plâtre trône au fond du bâtiment. Il servit à Durenne pour fabriquer une fontaine (18 m de haut) brute de fonderie, présentée à l'Exposition de Londres en 1862. Dans le village, la présence de plusieurs statues rappelle cette vocation, qui se maintient grâce à une entreprise, la GHM, tournée essentiellement vers la production de mobilier urbain et qui continue de s'exporter en France et dans le monde.

Remarquez au passage l'**église Notre-Dame** (12ᵉ-18ᵉ s.) et son porche roman dont les 17 colonnes sont toutes taillées différemment.

Le Paradis – *03 25 55 04 21 - www.fontesdart-sommevoire.org - de mi à fin juil. : w.-end 14h30-18h ; août : 14h30-18h ; reste de l'année : sur demande préalable - fermé lun. - 3 € (-16 ans gratuit) - possibilité de visite guidée.* L'association des Compagnons de St-Pierre (du nom de l'église de Sommevoire) a constitué un fonds de 1 500 **modèles de plâtres**, utilisés dans l'activité industrielle de la fonte au siècle dernier. On y découvre des animaux fantastiques, des motifs décoratifs évoquant les œuvres d'artistes éminents tels que Bartholdi, Carrier-Belleuse et Klagmann, et de nombreux sujets religieux qui ont valu son nom au lieu.

Église St-Pierre – Désaffectée, elle sert de lieu d'exposition pour trois associations, notamment celle des Compagnons de St-Pierre, qui présentent ici des **fontes** réalisées à Sommevoire. Les vitraux contemporains sont l'œuvre de l'artiste Jacqueline Nicolle.

Repartez vers le sud en direction de Doulevant-le-Château (D 229).

La route traverse le bois de la Pissotte et, à **Villiers-aux-Chênes**, passe devant un joli lavoir surmonté d'une maison à pans de bois.

Doulevant-le-Château A2

Entouré de belles forêts, Doulevant est connu pour ses ateliers de ferronnerie et de fonte. Les hauts-fourneaux, situés au lieu-dit La Forge, ont été détruits au début du 20ᵉ s., mais l'usine Eurofence (reconvertie dans la production de grillages) perpétue l'activité industrielle du village. L'**église** des 13ᵉ-16ᵉ s. présente un portail Renaissance et des vitraux du 16ᵉ s.

Poursuivez sur la D 2 vers le sud en direction de Cirey-sur-Blaise, avec de jolis coups d'œil sur la rivière.

Cirey-sur-Blaise A2

Ce bourg occupe un site plaisant au creux de la vallée.

Voltaire trouva refuge à Cirey après la polémique suscitée par la publication des *Lettres anglaises*. En effet, de 1734 à 1749, il fit de longs séjours à « Cirey la félicité », dans le château de son amie la marquise Émilie du Châtelet qu'il avait baptisée la « divine Émilie ». Il y pratiquait des expériences de physique avec cette femme passionnée par les sciences, et il composa ici plusieurs de ses œuvres, dont les tragédies de *Alzire ou les Américains* et *Le Fanatisme, ou Mahomet le Prophète*. C'est à Cirey qu'il apprit aussi sa cruelle disgrâce : Émilie le trompait avec le poète Saint-Lambert.

Le château – *03 25 55 43 04 - www.visitvoltaire.com - visite guidée juil.-août : 9h-14h30 ; mai-juin et sept. : dim. et j. fériés 14h30-19h - 7,50 € (-17 ans 4,50 €).* Il présente un pavillon Louis XIII, seule partie réalisée d'un ambitieux projet, et l'aile du 18ᵉ s. construite par Mᵐᵉ du Châtelet et Voltaire. On y pénètre par une **porte sculptée** que Voltaire dessina lui-même : de style rocaille, elle est dédiée aux arts et aux sciences. À l'intérieur, on visite la bibliothèque, la chapelle, la cuisine du 17e s. et des pièces de réception décorées de tapisseries. Sous les combles se trouve le petit théâtre d'une simplicité touchante où Voltaire répétait ses pièces.

Vous pouvez faire le chemin inverse jusqu'à Saint-Dizier, ou remonter la vallée et poursuivre sur **Chaumont** : la route longeant la Blaise traverse de petits villages de pierre blanche qui ponctuent le cours de la rivière. *Dans ce cas, poursuivez sur la D 2 puis, à 7 km, bifurquez à gauche sur la D 133 en direction de Lamothe-en-Blaisy. À Juzennecourt prenez la D 619 qui mène à Chaumont.*

NOS ADRESSES À SAINT-DIZIER

HÉBERGEMENT

PREMIER PRIX

Picardy – *15 av. de Verdun - ✆ 03 25 05 09 12 - www.hotel-picardy.fr - wifi* P *- 12 ch. 57,40/61,50 € - ☕ 7,30 €.* À proximité du centre et de la gare, cet hôtel compte 12 chambres (dont une familiale) décorées de façon simple et sobre. Soirées-étapes avec service dans la salle à manger ou en terrasse. Une adresse très convenable, des prix accessibles et un accueil souriant. Réservation obligatoire.

RESTAURATION

BUDGET MOYEN

La Grillad'hier – *56 r. du Dr-Després - ✆ 03 25 56 47 83 - fermé 15 j. en août - ouv. lun.-vend. (midi et soir) et sam. soir - 17,80/29,80 €.* On remarque forcément cette grande bâtisse à la façade jaune, à côté du bowling. On apprécie ensuite son intérieur, décoré avec goût. Buffet d'entrées et grillades préparées à la commande. Une cuisine traditionnelle mise en valeur par une jolie présentation et un service impeccable.

ACTIVITÉS

Cyclotourisme

On compte plus de 200 km de voies vertes au départ de Saint-Dizier. Saint-Dizier-lac du Der via le canal d'amenée : 12 km - Voie verte le long du canal « Entre Champagne et Bourgogne » de Saint-Dizier à Vitry-le-François : 26 km. À mi-chemin, possibilité de prendre la piste cyclable Orconte-Sainte-Marie-du-Lac (9 km) et rejoindre la piste du lac du Der (38 km) - Saint-Dizier-Langres : 120 km (ouverture juin 2012) au départ du centre-ville.

5

Lac du Der

★★

Marne (51) et Haute-Marne (52)

NOS ADRESSES PAGE 322

S'INFORMER

Office du tourisme du lac du Der – *Station nautique - 51290 Giffaumont-Champaubert - ✆ 03 26 72 62 80 - www.lacduder.com - juil.-août : 9h-12h30, 14h-18h30, w.-end et j. fériés 10h30-12h30, 14h-18h30 ; de mi-fév. à fin mars : 9h-12h, 14h-18h, vend. 9h-12h, 14h-17h, dim. 14h30-17h ; avr.-mai : 9h-12h, 14h-18h, vend. 9h-12h, 14h-17h, w.-end et j. fériés 14h30-18h ; juin et sept. : 9h-12h, 14h-18h, vend. 9h-12h, 14h-17h, w.-end et j. fériés 10h30-12h, 14h-18h ; reste de l'année : 9h-12h, 14h-18h, vend. 9h-12h, 14h-17h, w.-end et j. fériés 14h30-17h - fermé 1er janv., 25 déc.*

SE REPÉRER

Carte de microrégion A1 (p. 268) – *carte Michelin Départements 313 I/J2.* À cheval sur les départements de la Marne et de la Haute-Marne, le lac du Der se situe à la périphérie de Saint-Dizier et à 20 km au nord du lac d'Orient. Les **plages** sont situées à la station nautique de Giffaumont-Champaubert, sur les presqu'îles de Champaubert et de Larzicourt, le site de Nuisement, la cornée du Der et aux sources du Lac à Éclaron.

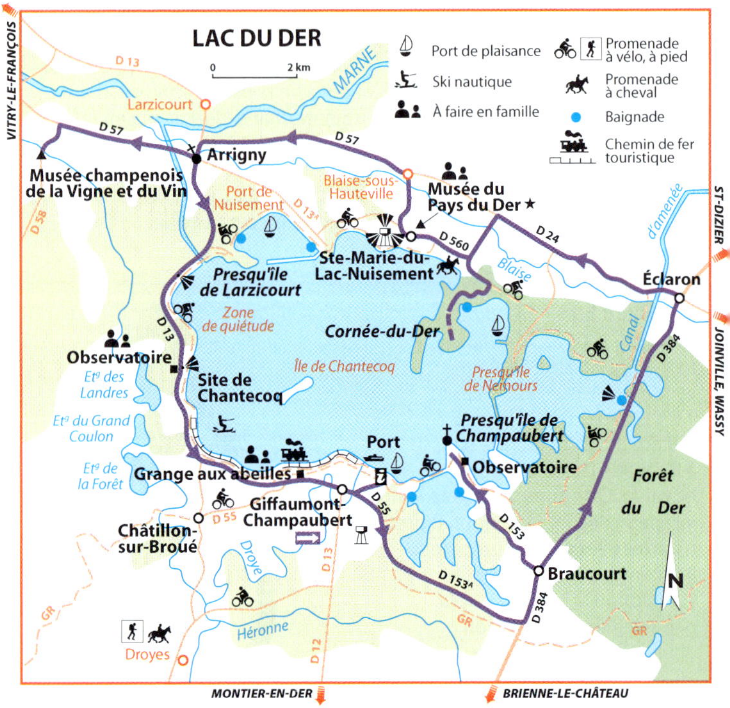

À NE PAS MANQUER
Le musée du Pays du Der ; le passage des grands oiseaux migrateurs, qui a lieu entre août et mai selon les espèces.

ORGANISER SON TEMPS
Le circuit peut occuper une journée, si vous profitez par exemple des possibilités de baignade ou, à Châtillon-sur-Broué, décidez de poursuivre sur la route des Églises à pans de bois *(voir Montier-en-Der, p. 324)*.

AVEC LES ENFANTS
La station nautique et la Grange aux abeilles de Giffaumont ; le musée du Pays du Der ; les postes d'observation des oiseaux.

Voici le plus grand lac artificiel d'Europe ! Une nature généreuse borde ce vaste espace du bocage champenois, pays caractéristique de la Champagne humide. On y vient en toute saison pour pratiquer de mutiples activités. Encadré de forêts et de villages en pans de bois, ce lac permet de faire de la voile ou du ski nautique, de s'adonner à la pêche ou de se baigner sur l'une des six plages aménagées. Les amateurs de faune et de flore seront tout aussi comblés. Oiseaux, mammifères et végétaux peuplent ce milieu unique, où on ne se lasse pas de randonner.

Circuit conseillé Carte ci-contre

TOUR DU LAC

Circuit tracé en violet sur la carte ci-contre et sur la carte de microrégion (p. 268) – 66 km – Comptez environ 2h. Partez de la station nautique de Giffaumont-Champaubert où se trouve la Maison du lac. Le circuit peut aussi se faire à vélo ou à VTT, sur la piste cyclable qui fait le tour du lac (voir « Nos adresses à... »).

Giffaumont-Champaubert

Station nautique – Elle comporte des jeux d'enfants, une **plage**, des pistes de roller et de VTT, et propose de nombreuses **activités nautiques** *(voir « Nos adresses à... »)*. Le **port** de plaisance, protégé des vents par une île, peut accueillir jusqu'à 500 bateaux (voiliers, bateaux à moteur). On y délivre des autorisations de **pêche** *(à la journée, au mois ou à l'année)*.

Une **digue** mène à la presqu'île de Champaubert *(voir ci-après)*.

Grange aux abeilles – *4 r. du Grand-Der - ✆ 03 26 72 61 97 - de mi-fév. à fin nov. : h, se rens. - gratuit.* Une exposition et un montage audiovisuel montrent le travail des insectes et des apiculteurs. Au 1er étage, des ruches en verre permettent d'observer sans danger le travail des abeilles. Sur place, vente de miel et restaurant-crêperie.

Prenez la D 55 en direction de Braucourt.

À **Braucourt**, en suivant la direction de la presqu'île de Champaubert, on passe devant l'église romane (12e -13e s.) et sa galerie en bois.

Presqu'île de Champaubert

Seule sur un promontoire face à son village englouti, l'**église** de Champaubert constitue l'un des symboles du lac. À chaque vidange, les substructions de l'ancienne commune apparaissent.

Une **plage** et un **observatoire ornithologique** ont été aménagés.

Repartez en direction d'Éclaron par la D 384 : la route traverse la forêt du Der avant d'enjamber l'extrémité du lac.

La mer en Champagne

Une étendue artificielle

Créé pour réguler le cours de la **Marne**, le lac, grâce à son canal d'amenée et à son canal de restitution, prélève jusqu'aux deux tiers du débit de la rivière en période de crue, et approvisionne la région parisienne en période de vaches maigres. Il se remplit donc lentement l'hiver et se vide en automne. Mais ses sols argileux, étanches, lui permettent de ne pas se vider d'un seul coup.

Le lac est entouré par la **forêt du Der** (*dervos* en langue celtique signifie « chêne »), qui appartenait jadis aux comtes de Champagne et au duc d'Orléans. Lorsque le lac a été mis en eau en 1974, une partie de la forêt a été engloutie, ainsi que trois villages que leurs habitants furent contraints d'abandonner : Chantecoq, Champaubert-aux-Bois et Nuisement-aux-Bois. Seules les églises des deux derniers villages ont été sauvées des eaux.

Le lac en chiffres

Superficie : 48 km^2 (soit 1,5 fois le lac d'Annecy).
Berges : 77 km dont 22 km de digues de clôture.
Profondeur maximale : 24 m.
Vidange complète : tous les 10 ans.

La migration des grues cendrées

Chaque année, à l'automne, les grues cendrées quittent leur lieu de rassemblement, en Scandinavie, pour se rendre vers des zones plus clémentes, en Espagne ou en Afrique. Elles survolent la Champagne en vagues successives, habituellement la nuit, en émettant un cri : « grouu ». Le passage de ces lignes mouvantes et bruyantes est spectaculaire… Une partie des grues s'installe dans la région du Der tout au long de l'hiver, appréciant les prairies à proximité des plans d'eau. La remontée vers le nord se fait au printemps. La grue se nourrit de graines, d'herbes et de jeunes pousses, mais aussi d'insectes, de mollusques et de vers *(voir aussi « Le petit peuple des lacs » et « Une sensibilité particulière à l'environnement » dans la partie « Comprendre la Champagne-Ardenne », p. 56)*.

Observation des oiseaux

Plus de **270 espèces** ont été observées, parmi lesquelles la grue cendrée, le pygargue à queue blanche, le héron, le cygne de Bewick, etc. Ils font du lac le troisième lieu de stationnement en France.

Situés aux abords des zones de quiétude réservés aux oiseaux, à l'ouest du lac (zones de Chantecoq, de Champaubert, étangs d'Outines et d'Arrigny), des observatoires et un sentier de découverte ont été aménagés pour s'initier, apprendre à mieux connaître et respecter cet environnement naturel.

Calendrier

Renseignez-vous à la Maison du lac, à Giffaumont-Champaubert.

D'octobre à avril : grues cendrées, oies cendrées, canards siffleurs, sarcelles d'hiver, pygargues à queue blanche, etc.

Avril-mai et de mi-août à fin octobre : balbuzards, limicoles (barges, chevaliers), guifettes, sternes, etc.

Mars à août : nidification du grèbe huppé, héron cendré, canard colvert, chipeau.

Éclaron

Le bourg présente quelques grosses demeures bourgeoises du 19e s. et, dans le quartier de la gare, de nombreux logements sociaux en brique rouge (18e s.) qui témoignent de son ancienne activité industrielle.

L'**église** (16e s.), de style gothique flamboyant, possède un bénitier et une chaire du 17e s.

Prenez la D 24 en direction de Sainte-Livière, qui traverse le canal d'amenée. Après le village, prenez à gauche la D 560.

Si vous souhaitez faire une pause, suivez la direction de la plage de la **Cornée-du-Der**, une presqu'île couverte de forêts *(aires de jeux et de pique-nique)*. Autrement, poursuivez directement sur la D 560 jusqu'à Sainte-Marie-du-Lac-Nuisement.

★ Musée du Pays du Der, à Sainte-Marie-du-Lac-Nuisement

☏ 03 26 41 01 02 - www.museedupaysduder.com - ♿ - 10h-17h - fermé de mi-déc. à fin-janv. - 5,60 € (-16 ans 3,70 €) - tarif famille (2 adultes et 2 enf. 10-16 ans) 15,90 €.

Certains bâtiments de l'ancien village de Nuisement-aux-Bois, disparu sous les eaux, ont été remontés poutre par poutre dans ce **village musée**. Ils ont été regroupés autour de l'ancienne église de Nuisement, toujours consacrée, et leur vocation est de faire découvrir le patrimoine de la Champagne humide. Dans la grange Lardin, un film présente le pays du Der. La grange des Machelignots regroupe les **arts et traditions** champenois (costumes, maquettes de maisons à pans de bois, reconstitutions d'ateliers artisanaux). La mairie-école abrite la **Maison de la Nature** (aquarium, fourmilière, terrarium). On peut découvrir les produits régionaux dans la **Maison du Forgeron**, où une buvette a été aménagée. À voir aussi : un pigeonnier et un four à pain, un lavoir avec une mare pédagogique, un jardin de 100 plantes médicinales et un potager.

Continuez à descendre, puis prenez à gauche la D 57 en direction d'Arrigny.

Arrigny

L'église, qui conserve des éléments de l'ancien édifice du 12e s., a été entièrement reconstruite en pans de bois au 17e s.

Prenez la direction de Saint-Remy-en-Bouzemont (D 57).

Musée champenois de la Vigne et du Vin, à Saint-Remy-en-Bouzemont

☏ 03 26 74 18 49 - www.museechampenois.com - juil.-août : 10h30-19h ; reste de l'année : w.-end et j. fériés 10h30-18h - visite guidée (2h sur RV) 10h30, 15h, 17h - 8,50 € (-16 ans 3 €) - gratuit une coupe de champagne en dégustation.

Le musée est installé dans le **château de la Motte** (18e s.), où l'on pénètre par une roseraie. Les propriétaires, producteurs à Épernay (champagne Lepicier-Vercruysse), ont rassemblé une importante collection d'instruments permettant de retracer le **travail de la vigne** sur un siècle (1800-1900), de la plantation au pressurage. Dans les caves du château est reconstitué le **travail du vin**, de la mise en tonneaux à l'habillage. La visite se termine par un film et une dégustation de champagne.

Retournez à Arrigny et prenez la D 13 en direction de Giffaumont.

La **presqu'île de Larzicourt** permet de se baigner ou de faire quelques pas sur la digue qui s'avance dans le lac *(aires de jeux et de pique-nique)*.

Peu après la presqu'île, la D 13 traverse le **canal de restitution** de la Marne.

Prenez à droite les deux **routes sur digues** successives : on peut longer la rive avec de belles perspectives sur le lac et, à la saison, observer les grues cendrées.

Au bout de la seconde digue, continuez tout droit vers le **site de Chantecoq** : la station de l'ONCFS propose une exposition permanente sur la réserve nationale d'avifaune du lac du Der. *✆ 03 26 73 82 68.*

Un **poste d'observation** ornithologique avec des panneaux d'interprétation a été aménagé sur le lac.

Poursuivez sur la D 13. Vous pouvez alors prendre à droite la direction de **Châtillon-sur-Broué** et récupérer le circuit des **Églises à pans de bois** *(voir Montier-en-Der, p. 325).*

NOS ADRESSES AU LAC DU DER

VISITES

Train du Der – *R. du Port - ✆ 06 16 72 35 04 - www.lacduder.com.* Visite commentée (1h) sur la digue panoramique du lac du Der.

Train aux oiseaux – Tour en train (1h30) avec observation des oiseaux avec des membres de la LPO Champagne-Ardenne *(en oct. et nov.) - réserv. obligatoire auprès de l'office de tourisme du Lac de Der).*

Promenades en bateau sur le lac – « La Paloma » *- station nautique de Giffaumont - ✆ 06 16 45 30 98 – de mars à fin sept. – 7,50 € (enf. 6,50 €) – balade commentée.*

« L'Eider » - port de Nuisement à Arrigny - ✆03 26 72 14 81 – www.lembarcader.fr.

HÉBERGEMENT

PREMIER PRIX

À Braucourt

Camping Flower - La Presqu'île de Champaubert – *52290 Braucourt - 3 km au nord-ouest par D 153 - ✆ 03 25 04 13 20 - www.lescampingsduder.com - ouv. avr.-nov. - ♿ - 22/25 €/nuit.* Outre la partie dédiée au camping traditionnel, comptant 65 emplacements parfaitement entretenus, et la partie locative avec ses cottages disponibles à la nuitée, cette structure comprend un secteur résidentiel situé en bordure du lac. Plage avec baignade surveillée et base nautique à proximité. Jeux.

BUDGET MOYEN

À St-Remy-en-Bouzemont

Chambre d'hôte Au Brochet du Lac – *15/17 Grande-Rue - 51290 St-Remy-en-Bouzemont - 6 km à l'ouest d'Arrigny par D 57 et D 58 - ✆ 03 26 72 51 06 - www.au-brochet-du-lac.com - fermé 23 déc.-4 janv. - P - 5 ch. 50 € ☕ - ✕ 23 €.* Cette ravissante maison à pans de bois abrite des chambres au mobilier campagnard et une grande salle commune avec cheminée et tomettes. C'est le lieu de séjour dont on rêve pour explorer les environs du lac. Location de VTT et de canoës *(voir « Activités », p. 323).*

À Giffaumont-Champaubert

Le Cheval Blanc – *21 r. du Lac - 51290 Giffaumont-Champaubert - ✆ 03 26 72 62 65 - www.lecheval-blanc.net - fermé 2-19 sept., 1er-17 janv., dim. soir, lun. et mar. midi - P - Wifi - 14 ch. 75/85 € (1 suite 135 €) - ☕ 10 € - ✕ formule 20 €, 25/60 €.* Accueillante maison à 1,2 km du lac du Der. Confortable salon-véranda, chambres lumineuses et parfaitement tenues. Au restaurant, cadre classique, tables soignées et carte traditionnelle.

POUR SE FAIRE PLAISIR

À Giffaumont-Champaubert

Résidence de tourisme Marina-Holyder – *Presqu'Île de Rougemer - 51290 Giffaumont-Champaubert - - ✆ 03 26 72 99 90 - www.marina-holyder.com -* wifi - P - *52 maisonnettes 95 € - ☕ 6,60 € - ✕ 15/29 €.* Bordant le lac sur la presqu'île de Rougemer, cette résidence de tourisme dispose d'un espace locatif important avec des maisonnettes de grand confort, entièrement équipées. Sur le site, un bar-restaurant et une salle avec piste de danse où l'on organise des soirées à thèmes en saison. Piscine couverte et salle de fitness.

ACTIVITÉS

Activités nautiques

On compte deux ports de plaisance à **Nemours** et **Nuisement**, une station nautique à **Giffaumont**, six plages surveillées, une zone d'évolution de 650 ha pour les bateaux à moteur et le ski nautique, des possibilités de pêche à partir des berges ou en barque en passant par différents parcours de pêche de nuit. Promenades commentées en vedette. Location de bateaux, planches à voiles et canoës-kayaks.

Cercle nautique des Amis du Der – *Port de Nuisement - Lac du Der Chantecoq -51290 Sainte-Marie-du-Lac-Nuisement - ✆ 03 26 72 60 74 - fermé 31 oct.-1er mars.* Stages dériveur, planche à voile, optimist, catamaran, cours particuliers en habitable, voile scolaire, sous le label École française de voile.

Club nautique de Giffaumont – *Station Nautique - 51290 Giffaumont - ✆ 03 26 72 81 23.*

Yachting Club du Der – *Port de Nemours - 52290 Sainte-Livière - ✆ 03 25 04 13 57 - www.ycder.com - se rens.* Outre une zone réservée à la voile légère, 218 habitables sur ponton avec eau et électricité, rampe et slip de mise à l'eau, portique pour habitable sont mis à disposition.

Au Brochet du Lac – *15/17 Grande-Rue - 51290 Saint-Remy-en-Bouzemont - 8 km au nord-ouest de Sainte-Marie - ✆ 03 26 72 51 06 - www.au-brochet-du-lac.com - ouv. mai-oct -* P. Descente de la Marne ou de la Saulx en canoë, location de matériel. *(voir ci-contre).*

Randonnée équestre

✆ 03 26 72 62 80 - www.lacduder.com - Un circuit de 21 km permet de parcourir, à cheval, les allées forestières de la forêt domaniale du Der.

Randonnée pédestre

✆ 03 26 72 62 80 - www.lacduder.com - 250 km de sentiers balisés répartis sous forme de boucles. Quelques outils pour une bonne balade, un topoguide, une carte et un guide « Balades Nature autour de grands lacs de Champagne ».

Cyclotourisme

✆ 03 26 72 62 80 - www.lacduder.com - Tour du lac : 38 km de piste cyclable et 12 km de piste jusqu'à Saint-Dizier. Au départ de Vitry-le-François 13 km de voie verte le long du canal « » Entre Champagne et Bourgogne » et 9 km de vélo-route. Au départ de Montier-en-Der,12 km de voie verte - 23 km sur les bords du canal entre Vitry-le-François et Saint-Dizier.

Autre activité

Accro'der – *Station Nautique - 51290 Giffaumont - ✆ 06 87 09 07 02 ou 06 79 91 03 45 - www.accroder.com - ouv. juil.-août : tlj 9h30-18h ; avr.-juin, sept. et oct. : w.-end 14h-18h, en sem. (sur réserv.).* Venez découvrir le parcours acrobatique qui vous permet d'évoluer, en toute sécurité, d'arbre en arbre. Plusieurs parcours de différents niveaux vous sont proposés.

5

Montier-en-Der

2 085 Dervois – Haute-Marne (52)

NOS ADRESSES PAGE 327

S'INFORMER

Office du tourisme de Montier-en-Der – *2 pl. Auguste-Lebon - 52220 Montier-en-Der - 03 25 04 69 17 - www.tourisme-paysduder.fr - mars-nov. : 9h-12h30, 13h30-18h, dim. 9h-12h ; reste de l'année : 9h-12h30, 13h30-17h, sam. 9h-12h - fermé de fin déc. à déb. janv. et j. fériés.*

SE REPÉRER

Carte de microrégion A2 (p. 268) – *carte Michelin Départements 313 I3.* Au sud du lac du Der, sur la Voire, la ville est située au croisement de la D 400 avec la D 12 et la D 13.

À NE PAS MANQUER

Le circuit des Églises à pans de bois.

ORGANISER SON TEMPS

Prévoyez une demi-journée pour découvrir cette ville et ses environs.

AVEC LES ENFANTS

Le haras national intéressera les amateurs de chevaux.

Entourée de bois, d'étangs et de prairies où paissent chevaux et bovins, la capitale du pays du Der, branche humide de la Champagne, conserve ses maisons à colombages. Elle est également l'un des points de départ de la route des Églises à pans de bois, qui constituent un patrimoine unique en France. C'est également l'occasion de goûter les charmes des villages du bocage champenois.

Se promener

Église Notre-Dame

Visite audioguidée.

En 672, des moines s'installent sur les rives de la Voire. Dirigés par saint Berchaire, fondateur d'Hautvillers et ancien moine de Luxeuil, ils créent un monastère qui adopte la règle de Colomban – moine irlandais fondateur de l'abbaye de Luxeuil. Il ne reste rien de l'église du 7e s. ni de celle du 9e s. Subsiste en revanche la nef de l'édifice élevé par l'abbé Adson. Les bâtiments abbatiaux ont connu une histoire mouvementée : détruits par un incendie en 1735, ils ont été reconstruits en 1775, transformés en haras en 1811, rasés en 1850 puis rebâtis dix ans plus tard ! L'église a brûlé en juin 1940 à la suite d'un bombardement allemand, mais elle a été remarquablement restaurée : la nef et le clocher ont été restitués dans leur état primitif.

LE SAVIEZ-VOUS ?

Montier provient de *monasterium* et *dervos*, en langue celtique, signifie « chêne ». Jadis en effet, cette plaine de sable et d'argile était recouverte de chênes. Au Moyen Âge, la forêt fut défrichée par les moines qui s'établirent ici.

Le chœur de l'église Notre-Dame.
F. Guiziou / hemis.fr

Intérieur – La **nef** se présente sous l'aspect d'un vaisseau sobre et sévère de 36 m de long. Huit grandes arcades en plein cintre reposent sur des piles rectangulaires assez basses. La voûte de bois reproduit celle qui existait au 16e s. Le **chœur★** (12e-13e s.) relève du plus beau style gothique primaire champenois. Remarquez la tribune à arcatures géminées que surmonte un oculus, ainsi que le triforium à triple arcature trilobée et les fenêtres hautes, délimitées par des colonnettes. Les grandes arcades reposent sur des colonnes jumelées, que décorent de curieux masques grotesques. Le déambulatoire est séparé des chapelles rayonnantes par des colonnes détachées, selon la formule champenoise. Belle voûte gothique dans la chapelle absidale, très profonde.

Haras national

R. St.-Berchaire - ✆ 03 25 04 69 17 - www.tourisme-paysduder.fr - ♿ - 14h30-17h30, j. fériés : se renseigner.

La présence d'un haras à Montier-en-Der est due à **Napoléon** qui, en 1811, signa un décret pour l'installer dans les bâtiments de l'ancienne abbaye. Situé à gauche de l'église Notre-Dame, il accueille une quarantaine d'étalons de races différentes dont le cheval de trait ardennais. Les vastes cours abritent les écuries, la forge, les selleries, les remises à voiture, un manège et un centre spécialisé dans les techniques de pointe pour la reproduction des étalons.

Circuit conseillé Carte de microrégion

★ ÉGLISES À PANS DE BOIS A1-2

Circuit tracé en vert clair sur la carte de microrégion (p. 268) – 59 km – Comptez 2 à 3h. Quittez Montier-en-Der au sud en direction de Brienne.

Ceffonds A2

Jacques d'Arc, le père de la célèbre Jeanne, serait né dans ce village, donnant son nom à la rue principale qui présente une façade presque ininterrompue de maisons, pour la plupart en pans de bois.

L'**église St-Remi**, reconstruite au début du 16e s. autour de son clocher roman, s'élève dans le cimetière désaffecté qui a gardé sa croix de pierre du 16e s. Un portail Renaissance fut plaqué sur la façade en 1562. Au revers de cette façade, une peinture murale du 16e s. représente saint Christophe. Dans la 1re chapelle à droite, voir les curieux fonts baptismaux en pierre et, dans la chapelle du Sépulcre, à gauche, la Mise au tombeau du 16e s. comprenant un ensemble de dix statues de pierre polychrome. Le transept et le chœur sont ornés d'intéressants **vitraux★** du 16e s., œuvres des ateliers troyens : dans le chœur, de gauche à droite, la *Légende de saint Remi*, la *Passion* et la *Résurrection du Christ*, la *Création* ; dans le transept, à gauche du chœur, la *Légende des saints Crépin et Crépinien*, patrons des tanneurs et des cordonniers qui ont offert la verrière ; dans le transept, à droite du chœur, un Arbre de Jessé.

Revenez vers Montier-en-Der et prenez à gauche la D 173 vers Puellemontier.

Puellemontier A2

Ses maisons à pans de bois se dispersent dans les prairies. Un clocher effilé signale l'**église**, qui présente une nef du 12e s. et un chœur du 16e s. : à l'intérieur, dans le bras droit du transept, deux statues (16e s.) représentant sainte Syre et sainte Flora encadrent un Arbre de Jessé (vitrail de 1531). Ce vitrail fait partie d'un bel ensemble provenant des ateliers troyens du 16e s.

Reprenez la D 173, puis la D 62, vers Lentilles.

On longe l'**étang de la Horre** (250 ha).

★ Lentilles A2

Ce village est typique du Der, avec ses rues bien tracées et ses maisons basses à colombages. L'**église** est une belle construction de bois (16e s.) dont le colombage est raidi au rez-de-chaussée par des traverses, et à l'étage par des « écharpes » (obliques) et des croix de St-André. Elle est dominée par une flèche octogonale, recouverte de bardeaux. Très élancée, celle-ci est précédée d'un curieux porche en charpente que surmonte une statue de saint Jacques *(visite audioguidée).*

Prenez la D 2 vers Chavanges.

Chavanges A2

L'**église St-Georges** (15e-16e s.) conserve un portail remontant au 12e s. et un bel ensemble de vitraux du 16e s. (certains d'après des estampes de Dürer) ainsi que des statues du 14e au 16e s. *(visite audioguidée).*

En face de l'église s'élève une belle maison à pans de bois du 18e s. Elle est agrémentée d'une tourelle carrée.

La D 56, à l'est, mène à Bailly-le-Franc.

Bailly-le-Franc A1

Très peu restaurée au cours des siècles, la petite **église** (fin 17e s.) de ce hameau est la plus simple et la plus authentique parmi toutes celles du Der.

Suivez la D 127 à l'ouest vers Joncreuil.

Joncreuil A1

L'**église**, qui n'est pas à pans de bois, est dominée par un imposant clocher en charpente. À l'intérieur, nef romane et chœur du 13e s.

Continuez sur la D 127 puis tournez à droite (D 6) pour rejoindre Arrembécourt.

Arrembécourt A1

Remarquez le portail sculpté de l'**église** et, à l'intérieur, le vitrail de la Crucifixion.

Poursuivez par la D 6 puis la D 58.

Drosnay A1

Ce village a gardé quelques maisons à pans de bois. Dans l'**église**, remarquez le retable en bois sculpté du maître-autel.
Prenez la D 55 vers Outines.

Outines A1

Le village témoigne de l'habitat traditionnel du Der avec ses maisons en torchis et son **église** surmontée d'un clocher pointu *(visite audioguidée).*
Continuez sur la D 55 vers Châtillon-sur-Broué.

Châtillon-sur-Broué A1

Remarquez les dimensions de la haute nef de l'**église** et son clocher carré.
Prenez la D 55 vers Droyes.

Droyes A2

Construite en pierre, l'église est composée d'une nef romane et d'un chœur du 16e s. Vous pouvez clore votre parcours sur une note gourmande à la ferme *(voir « Nos adresses à… »).*
Revenez à Montier-en-Der par la D 13.

NOS ADRESSES À MONTIER-EN-DER

HÉBERGEMENT

BUDGET MOYEN

À proximité

Chambre d'hôte du Domaine de Boulancourt – *Hameau Boulancourt - 52220 Longeville-sur-la-Laines - ✆ 03 25 04 60 18 - dom. boulancourt@ wanadoo. fr - fermé mi-déc.-fév. - P - 5 ch. 65/75 € : - ✕ 25 €.* Maison de maître avec un parc arboré et fleuri. On pourra flâner autour de l'étang ou se détendre dans le salon doté d'un piano. Chambres confortables. Table d'hôte familiale, variant au gré des saisons (sanglier en hiver).

RESTAURATION

PREMIER PRIX

Auberge de Puisie – *22 pl. de l'Hôtel-de-Ville - ✆ 03 25 94 22 94 - emmanuelle.maire@wanadoo. fr - fermé mar. - P - 11/24 € - 6 ch. 38/50 € - ☕ 5 €.* Plats traditionnels et belle carte de crêpes. Salle à manger plutôt gaie avec ses tons bleu et jaune et ses rideaux et nappes Souleïado. Chambres (en cours de rénovation) fonctionnelles et bien tenues à disposition.

ACHATS

À proximité

La Ferme du Bocage – *15 r. de La Haye - 52220 Droyes - ✆ 03 25 04 23 28 - www.lafermedubocage. fr - mar.-dim. 10h-18h, fermé lun., 14 Juil. et 15 août.* Produits à base de canard : rillettes, magrets, foie gras. Visite de l'exploitation, dégustation sur réservation. Ferme auberge et gîte (54 lits).

5

+ d'adresses

Les Ardennes 6

Carte Michelin Départements 306 – Ardennes (08)

CHARLEVILLE-MÉZIÈRES★ ET SON CIRCUIT 332

À 23 km au sud-est de Charleville-Mézières

SEDAN★ ET SES CIRCUITS 346

À l'ouest de Charleville-Mézières

LA THIÉRACHE ARDENNAISE★ ET SON CIRCUIT 365

À 43 km au sud-ouest de Charleville-Mézières

RETHEL ET SON CIRCUIT 373

À 27 km au nord-ouest de Charleville-Mézières

REVIN ET SON CIRCUIT 381

À 19 km au nord de Charleville-Mézières

MONTHERMÉ★ ET SON CIRCUIT 388

À 32 km au nord de Revin

GIVET ET SON CIRCUIT 392

Charleville-Mézières, passerelle sur la Meuse.

S. Ouzounoff / Photononstop

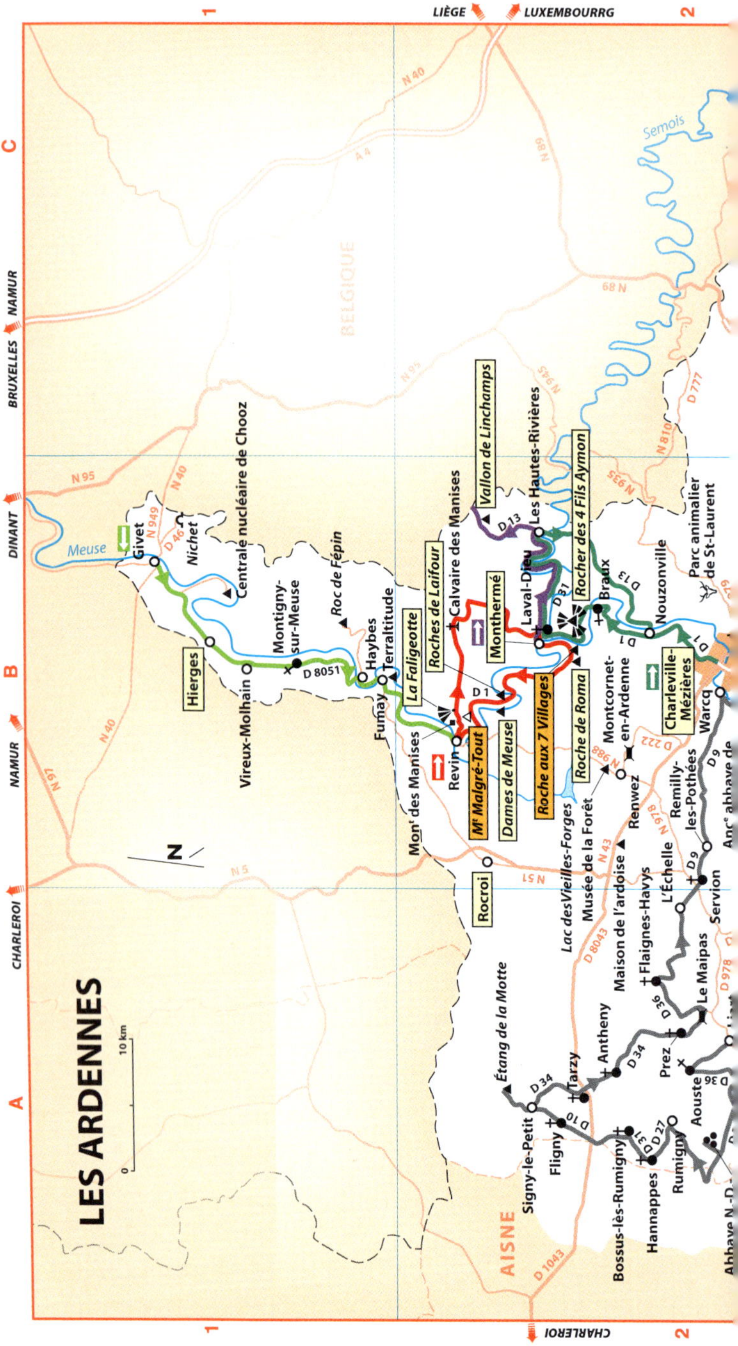
LES ARDENNES
0
10 km
N
BELGIQUE
AISNE
Meuse
Semois
CHARLEROI
NAMUR
BRUXELLES
NAMUR
DINANT
LIÈGE
LUXEMBOURRG
A
B
C
1
2
Givet
Hierges
Vireux-Molhain
Centrale nucléaire de Chooz
Nichet
Montigny-sur-Meuse
Roc de Fépin
Haybes
Terraltitude
Fumay
La Faligeotte
Roches de Laifour
Calvaire des Manises
Mon' des Manises
Revin
Mt Malgré-Tout
Dames de Meuse
Monthermé
Roche aux 7 Villages
Vallon de Linchamps
Les Hautes-Rivières
Laval-Dieu
Rocher des 4 Fils Aymon
Roche de Roma
Braux
Nouzonville
Parc animalier de St-Laurent
Montcornet-en-Ardenne
Charleville-Mézières
Warcq
Rocroi
Lac des Vieilles-Forges
Musée de la Forêt
Renwez
Remilly-les-Pothées
Musée de l'ardoise
Maison de l'ardoise
Flaignes-Havys
L'Échelle
Servion
Le Maipas
Étang de la Motte
Signy-le-Petit
Tarzy
Antheny
Fligny
Prez
Aouste
Bossus-lès-Rumigny
Hannappes
Rumigny
N 95
N 40
N 97
N 5
N 51
N 43
N 89
A 4
N 949
D 46
D 8051
D 1
D 13
D 31
D 7
D 988
D 222
D 978
D 9
D 8043
D 36
D 34
D 10
D 27
D 1043
N 935
N 945
N 810
D 777

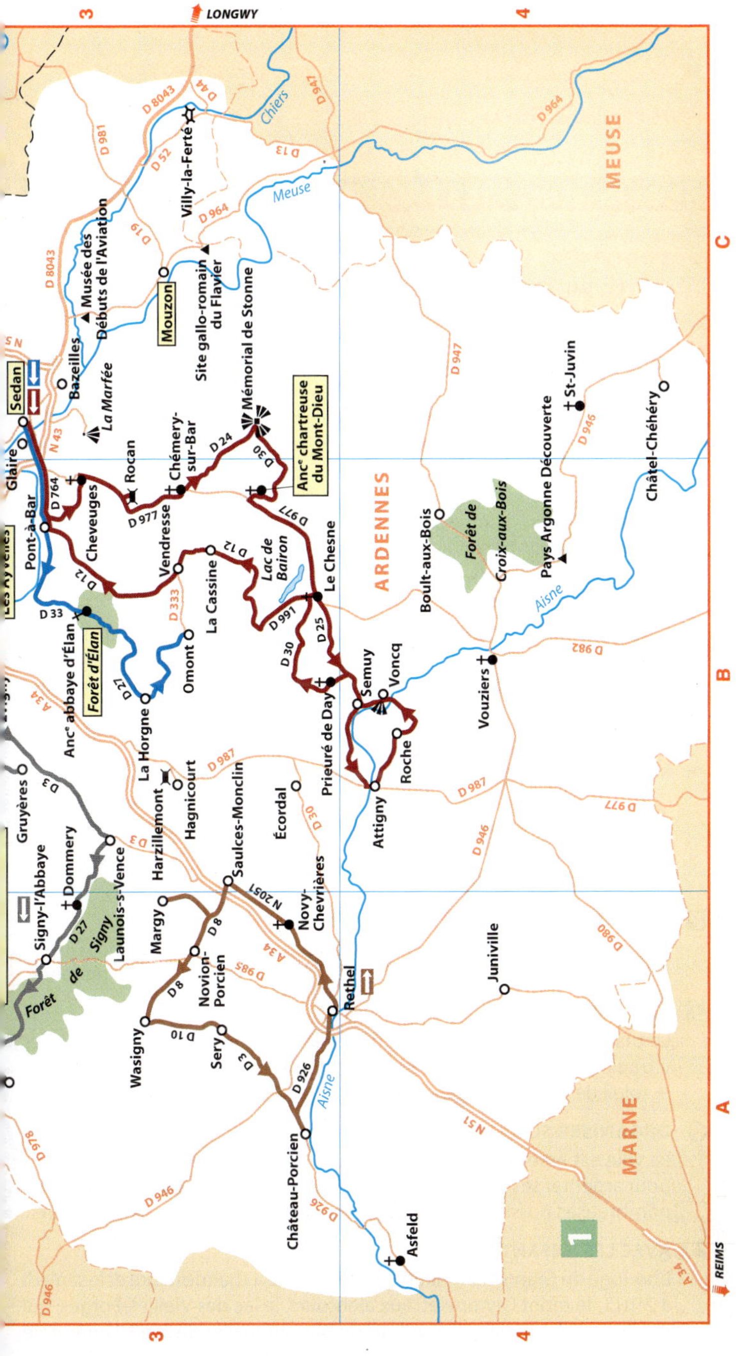
LONGWY
REIMS
Sedan
Glaire
Bazeilles
La Marfée
Musée des Débuts de l'Aviation
Mouzon
Villy-la-Ferté
Site gallo-romain du Flavier
Mémorial de Stonne
Anc^e chartreuse du Mont-Dieu
Pont-à-Bar
Cheveuges
Rocan
Chémery-sur-Bar
Vendresse
La Cassine
Lac de Bairon
Le Chesne
Les Ayvelles
Anc^e abbaye d'Élan
Forêt d'Élan
La Horgne
Omont
Harzillemont
Hagnicourt
Saulces-Monclin
Écordal
Prieuré de Day
Semuy
Voncq
Roche
Attigny
Vouziers
Boult-aux-Bois
Forêt de Croix-aux-Bois
Pays Argonne Découverte
St-Juvin
Châtel-Chéhéry
ARDENNES
MEUSE
MARNE
Gruyères
Signy-l'Abbaye
Dommery
Launois-s-Vence
Forêt de Signy
Margy
Novion-Porcien
Novy-Chevrières
Wasigny
Sery
Rethel
Château-Porcien
Asfeld
Juniville
Aisne
Meuse
Chiers
A 34
N 43
N 51
N 58
N 2051
D 764
D 977
D 24
D 30
D 12
D 33
D 333
D 27
D 991
D 25
D 987
D 3
D 8
D 10
D 985
D 926
D 946
D 978
D 980
D 982
D 947
D 964
D 8043
D 981
D 52
D 19
D 13
D 44
3
4
A
B
C
1

Charleville-Mézières

★

49 975 Carolomacériens – Ardennes (08)

NOS ADRESSES PAGE 343

S'INFORMER

Office du tourisme de Charleville-Mézières – *4 pl. Ducale - 08000 Charleville-Mézieres - ✆ 03 24 55 69 90 - www.charleville-tourisme.com - juil.-sept. : 9h30-12h, 13h30-19h ; oct.-déc. et vac. de fév. à fin juin : tlj sf dim. 9h30-12h, 13h30-18h ; reste de l'année : tlj sf dim. 9h30-12h, 13h30-17h - fermé 1er janv., dim. et lun. de Pâques, 11 Nov., 25 déc.*

Visites guidées – *✆ 03 24 55 69 90 - www.charleville-tourisme.com - L'office de tourisme propose des visites guidées en juil.-août - Visites flash « Bienvenue à Charleville » : 10h - « Cœur de Ville » : mar., sam. 14h30, dim. 10h30 (seult sam. d'avr. à oct.) - « Sur les pas de Rimbaud » : merc. 10h30, sam. 16h - « La Balade des Remparts » : jeu. 16h - Sorties « La Nature en ville » en famille - « Balades au pas du cheval ardennais ».*

Visites audioguidées – *✆ 03 24 55 69 90 - www.charleville-tourisme.com - visite guidée avr.-oct. : sam. - brochure à l'office de tourisme (1 €).*

Un **parcours historique**, jalonné de panneaux d'interprétation, permet une découverte exhaustive de la ville *(brochure à l'office de tourisme).*

Le **circuit rimbaldien** offre un parcours libre sur les traces du poète - *✆03 24 55 69 90 - www.charleville-tourisme.com (rens. à l'office de tourisme ou au musée Rimbaud).*

SE REPÉRER

Carte de microrégion B2 (p. 330) – *carte Michelin Départements 306 K4.* Au sud de la forêt des Ardennes et à 25 km au nord-ouest de Sedan par l'A 203, Charleville (au nord) et Mézières (au sud) sont toutes deux visitées par les boucles de la Meuse.

SE GARER

Vous pouvez laisser votre voiture dans les rues entourant la place Ducale ou au parking (gratuit) place Jacques Félix, non loin de la zone piétonne.

À NE PAS MANQUER

La place Ducale ; une promenade sur les traces d'Arthur Rimbaud ; les vitraux de la basilique Notre-Dame d'Espérance, resplendissants sous le soleil de midi.

ORGANISER SON TEMPS

La ville est assez étendue : il vous faudra une bonne journée au moins pour arpenter ses rues et ses principaux musées. Ses alentours offrent de nombreuses possibilités et vous occuperont facilement quelques jours.

AVEC LES ENFANTS

L'horloge du Grand Marionnettiste qui s'anime à chaque heure et le samedi à 21h15 ; le mont Olympe et, aux alentours, le lac des Vieilles-Forges, qui proposent des activités pour tous ; le parc animalier de Saint-Laurent ; le musée de la Forêt, à Renwez ; le fort des Ayvelles.

La place Ducale, conçue par Clément Métezeau.
S. Ouzounoff / Photononstop

LES DEUX SŒURS ET L'HISTOIRE

Les origines

À l'époque gallo-romaine, la ville de Castrice s'étend sur le site actuel de Montcy-Saint-Pierre. La cité est détruite au 5e s. lors des invasions barbares – de nombreux vestiges sont aujourd'hui exposés au musée de l'Ardenne, à Charleville. Le bourg d'Arches (futur Charleville) n'apparaît quant à lui qu'au 9e s. Charles le Chauve y possède un palais où il reçoit en 859 son neveu Lothaire, roi de Lorraine.

Une grande famille

Issu d'une famille princière italienne originaire de Mantoue, au nord de l'Italie, Louis de Gonzague acquiert, par son mariage avec Henriette de Clèves en 1565, le duché de Nevers et de Rethel. Á la mort de Louis de Gonzague (1595), le duché de Rethel passe à son fils **Charles de Gonzague** (1580-1637), qui crée le siège de sa principauté à l'emplacement de la ville d'Arches en 1606, et lui donne son nom. Ce dernier stimule l'économie locale : il obtient d'Henri IV et de Louis XIII divers privilèges, dont celui de franche gabelle (ainsi le duché de Rethel n'était pas soumis à l'impôt sur le sel). Charleville, à laquelle Louis XIII accorde une franchise de commerce avec la France, se construit peu à peu sous la direction de l'architecte Clément Métezeau. En 1627, Charles est appelé à défendre ses terres de Mantoue et ne verra jamais sa ville achevée.

Les villes de Charleville et Mézières sont réunies depuis 1966, mais le trait d'union ne les a pas empêchées de conserver leur personnalité. La ville fait en outre partie de Cœur d'Ardenne, communauté regroupant neuf autres communes.

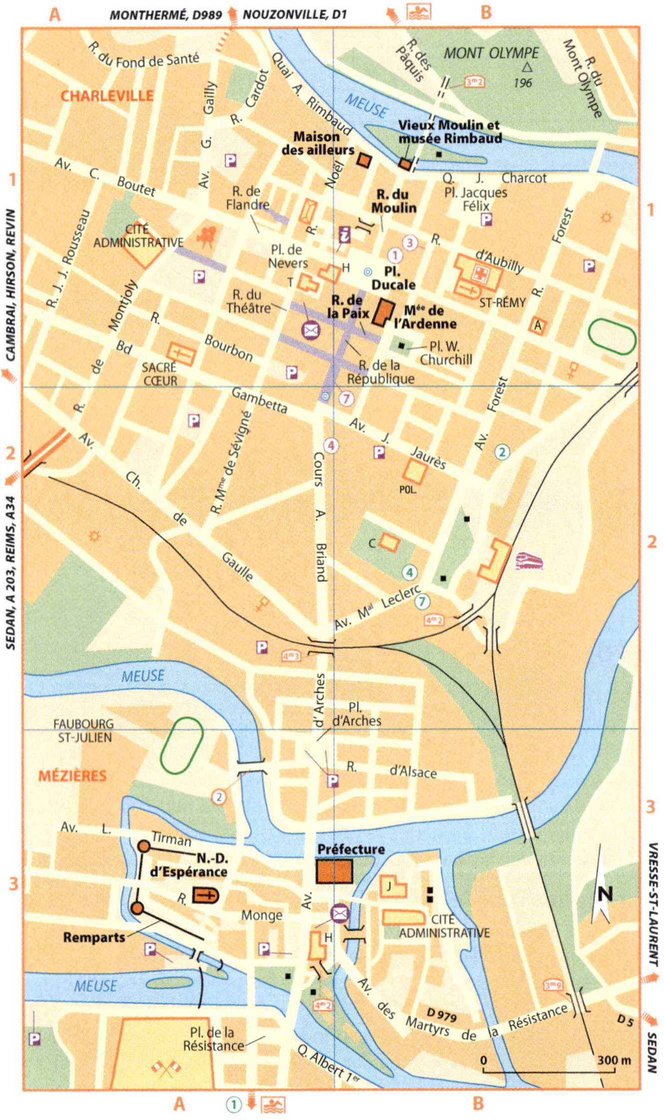

CHARLEVILLE-MÉZIÈRES

SE LOGER

- Dormeur du Val (Le)............ 2
- Fleuritel (Le)............ 1
- Paris (Hôtel de)............ 4
- Pélican (Le)............ 7

SE RESTAURER

- Amorini............ 1
- Cochon qui Louche (Au)............ 3
- Côte à l'Os (La)............ 4
- Table d'Arthur "R" (La)............ 7

Traversées par la Meuse qui se déroule paisiblement le long d'une vallée souriante peuplée de forêts et de légendes, ces deux villes, aujourd'hui réunies, ont conservé leur identité et le souvenir de leur passé industriel. Charleville déploie ses rues commerçantes autour de l'harmonieuse place Ducale, tandis qu'en bordure de ses quais flotte, comme un bateau ivre, le souvenir de Rimbaud. Son aînée, Mézières, dresse fièrement ses remparts médiévaux au cœur d'un large méandre du fleuve.

Se promener Plan de ville

CHARLEVILLE

Bon à savoir – La visite d'un musée donne l'accès gratuit aux autres.

★★ Place Ducale B1

Cette place, l'une des plus belles de France dans le style Louis XIII, fut conçue par le jeune architecte des Bâtiments du duc, **Clément II Métezeau** (1581-1652), alors âgé de 25 ans. Son tracé présente de nombreuses analogies avec la place des Vosges à Paris, réalisée à la même époque et attribuée à Louis Métezeau, frère de Clément.

La place mesure 126 m sur 90. L'hôtel de ville fut édifié en 1843 à l'emplacement du palais ducal que Charles de Gonzague ne put construire, faute d'argent. Au centre, une **fontaine** a été élevée comme à l'origine. Une galerie d'**arcades** en anse de panier fait le tour de la place dont les 24 **pavillons**, en brique rose et pierre ocre de Dom, sont coiffés de hauts combles d'ardoise mauve de Fumay. Plusieurs d'entre eux ont été restaurés. Au milieu de chacun des côtés s'élevaient des dômes, dont un seul a été reconstruit.

★ Musée de l'Ardenne B1

31 pl. Ducale - ✆ 03 24 32 44 60 - www.charleville-mezieres.fr - ♿ - 10h-12h, 14h-18h - fermé lun., 1er janv., 1er Mai, 25 déc. - 4 € (-18 ans gratuit) - billet combiné avec le musée Arthur Rimbaud et la maison d'Arthur Rimbaud - possibilité de visite guidée sur demande préalable - gratuit 1er dim. du mois.

Ce musée (3 000 m²) est installé entre cour et jardin, dans un beau bâtiment (17e-19e s.) où la pierre locale se marie avec l'acier, le verre et le bois. Il est entrecoupé de passages couverts et de passerelles.

La section d'**archéologie**, la plus importante, évoque les origines du peuplement du massif de l'Ardenne : témoignages de l'âge du fer, de l'époque romaine (stèles, moulin à grains du 2e s., céramiques) et de l'époque mérovingienne (bijoux et armes issus des tombes de chefs de Mézières).

LE FESTIVAL DE MARIONNETTES

Charleville-Mézières ne possède pas de héros populaire comme Guignol à Lyon ou Lafleur à Amiens. Mais une troupe d'amateurs, les Petits Comédiens de Chiffons, y a été créée en 1941. Pour son 20e anniversaire, la troupe invita d'autres marionnettistes français et étrangers. Ainsi est né, en 1961, le **Festival mondial des théâtres de marionnettes**, lancé par Jacques Félix : il a lieu les années impaires, dure 10 jours et se déroule à la fin du mois de septembre. Plus de 500 représentations sont proposées, dans des salles « in » et « off ». L'Institut international de la marionnette, fondé en 1981, organise des stages de technique sur la confection des marionnettes *(voir « Nos adresses »)*. Et c'est à Charleville-Mézières que l'École nationale supérieure des arts de la marionnette a ouvert ses portes, en 1987.

L'HOMME AUX SEMELLES DE VENT

C'est ainsi que Verlaine surnomma **Arthur Rimbaud** (1854-1891). Ce dernier est né à Charleville d'un père capitaine d'infanterie, toujours absent, et d'une mère autoritaire qui fera de lui un révolté. Au collège, il accomplit de brillantes études. De 1869 à 1875, il habite au n° 7 du quai, aujourd'hui rebaptisé de son nom. Il écrit *Le Bateau ivre*, face au port, non loin du vieux moulin. C'est l'époque des fugues à Charleroi et à Paris, où il rencontre Verlaine qu'il accompagnera en Belgique et à Londres. Il se rend aussi souvent à Roche, petit village ardennais dont sa famille maternelle est originaire *(voir Sedan, p. 358)*. Rompant avec la littérature, Rimbaud commence un long périple qui le mène jusqu'en Orient, en Indonésie, sur les bords de la mer Rouge et en Abyssinie (Éthiopie). Malade, il est rapatrié et meurt à l'hôpital de Marseille à l'âge de 37 ans.

Au 1er étage est présentée la production de la Manufacture royale d'**armes** qui fonctionna de 1688 à 1836. Les fusils et pistolets de la manufacture ont équipé les armées royales et les Insurgés des colonies anglaises d'Amérique au 18e s. Autres débouchés : les armées de la Révolution, l'Empire, la Restauration… Vous verrez également des documents sur la fondation de Charleville (plan-relief de Charleville en 1637 et de Mézières en 1614) ainsi que 3 000 **monnaies et médailles**. La **pharmacie** (1756) comporte 120 pots en faïence de Nevers au décor bleu, provenant de l'ancien hôtel-Dieu ; elle était encore en service il y a 25 ans.

Au passage, à travers une vitre, remarquez le mécanisme du *Grand Marionnettiste (voir plus bas)*.

Le dernier étage est consacré aux **arts et traditions populaires**, avec la reconstitution d'un intérieur ardennais. Les Ardennes étant la patrie des cloutiers, ce musée possède la plus belle collection de clous en France.

Les **beaux-arts** sont représentés par le sculpteur Croisy *(Les Quatre Saisons)* et les peintres régionaux Couvelet, Damas et Gondrexon (19e s.). Expositions temporaires d'art contemporain.

Traversant la cour du musée, un passage public relie la place Ducale à la place Winston-Churchill *(ouvert aux heures du musée)*.

L'**horloge du Grand Marionnettiste** a été réalisée par **Jacques Monestier** (auteur du *Défenseur du Temps,* dans le quartier de l'Horloge à Paris) à la demande de l'Institut international de la marionnette. À chaque heure, de 10h à 21h, est conté l'un des douze épisodes de la légende ardennaise des Quatre Fils Aymon *(voir p. 342)*. Tous les samedis à 21h15, la représentation a lieu dans son intégralité.

Rue de la Paix B1

Dans cette artère commerçante, chaque maison abrite deux logements sous un grand toit couvert d'ardoise. Des boutiques sont installées au rez-de-chaussée, de chaque côté de la porte commune, selon le plan voulu par Charles de Gonzague. On peut voir d'autres maisons de ce type **rue du Moulin**.

Le Vieux Moulin et le musée Rimbaud B1

Quai Rimbaud - 03 24 32 44 64 - 10h-12h, 14h-18h - fermé lun., 1er janv., 1er Mai, 25 déc. - 4 € (-18 ans gratuit) - billet combiné avec la Maison des Ailleurs et le musée de l'Ardenne - possibilité de visite guidée sur demande préalable - gratuit 1er dim. du mois, J. du patrimoine, Nuits des musées.

Plus bas, en bordure de la Meuse, l'ancien moulin ducal ressemble à une porte monumentale en pavillon, avec sa majestueuse façade à l'italienne, de style Louis XIII. Destiné à fermer la perspective de l'axe principal de la cité, il a été conçu dans un souci de symétrie avec la porte de France au sud. Il abrite aujourd'hui le **musée Rimbaud**.

Du poète, qui s'attachait peu aux choses et ne vécut pas longtemps, on retrouve ici quelques objets personnels comme sa malle de bourlingueur en Abyssinie, des lettres dont celles qu'il écrivit à son professeur Izambard, et divers documents : dessins ou caricatures de Rimbaud et ses proches, reproductions photographiques, fac-similés, manuscrit autographe du fameux sonnet de *Voyelles*... Expositions temporaires.

De l'autre côté de la rue, au n° 7 quai Rimbaud, l'ancienne maison familiale des Rimbaud (1869-1875) accueille la **Maison des Ailleurs** ; suivant l'errance du visiteur dans les salles vides, des installations visuelles et sonores déroutantes invitent à un voyage imaginaire dans le monde du poète *(visite combinée avec le musée Rimbaud)*.

Au pied du musée s'étend l'agréable île du Vieux Moulin, d'où une passerelle surplombant la Meuse mène au **mont Olympe**. Dans l'Antiquité, un camp fortifié y défendait Montcy-Saint-Pierre ; puis Charles de Gonzague fit élever une citadelle, détruite par Louis XIV. Le lieu est aujourd'hui dévolu aux activités sportives et de loisir : port de plaisance, camping, parc boisé, plaine de jeux, centre aquatique et base nautique *(voir « Nos adresses à... »)*.

L'ancien chemin de halage est devenu la **Voie verte trans-Ardennes** qui, sur 83 km le long de la Meuse, relie Charleville-Mézières à Givet. Une extension est prévue.

MÉZIÈRES

Basilique Notre-Dame d'Espérance A3

03 24 55 69 90 - www.charleville-tourisme.com - ♿ - mai-sept. : 9h-19h ; oct.-avr. : 9h-17h - possibilité de visite guidée sur demande préalable 4 € (enf. jusqu'à 12 ans gratuit). *Voir l'ABC d'architecture p. 76.*

Le mariage du roi de France **Charles IX** avec Élisabeth d'Autriche fut célébré en 1570 dans cette église gothique (fin 15e-début 17e s.). Édifiée à l'emplacement d'une chapelle castrale, elle fut successivement bombardée en 1815, 1870, 1914, 1940 et 1944. Eu égard à ce douloureux passé, elle fut élevée au rang de basilique (1946) par Pie XII, et reconstruite après 1950.

À l'intérieur, remarquez l'ampleur du plan – nef centrale et double collatéraux – ainsi que les voûtes aux clés pendantes. De très beaux **vitraux★★** d'inspiration cubiste (1 000 m²) éclairent l'édifice. Ils furent réalisés entre 1954 et 1979 par le maître verrier Seurre, sur des cartons du peintre et sculpteur **René Dürrbach** (1910-1999). Considéré comme un disciple de Picasso, ce dernier s'est inspiré

SANS PEUR ET SANS REPROCHE

En 1521, Mézières est assiégée par l'armée germanique de Charles Quint. Envoyé par François Ier, le **chevalier Bayard** parvient à délivrer la ville en utilisant la ruse. La statue du héros emblématique, œuvre du sculpteur ardennais A. Croisy inaugurée en 1893, fut enlevée par les Allemands en 1914-1918. Retrouvée à Düsseldorf, elle fut à nouveau emportée en 1940 et fondue. Elle a été remplacée en 2005. On peut la voir dans le square Mialaret de Mézières, à proximité des remparts.

d'un texte de Henri Giriat sur le thème de la Vierge : les vitraux du transept mettent en opposition Vierge noire et Vierge d'espérance. Sur un autel à gauche du chœur, Notre-Dame d'Espérance, une Vierge noire très vénérée, a donné son vocable à la basilique au 19e s.

Remparts A3

Des remparts du Moyen Âge subsistent dans le cœur historique : la tour du Roy, la tour Milart (14e s.) et celle de l'École, la porte Neuve et la porte de Bourgogne. Une **promenade** récemment aménagée permet d'arpenter les fortifications. Illuminations nocturnes.

Ancienne École royale du Génie AB3

Dans ces bâtiments (17e-18e s.), le mathématicien Gaspard Monge enseigna et Carnot fut élève. Ils sont occupés aujourd'hui par la préfecture et le Conseil général.

À proximité Carte de microrégion

Mohon B2

En face de Mézières, sur la rive sud de la Meuse.
Cette agglomération industrielle, aux quartiers anciens caractéristiques, est la patrie de Mgr Loutil, alias **Pierre l'Ermite**, poète et écrivain (1863-1959).

LA TRAVERSÉE DE LA MEUSE

Le vert sombre d'épaisses forêts de résineux où se tapit le gros gibier, la roche schisteuse qui donne à l'eau sa couleur d'encre et aux villages leurs toits d'ardoise, confèrent au paysage une austère beauté. La Meuse, qui entaille profondément le massif de l'Ardenne, n'a pas seulement façonné une vallée sinueuse, mais aussi des légendes qui s'accrochent au relief, comme l'histoire des Quatre Fils Aymon ou celle des Dames de Meuse, trois jeunes sœurs qui, pour avoir trompé leurs maris partis aux croisades, furent changées en trois imposants rochers qui surplombent le fleuve, à la hauteur de Laifour… La **Meuse** prend sa source à Pouilly-en-Bassigny, au pied du plateau de Langres (Haute-Marne), à 409 m d'altitude. Longue de 950 km, elle traverse la Belgique puis les Pays-Bas, où elle se mêle aux eaux du Rhin pour former un large delta se jetant dans la mer du Nord. En aval de Charleville-Mézières, ce fleuve de faible débit, malgré l'apport de la Chiers près de Sedan, semble vouloir emprunter le sillon naturel est-ouest qui relie Charleville-Mézières à Hirson et à la haute vallée de l'Oise. Mais la Meuse se ravise, et poursuit son cours sud-nord à travers les terrains primaires du massif de l'Ardenne, haut plateau de grès, de quartzites et de schistes, redressés et plissés, dont l'altitude varie entre 200 et 500 m.

Dès le Moyen Âge, la vallée de la Meuse accueille forges et fourneaux, initiant une longue tradition industrielle de la métallurgie. Doublée par la voie ferrée Charleville-Givet, la Meuse est reliée à l'Aisne par le **canal des Ardennes**. La navigation n'y est pas très active, car l'équipement du fleuve ne permet que le passage des péniches de moins de 300 t. En aval de Givet, son cours a été aménagé pour des embarcations qui peuvent atteindre jusqu'à 1 350 t. Mais la Meuse attire surtout les bateaux de plaisance qui sillonnent ses eaux calmes dans un long défilé romantique.

Cyclistes sur la Voie verte qui longe la Meuse de Charleville-Mézières à Givet.
G. Gerault/hemis.fr

Église – Témoin de l'art Renaissance ardennais, édifiée au 16e s. pour abriter les reliques de saint Lié, ermite du 6e s., elle accueillait de nombreux pèlerins. Sa façade (début du 17e s.) présente des décors en trompe l'œil (cadrans solaire et lunaire). Vitraux contemporains, réalisés par Gérard Lardeur.

Warcq B2

3 km à l'ouest par l'avenue de St-Julien et la D 16.

Église – Fortifiée, elle présente un clocher carré formant donjon, et un intérieur de type « halle ». Statue de saint Hubert (18e s.) *(pilier à gauche de l'autel).*

Musée du vieux Warcq – *03 24 33 43 26 - www.mairie-warcq.com - visite guidée sur demande préalable - 2 € (-14 ans gratuit) - billet combiné avec la tour de l'Eau.* Ce modeste musée évoque la vie du village : outils de ferronnerie, statues (18e s.) et objets de culte provenant de l'église, ainsi que des souvenirs des deux guerres mondiales.

Parc animalier de Saint-Laurent B2

6 km à l'est par la route de Saint-Laurent (D 979).

03 24 57 39 84 - www.mairie-charlevillemezieres.fr - avr.-sept. : 14h-18h, w.-end et j. fériés 13h30-19h ; reste de l'année : 13h30-17h30 - fermé jeu. - gratuit.

Trois circuits fléchés permettent une agréable promenade dans ce **parc animalier** de 38 ha où vit en semi-liberté une faune essentiellement locale, représentative de la forêt des Ardennes (sangliers, cerfs, chevreuils), mais aussi des daims et des mouflons. Des volières ont également été aménagées.

6

Château de Montcornet-en-Ardenne B2

15 km au nord-ouest par la N 43, puis la D 222.

03 24 32 50 44 - www.chateaudemontcornet.fr - juil.-août : 14h-18h ; de mi-avr. à fin juin et sept.-oct. : w.-end 14h-18h - fermé lun. - 4 € (-18 ans 2 €).

Une forteresse médiévale, accrochée à un éperon rocheux, fut agrandie au 15e s. par Antoine de Croy, chambellan du duc de Bourgogne, et démantelée en 1760. Depuis 1961, le château fait l'objet d'une remise en valeur. Une barbacane et un pont-levis, avec leurs larges meurtrières à canons, donnent accès à l'intérieur de l'enceinte. On découvre la grande salle et son puits de 14 m, le donjon et les salles souterraines : ces dernières abritent des objets de la vie quotidienne découverts lors des travaux de déblaiement.

Renwez B2

18 km au nord-ouest par la N 43 et la D 988.

Renwez (prononcer « Renvé ») est un gros bourg ardennais, où l'historien **Michelet** séjourna maintes fois. De style gothique flamboyant, l'**église** est intéressante par ses baies à remplages dessinant des « soufflets et mouchettes » (quatre-feuilles très étirés et découpure en forme d'ellipse). La rose du portail sud comporte de curieux arcs-boutants intérieurs et des voûtes compartimentées.

Musée de la Forêt – *2 km au nord de Renwez entre la D 40 et la D 140. ✆ 03 24 54 82 66 - www.renwez.fr - ♿ - juil.-août : 9h-19h ; reste de l'année : 9h-12h, 14h-17h - fermé janv.-mars, 25 déc. - 8 € (-12 ans 4 €).* Dans un immense chalet sur pilotis (1 250 m^2), une exposition permanente multimédia (vidéos, maquettes inter actives…) présente la forêt d'aujourd'hui : essartage, enrésinement, faune et flore, écologie… Expositions temporaires dans le hall. Un **parcours** de 1 km, tracé dans 11 ha de forêt, reconstitue les travaux et techniques d'antan à l'aide de 120 personnages en bois : bûcherons (autrefois appelés « boquillons »), scieurs de long, charbonniers… Des outils de bûcheron sont exposés dans un chalet. À voir aussi : un lavoir ancien, ainsi qu'un parc ornithologique abritant des canards et des oies. En été sont proposées des animations qui font revivre les vieux métiers du bois, avec un concours de bûcheronnage.

La Maison de l'Ardoise B2

16 km au nord-ouest de Charleville-Mézières par la N 43.

96 r. Jean-Jaurès - 08150 Rimogne - ✆ 03 24 35 11 24 - www.rimogne.com - ouv. au public de mi-juin à mi-sept. : mar.-dim. 10h-18h ; ouv. 1er Mai-15 juin et 15 sept.-31 oct. pour les groupes (sur réserv. uniquement) - 5 € (-12 ans gratuit).

La maison de l'Ardoise se trouve dans l'ancienne centrale électrique des Ardoiseries de Rimogne. Cet écomusée retrace l'histoire de l'extraction de l'ardoise à travers l'exposition de machines, d'outils, de maquettes et de photographies. Une vitre permet de voir l'ancien puits, qui descend à 185 m de profondeur.

★ Le fort des Ayvelles B3

9 km au sud par la rocade (sortie 8, « Villers-Semeuse ») et la D 764.

Domaine des Ayvelles - ✆ 03 24 33 48 97 - www.domaine-ayvelles.fr - ouv. avr.-oct. (voir le site Internet pour les horaires) - 6 € (enf. 4 €).

Rouvert au public en septembre 2010, cet ouvrage fait partie des forts dits « Séré de Rivières », du nom de cet ingénieur et général qui, au lendemain du désastre de 1870, conçut un ensemble de fortifications modernes sur l'ensemble du territoire. Construit de 1877 à 1879, il a fait l'objet d'une restauration impressionnante, et le mot est faible ! Après vingt ans d'efforts, une équipe de passionnés a redonné vie à ce site enfoui dans la végétation et la terre. Des commentaires vivants permettent de comprendre l'agencement de ce vaste ensemble, son rôle dans les conflits passés, jusqu'au quotidien des soldats qui y vivaient. Et, c'est à noter, le chantier comme l'accueil s'inscrivent dans une véritable politique d'insertion.

Le fort est entouré du **domaine des Ayvelles**, vaste espace boisé que l'on peut parcourir à pied ou à vélo. Des aires de jeux sont prévues pour les enfants, et rien de tel qu'un pique-nique (respectueux de la nature) pour ponctuer un séjour entre verdure et histoire.

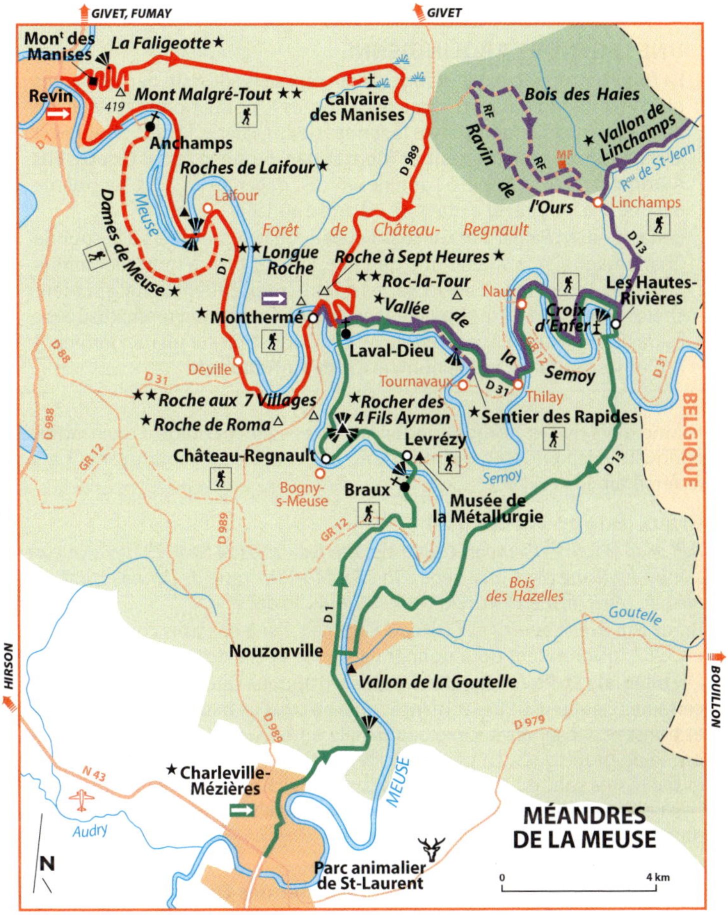

Lac des Vieilles-Forges B2

27 km au nord-ouest par la N 43, la D 988, puis la D 40 à Renwez.
Voir Revin, p. 384.

★ Rocroi B2

28 km au nord-ouest par la N 43 et la N 51.
Voir Revin, p. 383.

Circuit conseillé Carte ci-contre

★★ SUR LES TRACES DES QUATRE FILS AYMON

Circuit tracé en vert foncé sur la carte ci-contre et sur la carte de microrégion (p. 330) – 57 km – Comptez environ 3h. Quittez Charleville par la D 1 qui rejoint rapidement la Meuse.

Nouzonville

Ce centre métallurgique et mécanique s'étend sur la rive droite de la Meuse, au débouché du **vallon de la Goutelle**. Les usines traditionnelles s'échelonnent

UNE LÉGENDE CAROLINGIENNE
La forêt d'Ardenne est le refuge d'animaux sauvages, de génies païens ou d'êtres imaginaires comme les « nutons », petits hommes sages et habiles. Parmi de nombreuses légendes de chevalerie, la plus célèbre est la **chanson de geste Renaut de Montauban**, ou légende des **Quatre Fils Aymon**. Simple et brève à l'origine, elle est devenue au 13e s. un poème destiné à la lecture, et a été mise en prose au 15e s.
Renaut, Allart, Richard et Guichard étaient quatre chevaliers à la cour de Charlemagne. À la suite d'une querelle, Renaut blessa mortellement le neveu de l'empereur. Ensemble, les quatre frères prirent la fuite sur leur cheval-fée Bayard. Ils se réfugièrent en Ardenne et bâtirent un château avec l'aide de leur cousin, l'enchanteur Maugis. Construit sur un roc dominant la Meuse, ce repaire prit le nom de **Château-Regnault**.

le long de la rivière : forges, fonderies… Elles sont l'héritage d'une tradition d'industrie de la clouterie, importée au 15e s. par les Liégeois fuyant Charles le Téméraire.

Braux (Bogny-sur-Meuse)

Pl. Jean-Baptiste-Clément - 08800 Monthermé - 03 24 54 46 73 - www.meuse-semoy-tourisme.com - avr.-sept. : 9h-12h, 14h-18h - reste de l'année : tlj sf dim. 9h-12h, 14h-17h, merc. 9h-12h - fermé 1er janv., 25 déc.
Braux est, avec Levrézy et Château-Regnault, l'une des trois communes qui, en 1967, fusionnèrent pour donner naissance à celle de Bogny-sur-Meuse.
La **collégiale St-Pierre-ès-Liens**, fondée à l'époque carolingienne, a conservé certaines caractéristiques romanes : plan en croix de basilique, abside, chœur et transept. Observez la cuve baptismale du 12e s. en pierre bleue de Givet, ornée de grotesques. La partie occidentale est beaucoup plus récente : nef et bas-côtés sont du 17e et du 18e s. avec de riches autels de marbre et des bas-reliefs sculptés du 17e s. Sur la gauche, une châsse contient des reliques de saint Vivent (fin 18e s.).
Franchissez la Meuse pour rejoindre Levrézy.
Du pont, perspective à gauche sur le **rocher des Quatre-Fils-Aymon★**, qui culmine à 260 m d'altitude *(voir encadré p. 342)*. Sa silhouette, formée de cinq dents de quartzite, évoque le légendaire cheval Bayard emportant les quatre fils Aymon.
1,2 km - 1h. Départ indiqué à droite après le pont. Prévoyez des chaussures adaptées (fortes pentes). Document disponible à l'office du tourisme de Bogny-sur-Meuse situé à la sortie de Levrézy. L'**arboretum** d'essences feuillues de « la Pipe qui fume » est aménagé dans la forêt domaniale des Hazelles.

Levrézy (Bogny-sur-Meuse)

Dans cette vallée, la forge est une longue histoire qui débuta avec les Celtes.
Musée de la Métallurgie – *03 24 35 06 71 - www.bognysurmeuse.fr - ♿ - mai-sept. 10h-12h, 14h-18h ; reste de l'année : tlj sf dim. et lun. 10h-12h, 14h-18h - fermé janv.-fév., lun. de Pâques, 25 déc. - 6 € (-16 ans 3 €) - des audioguides sont disponibles gratuitement (français, anglais, allemand et néerlandais).* Installé dans une ancienne usine, ou « boutique », il évoque le travail du métal en Ardenne. Démonstration de machines : forge animant le soufflet, raboteuse, fraiseuse, machine à écrous, machine à forger les boulons… Notez le système d'entraînement des machines par poulies. Un atelier de cloutier est reconstitué, avec sa forge mue par un « moteur à puces » : une roue de bois à l'intérieur de laquelle trottait un chien.

2 km. De la D 1, suivez « Château Marcadet » et continuez à monter jusqu'au départ. Dans la forêt domaniale de Château-Regnault, le **sentier Nature et Patrimoine du Pierroy** permet de découvrir des affleurements géologiques (schistes et blocs de poudingue), les vestiges d'anciennes carrières de quartzite, et des panoramas sur la vallée de la Meuse.

Château-Regnault (Bogny-sur-Meuse)

Centre d'exposition des Minéraux et Fossiles des Ardennes – *03 24 32 05 02 - http://monsite.wanadoo.fr/museegeologieardenne - juin-août : 14h-18h ; sept. : w.-end 14h-18h - fermé lun., j. fériés - 2 € (-12 ans gratuit).* Il présente des roches et des pièces minéralogiques (quartz, fluorine, dolomie, pyrite, calcite...), ainsi que des fossiles comme les phacops, pami les plus anciens découverts dans la région. À l'étage : minéraux et fossiles de France et du monde entier.

Monument des Quatre-Fils-Aymon – *Remontez la rue Léon-Bosquet, puis la rue du Château jusqu'au parking.* Un sentier (300 m) conduit à un replat artificiel : il marque la limite de l'ancien château Regnault (12e s.), dont rien ne subsiste. Une volée de marches mène au monument : **vue** sur les méandres de la Meuse et le paysage typique des vallées industrielles (usines, cités ouvrières du début du 20e s. et maisons de l'encadrement).

La D 1 passe sous la voie ferrée, avant de franchir la Semoy qui se jette dans la Meuse à Laval-Dieu.

Laval-Dieu

Voir Monthermé, p. 388.

Prenez à droite la D 31 jusqu'à Thilay.

La route longe la vallée de la Semoy *(p. 390).*

Revenez à Charleville par la D 13 qui traverse le bois des Hazelles.

NOS ADRESSES À CHARLEVILLE-MÉZIÈRES

HÉBERGEMENT

BUDGET MOYEN

Le Pélican – *42 av. du Mar.-Leclerc - 03 24 56 42 73 - www.hotel-pelican-charleville.com - ouv. tte l'année - 20 ch. 51,50/66 € - 7,50 € - P 4 €.* Entre gare et rues piétonnes, cet hôtel propose des chambres bien agencées, personnalisées dans des tons chauds. Insonorisation efficace. Agréable espace petit-déjeuner.

Le Fleuritel – *1 bd Jean-Delautre - 03 24 37 41 11 - www.hotel-fleuritel.com - P - 35 ch. 59,90 € - 8,50 €, demi-pension possible - 15,90 €.* Installé dans une construction contemporaine lui conférant un air d'hôtel de chaîne, cet établissement compte 35 chambres tout confort, desservies par un balcon d'accès. Le restaurant, ouvert du lundi au vendredi, propose des formules petit-déjeuner en buffet, soirée étape et menu à l'ardoise. Correct et économique.

Hôtel de Paris – *24 av. G.-Corneau - 03 24 33 34 38 - www.hoteldeparis08.fr - Wifi - P 5 € - 29 ch. 59 € - 7 €.* Calme et confort garantis dans cet hôtel installé dans un immeuble bourgeois (début 20e s.) face à la gare. Préférez les chambres qui donnent sur la cour entièrement rénovée. Accueil très aimable.

POUR SE FAIRE PLAISIR

Le Dormeur du Val – *32 bis r. de la Gravière - 03 24 42 04 30 - www.hotel-dormeur-du-val.com -*

♿ - 17 ch. 119/169 € - ☕ 13 €. Hôtel design où se mêlent la charpente, le fer et le verre. Les chambres « poème », « strophe » et « rime » sont colorées et lumineuses. Dans le salon, admirez l'immense hélice au plafond.

RESTAURATION

PREMIER PRIX

La Côte à l'Os – *11 cours A.-Briand - ✆ 03 24 59 20 16 - www.restaurant-charleville-lacotealos.fr - ♿ - fermé 25 déc. et 1er janv. - formule déj. 12,50 € - 22/28,50 €.* Viandes (choix de gibier en saison) et beaux plateaux de fruits de mer servis dans une ambiance animée ou plus intimiste à l'étage. Décor néoclassique, façon brasserie cossue.

BUDGET MOYEN

Au Cochon qui Louche – *31 r. Victoire-Cousin - ✆ 03 24 35 49 05 - fermé de mi-juil. à mi-août, dim., lun. et j. fériés - menus du jour 17/20 €.* L'une des adresses connues de Charleville-Mézières, près de la place Ducale. Il propose une carte et des menus accessibles, dans un décor hétéroclite et original, marqué bien sûr par la présence multiforme du cochon. Du côté de l'assiette, c'est volontiers « bistrot », familial, frais et tout aussi original.

La Table d'Arthur « R » – *9 r. Bérégovoy - ✆ 03 24 57 05 64 - fermé vac de Pâques, 3 dernières sem. d'août, lun. soir, merc. soir, dim. et j. fériés - formule déj. 14 € - 20/32 €.* Au bout d'une impasse, un univers dédié au vin et au bien manger. Après la découverte des nombreux flacons, on descend à la cave pour déguster une cuisine franche et sincère.

Amorini – *46 pl. Ducale - ✆ 03 24 37 48 80 - fermé pdt vac. de Pâques, 3 premières sem. en août, dim. et lun. - ouv. le midi uniquement - à la carte 23/35 €.* Goûtez à la « dolce vita » dans un cadre typiquement italien avec ses fresques figurant des angelots. Sur la table, plats et vins transalpins aux notes ensoleillées.

PETITE PAUSE

L'Entre-temps – B1 *-46 pl. Ducale - fermé aux mêmes dates que le restaurant Amorini - ouv. mar.-sam. 14h30-19h.* Ce charmant salon de thé se trouve au fond d'une petite cour qui expose des sculptures. À l'intérieur, l'ambiance est tout aussi artistique : montez à l'étage et découvrez les expos du moment le temps du *tea time*.

ACHATS

Pâtisserie du Mont Olympe – B1 *- 7 r. du Moulin - ✆ 03 24 33 25 11 - le.montolympe@yahoo.fr - tlj sf lun. 7h-12h30, 14h-19h, dim. 9h-13h - fermé vac. de fév. (zone B), 1er Mai.* Les savoureuses spécialités de cet établissement bio sont sans conteste le Carolo, pâtisserie associant notamment praline et macarons, et le Rimbaud, bonbon de chocolat noir, praliné et nougatine.

Gourmets-gourmandes – B1 *- 9-11 r. du Moulin - ✆ 03 24 36 12 80 - lun.-sam. 8h-20h, dim. 9h-13h.* Cette boutique toute proche de la place Ducale regorge de bons produits : terrines de sanglier, poiré, ratafia, cidre ou bière voisinent avec dinde, charcuterie, sirops de fruit artisanaux ou fromage. Le tout dans une atmosphère d'épicerie, où les couleurs le disputent aux multiples senteurs. Accueil très commerçant.

EN SOIRÉE

Le Mawhot – B1 - *Quai Charcot - ✆ 03 24 33 54 35 - ouv. de 17h à 1h (à partir de 16h le dim.) - fermé lun. et mar.* Ce bar-péniche amarré sur les quais de la Meuse emprunte son nom à un reptile évoqué dans certaines légendes locales. Le maître des lieux a d'ailleurs un vrai talent de conteur et la décoration fait la part belle à l'imaginaire.

Institut international de la Marionnette – B1 - *7 pl. Winston-Churchill - ✆ 03 24 33 72 50 - www.marionnette.com - mar.-jeu. 9h-13h, 14h-18h, lun. et vend. 9h-13h, 14h-17h - fermé w.-end et j. fériés, 2 premières sem. d'août et du 25 déc. au 1er janv.* Dans son théâtre, l'institut propose une programmation de qualité, capable de séduire petits et grands : théâtre de marionnettes, rencontres artistiques, chantiers spectacles permettant de découvrir de jeunes artistes parmi les élèves de l'École supérieure des arts de la marionnette. Admirez l'automate géant qui raconte en douze saynètes la légende ardennaise des Quatre Fils Aymon.

Le Baratin – AB1 - *25 quai Arthur-Rimbaud - ✆ 06 75 73 05 95 - ouv. lun.-sam. 16h-20h.* De bonnes bières attendent ici le buveur patenté. Bar animé selon la programmation : concerts, théâtre d'impro…

ACTIVITÉS

Mawhot Express – *programme disponible à partir de mai à l'office du tourisme de Charleville-Mézières ✆ 03 24 55 69 90.* Au départ de Charleville-Mézières, embarquez à bord du Train des légendes et laissez-vous conter les histoires qui se transmettent depuis des siècles au cœur de la vallée de la Meuse. Également au programme : randonnées, contes et visites.

Voie verte trans-Ardennes – Depuis Montcy-Notre-Dame à Charleville-Mézières jusqu'à Givet, à la frontière belge, empruntez la Voie verte à pied, à vélo ou à cheval, et découvrez 80 km de balades au bord de la Meuse. À l'horizon 2013-2014, la Voie verte s'étendra à l'axe Charleville-Mézières-Mouzon, ajoutant 57 km. *Un carnet de route (gratuit) est disponible dans tous les offices de tourisme du département.*

Activités nautiques

Centre aquatique Bernard Albin – *Plaine du Mont-Olympe - ✆ 03 24 54 88 50 - juil.-août : 9h30-13h, 15h-19h30, dim. 9h30-13h, 14h-18h ; vac. scol. : lun., merc., jeu. et sam. 9h30-13h, 15h-19h30, mar. et vend. 9h30-13h, 15h-21h, dim. 9h30-13h, 14h-18h ; reste de l'année : se renseigner.* S'intégrant dans une architecture en forme de poisson, cet établissement mise à la fois sur les aspects sportif et ludique avec ses bassins traditionnels, ses toboggans, ses effets de rivière à contre-courant et ses jets d'eau. Détente dans l'espace fitness avec hammam, sauna, spa et solarium.

Base de loisirs Les Mazures – *50540 Les Biards - ✆ 03 24 40 17 20.* En été, la base des Vieilles-Forges propose des stages : voile, planche à voile.

Accrobranches

Ardennes Terre d'Aventures – *Lac des Vieilles-Forges - 08500 Les Mazures - ✆ 03 24 53 18 43 ou 06 62 11 18 18 - www.ardennes-terre-aventures.com.* Sur le site du lac des Vieilles-Forges, sept parcours de différents niveaux, sur 3 ha, des ateliers et un jardin de l'aventure.

6

Sedan

★

18 895 Sedanais – Ardennes (08)

NOS ADRESSES PAGE 362

NOS ADRESSES PAGE 362

S'INFORMER

Office du tourisme du Pays sedanais – *35 r. du Ménil - 08200 Sedan - 03 24 27 73 73 - www.tourisme-sedan.fr - juil.-août : 10h-12h30, 13h30-17h30 ; oct.-mars : tlj sf lun. 10h-12h, 14h-17h30 - fermé 1er janv., 25 déc.* Vous pourrez vous y procurer la brochure « Laissez-vous conter Sedan ».

Visites guidées – *www.tourisme-sedan.fr - rens. à l'Office de tourisme ou sur www.vpah.culture.fr.* Sedan, qui porte le label Ville d'art et d'histoire, propose des visites-découvertes animées par des guides-conférenciers agréés par le ministère de la Culture et de la Communication.

Des visites spéciales et des ateliers sont proposés aux enfants *(merc., sam. et vac. scol.)*.

SE REPÉRER

Carte de microrégion C3 (p. 330) – *carte Michelin Départements 306 L4.* Au sud de la forêt des Ardennes et à une quinzaine de kilomètres de la frontière belge, Sedan est relié à Charleville-Mézières (à 23 km au nord-ouest) par l'A 203.

SE GARER

Laissez votre voiture sur le parking au pied du château.

À NE PAS MANQUER

La visite du château fort et un passage par quelques-uns des nombreux lieux de mémoire liés aux conflits successifs dont la région a été le théâtre.

ORGANISER SON TEMPS

Prévoyez au moins une journée complète pour le circuit, assez étendu, surtout si vous souhaitez visiter les sites.

Les fêtes médiévales de Sedan, le 3e week-end de mai, offrent l'occasion de découvrir les lieux différemment.

AVEC LES ENFANTS

Le château fort, qui propose une visite audioguidée et des animations pour le jeune public tout au long de l'année ; les visites de la ville pour les enfants ; le domaine de Vendresse ; le lac de Bairon et sa base nautique ; un petit tour avec le train « Picasso ».

Pour les armées françaises, Sedan et sa région ont souvent été synonymes de drames militaires ; pourtant, aucune ville d'Europe ne possède de château fort plus vaste ! Rénové avec soin, le centre historique dévoile une partie de son âme. Sedan s'est fait connaître jusqu'en Amérique pour ses textiles, réputés increvables, et pour ses tapis, appréciés dans les palais officiels : le duc de Windsor, Charles de Gaulle et le président Kennedy ont tous foulé un de ses tapis. Elle s'insère par ailleurs dans une région de bois, de pierres et d'eau, dépositaires de multiples histoires.

Le château fort.
S. Ouzounoff / Photononstop

Se promener Plan de ville

Sedan ne fut pas qu'une ville forteresse : réputée dès le 16e s. pour ses textiles, elle fit la fortune des drapiers. En 1685, la révocation de l'édit de Nantes porta un coup sensible à cette activité, mais le textile reprit son essor au 18e s. Installées en centre-ville, les manufactures comprenaient une maison de maître sur la rue, des ateliers dans les ailes et un corps arrière fermant la cour intérieure. L'évolution des techniques au 19e s. entraîna l'abandon des fabriques. Au pied du château, le cœur ancien de Sedan fait aujourd'hui l'objet d'une rénovation soigneuse : nombre d'hôtels particuliers sont l'héritage de la prospérité drapière.

CENTRE HISTORIQUE B1

Circuit au départ de la place du Château.

★★ Château fort

03 24 29 98 80 - www.chateau-fort-sedan.fr - - juil.-août : 10h-18h ; reste de l'année : 10h-12h, 13h30-17h - fermé 1er janv., 25 déc. - 7,90 € (-18 ans 5,90 €) - possibilité de visite guidée - gratuit J. du patrimoine.

Ce puissant château (35 000 m² sur 7 niveaux) repose sur un éperon rocheux encadré par deux ruisseaux, le Bièvre et le Vra. Pouvant contenir 4 000 hommes de troupe, il est l'un des premiers exemples d'architecture bastionnée en France. Pendant cinq siècles, ce château fut situé à une position stratégique, entre France et Empire germanique, Prusse et Allemagne : on ne cessa donc de renforcer ses défenses, en épaississant ses murailles sans jamais rien détruire des constructions préexistantes.

Un peu d'histoire – En 1424, Évrard d'Arenberg, comte de La Marck, acheta la seigneurie et fit commencer les travaux : il intégra en partie au château l'église St-Martin (11e s.) et un prieuré bénédictin (13e s.). De cette époque datent le

6

Sedan dans l'histoire

La ville de Turenne

Jusqu'au 15e s., la ville appartient aux moines de Mouzon, puis aux évêques de Liège. Les puissants La Marck, ducs de Bouillon, font de Sedan une principauté indépendante de 1549 à 1642, date à laquelle elle est rattachée à la France. **Henri-Robert de La Marck** s'étant converti au calvinisme en 1562, de nombreux protestants trouvent ici refuge jusqu'à la révocation de l'édit de Nantes (1685). Ils seront les grands artisans du développement économique de Sedan. La ville passe ensuite à la lignée de La Tour d'Auvergne (1594), dont **Turenne** est issu. Après le décès de sa première épouse, Charlotte de La Marck, Henri de La Tour d'Auvergne se remaria avec Élisabeth de Nassau. Leur fils, Turenne, naquit au château le 11 septembre 1611. Après sa mort, Turenne fut inhumé à Saint-Denis, près de Paris. En 1800, Napoléon fait transférer sa dépouille aux Invalides.

Henri de La Tour d'Auvergne est le petit-fils de Guillaume le Taciturne. Élevé dans le protestantisme, il entre au service de la France en 1630. Il participe à la guerre de Trente Ans, combat les Espagnols et s'empare de Turin (1640). Fait maréchal de France en 1643, il commande l'armée d'Allemagne et remporte la bataille de Nördlingen (1645).

Les guerres de Louis XIV

Prenant le parti de la Fronde, **Turenne** se retrouve aux côtés des Espagnols à Rethel, en 1650. Mais il se réconcilie avec la Cour, bat Condé à Bléneau et Paris en 1652, et ouvre les portes de la capitale au jeune Louis XIV. Il continue la guerre contre les Espagnols et Condé, et gagne les batailles d'Arras (1654), puis des Dunes (1658), qui obligent l'ennemi à signer le **traité des Pyrénées**. Nommé maréchal général en 1660, Turenne reconquiert l'Alsace. En 1668, converti par Bossuet, Turenne abjure la foi protestante. Il trouve la mort à la bataille de Sasbach, le 27 juillet 1675.

Le désastre de Sedan

Le 30 août 1870, lorsque l'armée de Mac-Mahon vient s'y enfermer, Sedan est dépourvue d'artillerie et d'approvisionnement. La bataille commence le 1er septembre à Bazeilles, mais se joue, pour l'essentiel, au plateau d'Illy. Malgré plusieurs charges des généraux Margueritte et Galliffet, les troupes françaises refluent vers le glacis de Sedan, fuyant l'artillerie prussienne. Pour éviter un massacre, Napoléon III rencontre Guillaume Ier. Le **2 septembre 1870**, l'armée française capitule… Paris accomplit alors une nouvelle révolution : le 4 septembre, la foule envahit le Corps législatif et la République est proclamée.

En **mai 1940**, c'est à Sedan que la IIIe République joue son destin, à l'issue d'une bataille qui aboutira à la percée allemande en direction de la mer.

LE SAVIEZ-VOUS ?

L'ancien champion de tennis, entraîneur et chanteur à succès **Yannick Noah** est né à Sedan le 18 mai 1960, d'un père footballeur professionnel dans la fameuse équipe des Ardents Ardennais.

Jadis, certains modèles de voitures américaines ajoutaient à leur nom le qualificatif de « Sedan » : une allusion à l'époque où de nombreuses voitures étaient capitonnées avec des tissus fabriqués dans la ville, et d'une solidité à toute épreuve.

plan triangulaire et les **tours jumelles**, aujourd'hui découronnées. Hauts de 30 m et ceints de fossés, les **remparts** furent complétés au 16e s. par quatre **bastions** qui transformèrent le château en place forte : bastions du Roy, des Dames, du Gouverneur et bastion Fourchu. Les princes de Sedan, descendants d'Évrard d'Arenberg, eurent leurs appartements dans cette enceinte, dont les murs atteignent jusqu'à 7,20 m d'épaisseur.

Au début du 17e s., la principauté fut apportée en dot à Henri de La Tour d'Auvergne qui fit édifier une nouvelle résidence, en dehors de l'enceinte : le **château bas** *(visible de l'extérieur uniquement)*. Celui-ci est sans doute l'œuvre de **Salomon de Brosse**, architecte du palais du Luxembourg à Paris. Le **logis princier** fut en partie détruit au 18e s. par la création d'une rampe d'accès aux terrasses : la **galerie sud**. Le château devint un domaine militaire pendant plus de trois siècles, de 1642 à 1962, date à laquelle il revint à la ville de Sedan.

La visite – Avec le circuit « **1 000 ans d'histoire** » (la grande visite du château), vous commencerez par la découverte des fortifications, bastions, remparts, chemins de ronde, ainsi que les nombreuses techniques et astuces qui en ont fait une forteresse imprenable. Puis, vous suivrez le circuit « **Sedan une Principauté** » qui, dans un dédale complexe de couloirs et de salles, est jalonné de **reconstitutions**, évoquant à l'aide de mannequins la vie des princes, soldats ou domestiques sous la principauté de Sedan : mariage de Charlotte de La Marck avec Henri de La Tour d'Auvergne en 1591, salles des veilleurs, de la cuisinière, du tir au canon... La visite comprend le **musée du Château fort**, à l'intérieur des tours jumelles, dont les collections archéologiques proviennent des fouilles effectuées dans les sous-sols (poteries médiévales, céramiques...). À voir aussi : documents sur l'histoire de Sedan, étains du 16e au 19e s., tapisseries du 16e au 18e s., ainsi que des objets fabriqués à Sedan (dentelle, argenterie, armes). Une salle est consacrée à la **guerre de 1870** : panorama de la bataille par Louis Braun, casques à pointe... Vue sur la ville et ses toits d'ardoise. Dans la **grosse tour**, on admirera la remarquable charpente rayonnante du 15e s.

Place de la Halle

L'hôtel (18e s.) au **n° 33** ouvre sur la place et le Promenoir des prêtres. Propriété des Poupart-Neuflize, il servait sans doute de logis entrepôt. Le corps principal se prolonge par des ailes en quart de cercle, puis droites comme au Dijonval.

Rue du Ménil

L'édifice situé au **n° 1** abrita l'Académie des exercices, créée en 1607 par Henri de La Tour d'Auvergne. Quelque 80 huguenots venaient s'y entraîner au maniement des armes : elle fut fermée en 1685 par Louis XIV. En 1629, l'hôtel de Lambermont vint se greffer aux bâtiments. En 1726, l'ensemble devint une fabrique royale de drap, appelée les **Gros Chiens**. La première cour est ornée de têtes, placées au-dessus des fenêtres : elles représenteraient Élisabeth de Nassau et sa famille, et quelques personnes de son entourage.

En face, la maison des **Petits Chiens** (1747) appartenait à un fabricant de draps.

Rue Berchet

Au **n° 3**, l'ancienne teinturerie fut acquise en 1823 par Rousseau, propriétaire de la manufacture des Gros Chiens.

Rue de Bayle

L'hôtel particulier du **n° 8** fut la fabrique de Laurent Cunin-Gridaine, ministre de l'Industrie et du Commerce de 1840 à 1848. La façade est ornée, à chaque extrémité, d'un pilastre d'ordre colossal et d'une corniche saillante. Au rez-de-chaussée, remarquez les appuis en forme de banc.

Église St-Charles

À la fin du 16e s., Henri de La Tour d'Auvergne déplorait le fait que catholiques et protestants partagent la même église, et fit donc construire un temple (1593). À la révocation de l'édit de Nantes, le bâtiment fut rendu aux catholiques qui le transformèrent en église sous la direction de Robert de Cotte : celui-ci lui adjoignit un vaste chœur en rotonde (1688).

Ancien hôtel de ville

Situé au n° 39 de la rue de l'Horloge, il fut construit en 1613 d'après les dessins de Salomon de Brosse. Remarquez les motifs de sa façade à bossages.

Rue des Francs-Bourgeois

L'immeuble (18e s.) au **n° 1**, probablement une ancienne draperie appartenant à la famille Béchet, est décoré de baies à linteaux en segment d'arc, de balconnets curvilignes et d'un escalier à rampe en fer forgé.

Place Turenne

Au **n° 1**, l'ancienne fabrique Jean Labauche possède un portail sur cour davantage décoré que celui donnant sur la rue. Dans la cour subsiste également le système qui permettait de monter les ballots.

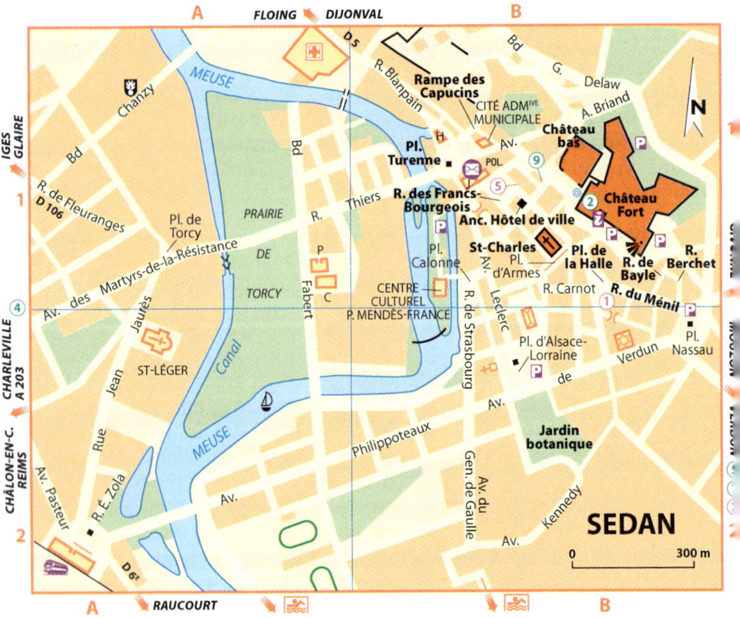

SE LOGER

- Château Fort (Le) 2
- Kyriad 4
- Manoir de la Gravière (Chambre d'hôte du) 5
- Port (Auberge du) 7
- Saint-Michel (Le) 9

SE RESTAURER

- Bon Vieux Temps (Au) 1
- Échevins (Les) 3
- Médiéval (Le) 5

Rampe des Capucins

Au **n° 1** se trouve une ancienne manufacture de draps fins qui conserve, au fond de la cour à droite, un escalier à noyau central et des balustres en bois.

À voir aussi Plan de ville

Jardin botanique B2

Au sud du cœur historique, ce grand parc fleuri, agrémenté d'un plan d'eau et de jeux d'enfants, invite à une halte au cours de la visite de la ville.

À proximité Carte de microrégion

Glaire C3

Sur la rive ouest de la Meuse, face à Sedan : rejoignez le carrefour de Bellevue vers Charleville.

Au passage, on aperçoit le **château de Bellevue** où Napoléon III signa la capitulation de son armée, le 2 septembre 1870 *(visible de l'extérieur uniquement)*.

Château et jardins de Villette – *06 98 76 97 96 - www.chateau-de-villette.fr - ne se visite pas. Visible de l'extérieur.* Cette maison forte est bâtie sur la **presqu'île d'Iges**, dans la verdure. Un édifice antérieur (15e s.) fut incendié en 1552 par les troupes de Charles Quint, et un nouveau château reconstruit en 1580. Le cardinal Mazarin, l'un de ses propriétaires successifs, y séjourna durant la Fronde. Nicolas Philbert, évêque constitutionnel des Ardennes et ami de l'abbé Grégoire, s'y réfugia pendant la Terreur et repose dans le petit cimetière du château.

L'ensemble fut remanié au 18e s. par Jean-François de Maucomble, secrétaire du roi. On visite les parties restaurées, les charpentes et les caves romanes du château, ainsi que ses jardins à la française, qui s'étagent sur quatre terrasses vers la Meuse : buis, tilleuls, bassins plantés de nénuphars et d'iris…

Floing C3

4 km au nord-ouest par la D 5.

La guerre a durement marqué cette localité. Le 1er septembre 1870, les chasseurs d'Afrique de la division Margueritte y tentèrent une charge héroïque qui, comme le rappelle un **monument** commémoratif, provoqua l'exclamation du roi de Prusse : « Ah, les braves gens ! »

Dans le **cimetière militaire** français, des stèles portent les noms des régiments de lanciers qui furent massacrés sur le site. Le monument du **Chêne brisé** rappelle le souvenir de 3 000 combattants ensevelis dans une fosse commune. C'est également ici, le 13 mai 1940, que les chars allemands de Guderian franchirent la Meuse…

Maison du Souvenir – *03 24 29 17 42 - ♿ - gratuit - visite possible en continu pour la grotte. Pour la visite de la maison se rens. auprès de la mairie.* Le 31 août 1940, dix résistants furent tués dans la grotte de Gaulier par les miliciens de Joseph Darnand, en retraite vers l'Allemagne. Ce musée, face à la grotte, évoque les épisodes dramatiques que connut Floing en 1870, 1914 et 1940.

Point de vue de la Marfée C3

À Noyers-Pont-Maugis, 7 km au sud par la D 6 jusqu'à Noyers, puis la D 229.

Utilisé par les armées de 1870, le bois de la Marfée fut à nouveau un site stratégique lors des deux dernières guerres. Un **cimetière militaire** en surplomb y rassemble les corps de près de 30 000 soldats français et allemands ; c'est l'un des cimetières allemands les plus importants de France *(un ouvrage « Circuits de Mémoire en Pays sedanais » est disponible à l'office de tourisme)*. Vue sur Sedan et la Meuse.

Bazeilles C3

3 km au sud-est par la N 43.

Un épisode très émouvant de la **bataille de Sedan** s'est déroulé à Bazeilles. Le 31 août et le 1er septembre 1870, quelque 200 « marsouins » résistèrent pied à pied aux troupes du 1er corps bavarois. Ayant épuisé leurs dernières munitions, les défenseurs acceptèrent de se rendre. Le lendemain, Sedan capitulait.

Maison de la Dernière Cartouche – *12 r. de la Dernière-Cartouche - ✆ 03 24 27 15 86 - www.maisondeladernierecartouche.com - de déb. juin à mi-sept. : 10h-12h, 13h30-18h ; reste de l'année : 13h30-18h - fermé de mi-déc. à déb. janv. et lun., mar. - 3 € (-18 ans 1,50 €) - gratuit j. des cérémonies.* Le musée présente de nombreux objets français et allemands recueillis sur le champ de bataille, des documents trouvés dans les décombres des maisons incendiées, ainsi que le célèbre tableau *Les Dernières Cartouches* d'Alphonse de Neuville (1873). Des photocopies des lettres envoyées par Gallieni à sa famille relatent les détails du combat. Au 1er étage, la chambre où s'est déroulé l'ultime assaut a conservé son ameublement et sa disposition. À proximité, dans un ossuaire, reposent environ 3 000 soldats français et allemands.

Château – *✆ 03 24 27 09 68 - http://chateau-bazeilles.com - 10h-18h - possibilité de visite guidée sur demande préalable - visite libre du parc et des jardins.* Construit vers 1740 pour Louis Labauche, un riche manufacturier en drap, il marie l'équilibre classique et l'élégance du style Régence, avec son corps de bâtiment que prolongent deux pavillons en saillie *(l'aile droite a été détruite par un incendie en mars 1989)*. L'avant-corps central est couronné d'un fronton décoré avec les initiales du constructeur, insérées dans un encadrement rocaille. Observez les masques sculptés qui surmontent les fenêtres à petits carreaux : leurs visages expressifs, souvent espiègles, sont bien dans l'esprit du 18e s. Aujourd'hui, le château accueille un hôtel.

Dans le **parc** dessiné à la française, on découvre deux charmants pavillons, une curieuse orangerie de forme ovale abritant un restaurant et un colombier, ainsi que les anciennes écuries.

Musée des Débuts de l'Aviation C3

Aérodrome de Sedan-Douzy, 10 km à l'est par la N 43.

✆ 03 24 26 38 70 - ♿ - juin-août : 10h-12h, 14h-18h ; mai et sept. : 14h-18h ; avr. et oct. : w.-end et j. fériés 14h-18h - fermé lun. - 2 € (-14 ans 1,30 €).

Ce musée est consacré au pionnier de l'aviation **Roger Sommer** (1877-1965). Pilote et constructeur de 1908 à 1912, il décrocha en 1909 le record du monde de durée de vol (2h27). Autour d'une réplique du biplan 1910 ayant servi à la première liaison aérienne aux Indes (1911) sont exposées trois maquettes (1908-1912).

Une importante collection de cartes postales évoque des pilotes célèbres, tels Blériot et Farman. L'aviation moderne est illustrée par une centaine de maquettes d'appareils.

★ Mouzon C3

17 km au sud-est de Sedan par la N 43 puis les D 8043 et D 964.

Pl. du Colombier - 08210 Mouzon - ✆ 03 24 29 79 91 - www.3cantons.org - mai-oct. : 10h-12h, 14h-18h, dim. et j. fériés 14h-18h - fermé lun., dim. de Pâques.

Vue de Mouzon, dans la vallée de la Meuse.
N. Thibaut / Photononstop

Ce gros bourg, très harmonieux, resserre ses vieilles maisons de calcaire jaune sur les rives de la Meuse. Baladez-vous depuis la porte de Bourgogne jusqu'à l'abbatiale gothique : ici et là, de petites fenêtres semblent épier votre passage. Ce sont des beuquettes, étroites ouvertures dans l'épaisseur des murs d'où l'on pouvait « beuquer », c'est-à-dire observer furtivement les passants…

Circuit des Fortifications – *Visite guidée (1h30) sur demande préalable à l'office de tourisme. - gratuit.*Il fait le tour de Mouzon depuis l'emplacement de la porte de France, au sud. Il permet d'imaginer la petite ville de jadis, corsetée dans ses murailles et protégée par son château : celui-ci était situé à l'emplacement des usines Sommer.

La **Porte de Bourgogne** (12e-17e s.) est le dernier vestige des fortifications de la ville. Elle menait aux terres relevant du duc de Bourgogne, d'où son nom. En 1641, sur l'ordre du cardinal de Richelieu, elle fut renforcée par trois fossés et trois pont-levis, dont il ne subsiste rien aujourd'hui.

MOUZON, UNE VILLE CONVOITÉE

Dès 843, Mouzon est une ville frontière entre la Francie occidentale et la Lotharingie. Elle conservera longtemps cette position stratégique : plus à l'est, la principauté de Sedan ne sera française qu'au milieu du 17e s. En 1379, Mouzon, française, devient le lieu de séjour des archevêques de Reims. Pour la protéger des troupes germaniques, puis espagnoles, les rois de France incitent les habitants à construire des fortifications : la ville est assiégée en 1521 par les armées de l'empereur **Charles Quint**, puis en 1653 par les troupes françaises, sous le commandement de Turenne. En 1659, par le traité des Pyrénées, Louis XIV repousse la frontière d'environ 20 km à l'est jusqu'à l'actuel Carignan. Treize ans plus tard, il autorise la démolition des murailles. Mais en 1674, la ville est à nouveau attaquée par les Luxembourgeois.

★ **Abbatiale Notre-Dame** – *06 87 24 23 55 - http://amismouzon.free.fr - - avr.-oct. : 9h30-19h, dim. et j. fériés 14h-19h ; reste de l'année : 9h30-17h - possibilité de visite guidée sur demande préalable - 3 € (enf. jusqu'à 12 ans gratuit).* *Voir l'ABC d'architecture p. 77.* La vie religieuse se développa avec la fondation, en 971, d'une abbaye bénédictine par Adalbéron, évêque de Reims. Après la construction d'une première église, l'abbatiale fut bâtie vers 1190 et achevée en 1231, sauf la tour nord (15e s.) et la tour sud (16e s.). L'abbatiale fut vendue à la Révolution et devint un hôpital. Des restaurations très visibles ont été effectuées à la fin du 19e s.

Les 46 contreforts, d'une grande sobriété, contrastent avec le **tympan** richement sculpté. En haut : *Couronnement*, peut-être celui de la Vierge. Au milieu : *Annonciation et Visitation*. En dessous : à gauche, *Dormition de la Vierge* ; à droite, *Martyres de sainte Suzanne et saint Victor*, des saints locaux (on crève les yeux à la jeune fille, tandis que son frère est poignardé).

Le chœur (fin 12e s.) et la nef (13e s.) reposent sur de gros piliers ronds, comme à Laon dont Mouzon reproduit le plan primitif. De chaque côté du **chœur** et des bras du transept, jolie perspective sur les galeries qui surmontent le déambulatoire et les **chapelles** rayonnantes. À droite, l'une d'elles conserve des fragments de peintures médiévales sur le thème de l'Assomption. À gauche se trouve la cellule d'une recluse qui consacra la fin de sa vie à prier Dieu dans ce logis minuscule. Le mobilier du 18e s. est intéressant : orgue et buffet d'orgue en bois sculpté (1725), seul témoignage de l'œuvre de **Christophe Moucherel** dans le nord de la France.

À gauche de l'église, on remarque la belle ordonnance des anciens bâtiments abbatiaux (1660) qui abritent aujourd'hui une maison de retraite. Les **jardins** à la française offrent une jolie promenade.

Musée du Feutre – *03 24 26 19 91 - www.mouzon.fr/musee.asp - mai-sept. : 14h-18h ; avr et oct. : w.-end et j. fériés 14h-18h - fermé nov.-mars - 4 € (-16 ans 1,50 €).* Ce musée met en valeur un savoir-faire développé à Mouzon et lié à l'usine fondée en 1880 par **Alfred Sommer** : la fabrication du feutre, l'un des plus anciens textiles du monde.

L'origine du feutre remonte à 8 000 ans, en Asie centrale. Il est obtenu à partir de laines animales comme celle du mouton, mais aussi de toutes sortes de poils (lama, chèvre, lapin, etc.). Leurs fibres s'enchevêtrent lorsqu'on les soumet à l'action combinée de la chaleur, de l'humidité et du frottement. Des manteaux de bergers, des bonnets, des chaussons et des tapis dont les motifs évoquent certaines croyances (arbre de vie, oreilles d'ours…) retracent cette longue **tradition artisanale du feutre** chez les Afghans et les Turcs nomades. Exposition d'une yourte anatolienne. Aujourd'hui, le feutre industriel se prête à toutes sortes d'usages : filtre d'aspirateur, dessous de meuble, feutrine décorative, revêtement automobile, stylos-feutres…

La reconstitution au quart d'une chaîne de fabrication permet d'assister à l'élaboration de ce textile, du cardage de la laine jusqu'au foulage. Un **atelier d'art contemporain** expose les réalisations de créateurs internationaux sollicités par le musée pour inventer des accessoires de mode, des vêtements et des meubles étonnants. Des **animations** sont proposées aux enfants : déguisements, confection de petits objets…

Site gallo-romain du Flavier C3

21 km au sud-est de Sedan par la N 43 puis les D 8043 et D 964.

L'ancienne Mosomagum (Mouzon) fut une cité frontalière entre les peuplades celtes et trévires, comme en témoigne ce lieu de culte gallo-romain, découvert en 1966 et surplombé par une passerelle.

On y voit encore les fondations de trois temples *(fana)* superposés, datant de 50 av. J.-C. à 350 de notre ère. Outre des poteries et des céramiques, quelque 850 objets votifs ont été mis au jour sur le site : petits glaives, boucliers, lances… Certains sont exposés au musée de l'Ardenne, à Charleville-Mézières *(voir p. 335)*.

Fort de Villy-la-Ferté C3

29 km au sud-est de Sedan par la N 43 puis D 8043 et à droite la D 52. Le fort se trouve à la frontière du département de la Meuse, à cheval sur les deux communes dont il porte le nom : Villy et La Ferté-sur-Chiers.

03 24 42 35 76 - www.ouvragelaferte.fr - visite guidée juil.-août : 14h-17h ; 1er mars-11 Nov. : sam. 14h-18h - 5 € (-14 ans 3 €).

Dernier ouvrage de la ligne Maginot, Villy devait en être le « pilier Ouest », gardant la vallée de la Chiers… Le 18 mai 1940, les Allemands y donnèrent l'assaut. Ils firent sauter les créneaux de tir des cloches blindées, et culbutèrent la tourelle pour y lancer des charges : 107 soldats français périrent au cours de l'attaque, pour la plupart asphyxiés dans la galerie souterraine où ils s'étaient réfugiés.

Il est l'un des ouvrages de défense « Nouveaux Fronts » construits à partir de 1935 avec des améliorations techniques. Il se réduisit à deux blocs d'infanterie, réunis par une galerie et flanqués de deux casemates d'artillerie : l'une d'elles borde la route, face au chemin d'accès.

La visite permet de découvrir l'entrée en chicane, les créneaux de tir à rotule, les cloches d'« armes mixtes » associant des mitrailleuses et un canon antichars très précis, et l'impressionnante **galerie** creusée à 35 m de profondeur pour relier les deux blocs d'infanterie.

À l'extérieur, adossé au champ de rails antichars, un **monument** rappelle le sacrifice des soldats. Sur les « dessus », les dégâts subis par les cloches et la tourelle basculée par une charge explosive témoignent de la violence des combats.

Circuits conseillés Carte p. 357

LE VALLON DE LA BAR

Circuit tracé en bordeaux sur la carte p. 357 et sur la carte de microrégion (p. 330) – 150 km – Comptez une journée en voiture. Quittez Sedan à l'ouest et rejoignez Pont-à-Bar par la D 764.

Aux confins de l'Argonne *(voir p. 184)*, dans la région des **Crêtes préardennaises**, la Bar trace discrètement sa voie dans un paysage de courbes et de prairies. Cette petite rivière naît du côté de Boult-aux-Bois et se jette dans la Meuse à Pont-à-Bar. Le canal des Ardennes, ponctué de nombreuses écluses, suit, en partie, le même chemin. Dans ce joli vallon, les moines ont modelé le paysage et lancé des activités économiques dès le Moyen Âge. Tout incite à un parcours nonchalant, d'un château de pierre jaune à une ancienne abbaye, dans cette campagne où l'on croise le souvenir de Rimbaud et de Verlaine.

Pont-à-Bar

Ici débute le **canal des Ardennes**, qui relie la Meuse à l'Aisne ainsi qu'aux voies navigables du bassin de la Seine. Creusé sous Louis-Philippe, il fait 106 km et comporte 46 écluses, de Pont-à-Bar jusqu'à Berry-au-Bac, au sud-ouest.

Rejoignez Cheveuges par Villers-sur-Bar.

Cheveuges

Ce village fleuri (« trois fleurs » au concours régional) possède une **église** romane dont le portail occidental est flanqué de contreforts. Sa tour carrée, de style gothique, surmonte un chœur voûté d'ogives.

Au fond du vallon, le canal des Ardennes suit le cours de la Bar et se faufile dans un passage souterrain, sous la voûte de Saint-Aignan.

5 km. Départ entre l'école et l'église. Topoguide en vente à l'office du tourisme de Sedan. Un sentier balisé fait le tour de Cheveuges et mène à la **Croix-Piot** (alt. 325 m), qui offre un point de vue imprenable sur le val de Bar et la vallée de la Meuse.

Rejoignez la D 977 menant à Chéhéry.

Château du Rocan, à Chéhéry

À la sortie du bourg, sur la gauche, un petit chemin mène à ce château, construit en 1555 par Raoul II de Coucy-Vervins. Avec ses tours et son donjon carré, il a gardé une allure féodale malgré quelques modifications effectuées au 19e s. (portes, verrière…). Il appartient aujourd'hui à des propriétaires privés *(ne se visite pas)*.

Continuez sur la D 977 vers le sud.

Chémery-sur-Bar

Surplombant la vieille halle et le village où subsistent des maisons typiquement ardennaises des 16e et 18e s., l'**église St-Sulpice** (12e s.) est caractéristique de l'architecture romane de la région, avec son plan basilical et la couverture en charpente de sa nef. Les bas-côtés, le chœur et le transept voûtés sur croisées d'ogives sont du 13e s. Son autel du 16e s. provient de la chartreuse du Mont-Dieu.

Prenez la D 24 au sud vers Stonne.

Mémorial de Stonne

En mai 1940, ce village fut le théâtre de très violents combats. Pris et repris sept fois en quatre jours, il fut entièrement détruit ; il y eut 1 000 morts en ces lieux. Un **char B 1**, utilisé lors de la première bataille de chars de la dernière guerre, est figé à côté d'un **monument** de granit où sont gravés le nom de toutes les unités ayant combattu dans la région. Un **char AMX 13** rend hommage à l'armée blindée : il se trouve au bas de la **butte de Stonne**, dite « Pain de Sucre ». Depuis cet ancien tumulus gallo-romain, situé sur la voie romaine de Reims à Trèves, la vue s'étend sur les alentours.

Les villages marqués par ces combats forment un **circuit historique** de 50 km balisé par quinze totems accompagnés de panneaux *(voir p. 23)*.

Prenez la D 30 vers Les Grandes-Armoises et, juste après le village, tournez à droite dans la forêt du Mont-Dieu.

LE TEMPS DES ABBAYES

Dans le **vallon de la Bar**, les moines ont modelé le paysage, exploité la forêt et lancé des activités économiques dès le 12e s. : chartreux au Mont-Dieu, cordeliers à La Cassine… La plupart des abbayes ont été reconstruites ou rénovées au 17e et au 18e s., avant que la Révolution ne chasse les moines. Le seul monastère « ardennais » qui accueille encore une communauté se trouve en Belgique proche, à Orval.

★ Ancienne chartreuse du Mont-Dieu

Propriété privée, ne se visite pas.

Fondée en 1132 par **Odon**, abbé de St-Remi de Reims, après sa visite de la Grande-Chartreuse dans le Dauphiné, ce fut la première chartreuse bâtie en France. Elle occupait plus de 12 ha à l'abri d'une triple enceinte, et accueillit des hôtes illustres : saint Bernard, le pape Eugène III, Thomas Becket… Proche du fief protestant de Sedan, elle souffrit des guerres de Religion, devint prison sous la Terreur, puis fut partiellement démolie.

Dans une clairière, au pied des crêtes de l'Argonne, subsistent huit bâtiments du 17e s. d'une certaine sévérité, tempérée par la couleur chaude de la brique rose et les encadrements de pierre des portes et des fenêtres.

Prenez la D 977 vers Le Chesne.

Le Chesne

Commandant l'un des défilés de l'Argonne, dit jadis du Chesne-Populeux, cette localité se trouve sur la ligne de partage des eaux, entre les bassins de l'Aisne et de la Meuse. Dotée d'une tour carrée, l'**église St-Jacques** (13e-15e s.) abrite une statuette en marbre de saint Bernard en évêque (16e s.), provenant de l'abbaye du Mont-Dieu.

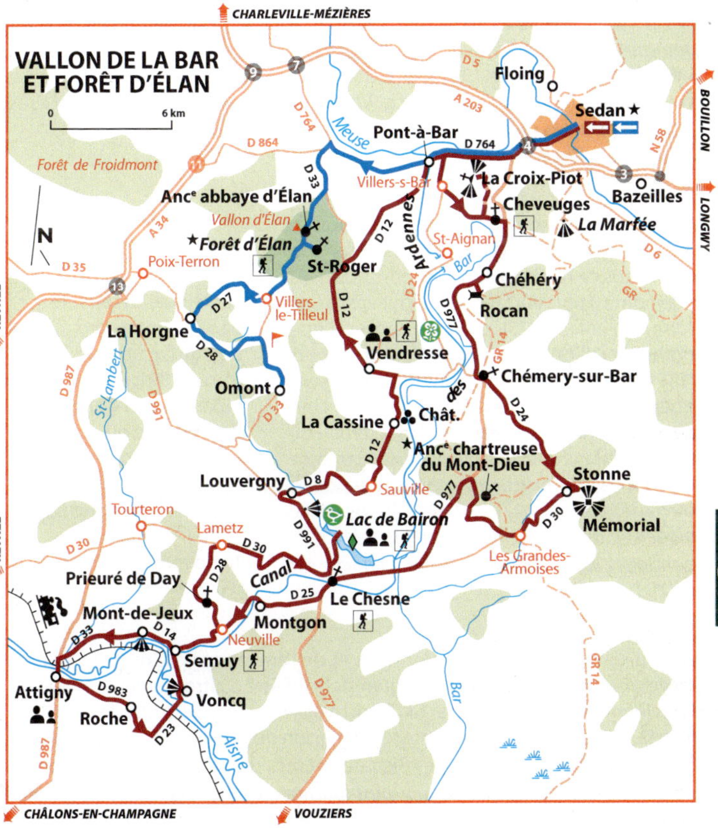

9 km. Du Chesne à Semuy, le **chemin de halage** offre un parcours pédestre, longeant 26 écluses.
Par la D 25, on rejoint **Montgon**, qui compte trois écluses.
Continuez sur la même route, qui longe le canal des Ardennes, jusqu'à Semuy.

Semuy

Ce petit bourg est situé au carrefour d'un ruisseau, d'une rivière et de deux canaux. Il fut un haut lieu des combats qui suivirent l'invasion allemande, du 13 mai au 12 juin 1940.
Musée de la Bataille de mai-juin 1940 – *03 24 71 23 16 - www.museedesemuy.e-monsite.com - mai-sept. : 10h-19h - fermé dim. et lun. de Pâques - 4 € (-12 ans gratuit) - possibilité de visite guidée.* Logé dans l'ancien moulin de Waroux, il expose des photographies, des uniformes et des armes utilisées par les belligérants (motos, DCA allemande, mannequins, etc.).
Prenez la D 14 vers Mont-de-Jeux.
Dans le hameau de **Mont-de-Jeux**, André Dhôtel, infatigable « promeneux » qui parcourut la région en tout sens, possédait une maison où il écrivit plusieurs de ses romans *(voir p. 83)*. Beau point de vue sur la vallée de l'Aisne.
Prenez la D 33 jusqu'à Attigny.

Attigny

Train touristique du sud des Ardennes – *03 24 71 47 60 - http://cftsa.free.fr - visite guidée 23 juin-8 sept. : dim. - possibilité de circulation du train sur demande préalable, en sem., se rens. 03 24 38 58 41.* L'été, cet autorail « Picasso » des années 1950, venu d'Amagne, s'arrête en gare d'Attigny. Le voyage se poursuit jusqu'à Voncq, Vouziers et Challerange. Commentaires adaptés pour les enfants.
Rejoignez Roche par la D 983.

Roche

La mère d'**Arthur Rimbaud** possédait une maison héritée de ses ancêtres (la famille Cuif) dans ce hameau où elle mourut. Son fils y séjourna à plusieurs reprises, pour écrire *Une saison en enfer* (1873), pour se reposer d'une typhoïde (1879) ou encore peu avant sa mort (1891). De la ferme, rasée durant la dernière guerre, ne subsiste qu'un pan de mur. Une modeste exposition entretient le souvenir de Rimbaud dans une maison du village : photos anciennes, sculpture représentant le poète, ouvrages… *03 24 71 22 21 (Mme Aubry) - visite guidée (45mn) sur RV - tarif : se rens.*
Continuez sur la D 983 et tournez à gauche sur la D 23.

RIMBAUD, ENCORE…
Sur le quai désaffecté de l'ancienne gare de **Voncq**, un jour d'août 1891, Rimbaud repartit vers l'hôpital de Marseille où il avait été amputé de la jambe droite quelques semaines auparavant, et où il mourut le 10 novembre.

Voncq

Au croisement de la vallée de l'Aisne et de l'ancienne voie romaine Reims-Trèves, ce village perché a été longtemps le théâtre d'affrontements militaires. L'ancienne gare, qui vit passer Rimbaud *(voir encadré ci-dessus)*, a été rachetée par des particuliers et transformée en maison de campagne.
Belle **vue** sur les méandres de l'Aisne, aux côtés d'une table d'orientation.
Empruntez la D 14 jusqu'à Semuy, puis tournez à droite vers Neuville et prenez la D 128 vers Day.

Verlaine et Rimbaud. Détail du tableau ***Un coin de table*** (musée d'Orsay), par H. Fantin-Latour (1872).
D.R.

Prieuré de Day

☏ 03 24 71 42 37 - visite guidée sur demande préalable.

Acquis en 1622 par dom Étienne d'Auvergne, grand prieur à la chartreuse du Mont-Dieu, il fut rebâti à la fin du 17ᵉ et au début du 18ᵉ s. Ses impressionnantes caves médiévales, sur trois étages, furent le cellier des chartreux de 1622 à 1792. Non loin, l'ancien **donjon** du 13ᵉ s. se visite. *☏ 03 24 71 45 41 - visite guidée sur RV (1h30).*

Continuez sur la D 128 jusqu'à Lametz et prenez la D 30 à droite.

Lac de Bairon

Dans un paysage de collines, ce lac (120 ha) comprend deux étangs, séparés par une digue.

Dans l'**étang Vieux**, les moines du Mont-Dieu pêchaient brochets et sandres. Cette zone du lac est aujourd'hui une **réserve naturelle** pour les oiseaux. Au rythme des migrations s'y nichent des canards sauvages, ainsi que des rousserolles, poules d'eau et rapaces, parmi quelque 180 espèces recensées. Des observatoires en rondins facilitent l'observation.

L'**étang Neuf** est un réservoir creusé en 1840 pour alimenter en eau le canal des Ardennes, où les péniches touchaient parfois le fond.

Depuis la base nautique *(voir « Nos adresses à… »)*, une balade paisible *(environ 1h)* longe le lac par la ferme des Margots à l'est, la côte du Petit-Moulin au sud et la digue, tout au bout.

La D 991, où l'on découvre une vue sur le plan d'eau, mène à **Louvergny**. En été s'y déroule une Biennale (*☏ 03 24 71 98 98*).

Rejoignez Sauville par la D 8, puis La Cassine par la D 12.

La Cassine

À l'orée du bois, en pleine nature, émergent les **ruines du château** bâti en 1571 par Henriette de Clèves et Louis de Gonzague, duc de Rethel et père de Charles de Gonzague qui fondera Charleville. Malgré son nom modeste

(*cassina* signifie « maison de campagne » en italien), cette vaste demeure (20 000 m^2) s'étendait jusqu'au canal. Rebâti en 1850 après un incendie, le château fut à nouveau en proie aux flammes au 20e s.
L'association culturelle du Château de La Cassine fait vivre les lieux. Des **spectacles son et lumière** y sont donnés en été *(voir « Nos adresses à… »). Visite lors des spectacles.*
Ancien couvent de La Cassine – *03 24 35 44 84 - en travaux mais néanmoins ouvert pour visites informelles*. Également bâti à l'initiative du duc (1579), il fut confié à l'ordre mendiant des Cordeliers et sécularisé à la Révolution. Seuls le cloître et l'ancien dortoir ont été préservés. La charpente de la chapelle et du grenier présente une remarquable facture en coque de vaisseau retourné.
Continuez sur la D 12 jusqu'à Vendresse.

Vendresse

Dans une région où abondent le bois et l'eau, Vendresse fut le berceau de la métallurgie ardennaise. Le minerai de fer était extrait à Villers-le-Tilleul, village situé à 8 km au nord-ouest. Reconstruit en 1816, le **haut-fourneau** produisait un millier de tonnes de fonte par an. Après la guerre de 1870, la concurrence lorraine entraîna le déclin du site, qui fonctionna néanmoins jusqu'en 1966.
Domaine – *03 24 35 57 73 - www.domaine-de-vendresse.fr - de fin avr. à déb. sept. : w.-end, j. fériés et merc. 10h-19h ; déb. sept. à fin oct. : w.-end et merc. 12h-18h ; reste de l'année : mar., jeu. vend. 12h-18h - fermé de fin oct. à fin avr. - 5 € (-3 ans gratuit) - 10 € le Pass annuel illimité /pers. - 35 € le Pass annuel illimité/ famille - le billet d'entrée donne accès à l'ensemble de l'offre (hors pêche).*
L'ancien **haut-fourneau**, l'un des seuls subsistant en l'état en France, est remis en fonction virtuellement à travers un parcours **son et lumière** qui reconstitue la naissance d'une coulée de fonte. Dans l'ancienne halle à charbon, une projection retrace l'histoire de la fonderie dans les Ardennes à partir du 15e s., et des vitrines interactives permettent d'utiliser les techniques évoquées.
Des aquariums ont été installés au rez-de-chaussée. En effet, une pisciculture prit place dans le domaine lorsque la fonderie cessa son activité. Dans le parc (6 ha) subsistent deux **bassins**, où l'on peut s'adonner à la pêche *(location de cannes sur place)*. Deux rivières pédagogiques, avec panneaux d'interprétation, ont également été aménagées.
2,4 km AR. Indiqué depuis le village. L'**arboretum** de Vendresse est accessible par le chemin du bois de la Vierge. Il présente des espèces locales et dévoile une jolie vue sur le vallon de la Bar.
Rejoindre Pont-à-Bar par la D 12.

★ FORÊT D'ÉLAN

Circuit tracé en bleu sur la carte p. 357 et sur la carte de microrégion (p. 330) – 43 km – Comptez 2 à 3h. Très accidentée, la forêt d'Élan (872 ha) s'étend à l'ouest de Sedan et au sud-est de Charleville-Mézières. Quittez Sedan par l'A 203 pour rejoindre Élan, à 25 km au sud-ouest ; suivez la sortie Charleville-Mézières, puis prenez la D 764 jusqu'à Flize et continuez sur la D 33.

LE SAVIEZ-VOUS ?

Saint Roger, moine originaire des côtes anglaises, fut le premier abbé d'Élan : c'est lui qui donna le nom d'Esland (terre de l'Est) à la nouvelle abbaye. On attribue à saint Roger de nombreux miracles. Il rendit l'eau du ruisseau d'Élan si glaciale qu'elle guérissait les fièvres d'amour !

Cette belle forêt entoure un vallon qui se resserre entre des pentes accentuées et couvertes de prés. Cachée dans cette futaie de chênes et de hêtres, l'ancienne abbaye cistercienne d'Élan constitue un agréable but de promenade.

Ancienne abbaye d'Élan

En 1148, le comte de Rethel, qui cherchait à expier ses crimes, demanda à ce qu'une abbaye soit fondée sur ses terres. Au Moyen Âge, l'abbaye possédait un « moulin à écorces de chênes » pour la fabrique du tan et une foulerie pour le drap, située à Flize. Elle tomba en commende en 1545 et, le nombre de moines ne cessant de diminuer, les abbés se désintéressèrent de leurs biens. On n'y comptait plus que quatre moines à la Révolution, où le mobilier de l'abbaye fut dispersé et ses murs démantelés pour en vendre les moellons. Il en subsiste néanmois plusieurs édifices, dont certains sont accessibles.

Manse abbatiale – *La Manse Abbatiale - 08160 Élan - ✆ 03 24 37 25 85 - www.paysdessources.com - juil.-août : 10h-12h, 14h-18h, dim. et j. fériés 14h-18h ; reste de l'année : tlj sf lun. 10h-12h, 14h-17h30, dim. et j. fériés 14h-17h30 - fermé 1er janv., 25 déc.* Construit à la fin du 17e s. pour héberger les voyageurs et les familles des salariés de l'abbaye, l'édifice récemment restauré abrite l'office de tourisme et un restaurant. Il accueille également une exposition sur l'histoire d'Élan et les abbayes cisterciennes de France, ainsi que des expositions temporaires.

Église abbatiale – Construite au 12e s., elle fut transformée en église paroissiale au 19e s. après d'importants travaux. Il ne reste que les premières travées de la nef. La façade classique date de 1720.

Manoir abbatial – Aujourd'hui occupé par une exploitation agricole, ce bâtiment fut construit au 16e s. et flanqué de quatre tours. Face au manoir, dans les écuries actuelles, étaient logés les moines convers.

Chapelle St-Roger – *À 1 km par un chemin carrossable.* Bâti au 18e s. au fond du vallon, ce sanctuaire minuscule marque le lieu où saint Roger venait méditer et où il mourut, le 4 janvier 1175. À ses pieds les sources du ruisseau, qui alimentait jadis le vivier abbatial, furent aménagées par les moines en bassins d'agrément aux formes symboliques.

✆ 03 24 37 25 85 - www.paysdessources.com - panneau d'information face à l'office de tourisme et brochure gratuite de circuits de randonnée disponible sur place. Deux **circuits pédestres** balisés traversent la forêt d'Élan au départ de l'ancienne abbaye : celui des Hauts-Bois *(13 km - 3h)* et celui des Hautes-Vignes *(12 km - 3h)*. Un sentier équestre passe également à proximité.

Pour rejoindre La Horgne, à 10 km au sud-ouest d'Élan, suivez la D 33 vers le sud ; poursuivez au-delà de Villers-le-Tilleul et des Poursaudes, puis tournez à droite sur la D 28.

La Horgne

Ce village entretient le souvenir de la « charge héroïque » que menèrent le 15 mai 1940 700 spahis algériens et marocains entre Poix-Terron et le val de La Horgne (ce corps de cipayes français avait été créé en 1834 lors de la conquête de l'Afrique du Nord). Cinq heures durant, les spahis résistèrent, à cheval, sabre au clair, face aux Allemands. Le combat permit momentanément de freiner la progression ennemie, au prix d'un terrible carnage : 600 morts chez les spahis.

Musée des Spahis – *Pl. des Spahis - ✆ 03 24 35 68 42 - http://perso.wanadoo.fr/le.burnous - de mi-mai à mi-sept. : dim. 14h-18h - 2,50 € (-12 ans gratuit).* Des toiles et dessins, tenues de combat et d'apparat, armes, objets personnels… évoquent la bataille et le rôle des spahis dans l'histoire militaire de la France.

Dans le village, le **Mémorial national des spahis** est dédié à la mémoire de tous ces soldats tombés au champ d'honneur depuis 1830.

Un sentier pédestre mène à une **table d'orientation** qui, plantée sur la colline des Spahis face au village, retrace le déroulement des combats.

Rejoignez Omont, à 8 km au sud par la D 33.

Omont

Presque abandonné, Omont couronne une crête à 230 m d'altitude. Il reste un chef-lieu de canton, en témoignage du rôle de forteresse et de prévôté qu'il joua sous l'Ancien Régime (d'où le dicton : « Vin de Mouzon, pain de Sagogne, justice d'Omont »).

Au point le plus élevé se trouve l'église du 17e s. On reconnaît les **vestiges du château**, tenu par les ligueurs lorsqu'il fut assiégé en 1591 par Henri IV.

NOS ADRESSES À SEDAN

VISITES

De nombreuses animations sont proposées toute l'année au château :

Le **Pass'Muraille** *(25 €)*, valable un an, donne accès gratuitement à toute visite du château et à l'entrée du festival médiéval. Il permet aussi d'obtenir un tarif réduit pour le tournoi, pour les concerts guitare et patrimoine, 20 % de remise sur les achats en boutique, et un apéritif offert au restaurant de l'hôtel le midi.

Chaque année, le 3e w.-end de mai, le château accueille un grand **festival médiéval**, mettant en scène plus de 1 000 acteurs et figurants : marché et échoppes, jeux anciens, cortèges, spectacles et ateliers…

Des **visites à thèmes** tout public sont organisées pour Halloween, Noël, Mardi gras, Pâques…

En juillet et en août, **visites nocturnes aux flambeaux** *(vend. et sam. à 21h30 - 7,90 € (enf. 5,90 €)*, et tournois de chevalerie.

HÉBERGEMENT

BUDGET MOYEN

Kyriad – *89 av. de la Marne - ✆ 03 24 29 44 44 - P - Wifi - 38 ch. 56/71 € - ☕ 8,50 € - ✕ 15 € (ouv. le soir lun.-vend.).*

Appartenant à une chaîne aux prix corrects, cet établissement proche du centre compte 37 chambres au mobilier contemporain et fonctionnel. Chacune dispose d'une salle de bains complète. Petits-déjeuners servis sous forme de buffet, restaurant simple misant sur une cuisine traditionnelle. Au final, pas vraiment de charme, mais un confort appréciable.

Le Saint-Michel – *3 r. St-Michel - ✆ 03 24 29 04 61 - www.le-saint-michel.fr - ♿ - Wifi - 43 ch. 75 € - ☕ 8 € - demi-pension possible - ✕ formule déj. 10 €.*

Au pied du château, cet hôtel de charme propose des chambres lumineuses, récemment rénovées, avec pour certaines une mezzanine. Grande salle rouge et bois pour prendre le petit-déjeuner. Accueil convivial.

À proximité

Auberge du Port – *R. de la Gare - 08450 Bazeilles - 4 km au sud-est de Sedan par la rte de Remilly-Aillicourt - ✆ 03 24 27 13 89 - www.auberge-du-port.fr - fermé août, 25 déc. et 1er janv. - P - 20 ch. 69 € - ☕ 8,50 €, demi-pension possible - ✕ formule déj. 17 € - 25/53 € bc.*

Atout de cette auberge familiale : son petit jardin qui longe un bras de la Meuse… Calme garanti dans les chambres, simples et fonctionnelles avant tout. La table séduira particulièrement les amateurs de vin avec sa cave richement fournie (dégustation et vente).

Chambre d'hôte du Manoir de la Gravière – *2 faubourg Ste-Geneviève - 08210 Mouzon - ✆ 03 24 57 08 08 - www.la-graviere.fr - P - Wifi - ouv. tte l'année - 5 ch. 72/90 € - 25 € bc.* Situé au bord de la Meuse, ce superbe manoir, entièrement rénové, date du début du 20e s. L'atmosphère y est chaleureuse et raffinée : tableaux, tapisseries et boiseries habillent la maison de famille à l'image d'antan. Les chambres sont splendides : lit à baldaquin pour les unes, lustres au plafond pour les autres.

POUR SE FAIRE PLAISIR

Le Château Fort – *dans le château fort (accès Porte des Princes) - ✆ 03 24 26 11 00 - www.hotel-francepatrimoine.fr - P - Wifi - 54 ch. 119/219 € - 13 €, demi-pension possible - 24/44 €.* Ce château fort du 15e s., aujourd'hui classé, surplombe la ville et abrite un hôtel dans son ancien magasin à poudre. Chambres et suites agrémentées de peintures à thème médiéval. Les repas se déroulent dans l'ex-logis du lieutenant du roi.

RESTAURATION

BUDGET MOYEN

Au Bon Vieux Temps – *3 pl. de la Halle - ✆ 03 24 29 03 70 - www.restaurant-aubonvieuxtemps.com - fermé 15 fév.-8 mars, 30 août-6 sept., 26 déc.-1er janv., dim. soir, lun. et merc. soir - formule déj. 14,10/16,10 € - 25,70/47,50 €.* Au rdc d'une maison du 17e s., ce restaurant est orné de fresques murales : vues de Sedan dans les années 1900 et paysages régionaux. Registre culinaire classique.

Le Médiéval – *51 r. de l'Horloge - ✆ 03 24 29 16 95 - www.restaurant-le-medieval.com - fermé 3 sem. en août, dim. soir et lun. - 14/60 €.* Dans les vieilles rues de Sedan, au pied du château fort, vous apprécierez la cuisine classique et régionale de ce petit restaurant dirigé par un cuisinier professionnel. Décor de pierres et de poutres. Tables agréablement espacées.

À proximité

Les Échevins – *33 r. Charles-de-Gaulle - 08210 Mouzon - ✆ 03 24 26 10 90 - www.restaurant-lesechevins.fr - fermé dim. soir, lun. soir et merc. soir - formule déj. 20 € - 25/53 €.* Accueillant restaurant aménagé dans une maison à colombages du 17e s. Menus du jour aux saveurs franches, cuissons précises, service impeccable et prix tout doux.

PETITE PAUSE

Pâtisserie Jouannet – B1 - *28 pl. de la Halle - ✆ 03 24 29 09 26 - fermé août.* Ce chocolatier, bien situé sur l'une des places les plus animées de la ville, propose des spécialités maison comme le Palet des princes (chocolat et pâte d'amande), les Écailles d'ardoises (nougatines enrobées de chocolat), ainsi que des glaces. Salon de thé et agréable petite terrasse.

ACHATS

Brasserie artisanale du Château Fort – B1 - *45 promenoir des Prêtres - ✆ 03 24 53 13 52 - fermé vac. scol. de fév., dim. soir et lun.* Pour vous faire découvrir la fabrication de ses bières et déguster la Sedane, bière blonde, blanche et ambrée, M. Gonin vous accueille, face au château. Possibilité de savourer, midi et soir, une flammeküeche dans la première salle, ornée de boiseries et, au fond, sous la partie voûtée au caractère plus rustique.

Le Maître d'Orge – B1 - *1 bis r. Carnot - ✆ 03 24 26 89 35 - fermé dernière sem. de sept. et déb. oct. sf sam.* Ce magasin offre une dernière chance aux malheureux aficionados de la bière qui n'auront pas eu le temps de se rendre en Belgique toute proche. Il propose un grand choix de cervoises, y compris la verrerie adaptée.

La Pantoufle ardennaise - Éts Husson – A2 - *22 r. Émile-Zola - ✆ 03 24 29 58 51 - fermé 3 premières sem. d'août.* C'est l'une des dernières entreprises artisanales du nord-est de la France à fabriquer ces pantoufles de laine à semelles de caoutchouc ou de feutre que l'on appelle les ardennaises.

ACTIVITÉS

Spectacle

Les Maîtres de Forges – *Couvent des Cordeliers - 08160 Vendresse - ✆ 03 24 35 44 84 - www.la-cassine.com - juil.-août (sam.) - 15 € (-12 ans 6 €).* À travers ce nouveau spectacle son & lumière, pénétrez au cœur de l'histoire exceptionnelle des Maîtres de Forges : l'incroyable saga d'un simple ferronnier devenu l'un des plus puissants industriels de son temps.

Activités nautiques

Lac de Bairon – *08390 Le Chesne - ✆ 03 24 30 13 18.* Une partie du lac est réservée aux activités nautiques : camping, plage aménagée, baignade surveillée en été, pêche, canoë-kayak, promenade autour des deux étangs.

Ardennes nautisme – AB2 - *30 av. Philippoteaux - 08200 Sedan - ✆ 03 24 27 05 15 - www.ardennes-nautisme.com.* Location de bateaux et tourisme fluvial. Trois itinéraires depuis l'écluse de Pont-à-Bar : la Meuse vers la Belgique, le canal de l'Est vers la Lorraine, le canal des Ardennes vers Reims.

Balades à pied ou à VTT

✆ 03 24 27 73 73 - www.tourisme-sedan.fr - topoguides et informations à l'office de tourisme. Cinq réseaux de sentiers pédestres parcourent la région de Sedan : celui des Deux Châteaux relie Sedan à Bouillon (39 km, 10h de marche). À VTT : 16 circuits balisés de tous niveaux (de 5 à 43 km).

✆ 03 24 29 79 91 - www.3cantons.org. Avec Raucourt à l'ouest et Carignan à l'est, Mouzon forme le pays des Trois Cantons : un paysage de collines où 330 km de sentiers sont tracés de vallées en belvédères. *Demander le topoguide à l'office du tourisme de Mouzon.*

Randonnée équestre

L'office du tourisme du Pays sedanais propose (sur demande) de sillonner la campagne avec un petit groupe de cavaliers, menés par un guide accompagnateur : découverte du terroir, logement en gîte équestre (possibilité de venir avec son cheval ou de louer une monture).

La Thiérache ardennaise

★

Ardennes (08)

NOS ADRESSES PAGE 371

S'INFORMER

Office du tourisme des Crêtes préardennaises – *1 r. Cécilia-Gazanière - 08430 Launois-sur-Vence - ✆ 03 24 35 02 69 - www.sud-ardennes-tourisme.com - juil.-août : tlj sf lun. 10h-12h30, 14h-18h, w.-end 9h30-16h30 ; avr.-juin : 10h-12h30, 14h-17h, sam. 9h30-16h, lun. 10h30-12h30 ; sept. : 10h-12h30, 14h-17h30, lun. 10h-12h30 ; reste de l'année : tlj sf w.-end 10h-12h30, 14h-17h30 - dim. à l'occasion des manifestations du relais de la poste.*

SE REPÉRER

Carte de microrégion A2-3 (p. 330) – *carte Michelin Départements 306 H13-4.*
La Thiérache s'étend sur trois départements : les Ardennes, mais aussi l'Aisne et le Nord. Cette région ne correspond pas à une ancienne division territoriale : elle tient son unité de son paysage bocager et de son sol argileux. Dans les Ardennes, elle est encadrée par le plateau de Rocroi, le Porcien et les Crêtes préardennaises. Point de départ de notre circuit, **Signy-l'Abbaye** se situe à 30 km au nord de Rethel par la D 985 ou 31 km au sud-ouest de Charleville-Mézières par la D 3 puis la D 27.

À NE PAS MANQUER

Si vous ne souhaitez pas suivre le circuit en entier, voyez en particulier les églises de Liart, Aouste, Signy-le-Petit et Servion.

ORGANISER SON TEMPS

Afin de profiter pleinement du circuit, prévoyez la journée.

AVEC LES ENFANTS

La ferme pédagogique de Liart ; la base de loisirs de Signy-le-Petit *(voir « Nos adresses à… »).*

La Thiérache est un pays à part : c'est la région qui concentre le plus d'édifices fortifiés en France. Ici, les fermes ressemblent à des forteresses, les églises aux murs épais sont bardées de tours et percées de meurtrières… Bienvenue dans cette région attachante, avec ses collines ondulantes, ses vallées herbeuses, ses coteaux couverts de forêts et ses beaux villages de pierre jaune, de torchis ou de brique.

Circuit conseillé Carte p. 368

LES ÉGLISES FORTIFIÉES

Circuit tracé en gris sur la carte p. 368 et sur la carte de microrégion (p. 330) – 116 km au départ de Signy-l'Abbaye – Comptez une journée.

Signy-l'Abbaye

Dans un site accidenté, au fond du vallon de la Vaux, une abbaye cistercienne fut fondée en 1 135 par douze moines venus d'Igny-en-Champagne.

Elle s'agrandit beaucoup entre le 13e et le 16e s., et fut démantelée en 1793.
Sept **filatures de laine** s'installèrent sur le site au 19e s., utilisant la force de la rivière aménagée par les moines. De ce domaine ne subsistent que des vestiges : enclos conventuel, moulins, étangs… L'église paroissiale a été construite en 1900 à l'emplacement d'un ancien sanctuaire du 16e s.
Salle Guillaume-de-St-Thierry – *✆ 03 24 52 87 26 - www.routeguillaume.com - de déb. juil. au 3e dim. de sept. : w.-end 15h-18h, sem. sur demande préalable - gratuit - possibilité de visite guidée.* Dans cette salle qui porte le nom du biographe de saint Bernard, une **exposition** est consacrée à l'ancienne abbaye et à son terroir : plans, photos, panneaux explicatifs.

Forêt de Signy

Cette forêt domaniale (3 535 ha) comprend deux massifs séparés par le vallon de la Vaux : la Petite Forêt au sud-est (chênes et hêtres) et la Grande Forêt, plus humide au nord-ouest (chênes, frênes et érables). La forêt est aménagée en futaie régulière en vue de la production de bois d'œuvre de qualité.
Départ de la Fontaine rouge et du parking vers la clairière du Gros Frêne. Plusieurs **sentiers pédestres** sillonnent la forêt de Signy *(rens. à l'office du tourisme des Crêtes préardennaises à Launois, voir « Nos adresses à… »).*
✆ 03 24 53 35 62 - www.lecheneperche.com - centre agréé par la FFC. 230 km balisés pour 13 parcours.
Par la route forestière, on peut faire un détour par **Saint-Jean-aux-Bois**, au nord-est, pour sa belle halle du 18e s.
Rejoignez Liart, au nord-ouest de Signy par la D 27.

Liart

À l'origine du village, un oratoire aurait été élevé à Notre-Dame-du-Lierre pour abriter la statue d'une vierge enlacée de lierre, d'où son nom. Sur la façade médiévale de l'**église Notre-Dame★**, un puissant donjon rectangulaire a été dressé au 17e s. avec créneaux, lucarnes, meurtrières et bretèches (petites guérites où se tenait le serveur de mâchicoulis). Dans l'entrée, un bas-relief représente le Bien et le Mal, en tête-bêche. Au chevet, la tour octogonale renferme un escalier donnant accès à un comble, refuge surélevé aménagé au-dessus du chœur.
Ferme pédagogique de Liart – *✆ 03 24 55 50 70 - www.fermepedagogiqueliart.fr - visite guidée vac. scol. : 14h-17h - fermé w.-end et j. fériés - 7 € (-16 ans 3,50 €).*
Elle propose des « après-midi à la ferme en famille » (multiples animations : fabrication du pain et du fromage de chèvre, apiculture, découverte des animaux, des fruits du verger…), se terminant par un goûter.
Continuez sur la D 27.

Aouste

★ **Église St-Rémi** – *✆ 03 24 54 40 32 - mars-nov. : 9h-19h ; reste de l'année : w.-end et vac. scol. 9h-19h - visite de la tour sur demande préalable, s'adresser au n° 22 (face à l'église) - offrande libre.* Elle fut construite au 17e s. sur des vestiges du 15e s. Le portail occidental, de style gothique flamboyant, est surmonté d'une large bretèche à trois mâchicoulis à laquelle est accotée une tourelle à pans coupés. La tour carrée, percée de meurtrières et de canonnières, est consolidée par des contreforts en pierre : les villageois accédaient à ce refuge par un escalier à vis. La **tour** communique avec un comble surélevé. Cette église,

Dommery, l'église fortifiée.
H. Hughes / hemis.fr

dont les murs atteignent 1 m d'épaisseur, comportait un four à pain, situé dans le bas de la nef, et un puits intérieur pour le ravitaillement en eau *(muré)*.
Prenez à gauche la D 36 et, à La Férée, la D 236 à droite.

Abbaye Notre-Dame-de-Bonnefontaine

Propriété privée, site visible de l'extérieur.
Cette ancienne abbaye est établie dans un site dégagé, à l'extrémité d'immenses prairies formant terrasse au-dessus de la dépression Charleville-Hirson. Elle fut fondée en 1152 par Nicolas II de Rumigny qui y installa les cisterciens de l'abbaye de Signy. Après les guerres (16e-17e s.) qui ravagèrent la région, le palais abbatial fut reconstruit dans le style classique au début du 18e s.
On découvre le majestueux bâtiment de briques roses avec son toit d'ardoise, et les ruines de l'église gothique, détruite à la Révolution.
À Blanchefosse, prenez à droite la D 10 puis, à Mont-Saint-Jean, encore à droite la D 977.

Rumigny

Château de la Cour des Prés – *✆ 03 24 35 52 66 - www.demeure-historique.org/spip.php?article875 - visite guidée juil.-août : 14h-19h - 5 € (-12 ans 3 €) - gratuit J. du patrimoine.* À l'entrée du village, admirez à droite la façade sur jardin de ce château (1546), sur les bords de l'Aube. Il fut fortifié alors que François Ier incitait les habitants de la région à se protéger des Impériaux de Charles Quint. Cette demeure, souvent transmise par les femmes, est toujours restée dans la même famille. Au rez-de-chaussée : deux salles aux vastes cheminées et des salons aux boiseries du 18e s. ; à l'étage : les chambres donnent sur la galerie de tableaux de famille. L'édifice accueille des chambres d'hôte et des concerts estivaux : des soirées de **musique baroque** sont organisées en été, à partir de 20h. Elles se poursuivent par un souper aux chandelles dans une salle Renaissance *(réserv. 24h av. maxi)*.
Dans le village, on découvre une belle **église** du 16e s.

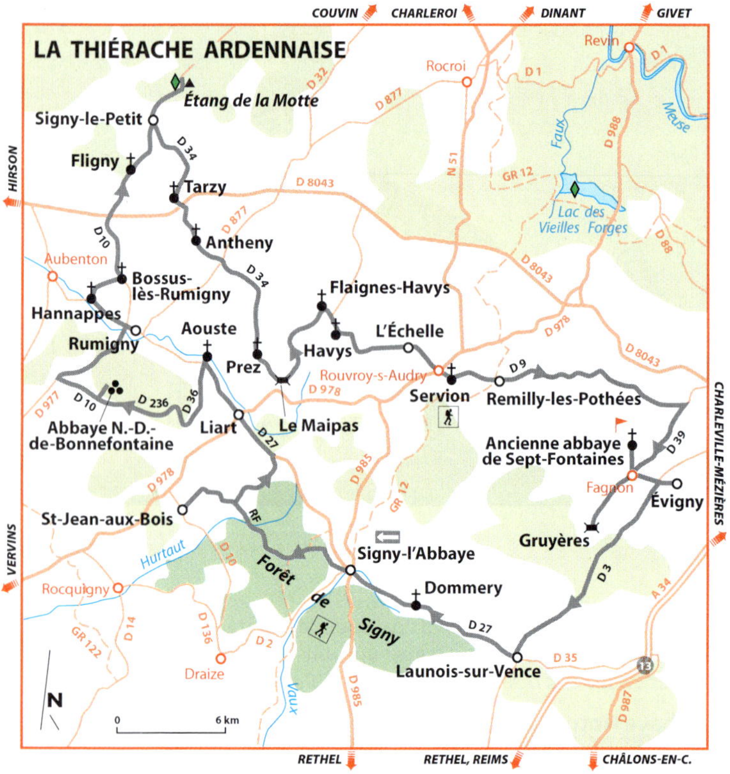

Hannappes

Bien qu'elle ne soit pas fortifiée, l'**église St-Jean-Baptiste** permettait aux villageois de se réfugier lors des invasions.

Prenez la D 31 à droite après l'église.

Bossus-lès-Rumigny

L'**église** (16e s.) possède encore deux tourelles crénelées dont l'une est percée de meurtrières, tout comme la salle qui surmonte le chœur.

Prenez la D 10 vers Fligny.

Fligny

L'**église St-Étienne** (16e-17e s.), flanquée d'une tour ronde d'accès fortifiée, renferme un chœur surmonté d'une salle-refuge percée de canardières.

Continuez sur la D 10.

Signy-le-Petit

Au milieu d'une grande place s'élève l'imposante **église★** (17e s.) aux épais murs de schiste, qui possède des tourelles d'angle en brique. Par la tour-porche carrée (1680) flanquée de deux échauguettes, on pénètre dans la nef de briques, sur croisée d'ogives de pierres jaunes. Le **château** fut reconstruit au 18e s., puis remanié au 19e s.

L'**étang de la Motte**, qui accueille une base de loisirs, est accessible aux baigneurs *(voir p. 372).*

Prenez la direction de Rocroi et Charleville-Mézières, puis à droite la D 34 vers Tarzy.

Tarzy

Le village fut plusieurs fois détruit au cours des guerres des 16e et 17e s. Élevée sur une butte, l'**église** (17e s.) possède une tour à pans coupés percée de meurtrières, à gauche du clocher.

Antheny

Le bourg, plusieurs fois incendié, a conservé des maisons à bretèches des 16e et 17e s. Au milieu d'un cimetière, l'**église St-Remy**, qui fut assiégée durant un mois, possède une tour carrée flanquée de contreforts. Ses fenêtres supérieures ont été bouchées aux 15e-16e s. dans un but défensif.

Poursuivez sur la D 34 par Champlin et Estrebay.

Prez

L'**église** est dédiée à saint Martin, évêque de Tours. Le portail occidental, de style gothique flamboyant, a été copié sur celui d'Aouste. Au chevet, au-dessus du chœur, un comble a été aménagé pour la défense. Au 16e s. fut ajoutée une tour ronde percée de meurtrières. Le pourtour du chœur est revêtu de panneaux de stuc (18e s.) illustrant la vie du Christ.

Poursuivez sur la D 34.

On passe devant **Le Maipas**, ferme fortifiée construite par un seigneur écossais après la bataille de Crécy, en 1346. Le bâtiment rectangulaire, avec sa toiture immense, est un modèle de robustesse et de simplicité : construit par un maître de forges au début du 17e s., il est flanqué de quatre tours d'angle en éperon, percées de meurtrières.

Prenez la D 32 et, 1 km plus loin environ, à gauche vers La Cerleau, puis la D 36 à droite vers Flaignes.

Flaignes-Havys

Clovis donna Flaignes à saint Remi lors de son baptême à Reims.

Église St-Laurent – Cette église fortifiée aux 16e et 17e s. étonne par la masse imposante de son chœur et la tour ronde qui le flanque. Sa petite nef est appuyée sur de puissants contreforts.

SE PROTÉGER DES CONVOITISES

Frontière naturelle du royaume de France, la Thiérache fut le terrain d'invasions incessantes : guerre de Cent Ans, conflits entre François Ier et les Impériaux de Charles Quint, guerres de Religion, guerre de Trente Ans sous Louis XIV… Ce furent quatre siècles d'insécurité où des hordes de soudards, des bandes de mercenaires en rupture de solde, des « routards » de tout poil, y compris français, s'infiltrèrent en Thiérache.

Pour les villageois, la menace était d'autant plus grande que l'habitat était dispersé : un château seigneurial ne suffisait pas à la protection de tous. C'est pourquoi la plupart des églises médiévales (mais aussi les maisons, les fermes…) se virent nanties d'un système de défense : donjons carrés, tours d'angle, échauguettes… Cette frénésie de fortifications vit son apogée aux 16e et 17e s. Il ne s'agissait pas de soutenir un siège, mais de défendre sa famille, ses troupeaux et ses biens : plutôt que de canonnières, les murs épais sont donc percés de meurtrières pour les arquebuses.

De cette histoire tourmentée subsistent 25 bâtiments fortifiés qui constituent, avec ceux de la Thiérache dans son entier (dont 66 églises fortifiées en Thiérache de l'Aisne) un ensemble unique en France.

Havys

Église St-Gery – *Mêmes conditions de visite que pour l'église St-Laurent de Flaignes-Havys.* Elle possède une tour ronde percée de meurtrières sur tout le pourtour, destinées aussi bien à éclairer l'escalier intérieur qu'à surveiller les alentours.

Poursuivez sur la D 20, puis prenez à gauche vers L'Échelle.

L'Échelle

Face à l'église, le **château** a fière allure : la façade principale est encadrée de deux tours rondes du 15e s. Le portail à fronton brisé est surmonté d'une large bretèche. À l'angle nord-ouest, l'échauguette est appelée tour du Massacre en souvenir de la bataille de Rocroi, en 1643 : des boulets sont incrustés dans un mur.

L'**hôtel Beury**, un ancien relais de voyageurs du 18e s., dresse sa façade de pierre ocre face au château. Dans le village, notez aussi le vieux **lavoir** typique.

Après Rouvroy-sur-Audry, gagnez Servion.

Servion

★ **Église St-Étienne** – *✆ 06 82 20 55 00 - www.servion.fr - possibilité de visite guidée sur demande préalable.* Elle est entourée d'un charmant petit jardin. Sa remarquable tour-porche, construite sur un plan carré et fortifiée au 16e s., a été remaniée au 19e s. Elle est encadrée par deux tours rondes coiffées d'ardoise. La tour nord comporte deux casemates superposées. Dans la tour sud, un escalier à vis donne accès aux deux étages de la tour-porche. La nef unique, autrefois couverte d'un plafond, comporte trois piscines et des meurtrières. Aujourd'hui restructurée, l'église accueille des **expositions**, régulièrement organisées par l'association Les Compagnons de St-Étienne.

3,5 km. Au départ de l'église de Servion. Le **sentier botanique de la Boulette** offre un beau point de vue sur L'Échelle et la vallée du Sonru.

Continuez sur la D 9.

Remilly-les-Pothées

Remarquez l'impressionnant clocher-porche de l'**église**, dans le style gothique campagnard, et l'ancienne **maison forte** (1577) avec ses meurtrières horizontales et sa bretèche : ses murs atteignent plus de 1,20 m d'épaisseur *(propriété privée).*

Poursuivez sur la D 9 et prenez la D 39 sur la droite, vers Fagnon.

Ancienne abbaye de Sept-Fontaines

Fondée en 1129 par les prémontrés et reconstruite en 1698, cette ancienne abbaye doit son nom à sept sources, aujourd'hui captées. Des tours ont été adjointes en 1908 au bâtiment que Guillaume II aménagea en casino durant la Première Guerre mondiale.

Au fond d'un vallon que l'on rejoint par la D 34 se niche **Gruyères**, où se détache un château des 14e et 19e s. *(ne se visite pas).*

Depuis Fagnon, prenez la D 34 vers Évigny.

Évigny

Deux maisons de pays témoignent de la vie d'autrefois. La première reconstitue un **intérieur paysan** : cuisine ancienne, atelier de sabotier, exposition de poteries, chambre du 19e s. La seconde abrite un **fournil** où pain à l'ancienne et galettes au sucre sont vendus aux visiteurs. *✆ 03 24 58 21 41 - visite guidée de mi-juin à fin août : dim. 14h30-18h30 - gratuit.*

Reprenez la D 34 en sens inverse, puis la D 3 à gauche vers Launois-sur-Vence.

Launois-sur-Vence

L'ancien **relais de postes et de messageries** (17e s.) facilita les communications entre Amsterdam et Marseille, notamment lors de la fondation de Charleville. L'ensemble, bien conservé, forme un quadrilatère autour d'une grande cour intérieure. Il comprend le logis du maître des postes, la halle aux diligences avec sa belle charpente, les écuries, la bergerie et la cave à cidre voûtée. L'édifice accueille aujourd'hui le Centre rural d'animation culturelle (Crac) qui y organise de nombreuses manifestations culturelles et des animations. Chaque 2e dimanche du mois s'y tient un marché des antiquaires-brocanteurs et des collectionneurs, combiné avec un marché paysan de produits du terroir.

Prenez la D 27 vers Dommery.

Dommery

Dans ce village ancien aux maisons de torchis, remarquez la tour imposante de l'**église**, dont les fenêtres du chevet furent bouchées suite aux invasions.

Rejoignez Signy-l'Abbaye par la D 27.

NOS ADRESSES EN THIÉRACHE ARDENNAISE

HÉBERGEMENT

BUDGET MOYEN

À Rumigny

Chambre d'hôte La Cour des Prés – *1 r. Louis Martin - 08290 Rumigny - ✆ 03 24 35 52 66 - la-cour-des-pres@laposte.net - ouv. en juil.-août (le reste de l'année sur rdv) - P - 2 ch. 80 €.* Cette maison forte, construite en 1546 par le prévôt de Rumigny, vous réserve un accueil délicieux. Ses deux chambres ont le charme des vieilles demeures privées. Visite du château et, en été, concerts et dîners aux chandelles.

À Signy-le-Petit

La Hulotte au Lion d'Or – *Pl. de l'Église - 08380 Signy-le-Petit - ✆ 03 24 53 51 76 - www.lahulotte-auliondor.fr - fermé 2 sem. déb. août et 3 sem. à partir du 25 déc. - ♿ - Wifi - 18 ch. 69/85 € - 10 €, demi-pension possible - formule déj. 15 € - 20/40 €.* Ancien relais de poste situé face à l'église de Signy. Chambres proprettes, toutes différentes, réparties entre la bâtisse principale et les dépendances. Restaurant rustique, tableaux et bibelots figurant des chouettes (l'emblème de la maison) et cuisine actuelle.

RESTAURATION

PREMIER PRIX

À Signy-l'Abbaye

Auberge de l'Abbaye – *2 pl. Aristide-Briand - 08460 Signy-l'Abbaye - ✆ 03 24 52 81 27 - www.auberge-de-labbaye.com - fermé 20 janv.-8 mars et merc. midi - P - formule déj. 13,80 € - 22/30 € - 7 ch. 46/80 € - 8 €, demi-pension possible.* Cet ex-relais de poste, dans la même famille depuis 1803, cultive la tradition : cadre rustique, cuisine valorisant les produits du terroir (ferme et potager). Chambres sobres.

À Thin-le-Moutier

Ferme-auberge de Gironval – *Gironval - 08460 Thin-le-Moutier - 10 km au nord-est de Signy-l'Abbaye par D 2 - ✆ 03 24 54 74 40 - gironval@wanadoo.fr - fermé 15-30 août - ouv. sam. soir et dim. midi (pdt la sem. sur rdv) - P - 18 € - 5 ch. 50 €.* Cette auberge

6

aménagée dans un ancien moulin à farine attire nombre d'habitués, et ce n'est pas surprenant. Sa salle à manger au décor de pierre et de bois offre une jolie vue sur le mécanisme de la roue à aubes. Sa cuisine riche en produits fermiers est un régal.

ACHATS

À Lalobbe

Cidrerie Capitaine de Lalobbe – *08460 Lalobbe - ✆ 03 24 52 80 82 - www.cidrerie-capitaine.acsa08.com - ouv. tlj 9h-19h.* Un estaminet à l'enseigne « Au cidre de Lalobbe » existait à Paris vers 1880, c'est dire la renommée ancienne de ce cru. Si, dans les années 1990, seuls deux pressoirs familiaux fonctionnaient encore, il est aujourd'hui en pleine renaissance. Vente et dégustation de cidre, poiré, jus de pomme, rubis d'Ardenne, vinaigre de cidre et de poiré, gelée de pomme, poire, confit de cidre…

ACTIVITÉS

Activités nautiques

Base de loisirs – *08380 Signy-le-Petit - ✆ 03 24 53 54 73 - www.domainedelamotte.eu.* Nombreuses activités : randonnées, piscine avec Jacuzzi, ping-pong, minigolf, billard, étang de pêche, promenade à cheval ou en calèche, etc. Baignade surveillée et pédalo en été sur l'étang de la Motte situé à proximité de la base de loisirs. Location de chalets.

Cyclotourisme et VTT

Les Ardennes à Vélo – *Monde Actuel Voyages - 17 bis av. Jean-Jaurès - 08102 Charleville-Mézières - ✆ 03 24 59 02 53.* Pour pédaler sans se soucier de l'organisation, cette agence a mis en place, de mars à octobre, un circuit de 4 jours/5 nuits au départ de Charleville-Mézières, avec hébergement en demi-pension, un « carnet de route » et le transport des bagages par les hôteliers.

Randonnée pédestre

✆ 03 25 27 08 01 - à partir de 15h - fermé lun., 25 déc. - gratuit. Le topoguide *Plateau du Rocroi et Thiérache ardennaise* propose 38 circuits dans ce secteur.

Autres activités

Le Chêne Perché – *Domaine de la Vénerie - 08460 Signy-l'Abbaye - ✆ 03 24 53 35 62 - www.lecheneperche.com.* Un site en pleine verdure, soucieux de « développement durable ». Diverses activités : parcours acrobatiques (ouverts d'avril à novembre), location de cabanes perchées pour dormir dans les arbres, animations, randonnées éducatives, balades à pied ou à VTT.

Rethel

7 676 Rethelois – Ardennes (08)

NOS ADRESSES PAGE 380

S'INFORMER

Office du tourisme du Pays rethélois – *3 quai d'Orfeuil - 08300 Rethel - ✆ 03 24 38 54 56 - www.sud-ardennes-tourisme.com - de déb. juin à mi-sept. : 9h-12h, 14h-18h; reste de l'année : 9h-12h30, 13h30-17h - fermé dim. et j. fériés - 2e bureau av. Gambetta - ✆ 03 24 39 51 45 - de déb. juin à mi-sept. : 9h15-12h, 14h-17h45 - fermé dim. et j. fériés L'office de tourisme propose quatre « Sentiers urbains » pour découvrir la ville de Rethel : de l'Aisne au Belvédère, l'Aisne et le canal, Histoire et monuments, Promenades et souvenirs.*

SE REPÉRER

Carte de microrégion A3-4 (p. 330) – *carte Michelin Départements 306 I5.*
À mi-chemin entre Reims (38 km) et Charleville-Mézières (43 km), Rethel marque la fin de la plaine champenoise au sud, et le début des Crêtes préardennaises qui s'étendent vers le nord.

À NE PAS MANQUER

La ville s'enorgueillit d'être la capitale du boudin blanc, qu'elle célèbre le dernier week-end d'avril.

ORGANISER SON TEMPS

Comptez deux bonnes heures pour un tour de ville, et une journée si vous poursuivez par la visite des alentours ou le circuit.

AVEC LES ENFANTS

Parc Argonne Découverte, à Olizy-Primat ; le musée Guerre et Paix de Novion-Porcien.

Dans cette petite ville à l'histoire mouvementée, posée sur les bords de l'Aisne et du canal des Ardennes, on relira avec plaisir quelques vers de Verlaine qui fut ici professeur, et l'on goûtera à un boudin blanc de grande renommée. Alentour, le pays rethélois offre de nombreuses possibilités de visites, à la découverte d'une nature verdoyante, parfois encore sauvage.

Se promener

6

Le **pont de l'Aisne**, lieu stratégique maintes fois détruit, est emprunté depuis le 15e s. ! Rethel a été incendiée à 85 % en 1914. L'**hôtel de ville** fut reconstruit dans un style Renaissance. La ville n'a pas été épargnée en 1940 : une partie des quartiers rebâtis ont à nouveau disparu.

Église St-Nicolas

Très endommagée en 1940, l'église occupe une position dominante, face à une autre colline qui portait autrefois le château. Elle a pour particularité de posséder une double nef. L'église de gauche (12e-13e s.), qui était affectée aux moines d'un prieuré bénédictin dépendant de l'abbaye St-Remi de Reims, a été revoûtée au début du 16e s. L'église de droite (15e-16e s.) servait à la paroisse. L'exubérance du gothique flamboyant s'exprime sur un portail achevé en 1512 : au trumeau, on remarque la statue de saint Nicolas et, au pignon, une Assomption qui semble inspirée du célèbre *Couronnement de la Vierge* de la cathédrale de Reims. L'imposante tour-clocher date de 1614.

Sentier nature

Circuit balisé de 6 ou 11 km au départ du chalet du tourisme (dépliant disponible sur place).

Agrémenté de panneaux d'interprétation sur la faune et la flore, cet agréable sentier chemine le long du **canal des Ardennes** et au bord de l'Aisne. Une première boucle *(6 km)* mène à l'écluse de Biermes et une seconde (5 km) jusqu'à celle de Thugny-Trugny.

À proximité Carte de microrégion

Asfeld A4

21 km au sud-ouest par la D 18, puis la D 926.

Sur la rive gauche de l'Aisne, ce village est l'ancien fief des comtes d'Avaux.

Église baroque St-Didier★ – *03 24 72 94 97 - http://pagesperso-orange.fr/mairie-asfeld - 8h-19h - possibilité de visite guidée sur demande préalable.*

En 1683, Jean-Jacques de Mesmes, président du Parlement de Paris, fit bâtir cette église, en complément d'un château aujourd'hui disparu. Ses plans ont été conçus par le frère François Romain, auteur du pont Royal à Paris. Tout en briques, l'édifice est un hymne au baroque italien : il a la forme d'une viole et ses murs ne présentent pas une seule ligne droite !

Son vestibule mène à une rotonde couverte d'une coupole aplatie et cantonnée de quatre chapelles. À l'extérieur, une colonnade de briques raccorde le péristyle ovale à la rotonde. À l'intérieur, de grosses colonnes soutiennent le dôme de la coupole, tandis qu'à l'étage de petites colonnes ornent les tribunes et courent autour de l'édifice. Des passages, appelés tournelles, permettent de faire le tour de l'église sans la traverser. Les peintures intérieures ont été restaurées en 2009.

Bon à savoir – Asfeld organise tous les 2 ans un Festival de viole de gambe.

Juniville A4

15 km au sud par la D 985.

Après avoir été professeur d'histoire-géographie à Rethel où il se prit d'affection pour Lucien Létinois, l'un de ses élèves, **Paul Verlaine** s'installa dans ce village de 1880 à 1882. Il souhaitait y cultiver le seigle, mais récolta surtout l'opprobre de son voisinage qui le traitait de « garçonnard » ou de « pisseur d'encre ».

Musée Verlaine★ – *1 r. du Pont-Paquis - 03 24 39 68 00 - www.musee-verlaine.fr - avr.-oct. : tlj sf lun. 9h-12h, 14h-18h ; reste de l'année : tlj sf w.-end 10h-12h, 14h-17h, j. fériés 10h-12h, 14h-17h - 5 € (-12 ans 2 €) - possibilité de visite guidée - expositions temporaires avr.-oct.*

Verlaine fréquentait l'Auberge du Lion d'Or à l'époque où il vivait dans la maison d'en face. Il avait l'habitude d'y écrire et y acheva d'ailleurs son recueil de poèmes *Sagesse*. Installé dans l'auberge restaurée, le musée Verlaine revisite la vie et l'œuvre du poète grâce à une riche collection iconographique et la visite commentée d'un guide passionné et passionnant. Après la visite du musée, découvrez les 1 000 m² de jardin et les Verlainiennes, expositions temporaires (2 mois) d'artistes peintres, sculpteurs et photographes.

Le Moulin à couleurs.
G. Guittot / Photononstop

Écordal B3

▶ *17 km à l'est par la D 30.*

Moulin à couleurs – ✆ *03 24 71 22 75 - www.moulincouleurs.fr - visite guidée sur demande préalable - gratuit.*
Au fond d'un vallon où coule le Foivre, le dernier moulin à couleurs de France a cessé d'utiliser sa roue à aubes, mais on y fabrique encore des pigments naturels à partir de neuf terres de base dont certaines proviennent des Ardennes : on les sèche, on les broie, on les calcine dans des fours puis on les mélange… Avec pour résultat 85 teintes destinées à des professionnels de tous horizons : bâtiment, appâts de pêche ou cosmétiques, y compris ceux de grandes maisons de couture.

Hagnicourt B3

▶ *25 km au nord-est par l'A 34, puis les D 951 et D 235.*

Hagnicourt se cache au plus profond des Crêtes préardennaises, région accidentée à vocation pastorale qui sépare la vallée de la Meuse de celle de l'Aisne. Le bourg occupe un vallon étroit, dont les pentes tapissées de prairies sont coiffées de bois. L'**église** (15e s.) est posée sur une éminence boisée. Un parc touffu entoure le **château d'Harzillemont**, des 16e-18e s. *(terrain militaire).*

LE BOUDIN BLANC DU CARDINAL

Rethel est par excellence la capitale du boudin blanc, qu'elle honore au cours de sa célèbre foire organisée le dernier dimanche d'avril. La recette fut concoctée, dit-on, par un cuisinier du **cardinal de Mazarin**, auquel appartenait jadis le comté de Rethel. Elle est gardée secrète par les membres de la confrérie… Réalisé à partir de viande fraîche de porc de premier choix et sans conservateur, le boudin de Rethel bénéficie d'une IGP (indication géographique protégée).

Vouziers B4

31 km au sud-est par la D 946.

58 r. Chanzy - 08400 Vouziers - 03 24 71 97 57 - www.tourisme.argonne-ardennaise.fr - juil.-août : 10h-12h30, 13h30-18h ; avr.-juin et sept. : tlj sf lun., mar., dim. et j. fériés 10h-12h30, 13h30-18h ; reste de l'année : tlj sf lun., mar. dim. et j. fériés 14h-17h30, sam. 10h-13h - 2e bureau 44-46 r. du Chemin-Salé - 03 24 30 23 94.

Cette petite ville baignée par l'Aisne est le centre de l'Argonne ardennaise. Au 16e s., elle devait sa prospérité à une importante foire créée par François Ier. Son église, avec son imposant portail Renaissance, est dédiée à saint Maurille, archevêque de Reims né en Italie en 336, que l'on invoquait pour les maladies des enfants. Des milliers de guérisons lui furent attribuées et, au 12e s., naquit un pèlerinage qui se prolongea jusqu'en 1967.

Église St-Maurille – Elle s'ouvre par un triple **portail**★ Renaissance richement décoré. Réalisé au milieu du 16e s. par le Champenois Jean Laurens, il devait être l'amorce d'une église nouvelle dont la construction fut interrompue par les guerres de Religion. Pendant plus de deux siècles, le portail resta isolé en avant de l'église. En 1764, on le réunit à l'édifice par la construction de deux travées intermédiaires auxquelles on ajouta, sur la façade, un campanile d'un style regrettable. Les statues des quatre Évangélistes occupent des niches séparant les trois porches. Le tympan du porche de gauche montre un squelette, celui du porche de droite le Christ ressuscité. À la première voussure du porche du portail central, dont le tympan évoque l'Annonciation, de curieux pendentifs figurent le Bon Pasteur et six apôtres.

Parc Argonne Découverte B4

À Olizy-Primat, 41 km au sud-est par les D 946 et D 41.

03 24 71 07 38 - www.parc-argonne-decouverte.fr - juil.-août : 10h-19h30 ; avr.-juin et vac. de la Toussaint : 10h-18h ; sept.-oct. : w.-end 10h-18h - 10 € (enf. 7,50 €) - pass illimité 1 an - une journée d'activités nature : la Meute de loups (repas à 16h), le Hamac à bonds, Nocturnia, les animaux de la ferme, Mission chercheur.

Appelé auparavant Nocturnia, cet espace ouvert en 2006 est consacré à la nature la nuit : rapaces nocturnes, chauves-souris, insectes…

Dans la salle sombre, un parcours-spectacle ludique et interactif recrée un monde fantastique : jeux sur écran géant, séquences vidéo humoristiques… Une dizaine d'espèces de rongeurs sont présentées dans des terrariums qui recréent des conditions proches de leur habitat naturel. Expositions temporaires avec projection sur la faune et la flore. Des animations nature sont régulièrement organisées (conférences, sorties d'observation, documentaires…). Depuis le printemps 2010, Argonne Découverte accueille des **loups** : vous pouvez, le jour, observer ces animaux fascinants depuis des miradors et, certaines nuits, les écouter hurler dans la nature. Sensations garanties !

1,5 km. Dans le parc, un **sentier d'interprétation** dans les bois est animé de jeux et de panneaux sur les animaux. Aire de pique-nique.

LE SAVIEZ-VOUS ?

L'aviateur **Roland Garros**, qui traversa la Méditerranée en 1913, repose au cimetière de Vouziers. Il fut abattu en combat aérien sur le territoire de Saint-Morel en octobre 1918. Vouziers est également la patrie de **Taine** (1828-1893), philosophe et historien, du poète **Paul Drouot** (1886-1915) et d'**Albert Caquot** (1881-1976), l'un des plus grands ingénieurs du 20e s. Le monument du chasseur tchécoslovaque rend hommage aux combattants volontaires de Tchécoslovaquie qui, en octobre 1918, assurèrent avec l'armée Gouraud la libération du Vouzinois.

Louve dans le parc Argonne Découverte.
2C2A-Sophie Bettig

Boult-aux-Bois B4

44 km au sud-est par la D 946.

Maison de la nature – / - 03 24 30 24 98 - www.maison-nature-boult.fr - *visite guidée sur demande préalable 9h-18h, sam. 14h-17h30 - fermé de mi-déc. à déb. janv. - 5 € (-12 ans 3 €).* Logée dans une ancienne ferme, elle constitue une halte instructive avant une balade en forêt. Ses animateurs, qui dispensent conseils et documentation, organisent des animations à thème (observation des champignons, des cerfs), ainsi que de nombreuses activités environnementales.

Forêt de Croix-aux-Bois – *4,5 km - 1h30.* Le **sentier du bois de Ham** chemine parmi les châtaigniers, les hêtres et les chênes jusqu'à l'étang des Demoiselles ; il est jalonné de panneaux explicatifs sur le biotope de la forêt.

St-Juvin C4

55 km au sud-est par la D 946.

Église fortifiée – Avec l'aide du comte de Grandpré, les habitants et le curé de St-Juvin se mobilisèrent et vendirent leurs biens pour financer la construction d'une église-forteresse (entre 1615 et 1624) pour se défendre des invasions. L'absence de clocher renforce l'aspect militaire de cet édifice pourvu de quatre tourelles percées de meurtrières. Partiellement détruite pendant la Grande Guerre - les impacts des balles sont encore visibles à l'extérieur -, l'église fut dotée d'une belle voûte en briques et pierres lors de sa reconstruction. À l'intérieur, un récit raconte la légende de saint Juvin, qui fut condamné toute sa vie à garder les cochons dans la forêt d'Argonne.

Châtel-Chéhéry C4

63 km au sud-est par la D 946.

Parcours historique du sergent York – *3 km au départ du village.*

Ce circuit met à l'honneur le soldat Alvin Cullum York, un objecteur de conscience devenu l'un des plus célèbres combattants américains de la Première Guerre mondiale. Le 8 octobre 1918, York, alors caporal, et 16 autres

BARDAGES ET « NEZ DE COCHON »
De nombreuses **maisons à pans de bois** subsistent dans le Porcien. Leur structure repose sur un soubassement de pierres et de briques, surmonté d'une ossature de bois que comble un torchis – mélange de terre argileuse et de paille – d'une belle couleur ocre. L'étanchéité des murs est assurée par un enduit à base de chaux. Les façades les plus exposées sont recouvertes d'un bardage de bois, souvent du peuplier ou de l'aulne. La toiture se caractérise par une pente importante et une demi-croupe en pignon (ou « nez de cochon »). Sans doute héritée des couvertures en chaume, elle permet de mieux résister au vent.

camarades de son bataillon, parvint à percer les lignes allemandes; son habileté au tir lui permit de repousser une charge de baïonnettes allemandes et d'éliminer un nid de mitrailleuses dans la forêt d'Argonne. À l'issue de cette action, il fit prisonnier 132 soldats allemands, obligeant les troupes ennemies à battre en retraite. Ce fait d'armes remarquable, qui lui valut d'être promu sergent et décoré de plusieurs distinctions, fut porté à l'écran par Howard Hawks (*Sergeant York*, 1941), avec Gary Cooper dans le rôle principal.
Le parcours historique *(1h)* vous conduit sur les principales positions où se sont déroulés ces événements et se termine sur un mémorial.

Circuit conseillé Carte de microrégion

LE PORCIEN AB3

Circuit tracé en marron sur la carte de microrégion (p. 330) – 54 km – Comptez environ 2h. Quittez Rethel au nord-est par la N 2051.
Le Porcien fut, durant un millénaire, l'une des grandes divisions féodales de la Champagne, qui couvrait environ un tiers de l'actuel département des Ardennes. Ses paysages sont tantôt vallonnés, évoquant les Crêtes préardennaises, tantôt immenses et plats, annonçant la Champagne. Son charme tient à son habitat rural, encore traditionnel.

Novy-Chevrières A3

Église Notre-Dame – Ancienne église du prieuré bénédictin fondé en 1097 par le comte de Rethel, l'église (fin 17e s.) est imposante par son architecture où les éléments gothiques s'allient au style classique. Elle fut construite dans le prolongement d'un monastère détruit à la Révolution. Voûtée sur croisée d'ogives, elle possède l'un des plus beaux buffets d'orgue de la région.
Poursuivez sur la N 2051.

Saulces-Monclin B3

Dans le cimetière repose le romancier **Jean-Paul Vaillant**, auteur de *Majacotte*, histoire d'un cloutier ardennais. La chapelle du 13e s. est précédée d'un porche dont la charpente est en bois.
Prenez la D 8.
De la D 8, les curieux emprunteront la D 108 vers **Margy** *(dir. Viel-Saint-Remy)* pour voir un ancien **pressoir** (supposé du 17e s.) avec manège à cheval, dans un état de conservation remarquable. *Visite sur RV au ✆ 03 24 38 56 37.*

Novion-Porcien A3

L'ancienne capitale du Porcien, dans le vallon verdoyant du Plumion, fut le passage de la voie romaine Reims-Cologne.

★ **Musée Guerre et Paix** – *✆ 03 24 72 69 50 - www.novion-porcien.com - juin-sept. : 10h-18h ; reste de l'année : tlj sf lun. 10h-18h - fermé janv., 25 déc. - 6,50 € (-6 ans gratuit) - possibilité de visite guidée - gratuit : J. du patrimoine, Printemps des musées - possibilité sur demande préalable de mise en place d'animations ou ateliers (peinture de figurines, construction de maquettes…).* Cet important musée, consacré aux trois guerres qui opposèrent la France et l'Allemagne entre 1870 et 1945, abrite une très riche collection de véhicules, uniformes, armes et objets divers.

Au rez-de-chaussée, dix scènes reconstituées à l'aide de matériels d'époque et de mannequins replacent, avec des documents audiovisuels, les événements locaux dans l'histoire globale de ces conflits.

Au 1er étage, vitrines et bornes multimédias montrent l'évolution des équipements militaires du 19e s. à nos jours et évoquent la vie quotidienne des civils. Expositions temporaires.

Un parcours adapté est proposé aux enfants *(livret en vente à l'accueil).*

Continuez sur la D 8 vers Wasigny.

Wasigny A3

À l'entrée du village, une **maison forte** (16e-17e s.) occupe un site plaisant auprès de la rivière, avec son petit pont de pierre et son pavillon d'entrée surmonté d'un dôme d'ardoise à clocheton. Au centre du village, **halle** aux fruits du 15e s.

Prenez au sud de Wasigny la D 10 vers Sery.

Sery A3

Les vestiges d'un camp romain y sont conservés : il fut dressé sur des levées de terre dénommées « monts de Sery », formant un paysage vallonné. Deux tables d'orientation (alt. 179 m et 172 m) offrent des **vues** sur plus de 30 km à la ronde.

Sentier botanique – *1,7 km.* Il permet de découvrir la flore locale : orchidées, plantes et arbustes typiques des savarts (sites où paissaient les moutons).

Prenez la D 3 vers Château-Porcien.

Château-Porcien A3

Cet antique port sur la rivière de l'Aisne donna son nom à la région. Sur la tour à encorbellement de la **maison forte de Wignacourt** (15e s., classée monument historique), tout en briques, un cadran solaire est toujours visible. L'**église St-Thibault**, également classée, date du 15e s.

Regagnez Rethel par la D 926.

LE SAVIEZ-VOUS ?

Fruit de dix années de travail, Woinic est l'œuvre du sculpteur Éric Sleziak, qui le réalisa dans un hangar de Bogny-sur-Meuse. Le conseil général des Ardennes a acquis ce sanglier géant, colosse métallique aux reflets bruns devenu l'ambassadeur du département. Du haut de ses 8,5 m, il trône depuis août 2008 sur l'aire Woinic, sur l'A 34, à Saulces-Monclin. Il salue ainsi les visiteurs qui pénètrent dans les Ardennes *(plus d'informations sur www.woinic.fr).*

NOS ADRESSES À RETHEL

VISITES

Chemin de fer touristique du sud des Ardennes – *03 24 71 47 60 - http://cftsa.free.fr - du 1er dim. de juin au dernier dim. de sept. : se rens. pour les horaires - possibilité de visite guidée (15mn) - 14 € (-5 ans gratuit).* Cet autorail des années 1950 qui circule entre Amagne et Challerange passe par Vouziers *(voir Attigny dans le circuit du « Vallon de la Bar » à Sedan, p. 358).*

HÉBERGEMENT

PREMIER PRIX

Le Moderne – *2 pl. Victor-Hugo - 03 24 38 44 54 - www.hotel-lemoderne.com - fermé 25 déc. et 1er janv. - P - 21 ch. 48,50/58,50 € - 7,70 € - 21,70/39 €.* Rest. fermé le dim. soir du 1er déc. à fin mars. Vous goûterez avec joie au grand confort des chambres de cet hôtel, une belle réussite en matière de rénovation. Les anciennes demeurent fort convenables, mais correspondent moins au nom de l'établissement. Restauration de type gastronomique ou brasserie.

BUDGET MOYEN

À proximité

Auberge du Pied des Monts – *6 r. de la Fontaine - 08400 Grivy-Loisy - 7 km au nord-ouest de Vouziers par D 946 et D 21 - 03 24 71 92 38 - www.aubergedupieddesmonts.fr - 5 ch. 53 € - formule déjeuner 12 € - 17/27 € (fermé vend. soir, sam. midi et dim. soir).* Confort simple et campagnard dans cette auberge au cœur d'un petit village bien calme. Les écuries de l'ancienne ferme ont été aménagées en chambres, quatre d'entre elles sont vastes et en mezzanine.

RESTAURATION

PREMIER PRIX

Au Sanglier des Ardennes – *1 r. Pierre-Curie - 03 24 38 45 19 - www.au-sanglier-des-ardennes.com - fermé 1er janv. et 25 déc. -* Wifi *-formule déj. 13 € - 11 ch. 55 € - 7 €.*
Longtemps considéré comme une institution locale, ce restaurant a perdu son aura d'autrefois, mais conserve une bonne réputation. Outre le menu gastronomique, on appréciera les spécialités de la région, à savourer de préférence dans la salle à manger, plus chaleureuse que la partie brasserie.

ACHATS

Marché – Le jeudi matin dans la halle et sur la place de Caen qui lui fait face.

Charcuterie Demoizet – *1 r. H. Taine - 03 24 38 42 05 - www.demoizet.fr - ouv. lun.-sam. 8h-12h30, 14h-19h.* Entreprise familiale de renom qui perpétue la recette originelle du boudin blanc de Rethel.

Revin

7 236 Revinois – Ardennes (08)

NOS ADRESSES PAGE 387

S'INFORMER

Office du tourisme de Revin – *65 quai Edgar-Quinet - 08500 Revin - 03 24 40 19 59 - www.ville-revin.net - mai-sept. : 10h-12h, 13h30-18h30, dim. 10h-12h, 14h-18h, j. fériés 14h-18h ; reste de l'année : tlj sf dim. et lun. 13h30-17h30, sam. 10h-12h, 13h30-17h30 - fermé 1er janv., 1er Mai, 11 Nov., 25 déc.*

Visites guidées – *03 24 40 19 59 - www.ville-revin.net.* L'office de tourisme propose des visites guidées du vieux Revin *(tte l'année sur demande préalable).* Il organise aussi des randonnées guidées, hebdomadaires ou bi-hebdomadaires en saison sur demande préalable *(hors période de chasse - 2 €).*

SE REPÉRER

Carte de microrégion B2 (p. 330) – *carte Michelin Départements 306 J3.* À 27 km au nord-ouest de Charleville-Mézières, Revin est séparé de la frontière belge par quelques kilomètres de profondes forêts. Le méandre nord de la Meuse circonscrit la ville ancienne.

SE GARER

Descendez dans le vieux Revin et laissez votre voiture sur les quais, face à l'office de tourisme *(gratuit).*

À NE PAS MANQUER

Quelques pas dans le vieux Revin et sur les bords de la Meuse ; la montée au mont Malgré-Tout, pour le point de vue ou pour une randonnée.

ORGANISER SON TEMPS

Il vous faudra 30mn au plus pour faire le tour de la vieille ville. Les environs offrent de nombreuses possibilités de balade.

AVEC LES ENFANTS

Une halte au parc Rocheteau ; le lac des Vieilles-Forges et ses activités « nature » ou nautiques ; le musée de la Forêt, à Renwez.

Revin se niche au creux d'un site grandiose, formé par deux méandres de la Meuse, presque fermés, qui entaillent le massif des Ardennes. George Sand, de passage en 1869, fut charmée : « J'ai souvent comparé le cours de ma vie à celui de cette Meuse qui coule, rapide et silencieuse à mes pieds. » Le titre d'un de ses romans lui fut inspiré par le mont Malgré-Tout qui domine la ville et la forêt.

6

LE SAVIEZ-VOUS ?

En 1854, **Théodore Faure** s'implanta à Revin pour fabriquer poêles, marmites et cuisinières. La même année, **Arthur Martin** créait une fonderie en Belgique. En 1875, Alphonse Martin achetait les usines des Neuves-Forges, puis trois autres à la Bouverie, en mars 1887. En 1964, la marque avala Faure, sa concurrente… Aujourd'hui, elle a disparu au profit d'Electrolux, mais le méandre sud de la Meuse reste le fief de la fabrication d'appareils ménagers.

Se promener

LE VIEUX REVIN

Sur le quai des bateliers, des maisons à pans de bois (16e s.) témoignent du temps où Revin était une ville tampon entre les Pays-Bas espagnols et la France (sa neutralité fut maintes fois violée, tant par les troupes du roi de France que par celles de l'Empire). Le « **château des Hirondelles** » fut, de 1685 à 1688, le refuge des protestants français contraints d'émigrer après la révocation de l'édit de Nantes (1685).

Rue Galilée, l'**église des Dominicains** étonne par l'élégance de sa façade de brique, influencée par l'architecture flamande (18e s.). À droite se trouve l'**ancien couvent des Dominicains**.

Prenez le temps de flâner dans les voyettes (ruelles) où s'alignent des maisons basses, de brique et de pierre, et où l'on joue tranquillement aux échecs, dans le café du coin. Rue Étienne-Dolet, remarquez la **pompe Lavoye**, une fontaine publique du 18e s.

Musée du Vieux-Revin

2 r. Victor-Hugo - ☏ 03 24 40 19 59 - www.ville-revin.net - mai-sept. : 14h-18h ; reste de l'année : tlj sf lun., mar. 14h-18h - gratuit - possibilité de visite guidée sur demande préalable 2 €.

La **Maison espagnole** (première moitié du 16e s.) est aujourd'hui un musée consacré au patrimoine local. Au rez-de-chaussée est reconstitué l'intérieur d'une maison familiale revinoise modeste dans les années 1920-1930. Le 1er étage accueille les expositions temporaires portant sur la ville et la vallée des Ardennes, tandis que le 2e étage est consacré au métier de la fonderie, industrie importante de la vallée de la Meuse. Certaines productions des anciennes entreprises revinoises (Arthur Martin, Faure, Saint-Nicolas, Biard, Hénon) y sont présentées.

AU FIL DE LA MEUSE

Parc municipal Maurice-Rocheteau

Av. Jean-Baptiste Clément - ☏ 03 24 40 19 59 - www.ville-revin.net - avr.-sept. : 10h-20h ; reste de l'année : tlj sf w.-end et j. fériés : 14h-17h30 - gratuit. - ouverture du château : tte l'année merc., sam. et dim. 14h-18h -entrée libre.

Le parc porte le nom de l'ancien maire de Revin, Maurice Rocheteau, qui en fit l'acquisition en 1972, au nom de la municipalité. Le château, qui abrite aujourd'hui une galerie d'art où les artistes ardennais exposent leurs créations, appartenait à la famille Faure, une importante famille d'industriels spécialisés dans la fonderie.

Chemin pédestre George-Sand – *Depuis l'office de tourisme, suivez à droite les quais, traversez le pont de Fumay et empruntez le sentier à gauche.* Il borde la rive externe d'un méandre de la Meuse entre les ponts de Fumay et de St-Nicolas.

Voie verte – *Passez sous le pont de Fumay pour rallier le chemin des Manises.* Cette voie pédestre et cyclable longe la Meuse jusqu'à Fumay (10 km).

À proximité Carte de microrégion

EDF a créé quatre itinéraires balisés en forêt autour de l'**aménagement hydroélectrique** de Revin-Saint-Nicolas-Les Mazures, qui comprend une usine souterraine et trois bassins : Marquisades (supérieur), Whitaker (inférieur),

Revin, bordé par la Meuse.
G. Labriet / Photononstop

lac des Vieilles-Forges *(panneaux d'information au départ des sentiers ; rens. et dépliants à l'office du tourisme de Revin).*

Accès par la D 988 vers Renwez. Circuits bleu *(2h)* et rouge *(3h)* au large du bassin supérieur : départ juste avant le **belvédère** des Marquisades.

Depuis la D 1 vers Rocroi, après l'usine de St-Nicolas, prenez à gauche une petite route qui descend au bassin du Whitaker et longez-le jusqu'au parking. Circuits jaune *(1h)* entre les deux bassins, et vert (*1h30 à 3h selon accessibilité en voiture*) près du bassin inférieur.

★ Rocroi B2

12 km au sud-ouest de Revin.

14 pl. d'Armes - 08230 Rocroi - 03 24 54 20 06 - www.otrocroi.com - mai-sept. : 10h-12h, 14h-18h ; reste de l'année : 14h-17h, sam. 10h-12h, 14h-17h - fermé lun., 1er janv., 25 déc.

Vue du ciel, cette petite ville du 16e s. est au cœur d'une étoile à dix branches. Vue d'en bas, Rocroi s'ordonne autour d'une grande place d'armes entourée d'une enceinte fortifiée. Du solide !

Siège d'une célèbre bataille contre les Espagnols en 1643, Rocroi fut renforcé par Vauban quelques années plus tard. Baptisée Roc Libre sous la Révolution, la ville résista un mois aux forces étrangères en 1815.

Édifiée en 1555 par Henri II pour contrer la menace du fort de Charlemont à Givet, alors sous domination espagnole, la **place forte** *(voir l'ABC d'architecture p. 81)*

LE SAVIEZ-VOUS ?

Le duc d'Enghien, futur **prince de Condé**, n'avait que 21 ans lorsqu'il remporta la **bataille de Rocroi**, le 19 mai 1643. Plus tard, durant la « Fronde des princes », Condé s'allia… aux forces espagnoles et assiégea la ville. Pendant huit ans, Rocroi vécut sous la domination espagnole, et redevint français en 1659, après le traité des Pyrénées.

fut renforcée en 1675 par **Vauban**, qui conserva son plan en étoile et y fit construire des bâtiments militaires. Grâce à ce dispositif, les troupes intervenaient rapidement sur les bastions et courtines en partant de la place centrale, où convergent dix rues. Depuis la porte de France, au sud-ouest, le « sentier touristique » parcourt l'ensemble des fortifications et permet d'apprécier la complexité des **remparts**.

Musée de la Bataille de Rocroi – *03 24 54 58 65 - h, se rens. - 4 € (-12 ans gratuit) - possibilité de visite guidée.* Dans un ancien corps de garde du 17e s., un spectacle audiovisuel présente avec efficacité le déroulement de la bataille de 1643. Au 1er étage, le combat est reconstitué au moyen de 2 500 soldats de plomb. Des mannequins en costumes représentent les principaux protagonistes, parmi lesquels le Grand Condé. À voir aussi : des armes (14e-16e s.) de provenances diverses, des gravures de Jacques Callot (17e s.), des documents se rapportant à l'histoire de la place forte, et un plan-relief de Rocroi en 1889 – date du déclassement militaire de la place forte.

Circuit de la Bataille – *13,5 km.* Au départ du musée, un sentier balisé rejoint le site de la bataille. On traverse les **rièzes**, landes humides où s'épanouissent des plantes d'une rare diversité : droséras, gentianes, orchidées sauvages…

Lac des Vieilles-Forges B2

12 km au sud par la D 988.

Évoquant certains paysages canadiens, ce lac de barrage s'inscrit dans un cadre tranquille de collines boisées (chênes, sapins, bouleaux). Les loisirs sont nombreux : base nautique *(voir « Nos adresses à… »)*, baignade, pêche, sentiers pédestres, équestres et VTT. Camping et aires de pique-nique.

Il est possible de faire le **tour du lac** à pied *(4h)* ou à VTT *(1 à 2h)* : 13 km, dont la moitié sur route et l'autre sur un sentier forestier. Parmi les itinéraires balisés, au départ du hameau des Vieilles-Forges : les Mazures *(2h)*, le bois de Revin *(2h)* et la Faux *(18 km - chemin goudronné jusqu'au lac de Neuves-Forges - également à VTT)*.

Au départ de la base de loisirs, le circuit de la **route Martin**, du nom de l'industriel Arthur Martin installé à Revin, rallie les bassins des Marquisades, du Whitaker, des Neuves et Vieilles-Forges *(19,5 km - circuit répertorié dans*

UNE BATAILLE « ÉCLAIR »

En pleine **guerre de Trente Ans**, l'armée espagnole des Flandres nourrit le projet de se diriger vers Paris par la Champagne, en prenant Rocroi. Le 19 mai 1643, quelques jours après la mort de Louis XIII, les troupes de dom Francisco de Mello rencontrent les armées royales, commandées par le **duc d'Enghien**. La bataille a lieu à 2 km au sud-ouest de Rocroi, en bordure d'une zone marécageuse : les « rièzes ». Le 19 au petit jour, Condé attaque l'aile droite du dispositif ennemi. Cependant, à l'aile gauche française, le maréchal de L'Hôpital et La Ferté-Senneterre sont encerclés. Par une manœuvre hardie, le duc d'Enghien leur prête la réserve de son aile droite qu'il lance sur les piques de l'infanterie espagnole. Voyant la bataille perdue, le comte de Fontaines fait former le carré aux troupes espagnoles qui lui restent. Trois fois, les Français chargent ; trois fois, ils reculent… Ayant pénétré dans le carré, ils font un massacre où périt Fontaine, et mettent en fuite De Mello. La bataille a duré six heures, engagé 50 000 hommes et fait 10 000 morts.

le topoguide des Ardennes - rens. et topoguide en vente au musée de la Forêt à Renwez ou au camping).

Musée de la Forêt B2

À Renwez, 14 km au sud par la D 988.
Voir Charleville-Mézières, p. 340.

Circuit conseillé Carte p. 341

★★ MONT MALGRÉ-TOUT

Circuit tracé en rouge sur la carte p. 341 et sur la carte de microrégion (p. 330) – 40 km au départ de Revin – Comptez environ 1h15. Aux lisières de Revin se détache de la D 1 la route en lacets des Hauts-Buttés, qui s'élève de 300 m. En bordure apparaît le monument des Manises.

Monument des Manises

De nombreux jeunes Ardennais, pour la plupart originaires de Revin et de ses environs, rejoignirent le maquis des Manises sur les hauteurs de la ville, certains encouragés par le débarquement allié en Normandie.

Ce maquis fut attaqué et encerclé. Sur les quelque 300 maquisards, 106 furent capturés et massacrés par les SS, le 13 juin 1944. Du monument, inauguré en juin 1948, **vue** plongeante sur Revin.

★ Point de vue de la Faligeotte

De la plate-forme d'observation, **vue** sur le site de Revin et les méandres de la Meuse, de part et d'autre de la cité.

La route atteint le rebord du plateau.

★★ Mont Malgré-Tout

1h AR. Un panneau « Point de vue à 190 m » signale le départ du chemin. Garez-vous en face.

Vue sur Revin, les méandres de la rivière jusqu'aux Dames de Meuse *(voir plus loin)* et la vallée de Misère qui monte en direction de Rocroi. Le chemin en forte montée mène à un poste de relais TV.

De là, on gagne à travers le taillis de bouleaux et de chênes un second belvédère plus élevé (alt. 450 m).

Poursuivez la route des Hauts-Buttés sur 6 km jusqu'au panneau « Calvaire des Manises » où on laisse la voiture.

Calvaire des Manises

15mn. Un sentier conduit à la clairière, au lieu-dit Le Père des Chênes, où furent abattus les maquisards : calvaire et monument aux morts leur rendent hommage.

LE CRIME DE ROGER LA HONTE

Entre Monthermé et Deville, le gué de Roger la Honte subsiste sous les eaux de la Meuse. Un jour, alors qu'il chassait, il vit son gibier se transformer en une jeune fille. Roger voulut s'en emparer, mais elle le repoussa, et il la tua. Le seigneur alla griller en enfer, et son château s'écroula dans la rivière. Dans la forêt coule une fontaine appelée la Minérale : on dit qu'elle jaillit sur les lieux mêmes du crime, et que son eau est rouge sang.

Continuez la route jusqu'à l'intersection avec la D 989 que vous prendrez à droite.
La route traverse la forêt de Château-Regnault.

★ Monthermé

Voir p. 388.
La D 1 repasse sur la rive gauche, côtoyant la colline qui porte la **roche aux sept villages** *(voir Monthermé)*.
Continuez sur la D 1 qui traverse Deville avant d'atteindre Laifour.
Du pont, **vue★★** impressionnante sur les roches de Laifour et les Dames de Meuse.

★ Roches de Laifour

Laissez votre voiture au parking et continuez à pied.
À 270 m au-dessus de la Meuse, ces roches dessinent un promontoire aigu dont les pentes de schistes tombent à pic vers le fleuve.

★ Dames de Meuse

Non accessible en voiture.
Cette ligne de crêtes aux pentes abruptes et boisées forme une masse noire et déchiquetée, s'infléchissant en une courbe parallèle au fleuve. Elle atteint 393 m d'altitude et domine le cours de la Meuse de près de 250 m.
Dans les plissements des schistes, on devine les formes des Dames de Meuse, femmes infidèles de trois chevaliers partis à la croisade. On dit qu'elles furent pétrifiées pour l'éternité, en punition de leur trahison. En réalité, l'expression « Dames ! », ici ou là sur la rivière, avertissait les bateliers de dangers particuliers : avant sa canalisation, la rivière était difficile à franchir.
2h AR - départ indiqué à l'entrée du village de Laifour. Le **chemin** se détache de la D 1 au sud de Laifour, monte au refuge des Dames de Meuse et atteint le rebord de la crête : la promenade procure une belle **vue★** sur la vallée et le village, juste à l'aplomb du barrage.
De là, un sentier continue sur la crête et aboutit à **Anchamps**, avec son église de 1766 en pierre de pays *(comptez 2h30)*.
En voiture, continuez sur la D 1 qui franchit la Meuse. De cette route, vues sur les Dames de Meuse. On rejoint ensuite Revin.

NOS ADRESSES À REVIN

HÉBERGEMENT

PREMIER PRIX

François Ier – *44 quai Camille-Desmoulins - ✆ 03 24 40 15 88 - www.francois1.eu - Wifi 5 € (2h) - 19 ch. 53 € - ☕ 7 € - demi-pension possible - ✕ formule déj. 14,50 € - 22/29 €.* Cette imposante bâtisse jouit d'une belle situation au bord de la Meuse. Chambres nettes et de bon confort : les plus petites possèdent un balcon donnant sur le fleuve ; les autres, spacieuses, ouvrent sur la cour intérieure.

À proximité

Chambre d'hôte Dumonceau – *5 r. d'Hersigny - 08230 Rocroi - 12 km à l'ouest de Revin - ✆ 03 24 53 86 37 -* levdum@me.com - 🅿 - *3 ch. 48 € ☕.* Construite à l'extérieur des remparts, mais proche du centre-ville, cette maison du début du 19e s. compte trois chambres d'hôte confortables, misant sur un mobilier contemporain. Table d'hôte traditionnelle, enrichie de recettes belges. La terrasse donne sur un vaste espace verdoyant.

Chambre d'hôte Mme Blondeau « La Roche Noire » – *42 r. St-Louis - 08170 Haybes - 12 km au nord-est de Revin - ✆ 03 24 41 61 93 - 🅿 - 4 ch. 55 € ☕.* Entourée de forêts et accédant directement au chemin de halage qui borde la Meuse, cette maison de maître datant de 1927 bénéficie d'un cadre agréable. Ses quatre chambres, toutes au rdc, disposent de tout le confort. L'une d'entre elles offre une jolie vue sur la rivière. Petits-déjeuners classiques.

RESTAURATION

BUDGET MOYEN

Ferme du Malgré Tout – *Chemin des Balivaux - 08500 Revin (suivre la direction « Hauts Buttés ») - ✆ 03 24 40 11 20 - www.aubergeferme-malgretout.com - fermé août, 25 déc., 1er janv. et dim. soir - menus 19/28,50 € (réserv. indispensable) - 6 ch. 50 € ☕.* Dans un cadre rustique, cette ferme authentique vous accueille au cœur de la vallée ardennaise. Une belle cheminée et les meubles de l'ébénisterie des Hauts Buttés confèrent aux deux salles (anciennes étables) chaleur et convivialité. Cuisine traditionnelle et semi-gastronomique.

ACTIVITÉS

Activités nautiques

Caravel – *quai Edgar-Quinet - 08500 Revin - ✆ 03 24 22 14 80 - www.caravel08.com.* Location de canoës-kayaks, stages d'initiation, canobus (canoë de 15 pers.). Pour les initiés, stages en eaux vives près du site des Dames de la Meuse. Location de cycles (VTT, VTC, tandem, remorques pour les enfants).

Randonnée et VTT

✆ 03 24 40 19 59 - www.ville-revin.net - 5 circuits de randonnée entièrement balisés (de 8 à 24 km) et 4 de VTT (7 à 18 km). Un topoguide en vente à l'office du tourisme de Rocroi décrit 38 circuits sur le plateau du Rocroi et en Thiérache ardennaise : lac des Vieilles-Forges, Renwez et sa forêt, au pays des Ardoisières, le plateau de Rocroi, les sources de la Sormonne, Signy-le-Petit et ses étangs, les côtes de l'Audry et de la Sormonne, Liart et son pays, Rumigny et sa maison forte.

Monthermé

★

2 478 Baraquins – Ardennes (08)

NOS ADRESSES PAGE 391

S'INFORMER

Office du tourisme communautaire des Boucles de la Meuse et Semoy – *Pl. Jean-Baptiste-Clément - 08800 Monthermé - ☎ 03 24 54 46 73 - www.meuse-semoy-tourisme.com - avr.-sept. : 9h30-12h, 14h-18h ; reste de l'année : tlj sf dim. 9h-12h, 14h-17h, merc. 9h-12h - fermé 1er janv., 25 déc.*

SE REPÉRER

Carte de microrégion B2 (p. 330) – *carte Michelin Départements 306 K3.* Monthermé se trouve à 19 km au nord de Charleville-Mézières par la D 989. En aval du confluent de la Meuse et de la Semoy, l'agglomération s'étire sur près de 2 km sur les rives droite (Ville Neuve) et gauche (Vieille Ville) de la Meuse. Jolie vue du pont qui mène à la rive gauche.

À NE PAS MANQUER

Le relief alentour offre de superbes belvédères auxquels on accède en voiture ou à pied, par des balades de durée et de niveau variables.

Avis aux randonneurs ! Monthermé, gros bourg aux maisons anciennes, est le point de départ idéal pour découvrir les Ardennes à pied. Depuis Roc-la-Tour, les sentiers balisés sont si nombreux qu'ils donnent envie de partir à l'assaut des éperons rocheux, sur les traces des chevreuils ou des sangliers…

Se promener Plan de ville

Les Baraquins, habitants de Monthermé, doivent leur nom aux « baraques » autrefois situées en bord de Meuse.

Vieille Ville

Une rue bordée de maisons anciennes épouse le méandre de la Meuse et mène à l'église.

★ **Église St-Léger** – *☎ 03 24 54 46 73 - www.meuse-semoy-tourisme.com - ♿ - juil.-août : mar., jeu. et sam. 15h-18h - gratuit - possibilité de visite guidée sur demande préalable.* En belle pierre de Meuse, elle fut reconstruite au 15e s. et fortifiée au 16e s. À l'intérieur, le mur nord de la nef, la croisée du transept et le croisillon nord sont du 12e s. À voir : une cuve baptismale romane, et un décor peint très dense du 16e s.

Église St-Antoine – *ouv. tlj 9h-18h - pèlerinages importants les 13 juin et 2 août.* De style néogothique, cette église est dédiée à saint Antoine de Padoue. Les murs sont tapissés de 2000 ex-voto (plaques de marbre) de remerciements. La plus ancienne date de 1874.

Laval-Dieu

Église abbatiale St-Rémy – Ce faubourg industriel de Monthermé doit sa naissance à cette église abbatiale, fondée vers 1128 par le comte de Rethel, et où s'installa une communauté de prémontrés. La grosse tour carrée (12e s.) en pierre de schiste apparente contraste, par sa rudesse, avec l'élégance de la façade en brique à encadrements de pierre (fin du 18e s.). Le chœur à chevet plat est orné d'arcatures lombardes : un exemple unique dans la région.

En 1999, au cours de travaux, une fresque murale de la fin du 18e s. a été découverte. Elle représente un décor théâtral.

À proximité Carte p. 341

★ Roche à Sept Heures

2 km par la D 989 vers Hargnies, puis au sommet à gauche, jusqu'au parking.

15mn AR. De cet éperon rocheux, **vue★** plongeante sur Monthermé et le méandre de la Meuse, avec en amont Laval-Dieu, puis Château-Regnault et le rocher des Quatre-Fils-Aymon *(voir p. 342)*.

★★ Roche aux Sept Villages

3 km au sud par la D 989. Dans la montée, vue sur la vallée.

Un escalier conduit au sommet de ce piton émergeant de la forêt, d'où l'on jouit d'une **vue★★** remarquable sur les sinuosités de la Meuse, jalonnée de sept villages, entre Braux au sud et Deville au nord.

On reconnaît, à côté de Château-Regnault, la silhouette du rocher des Quatre-Fils-Aymon.

★ Roche de Roma

Après la roche aux Sept Villages, au terme de la côte, un chemin mène au belvédère.

Alt. 333 m. Jolie **vue★** sur le méandre de la Meuse, entre Deville et Monthermé.

Randonnées Carte p. 341

★★ Longue Roche

Depuis la roche à Sept Heures (voir ci-dessus) ; une route forestière permet de se rapprocher du point de vue.

1h AR. La Longue Roche (alt. 375 m) forme un éperon dominant la Meuse de 140 m : **panorama★★** superbe et « sauvage ».

★★ Roc-la-Tour

3,5 km à l'est. La route forestière de la Lyre se détache de la D 31 à la sortie de Laval-Dieu, à gauche ; elle monte à travers bois le long du vallon formé par le torrent de la Lyre : parking à 3 km.

20mn AR. Entourés par des bouleaux, de gigantesques blocs de quartzite fracturés occupent un site impressionnant, dominant à 407 m d'altitude l'étroite vallée de la Semoy.

L'empilement des rochers évoque les ruines d'un château, dont la construction, inachevée, est attribuée au diable.

Vue★★ étendue sur les croupes boisées de l'Ardenne. Sur les blocs, de nombreuses voies d'**escalade** sont tracées par le Club alpin français.

Panneaux d'information sur le parking du site - rens. à l'office de tourisme. Au départ de Roc-la-Tour, il existe plusieurs itinéraires en boucle (35 km de sentiers au total) vers la vallée de la Semoy et la vallée de la Meuse.

MONTHERMÉ

0 300 m

SE LOGER

Franco-Belge (Le)............②

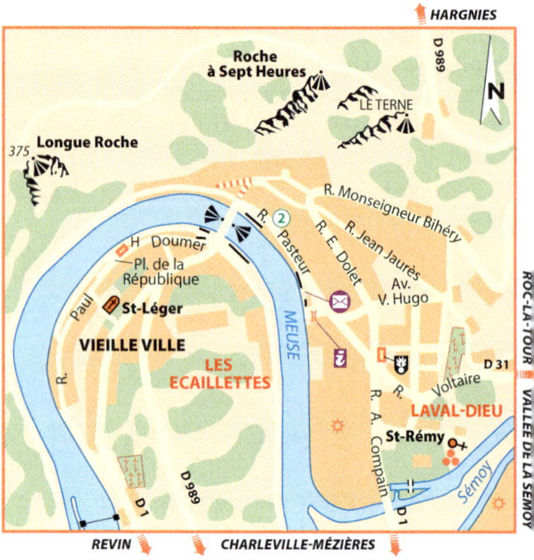

Circuit conseillé Carte p. 341

★ VALLÉE DE LA SEMOY

Circuit tracé en violet sur la carte p. 341 et sur la carte de microrégion (p. 330) – 27 km de Monthermé à Linchamps – Comptez environ 1h30.

De la Meuse à la frontière belge, cette rivière (appelée Semois en Belgique) dévide ses méandres tapissés de prairies entre de rudes pentes schisteuses : revêtues de bois de chênes, de sapins et de bouleaux, elles sont le refuge des chevreuils et des sangliers. La vallée, asile de verdure et de calme, charme les amateurs de solitude. À l'entrée de certaines localités, des sculptures, créées par **Jean Morette** et installées par le paysagiste **Marc Soucat**, évoquent la nature ou le travail des métaux : ce fut l'activité traditionnelle de la vallée qui se spécialise aujourd'hui dans les machines agricoles et les produits liés à l'automobile. Mais les artisans cloutiers ou « boulonniers » ont disparu, et l'on n'y rencontre plus guère que quelques pêcheurs de truites.

Sortez de Monthermé par la D 31 vers les Hautes-Rivières et la Belgique.

La route passe au pied du **Roc-la-Tour** *(voir plus haut).*

Prenez ensuite la route forestière sur 4 km.

Sentier des Rapides

1h AR. Au départ du camping de Phades (parking). L'ancien tracé du petit train permet de longer la Semoy dans son parcours le plus chaotique, jusqu'à Tournavaux. *Revenez sur la D 31.*

La route gravit la falaise où l'on découvre, depuis la roche aux Corpias, une **vue★** plongeante sur Tournavaux, niché dans un élargissement de la vallée. Elle coupe le début du promontoire que contourne le sentier des Rapides. Dans la descente, vues sur Thilay où l'on franchit la Semoy. Après Naux, l'itinéraire traverse de nouveau la rivière.

Les Hautes-Rivières

Ce bourg frontalier, le plus important du cours français de la Semoy, s'allonge sur 2 km jusqu'à Sorendal. La clouterie s'y développa dès la fin du 18e s.

En prenant la D 13 au sud vers Nouzonville, montez sur 1,5 km jusqu'à l'embranchement du chemin qui conduit à la Croix d'Enfer.

Croix d'Enfer

30mn AR. Le sentier mène à un point de **vue★** sur la vallée, le bourg des Hautes-Rivières et, en face, le vallon de Linchamps.

Revenez aux Hautes-Rivières et poursuivez sur la D 13.

★ Vallon de Linchamps

Dans ce beau vallon sauvage se niche le village isolé du même nom.

C'est le point de départ de randonnées dans le **ravin de l'Ours** et le **bois des Haies**, massif accidenté à plus de 500 m d'altitude *(renseignements, carte et topoguide à l'office du tourisme de Monthermé).*

NOS ADRESSES À MONTHERMÉ

HÉBERGEMENT/RESTAURATION

BUDGET MOYEN

Le Franco-Belge – *2 r. Pasteur - ✆ 03 24 53 01 20 - lefrancobelge@orange.fr - P - 15 ch. 55 € - ☕ 7 € - demi-pension et pension possible - rest. 14/25 €.* Escalader rocs et rochers alentour vous a ouvert l'appétit ? Cette modeste auberge familiale concocte de revigorants petits plats que vous dégusterez dans un intérieur rétro ou, mieux encore, sous la treille ombrageant la terrasse. Chambres très propres.

À proximité

Auberge en Ardenne – *15 r. de l'Hôtel-de-Ville - 08800 Les Hautes-Rivières - 14 km à l'est de Monthermé par D 31 - ✆ 03 24 53 41 93 - www.auberge-ardenne.com - fermé 20 déc.-10 janv. - Wifi - 14 ch. 50 € - ☕ 7 € - ✕ menu du « terroir » 26 € (ouv. tlj sf dim. soir juin-sept.).* Les chambres sont réparties dans des bâtiments de chaque côté de la rue. Ensemble sobre, fonctionnel et bien tenu. Deux salles de restaurant : l'une rustique logée dans l'ex-étable, l'autre plus contemporaine, ouverte sur la rivière.

ACTIVITÉS

Activités nautiques

Base de loisirs – *08800 Haulmé - ✆ 03 24 32 81 61 r.* Située à Haulmé, cette base dotée d'un camping permet la pratique du canoë-kayak, du tennis et du VTT.

Randonnée pédestre

✆ 03 24 54 46 73 - www.meuse-semoy-tourisme.com - Différents guides de randonnées sont disponibles à l'office de tourisme. Les sentiers du Fer, du Schiste et de la Forêt longent toute la vallée de la Semoy (75 km au total), les sentiers des Carriers et des Ardoisiers (7 à 15 km) permettent de découvrir les points de vue de Monthermé et de sa région, les sentiers de Labeur et de Légendes comprennent des randonnées autour de Bogny-sur-Meuse et des Quatre Fils Aymon.

VTT

✆ 03 24 54 46 73 - www.meuse-semoy-tourisme.com - Au dép. de Monthermé, 4 parcours VTT de 12 à 43 km (dénivelé de 45 à 650 m) - Carte disponible à l'office de tourisme.

Givet

6 699 Givetois – Ardennes (08)

NOS ADRESSES PAGE 396

S'INFORMER

Office du tourisme Val d'Ardenne – *Pl. du Château - 08320 Vireux-Wallerand - 03 24 42 92 42 - www.valdardennetourisme.com - avr.-sept. : 10h-18h ; reste de l'année : tlj sf dim. 10h-13h, 14h-17h, sam. 13h-17h - fermé de fin déc. à déb. janv. et 1er janv., 25 déc.*

Antenne à Givet – *10 quai des Fours - 08600 Givet - 03 24 42 92 42 - www.valdardennetourisme.com - avr.-sept. : 10h-12h, 13h-18h.*

SE REPÉRER

Carte de microrégion B1 (p. 330) – *carte Michelin Départements 306 K/L2.* Aux portes de la Belgique, Givet se situe à 32 km au nord de Revin. Sur la rive droite, Givet-Notre-Dame ou Petit-Givet fut le quartier des manufactures aujourd'hui disparues. Sur la rive gauche s'étend Givet-Saint-Hilaire ou Grand-Givet, avec son église bâtie par Vauban. Ce quartier se prolonge jusqu'à la place Méhul, la gare et la frontière belge à travers le quartier de Bon-Secours.

SE GARER

Parking gratuit sur les quais.

À NE PAS MANQUER

Le château de Hierges ; la vallée de la Meuse avec ses paysages caractéristiques et ses villages dominés par le schiste.

ORGANISER SON TEMPS

Prévoyez quelques heures pour visiter la ville et ses fortifications, et une demi-journée pour profiter pleinement du circuit.

AVEC LES ENFANTS

Les grottes de Nichet raviront les explorateurs en herbe ; la balade « ardoise et légendes », à Haybes, est adaptée aux enfants.

Prenez le temps de vous perdre dans les ruelles tortueuses de cette ville toute proche de la frontière belge, où se mêlent la brique et la pierre bleue. Flânez sur les quais, le long de la halte fluviale, et sur le pont enjambant lestement la Meuse : la vue s'étend sur le labyrinthe formé par la vieille ville et sur le fort de Charlemont, renforcé par Vauban. Givet, c'est aussi le massif et le val d'Ardenne traversé par la Meuse, une région propice aux séjours de toute sorte.

Se promener

La cité fut fortifiée par Charles Quint en 1555, puis ses défenses renforcées par Vauban en 1680. Elle comptait alors six portes, équipées de pont-levis. Seules subsistent la porte Charbonnière, celle de Rancennes et la **porte de France** qui marque l'entrée de Givet au Sud. De nombreuses **maisons anciennes** ont été restaurées, notamment rue du Puits, rue d'Anjou et rue d'Orléans (17e-19e s.).

Tour Victoire

Ne se visite pas. Devant la place Victoire, l'ancien donjon du château des comtes de La Marck (14e-15e s.) borde la Meuse. Son nom est lié à la conquête de Namur par Louis XIV. Il servit de péage aux barques qui descendaient la rivière, puis de prison.

Tour Grégoire

Ne se visite pas. Cette ancienne tour de guet (11e s.), à laquelle on accède par un court sentier escarpé, offre une large vue sur Givet, Fromelennes et le fort de Charlemont.

Fort du Mont d'Haurs

Ne se visite pas. Campé sur la rive droite, ce camp retranché s'intégrait à un projet conçu en 1697 par **Vauban** à la demande de Louis XIV, pour protéger le pont de Givet et la forteresse de Charlemont sur la rive opposée. Il en reste d'importants vestiges (forts de Rome et de Condé, porte de Rancennes).

Centre européen des métiers d'art

✆ 03 24 42 73 36 - www.cema-givet.com - ♿ - 10h-12h, 14h30-18h, dim. et lun. 14h30-18h - fermé vac. scol. fév., 1er janv., 25 déc. - gratuit.
Logé dans un octroi du 17e s., ce centre expose et vend différentes productions des Ardennes : art, artisanat, gastronomie… Selon le programme, on peut y voir les artisans au travail.

LE SAVIEZ-VOUS ?

Auteur du célèbre *Chant du départ*, créé sous la Révolution, le musicien **Étienne-Nicolas Méhul** (1763-1817) naquit à Givet, au n° 11 de la rue qui porte son nom.

★ Fort de Charlemont

Accès par une route à gauche, montant à travers bois avant la 1re entrée du camp militaire. ✆ 03 24 42 92 42 - www.valdardenne tourisme.com - ne se visite plus pour le moment. Se rens. à l'office du tourisme de Givet.
Son histoire est liée aux guerres franco-espagnoles. En 1554, Henri II enlève Mariembourg. Devant cette menace, Charles Quint fait construire l'année suivante une citadelle sur un éperon calcaire et lui donne son nom : Charlemont. En 1678, la forteresse devient française. Lorsqu'en 1680 Louis XIV se rend à Givet, il décide de renforcer l'ensemble et fait appel à **Vauban**. L'idée de ce dernier est d'établir deux fronts terminés par des bastions, renforcés en avant par des demi-lunes et prolongés par des ailes fortifiées, de manière à fermer le plateau dans sa totalité. Le projet ne sera pas mené à son terme. De 1962 à 2009, le fort est réutilisé par l'armée qui en a fait un centre d'entraînement commando. Plusieurs constructions du camp retranché gardent un caractère imposant, bien qu'elles soient en ruine.

À proximité Carte de microrégion

Grottes de Nichet B1

À Fromelennes, 4 km à l'est par la D 46.
✆ 03 24 42 00 14 - visite guidée juin-août : 10h-19h ; avr.-mai et sept. : 14h-18h - fermé 1er janv, 1er et 11 Nov., 25 déc. - 5 € (-15 ans 2,50 €) - restauration sur place, jeux enf., parcours de santé, observatoire.
Ces grottes qui se sont formées dans le calcaire, sur le territoire de Fromelennes, comportent trois niveaux. Deux sont accessibles à la visite : une douzaine de salles, riches en concrétions, forment un parcours dont le dénivelé est de 35 m (salles du Clair de lune, des Nutons, du Théâtre…).

Circuit conseillé Carte de microrégion

LA MEUSE DES ARDOISIERS B1

Circuit tracé en vert clair sur la carte de microrégion (p. 330) – 23 km de Givet à Revin – Comptez environ 1h. Quittez Givet par la D 8051.
La route court le long de la Meuse, se glissant dans une vallée très étroite. Le schiste ardoisier, spécialité des Ardennes, y fut tiré du fond durant huit siècles.
Peu après la sortie de Givet, vous passez au pied de ses impressionnantes **carrières** de pierre bleue. Puis on aperçoit sur la gauche les immenses cheminées de la **centrale nucléaire de Chooz**.

★ Hierges

Dans un site vallonné, ce petit village, l'un des plus charmants des Ardennes, conserve quelques maisons du 17e s. et un moulin du 13e s. Sur la place, la **Croix du Duel** *(voir ci-dessous)* témoigne d'une rixe qui tourna mal en 1579.
Château – *Accès par un sentier depuis la place de la fontaine. Ne se visite pas.* Hierges se blottit sous les ruines du château, d'abord édifié au 9e s. puis rebâti au 16e s. Ce fut le siège d'une baronnie dépendant à la fois du prince évêque de Liège et du duc de Bouillon. Son aspect de forteresse est tempéré par l'influence de la Renaissance mosane : voir la décoration en brique des tours.

Vireux-Molhain

Sur la rive opposée, on aperçoit le château de Vireux-Wallerand (18e s.) se reflétant dans les eaux de la Meuse. De la montagne des Vignes, en direction du camp romain : **point de vue** sur les deux Vireux.
Camp romain – *☏ 03 24 42 92 42 - www.valdardennetourisme.com - mars-sept. : 10h-18h, sam. 13h-17h, dim. 10h-13h, 14h-17h ; reste de l'année : tlj sf dim. et j. fériés 10h-18h - fermé 1er janv., 11 Nov., 25 déc. - gratuit.* Sur le Mont-Vireux, des fouilles ont mis au jour les vestiges d'un camp romain (3e-7e s.) de 5 ha, destiné à défendre contre les invasions germaniques ce coin de Gaule et ses activités économiques (trafic marchand, métallurgie du fer…). Un sentier aboutit au site de l'oppidum : fortification défendue sur quatre côtés, tombes, etc.
Circuit de la Croix du Duel – *12 km.* À pied ou à VTT, il vous mènera sur les hauteurs de Hierges, avec de belles perspectives sur le château et le village (*balisage VTT, départ à proximité de l'office du tourisme de Vireux : renseignements sur place*).
Ancienne collégiale St-Hermel – Bâtie sur une crypte carolingienne (9e ou 10e s.) où s'élèvent deux colonnes en pierre de Givet, elle aurait été fondée par Pépin le Bref et fut reconstruite au 18e s. Son décor de stucs à l'italienne et son mobilier présentent un intérêt certain. Remarquez une Mise au tombeau parmi d'autres statues en bois polychrome du 16e s., le retable de l'Assomption du 17e s. au maître-autel, et des dalles funéraires du 13e au 18e s., dont celle d'Allard de Chimay qui sauva la vie de Philippe Auguste à Bouvines.

QUI A PEUR DU MAHWOT ?

Cet énorme lézard hante les eaux sombres de la Meuse, menaçant les enfants désobéissants… Les rares apparitions de la mystérieuse créature sont toujours de mauvais présage…

LA VEINE BLEUE

Flamandes, petites ou grandes démêlées, rectangulaires, coquettes : tels étaient les noms désignant les différents modèles d'**ardoises**. Celles des Ardennes (côté belge et français) étaient appréciées pour leur imperméabilité, leur finesse et la diversité de leurs coloris : vertes ou bleues à Fumay, roses à Haybes, argentées à Rimogne… **Givet** est réputée pour la teinte bleutée de son calcaire, extrait de la carrière des Trois-Fontaines, une barre de 400 m où s'accroche le fort de Charlemont. Il fut utilisé pour les fonts baptismaux d'époque romane que l'on voit dans de nombreuses églises de la région. Des maisons, notamment à Givet, sont construites en pierre bleue… de même que certains quais et ponts de Paris.
L'ardoise, vendue dès le Moyen Âge par les bateliers de la Meuse jusqu'en Europe du Nord, fut la reine des chantiers parisiens au 19e s. : celle des Ardennes y concurrençait celle de l'Anjou pour la couverture des grands monuments. La crise de 1929 amorça un lent déclin, lié au coût de la mécanisation et à la concurrence étrangère. Depuis 1971, les galeries ont fermé.

Montigny-sur-Meuse

D'apparence modeste, l'**église** de ce village (1765) est classée, avec son décor de stuc où foisonnent les motifs décoratifs. À voir aussi : le vestige d'un oratoire de style gothique tardif.

Haybes

Depuis le pont, on découvre une vue sur ce bourg, surnommé Haybes la Martyre, car elle fut largement détruite pendant la Seconde Guerre mondiale, ou Haybes-la-Rose, car ses toits furent reconstruits avec des ardoises provenant de la veine de Belle-Rose.

Souvenirs des « scailleteux » – La rue de l'Espérance marquait l'entrée de la principale ardoisière où 400 ouvriers travaillaient vers 1900 : on voit encore l'ancienne « maison de maître » des directeurs, la salle des fêtes occupée aujourd'hui par un garage, face à un bâtiment de brique qui abritait jadis la salle des machines.

Par la route vers Monthermé, on accède au **point de vue de la Platale** *(aire de pique-nique)*, qui offre une fenêtre sur Fumay.

Circuit « ardoise et légendes » – *5,5 km balisés au départ de la Platale - 1h30.* Dans la vallée de Mohron, il vous conduit sur la piste des anciens ardoisiers et du patrimoine local grâce à des panneaux d'interprétation.

Haybes est le point de départ de plusieurs randonnées.

La boucle du **roc de Fépin** *(10 km - départ du chemin de halage à la sortie de Haybes, en direction du château de Moraypré)* mène à un site surplombant la vallée, avec vue sur Fépin, Revin, Fumay, Haybes, Montigny-sur-Meuse et Vireux.

6

Fumay

Ancienne capitale de l'ardoise, la vieille ville, où la veine schisteuse affleure en maints endroits, occupe un site original, à cheval sur le pédoncule d'un méandre de la Meuse. Au pied des ruelles et des escaliers enchevêtrés, les quais de la **halte fluviale** accueillent d'agréables terrasses.

Rue des Rochettes, sur la droite vers l'église, subsiste l'entrée d'une ancienne ardoisière : des marches mènent à une grille qui laisse apercevoir la galerie.

Fumay conserve de nombreuses maisons du 18e s. aux toitures bleutées et quelques **« verdaux »**, monticules de déchets issus du façonnage de l'ardoise. Partout, ce matériau marque l'architecture : façades protégées par des bardages, marches d'escaliers, perrons de portes, rebords de fenêtres… La **chapelle Ste-Barbe** *(dans la rue du même nom)* est dédiée à la patronne des ardoisiers, que certains fêtent encore le 4 décembre. Un bas-relief à la mémoire des mineurs *(av. Jean-Jaurès)* a été sculpté en 1985 par Georges-Armand Favaudon.

Poursuivez vers le sud sur la D 988 pour rejoindre Revin.

NOS ADRESSES À GIVET

HÉBERGEMENT

PREMIER PRIX

À proximité

Chambre d'hôte Mme Lorent – *3 r. du Dr-Bourgeois - 08170 Fumay - 10 km au nord-est de Revin - ✆ 03 24 41 29 66 - liliane.lorent@orange.fr - P ⊭ - 3 ch. 55 € ☕*. Ancienne propriété du docteur Bourgeois (qui a donné son nom à la rue), cette demeure compte trois chambres lumineuses et bien équipées. Le mobilier, volontairement hétéroclite, navigue entre les styles de façon surprenante mais plutôt réussie. Petit salon à disposition, avec TV et ordinateur connecté à Internet.

BUDGET MOYEN

Les Reflets Jaunes – *2 r. du Gén.-de-Gaulle - ✆ 03 24 42 85 85 - www.les-reflets-jaunes.com - Wifi - 17 ch. 64/119,50 € - ☕ 11 €.* Près du centre historique, cet hôtel en brique rouge de 1685 dispose de chambres spacieuses et confortables (baignoire-Jacuzzi pour certaines). Copieux petit-déjeuner buffet.

Le Roosevelt – *14 quai des Remparts - ✆ 03 24 42 14 14 - www.hotel-le-roosevelt.com - fermé entre 25 déc. et 1er janv. - Wifi - 8 ch. 80/85 € - ☕ 9 €.* Sur un quai mosan, cette maison ardennaise en pierres est dotée de chambres bien tenues, régulièrement rafraîchies. Crêperie et salon de thé dans la salle des petits-déjeuners.

POUR SE FAIRE PLAISIR

Le Val St-Hilaire – *7 quai des Fours - ✆ 03 24 42 38 50 - www.hotel-val-st-hilaire.com - Wifi - 20 ch. 90 € - ☕ 12 € - demi-pension possible.* Cet ancien hôtel particulier (1719) posé sur une rive de la Meuse abrite des chambres fonctionelles, bien tenues et insonorisées, avec vue sur le fleuve en façade. Accueil aimable.

RESTAURATION

PREMIER PRIX

À proximité

L'Ermitage Moulin Labotte – *52 r. Edmond-Dromart - 08170 Haybes - 20 km au sud de Givet - ✆ 03 24 41 13 44 - www.moulin-labotte.com - fermé dim. soir et lun. - P - formule déj. 12 € - 25/30 € (sur réserv. uniquement) - 10 ch. 52/62 € - ☕ 8 € - demi-pension possible.* Au bord d'une petite rivière, entouré de forêts, il fait bon s'attabler dans la salle à manger de cet ancien moulin du 18e s. entièrement rénové, pour déguster une cuisine du terroir. Dix chambres sont également disponibles.

Hostellerie de la Vallée – *146 pl. Aristide-Briand - 08170 Fumay - 10 km au nord-est de Revin - ✆ 03 24 41 15 61 - hostelleriedelavallee. com - fermé dim. soir, lun. soir, merc. soir - P - formule déj. 13,80 € - 17,40/30,80 €.* Vous ne pourrez pas manquer ce restaurant du centre-ville, avec sa façade en pierre apparente et ses bacs de fleurs.

À l'intérieur, que l'on opte pour la salle au décor typiquement ardennais ou celle avec vue sur la Meuse, on savourera avec le même plaisir les spécialités régionales conçues par la maîtresse des lieux.

BUDGET MOYEN

Auberge de la Tour – *6 quai des Fours - ✆ 03 24 40 41 71 - www.auberge-de-la-tour.net - fermé 15 déc.-15 janv. - formule déj. 14 € - 26/42 €.* Le chef de cette jolie auberge rustique tournée vers la Meuse réalise une cuisine plutôt traditionnelle (quelques plats à base de homards du vivier maison). Terrasse d'été.

À proximité

La Causerie des Lilas – *08320 Hierges - ✆ 03 24 41 10 51 - http://lacauseriedeslilas.fr.st/ - ⊄ - ouv. avr.-nov. : vend. soir, sam. et dim. - plats du « terroir » 14/18 € - déj. + visite guidée du château (1h30) 25 € (sur réserv. uniquement) - 2 ch. 56 € ☕ (ouv. tte l'année).* Au pied du château, cette taverne vous accueille dans une ambiance conviviale. Vous dégusterez les plats du terroir en musique ou en vous laissant conter une légende ardennaise par Jean-Michel. Deux chambres « repos du berger » tout confort, ingénieusement aménagées, sont aussi à votre disposition.

ACTIVITÉS

Le Manège – *Pl. Jacques Sourdille - ✆ 03 24 40 14 40 - www.lemanege.fr.* Réhabilité en 1994, cet ancien manège militaire est aujourd'hui un espace dédié au cinéma et aux spectacles (concerts, théâtre...). Dans la grande salle, la charpente en bois d'origine est majestueuse. Belle programmation.

Centre européen des métiers d'art – *10 quai des Fours - 08600 Givet - ✆ 03 24 42 73 36 - www.cema-givet.com.* Ce centre expose 5 000 objets conçus par des artisans ardennais : bois, verre, métal, textile, poterie, luminaire...

Terraltitude – *Lieu-dit la Folie - 08170 Fumay - ✆ 03 24 57 57 59 - www.terraltitude.com - ouv. de fin avr. à déb. nov. 10h-19h - 21 € (1 activité), 15 € (à partir de 6 ans).* Ce parc d'aventures propose de multiples activités pour toute la famille : paintball, accrobranche, saut à l'élastique, fantasticable...

Activités nautiques

Base nautique de Givet – *✆ 03 24 42 38 26.* Au plan d'eau de Givet, baignade surveillée, beach volley, bar et petite restauration.

Aventure évasion – *Base nautique - 08170 Haybes - ✆ 03 24 40 44 45 - www.aventure-evasion.com.* Location de canoë, kayak, pédalo, VTT.

L'Aventure Michelin

Tout commence avec des balles en caoutchouc ! C'est ce que produit, vers 1880, la petite entreprise clermontoise dont héritent André et Édouard Michelin. Les deux frères saisissent vite le potentiel des nouveaux moyens de transport. L'invention du pneumatique démontable pour la bicyclette est leur première réussite. Mais c'est avec l'automobile qu'ils donnent la pleine mesure de leur créativité. Tout au long du 20e s., Michelin n'a cessé d'innover pour créer des pneumatiques plus fiables et plus performants, du poids lourd à la F 1, en passant par le métro et l'avion.

Très tôt, Michelin propose à ses clients des outils et des services destinés à faciliter leurs déplacements, à les rendre plus agréables... et plus fréquents. Dès 1900, le Guide Michelin fournit aux chauffeurs tous les renseignements utiles pour entretenir leur automobile, trouver où se loger et se restaurer. Il deviendra la référence en matière de gastronomie. Parallèlement, le Bureau des itinéraires offre aux voyageurs conseils et itinéraires personnalisés.

En 1910, la première collection de cartes routières remporte un succès immédiat ! En 1926, un premier guide régional invite à découvrir les plus beaux sites de Bretagne. Bientôt, chaque région de France a son Guide Vert. La collection s'ouvre ensuite à des destinations plus lointaines de New York en 1968... à l'Islande en 2013.

Au 21e s., avec l'essor du numérique, le défi se poursuit pour les cartes et guides Michelin qui continuent d'accompagner le pneumatique. Aujourd'hui comme hier, la mission de Michelin reste l'aide à la mobilité, au service des voyageurs.

MICHELIN AUJOURD'HUI

N°1 MONDIAL DES PNEUMATIQUES

- 69 sites de production dans 18 pays
- 115 000 employés de toutes cultures, sur tous les continents
- 6 000 personnes dans les centres de Recherche & Développement

Avancer
monde où la

Mieux avancer, c'est d'abord innover pour mettre au point des pneus qui freinent plus court et offrent une meilleure adhérence, quel que soit l'état de la route.

LA JUSTE PRESSION

BONNE PRESSION

- Sécurité
- Longévité
- Consommation de carburant optimale

-0,5 bar

- Durée de vie des pneus réduite de 20% (- 8 000 km)

-1 bar

- Risque d'éclatement
- Hausse de la consommation de carburant
- Distance de freinage augmentée sur sol mouillé

ensemble vers un mobilité est plus sûre

C'est aussi aider les automobilistes à prendre soin de leur sécurité et de leurs pneus. Pour cela, Michelin organise partout dans le monde des opérations **"Faites le plein d'air"** pour rappeler à tous que la juste pression est vitale.

L'USURE

COMMENT DETECTER L'USURE ?

Vos pneus MICHELIN sont munis d'indicateurs d'usure : ce sont de petits pains de gomme moulés au fond des sculptures et d'une hauteur de 1,6mm.
Lorsque la profondeur des sculptures est au même niveau que les indicateurs, les pneus sont usés et doivent être remplacés.

Les pneus constituent le seul point de contact entre le véhicule et la route, un pneu usé peut être dangereux sur chaussée mouillée.

PNEU NEUF

PNEU USÉ
(1,6 mm de sculpture)

Ci-contre, la zone de contact réelle photographiée sur chaussée mouillée.

Mieux avancer, c'est développer une mobilité durable.

INNOVATION ET ENVIRONNEMENT

Chaque jour, Michelin innove pour réduire la quantité de matières premières utilisée dans la fabrication des pneumatiques, et développe dans ses usines les énergies renouvelables. La conception des pneus MICHELIN permet déjà d'économiser des milliards de litres de carburant, et donc des milliards de tonnes de CO2.

De même, Michelin choisit d'imprimer ses cartes et guides sur des « papiers issus de forêts gérées durablement ». L'obtention de la certification ISO14001 atteste de son plein engagement dans une éco-conception au quotidien.

Un engagement que Michelin confirme en diversifiant ses supports de publication et en proposant des solutions numériques pour trouver plus facilement son chemin, dépenser moins de carburant.... et profiter de ses voyages !

Comme vous, Michelin s'engage dans la préservation de notre planète.

Chattez avec Bibendum

Rendez-vous sur:
www.michelin.com/corporate/fr
Découvrez l'actualité et
l'histoire de Michelin.

QUIZZ

Michelin développe des pneumatiques pour tous les types de véhicules. Amusez-vous à identifier le bon pneu...

Résultat : A-6 / B-4 / C-2 / D-1 / E-3 / F-7 / G-5

INDEX GÉNÉRAL

Reims : villes, curiosités et régions touristiques.
Abélard, Pierre : noms historiques ou termes faisant l'objet d'une explication.
Les sites isolés (châteaux, abbayes, grottes…) sont répertoriés à leur propre nom.
Nous indiquons par son numéro, entre parenthèses, le département auquel appartient chaque ville ou site. Pour rappel :
02 : Aisne
08 : Ardennes
10 : Aube
51 : Marne
52 : Haute-Marne
55 : Meuse

A

Abélard, Pierre ... 252
Achats ... 23
Activités traditionnelles ... 38
Adresses utiles ... 11
Agence nationale pour la gestion des déchets radioactifs (10) ... 224
Aimé, mont (51) ... 139
Aix-en-Othe (10) ... 242
Allemant (51) ... 161
Amance, lac (10) ... 211
Ambonnay (51) ... 125
Andecy (51) ... 161
Andelot (52) ... 305
Andilly-en-Bassigny (52) ... 292
Andouillette ... 44, 192
Antheny (08) ... 369
Aouste (08) ... 366
Aprey (52) ... 289
Arc-en-Barrois (52) ... 275
Arcis, bataille ... 237
Arcis-le-Ponsart (51) ... 118
Arcis-sur-Aube ... 235
Arc, Jeanne d' ... 64, 200
Ardennes, canal (08) ... 338, 355
Ardoise ... 40, 395
Ardoise, maison (08) ... 340
Ardre, vallée (51) ... 117
Argentolles (52) ... 281
Argonne (55) ... 75, 184
Argonne Découverte, parc (08) ... 376
Arland, Marcel ... 291
Armance, val (10) ... 247
Arrembécourt (52) ... 326
Arrigny (51) ... 321
Arsonval (10) ... 224
Art ... 71
Asfeld (08) ... 374
Assemblage ... 51
Athis (51) ... 136
Attigny (08) ... 358
Attila ... 62
Auberges de jeunesse ... 14
Auberive, ancienne abbaye ... 300
Aube, source (52) ... 301
Auguste ... 61
Aujeurres (52) ... 296
Auxon (10) ... 247
Avalleur, commanderie (10) ... 260
Avenay-Val-d'Or (51) ... 125
Avize (51) ... 138
Ay (51) ... 126
Les Ayvelles (08) ... 340

B

Bachelard, Gaston ... 83
Bailly-le-Franc (52) ... 326
Bairon, lac (08) ... 359
Baissey, moulin (52) ... 296
La Bannie, parc animalier (52) ... 293
Bar-sur-Aube (10) ... 221
Bar-sur-Seine (10) ... 259
Bar, vallon (08) ... 355
Bas de Troyes ... 38
Bassigny (52) ... 304
Batraciens ... 60
Bayard, chevalier ... 337

INDEX GÉNÉRAL

Baye (51) ... 161
Bayel (10) ... 225
Bay-sur-Aube (52) ... 301
Bazeilles (08) ... 352
Beaulieu-en-Argonne (55) ... 187
Le Bel, Philippe ... 63
Belgrand, Eugène ... 246
Bergères-lès-Vertus (51) ... 139
Bernard, saint ... 63, 68
Bertrand de Bar-sur-Aube ... 82
Bérulle (10) ... 243
Bethon (51) ... 160
Bibliographie ... 34
Bières ... 46
Biesles (52) ... 292
Biscuits roses ... 45
Blaise, vallée (52) ... 314
Blécourt (52) ... 309
Blois, maison ... 63
Bois-Belleau (02) ... 151
La Boisserie (52) ... 280
Bogny-sur-Meuse (08) ... 342
Bonaparte, Napoléon ... 152, 215, 325
Bonneterie ... 38, 198
Bossus-lès-Rumigny (08) ... 368
Bouchardon, Edme ... 273
Boucher, Alfred ... 250
Boudin blanc ... 375
Bouillon, duc de ... 64
Bouilly (10) ... 244
Les Boulins (10) ... 243
Boult-aux-Bois (08) ... 377
Bourbonne-les-Bains (52) ... 292
Bourmont (52) ... 305
Boursault, château (51) ... 143
Braucourt (52) ... 319
Braux (08) ... 342
Braux-Sainte-Cohière, château (51) ... 182
Bricot-la-Ville (51) ... 159
Brienne-la-Vieille (10) ... 214
Brienne-le-Château (10) ... 214
Brugny, château (51) ... 137

C

Cadoles ... 261
Canoë-kayak ... 16
La Cassine (08) ... 359
De Castellane, Épernay (51) ... 135
Catalauniques, champs (51) .. 62, 168
Cauroy-lès-Hermonville (51) ... 111
Ceffonds (52) ... 325
Celles-sur-Ource (10) ... 261
Centre d'interprétation Marne 1914-1918, Suippes (51) ... 175
Cépages ... 49
César, Jules ... 61
Chagall, Marc ... 96
Chalancey (52) ... 296
Chalmessin, Réserve naturelle (52) ... 302
Châlons-en-Champagne (51) ... 166
Chambrecy (51) ... 118
Champagne ... 47, 133, 228, 261, 265
Champagne, comtes ... 63, 192
Champagne crayeuse ... 55
Champagne humide ... 74
Champagne, routes (02, 10, 51) ... 21
Champagne sèche ... 74
Champaubert, presqu'île (51) ... 319
Champcharme (10) ... 243
Chantecoq, site (51) ... 322
Chanzy, général ... 66, 70
Chaource (10) ... 255
Chaource, fromage ... 256
Charles IX ... 337
Charles le Chauve ... 62
Charleville-Mézières (08) ... 332
Charly-sur-Marne (02) ... 155
Charmes, lac (52) ... 288
Chasse ... 58
Château-Porcien (08) ... 379
Château-Regnault (08) ... 343
Château-Thierry (02) ... 149
Châteauvillain (52) ... 275
Châtel-Chéhéry (08) ... 377
Châtillon, Eudes de ... 140
Châtillon-sur-Broué (52) ... 327
Châtillon-sur-Marne (51) ... 141
Châtillon-sur-Morin (51) ... 159
Chaumont (52) ... 270
Chavanges (52) ... 326
Chéhéry (08) ... 356
Chémery-sur-Bar (08) ... 356
Chenay (51) ... 111
Chesley (10) ... 257
Le Chesne (08) ... 357
Cheveuges (08) ... 356
Chézy-sur-Marne (02) ... 155

Chou à choucroute ... 43
Chrétien de Troyes ... 82
Cidre ... 47, 245
Cirey-sur-Blaise (52) ... 316
Clairvaux, ancienne abbaye (10) ... 229
Claudel, Camille ... 250
Claudel, Paul ... 314
Clermont-en-Argonne (55) ... 184
Clouterie ... 41
Clovis ... 62, 92
Cognelot, fort (52) ... 295
Cohons (52) ... 295
Coiffy-le-Bas (52) ... 294
Coiffy-le-Haut (52) ... 294
Colbert, famille ... 92
Colombé-le-Sec (10) ... 227
Colombey-les-Deux-Églises (52) ... 279
Comité régional du tourisme ... 11
Condé-en-Brie (02) ... 152
Congy (51) ... 161
Cornay, grange (10) ... 234
Corroy (51) ... 158
Cote 204 (02) ... 151
Côte des Bar ... 261
Côte des Blancs ... 137
Côtes ... 54
Coué, Émile ... 70
Coulommes-la-Montagne (51) ... 128
Coursan-en-Othe (10) ... 248
Courville (51) ... 118
Coutellerie ... 40, 291
Cramant (51) ... 138
Cristallerie Royale de Champagne, Bayel (10) ... 226
Crouttes-sur-Marne (02) ... 155
Crugny (51) ... 117
Cuesta ... 54
Cuis (51) ... 138
Cumières (51) ... 140
Cussangy (10) ... 257

D

Damery (51) ... 140
Dames de Meuse (08) ... 386
Dampierre (10) ... 236
Danton, Georges Jacques ... 236
Day, prieuré (08) ... 359
Der, lac (51, 52) ... 318
Dhôtel, André ... 83
Dhuits, forêt (10) ... 226
Diderot, Denis ... 286
Didier, saint ... 283
Dienville ... 214
Dinde rouge ... 43
Dolancourt (10) ... 224
Domec, Claude ... 252
Dommartin-le-Franc (52) ... 315
Dommery (08) ... 371
Doré, famille ... 39
Dormans (51) ... 142
Doulevant-le-Château (52) ... 316
Drosnay (52) ... 327
Drouet, Jean-Baptiste ... 101
Droupt-Saint-Basle, château (10) ... 237
Droyes (52) ... 327
Durenne, Antoine ... 316
Dürrbach, René ... 337

E

Eaux-Puiseaux (10) ... 244
L'Échelle (08) ... 370
Éclaron (52) ... 321
École de Reims ... 93
École de Troyes ... 198, 223, 226, 260, 308
Écordal (08) ... 375
Églises à pans de bois (52) ... 22, 325
Églises fortifiées (08) ... 23, 365
Églises romanes (51) ... 117
Élan, forêt (08) ... 360
Énergies renouvelables ... 59
Enghien, duc ... 64
Environnement ... 58
Épernay (51) ... 132
Ervy-le-Châtel (10) ... 246
Espace Faune de la Forêt d'Orient ... 217
Essartage ... 58
Essômes-sur-Marne (02) ... 154
Essoyes (10) ... 262
L'Étape (10) ... 216
Étoges (51) ... 144
L'Étoile (51) ... 160
Étufs, cascade (52) ... 274
Évigny (08) ... 370

F

Faligeotte, point de vue (08)....... 385
Faune 56
Faure, Théodore 381
Faverolles (52) 290
Fayl-Billot (52) 289
Ferme aux oiseaux exotiques, Athis (51) 135
Festival mondial de la marionnette, Charleville-Mézières (08) 335
Feutre 354
Fismes (51) 116
Flaignes-Havys (08) 369
Flaubert, Gustave 83, 250
Flavier, site gallo-romain (08) 354
Fleury-la-Rivière (51) 140
Fligny (08) 368
Floing (08) 351
Florentin, Dominique 73
Foires 63
Fonderie d'art 39
Fontaine, Bernard de 68, 230
Fontaine-Denis-Nuisy (51) 160
Fontaine-les-Grès (10) 203
Fontes d'art 22, 312
Forêt d'Orient, Parc naturel régional (10) 210
Forfaits touristiques 16
Forges 22, 39
Fortifications, route 23
Fossoy (02) 155
Foujita, Léonard 109
Fromages 44
Fromelennes (08) 393
Fromentières, église (51) 144
Fronde 64
Front de Champagne 22
Fumay (08) 395

G

Gaize 55
Garros, Roland 376
Gastronomie 42
De Gaulle, Charles 280
Gentil, François 73
Géraudot (10) 216
Giffaumont-Champaubert (51) 319
Givet (08) 392
Glaire (08) 351
Gondi, Paul de 82
Gontier, Linard 73
Gonzague, Charles de 333
Gracq, Julien 83
Grange aux abeilles, Giffaumont (51) 319
Grinyland, Parc nature (51) 110
Grisaille 73
Grouines 55
Grues cendrées 57, 60, 320
Gruyères (08) 370
Guerre de Trente Ans 65
Guerre des tranchées 66
Guimard, Hector 40, 74

H

Habitat traditionnel 74
Hagnicourt (08) 375
Handicapés 11
Hannappes (08) 368
Haute-Chevauchée (55) 186
Les Hautes-Rivières (08) 390
Hauts-fourneaux 313
Hautvillers (51) 127
Havys (08) 370
Haybes (08) 395
Hébergement 12
Héloïse 252
Henri IV 64
Herbert II 63
Hermonville (51) 111
Hierges (08) 394
La Horgne (08) 361
Horre, étang (52) 326
Huysmans, Joris-Karl 116

I

Industrie drapière 41
Industrie textile 38
Invasions germaniques 62
Isle-Aumont (10) 204
Les Islettes (55) 186

J

Jambon de Reims 44
Jardin de Vignes (51) 135
Joinville (52) 306

Joinville, Jean de 308
Joncreuil (52)........ 326
Juniville (08) 374

L

Lachalade (55) 186
La Fontaine, Jean de 151
Lagery (51) 118
Laifour, roches (08) 386
Landreville (10)........ 262
Langres (52)........ 282
Langres, plateau........ 55, 75
Lannoy, Pierre de........ 236
Larzicourt, presqu'île (51)........ 321
Launois-sur-Vence (08)........ 371
Laval-Dieu (08) 388
Lebon, Philippe........ 270
Leempoels, Jef 304
Légendes de Meuse et Semoy........ 23
Lentilles (52) 326
Levrézy........ 342
Lhermitte, Léon 155
Lhéry (51)........ 118
Lhuître (10)........ 236
Liart (08)........ 366
Liez, lac (52) 288
Linchamps, vallon (08) 391
Littérature........ 82
Lorraine, Claude de 306
Louis Ier 62
Louis XIV 65
Louis XVI........ 181
Loup 62
Loup, saint 192
Louvemont (52)........ 314
Louvois, château (51) 125
Lusigny-sur-Barse (10) 217
Luyères (10)........ 204

M

Maginot, ligne........ 74
Mahwot........ 394
Mailly-Champagne (51)........ 121
Le Maipas (08)........ 369
Maisons-lès-Chaource (10) 257
Maître de Chaource........ 226, 256
Malgré-Tout, mont (08)........ 385
Mammès, saint........ 287
Mance, Jeanne 287
Mandres-la-Côte (52)........ 292
Manises, calvaire (08)........ 385
Manises, monument des (08)........ 385
La Marck, Henri-Robert de 348
Mareuil-sur-Ay (51)........ 126
Marfaux (51)........ 128
Marfée, point de vue (08)........ 351
Margy (08)........ 378
Marnay-sur-Seine........ 252
Marne, bataille 66, 162
Marne, vallée (51) 140, 154
Martel, Charles 62
Martin, Arthur........ 381
Mathaux (10) 216
Mazarin, cardinal de........ 375
Mazzolay, Jean-Baptiste........ 225
Mégalithes........ 251
Méhul, Étienne-Nicolas........ 393
Mélaire, lacets (52) 309
Mémorial
Charles-de-Gaulle........ 67, 280
Mercier, Épernay (51)........ 134
Mesnil-Saint-Père (10)........ 217
Le Mesnil-sur-Oger (51)........ 138
Météorologie........ 10
Métezeau, Clément........ 335
Méthode champenoise 51
Meuse........ 58
Mézières (08)........ 337
Mézy-Moulins........ 155
Michel, Louise........ 70
Missionnaires........ 62
Mobilier........ 75
Moët et Chandon, Épernay (51)........ 134
Mohon (08) 338
Molesme, Robert de........ 68
Monachisme champenois 67
Mondement (51)........ 162
Mont-de-Jeux (08)........ 358
Mont-Dieu,
ancienne chartreuse (08)........ 357
Montagne de Reims,
Parc naturel régional (51) 120
Montcornet-en-Ardenne,
château (08)........ 339
Montfey (10) 248
Montgon (08)........ 358
Monthermé (08)........ 388

Montier-en-Der (52) 324
Montigny-lès-Condé (02) 152
Montigny-sur-Meuse (08) 395
Montmirail (51) 153
Montmirel, Jean de 271
Montmort-Lucy (51) 144
Montreuil-sur-Blaise (52) 315
Mont-Saint-Père (02) 155
Monument aux morts des armées de Champagne (51) 175
Monument de la Cote 204 (02) 151
Morette, Jean 390
Morimond, abbaye (52) 294
Morlot, Émile 155
Motte, étang de la (08) 368
La Motte-Tilly, château (10) 250
Mouche, lac (52) 288
Moulin à couleurs, Écordal (08) 375
Moulin de la Fleuristerie, Orges (52) 276
Moulin-Rouge, parc (10) 251
Mouzon (08) 352
Musée champenois de la Vigne et du Vin, Saint-Rémi-en-Bouzemont (51) 321
Musée de la Faïence, Rarécourt (55) 187
Musée de la Vigne et du Vin, Le Mesnil-sur-Oger (51) 139
Musée du Pays du Der (51) 321
Musée Rostislas-Loukine, Arsonval (10) 224
Mussy-sur-Seine (10) 262
Mutigny (51) 125

N

Nanteuil-la-Forêt (51) 128
Natura 2000 60
Nautisme 16
Navarre, Blanche de 139
Navarre, Jeanne de 260
Navigation 17
Nesle-la-Reposte (51) 253
Nicaise, saint 92
Nichet, grottes (08) 393
Nicolas Feuillatte (51) 135
Nigloland (10) 224
Noah, Yannick 348
Noël 17
Nogent (52) 291
Nogent-en-Othe (10) 243
Nogent-l'Artaud (02) 155
Nogent-sur-Seine (10) 249
Notre-Dame-de-Bonnefontaine (08) 367
Notre-Dame-de-l'Épine, basilique (51) 174
Notre-Dame-d'Igny, abbaye (51) 118
Nouzonville (08) 341
Novion-Porcien (08) 379
Novy-Chevrières (08) 378

O

Œuilly (51) 142
Oger (51) 138
Oiseaux, observation 320
Olizy (08) 376
Omont (08) 362
Oppida 61
Orbais-l'Abbaye (51) 143
Organismes départementaux du tourisme 11
Orges (52) 276
Orient, lac (10) 211
Orquevaux (52) 304
Osne-le-Val (52) 308
Othe, pays (10) 55, 242
Oudry, Jean-Baptiste 152
Outines (52) 327
Oyes (51) 162

P

Pailly, château (52) 295
Paix romaine 62
Paraclet, ancienne abbaye (10) 251
Parc animalier de la Bannie (52) 293
Parc animalier de Saint-Laurent (08) 339
Pargues (10) 256
Payns, Hugues de 63, 69
Pêche 18
Pérignon, Dom 127
Petit Morin, vallée (51) 160
Pévy (51) 111
Pieds de porc 181

Pierry, château (51) ... 137
Piney (10) ... 216
Pinot meunier ... 140
Poilly (51) ... 118
Poissons (52) ... 309
Polisot (10) ... 264
Pompelle, fort (51) ... 109
Pont-à-Bar (08) ... 355
Ponthion (51) ... 179
Pont-Sainte-Marie (10) ... 203
Pont-sur-Seine (10) ... 252
Porcien (08) ... 23, 378
Poulangy (52) ... 292
Pourcy (51) ... 128
Praslin (10) ... 256
Prez (08) ... 369
Prez-sous-Lafauche (52) ... 305
Puellemontier (52) ... 326

Q – R

Quatre-Fils-Aymon, monument (08) ... 343
Quint, Charles ... 64
Rachi ... 69
Randonnées équestres ... 18
Randonnées pédestres ... 20
Rarécourt (55) ... 187
Reims (51) ... 90
Ancien collège des Jésuites ... 103
Basilique Saint-Remi ... 104
Basses et Hautes Promenades ... 102
Cathédrale Notre-Dame ... 91
Champagne G. H. Martel & Cie ... 108
Chapelle Foujita ... 109
Cryptoportique gallo-romain ... 103
Église Saint-Jacques ... 101
Hôtel des Comtes de Champagne ... 102
Hôtel de ville ... 101
Hôtel Saint-Jean-Baptiste de La Salle ... 101
Mumm ... 108
Musée-abbaye Saint-Remi ... 105
Musée automobile de Reims-Champagne ... 108
Musée de la Reddition ... 102
Musée des Beaux-Arts ... 100
Musée-hôtel Le Vergeur ... 103
Palais du Tau ... 97
Place Drouet-d'Erlon ... 101
Place Royale ... 103
Planétarium ... 103
Porte du Chapitre ... 103
Porte Mars ... 102
Rue de Mars ... 102
Ruinart ... 107
Taittinger ... 107
Veuve Clicquot-Ponsardin ... 108
Villa Demoiselle ... 106
Vranken-Pommery ... 107
Remilly-les-Pothées (08) ... 370
Remi, saint ... 62
Renoir, Auguste ... 262
Renwez (08) ... 340
Réserve ornithologique (10) ... 218
Restauration ... 15
Rethel (08) ... 373
Rethondes, armistice ... 67
Reuves (51) ... 161
Revin (08) ... 381
Les Riceys (10) ... 263
Rigny-le-Ferron (10) ... 243
Rilly-la-Montagne (51) ... 121
Rimbaud, Arthur ... 23, 336, 358
Rivière-les-Fosses (52) ... 296
Roc-la-Tour (08) ... 389
Roche (08) ... 358
Rocroi (08) ... 341, 383
Rocroi, bataille ... 384
Roger la Honte ... 385
Roger, saint ... 360
Rolampont, tufière (52) ... 290
Romigny (51) ... 118
Rosé des Riceys ... 263
Rosnay-l'Hôpital (10) ... 216
Rumigny (08) ... 367
Rumilly-lès-Vaudes (10) ... 261

S

Sabinus ... 283, 294
Sacy (51) ... 129
Saint-Amand-sur-Fion (51) ... 178
Saint-André-les-Vergers (10) ... 204
Saint-Bernard, fontaine (10) ... 226
Saint-Dizier (52) ... 311
Sainte-Germaine, chapelle (10) ... 223
Saint-Juvin (08) ... 377

Saint-Laurent, parc animalier (08) 339
Sainte-Marie-du-Lac (51) 321
Sainte-Maure (10) 203
Sainte-Menehould (51) 180
Saint-Gilles (51) 119
Saint-Gond, marais (51) 160
Saint-Jean-aux-Bois (08) 366
Saint-Lié, chapelle (51) 128
Saint-Parres-aux-Tertres (10) 204
Saint-Remi, circuits 22
Saint-Remy-en-Bouzemont (51) 321
Saint-Rouin, ermitage (55) 187
Saints-Geosmes (52) 296
Saint-Thierry (51) 111
Saint-Urbain (52) 309
Saint-Victor, domaine (10) 224
La Salle, Jean-Baptiste de 101
Saulces-Monclin (08) 378
Savigny-sur-Ardre (51) 117
Sedan (08) 346
Sedan, bataille 352
Sémoy, vallée (08) 390
Semuy (08) 358
Sentier des Rapides (08) 390
Sentier du Loup (10) 244
Sept-Fontaines, ancienne abbaye (08) 370
Sept-Saulx, parc nature (51) 110
Servion (08) 370
Sery (08) 379
Sézanne (51) 157
Signy, forêt (08) 366
Signy-l'Abbaye (08) 365
Signy-le-Petit (08) 368
Simon, maîtres verriers 74
Sinaï, mont (51) 125
Sommer, Alfred 354
Sommer, Roger 352
Sommes 55
Sommeval (10) 244
Sommevoire (52) 316
Soucat, Marc 390
Soulaines-Dhuys (10) 224
Sourdon, parc (51) 137
Stonne, circuit historique de la bataille 23
Stonne, mémorial (08) 356
Suippes 175

T

Taine, Hippolyte 83
Talus-Saint-Prix (51) 162
Tarzy (08) 369
Taxis de la Marne 66
Temple, lac (10) 211
Templiers, ordre 260
Ternaux, baron 41
Thibaud II 63
Thibaud IV 63
Thiérache ardennaise (08) 365, 369, 371
Thonnance-lès-Joinville (52) 309
Thureaux 55
La Tour d'Auvergne, Henri de 348
Tourisme industriel 16
Traconne, forêt (51) 159
Trafic ferroviaire 8
Trains touristiques 26
Traité d'Andelot 305
Traité de Francfort 66
Traité des Pyrénées 65, 348
Traité de Troyes 64, 192
Traité de Verdun 62
Trigny (51) 111
Trois-Fontaines, abbaye (52) 313
Troyes (10) 190
Basilique Saint-Urbain *200*
Cathédrale Saint-Pierre-et-Saint-Paul *200*
Cour du Mortier d'Or *196*
Église Sainte-Madeleine *196*
Église Saint-Jean *199*
Église Saint-Nicolas *197*
Église Saint-Nizier *202*
Église Saint-Pantaléon *197*
Hôtel de Chapelaines *198*
Hôtel de Marizy *196*
Hôtel de Mauroy *198*
Hôtel-Dieu-le-Comte *203*
Hôtel Juvénal-des-Ursins *191*
Maison de l'Outil et de la Pensée ouvrière *198*
Maison des Allemands *199*
Médiathèque du Grand Troyes *203*
Musée d'Art moderne *201*
Musée Saint-Loup *202*
Musée de Vauluisant *198*
Place Alexandre-Israël *191*

Place du Marché-au-Pain 199
Place Jean-Jaurès 197
Rue Champeaux 191
Rue de la Monnaie 196
Rue Général-Saussier 199
Ruelle des Chats 196
Truffe 44
Tufières 55

U

Uderzo, Albert 116
Urbain II 140
Urbain IV 200

V

Vaillant, Jean-Paul 378
Vallage (52) 308
Valmy (51) 183
Valmy, bataille 182
Vandières (51) 141
Vanne, marais (10) 244
Vannerie 40, 289
Varennes-en-Argonne (55) 186
Vauban 393
Vauchamps (51) 152
Vauquois, butte (55) 186
Vélo 26
Vendeuvre-sur-Barse (10) 213
Vendresse (08) 360
Verlaine, Paul 23, 374
Verneuil (51) 142
Vertus (51) 139
Verzenay (51) 124
Verzy (51) 124
Vieilles-Forges, lac (08) 384
Vieils-Maisons, jardins (02) 153
Vignoble 56
Vignory (52) 303
Villars-Saint-Marcellin (52) 294
Ville-en-Tardenois (51) 118
Villehardouin, Geoffroy de 82
Villemaur-sur-Vanne (10) 244
Villemoiron-en-Othe (10) 242
Villenauxe-la-Grande (10) 253
Villeneuve-au-Chemin (10) 247
Villes et Pays d'art et d'histoire 27
Ville-sous-la-Ferté (10) 229, 234
Villevenard (51) 161
Villiers-aux-Chênes (52) 316
Villiers-sur-Suize (52) 274
Villy-la-Ferté, fort (08) 355
Vingeanne, gorges (52) 289
Vingeanne, lac (52) 289
Vireux-Molhain (08) 394
Visites guidées 27
Vitry-en-Perthois (51) 179
Vitry-le-François (51) 177
Voltaire 316
Voncq (08) 358
Vouziers (08) 376

W

Warcq (08) 339
Wasigny (08) 379
Wassy (52) 314
Wassy, massacre 64

CARTES ET PLANS

CARTE GÉNÉRALE

Premier rabat de couverture

CARTES DES RÉGIONS

1 La Marne du champagne 88
2 La Marne historique 164
3 Le cœur de l'Aube 188
4 Vers le sud de l'Aube 240
5 Le Haut-Marnais 268
6 Les Ardennes 330

PLANS DE VILLE

Châlons-en-Champagne 171
Charleville-Mézières 334
Château-Thierry 150
Chaumont 272
Épernay 134
Langres 285
Monthermé 390
Reims 98
Sedan 350
Troyes 194

PLANS DE MONUMENTS

Abbaye de Clairvaux au 18e s. 232
Cathédrale Notre-Dame de Reims et palais du Tau 96

CARTES THÉMATIQUES

Lignes de front 1914-1918 66
Parc naturel régional de la Forêt d'Orient 212
Parc naturel régional de la Montagne de Reims 122
Vins de Champagne 48

CARTES DES ITINÉRAIRES

L'Argonne 185
Côte des Bar 225
Environs d'Épernay 136
Environs de Château-Thierry 154
Lac du Der 318
Méandres de la Meuse 341
Le pays d'Othe 243
La Thiérache ardennaise 368
Vallon de la Bar et Forêt d'Élan 357

Note au lecteur

Michelin a apporté le plus grand soin à la rédaction de ce guide et à sa vérification. Toutefois les informations pratiques (formalités administratives, prix, adresses, numéros de téléphone, adresses Internet...) doivent être considérées comme des indications du fait de l'évolution constante de ces données.

Il n'est pas totalement exclu que certaines d'entre elles ne soient plus, à la date de parution du guide, tout à fait exactes ou exhaustives. N'hésitez pas à nous signaler toute omission ou inexactitude que vous pourriez constater ainsi que de nous faire part de vos avis et suggestions sur les adresses contenues dans ce guide.

Avant d'entamer toute démarche, formalités administratives ou douanières notamment, vous êtes invités à vous renseigner auprès des organismes officiels. Ces informations ne sauraient, de ce fait, engager notre responsabilité.

Collection Le Guide Vert sous la responsabilité d'Anne Teffo

Édition
Florence Dyan

Rédaction
Pierre Chavot, Séverine Cachat, Grace Coston, Sonia Lambert, Emmanuelle Souty

Cartographie
Stéphane Anton, Michèle Cana

Relecture
Zone Libre

Remerciements
Didier Broussard, Maria Gaspar, CDT des Ardennes (Jörg Hartwig), Aube en Champagne Tourisme, la Maison départementale du Tourisme de la Haute-Marne, CDT de la Marne

Conception graphique
Christelle Le Déan

Régie publicitaire et partenariats
business-solutions@tp.michelin.com
Le contenu des pages de publicité insérées dans ce guide n'engage que la responsabilité des annonceurs.

Contacts
Michelin
Guides Touristiques
27 cours de l'Île Seguin, 92100 Boulogne-Billancourt
Service consommateurs : tourisme@tp.michelin.com
Boutique en ligne : www.michelin-boutique.com

Écrivez-nous

Parution 2013

Michelin Travel Partner
Société par actions simplifiées au capital de 11 629 590 EUR
27 cours de l'Île Seguin - 92100 Boulogne-Billancourt (France)
R.C.S. Nanterre 433 677 721

Dépôt légal : 01-2013 – ISSN 0293-9436
Compograveur : Nord Compo, Villeneuve-d'Ascq
Imprimeur : Himmer, Allemagne
Imprimé en Allemagne : 01-2013

Usine certifiée 14001
Sur du papier issu de forêts gérées durablement (100% PEFC)

LE GUIDE VERT

Le guide qui emmène les curieux plus loin !

Nos guides sur le Monde

Argentine • Brésil • Californie • Canada • Chine Hong-Kong • Colombie • Corée du Sud • Cuba • Égypte • Floride • Guadeloupe • Indonésie • Japon • La Réunion • Maroc • Martinique • Maurice Rodrigues • Mexique • New York • Nouvelle Angleterre • Parcs de l'Ouest américain • Pérou • Québec • Rajasthan • Rio de Janeiro • Seychelles • Sud-Ouest américain • Syrie Jordanie • Taïwan • Thaïlande • Tunisie • Vietnam

Nos guides sur l'Europe

Allemagne • Andalousie • Angleterre Pays de Galles • Autriche • Barcelone et la Catalogne • Belgique Luxembourg • Bulgarie • Crète • Croatie • Écosse • Espagne Atlantique • Espagne du Centre Madrid Castille • Espagne côté Est Valence Murcie Baléares Aragon • Grèce continentale • Îles grecques Athènes • Irlande • Islande • Italie du Nord • Italie du Sud • Londres • Moscou Saint-Pétersbourg • Pays Baltes • Pays-Bas • Pologne • Portugal • Prague • Rome • Roumanie • Sardaigne • Scandinavie • Sicile • Suisse • Toscane Ombrie Marches • Turquie • Venise • Vienne

Nos guides sur la France

Alpes du Nord • Alpes du Sud • Alsace Vosges • Aquitaine • Ardèche Drôme • Auvergne • Bourgogne • Bretagne Nord • Bretagne Sud • Champagne Ardenne • Châteaux de la Loire • Corse • Côte d'Azur • Franche-Comté Jura • Île-de-France • Languedoc • Limousin Berry • Lorraine • Lot Aveyron Vallée du Tarn • Lyon et sa région • Nord Pas-de-Calais • Normandie Cotentin • Normandie Vallée de la Seine • Paris • Pays Basque et Navarre • Pays de la Loire • Périgord Quercy • Picardie • Poitou Charentes • Provence • Pyrénées Toulouse Gers • Roussillon Pays Cathare • France • Moselle • Savoie Mont Blanc • Les sites français du Patrimoine mondial

Nos guides week-end en France et à l'étranger

Amsterdam • Athènes • Barcelone • Berlin • Bordeaux • Bruges et la côte belge • Bruxelles • Budapest • Îles Canaries • Cracovie • Dublin • Edimbourg • Fès Meknès • Florence • Grenade Malaga • Hong Kong Macao • Îles Anglo-Normandes • Iles Baléares • Istanbul • Lisbonne • Londres • Luxembourg • Lyon • Madère • Madrid • Malte • Marrakech Essaouira • Marseille • Milan et les lacs • Montpellier • Montréal • Nantes • New York • Paris • Prague • Québec • Rome • Saint-Pétersbourg • Séville • Stockholm • Strasbourg • Tallinn • Tunis • Venise • Vienne

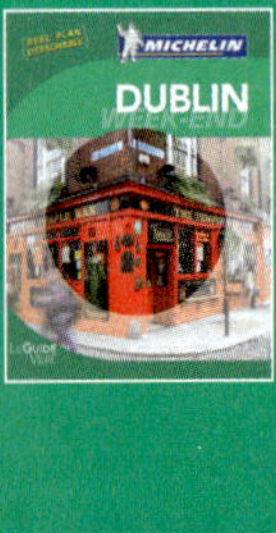